Horndasch

AnwaltFormulare Kindschaftsrecht

AnwaltFormulare

AnwaltFormulare Kindschaftsrecht

Muster - Checklisten - Erläuterungen

von

Rechtsanwalt, Notar, Fachanwalt für Familienrecht
und Mediator

Dr. Klaus-Peter Horndasch

Weyhe

DeutscherAnwaltVerlag

Zitiervorschlag:
Horndasch, AnwF Kindschaftsrecht, § 1 Rdn 1

Hinweis
Die Ausführungen in diesem Werk wurden mit Sorgfalt und nach bestem Wissen erstellt. Sie stellen jedoch lediglich Arbeitshilfen und Anregungen für die Lösung typischer Fallgestaltungen dar. Die Eigenverantwortung für die Formulierung von Verträgen, Verfügungen und Schriftsätzen trägt der Benutzer. Herausgeber, Autoren und Verlag übernehmen keinerlei Haftung für die Richtigkeit und Vollständigkeit der in diesem Buch enthaltenen Ausführungen.

Anregungen und Kritik zu diesem Werk senden Sie bitte an
kontakt@anwaltverlag.de
Autoren und Verlag freuen sich auf Ihre Rückmeldung.

Satz: Reemers Publishing Services, Krefeld
Druck: Zimmermann Druck + Verlag GmbH, Balve
Umschlaggestaltung: gentura, Holger Neumann, Bochum
ISBN 978-3-8240-1453-8

Bibliografische Information der Deutschen Nationalbibliothek
Die Deutsche Nationalbibliothek verzeichnet diese Publikation in der Deutschen Nationalbibliografie; detaillierte bibliografische Daten sind im Internet über http://dnb.d-nb.de abrufbar.

Vorwort

Der im Familienrecht tätige Rechtsanwalt versucht regelmäßig, einvernehmliche Regelungen der Folgen einer Trennung und Scheidung herbeizuführen.

Auf diese Weise können zum einen die seelischen Folgen für die Betroffenen zumindest gemildert werden, die sich mit dem Fehlschlagen von Lebensplänen, mit dem Verlust des Ehepartners und dem Zerbrechen der Familie auseinandersetzen müssen.

Zum anderen ist es auch wirtschaftlich für die Betroffenen häufig wichtig, Vereinbarungen zu treffen, die einen „Rosenkrieg" und die damit verbundenen erheblichen Kosten und Mühen vermeiden.

Für solche Vereinbarungen sind Formulierungen notwendig, die Rechtssicherheit und menschlich angemessene Inhalte vereinen.

Gleichgültig, ob es sich dabei um Formulierungen handelt, die Aufnahme in eine notarielle Urkunde finden sollen oder ob der beratende Rechtsanwalt privatschriftliche Vereinbarungen entwerfen soll: Es ist der Rechtsanwalt und nicht der ggf. beurkundende Notar, der für Richtigkeit, Vollständigkeit und Angemessenheit der Formulierungen haftet, sog. Subsidiaritätsprinzip, § 19 Abs. 4 BNotO.

Umso wichtiger ist es, in Spezialgebieten wie dem Kindschaftsrecht über entsprechende konkrete Hilfe zu verfügen.

Musterformulierungen allein sind aber regelmäßig nicht ausreichend, bleibt doch häufig die darin enthaltene Systematik und der ineinander greifende Aufbau in diesem Zusammenhang ungeklärt.

Dieses Buch trägt deshalb nicht nur die differenzierten Möglichkeiten unterschiedlicher Vereinbarungen im Kindschaftsrecht in der Form von vorgeschlagenen Mustern zusammen. Um diese Muster verständlich werden zu lassen, sind jeweils die Grundsätze zu den einzelnen Bereichen vorangestellt, was dem Nutzer die rechtlichen Grundlagen verdeutlicht. Nur so wird erreicht, dass der Rechtsanwalt ebenso sinnvolle und rechtswirksame, auf den Einzelfall perfekt zugeschnittene Lösungen erarbeiten kann. Gerade weil die Wahrung des Kindeswohls im Bereich des Kindschaftsrechts im Mittelpunkt aller – auch gerichtlicher – Bewertungen steht, ist die differenzierte Hilfestellung für den Rechtsanwalt von ganz besonderer Bedeutung.

Eine solche Zusammenfassung des gesamten Kindschaftsrechts mit allen nur denkbaren Lösungsmöglichkeiten in Form geradezu zahlloser Musterformulierungen ist bisher nicht vorgelegt worden.

Dies ist eigentlich erstaunlich, nimmt doch das Kindschaftsrecht im Rahmen des Familienrechts eine herausragende Position ein. In praktisch allen Fällen familienrechtlicher Auseinandersetzungen geht es entweder um Unterhalt und/oder um Kinder.

Zum Bereich des Ehegattenunterhalts ist erst vor kurzer Zeit, mit Erscheinungsdatum 2016, das Parallelwerk „AnwaltFormulare Ehegattenunterhaltsrecht" erschienen. Nunmehr wird der Bereich vervollständigt durch das Kindschaftsrecht, also den Bereich des Unterhalts für das Kind, die Bereiche des Sorge- und Umgangsrechts, der Adoption und Vormundschaft bis hin zu Randbereichen wie Wohnungsrecht und Teilungsversteigerung, in denen die Belange des Kindes ebenfalls eine Rolle spielen.

Auch wenn isolierte Vereinbarungen etwa im Bereich der elterlichen Sorge oder des Umgangs überwiegend nicht beurkundungspflichtig sind, werden sich solche Regelungen doch in notariellen Urkunden wiederfinden. Dies liegt daran, dass eine Gesamtvereinbarung von Eheleuten insgesamt beurkundungspflichtig wird, wenn auch nur ein einziges zu regelndes Problem der notariellen Beurkundung bedarf. Und diese Beurkundungspflicht betrifft die Bereiche des nachehelichen Unterhalts, des Versorgungsausgleichs und des Zugewinns sowie alles, was mit dem Verbleib einer Immobilie zusammenhängt. Darüber hinaus bietet das Buch zur Vervollständigung in einigen Bereichen auch Vorschläge formfreier Formulierungen.

In beiden Bereichen haftet der Rechtsanwalt, entweder wegen der nur subsidiären Haftung des Notars oder wegen seiner primären Haftung als rechtlicher Berater seines Mandanten.

Ich hoffe, das Werk wird dazu beitragen, zum einen Verständnis für die Systematik des Kindschaftsrechts zu entwickeln, zum anderen – sowohl privatschriftliche als auch urkundliche – Formulierungen zu wählen, die ebenso rechtssicher wie interessengemäß gestaltet sind.

Weyhe, im April 2016 Dr. K.-Peter Horndasch

Inhaltsverzeichnis

Musterverzeichnis

§ 2 Grundsätze zu Vereinbarungen im Familienrecht

§ 3 Kindesunterhalt

§ 4 Abstammungsrecht

§ 5 Namensrecht

§ 6 Elterliche Sorge

§ 7 Umgangsrecht

§ 8 Das Kind und die Ehewohnung

§ 9 Das Kind und die Teilungsversteigerung

Literaturverzeichnis

Achilles/Greiff, Bürgerliches Gesetzbuch, 9. Aufl. 1920

Bamberger/Roth, Kommentar zum Bürgerlichen Gesetzbuch, 3. Aufl. 2012

Bassenge/Roth, FGG/RPflG, 12. Aufl. 2009

Bergschneider (Hrsg), Beck'sches Formularbuch Familienrecht, 4. Aufl. 2014

Bergschneider/Hamm, Formularbuch Familienrecht, 4. Aufl. 2013

Bergschneider, Verträge in Familiensachen, 5. Aufl. 2014

Borth, Handbuch des Scheidungsrechts, 7. Aufl. 2013

Brambring, Ehevertrag und Vermögenszuordnung unter Ehegatten, 7. Aufl. 2012

Brunner, Die Kunst des Fragens, 2009

Büte/Poppen/Menne, Unterhaltsrecht, 3. Aufl. 2015

Büte, Das Umgangsrecht bei Kindern geschiedener oder getrennt lebender Eltern, 2. Aufl. 2005

Dauner-Lieb/Heidel/Ring, NomosKommentar Bürgerliches Gesetzbuch, Band 4, Familienrecht, 3. Aufl. 2014

Diel, Leihmutterschaft und Reproduktionstourismus, 2014

Diez, Werkstattbuch Mediation, 2004

Duderstadt, Elterliche Sorge und Umgangsrecht, 1998

Garbe/Ullrich/Kofler, Verfahren in Familiensachen, 3. Aufl. 2012

Geigel, Der Haftpflichtprozess, 27. Aufl. 2015

Gerhardt/von Heintschel-Heinegg/Klein, Handbuch des Fachanwalts Familienrecht, 10. Aufl., 2015

Göppinger/Börger, Vereinbarungen anlässlich der Ehescheidung, 10. Aufl. 2013

Götz/Brudermüller, Die gemeinsame Wohnung, 2008

Grün, Das neue Kindschafts- und Unterhaltsrecht in der anwaltlichen Praxis, 1998

Hauß, Elternunterhalt: Grundlagen und Strategien, 5. Aufl. 2015

Haynes, Scheidung ohne Verlierer, Mediation in der Praxis, 2014

Heiß/Castellanos, Gemeinsame Sorge und Kindeswohl nach neuem Recht, 2013

Hoffmann, Personensorge, 2. Aufl. 2013

Horndasch, Verbundverfahren Scheidung, 2008 (zit.: *Horndasch*, Verbundverfahren)

Horndasch, Die notarielle Fachprüfung im Familienrecht, 2015

Horndasch, AnwaltFormulare Ehegattenunterhaltsrecht, 2016

Horndasch, NotarFormulare Ehegattenunterhaltsrecht, 2016 (zit.: *Horndach*, Ehegattenunterhaltsrecht)

Horndasch/Viefhues, Kommentar zum Familienverfahrensrecht, 3. Aufl. 2014

Jansen, FGG, 3. Aufl. 2006

Johannsen/Henrich, Familienrecht, 6. Aufl. 2015

Keidel, FamFG, 18. Aufl. 2014

Keidel/Kuntze/Winkler, FGG, 15. Aufl. 2003, mit Nachtrag 2005

Kemper/Schreiber, Familienverfahrensrecht, 3. Aufl. 2015

Kleffmann/Klein, Unterhaltsrecht Kommentar, 2. Aufl. 2014

Kleffmann/Klein/Weinreich, Das familienrechtliche Mandat – Unterhaltsrecht, 2015

Kleffmann/Soyka, Praxishandbuch Unterhaltsrecht, 2. Aufl. 2014

Klinkhammer/Klotmann, Handbuch begleiteter Umgang, 2004

Krenzler/Borth, Anwalts-Handbuch Familienrecht, 2. Aufl. 2012

Kuckenburg/Perleberg-Kölbel, Unterhaltseinkommen, 2009

Maywald, UN-Kinderrechtskonvention: Bilanz und Ausblick, in: Aus Politik und Zeitgeschichte, Band 38, 2010

Münchener Anwaltshandbuch Familienrecht, 4. Aufl. 2014 (zit.: MAH/*Bearbeiter*)

Münchener Kommentar zum Bürgerlichen Gesetzbuch: BGB, Band 8: Familienrecht I §§ 1297–1588 Versorgungsausgleichsgesetz, Gewaltschutzgesetz, Lebenspartnerschaftsgesetz: Münchener Kommentar BGB Band 7 §§ 1297–1588, GewSchG, VersAusglG, LPartG, 7. Aufl. 2016

Münchener Vertragshandbuch, Band 6: Bürgerliches Recht II, 7. Aufl. 2016

Musielak/Borth, Familiengerichtliches Verfahren, 5. Aufl. 2015

Palandt, Kommentar zum BGB, 75. Aufl. 2016

Pikulinski, Familienunterhalt als Ausdruck der ehelichen Lebensgemeinschaft, Magisterarbeit, München 2003

Prütting/Wegen/Weinreich (Hrsg.), Kommentar zum BGB, 11. Aufl. 2015

Prütting/Helms, FamFG, 3. Aufl. 2013

Reinecke, Lexikon des Unterhaltsrechts, 2. Aufl. 2008

Roßmann, Taktik im familiengerichtlichen Verfahren, 3. Aufl. 2013

Roßmann/Viefhues, Taktik im Unterhaltsrecht, 2. Aufl. 2013

Sarres, Notarielle Urkunden im Familienrecht, 1997

Schefer, Laienbrevier, Mai, XXII

Schmidt, Einkommensteuergesetz, 34. Aufl. 2015

Schneider/Stahl, Kapitalisierung und Verrentung, 3. Aufl. 2008

Schnitzler (Hrsg.), Münchener Anwaltshandbuch Familienrecht, 4. Aufl. 2014

Scholz/Kleffmann/Motzer, Praxishandbuch Familienrecht, 29. Ergänzung, 2015

Soergel, BGB, 13. Aufl. 2013

Staudinger, BGB, Band 4, Familienrecht, 15. Aufl. 2015

Stöber, Zwangsversteigerungsgesetz, 21. Aufl. 2016

Thomas/Putzo, ZPO, 36. Aufl. 2015

Viefhues, Fehlerquellen im familiengerichtlichen Verfahren, 3. Aufl. 2011

Viefhues/Mleczko, Das neue Unterhaltsrecht 2008, 2. Aufl. 2008

Gerd Weinreich/Michael Klein, Fachanwaltskommentar Familienrecht, 5. Aufl. 2013

Wendl/Dose, Das Unterhaltsrecht in der familienrichterlichen Praxis, 9. Aufl. 2015

Allgemeine Abkürzungen

a.A.	anderer Auffassung
a.a.O.	am angegebenen Ort
Abs.	Absatz
Abt.	Abteilung
abw.	abweichend
a.E.	am Ende
a.F.	alte Fassung
AfA	Absetzung bzw. Abschreibung für Abnutzung
AG	Aktiengesellschaft; Amtsgericht; Arbeitgeber; Auftraggeber; Ausführungsgesetz
AGB	Allgemeine Geschäftsbedingungen
allg.	allgemein
Alt.	Alternative
a.M.	anderer Meinung
Anh.	Anhang
Anm.	Anmerkung
Aufl.	Auflage
ausdr.	ausdrücklich
BayObLG	Bayerisches Oberstes Landesgericht
Bd.	Band
Beschl.	Beschluss
bestr.	bestritten
BGH	Bundesgerichtshof
Bl	Blatt
BMJ	Bundesministerium der Justiz
BRAK	Bundesrechtsanwaltskammer
bspw.	beispielsweise

BVerfG	Bundesverfassungsgericht
bzgl.	bezüglich
bzw.	beziehungsweise
ca.	circa
DAV	Deutscher Anwaltverein
ders.	derselbe
d.h.	das heißt
Diss.	Dissertation
DNotI	Deutsches Notarinstitut
Drucks	Drucksache
ebd.	ebenda
Einf.	Einführung
einschl.	einschließlich
entspr.	entsprechend
Entw.	Entwurf
etc.	et cetera
EuGH	Europäischer Gerichtshof
EuGHMR	Europäischer Gerichtshof für Menschenrechte
EUR	Euro
e.V.	eingetragener Verein
evtl.	eventuell
f., ff.	folgende, fortfolgende
Fa.	Firma
FA	Finanzamt
FamG	Familiengericht
Fn	Fußnote
FS	Festschrift

G	Gericht, Gesetz, Gesellschaft
GBl	Gesetzblatt
GbR	Gesellschaft des bürgerlichen Rechts
geänd.	geändert
gem.	gemäß
ggf.	gegebenenfalls
grds.	grundsätzlich
GVBl	Gesetz- und Verordnungsblatt
Halbs.	Halbsatz
Hinw.	Hinweis(e)
h.L.	herrschende Lehre
h.M.	herrschende Meinung
Hrsg.	Herausgeber
hrsg.	herausgegeben
Hs.	Halbsatz
i.A.	im Auftrag
i.d.F.	in der Fassung
i.d.R.	in der Regel
i.d.S.	in diesem Sinne
i.H.v.	in Höhe von
inkl.	inklusive
insb.	insbesondere
insg.	insgesamt
i.S.d.	im Sinne des
i.S.v.	im Sinne von
i.Ü.	im Übrigen
i.V.	in Vertretung
i.V.m.	in Verbindung mit
i.W.	in Worten

i.w.S.	im weiteren Sinne
Jg.	Jahrgang
Kap.	Kapitel
krit.	kritisch
KV	Kostenverzeichnis
lfd.	laufend
LG	Landgericht
Lit.	Literatur
LS	Leitsatz
MdE	Minderung der Erwerbsfähigkeit
m.E.	meines Erachtens
mind.	mindestens
Mio.	Million
m.w.N.	mit weiteren Nachweisen
MwSt	Mehrwertsteuer
ne.	nichtehelich
n.F.	neue Fassung
Nr.	Nummer
n.r.	nicht rechtskräftig
n.v.	nicht veröffentlicht
o.a.	oben angegeben/angeführt
o.Ä.	oder Ähnliches
o.g.	oben genannt
OLG	Oberlandesgericht
p.a.	pro anno

PKH	Prozesskostenhilfe
PKV	Prozesskostenvorschuss
RA	Rechtsanwalt
Rdn	Randnummer, intern
RegEntw	Regierungsentwurf
Rn	Randnummer, extern
Rspr.	Rechtsprechung
S.	Satz; Seite
s.	siehe
s.a.	siehe auch
s.o.	siehe oben
sog.	sogenannte/r/s
str.	streitig
st.Rspr.	ständige Rechtsprechung
s.u.	siehe unten
u.a.	unter anderem
urspr.	ursprünglich
Urt.	Urteil
usw.	und so weiter
u.U.	unter Umständen
u.V.m.	und Vieles mehr
Verf.	Verfassung; Verfasser
VerfGH	Verfassungsgerichtshof
Veröff.	Veröffentlichung
Verz.	Verzeichnis
Vfg.	Verfügung
vgl.	vergleiche

VGrS	Vereinigter Großer Senat
VO	Verordnung
VOBl	Verordnungsblatt
Vor	Vorbemerkung
vorl.	vorläufig
VormG	Vormundschaftsgericht
z.B.	zum Beispiel
Ziff.	Ziffer
zit.	zitiert
z.T.	zum Teil
zust.	zustimmend
zzgl.	zuzüglich

§ 1 Einführung

Unter dem Begriff des Kindschaftsrechts werden diejenigen Rechtsnormen zusammengefasst, die sich mit dem **Eltern-Kind-Verhältnis** befassen. 1

Das Ministerium der Justiz und für Verbraucherschutz hat in einer Broschüre mit dem Titel „Das Kindschaftsrecht“[1] Fragen und Antworten zu den Bereichen Abstammungsrecht, Recht der **elterlichen Sorge, Umgangsrecht, Namensrecht, Kindesunterhaltsrecht** sowie den Bereich der entsprechenden gerichtlichen Verfahren erstellt. Sie sollen dem Laien Verantwortlichkeiten, Pflichten und Rechte im Zusammenhang mit dem Kind erläutern und verdeutlichen, welche Entwicklung unser geltendes Kindschaftsrecht durch Verabschiedung einer großen Anzahl von Reformen bis in die jüngste Zeit genommen hat.

Tatsächlich zeigt ein **Blick in die Historie des Kindschaftsrechts**, dass sich das Verhältnis zwischen Eltern und Kindern, der Strauß von Pflichten des Kindes und der Rechte der Eltern gegenüber einem Kind grundlegend gewandelt haben. Jahrtausende lang wurden Kinder von Geburt an zu **Besitztümern der Eltern** gezählt. Sie waren in ihrem Lebensweg ausschließlich von den Wünschen und Vorstellungen ihrer Eltern abhängig und mussten sich dem Familienoberhaupt, dem Vater und Ehemann, **bedingungslos unterordnen.** Dies war bereits – wie auch in anderen Kulturen – im Römischen Reich so, in welchem dem „pater familia“ das uneingeschränkte Recht zustand, über Leben oder Tod seines neugeborenen Kindes zu entscheiden (ius vitae et necis).[2]

Erst mit der Aufklärung ist das Bild der Kindheit als Lebensabschnitt, der auch mit Rechten behaftet ist, entstanden. So hieß es in der Erklärung der Menschen- und Bürgerrechte der Französischen Revolution[3] in Artikel 1: 2

Die Menschen werden frei und gleich an Rechten geboren und bleiben es.

Bis in das 20. Jahrhundert hinein waren auch in Deutschland Kinder vor allem wichtig, um **Eltern im Alter** finanziell und persönlich zu versorgen, weil es gesetzliche Absicherungen für den Fall des Alters ebenso wenig gab wie akzeptable Versorgungen alter Menschen außerhalb der Familie. Es war selbstverständlich, dass alte Menschen in der Familie versorgt blieben und diejenigen Arbeiten in Haus und Hof durchführten, zu denen sie noch in der Lage waren. 3

Diese historische Situation kann man – ein wenig romantisierend – als **festen Familienverbund** beschreiben, der niemanden allein lässt und der seine Mitglieder bei Krankheit und Not auffängt. Verbunden damit war aber auch – ganz unromantisch – immer neben

1 Bundesministerium der Justiz und für Verbraucherschutz, Das Kindschaftsrecht, Berlin, 2014.

2 *Maywald*, 9 ff.

3 Déclaration des droits de l'homme et du Citoyen, 1789.

einer festen Aufgabenverteilung, der sich niemand entziehen konnte, auch ein Ober- und Unterordnungsverhältnis, das den Mann als Oberhaupt der Gesamtfamilie bestimmte.

4 Noch in der ursprünglichen Fassung des Bürgerlichen Gesetzbuchs vom 1.1.1900 wurde im Kindschaftsrecht ein Bild gezeichnet, das mit den heutigen Vorstellungen wenig gemein hat.

So begann der 1. Abschnitt des Titels **„Rechtliche Stellung der ehelichen Kinder“**, §§ 1616 ff. BGB, nach der Bestimmung des Namens des Kindes in § 1616 (Familienname des Vaters) mit § 1617, überschrieben mit

> Verpflichtung des Kindes zur Leistung von Diensten für die Eltern.

Der 2. Abschnitt war sodann im Untertitel überschrieben mit **„Elterliche Gewalt des Vaters“.** Nach § 1626 BGB stand das Kind, solange es minderjährig war, unter elterlicher Gewalt.

5 § 1627 BGB lautete sodann:

> *Der Vater hat kraft der elterlichen Gewalt das Recht und die Pflicht, für die Person und das Vermögen des Kindes zu sorgen.*

In § 1631 Abs. 2 BGB hieß es sogar:

> *Der Vater kann kraft des Erziehungsrechts angemessene Zuchtmittel gegen das Kind anwenden. Auf seinen Antrag hat das Vormundschaftsgericht ihn durch Anwendung geeigneter Zuchtmittel zu unterstützen.*[4]

6 Der Gesetzgeber des BGB Ende letzten Jahrhunderts räumte damit vor allem dem Vater eine prinzipiell fast schrankenlose Erziehungskompetenz ein.[5] Das hatte mit dem vorrangig ökonomischen (also nicht primär pädagogischen, ethischen usw.) Interesse an einer möglichst guten Erziehung der Kinder zu tun, darüber hinaus aber allgemein mit den Auffassungen des 19. Jahrhunderts zum Verhältnis zwischen Mann und Frau und dem damaligen Bild von Ehe und Familie.[6]

Immerhin aber konnten **Maßnahmen ergriffen** werden, wenn der Vater das geistige oder leibliche Wohl des Kindes dadurch gefährdet hat, dass er

4 Zur Übertragung des Züchtigungsrechts vgl. RGSt 33, 32; zu Umfang und Grenzen RGSt 41, 99; Achilles/*Greiff*, BGB, § 1631 Rn 5.

5 Ausführlich zur Geschichte der Kinderrechte *Peschel-Gutzeit,* FPR 2008, 471.

6 Literarischer Vorläufer: *Friedrich Schiller*, Das Lied von der Glocke, Zeile 106–126: Der Mann muss hinaus/Ins feindliche Leben/Muss wirken und streben/Und pflanzen und schaffen/Erlisten, erraffen/Muss wetten und wagen/Das Glück zu erjagen./Da strömet herbei die unendliche Gabe/Es füllt sich der Speicher mit köstlicher Habe/Die Räume wachsen, es dehnt sich das Haus.//Und drinnen waltet/Die züchtige Hausfrau/Die Mutter der Kinder/Und herrschet weise/Im häuslichen Kreise/Und lehret die Mädchen/Und wehret den Knaben/Und reget ohn’ Ende/Die fleißigen Hände/Und mehrt den Gewinn/Mit ordnendem Sinn ...

das Recht der Sorge für das Kind missbraucht, das Kind vernachlässigt oder sich eines ehrlosen oder unsittlichen Verhaltens schuldig

machte, so § 1666 Abs. 1 BGB in der Fassung vom 1.1.1900.

Diese rechtliche Situation wirkte lange fort. Für Ehefrauen wurde die lange Zeit stark einschränkende, unterdrückende Situation sodann durch Einführung des Ehegesetzes von 1938 gebessert.[7] Durch das Ehegesetz wurde **neben Verschuldenstatbeständen auch ein Zerrüttungstatbestand** in das Ehescheidungsverfahren eingeführt.

7 Der **Anspruch auf Unterhalt** für den Ehegatten hing aber nach §§ 58 ff. EheG vom **Anteil der Schuld an der Scheidung** incl. der Schuld an der Zerrüttung ab. Wer das **überwiegende Verschulden** an der Scheidung trug, war grundsätzlich unterhaltspflichtig. Dies galt sowohl für den nachehelichen Unterhaltsanspruch als auch für den Trennungsunterhalt. Da der Anspruchsteller das – zumindest überwiegende – Verschulden des anderen Ehegatten beweisen musste, **erschwerte diese Regelung die Durchsetzung von Unterhaltsansprüchen** für den Anspruchsteller, in der Regel die Ehefrau. Bei beiderseits gleichwertigem Verschulden musste ggf. Teilunterhalt gezahlt werden. Bei einer Scheidung ohne Schuldausspruch konnte ein Unterhaltsanspruch **aus Billigkeitsgründen** entstehen (§ 61 EheG).

8 Erst das erste EheRG vom 14.6.1976[8] führte **mit Wirkung vom 1.7.1977 allgemein an Stelle des Verschuldensprinzips das Zerrüttungsprinzip** in das Scheidungsrecht ein. Eine Ehe konnte von nun an geschieden werden, wenn sie **gescheitert** war, unabhängig davon, aus welchen Gründen dies geschah.

Kinder mussten längere Zeit auf Schutz warten.

9 Erst durch das Grundgesetz erhielten Kinder den ihnen zustehenden Schutz.

In Art. **6 Abs. 2 GG** wird von der Pflege und Erziehung der Kinder als dem **natürlichen Recht der Eltern und der ihnen zuvorderst obliegenden Pflicht** gesprochen, über deren Betätigung die staatliche Gemeinschaft wacht, begründet mit der Annahme, dass

in aller Regel Eltern das Wohl des Kindes mehr am Herzen liegt als irgendeiner anderen Person oder Institution.[9]

Das Kind wurde Träger eigener Grundrechte. Sie wurden niemandes Eigentum oder „Verfügungsmasse".

10 Das **Bundesverfassungsgericht** hat dazu 1980 grundsätzlich erklärt:

Eine Verfassung, welche die Würde des Menschen in den Mittelpunkt ihres Wertsystems stellt, kann bei der Ordnung zwischenmenschlicher Beziehungen grundsätzlich nie-

7 Ehegesetz von 6.7.1938, RGBl 1938 I, 807.

8 BT-Drucks 7/4361.

9 BVerfGE 59, 376; 61, 371.

mandem Rechte an der Person eines anderen einräumen, die nicht zugleich pflichtgebunden sind und die Menschenwürde des anderen respektieren.[10]

11 International wurde am 21.11.1989 die **UN-Kinderrechtskonvention** von der Generalversammlung der Vereinten Nationen verabschiedet und bis heute von vielen Staaten ratifiziert.

Den Kinderrechten in der UN-Kinderrechtskonvention liegen **vier Grundprinzipien** zugrunde:

- **Nichtdiskriminierung** (Art. 2); der Staat ist verpflichtet, Kinder und Jugendliche vor jeder Form der Diskriminierung zu schützen.
- **Vorrang des Kindeswohls** (Art. 3); dieses Grundprinzip verlangt, dass bei allen Maßnahmen öffentlicher oder privater Einrichtungen das Wohlergehen des Kindes, das Kindeswohl, vordringlich zu berücksichtigen ist.
- **Entwicklung** (Art. 6); das Grundprinzip soll das Recht jedes Kindes auf Leben, Überleben und Entwicklung sichern.
- **Berücksichtigung der Meinung des Kindes** (Art. 12); Kinder haben danach das Recht, selbst oder durch einen Vertreter gehört zu werden; der Wille des Kindes muss angemessen und entsprechend seinem Alter und seiner Reife berücksichtigt werden[11]

12 In der UN-Kinderrechtskonvention finden sich weitere **Schutzrechte, Förderrechte und Verteidigungsrechte**, also Rechte auf Schutz der Identität und der Privatsphäre, Rechte auf Leben, Entwicklung und Familienzusammenführung sowie Recht auf freie Meinungsäußerung etc. International ist allerdings interessant, dass die Kinderrechtskonvention neben kleineren Ländern wie Somalia und Süd-Sudan ebenfalls gerade von den **USA nicht ratifiziert** worden ist.

Es fehlt nach der UN-Kinderrechtskonvention allerdings die Möglichkeit, Kinderrechte verbindlich einzufordern. Es existiert soweit keine Individualbeschwerderecht für Kinder vor dem internationalen Gerichtshof. Es wäre sinnvoll, die Rechte von Kindern effektiver zu schützen, indem die Möglichkeit bestünde, Verstöße von Staaten zu ahnden. Kinderrechte haben sich **in Deutschland** im Unterhaltsrecht sowie im Sorge- und Umgangsrecht unterschiedlich entwickelt.

13 Hinsichtlich des **Kindesunterhalts** hat beispielsweise das **Bundesverfassungsgericht im Urt. v. 9.2.2010** zu Recht kritisiert, dass bei der bis dahin vorgenommenen Berechnung der Hartz-IV-Regelsätze **kein kinderspezifischer Bedarf** ermittelt werde. Die Bedarfssätze für Kinder leiteten sich von den Regelsätzen der Erwachsenen ab. Das Bundesverfassungsgericht erklärte dazu, dass „Kinder keine kleinen Erwachsenen" seien. Die Bundesregierung war demnach aufgefordert, die Hartz-IV-Regelsätze neu zu berechnen, und zwar sowohl für Erwachsene als auch für Kinder.

10 BVerfGE 24, 144.
11 *Maywald*, S. 9 f.

Dies hat sich sodann wie folgt ausgewirkt: 14

		2016[12]		**2015**		2014[13]		**2013**	
		Jahr	**Monat**	**Jahr**	**Monat**	**Monat**	**Jahr**	**Monat**	**Jahr**
Alleinstehende	Regelsatz	4.872	406	4.788	399	4.680	390	4.584	382
	Kosten der Unterkunft	3.060	255	2.988	249	2.868	239	2.796	233
	Heizkosten	720	60	696	58	804	67	744	62
	Sächl. Existenzminimum	8.652	721	8.472	706	8.352	696	8.124	677
	Steuerl. Freibetrag	8.652	721	8.472	706	8,354	696,16	8.130	677,50
Ehepaare	Regelsatz	8.784	732	8.640	720	8.448	704	8.280	690
	Kosten der Unterkunft[14]	4.788	399	–	–	4.560	380	–	–
	Heizkosten	900	75	–	–	1.008	84	–	–
	Sächl. Existenzminimum	14.472	1.206	–	–	14.016	1.168	–	–
	Steuerl. Freibetrag	17.304	1.442	16.944	1.412	16.708	1.392,33	16.260	1.355
Kinder	Regelsatz[15]	3.228	269	3.168	264	3.096	258	–	–
	Bildung und Teilhabe[16]	228	19	228	19	228	19	228	19
	Kosten der Unterkunft	960	80	936	78	912	76	–	–
	Heizkosten	192	16	180	15	204	17	–	–
	Sächl. Existenzminimum	4.608	384	4.512	376	4.440	370	4.272	356

12 Zehnter Existenzminimumbericht BT-Drucks 18/3893.
13 Neunter Existenzminimumbericht BT-Drucks 17/11425.
14 Werden für Ehepaare nur für das jeweilige Berichtsjahr ausgewiesen.
15 Gewichteter Durchschnitt für Kinder bis zum vollendeten 18. Lebensjahr.
16 Gewichteter Durchschnitt einschließlich Schulbedarf und Ausflüge.

15 Enorm gesteigert hat sich im Laufe der Jahre auch die Höhe des Kindergeldes wie folgt:

Kindergeldtabelle[17]

Zeitraum	1. Kind	2. Kind	3. Kind	ab 4. Kind
1975–1977	50	70	120	120
1978	50	80	150	150
1/1979–6/1979	50	80	200	200
7/1979–1/1981	50	100	200	200
2/1981–12/1981	50	120	240	240
1982	50	100	220	240
1/1983–6/19902	a) 50	100	220	240
	b) 50	70	140	140[18]
7/1990–12/1991	a) 50	130	220	240
	b) 50	70	140	140
1992–1995	a) 70	130	220	240
	b) 70	70	140	140
1996	200	200	300	350
1997–1998	220	220	300	350
1999	250	250	300	350
(DM)2000–2001	270	270	300	350
(EUR)2002–2008	154	154	154	179
ab 1/2009	164	164	170	195
ab 1/2010	184	184	190	215
ab 1/2015	188	188	194	219
Ab 1/2016	190	190	196	221

16 Hinsichtlich der **Kinderrechte im Bereich elterlicher Sorge und Umgang** war nach dem **Ende der Weimarer Zeit** die Erziehung im Nationalsozialismus schlichtweg darauf angelegt, den Willen des Kindes zu brechen, rassistische Inhalte zu vermitteln etc. Millionenfach wurden Kinder ermordet; Kinder jeden Alters wurden als Objekte für medizinische Zwecke missbraucht. Mit Inkrafttreten des **Grundgesetzes** für die Bundesrepublik

17 Beträge bis 2001 in DM, ab 2002 in EUR.

18 Durch § 44e Abs. 2 BKGG i.d.F. des Steueränderungsgesetzes 1992 v. 25.2.1992 (BGBl I, 297) erfolgte eine Nachbesserung des Kindergeldes für die Jahre 1983 bis 1985 durch Erhöhung der Sockelbeträge nach § 10 Abs. 2 BKGG a.F. für das 3. Kind (auf 200 DM), 4. Kind (auf 180 DM) und das 5. Kind (auf 155 DM) für die Fälle, in denen für das betreffende Jahr – über die Minderung des Kindergeldes nach nicht bindend entschieden worden war und – keine Nachbesserung bei der Besteuerung erfolgte

Deutschland wurden Kinder unter den Schutz der Familie nach Art. 6 GG gestellt und geschützt durch die auch für Kinder geltenden umfassenden Grundrechte, namentlich das Recht auf freie Entfaltung der Persönlichkeit nach Art. 2 GG.

Der Begriff der **„elterlichen Gewalt"** wurde aber erst im Zuge einer umfassenden Sorgerechtsreform aus dem Jahre 1980 von der **„elterlichen Sorge"** abgelöst. Zudem wurde ein **Abs. 2 in § 1626 BGB** eingefügt, der erstmals ein Mitspracherecht von Kindern und Jugendlichen bei allen Kindschaftssachen, die sie betreffen, verbindlich anordnete.

Das **am 1.1.1991 in Kraft tretende Kinder- und Jugendhilfegesetz**, das das bis dahin geltende deutsche Jugendwohlfahrtsgesetz (JWG) von 1961 ablöste, wies Kinder explizit als Träger eigener Rechte aus.

Ein von den Eltern unabhängiger **Beratungs- und Betreuungsanspruch von Kindern** 17
durch das Jugendamt wurde eingeführt, ergänzend 1996 ein Rechtsanspruch auf einen Kindergartenplatz für jedes Kind, im Übrigen für ein Kind nach Vollendung des 3. Lebensjahres. Schließlich sorgte das **Kindschaftsrechtsreformgesetz von 1998** für eine Gleichstellung ehelicher und nichtehelicher Kinder und im Bereich des Umgangs zu einem Recht auf Umgang mit beiden Eltern (§ 1684 Abs. 1 BGB) sowie zur Möglichkeit, Kindern in Verfahren, die die elterliche Sorge betreffen, durch einen Verfahrenspfleger einen eigenen „Anwalt" zur Seite zu stellen.[19] Schließlich sichert das **Gesetz zur Ächtung von Gewalt in der Erziehung** vom 2.11.2000 das Recht des Kindes auf eine gewaltfreie Erziehung. Damit wurde in Deutschland das „Züchtigungsrecht" abgeschafft.[20]

Gleichwohl wurde bis in die jüngste Zeit die Auffassung vertreten, körperliche Züchti- 18
gungen seien nicht als solche stets entwürdigend. Es könne ein Züchtigungsrecht als

> *angemessene Reaktion auf kindlichen Ungehorsam und nur unter Rücksichtnahme auf Alter, Gesundheit, seelische und körperliche Reife sowie psychische Situation und Würde des Kindes*

in Betracht kommen.[21]

So hieß es beispielsweise im „Palandt", der Kommentierung des BGB in § 1631 Rn 9 in 19
der 71. Auflage im Jahre 2012 noch:

> *Körperliche Züchtigungen sind … kein institutionalisiertes Erziehungsmittel mehr.*[22]

Erst in der 72. Auflage des Palandt hat *Götz* diese Auffassung endgültig korrigiert.

19 *Maywald*, 9, 12.

20 Zum Problemkreis: *Katharina Parr,* Das Kindeswohl in 100 Jahren BGB, Dissertation, Universität Würzburg, 2005.

21 So MüKo/*Hinz,* § 1631 Rn 23

22 Palandt/*Diederichsen,* § 1631 Rn 9.

Sodann lautete der Satz:

Körperliche Züchtigungen sind unzulässig.

Wurde Erziehung in den Vorauflagen noch dahin definiert, dass sie dazu führen solle, u.a. „seine Motive unter Kontrolle zu halten“,[23] fehlt dieser Satzteil ab der Neuauflage 2013. Hier wird die Anleitung „zu selbstverantwortlichem Verhalten“[24] betont, ein offensichtlich wohlüberlegter neu eingeführter Begriff.

20 Noch weiter gegangen war zumindest noch 1988 der **BGH** mit der Entscheidung, dass die Verwendung eines Schlaggegenstandes der Züchtigung schon für sich genommen noch nicht den Stempel einer entwürdigenden Behandlung aufdrückt.[25]

In der Regel sind **körperliche Züchtigungen entwürdigende Behandlungen** i.S.v. § 1631 Abs. 2 BGB. Sie stellen häufig genug eine **„bloße Abreaktion elterlicher Affekte“** dar, aus denen nach Analysen der Kindesmisshandlungsursachen eine **dauernde Gefahr für das Kind** erwachsen kann.[26]

Insgesamt wird durch das Justizministerium in der Broschüre **„Das Kindschaftsrecht“** zu Recht gelobt, was in der gesellschaftlichen Entwicklung an Fortschritten für Kinder erreicht worden ist. Gleichwohl wird zu Recht kritisiert, dass **in vielen Bereichen des Kindschaftsrechts noch Handlungsbedarf** besteht, angefangen von einer eigentlich notwendigen Reform des Kindesunterhaltsrechts bis hin zu einer ebenso notwendigen Systematisierung der Vorschriften im Sorgerecht und Umgangsrecht.

Umso mehr muss aber nach dem derzeitigen Stand dafür Sorge getragen werden, dass die **bestehenden Regeln** im Kindschaftsrecht im Falle von Vereinbarungen zwischen den Beteiligten eindeutig und korrekt formuliert werden.

23 Palandt/*Diederichsen*, BGB,71. Aufl., § 1631 Rn 2.
24 Palandt/*Götz*, BGB, 72. Aufl., § 1631 Rn 2.
25 BGH FamRZ 1988, 717.
26 Vgl. dazu MüKo/*Hinz,* § 1631 Rn 23.

§ 2 Grundsätze zu Vereinbarungen im Familienrecht

A. Allgemeines

Zunächst sind bestimmte Grundsätze zu klären, die für alle Vereinbarungen im Familienrecht gemeinsam gelten. 1

B. Gegenstand von Vereinbarungen

Gegenstände einer Vertragsgestaltung im Familienrecht sind insbesondere 2

- Eheverträge,
- Getrenntlebens- und Scheidungsfolgenvereinbarungen,
- sonstige Vorsorgeverträge.

§ 111 FamFG enthält eine Auflistung der Gegenstände, die **Familiensachen** sind. 3

Familiensachen sind:

- Ehesachen (Begriff definiert in § 121 FamFG),
- Kindschaftssachen,
- Abstammungssachen,
- Adoptionssachen,
- Wohnungszuweisungs- und Hausratssachen,
- Gewaltschutzsachen,
- Versorgungsausgleichssachen,
- Unterhaltssachen,
- Güterrechtssachen,
- sonstige Familiensachen,
- Lebenspartnerschaftssachen.

I. Ehevertrag

Nach § 1408 Abs. 1 BGB können Ehegatten ihre güterrechtlichen Verhältnisse durch Vertrag (Ehevertrag) regeln. Es ist aber allgemein anerkannt, dass auch andere Vereinbarungen zwischen Eheleuten getroffen werden können (Grundsatz der Privatautonomie). Ein rein „güterrechtliches" Verständnis des Ehevertrages wäre unzutreffend. 4

Nicht jede Regelung vermögensrechtlicher Verhältnisse im Rahmen einer Ehe muss **„güterrechtlich"** sein und bedarf demgemäß der Form eines Ehevertrages wie beispielsweise der Kauf einer Immobilie durch Ehegatten – teilweise – aus Ersparnissen eines Beteiligten und entsprechende Vereinbarung über die Folgen. Vor allem aber ist der Regelungsinhalt eines Ehevertrages **nicht auf Vereinbarungen zum Güterrecht beschränkt**.

5 Der Begriff ist in einem weiteren Sinne zu verstehen als **Vereinbarungen im Hinblick auf eine bestehende oder zukünftige Ehe, die allgemeinen Ehewirkungen, das Güterrecht und/oder die Folgen einer etwaigen Scheidung**.

Der Abschluss eines Ehevertrages setzt aber keine bestehende Ehe voraus, ebenso wenig ein Verlöbnis[1] der zukünftigen Eheleute. Der vor der Ehe geschlossene Ehevertrag wird wirksam mit der Eheschließung.

6 **Gegenstand eines Ehevertrages** können z.B. Regelungen sein über

- Güterrecht,
- Versorgungsausgleich,
- Unterhalt,
- elterliche Sorge,
- eheliche Wohnung,
- Haushaltssachen,
- Steuerrecht,
- Eintragung in das Güterrechtsregister,
- allgemeine Ehewirkungen.

7 **Regelungen über allgemeine Ehewirkungen** sind im Zusammenhang mit einem Ehevertrag z.B. solche über

- eheliches Zusammenleben, § 1353 BGB,
- Ehe- und Familienname, § 1355 BGB,
- Haushaltsführung und Erwerbstätigkeit, § 1356 BGB,
- Rechtsgeschäfte des täglichen Lebens, § 1357 Abs. 1 BGB,
- Familienunterhalt, § 1360 BGB,
- Vermögensbildung und Altersvorsorge,
- Regelung der Eigentumsvermutung, § 1362 BGB.

8 Die Abgrenzung von **Eheverträgen zu anderen Verträgen** erfolgt dadurch, dass man sich die Frage stellt, ob das Rechtsgeschäft das **Bestehen einer Ehe notwendig** voraussetzt oder ob es **genauso gut zwischen Dritten** vorgenommen werden könnte. Kaufen Ehegatten z.B. Grundbesitz in Gesellschaft bürgerlichen Rechts, unterliegt ein BGB-Gesellschaftsvertrag nicht der Formvorschrift für Eheverträge gem. § 1410 BGB.

Auch Zuwendungen unter Ehegatten beeinflussen den Güterstand nicht und unterliegen deshalb nicht der Form des § 1410 BGB.[2]

1 So aber *Brambring* in seiner Definition, Rn 6.
2 Staudinger/*Thiele*, § 1408 Rn 23.

II. Trennungs-/Scheidungsfolgenvereinbarungen

Eheverträge werden von **Scheidungsfolgenvereinbarungen** dadurch abgegrenzt, dass ein Vertrag dann ein Ehevertrag ist, wenn er die Eingehung einer Ehe notwendig voraussetzt und nicht auf eine bevorstehende oder eingeleitete Scheidung bezogen ist. Eheverträge werden in einer intakten Ehe geschlossen. Dabei wird aber auch der Fall eines möglichen Scheiterns der Ehe bedacht. 9

Die Scheidungsfolgenvereinbarung wird zum Zweck der einvernehmlichen Abwicklung der gescheiterten Ehe geschlossen.

Die **Trennungsvereinbarung** hat demgegenüber einen eigenen Regelungsbereich, da die Scheidung zu dieser Zeit noch nicht beabsichtigt zu sein braucht. In einer Krisensituation zwischen „intakter“ und „gescheiterter“ Ehe wird eine einvernehmliche Regelung der Trennungssituation vorgenommen. 10

Getrenntlebensvereinbarungen werden aber häufig mit einer Scheidungsfolgenvereinbarung verknüpft, um für den Fall einer doch unvermeidlichen Scheidung nicht erneut streiten oder verhandeln zu müssen.

In **Getrenntlebens- und Scheidungsfolgenvereinbarungen** sind insbesondere Vereinbarungen enthalten über 11

- den Güterstand,
- den Versorgungsausgleich,
- den Unterhalt während des Getrenntlebens,
- den nachehelichen Unterhalt,
- Krankenversicherung,
- die elterliche Sorge und Umgang mit dem Kind/den Kindern,
- Auseinandersetzung über eheliches Vermögen,
- Haushaltssachen,
- eheliche Wohnung,
- Verbindlichkeiten.

Vorsorgevereinbarungen außerhalb eines Ehevertrages sind insbesondere hinsichtlich Ausgleichsansprüche wegen erbrachter Zuwendungen und Arbeits- und Dienstleistungen denkbar. 12

C. Formerfordernisse

I. Ehevertrag

Der Ehevertrag muss bei **gleichzeitiger Anwesenheit beider Teile** zur Niederschrift eines **Notars** geschlossen werden (§ 1410 BGB). 13

§ 1410 BGB hat die Funktion des Schutzes vor Übereilung der Vertragsschließenden, soll diese warnen und den unzweideutigen Beweis der getroffenen Vereinbarung sichern **(Beweisfunktion)**, sowie durch Einschaltung des Notars die Gültigkeit der Vereinbarung gewährleisten **(Gültigkeitsgewähr)**.[3] Gleichzeitige Anwesenheit bedeutet aber nicht, dass beide Vertragspartner persönlich bei der notariellen Beurkundung anwesend sein müssen. Eine Vertretung ist möglich. Es gibt keine Pflicht zum persönlichen Handeln. § 1410 BGB verbietet lediglich die **Sukzessivbeurkundung**, also den Abschluss durch Angebot und Annahme.

14 *Beispiel*

F. und M. wollen einen Ehevertrag schließen und haben den Text mit dem Notar vorab erörtert. In der Hochzeitsnacht erkrankt die F. und lässt sich zur Beurkundung von Ihrer Schwiegermutter durch handschriftlich erteilte Vollmacht vertreten.

Frage: Ist dies zulässig?

Antwort: Vertretung ist möglich; die handschriftliche Vollmacht reicht aus, da nach § 167 Abs. 2 BGB die Erklärung nicht der Form bedarf, welche für das Rechtsgeschäft bestimmt ist.

15 *Hinweis*

Gleichwohl hat der Notar die Beratung und Belehrung beider Vertragsteile zu sichern, § 17 BeurkG. Dies hat er im Beispiel durch Vorabbesprechung getan.

16 Ein Ehevertrag kann gem. § 2276 Abs. 2 BGB auch mit einem **Erbvertrag** verbunden werden. Für den Erbvertrag zwischen Ehegatten oder zukünftigen Ehegatten, der mit einem Ehevertrag in derselben Urkunde verbunden wird, genügt die für den Ehevertrag vorgeschriebene Form. Die Wirksamkeit von Verträgen zwischen zukünftigen Ehegatten tritt dann mit der Wirksamkeit der Heirat ein.

17 Bei **beschränkter Geschäftsfähigkeit** eines Beteiligten kann ein Ehevertrag gem. § 1411 Abs. 1 BGB nur mit Zustimmung des gesetzlichen Vertreters geschlossen werden.

Bei **Geschäftsunfähigkeit** eines Ehegatten schließt der gesetzliche Vertreter den Vertrag, § 1411 Abs. 2 BGB. Ist der gesetzliche Vertreter Vormund oder Betreuer, ist in ersterem Fall bei Anordnung eines **Einwilligungsvorbehalts** (§ 1903 BGB) und teilweisem oder vollständigem Ausschluss von Zugewinn sowie Vereinbarung oder Aufhebung von Gütergemeinschaft die **Genehmigung des Betreuungsgerichts/Familiengerichts** erforderlich, § 1411 Abs. 1 S. 3 BGB. Im zweiten Fall ist grundsätzlich die Genehmigung des Betreuungsgerichts/Familiengerichts erforderlich, § 1411 Abs. 2 S. 2 BGB.

3 MüKo-BGB/*Kanzleiter*, § 1410 Rn 1 f.; *Sarres*, 5 ff.; *Bredthauer*, in Scholz/Kleffmann/Motzer, T 15.

II. Trennungs-/Scheidungsfolgenvereinbarung

Im Gegensatz zum Ehevertrag ordnet das Gesetz für Trennungs- und Scheidungsfolgenvereinbarung **keine generelle Beurkundungspflicht** an. 18

Es gibt jedoch **Ausnahmen:**

- Vereinbarungen über den Unterhalt (§ 1585c Abs. 1 S. 2 BGB)
- Vereinbarungen über den Versorgungsausgleich (§ 7 VersAusglG)
- Vereinbarungen über Zugewinnausgleichsregelung im Hinblick auf ein Scheidungsverfahren (§ 1378 Abs. 3 S. 2 BGB) sowie
- Vereinbarungen über die Veräußerung von Grundstücken und Grundstücksteilen im Zusammenhang mit der Ehescheidung (§ 311b BGB).

Die vorbezeichneten Ausnahmen werden in der Praxis dadurch **zur Regel** erhoben, dass die Vereinbarungen einer der vorbezeichneten Ausnahmegegenstände zu der **Beurkundungspflicht aller übrigen Vereinbarungen** in diesem Vertrage führt, und zwar unter Berufung auf die Rechtsprechung zu § 125 BGB.[4] 19

> *Praxistipp*
>
> Die Beurkundungspflicht entfällt auch nicht dadurch, dass die Parteien die Regelungstatbestände auf **zwei verschiedene Verträge** aufteilen, und diesen Umstand dem Notar zur Vermeidung weiterer Notargebühren verschweigen. In einem derartigen Fall sind beide Verträge nichtig.[5]

Ein Verstoß gegen Formvorschriften hat gem. § 125 S. 1 BGB die **Nichtigkeit** zur Folge. Eine **Heilung,** wie etwa nach § 311b S. 2 BGB, ist im Familienrecht **nicht** vorgesehen. 20

D. Die Rolle des Notars

I. Grundsätze

Grundlage der notariellen Tätigkeit ist § 1 BNotO. Danach ist der Notar ein **unabhängiger Träger eines öffentlichen Amtes**. Der Notar ist gem. § 14 Abs. 1 S. 2 BNotO unabhängiger und unparteiischer Betreuer der Parteien. 21

Wie er seine notarielle Tätigkeit auszuüben hat, zeigt **§ 17 Abs. 1 BeurkG** deutlich auf. Der **Notar soll**

- den Willen der Beteiligten erforschen,
- den Sachverhalt klären,

4 BGH FamRZ 2002, 1179.

5 *Bredthauer,* in: Scholz/Kleffmann/Motzer, T 19.

- über die rechtliche Tragweite des Geschäfts belehren und
- die Erklärungen der Beteiligten klar und unzweideutig in der Niederschrift wiedergeben.

22 Der **Notar soll** darüber hinaus darauf achten, dass

- Irrtümer und Zweifel vermieden und
- unerfahrene und ungewandte Beteiligte nicht benachteiligt werden.[6]

Dies ist gerade in Familiensachen häufig nicht ganz einfach.[7]

23 Der Anwalts-Notar muss beachten, dass er **nicht mehr als Rechtsanwalt** tätig werden darf, wenn einer der in § 45 BRAO aufgeführten Versagungsgründe vorliegt, insbesondere er als Notar eine Urkunde aufgenommen hatte und deren Rechtsbestand und Auslegung streitig geworden ist. Der Anwalts-Notar, der seine Sozietät mit anderen Anwälten ausübt, muss durch organisatorische Maßnahmen sicherstellen, dass in seiner Sozietät kein Mandat übernommen wird, dessen Erfüllung dem Grundsatz der Unparteilichkeit des Notars widerspricht.[8] Nach § 3 Abs. 2 BeurkG ist der Notar verpflichtet, vor der Beurkundung nach einer Vorbefassung gem. § 3 Abs. 1 Nr. 7 BeurkG zu fragen und in der Urkunde die Antwort zu vermerken.

24 Der Wortlaut kann dann wie folgt lauten:

> *Formulierungsbeispiel: Vorbefassung des Notars*
>
> Die Frage des beurkundenden Notars nach einer Vorbefassung im Sinne von § 3 Abs. 1 Nr. 7 BeurkG wurde von den Erschienenen verneint. Der beurkundende Notar erläuterte die vorgenannte Vorschrift.

II. Sachverhaltsaufklärung

25 Der Notar ist verpflichtet, den **wahren Willen der Parteien zu erforschen** und den Sachverhalt, der dann zu einer Beurkundung der Vereinbarung der Parteien führt, aufzuklären. Er hat den **sichersten und finanziell günstigsten Weg** zu wählen. Nach § 17 Abs. 1 S. 2 BeurkG hat der Notar darauf zu achten, dass Irrtümer und Zweifel vermieden sowie unerfahrene und ungewandte Beteiligte nicht benachteiligt werden. Er hat also bei der Beurkundung eines Ehevertrages und einer Scheidungsfolgen-vereinbarung, insbesondere, wenn die Parteien in der Beurkundung nicht von Rechtsanwälten begleitet werden, darauf hinzuwirken, dass die unerfahrene und/oder offensichtlich wirtschaftlich schwächere Partei **vor offensichtlichen Nachteilen bewahrt** wird. Dies muss zwar einerseits dem Notar evident sein; andererseits werden aber Kenntnisse des materiellen Rechts vorausgesetzt.

6 BGH FamRZ 2014, 1364.
7 Zu den Anforderungen zur „Eindeutigkeit des Wortlautes" vgl. z.B. OLG Naumburg FamRZ 2007, 473.
8 BGH DNotZ 1992, 455.

Gem. § 4 BeurkG soll der Notar die Beurkundung **ablehnen**, wenn sie mit seinen Amtspflichten nicht vereinbar wäre, insbesondere, wenn seine Mitwirkung bei Handlungen verlangt wird, mit denen erkennbar unerlaubte oder unredliche Zwecke verfolgt werden. 26

Hinweis

Voraussetzung für die Beratung und Belehrung ist, dass der Notar den Sachverhalt kennt, den die Beteiligten regeln wollen. Er hat deswegen sorgfältig durch **Befragen** der Beteiligten alle Tatsachen zu ermitteln, die für die Parteien rechtsrelevant sind.

III. Belehrungspflicht

Der Notar hat die Beteiligten gem. § 17 Abs. 1 S. 1 BeurkG über die **rechtliche Tragweite** des Rechtsgeschäftes zu belehren. 27

Formulierungsbeispiel: Belehrung nach § 17 Abs. 1 S. 1 BeurkG

Der Notar hat die Erschienenen über die Bedeutung, die rechtliche Tragweite, insbesondere die **Rechtsfolgen und die Auswirkungen des Ehevertrages** abschließend noch einmal ausführlich belehrt. Beide Erscheinen sind sich der Tragweite der getroffenen Vereinbarungen bewusst und wünschen geleichwohl die Beurkundung des Ehevertrages, auch unter Inkaufnahme möglicher zukünftig daraus erwachsener Nachteile.

Grundsätzlich hat der Notar über wirtschaftliche Folgen des beurkundenden Rechtsgeschäfts und auf **wirtschaftliche Gefahren nicht** hinzuweisen.[9] Erkennt er jedoch, dass eine der Beteiligten in Folge Unkenntnis über die gewählte Rechtskonstruktion ein Schaden droht, muss er auch über wirtschaftliche Folgen belehren (§ 17 Abs. 1 S. 2 BeurkG).[10] Dabei müssen, so der **BGH**, die besonderen Umstände des Einzelfalles es nahe legen, dass eine Schädigung eines Beteiligten eintreten kann und der Notar nicht mit Sicherheit annehmen kann, dass sich der Gefährdete dieser Lage bewusst ist oder eben das Risiko auch bei einer Belehrung auf sich nehmen würde.[11] 28

In der vorgenannten Entscheidung des **BGH** hatte das Gericht den Notar sogar wegen **fortgesetzter Untreue** verurteilt, da er eine Vertragskonstruktion gewählt hatte, die in der Sicherung des wechselseitigen Leistungsaustausches massiv von der üblichen Gestaltung von Grundstückskaufverträgen abwich. Teile eines Kaufpreises sollten danach erst bei Weiter-

9 BGH DNotZ 1992, 813; 1996, 116; OLG Celle DNotZ 1973, 504; *Ganter,* DNotZ 1998, 851, 853; *Winkler,* § 17 Rn 237 m.w.N.

10 BGH DNotZ 1954, 319; BGH NJW 1975, 2016; BGH NJW-RR 1992, 1178, 1180; BGH NJW 1996, 522; BGH FamRZ 2014, 282 m. Anm. *Grziwotz*; *Ganter,* WM 1996, 701; *Winkler,* § 17 BeurkG Rn 242 m.w.N.

11 BGH DNotZ 1991, 744.

veräußerung von Grundbesitz durch den kaufenden Bauträger fällig werden, ohne dass ein bestimmtes Fälligkeitsdatum genannt worden war.

29 Generell gilt auch der Grundsatz, dass ein **Notar keine Steuerberatungspflicht** hat.[12] Er wird aber hierauf hinweisen, z.B. mit folgendem Wortlaut:

> *Formulierungsbeispiel: Steuerliche Beratung*
>
> Die Vertragsparteien erklären, dass durch den Notar keinerlei steuerliche Beratung stattgefunden hat. Der Notar hat aber darauf hingewiesen, dass die Vertragsparteien sich in steuerrechtlichen Fragen, die mit dem Inhalt dieser Urkunde in Zusammenhang stehen, durch einen Angehörigen der steuerberatenden Berufe beraten lassen sollten.
>
> Die Vertragsparteien erklären hierzu, keine weitere steuerrechtliche Beratung im Zusammenhang mit der vorliegenden Urkunde zu benötigen und vor Unterzeichnung dieser Urkunde ausreichend Zeit gehabt zu haben, den Urkundsentwurf auch steuerrechtlich prüfen zu lassen.

30 Der **BGH** hat aber erklärt, dass dann, wenn der Notar vor oder während der Beurkundung davon Kenntnis erhalten hat, dass der Verkäufer das Grundstück **innerhalb der Spekulationsfrist** erworben hat und die Anschaffungskosten unter dem Verkaufspreis liegen, also Spekulationssteuer entsteht, die Haftung des Notars greift. Er muss in diesem Zusammenhang die von den Parteien eingereichten Unterlagen persönlich überprüfen.[13]

IV. Ausländisches Recht

31 Bestehen Zweifel darüber, ob ausländisches Recht zur Anwendung kommt, soll der Notar die Beteiligten darauf hinweisen und dies vermerken. Zur Belehrung über den Inhalt ausländischer Rechtsordnung ist er allerdings nicht verpflichtet (§ 17 Abs. 3 BeurkG). Tut er dies gleichwohl, muss die Belehrung richtig sein; sonst haftet er.

Das im **Einführungsgesetz zum BGB geregelte Kollisionsrecht** ist deutsches Recht, das der Notar kennen muss. So muss er z.B. gem. Art. 15 EGBGB prüfen, in welchem Güterstand die Parteien leben, sofern ein ausländischer Staatsangehöriger an der Beurkundung beteiligt ist. Bei der Anwendung ausländischen Rechts besteht jedoch gem. Art. 4 EGBGB die Möglichkeit der Rückverweisung auf deutsches Recht.

Bei **Anwendung ausländischen Rechts** soll der Notar allerdings auch auf die Möglichkeit hinweisen, ein **Rechtsgutachten** z.B. des Max-Planck-Instituts für ausländisches und internationales Privatrecht in Hamburg (Mittelweg 187, 20148 Hamburg) einzuholen. Dies kann natürlich teuer sein.

12 BGH VersR 1983, 181.
13 BGH NJW 1989, 586.

Ein Beispiel für eine Belehrung in einem Ehevertrag wäre bei Nichteinholung eines Gutachtens die folgende Klausel: 32

Formulierungsbeispiel: Anwendung ausländischen Rechts

Wir sind schließlich von dem Notar darauf hingewiesen worden, dass möglicherweise ausländisches Recht zur Anwendung kommt, und zwar bezüglich der Form und des Inhaltes der Urkunde. Der Notar hat ferner darauf hingewiesen, dass er dieses ausländische Recht nicht kenne, jedoch die Möglichkeit besteht, Gutachten darüber einzuholen. Trotz dieser Hinweise und Belehrung über die damit verbundenen Gefahren, insbesondere darüber, dass die gesamte Urkunde bzw. einzelne Erklärungen u.U. unwirksam sein können, bestanden die Beteiligten auf der Beurkundung.

Hinsichtlich der Kenntnis der deutschen Sprache im Hinblick auf einen ausländischen Staatsangehörigen sollte etwa folgende Formulierung aufgenommen werden: 33

Formulierungsbeispiel: Beherrschung deutscher Sprache

Der Erschienene zu … ist seiner Erklärung nach und zur Überzeugung des Notars der deutschen Sprache hinreichend kundig.

V. Nachweis von Belehrungen

Der Beweis einer erteilten Belehrung wird durch einen Vermerk in der Urkunde sichergestellt. Unterbleibt ein Belehrungsvermerk in der Niederschrift, so hat der Notar die gleichwohl **erteilte Belehrung zu beweisen**. Die Nichterfüllung der anderen Belehrungspflichten hat dagegen der behauptende Anspruchsteller zu beweisen.[14] 34

▼

2.1

Muster 2.1: Belehrung über Ausschluss des Zugewinnausgleichs im Falle einer Scheidung 35

Über die rechtliche Tragweite unserer vorstehenden Erklärungen wurden wir vom Notar eingehend belehrt. Insbesondere wurden wir auf die Bedeutung und das Wesen des vereinbarten Güterstandes auch für das Erbrecht hingewiesen.

Der Notar hat auf die Rechtsprechung des Bundesverfassungsgerichtes zur Inhaltskontrolle von Eheverträgen hingewiesen und erläutert, dass ehevertragliche Regelungen bei einer besonders einseitigen Aufbürdung von vertraglichen Lasten und einer erheblich ungleichen Verhandlungsposition unwirksam sein können.

14 *Winkler*, § 17 BeurkG Rn 124 m.w.N.

Die Vertragsteile erklären, dass sie nach einer Vorbesprechung und dem Erhalt eines Vertragsentwurfes die rechtlichen Regelungen dieses Vertrages umfassend erörtert haben und diese Regelungen ihrem gemeinsamen Wunsch nach Gestaltung ihrer ehelichen Verhältnisse entsprechen.

Der Notar hat darauf hingewiesen, dass bei einer Änderung des Ehetyps die Regelungen auch nachträglich unwirksam werden können. Er hat geraten, in diesem Falle den Vertrag der veränderten Situation anzupassen.

▲

Vorstehendes Muster siehe *Münch*.[15]

36 Wird in einem Ehevertrag oder einer Scheidungsfolgenvereinbarung Grundbesitz von einem auf den anderen Ehegatten übertragen, kann der Notar hierzu z.B. **in Kürze** wie folgt belehren:

Formulierungsbeispiel: Kurze Belehrung Übertragung von Grundbesitz

Wir sind von dem Notar darauf hingewiesen worden, dass zur Sicherung der Übereignung des Grundstückes eine Vormerkung eingetragen werden kann, für Kosten und Abgaben gesamtschuldnerische Haftung besteht, es allein Sache der Parteien ist, die steuerlichen Fragen dieses Vertrages zu prüfen und die Eigentumsumschreibung erst vorgenommen wird, wenn die steuerliche Unbedenklichkeitsbescheinigung vorliegt und ein angemessener Gerichtskostenvorschuss bezahlt worden ist.

VI. Notargebühren

37 Zu den Kosten von Eheverträgen: Bei Eheverträgen bestimmt sich der Geschäftswert nach dem zusammengerechneten Wert der gegenwärtigen Vermögen beider Ehegatten und, wenn der Ehevertrag nur das Vermögen eines Ehegatten betrifft, nach diesem (§ 39 Abs. 3 KostO). Die Schulden werden gemäß § 39 Abs. 3 S. 2 KostO abgezogen, aber nur von dem Vermögen des betroffenen Ehegatten.

38 Hinsichtlich der Kosten eines Vertrages muss auf die **gesamtschuldnerische Kostenhaftung gem. § 5 KostO** hingewiesen werden. Die Urkunde muss zwar nicht, sollte aber auch die Regelung enthalten, wer die Kosten trägt.

Sinnvoll ist es auch, in Scheidungsvereinbarungen festzuhalten, wie die Kosten von Rechtsanwalt und Gericht im Falle der Scheidung verteilt werden.

Folgende Formulierung bietet sich an:

15 Bergschneider/*Münch*, Form. G.I.1; BGH FamRZ 2014, 282.

Formulierungsbeispiel: Verteilung von Kosten

Jede Partei trägt die Kosten ihres Rechtsanwalts selbst. Die Gerichtskosten im Zusammenhang mit der Scheidung trägt .... Die Notargebühren für die Beurkundung dieser Niederschrift trägt ....

Es wird in diesem Zusammenhang gerade für den anwaltlichen Berater sinnvoll sein, zu versuchen, die Kosten der rechtsanwaltlichen Tätigkeit im Rahmen einer gefundenen außergerichtlichen Einigung die Gegenseite zahlen zu lassen.

Dies zeigt eine Gegenüberstellung der Kosten von Rechtsanwalt und Notar bei einem gedachten Gegenstandswert von 200.000 EUR.

Beispiel Notarkostenrechnung: 39

Notarkostenberechnung gem. § 19 GNotKG	
Geschäftswert 200.000 EUR	
KV21100 Beurkundungsverfahren §§ 97, 100	870,00 EUR
KV 32005 Post- und Telekommunikationspauschale	20,00 EUR
Zwischensumme netto	890,00 EUR
KV 32014 Umsatzsteuer 19 %	169,10 EUR
KV 32015 Auslagen an das Zentrale Testamentsregister	30,00 EUR
Zu zahlender Betrag	**1.099,10 EUR**

Beispiel Rechtsanwaltskostenrechnung: 40

Rechtsanwaltsgebührenrechnung		
Gegenstandswert: 200.000,00 EUR		
Geschäftsgebühr §§ 13, 14 RVG, Nr. 2300 VV VG	1,5	3.019,50 EUR
Einigungsgebühr § 13 RVG, Nr. 1000 VV RVG	1,5	3.019,50 EUR
Pauschale für Post und Telekommunikation Nr. 7002 VV RVG		20,00 EUR
Zwischensumme netto		6.059,00EUR

19 % Umsatzsteuer Nr. 7008 VV RVG	1.151,21 EUR
Zu zahlender Betrag	**7.210,21 EUR**

41 Angesichts dieser Situation bietet sich der Versuch an, die Kostenübernahme eines der Beteiligten zu vereinbaren.

Formulierungsbeispiel: Kostenübernahme

Die Kosten der notariellen Vereinbarung einschließlich der außergerichtlichen anwaltlichen Beratungskosten der Beteiligten trägt ….

VII. Tätigkeitsbeschränkungen des Notars

1. Sachliche Beschränkung

42 Nicht jeder Notar darf einen Vertrag für jedwede Person beurkunden.

Das Beurkundungsgesetz sieht ein abgestuftes System der **Tätigkeitsbeschränkungen eines Notars** vor:

- **Absolute Ausschließungsgründe**, §§ 6, 7 BeurkG, die eine Unwirksamkeit der Beurkundung nach sich ziehen;[16]
- **Mitwirkungsverbote**, § 3 Abs. 1 BeurkG, die nicht als Muss-, sondern als Sollvorschrift ausgestaltet sind;
- **Ablehnungsrechte der Beteiligten**, § 3 Abs. 2, 3 BeurkG, die ausnahmsweise eine Beurkundung mit Einverständnis der Beteiligten zulassen;
- Die **Selbstablehnung des Notars** wegen Befangenheit, § 16 Abs. 2 BNotO, z.B. aufgrund persönlicher Beziehungen oder Vorbehalten wegen Unparteilichkeit.[17]

43 Handelt ein Ehegatte, Lebenspartner oder ein in gerader Linie Verwandter gem. **§ 6 BeurkG** als Beteiligter, ist die Beurkundung unwirksam. Der Begriff der Beteiligung ist dabei **im formellen Sinne** zu verstehen. Ist derjenige, der das zu beurkundende Rechtsgeschäft abschließt, durch einen Dritten vertreten, ist **der Vertreter formell beteiligt**.[18] Ist jedoch nur eine Nebenvereinbarung im Vertrag enthalten, z.B. eine **Mak-**

16 Vgl. OLG Hamm, Beschl. v. 11.10.2012 – I-15 W 265/11; jurionRS 2012, 29849.

17 LG Stuttgart, Beschl. v. 26.1.2009 – 1 AR 1/09; jurionRS 2009, 43372; vgl. dazu *Miehm,* DNotZ 1999, 8; *Harborth/Lau,* DNotZ 2002, 412.

18 *Winkler,* § 6 Rn 5.

lerlohnklausel, ist die Partei der Nebenvereinbarung, also z.B. der Makler, in der Regel nicht Beteiligter i.S.d. § 6 Abs. 2 BeurkG.[19]

Hinweis 44

Im Gegensatz zu § 6 BeurkG geht § 3 BeurkG vom **materiellen Beteiligungsbegriff** aus; daher ist in § 3 BeurkG nicht von „Person", sondern von „Angelegenheit" die Rede.[20]

2. Verwandtschaft und Schwägerschaft

Namentlich für die Frage der Ausschließung des Notars nach §§ 6, 7 BeurkG und die Frage des Mitwirkungsverbots nach § 3 BeurkG spielt häufig der **Grad der Verwandtschaft des Notars mit Beteiligten** eine Rolle. 45

Wer mit wem, mit welchem Grad und in welcher Linie **verwandt oder verschwägert** ist, wird manchmal nicht so einfach zu beantworten sein.

a) Verwandtschaft

Verwandtschaft nach § 1598 BGB **entsteht durch Abstammung** im Rechtssinn. Auf die genetische Abstammung kommt es nur dort an, wo diese vom Zweck der Vorschrift her maßgeblich ist (Beischlaf unter Verwandten, § 173 StGB, Eheverbot, § 1307 BGB). 46

Beispiel

F hat durch Samenspende eine Tochter T empfangen und zur Welt gebracht. Als deren Vater gilt der Ehemann der F. Die Samenspende hat ein guter Freund des Ehepaares vorgenommen. Dieser will Jahre später die T heiraten.

Diese **Eheschließung ist untersagt**.[21] Ebenso wenig dürfte nach dem Tod der Ehefrau im 47
vorgenannten Beispiel der Ehemann, dessen Vaterschaft nicht angefochten wurde, die Tochter trotz fehlender Blutsverwandtschaft ehelichen, weil die rechtliche und die genetische Verwandtschaft für § 1307 BGB gleich stehen.[22] Verwandtschaft im Rechtssinne kann **auch ohne jegliche genetische Beziehung** entstehen, beispielsweise durch die Bestimmung des § 1592 Nr. 1 BGB, ein unrichtiges Vaterschaftsanerkenntnis oder eine unrichtige gerichtliche Feststellung der Vaterschaft.

Ebenso ist es für die Frage der Verwandtschaft im Regelfall unerheblich, ob ein Kind in- 48
nerhalb oder außerhalb der Ehe geboren wird. Zu beachten sind aber Unterschiede z.B. beim Sorgerecht, §§ 1626 ff. BGB oder Namensrecht (§ 1617a BGB):

19 BGH NJW-RR 1991, 820.
20 *Winkler,* § 3 Rn 2.
21 PWW/*Friederici,* § 1703 Rn 2; Palandt/*Brudermüller,* § 1307 Rn 3.
22 Palandt/*Brudermüller,* § 1307 Rn 5.

- Verwandtschaft in gerade Linie

Personen, von denen eine – unmittelbar oder mittelbar – von der anderen abstammt, sind Verwandte in gerade Linie, § 1589 S. 1 BGB. Verwandtschaft in gerader Linie besteht also zwischen Eltern und ihren Kindern ebenso wie zwischen Großeltern und Enkeln.

- Verwandtschaft in der Seitenlinie

Stammen zwei nicht in gerade Linie miteinander verwandte Personen von derselben dritten Person ab, so sind sie in der Seitenlinie miteinander verwandt. Die gilt für Vollgeschwister ebenso wie für Halbgeschwister. Verwandtschaft in der Seitenlinie besteht aber auch zwischen einem Kind den Geschwistern eines Enkelteils (Onkel/Tante) oder den Geschwistern eines Großelternteils (Großonkel/Großtante) oder zwischen einem Kind und den Kindern der Geschwister eines Elternteils (Cousin/Cousine).

49 Der Grad der Verwandtschaft bestimmt sich nach der **Zahl der sie vermittelnden Geburten**, § 1589 S. 3 BGB. Maßgeblich ist mithin die Zahl der Personen, die im Abstammungsgefüge die Verbindung zwischen den betroffenen Verwandten herstellen, wobei der Abstammende selbst nicht mitgezählt wird.[23] Verwandte in der Seitenlinie ersten Grades gibt es nicht.[24]

Beispiele

Sohn und Vater sind Verwandte in gerade Linie ersten Grades, **Enkel und Großvater** Verwandte in gerade Linie zweiten Grades. **Nichte und Tante** sind Verwandte in der Seitenlinie dritten Grades, **Bruder und Schwester** Verwandte in der Seitenlinie zweiten Grades.

b) Schwägerschaft

50 **Schwägerschaft** ist das Rechtsverhältnis zwischen einem **Ehegatten/Lebenspartner und den Verwandten des anderen Ehegatten/Lebenspartners**, §§ 1590 Abs. 1 S. 1 BGB, 11 Abs. 2 LPartG. Verschwägert ist eine Person also mit den Ehegatten/Lebenspartnern der eigenen Verwandten und den Verwandten des eigenen Ehegatten/Lebenspartners.

Schwägerschaft im Rechtssinne erfasst weitergehend als der übrige Sprachgebrauch nicht nur die Geschwister des anderen Ehegatten, sondern auch deren Eltern (Schwiegereltern) sowie die aus anderer Beziehung stammenden Kinder des Ehegatten/Lebenspartners (Stiefkinder). Dagegen besteht keine Schwägerschaft zwischen den Ehegatten selbst. Ebenso wenig besteht eine Schwägerschaft zwischen den Verwandten eines Ehegatten/Lebenspartners mit den Verwandten des anderen.[25]

23 Palandt/*Brudermüller*, § 1589 Rn 1.
24 Dazu PWW/*Weinreich*, § 1589 Rn 2.
25 Kaiser/*Gutzeit*, § 1590 Rn 5 m.w.N.

Linie und Grad 51

Die Linie und der Grad bestimmen sich nach der Linie und dem Grad der sie vermittelnden Verwandtschaft, § 1590 Abs. 1 S. 2 BGB. Mit anderen Worten: Ein Ehegatte ist mit den Verwandten des anderen Ehegatten in demjenigen Grad verschwägert, wie letzterer mit ihnen verwandt ist.

Eine Schwägerschaft bleibt besteht, auch wenn die sie begründende Ehe aufgelöst wurde, § 1590 Abs. 2 BGB. Ob die Auflösung durch Tod eines Ehegatten oder durch Scheidung/ Eheaufhebung erfolgt, ist gleichgültig. Dagegen kann eine Schwägerschaft nach Auflösung der Ehe nicht mehr begründet werden.

Das Mitwirkungsverbot des Notars gilt gem. § 3 Abs. 1 Ziff. 3 BeurkG für Personen, mit denen der Notar 52

- in gerader Linie verwandt oder verschwägert oder
- in der Seitenlinie bis zum dritten Grade verwandt oder bis zum zweiten Grade verschwägert ist oder war.

E. Die Rolle des Rechtsanwalts

I. Vorbemerkung

Seneca[26] hat einmal erklärt: 53

Aliena vitia in oculis habemus, a tergo nostra sunt! (Fremde Fehler sehen wir, die unsrigen aber nicht!).

Wir würden Fehler in unserer anwaltlichen Tätigkeit nicht begehen, hätten wir sie zuvor als solche erkannt.

> *Fehlerbeispiel:* 54
>
> Leben die Ehepartner **in der gemeinsamen Wohnung getrennt** (§ 1567 Abs. 1 S. 2 BGB), bildet die Mietzahlung z.B. durch den Unterhaltsverpflichteten bei Ermittlung seines bereinigten Nettoeinkommens **keinen Abzugsposten**. Beim Berechtigten kann sie ab Trennung nicht mehr als Naturalleistung angesetzt werden, da Unterhalt ab Trennung ausschließlich durch Geldrente zu erbringen ist (§ 1361 Abs. 4 S. 1 BGB). Die Mietzahlung ist **anteilig** entsprechend der Wohnungsaufteilung mit dem ermittelten Unterhalt **zu verrechnen**. Der Berechtigte erhält vom Unterhalt nur den **um den anteiligen Mietanteil gekürzten Betrag** ausbezahlt. Der Verpflichtete zahlt die gesamte Miete unmittelbar an den Vermieter.

26 In De Ira 2, 28, 6.

55 *Rechenbeispiel:*

Eheleute leben getrennt in der gemeinsamen Mietwohnung; Miete 500 EUR; bereinigtes Einkommen Ehemann M 2.400 EUR; Ehefrau F arbeitet nicht und versorgt das 2-jährige Kind.

Lösung:

Unterhaltspflicht M: 273 EUR Kindesunterhalt (gem. Einkommensgruppe 4 Düsseldorfer Tabelle) sowie 918 EUR Trennungsunterhalt, insgesamt 1.191 EUR. Davon sind 3/5 Mietkosten abzuziehen (je 2 Teile Erwachsene, 1 Teil Kind), also 300 EUR. M zahlt die Miete direkt und muss noch **618 EUR** Trennungsunterhalt zuzüglich 273 EUR Kindesunterhalt zahlen, also insgesamt **891 EUR**.

Fehler:

Abzug der Miete vom Einkommen und anschließende Berechnung des Unterhalts; also: 2.400 EUR ./. 500 EUR Miete = 1.900 EUR; abzüglich 273 EUR Zahlbetrag für das Kind, ergibt 1.627 EUR und davon 3/7 Anteil macht einen Trennungsunterhalt aus in Höhe von **697 EUR**, insgesamt also **970 EUR**.

II. Die Grundsätze der Haftung

56 Der **BGH** hatte zu den grundsätzlichen Pflichten des Rechtsanwalts und demgemäß zum Rahmen seiner Haftung 1968[27] – und später immer wieder[28] – erklärt:

> *Nach fester Rechtsprechung ist der Rechtsanwalt, soweit sein Auftraggeber nicht unzweideutig zu erkennen gibt, dass er des Rates nur in einer bestimmten Richtung bedarf, zur* ***allgemeinen, umfassenden und möglichst erschöpfenden Belehrung*** *des Auftraggebers verpflichtet. Es ist Sache des Anwalts, dem Mandanten diejenigen* ***Schritte anzuraten****, die zu dem erstrebten Ziel zu führen geeignet sind. Er hat* ***Nachteile für den Auftraggeber zu verhindern****, soweit solche voraussehbar und vermeidbar sind. Unkundige muss er über* ***die Folgen ihrer Erklärungen belehren und vor Irrtümern*** *bewahren. Der Anwalt muss dem Mandanten auch – anders als der Notar – über* ***mögliche wirtschaftliche Gefahren*** *des beabsichtigten Geschäfts belehren.*

57 Damit unterscheidet sich im Wesentlichen die Belehrungspflicht des Rechtsanwalts von derjenigen des Notars dadurch, dass der **Rechtsanwalt zusätzlich** über **mögliche wirtschaftliche Gefahren** des beabsichtigten Geschäfts belehren muss. Aber nicht nur die **„umfassende Belehrung“**[29] wurde (und wird) vom BGH gefordert; bis das **Bundesverfas-**

27 Urteil des BGH v. 18.6.1968, DNotZ 1970, 48.
28 BGH NJW 1992, 1159; 1994, 1211; 1995, 449.
29 Beachte: Für das Wort „umfassend“ gibt es keine Steigerungsform.

sungsgericht 2002 den Anforderungen des BGH entgegen getreten ist, musste der Rechtsanwalt sogar in geeigneten Fällen die **Verantwortung für fehlerhafte Urteile** der Gerichte übernehmen. Sodann hat aber das BVerfG erklärt, dass Rechtsanwälte nicht ersatzweise für Fehler der Rechtsprechung (haften), nur weil sie haftpflichtversichert sind:[30]

> *Die Gerichte sind verfassungsrechtlich nicht legitimiert, den Rechtsanwälten auf dem Umweg über den Haftpflichtprozess auch die Verantwortung für die richtige Rechtsanwendung zu überbürden, indem ihnen angelastet wird, es pflichtwidrig unterlassen zu haben, das Gericht auf dessen falsche Rechtsauffassung hinzuweisen.*[31]

Im Rahmen der Mitwirkung bei dem Abschluss von Vereinbarungen im Familienrecht **58** auch in notarieller Form ist entscheidend **die Befreiung des Notars von der Haftung** bei Mitwirkung von Rechtsanwälten, denn:

> *Hinweis*
>
> Der Rechtsanwalt, der bei dem Zustandekommen eines Ehevertrages mitwirkt, haftet (!) für eine vollständige und richtige Niederlegung des Willens seines Mandanten und für einen möglichst eindeutigen und nicht erst der Auslegung bedürftigen Wortlaut.[32] Der Notar haftet in diesen Fällen zunächst nicht, weil sich seine Haftung auf diejenigen Fälle beschränkt, in denen „keine anderweitige Ersatzmöglichkeit" gegeben ist, Subsidiaritätsprinzip, § 19 Abs. 1 S. 2 BNotO.[33]

Der Rechtsanwalt verbleibt daher auch bei notarieller Beurkundung bei seiner eigenen Haf- **59** tung, die sich ausweitet auf den gesamten Text der (notariellen) Vereinbarung. Dies führt dazu, dass in jedem Fall von Vereinbarungen die **unbeschränkte Haftung des beratenden Rechtsanwalts** eintritt.

III. Die Pflichten aus dem Anwaltsvertrag

Voraussetzung für das Einsetzen eines Haftungstatbestandes ist selbstverständlich zu- **60** nächst, dass ein Vertrag mit dem Mandanten geschlossen worden ist. Fraglich kann vor allem bei **Freundschafts- und/oder Gefälligkeitsverhältnissen** sein, ob – ggf. konkludent – ein Anwaltsvertrag zustande gekommen ist.[34] Dies ist jeweils im Einzelfall zu prüfen.

30 Dagegen *Ganter*, stellv. Vors. des für die Anwaltshaftung zuständigen IX. Zivilsenats des BGH, AnwBl 2007, 181 ff., 186: Die Tatsache, dass Rechtsanwälte haftpflichtversichert sind, spiele „von jeher … für den Haftungssenat des BGH nicht die geringste Rolle".

31 BVerfG NJW 2002, 2937; BVerfG FamRZ 2002, 224; dazu auch *Zugehör,* NJW 2003, 3225.

32 BGH NJW 2002, 1048.

33 Vgl. BGH NJW 2002, 1048; *Horndasch*, FuR 2007, 289; *Horndasch*, FuR 2013, 610.

34 Vgl. dazu *Neuhofer*, über das Haftungsrisiko „Gefälligkeit", AnwBl 2005, 576.

Gegen einen Vertragsschluss kann ein **Gespräch bei geselligem Anlass** sprechen, anders allerdings, wenn der Ratsuchende ausdrücklich erklärt, den – gesellschaftlichen – Anlass zu einem Rat in einer bestimmten Sache nutzen zu wollen und der Anwalt sich hierauf einlässt.[35] Kommt ein Anwaltsvertrag zustande, sind die Anforderungen des BGH weit gezogen. Hauptpflicht ist selbstverständlich die **Klärung des Sachverhalts**. Informationen dürfen nicht hingenommen, sie müssen herausgefordert werden. So dürfte man sich z.B. nicht damit begnügen, das Versäumnisurteil sei „letzte Woche" zugestellt worden.[36]

Hinsichtlich der **Gesetzeskenntnis** wird die Beachtung der für das Mandat einschlägigen Gesetze und Vorschriften bis ins Detail gefordert.[37] Dies betrifft auch abgelegene Rechtsgebiete.[38]

61 Der BGH verlangt darüber hinaus, dass der Anwalt, liest er von **künftigen Gesetzesvorhaben** in der Tagespresse, verpflichtet ist, sich aus allgemein zugänglichen Quellen über den Verfahrensstand zu unterrichten[39] und die Entwicklung in seine Beratung einzubeziehen.[40]

62 Der BGH verlangt weiter die **Kenntnis der Judikatur**. Hinsichtlich der **Aufsatzliteratur** gilt dies jedoch, wie der BGH erklärt hat, nur *„in begrenztem Maße"*.[41] Der BGH erklärt jedoch weiter:[42]

> *Strengere Anforderungen sind jedoch zu stellen, wenn ein Rechtsgebiet ersichtlich in der Entwicklung begriffen und (weitere) höchstrichterliche Rechtsprechung zu erwarten ist. Dann muss der Anwalt, der eine Angelegenheit aus diesem Bereich zu bearbeiten hat, auch Spezialzeitschriften in angemessener Zeit durchsehen.*

Die Beratung soll dem Mandanten die eigene **Entscheidung über das Vorgehen in der Sache** ermöglichen. Dies bedeutet aber, ihn

> *vor übereilten Erklärungen zu warnen, spontane Angebote zu verhindern und ein überrumpeln zu vermeiden.*[43]

Der **BGH** hat dazu erklärt, dass der **Anwalt beweispflichtig** dafür ist, dass ihm

> *keine Möglichkeit blieb, dem Mandanten zu einem überlegteren Vorgehen zu raten.*[44]

35 Vgl. dazu ausführlich Borgmann/Jungk/*Grams,* III Rn 62 ff., 66.
36 BGH NJW-RR 1995, 825, 826.
37 Vgl. dazu den Fall BGH NJW 2000, 2433.
38 BGH NJW 1961, 601.
39 BGH NJW 2004, 3487.
40 Vgl. dazu *Fischer,* AnwBl 2006, 227.
41 BGH AnwBl 2001, 118.
42 BGH AnwBl 2001, 118.
43 BGH AnwBl 2001, 62.
44 BGH AnwBl 2001, 62.

Hinsichtlich der grundsätzlichen Beweislast hat der **BGH** deutlich erklärt, dass derjenige, der einen Rechtsanwalt auf Leistung von Schadenersatz in Anspruch nimmt, weil dieser seine Pflichten nicht gehörig erfüllt habe, die Beweislast für die Pflichtverletzung trägt.[45] Dies gilt auch für ein **Unterlassen**, obwohl dem Mandanten damit der Beweis einer negativen Tatsache aufgebürdet wird.[46] 63

Wie allerdings den natürlich bestehenden Schwierigkeiten, Negatives zu beweisen, zu begegnen ist, hat der **BGH** in derselben Entscheidung wie folgt erläutert:[47] 64

> *Die Anforderungen an die Substantiierungspflicht des wegen unzureichender oder unrichtiger Belehrung in Anspruch genommenen Anwaltes werden durch die Umstände des Einzelfalls bestimmt. Keinesfalls kann sich der Anwalt damit begnügen, eine Pflichtverletzung zu bestreiten oder ganz allgemein zu behaupten, er habe den Mandanten ausreichend unterrichtet. Vielmehr muss er den Gang der Besprechung im Einzelnen schildern, insbesondere konkrete Angaben darüber machen, welche Belehrungen und Ratschläge er erteilt und wie darauf der Mandant reagiert hat.*

F. Die Grenzen der Vertragsgestaltung

Vereinbarungen über den **Ausschluss** bestimmter gesetzlicher Regelungen im Rahmen der Ehe, der Trennung und Scheidung sind **grundsätzlich zulässig**, unterliegen jedoch namentlich seit der **Entscheidung des Bundesverfassungsgerichts vom 6.2.2001**[48] engen Grenzen. 65

I. Schutz vor unangemessener Benachteiligung

In dieser Entscheidung und noch einmal deutlich in dem **Beschluss des Bundesverfassungsgerichts vom 29.3.2001**[49] ist deutlich erklärt worden, dass in Eheverträgen der **Schutz vor unangemessener Benachteiligung** beachtet werden muss. Ein Ehevertrag darf die Unterlegenheitsposition einer Partei nicht durch ihre einseitige vertragliche Belastung und die unangemessene Berücksichtigung der Interessen der anderen Partei ausdrücken. Das **Bundesverfassungsgericht** hat deutlich festgelegt: 66

> *Ein Verzicht auf gesetzliche Ansprüche bedeutet insbesondere für den Ehegatten eine Benachteiligung, der sich unter Aufgabe einer Berufstätigkeit der Betreuung des Kin-*

45 BGH NJW 1985, 264; BGH AnwBl 2005, 789.
46 BGH NJW 1987, 1322.
47 BGH 1987, 1322, 1323.
48 BVerfG FamRZ 2001, 343.
49 BVerfG FamRZ 2001, 985.

des und der Arbeit im Hause widmen soll. Je mehr im Ehevertrag gesetzliche Rechte abbedungen werden, desto mehr kann sich der Effekt einseitiger Benachteiligung verstärken.[50]

67 Das **BVerfG** verlangt für die Frage der Korrekturbedürftigkeit eines Ehevertrages eine **„Gesamtschau" der persönlichen, wirtschaftlichen und sozialen Verhältnisse** der Parteien im Zeitpunkt des Vertragsschlusses und im Zeitpunkt der Scheidung.[51]

68 Zu den **Risikofaktoren bei Eheverträgen**[52] kann die folgende **Checkliste** als Hilfestellung dienen:

Risikofaktoren ja:

- Vertragsschluss in einer **Zwangssituation** (Terminsnot, Schwangerschaft, wirtschaftliche Abhängigkeit, Drohung, Täuschung).
- Für einen Vertragsteil werden **sämtliche Rechte abbedungen.**
- Gemäß der **Gesamtschau** der Verhältnisse wurde ein wesentliches Teilrecht abbedungen.
- Die **notarielle Belehrung** (§ 17 BeurkG) war unterblieben oder mangelhaft, so dass der oder die Beteiligten die Tragweite des Geschäfts **nicht verstanden** haben (oder haben wollen).

69 **Risikofaktoren nein**:

- Nur ein unwesentliches Teilrecht abbedungen.
- Vertrag von jungen Leuten mit stabiler Einkommenssituation geschlossen.
- Beim Globalverzicht wurden ausreichende, gleichwertige Kompensationsleistungen vereinbart (Lebensversicherungen, Grundstücksübereignung, Geldanlage).
- Ehepartner wollen beide freiberuflich tätig sein und haben daher aus Risikogründen Teilhaberrechte abbedungen.
- Ehepartner haben keinen Kinderwunsch, feste und zukunftssichere Einkünfte und schließen sämtliche Teilhaberechte aus.
- Beide Ehepartner haben unbelastete Immobilien, bereits ausreichende Rentenanwartschaften und verfügen über Ausbildungen in krisensicheren Berufen (Idealfall).
- Junge Ehepartner haben bei Vertragsschluss sichere Einkommensquellen, akademische Ausbildungen, Berufserfahrung, dauerhafte Chancen auf dem Arbeitsmarkt, kein eigenes unbewegliches Vermögen, Absicherung durch Elternvermögen und einen Globalverzicht vereinbart.

50 So BVerfG FamRZ 2001, 985; OLG München FamRZ 2003, 35 mit Anm. *Bergschneider,* FamRZ 2003, 38.
51 BVerfG FamRZ 2001, 985; zur richterlichen Kontrolle von Unterhaltsverzichten vgl. *Goebel,* FamRZ 2003, 1513.
52 Vgl. zur „Inhaltskontrolle von Eheverträgen" BFH FamRZ 2013, 195, 269; *Münch*, FamRZ 2005, 570; 2013, 160.

Hinweis 70
Ein gerichtlicher Antrag auf Feststellung der Nichtigkeit eines Ehevertrages ist **mangels Feststellungsinteresses unzulässig**, solange kein Scheidungsantrag gestellt und auch sonst offen ist, ob es zur Scheidung der Parteien kommt.[53]

71 Die Nichtigkeit eines Ehevertrages kann aber gemäß § 139 BGB auch nicht aus einer Bestimmung hergeleitet werden, die bei der Vertragsdurchführung nicht zur Anwendung kommen konnte.[54]

II. Vertragsfreiheit und Inhaltskontrolle

72 In seinem **Urt. v. 11.2.2004**[55] hat der **BGH** das **Spannungsverhältnis** zwischen der **grundsätzlichen Disponibilität der Scheidungsfolgen** einerseits und dem nicht akzeptablen **unterlaufen des Schutzzweckes der gesetzlichen Regelungen durch vertragliche Vereinbarungen** andererseits aufgezeigt. Eine **unzumutbare Lastenverteilung** sei umso eher gegeben, je mehr die vertragliche Abbedingung der gesetzlichen Regelungen in den **Kernbereich des Scheidungsfolgenrechts** eingreift, sog. **Kernbereichslehre**. Zu diesem **Kernbereich** gehören in erster Linie der **Betreuungsunterhalt**, danach weitere Unterhaltstatbestände sowie Regelungen zum Versorgungsausgleich.

73 Demgegenüber erweist sich, so der **BGH**, der **Zugewinnausgleich ehevertraglicher Disposition am weitesten zugänglich**. Die eheliche Lebensgemeinschaft sei nicht notwendig auch eine Vermögensgemeinschaft. Das Eheverständnis erfordere keine bestimmte Zuordnung des Vermögenserwerbs in der Ehe.[56]

74 Der BGH konkretisiert damit den **Grundsatz, dass eine Gesamtschau der getroffenen Vereinbarungen, der Gründe ihres Zustandekommens sowie der beabsichtigten und verwirklichten Gestaltung des ehelichen Lebens notwendig ist.**[57]

Die **Rechtsprechung des BGH** ist insgesamt wie folgt strukturiert:

- Objektive Seite (Wertigkeit des Rechts)
- Subjektive Seite (Zweck, Beweggründe)
- Gesamtbetrachtung und Konsequenz.

53 OLG Frankfurt FamRZ 2005, 457.
54 Vgl. OLG Thüringen FamRZ 2010, 1252.
55 BGH FamRZ 2004, 601; vgl. dazu auch BGH FamRZ 2005, 26, 185, 691, 1444; 2006, 1097, 1359; 2007, 1310; 2008, 2011; 2009, 198, 1041; 2010, 1633; 2011, 713; 2012, 1482; 2013, 195 m. Anm. *Bergschneider*, 201; BGH FamRZ 2013, 269 m. Anm. *Bergschneider,* 273; BGH FamRZ 2014, 652; dazu *Münch,* FamRZ 2014, 805.
56 BGH FamRZ 2004, 601, 605.
57 So BGH FamRZ 2004, 604; vgl. dazu ausf. *Bergschneider,* FamRZ 2004, 1557.

75 Für die **objektive Seite** ist die Wertigkeit des Rechts maßgebend, auf das verzichtet oder das sonst geschmälert wird. Eine Beanstandung ist danach umso eher anzunehmen, je mehr die Vereinbarung in den **Kernbereich** des Scheidungsfolgenrechts eingreift. Neben den objektiven Folgen der Vereinbarung sind die von den Vertragschließenden verfolgten **subjektiven Zwecke und Beweggründe** zu berücksichtigten. Zur Prüfung gehört auch die Frage, ob die benachteiligte Vertragspartei wegen subjektiver Unterlegenheit eine erheblich schwächere Verhandlungsposition hatte,[58] z.B. aufgrund einer Zwangslage.[59] Eine Schwangerschaft reicht für sich allein genommen aber nicht aus, eine Nichtigkeit festzustellen, und zwar auch dann nicht, wenn der Pflichtige die Eheschließung vom Vertragsschluss abhängig macht. Indiziert wird aber eine **Disparität bei Vertragsabschluss**. Dies führt zwingend zu einer **verstärkten richterlichen Inhaltskontrolle**.[60]

76 Bei der Prüfung der Wirksamkeit von Eheverträgen sind **zwei Prüfungskomplexe** voneinander zu unterscheiden:

- die Prüfung der Wirksamkeit des Vertrages bei **Vertragsschluss (Wirksamkeitskontrolle)** und
- die Prüfung der Wirksamkeit des Vertrages bei **Scheidung (Ausübungskontrolle)**.

77 Zunächst ist die **Prüfung zum Zeitpunkt des Vertragsschlusses** vorzunehmen. Ergibt sich danach eine unzumutbare Lastenverteilung zum damaligen Zeitpunkt (die bei Scheidung nicht oder nicht mehr vorhanden sein muss), so ist der Vertrag sittenwidrig. Damit treten dann die gesetzlichen Scheidungsfolgen an deren Stelle.[61]

78 *Beispiel*

Haben die Parteien den **Betreuungsunterhalt im Ehevertrag ausgeschlossen** oder unzumutbar begrenzt, so ist der Vertrag auch dann sittenwidrig, wenn das gemeinsame **Kind der Parteien** zum Zeitpunkt der Scheidung bereits **erwachsen** ist.[62]

79 **Unbedenklich ist aber ein Ausschluss von Risiken** eines Partners, die dieser bereits **vor der Ehe** hatte. Dies betrifft vorhandene **Erkrankungen** ebenso wie eine **Ausbildung**, für die keine Beschäftigungschance besteht, oder ein **Alter**, ab dem eine Erwerbstätigkeit nicht mehr verlangt werden kann.[63]

58 BGH FamRZ 2006, 1097.
59 BGH FamRZ 2005, 1449.
60 BGH FamRZ 2008, 386.
61 Vgl. dazu ausf. *Reinecke,* ZFE 2009, 168.
62 Vgl. OLG Celle FamRZ 2004, 1489 mit Anm. *Bergschneider,* FamRZ 2004, 1494; aufgehoben durch Urteil des BGH v. 28.3.2007 FamRZ 2007, 1310 mit Anm. *Bergschneider,* FamRZ 2007, 1312.
63 So *Soyka,* FK 2004, 75.

Anderes gilt – im Gegensatz hierzu – für Risiken, die **der andere mit zu verantworten** hat, typischerweise im Falle der Schwangerschaft.[64]

Allerdings hat der BGH in seinen neueren Entscheidungen die Sittenwidrigkeit von Eheverträgen bei Vertragsschluss weiter in den Hintergrund gedrängt[65] und erklärt, dass neben einer objektiven „Schieflage" zu Lasten eines Beteiligten **die – subjektive – Unmöglichkeit oder Unzumutbarkeit** treten muss, sich gegen diese „Schieflage" zur Wehr zu setzen.[66] 80

Ist ein Ehevertrag danach zunächst nicht als sittenwidrig einzustufen, hat doch bei Scheidung eine **Prüfung des Ehevertrages** in der Weise zu erfolgen, dass zu fragen ist, ob ein Ehegatte die ihm durch Vertrag eingeräumte **Rechtsmacht dadurch missbraucht, dass er sich auf den Ausschluss oder die Einschränkung der gesetzlichen Scheidungsfolge beruft (Ausübungskontrolle).**[67]

> *Beispiele* 81
>
> Haben Eheleute Unterhalt wegen Krankheit und Alters ausgeschlossen, weil sie gemeinsam von beiderseitigem Einkommen und Berufstätigkeit ausgegangen sind und gehen aus der Ehe Kinder hervor, weswegen die Ehefrau ihre Berufstätigkeit aufgibt (und später noch erwerbsunfähig krank wird), ist eine Berufung auf den Ausschluss des Unterhalts gem. § 1572 BGB nicht möglich.
>
> Dasselbe gilt, wenn die Ehegatten sich wegen einer gut dotierten Stelle des Ehemannes ins Ausland begeben, wo die Ehefrau keine oder nur eine geringfügig dotierte Stelle findet.

Maßstab der Prüfung ist **§ 242 BGB (Ausübungskontrolle).**[68] Dies bedeutet gleichzeitig, dass eine **Anpassung an die Gegebenheiten des Einzelfalles**[69] erfolgt, eine Anpassung durch Ausgleich der **ehebedingt erlittenen Nachteile**, und zwar **ab dem Zeitpunkt der Planänderung.**[70] 82

Solche Nachteile werden allerdings lediglich auf den konkreten Bereich und nicht quasi flächendeckend auf die gesamte vertragliche Vereinbarung bezogen ausgeglichen. Die Scheidungsfolgen sind insoweit streng voneinander zu trennen.[71]

Ist beispielsweise der **Versorgungsausgleich komplett ausgeschlossen** worden, dann wird der benachteiligte Ehegatte ausschließlich hierauf bezogen eine Ausgleichung geltend ma- 83

64 Allerdings nicht, wenn ein Dritter dafür verantwortlich ist, vgl. *Soyka,* FK 2004, 75.
65 Z.B. BGH FamRZ 2013, 195.
66 BGH FamRZ 2013, 195; dazu *Münch,* FamRB 2013, 160.
67 Vgl. OLG Karlsruhe FamRZ 2004, 1789, 1790.
68 Vgl. BGH FamRZ 2004, 601, 605.
69 So *Viefhues*, Rn 1493.
70 BGH FamRZ 2015, 52.
71 *Münch*, Ehebezogene Rechtsgeschäfte, Rn 774.

chen können. Er wird selbst damit nicht durchdringen können, wenn er während der Ehezeit als Freiberufler lediglich Vermögensvorsorge für den Fall des Alters getroffen hat.

84 Für die **Gestaltung von Eheverträgen** ist die **folgende Checkliste**[72] zu empfehlen:

- **Präambel**: Beweggründe und Motive sollten aufgenommen werden, die den Abschluss des Ehevertrages veranlassen, namentlich den belasteten Ehegatten dazu bewegen, auf die ihm im Falle der Scheidung zustehenden Rechte zu verzichten. Die Einkommens- und Vermögensverhältnisse sollten erwähnt werden; gegebenenfalls bestehende Lebensrisiken (z.B. Erkrankungen) sind zu erwähnen.
- **Betreuungsunterhalt, § 1570 BGB**: Dieser betrifft den Kernbereich des Scheidungsfolgenrechts. Eingriffe sind nur in Ausnahmefällen möglich.
- **Unterhalt wegen Alters und Krankheit**: Auch diese Ansprüche gehören zum Kernbereich der Scheidungsfolgen, sind in der Regel jedoch disponibel.
- **Versorgungsausgleich**: Auch der VA gehört zum Kernbereich. Sein Ausschluss ist möglich, wenn im Gegenzug andere – äquivalente – Vorteile zugebilligt werden (gleichwertige Altersversorgung). Er ist aber durch §§ 6 – 8 VersAusglG erleichtert worden.
- **Unterhalt wegen Erwerbslosigkeit, Aufstockungs-, Billigkeits-, Ausbildungsunterhalt sowie Vereinbarung der Gütertrennung**: Diese Ausschlüsse rechtfertigen in der Regel die Annahme einer Sittenwidrigkeit nicht.
- **Altersvorsorgeunterhalt**: Der Anspruch ist gegenüber dem Elementarunterhalt subsidiär, so dass ein Ausschluss zulässig sein dürfte.
- **Krankenvorsorgeunterhalt**: Der BGH stellt diesen Unterhalt mit dem Altersvorsorgeunterhalt gleich. Bedenken ergeben sich jedoch daraus, dass dieser Teil des Unterhalts ein wichtiger Bestandteil des gegenwärtigen Unterhaltsbedarfs sein kann, zumal in Fällen, in denen damit zu rechnen ist, dass ärztliche Betreuung notwendig sein wird.[73]
- **Zugewinnausgleich**: Weitgehende Vertragsfreiheit; Sittenwidrigkeit nur in extremen Ausnahmefällen namentlich im persönlichen Bereich von Druck und Drohungen.[74]
- **Weitere Hinweise**: Ausführlich ist zum Ablauf der Verhandlungen und zum Umfang der Belehrungen Stellung zu nehmen, um dem Eindruck subjektiver Imparität entgegen zu wirken. Zudem ist darauf hinzuweisen, dass die Vereinbarungen bei Scheitern der Ehe der Ausübungskontrolle unterliegen und möglicherweise keinen Bestand haben, wenn die ehelichen Lebensverhältnisse von der Lebensplanung abweichen, also ehebedingte Nachteile entstanden sind.

72 Ähnlich Soyka, FK 2004, 86.
73 BGH FamRZ 1989, 483.
74 Vgl. das Beispiel von *Bergschneider*, FamRZ 2010, 1857, 1858.

III. Erwägungen in der Rechtsprechung zur Wirksamkeitskontrolle

Im Laufe der Entwicklung seit dem Urteil des **BGH** zur Kernbereichslehre im Jahre 2004 betont der BGH tendenziell mehr und mehr die **Anpassung des Ehevertrages an die gegenwärtigen Verhältnisse** und damit den Ausgleich entstandener ehebedingte Nachteile.[75] 85

Schließlich hat der **BGH** auch in seinen neuesten Entscheidungen die Vertragsfreiheit betont und seinen Standpunkt verdeutlicht, dass namentlich der Zugewinnausgleich einer ehevertraglichen Disposition am weitesten zugänglich und ein Ausschluss des gesetzlichen Güterstandes **regelmäßig nicht sittenwidrig**, also im Wege der Bestandskontrolle nicht zu beanstanden sei.[76]

Es gilt mehr denn je, dass die Ehegatten mit dem Ausschluss des Güterstandes der Zugewinngemeinschaft lediglich von einer **im Gesetz eröffneten Gestaltungsmöglichkeit** Gebrauch machen.

Die **Ehevertragsfreiheit** hat weiterhin Bestand, wenn auch mit Einschränkungen, die sich aber ausschließlich auf den **Kernbereich** der Scheidungsfolgen beziehen.[77] 86

Die Vertragsfreiheit ist schon deshalb erforderlich, weil das Scheidungsfolgenrecht keinen zu lebenden Ehetypus vorschreibt. So, wie Eheleute frei darin sind, ihre Ehe inhaltlich zu gestalten, sind sie auch frei darin, die Folgen des Scheiterns ihrer Ehe zu regeln.

Die Grenze der Freiheit zur Regelung der Folgen eines Scheiterns der Ehe kann nur in der Verletzung des **zwingenden Schutzzwecks der gesetzlichen Regelung**[78] liegen. 87

Dieser Schutzzweck ist nach Auffassung des **BGH** unterlaufen, wenn eine

- evident einseitige Lastenverteilung **nicht**
- durch eine individuelle Gestaltung der Ehe gerechtfertigt sein kann und
- die Lastenverteilung für einen Ehegatten unzumutbar ist.[79]

Unzumutbar ist eine Lastenverteilung nach Auffassung des BGH vor allem dann, wenn die Vereinbarung **unter unfairen Bedingungen** zustande gekommen ist.

Der **BGH** erklärt, dass eine Beanstandung sich insbesondere aus **Umständen außerhalb der Vertragsurkunde** ergeben kann, die eine **subjektive Imparität** insbesondere infolge der Ausnutzung einer Zwangslage, einer sozialen oder wirtschaftlichen Abhängigkeit oder einer intellektuellen Unterlegenheit beweisen.[80] Insofern relativiert der BGH die 88

75 BGH FamRZ 2013, 195; 2011, 1377; KG FamRZ 2012, 1947.
76 BGH FamRZ 2013, 269.
77 So ausdrücklich schon BGH NJW 2004, 930.
78 BGH NJW 2004, 930.
79 BGH FamRZ 2013, 1543; *Münch*, Ehebezogene Rechtsgeschäfte, Rn 870.
80 Zu weiteren Beispielen hierzu vgl. *Bergschneider*, Richterliche Inhaltskontrolle von Eheverträgen und Scheidungsvereinbarungen, 79 ff.

Rangabstufung im Rahmen der Kernbereichslehre des Scheidungsfolgenrechts unter Heranziehung subjektiver Maßstäbe.[81]

89 Insgesamt bedeutet dies, dass es nunmehr auch **verstärkt auf die subjektive Seite** ankommt. Im ersten Leitsatz des Urteils des **BGH vom 31.10.2012**[82] heißt es:

> *Ein Ehevertrag kann sich in einer Gesamtwürdigung nur dann als sittenwidrig und daher als insgesamt nichtig erweisen, wenn konkrete Feststellungen zu einer unterlegenen Verhandlungsposition des benachteiligten Ehegatten getroffen worden sind. Allein aus der Unausgewogenheit des Vertragsinhaltes ergibt sich die Sittenwidrigkeit des gesamten Ehevertrages regelmäßig noch nicht.*

90 Kommt aber zur Unausgewogenheit hinzu, dass zum Zeitpunkt der Beurkundung beispielsweise eine **Krankheitssituation** vorgelegen hat, die zu einem großen persönlichen Druck der belasteten Partei führte, ist die **Sittenwidrigkeit zu bejahen.**[83] Eine **bevorstehende Operation** indiziert eine solche Drucksituation jedoch nicht.[84]

Die **Feststellungen zur unterlegenen Verhandlungsposition**, zu einer Situation bei Beurkundung des Ehevertrages, die durch intellektuelle Unterlegenheit, Abhängigkeit oder eine Notsituation ohne zumutbaren Ausweg zu Lasten eines Ehegatten[85] geprägt war, korrespondieren mit der **Belehrung** durch den beurkundenden Notar.

91 Zwar ist nach der Rechtsprechung des BGH nicht schon deshalb eine subjektive Imparität zu verneinen, weil der **Notar ordnungsgemäß belehrt** hat.[86] Der **Verfahrensablauf** kann jedoch dazu führen, dass eine **subjektive Imparität zu verneinen** ist. Dies ist dann der Fall, wenn sich der betroffene Ehegatte etwa lange und mit **Vorbesprechungen bei dem Notar** über die Regelungen Gedanken machen und sie für sich abwägen konnte. Ergibt sich entsprechendes aus den Hinweisen zu den Belehrungen des Notars in der Urkunde, wird man regelmäßig nach der Rechtsprechung des BGH eine subjektive Imparität und deshalb eine **Sittenwidrigkeit des Vertrages verneinen** müssen.[87] Neben **umfangreichen Belehrungen** können auch **lange andauernde Verhandlungen** dazu führen, eine subjektive Imparität zu verneinen. So hat der **BGH**[88] das Vorliegen einer subjektiven Imparität trotz erheblicher entsprechender objektiver Anhaltspunkte im Vertrag verneint,

81 „Rangabstufung…für den Berechtigten in seiner jeweiligen Lage", BGH FamRZ 2013, 269.
82 BGH FamRZ 2013, 195; so auch OLG Düsseldorf NJW-RR 2013, 966; OLG Brandenburg FamFR 2013, 191; OLG Hamm FamFR 2013, 310.
83 So bei Alkoholkrankheit, vgl. OLG Koblenz FamRZ 2006, 428 mit zustimmender Anm. *Bergschneider.*
84 OLG Brandenburg FamRZ 2003, 764.
85 BGH FamRZ 2013, 195.
86 BGH NJW 2008, 3426 = FamRZ 2008, 2011.
87 BGH FamRZ 2008, 2011 m. Anm. *Bergschneider*; BGH FamRZ 2013, 195.
88 BGH NJW 2014, 1101; *Münch*, Ehebezogene Rechtsgeschäfte, Rn 768 ff.

weil die Beteiligten **monatelang** unter Einschaltung beratender Rechtsanwälte mit Entwurf und Gegenentwurf über den Inhalt der Urkunde verhandelt hatte.[89]

Umgekehrt kann die **fehlende Übersendung eines Vertragsentwurfs**[90] etwa wegen **Überrumpelung**[91] für subjektive Imparität sprechen. Dies wird in der Praxis aber eher die Ausnahme sein. 92

Eheverträge werden nach der Entwicklung der Rechtsprechung in Richtung größerer Vertragsfreiheit zukünftig weniger leicht angreifbar sein, auch wenn der Grundsatz gleichmäßigen Profitierens am Ergebnis einer Ehe nicht eingehalten wird. Das Prinzip der **Halbteilung ist nicht Maßstab der Inhaltskontrolle** einer Vereinbarung.[92] 93

Hinweis

In der Praxis wird es selten möglich sein, überzeugend eine für die Annahme der Unwirksamkeit eines Ehevertrages notwendige „subjektive Imparität" darzulegen. Es wird deshalb in vielen Fällen darauf ankommen, im Wege der Ausübungskontrolle bei Trennung und Scheidung einer Ehe die ehebedingten Nachteile des betroffenen Ehegatten so konkret und exakt wie möglich darzulegen, um die „Schieflage" zumindest insoweit zu korrigieren.

89 Vgl. dazu *Bergschneider*, FamRZ 2014, 727.
90 OLG Dresden ZFE 2006, 275.
91 OLG Hamm FamFR 2013, 310.
92 BGH NJW 2009, 842.

§ 3 Kindesunterhalt

A. Einführung

Nach **§ 1601 BGB** sind Personen, die **in gerader Linie miteinander verwandt** sind, wechselseitig unterhaltsverpflichtet. **Verwandtschaft** nach § 1598 BGB entsteht durch **Abstammung im Rechtssinn**. Auf die genetische Abstammung kommt es nur dort an, wo diese vom Zweck der Vorschrift her maßgeblich ist (Beischlaf unter Verwandten, § 173 StGB, Eheverbot, § 1307 BGB). 1

Verwandtschaft im Rechtssinne kann aber **auch ohne jegliche genetische Beziehung** entstehen, beispielsweise durch die Bestimmung des § 1592 Nr. 1 BGB, ein **unrichtiges Vaterschaftsanerkenntnis** oder eine unrichtige gerichtliche Feststellung der Vaterschaft.

Ebenso ist es für die Frage der Verwandtschaft im Regelfall unerheblich, ob ein Kind innerhalb oder außerhalb der Ehe geboren wird. Zu beachten sind aber Unterschiede z.B. beim Sorgerecht, §§ 1626 ff. BGB oder Namensrecht (§ 1617a BGB).

- Verwandtschaft in gerade Linie: 2

Personen, von denen eine – unmittelbar oder mittelbar – von der anderen abstammt, sind Verwandte in gerade Linie, § 1589 S. 1 BGB. Verwandtschaft in gerader Linie besteht also zwischen Eltern und ihren Kindern ebenso wie zwischen Großeltern und Enkeln.

- Verwandtschaft in der Seitenlinie:

Stammen zwei nicht in gerade Linie miteinander verwandte Personen von derselben dritten Person ab, so sind sie in der Seitenlinie miteinander verwandt. Die gilt für Vollgeschwister ebenso wie für Halbgeschwister. Verwandtschaft in der Seitenlinie besteht aber auch zwischen einem Kind und den Geschwistern eines Elternteils (Onkel/Tante) oder den Geschwistern eines Großelternteils (Großonkel/Großtante) oder zwischen einem Kind und den Kindern der Geschwister eines Elternteils (Cousin/Cousine).

Der Grad der Verwandtschaft bestimmt sich nach der **Zahl der sie vermittelnden Geburten**, § 1589 S. 3 BGB. Maßgeblich ist mithin die Zahl der Personen, die im Abstammungsgefüge die Verbindung zwischen den betroffenen Verwandten herstellen, wobei der Abstammende selbst nicht mitgezählt wird.[1] Verwandte in der Seitenlinie ersten Grades gibt es nicht.[2]

Schwägerschaft ist dagegen das Rechtsverhältnis zwischen einem **Ehegatten/Lebenspartner und den Verwandten des anderen Ehegatten/Lebenspartners**, § 1590 Abs. 1 S. 1 BGB, § 11 Abs. 2 LPartG. Verschwägert ist eine Person also mit den Ehegatten/Lebenspartnern der eigenen Verwandten und den Verwandten des eigenen Ehegatten/Lebenspartners. 3

1 Palandt/*Brudermüller,* § 1589 Rn 1.
2 Dazu PWW/*Weinreich*, in§ 1589 Rn 2.

Unterhaltsansprüche nach § 1601 BGB können daher **weder zwischen Verwandten in der Seitenlinie noch zwischen Verschwägerten** entstehen.

4 Unterhaltsrechte nach § 1601 BGB können nur zwischen **in gerader Linie** miteinander verwandten Personen entstehen, also zwischen

- Eltern und Kindern,
- Großeltern und Enkeln,
- Urgroßeltern und Urenkeln etc.

5 Dies bedeutet allerdings nicht, dass nach **§§ 1601 ff. BGB** Unterhaltsansprüche nur für diesen Personenkreis der **natürlichen** Verwandtschaft entstehen kann. Die Vorschriften gelten ebenso für

- Adoptierte Kinder, § 1754 BGB und
- Scheineheliche Kinder bis zur rechtskräftigen Feststellung oder Anerkennung der Vaterschaft, § 1593 BGB.

B. Grundstrukturen des Unterhaltsanspruchs

I. Entstehungsgeschichte des Kindesunterhalts

1. Die Möglichkeit der Scheidung der Ehe

6 Das Bürgerliche Gesetzbuch vom 18.8.1896[3] sah in §§ 1564 ff. BGB von Anbeginn an die Möglichkeit einer Auflösung der Ehe durch Scheidung vor. Im Einzelnen sah das BGB folgende **Möglichkeiten der Scheidung** vor:

7
- § 1565 BGB a.F. (Ehebruch)
  Ein Ehegatte konnte auf Scheidung klagen, wenn der andere Ehegatte sich des **Ehebruchs** oder einer **„nach den §§ 171, 175 des StGB strafbaren Handlung schuldig"** gemacht hatte. Die Vorschriften des StGB betrafen die sogenannte **Doppelehe** und die damals sog. **widernatürliche Unzucht (Homosexualität)**. Ausgeschlossen war das Recht auf Scheidung nach S. 2 der Vorschrift, wenn der andere Ehegatte den Ehebruch oder der strafbaren Handlung zugestimmt oder sich der Teilnahme schuldig gemacht hat.
- § 1566 BGB a.F. (Lebensnachstellung)
  Danach konnte ein Ehegatte auf Scheidung klagen, wenn der andere Ehegatte ihm **nach dem Leben trachtete**. Erforderlich war die ernstliche Tötungsabsicht und deren erkennbare Betätigung aufgrund freier Willensbestimmung.[4]

3 RGBl, 195.

4 OLG Stuttgart OLG = Die Rechtsprechung der Oberlandesgerichte, später: OLGR, Bd. 18, 271; Sörgel/*du Chesne*, BGB, § 1566 Anm. 1.

- § 1567 BGB a.F. (bösliche Verlassung)
  Ein Ehegatte konnte auf Scheidung klagen, wenn der andere Ehegatte ihn, wie es hieß, **„böslich verlassen“** hat. „Bösliche Verlassung“ konnte aus **zwei Gründen** vorliegen:
  - Ein Ehegatte hat, nachdem er zur Herstellung der häuslichen Gemeinschaft rechtskräftig verurteilt worden war, ein Jahr lang gegen den Willen des anderen Ehegatten „in böslicher Absicht“ dem Urteil nicht Folge geleistet.
  - Ein Ehegatte hat sich ein Jahr lang gegen den Willen des anderen Ehegatten „in böslicher Absicht“ von der häuslichen Gemeinschaft fern gehalten und war mit unbekanntem Aufenthalt abwesend.
- § 1568 BGB a.F. (relativer Scheidungsgrund)

  Die Vorschrift lautete:

  Ein Ehegatte kann auf Scheidung klagen, wenn der andere Ehegatte durch ***schwere Verletzung der durch die Ehe begründeten Pflichten oder durch ehrloses oder unsittliches Verhalten*** *eine so tiefe Zerrüttung des ehelichen Verhältnisses verschuldet hat, dass dem Ehegatten die Fortsetzung der Ehe nicht zugemutet werden kann. Als schwere Verletzung der Pflichten gilt auch grobe Misshandlung.*
- Voraussetzung war schuldhaft ehewidriges Verhalten. Dieses ehewidrige Verhalten muss dann **die eheliche Gesinnung des anderen Ehegatten zerstört** haben. Die Zerrüttung musste so tief sein, dass dem klagenden Ehegatten die Fortsetzung der Ehe nicht zugemutet werden konnte.[5]
- § 1569 BGB a.F. (Geisteskrankheit)
  Schließlich konnte auf Scheidung geklagt werden, wenn der andere Ehegatte einer **Geisteskrankheit verfallen** war, die Krankheit während der Ehe **mindestens drei Jahre** gedauert hat und zu einer Aufhebung der geistigen Gemeinschaft zwischen den Ehegatten geführt hat. Schließlich musste jede Aussicht auf Wiederherstellung dieser Gemeinschaft ausgeschlossen sein.

All diese Scheidungsgründe **erloschen** jedoch nach § 1570 BGB a.F. **„durch Verzeihung“.** 8
Gleichgültig, in welch starkem Maße die Unzumutbarkeit zur Fortsetzung der Ehe gegeben war, tilgte die **Verzeihung** nicht nur den sogenannten relativen Scheidungsgrund, nach § 1568 BGB a.F., sondern auch die absoluten Scheidungsgründe und **wirkten endgültig**.[6] Ganz regelmäßig, wie das Reichsgericht es ausdrückte, geschah dies **„durch Beiwohnung“**.[7] Maßgebend sei, so das Reichsgericht, der aus „natürlichem Bedürfnis einträchtig fortgesetzte eheliche Verkehr“, der den fortdauernden Ehewillen anzeigt und **mit der Annahme einer Zerrüttung unvereinbar** sei.[8]

5 Sörgel/*du Chesne*, BGB, 3. Aufl. 1926, § 1568 Anm. 1.
6 RG JW 1902, 13.
7 RG JW 1906, 752.
8 RG JW 1919, 572.

Diese Rechtslage wirkte fort bis zur Einführung des Ehegesetzes von 1938.[9] Entscheidend verändert wurde die rechtliche Situation dadurch, dass im Ehegesetz **neben Verschuldenstatbeständen auch ein Zerrüttungstatbestand** in das Ehescheidungsverfahren eingeführt wurde.

9 Erst das erste EheRG vom 14.6.1976[10] führte **mit Wirkung vom 1.7.1977 allgemein an Stelle des Verschuldensprinzips das Zerrüttungsprinzip** in das Scheidungsrecht ein. Eine Ehe konnte von nun an geschieden werden, wenn sie **gescheitert** war, unabhängig davon, aus welchen Gründen dies geschah.

2. Unterhaltsansprüche von Kindern

10 Das **Bürgerliche Gesetzbuch** vom 18.8.1896 sah in §§ 1601 ff. BGB ebenfalls von Anbeginn an die **Unterhaltsansprüche von Kindern** gegenüber ihren Eltern vor. § 1601 BGB trug von Anfang an die auch noch heute gültige Fassung mit dem Text:

Verwandte in gerader Linie sind verpflichtet, einander Unterhalt zu gewähren.

11 Allerdings war minderjährigen Kindern zur Geltendmachung des Unterhaltsanspruchs gegen den Kindesvater ein **Pfleger** zu bestellen (§ 1909 a.F.). Die Mutter konnte zwar zum Pfleger bestellt werden, ohne eine solche Bestellung war sie jedoch zur Vertretung des Kindes nicht berechtigt und daher nicht befugt, den Anspruch des Kindes gegen den Vater einzuklagen.[11]

Hatte die Kindesmutter tatsächlich den Unterhalt des Kindes bestritten, so konnte sie von dem in erster Linie unterhaltspflichtigen **Vater Ersatz** nach den Vorschriften über, nach damaligem Recht, **„unbeauftragte Geschäftsführung**, §§ 679, 683“ verlangen.[12]

12 Dieser Anspruch entfiel, wenn die Kindesmutter gegen den Willen des Vaters gehandelt hatte, also beispielsweise ihm das **Kind vorenthalten oder aus der Ehewohnung „verbracht“** hatte.[13] War der Berechtigte mit unbekanntem Aufenthalt abwesend, so wurde der Verpflichtete in Auslegung des damaligen **§ 275 Abs. 1 BGB** von der Schuldhaft befreit.[14]

13 Wer durch sein **sittliches Verschulden bedürftig** geworden war, konnte allerdings nur den sog. **notdürftigen Unterhalt** verlangen. Die Vorschrift war bereits ähnlich dem geltenden § 1611 BGB, der allerdings den Begriff des notdürftigen Unterhalts durch den Begriff der Billigkeit ersetzt hat.

9 Ehegesetz von 6.7.1938, RGBl I, 807.
10 BT-Drucks 7/4361.
11 RG JW 1903, *Beil*, 128, RG OLG (Die Rechtsprechung der Oberlandesgerichte), Bd. 4, 354; OLG Stuttgart, Recht (Das Recht. Rundschau für den deutschen Juristenstand), 1915, Nr. 1812.
12 Soergel/*du Chesne*, BGB, 3. Aufl. 1926, § 1601 Anm. 1.
13 RG Recht, 1923, Nr. 1018, RG OLG 42, 90.
14 OLG Colmar, Els Loth Z (Juristische Zeitschrift für das Reichsland Elsass-Lothringen) 37, 419.

In der Kommentierung zu § 1611 a.F. heißt es zum **notdürftigen Unterhalt**:[15] 14

Der notdürftige Unterhalt ist von dem standesgemäßen nur dem Maß, nicht der Art nach verschieden. Er sieht von der Lebensstellung ab und greift nur, was ein Mensch braucht, um ein menschenwürdiges Dasein zu führen.

Es heißt sodann weiter: 15

Wer, früher durch sittliches Verschulden dürftig geworden, nachher sich empor gearbeitet und in geordneten Verhältnissen gelebt hat, kann bei erneuter Bedürftigkeit standesgemäßen Unterhalt verlangen.[16]

Nach § 1612 Abs. 2 BGB a.F. hieß es zur Art der Unterhaltsgewährung: 16

Haben Eltern einem unverheirateten Kind Unterhalt zu gewähren, so können sie bestimmen, in welcher Art und für welche Zeit im Voraus der Unterhalt gewährt werden soll. Aus besonderen Gründen kann das Vormundschaftsgericht auf Antrag des Kindes die Bestimmung der Eltern ändern.

Die damalige Vorschrift über die Art der Gewährung des Unterhalts nach § 1612 galt ohne 17
Rücksicht auf das Alter des Kindes.[17]

Dieser Grundsituation folgten allerdings ganz erhebliche, nicht nur sprachliche Änderungen sowohl durch **Gesetz**[18] als auch durch **Rechtsprechung.**[19]

II. Neuerungen durch Gesetzesreformen

Durch zwei Gesetzesreformen, die das Kindschaftsrecht und auch die Unterhaltsansprü- 18
che für Kinder betrafen, hatte der Gesetzgeber zum **1.7.1998**[20] und zum **1.1.2001**[21] hatte der Gesetzgeber sodann Reformen durchgeführt, die bis heute von Bedeutung sind:

- Aufhebung der Unterscheidung zwischen ehelichen und nichtehelichen Kindern,
- Einführung des privilegierten volljährigen Kindes,
- Verzug schon bei Aufforderung zur Auskunftserteilung,
- Einführung des vereinfachten Verfahrens,
- Bestimmung des Gerichtsstandes durch gewöhnlichen Aufenthalt des Kindes.

15 Vgl. Soergel/*du Chesne*, 3. Aufl. 1926, § 1611 Anm. 4.
16 RG JW 1910, 477.
17 *Achilles/Greiff*, § 1612 Anm. 3.
18 Z.B. UÄndG vom 22.2.1986, BGBl 1986 I, 301.
19 Z.B. BVerfGE 24, 144 zum „pflichtgebundenen" Kindschaftsrecht.
20 Kindschaftsreformgesetz (KindRG) vom 16.12.1997, BGBl 1997 I, 2942 und Kindesunterhaltsgesetz (KindUG) vom 6.4.1998, BGBl 1998 I, 666.
21 BGBl 2000 I, 266.

19 **Für das Unterhaltsrecht entscheidend** wurde durch das **Gesetz zur Änderung des Unterhaltsrechts (UÄndG) vom 21.12.2007,**[22] **in Kraft getreten am 1.1.2008,** nicht nur die zuvor starke Stellung des unterhaltsberechtigten geschiedenen Ehegatten wesentlich eingeschränkt. Im Bereich des **Kindesunterhalts** traten ebenfalls wesentliche Neuerungen in Kraft:

- Einführung der ersten Rangstelle für Unterhaltsansprüche minderjähriger und privilegiert volljähriger Kinder,
- Einführung des Mindestunterhalts als Existenzminimum, § 1612a BGB, und damit verbunden eine Änderung der Struktur der Düsseldorfer Tabelle,
- Änderung der Kindergeldanrechnung nach § 1612b BGB,
- Neue Verfahrensregeln bei der Unterhaltsbestimmung gegenüber volljährigen Kindern, § 1612 Abs. 2 BGB mit der Verpflichtung zur Rücksichtnahme auf die Belange des Kindes.[23]

20 Überdies wurde der Begriff des Vaters und der Mutter neu definiert:

- **Mutter** ist die Frau, die das Kind geboren hat, nicht diejenige, die etwa das Kind für eine andere Frau ausgetragen hat, § 1591 BGB;
- Die – rechtliche – **Vaterschaft** ist nach § 1592 BGB in verschiedener Weise zu erlangen:
- Durch Eheschließung mit der Kindesmutter, § 1592 Nr. 1 BGB,
- Durch Anerkennung, § 1592 Nr. 2 BGB,
- Durch gerichtliche Feststellung, § 1592 Nr. 3 BGB.

III. Prüfungsschema für Unterhaltsansprüche

21 Die Unterhaltsansprüche eines Kindes sind in der folgenden Reihenfolge zu prüfen.

1. Unterhaltstatbestand

22 Unterhaltstatbestand und damit Anspruchsgrundlage für den Kindesunterhalt ist § 1601 BGB, wonach Verwandte in gerader Linie verpflichtet sind, einander Unterhalt zu gewähren. Der Anspruch des Kindes auf Unterhalt (Deszendentenunterhalt) **richtet sich grundsätzlich gegen beide Eltern**. Ohne Bedeutung ist dabei die Frage, ob den Eltern jeweils das Recht der elterlichen Sorge zusteht.

22 BGBl 1997 I, 3189.

23 Vgl. dazu die Begründung des Regierungsentwurfs zum Gesetz, BT-Drucks 16/1830, 26.

Grundsätzlich sind Unterhaltsansprüche von **Minderjährigen und Volljährigen identisch.**[24] Daher gilt ein zurzeit der Minderjährigkeit eines Kindes ergangener Unterhaltstitel fort, wenn das Kind volljährig wird.[25]

2. Bedürftigkeit des Unterhaltsberechtigten

Nach § 1602 BGB ist nur derjenige unterhaltsberechtigt, der **außer Stande** ist, sich selbst 23
zu unterhalten, also unterhaltsbedürftig ist.

Solange Kinder **keine eigene Lebensstellung** erreicht haben, sind sie regelmäßig unterhaltsbedürftig. Dagegen ist das **volljährige und nicht mehr betreuungsbedürftige Kind** grundsätzlich für sich selbst verantwortlich und muss eigenständig für seinen Lebensunterhalt sorgen. Anderes gilt nur in zwei Fällen, nämlich

- bei Absolvierung einer staatlich anerkannten Berufsausbildung sowie
- bei unverschuldeter Notlage.[26]

Das volljährige Kind muss deshalb außer Stande sein seinen eigenen angemessenen Lebensbedarf gem. § 1610 BGB ganz oder teilweise aus eigenen Mitteln z.B. eigenem Vermögen oder aus eigenen Kräften zu decken, z.B. wegen Unmöglichkeit eine Erwerbstätigkeit auch durch einfachste Tätigkeiten.[27]

3. Angemessener Unterhaltsbedarf des Berechtigten, §§ 1610, 1612a bis c, 1606

Der angemessene Unterhaltsbedarf wird geprägt durch die wirtschaftlichen Verhältnisse 24
der Eltern. Diese bestimmen die Lebensstellung des Kindes und damit das Maß des ihm zustehenden Unterhalts.[28]

Während im Rahmen des Aszendentenunterhalts, also des Unterhaltsanspruchs von Eltern gegenüber ihren Kindern, eine eigenständige Bestimmung des Lebensbedarfs vorzunehmen ist, leitet das Kind im Rahmen des Deszendentenunterhalts seinen **Lebensbedarf regelmäßig aus der abgeleiteten Lebensstellung der Eltern** her. Das Kind muss deshalb z.B. in der Regel Einkommensminderungen des Unterhaltsschuldners hinnehmen[29] und nimmt umgekehrt an Steigerungen des Einkommens teil.

24 BGH FamRZ 1984, 682.
25 Horndasch/Viefhues/*Roßmann*, FamFG, § 244 Rn 1.
26 Vgl. BGH FamRZ 1985, 273.
27 OLG Düsseldorf, FamRZ 2001, 1724; OLG Hamm, FamRZ 1990, 904; OLG Frankfurt, FamRZ 1987, 408.
28 BGH FamRZ 2002, 815.
29 OLG Zweibrücken, FamRZ 2000, 765.

25 Anders ist dies bei **volljährigen Kindern**. Haben diese bereits eine eigene Lebensstellung erreicht und sind unterhaltsbedürftig, teilen sie nicht die Lebensstellung ihrer Eltern. Das Maß des Unterhalts bestimmt sich **konkret nach der eigenen Lebensstellung**.[30]

Zur Bestimmung dieses angemessenen Lebensbedarfs werden **Pauschalsätze** herangezogen. Solche Pauschalsätze können nach ständiger Rechtsprechung Tabellen/Leitlinien entnommen werden.[31] Grundlage ist die **Düsseldorfer Tabelle zum Kindesunterhalt**, die auf dem gem. § 1612a Abs. 1 BGB geltenden Mindestunterhalt eines minderjährigen Kindes beruht. Dieser orientiert sich wiederum an dem in § 32 Abs. 6 EStG normierten **einkommensteuerlichen Existenzminimum**. Die Grundlage bildet das sog. sächliche Existenzminimum, das von der Bundesregierung im Abstand von zwei Jahren im sog. **Existenzminimum-Bericht** ermittelt und ausgewiesen wird.

4. Leistungsfähigkeit des Unterhaltspflichtigen

26 Unterhaltspflichtig ist derjenige Elternteil, der bei Berücksichtigung seiner sonstigen Verpflichtungen im Stande ist, **ohne Gefährdung seines angemessenen Unterhalts** den Unterhalt zu gewähren, § 1603 Abs. 1 BGB.[32]

Unterhaltspflichtig ist dabei **nicht**, wer außer Stande ist, ohne Gefährdung seines sog. Eigenbedarfs (Selbstbehalt) den vollen Unterhalt zu gewähren. Haften Eltern nach § 1603 Abs. 2 S. 1, 2 wegen ihrer Verpflichtung gegenüber minderjährigen unverheirateten Kindern verschärft, müssen sie alle verfügbaren Mittel gleichmäßig für den eigenen Unterhalt und den Unterhalt ihrer minderjährigen oder diesen gleichgestellten, privilegiert volljährigen Kindern verwenden. Verfügbar sind aber Mittel außerhalb des Existenzminimums.

5. Begrenzungen des Anspruchs

27 Der Unterhaltsanspruch kann aus den folgenden Gründen begrenzt sein:

- Grobe Unbilligkeit gem. § 1611 BGB,
- Rangfragen gem. §§ 1608, 1609, 1615 l BGB,
- Verzug gem. § 1613 BGB.

6. Sonstige Fragen, z.B. Ersatzhaftung und Forderungsübergang, § 1607 BGB

28 So hat ein weiterer Verwandter Unterhalt zu leisten, wenn der vor ihm Haftende leistungsunfähig nach § 1603 BGB ist.

30 OLG Bamberg, FamRZ 1994, 255; OLG Karlsruhe, FamRZ 1986, 496.
31 BGH FuR 2000, 481.
32 BVerfG FamRZ 2001, 1685.

Ebenso gewährt § 1603 Abs. 3 BGB unter den Voraussetzungen des Abs. 2 S. 1 auch bei Zahlungen auf freiwilliger Basis einen Forderungsübergang.

Derartige Fragen von Ersatzhaftung und Forderungsübergang könne abschließend zu prüfen sein.

C. Die Bestimmung des Unterhalts nach Art und Zeit

I. Grundsätze

Die **Unterhaltspflicht für die Mutter eines Kindes** beginnt bereits in der **Schwangerschaft**. Bei nicht miteinander verheirateten Eltern hat der Vater gem. **§ 1615l Abs. 1 S. 1 BGB** der Mutter für die Dauer von **sechs Wochen vor und acht Wochen nach der Geburt** des Kindes Unterhalt zu zahlen. Auszugleichen hat der Kindesvater auch diejenigen Kosten, die infolge der Schwangerschaft oder der Entbindung außerhalb dieses Zeitraums entstehen. 29

Die Unterhaltspflicht **für das Kind** selbst beginnt allerdings **mit der Geburt** und dauert, wenn auch unter unterschiedlichen Voraussetzungen, **lebenslänglich**, Bedürftigkeit des Kindes und Leistungsfähigkeit der Eltern vorausgesetzt. Altersgrenzen für ein Ende des Unterhaltsanspruchs gibt es nicht.[33]

Der **Unterhaltsanspruch endet** allerdings, wenn das Kind nach einer abgeschlossenen Ausbildung in der Lage ist, selbst für seinen Lebensunterhalt zu sorgen.[34] Absolviert das Kind keine Ausbildung oder hat es eine Ausbildung vollendet, muss es durch Arbeitstätigkeit sein Lebensunterhalt **selbst sicherstellen.**[35] 30

Unterhaltspflichtige Eltern können sich allerdings **nicht darauf verlassen**, dass ein entfallender Unterhaltsanspruch endgültig beendet ist. Befindet sich ein Volljähriger nicht einer Schul- oder Berufsausbildung, so kann der Unterhaltsanspruch sehr wohl wieder aufleben, wenn das Kind erneut bedürftig wird. Der Volljährige muss allerdings grundsätzlich **jede Arbeitsmöglichkeit ausnutzen** und auch berufsfremde Tätigkeiten und Arbeiten ohne Berücksichtigung eines vorangegangenen Niveaus annehmen.[36]

Grundsätzlich ist allerdings **auch ein minderjähriges Kind zur Erwerbstätigkeit verpflichtet**, wenn es nicht mehr schulpflichtig ist und sich nicht einer Ausbildung unterzieht. Eltern haben in einem solchen Fall durch Erziehungsmaßnahmen darauf **einzuwirken**, dass das Kind seiner Ausbildungsobliegenheit, die es bei Minderjährigkeit trifft, auch nachkommt.[37] 31

33 BGH FamRZ 2011, 1560.

34 Zur Vereinbarung zum Betreuungsunterhalt zwischen Kindeseltern vgl. *Horndasch*, Ehegattenunterhalt, § 4 Rn 258 ff.

35 OLG Düsseldorf FamRZ 1990, 194.

36 BGH FamRZ 1987, 930, 932; BGH FamRZ 1985, 1245.

37 Wendl/Dose/*Klinkhammer*, § 2 Rn 55.

Endgültig erlischt der Unterhaltsanspruch mit dem **Tod** des Kindes oder des Verpflichteten Elternteils.

Der insoweit bestehende Unterhaltsanspruch des Kindes umfasst seinen gesamten Lebensbedarf, § 1610 Abs. 2 BGB.

32 Der Unterhalt kann **auf unterschiedliche Weise erbracht** werden:

- Als Barunterhalt,
- als Naturalunterhalt oder
- als Betreuungsunterhalt.

33 Nach § 1612 Abs. 1 S. 1 BGB ist der Unterhalt durch Entrichtung einer **Geldrente** zur gewähren, sog. **Barunterhalt**. Trotz der entsprechenden gesetzlichen Formulierung wird in intakten Familien üblicherweise sowohl minderjährigen als auch volljährigen Kinder, die im Haushalt leben, **Naturaltunterhalt** gewährt, § 1612 Abs. 2 S. 1 BGB. Danach können Eltern bestimmen, in welcher Art und für welche Zeit im Voraus der Unterhalt gewährt werden soll, völlig unabhängig vom Alter des Kindes.

Der ggf. gewährte Naturalunterhalt im Zusammenleben mit den Kindern umfasst **alles, was zu Befriedigung der Lebensbedürfnisse geleistet** wird, also Wohnung, Kost, sonstige Versorgung sowie weitere unterschiedliche Leistungen und Sachaufwendungen zzgl. eines angemessenen Taschengeldes.[38]

Leben Eltern **getrennt** voneinander und lebt das minderjährige Kind überwiegend bei einem Elternteil und wird von ihm betreut, erfüllt dieser seinen Anteil an der Unterhaltsverpflichtung in der Regel durch Pflege und Erziehung des Kindes (**Betreuungsunterhalt**). Der andere Elternteil kommt seiner Verpflichtung durch Zahlung eines Barbetrages nach (**Barunterhalt**).

34 **Barunterhalt und Betreuungsunterhalt** werden, zumindest solange das Kind minderjährig ist, als **gleichwertig** angesehen. Bei Erreichen der Volljährigkeit werden mangels Betreuungsbedürftigkeit keine Betreuungsleistungen mehr geschuldet. Konsequent sind dann **beide Eltern** entsprechend ihren Einkommens- und Vermögensverhältnissen barunterhaltspflichtig. Dies gilt unabhängig davon, ob das Kind z.B. die Schule besucht oder eine Berufsausbildung fortsetzt. Ebenso wenig spielt eine Rolle, ob das Kind noch im Haushalt eines Elternteils wohnt.

Befindet sich das Kind allerdings weiter im Haushalt eines Elternteils, ist nicht so zu verfahren, dass das Kind von dem ihm gewährenden Elternteil den Barunterhaltsanteil erhält und dann an denselben Elternteil zurückzahlt für Miete, Verpflegung etc. Es wird in der Praxis **nur derjenige Elternteil zahlen**, bei dem das Kind nicht lebt. Bei der Berechnung ist allerdings davon auszugehen, dass beide Elternteile barunterhaltspflichtig

38 Zum Naturalunterhalt vgl. *Klinkhammer*, FamRZ 2010, 845.

sind. Es sind dann bei der Unterhaltsberechnung die jeweiligen Anteile zu bestimmen und derjenige Teil in bar einzufordern, der den nicht mit dem Kind zusammenlebenden Elternteil betrifft.

Dies gilt auch für sog. **privilegiert volljährige Kinder**, also für solche Kinder, die unverheiratet sind und das 21. Lebensjahr noch nicht vollendet haben, im Haushalt eines Elternteils leben und sich in der allgemeinen Schulausbildung befinden. Diese stehen minderjährigen Kindern gleich. Auswirkungen hat dies nicht auf die Barunterhaltspflicht beider Eltern, sondern lediglich Bedeutung für die **Frage der Leistungsfähigkeit und den Rang des Unterhaltsanspruchs.**[39]

II. Vereinbarungen zur Bestimmung des Unterhalts

Über die Bestimmung des Unterhalts nach Art und Zeit können **Eltern miteinander Vereinbarungen** treffen, solange das Kind **minderjährig** ist. Mit dem volljährigen Kind müssen dann Vereinbarungen zwischen den Eltern und dem Kind getroffen werden. 35

1. Die Bestimmung des Unterhalts für das minderjährige Kind

Eltern können durch Vereinbarung wählen, ob **Bar-, Natural- oder Betreuungsunterhalt** geleistet wird. 36

a) Naturalleistungen statt Barunterhalt

Haben sich Eltern darauf verständigt, dass das Kind überwiegend etwa von der Kindesmutter betreut wird, ist **ohne abweichende Vereinbarung** vom anderen Elternteil Barunterhalt zu leisten. Unter bestimmten Umständen kann es jedoch **sinnvoll** sein, sich auf die **Erbringung von Naturalleistungen** zu einigen, wenn beispielsweise der barunterhaltspflichtige Elternteil selbstständiger Feinkosthändler und **Eigentümer eines Supermarktes** am Ort ist. 37

Eine **Einigung über Naturalleistungen statt Kindesunterhalt als Barunterhalt** wäre wie folgt möglich. Wegen der Möglichkeit der Vollstreckung ist dabei grundsätzlich die notarielle Form zu wählen.

Regelmäßig wird eine Vereinbarung aber nicht nur wegen der Verpflichtung gegenüber gemeinsamen Kindern getroffen, sondern **auch** zur Regelung von Trennungs- und ggf. Nachscheidungsunterhalt. Eine **Gesamtvereinbarung** könnte bei Vorliegen entsprechender Voraussetzungen daher wie folgt lauten:

39 BGH FamRZ 2002, 815, 817.

3.1

▼

38 **Muster 3.1: Naturalleistungen statt Barunterhalt**

Verhandelt am

Zu

Vor mir, dem unterzeichnenden Notar im Bezirk des Oberlandesgerichts

erscheinen

1. Herr , geb. am wohnhaft

2. Frau geb. , geb. am , wohnhaft

ausgewiesen durch .

Die Frage des beurkundenden Notars nach einer Vorbefassung im Sinne von § 3 Abs. 1 Nr. 7 BeurkG wurde von den Erschienenen verneint. Der beurkundende Notar erläuterte die vorgenannte Vorschrift.

Die Erschienenen baten den Notar um die Beurkundung einer

Trennungs- und Scheidungsfolgenvereinbarung

und erklärten vorab:

§ 1 Ausgangslage

Wir sind beide von Geburt an deutsche Staatsangehörige und haben am in die Ehe geschlossen. Aus unserer Ehe ist das am geborene, derzeit also 3 Jahre alte Kind K. hervorgegangen. Es behält einvernehmlich seinen Lebensmittelpunkt bei der Kindesmutter. Kinder aus anderen Verbindungen sind nicht vorhanden.

Wir leben seit dem voneinander getrennt und haben einvernehmlichen Scheidungsantrag bei dem zuständigen Amtsgericht – Familiengericht – in gestellt.

§ 2 Ehegattenunterhalt

1. Der Ersch. zu 1 verpflichtet sich, ab an die Ersch. zu 2 für die Zeit der Trennung sowie nach Rechtskraft der Scheidung einen monatlich, jeweils bis zum 1. eines jeden Monats fälligen Gesamtunterhalt in Höhe von EUR zu zahlen, davon EUR Elementarunterhalt, EUR Krankenvorsorgeunterhalt und EUR Altersvorsorgeunterhalt.

2. Bei dieser Vereinbarung gehen die Beteiligten von den folgenden Einkommensverhältnissen aus:

- Einkommen des Ersch. zu 1
- Einkommen der Ersch. zu 2 .

3. Die Erschienenen vereinbaren, dass die nachehelichen Unterhaltsansprüche der Ersch. zu 2 nicht befristet werden.

4. Die Vereinbarung zur Zahlung von nachehelichem Unterhalt ist der Abänderung zugänglich. Die Beteiligten vereinbaren im Falle der Änderung der Einkommens- und Vermögensverhältnisse eine an der getroffenen Vereinbarung orientierte Abänderung. Ergänzend gelten die gesetzlichen Regelungen.

5. Die Ersch. zu 2 verpflichtet sich für die Dauer der Unterhaltsleistung, die nach § 10 Abs. 1 Nr. 1 EStG erforderliche Zustimmung zum begrenzten Realsplitting zu geben. Der Ersch. zu 1 ist verpflichtet, die Ersch. zu 2 von den ihr entstehenden finanziellen Nachteilen freizustellen.

§ 3 Kindesunterhalt

1. Der Ersch. zu 1 verpflichtet sich, für das Kind K einen monatlichen, monatlich im Voraus fälligen Kindesunterhalt in Höhe von % des Mindestbedarfs der jeweils gültigen Düsseldorfer Tabelle gemäß der jeweiligen Altersstufe des Kindes zu bezahlen. Hierauf ist die Hälfte des gesetzlichen Kindergeldes, derzeit 95 EUR bedarfsdeckend anzurechnen, so dass sich ein monatlicher Unterhaltsbetrag in Höhe von EUR ergibt. Zusätzlich verpflichtet sich der Ersch. zu 1, die Kosten für die private Krankenversicherung für das Kind zu bezahlen.

2. Die Festsetzung des Unterhalts erfolgte auf der Grundlage des in § 2 Ziff. 2 der Vereinbarung festgestellten anrechenbaren Nettoeinkommens des Ersch. zu 1. Die danach einschlägige Einkommensgruppe wurde um eine Stufe erhöht, da die Unterhaltspflicht nur gegenüber einem Kind besteht.

3. Die Erschienenen vereinbaren, dass der vorstehende Unterhaltsbetrag, soweit die Ersch. zu 2 dies wünscht, nicht in bar zu leisten ist. Die Ersch. zu 2 ist stattdessen berechtigt, im Feinkostmarkt, das der Ersch. zu 1 als selbstständiger Unternehmer betreibt, kostenfrei Einkäufe für sich und das gemeinsame Kind zu tätigen. Die Einkäufe sind der Höhe nach begrenzt auf den doppelten monatlichen Betrag des Unterhalts gemäß § 3 Ziff. 1. der Vereinbarung. Darüber hinaus gehende Beträge hat die Ersch. zu 2 dem Ersch. zu 1 zu erstatten. Bleibt der monatliche Betrag unter dem Unterhaltsbetrag gemäß § 3 Ziff. 1., hat der Ersch. zu 1 den Differenzbetrag zum Kindesunterhalt in bar zu leisten. Die Beteiligten vereinbaren eine jeweilige monatliche Abrechnung spätestens zum 15. des Folgemonats.

§ 4 Vollstreckungsunterwerfung

Wegen der in § 2 und 3 der Vereinbarung eingegangenen Verpflichtung zur Zahlung von Ehegattenunterhalt und Kindesunterhalt unterwerfe ich, der Ersch. zu 1, mich der

sofortigen Zwangsvollstreckung

aus dieser Urkunde in mein Vermögen.

Die Ersch. zu 2 ist berechtigt, sich jederzeit auf einseitigen Antrag auf Kosten des Ersch. zu 1 eine vollstreckbare Ausfertigung dieser Urkunde erteilen zu lassen, ohne dass es hierzu des Nachweises der Fälligkeit oder sonstiger die Vollstreckung begründender Tatsachen bedarf.

§ 5 Hinweise, Durchführung

Der Notar hat die Erschienenen über die Bedeutung, die rechtliche Tragweite, insbesondere die Rechtsfolgen und die Auswirkungen der Unterhaltsvereinbarung abschließend noch einmal ausführlich belehrt. Beide Erschienenen sind sich der Tragweite der getroffenen Vereinbarungen bewusst und wünschen gleichwohl die Beurkundung der Vereinbarung auch unter Inkaufnahme möglicher zukünftig daraus erwachsener Nachteile.

(ggf. weitere abschließende Hinweise/Durchführung)

(Urkundsausgang, Unterschriften)

▲

Im vorhergehenden Muster sind die Berechnungen auf dem Stand der Düsseldorfer Tabelle vom 1.1.2016.

b) Teilleistungen statt Barunterhalt

39 Es ist auch eine Situation denkbar, in welcher ein Ehegatte bereits **Teilleistungen** erbringt, die bei der Bemessung des Kindesunterhalts der Höhe nach zu berücksichtigen sind.

Leben Eheleute im gemeinsamen Haus getrennt durch Aufteilung der bewohnten Räume und Trennung der Lebensführung, kann der **Wohnbedarf** des in der Obhut der Kindesmutter befindlichen Kindes dadurch gedeckt sein, dass der Kindesvater weiterhin die gesamten **Kreditbelastungen für das Einfamilienhaus** trägt. Regelmäßig wird sich daraus eine Kürzung des sich aus der Düsseldorfer Tabelle ergebenden Tabellenunterhalts um rund **20 %** rechtfertigen.[40] Entsprechendes gilt, wenn der barunterhaltspflichtige Elternteil die Miete für die gesamte Wohnung trägt.

In solchen Fällen kann es sinnvoll sein, eine **Einigung über den zu zahlenden Kindesunterhalt** herbeizuführen.

40 Eine Vereinbarung könnte wie folgt geschlossen werden:

3.2

▼

Muster 3.2: Teilleistungen statt Barunterhalt

Verhandelt am

40 BGV FamRZ 2006, 99 mit Anm. *Viefhues* und *Scholz.*

Zu

Vor mir, dem unterzeichnenden Notar im Bezirk des Oberlandesgerichts

erscheinen

1. Herr , geb. am , wohnhaft

2. Frau geb. , geb. am , wohnhaft (ebenda)

ausgewiesen durch .

Die Frage des beurkundenden Notars nach einer Vorbefassung im Sinne von § 3 Abs. 1 Nr. 7 BeurkG wurde von den Erschienenen verneint. Der beurkundende Notar erläuterte die vorgenannte Vorschrift.

Die Erschienenen baten den Notar um die Beurkundung einer

Trennungs- und Unterhaltsvereinbarung

und erklärten vorab:

§ 1 Ausgangslage

Wir sind beide von Geburt an deutsche Staatsangehörige und haben am in die Ehe geschlossen. Aus unserer Ehe ist das am geborene, derzeit also 3 Jahre alte Kind K. hervorgegangen. Es behält einvernehmlich seinen Lebensmittelpunkt bei der Kindesmutter. Kinder aus anderen Verbindungen sind nicht vorhanden.

Wir leben seit dem in der Ehewohnung voneinander getrennt. Wir haben eine einvernehmliche Aufteilung der Wohnräume herbeigeführt.

§ 2 Ehegattenunterhalt

1. Der Ersch. zu 1 verpflichtet sich, ab an die Ersch. zu 2 für die Zeit der Trennung einen monatlich, jeweils bis zum 1. eines jeden Monats fälligen Trennungsunterhalt in Höhe von EUR zu zahlen.

2. Bei dieser Vereinbarung gehen die Beteiligten von den folgenden Einkommensverhältnissen aus:

- Einkommen des Ersch. zu 1
- Einkommen der Ersch. zu 2 .

Bei der Berechnung des Unterhaltsanspruchs der Ersch. zu 2 haben wir die Zahlung der Kreditlasten für das gemeinsame Hausgrundstück durch den Ersch. zu 1 in Höhe von EUR monatsdurchschnittlich berücksichtigt.

3. Die Vereinbarung zur Zahlung von Trennungsunterhalt ist der Abänderung zugänglich. Die Beteiligten vereinbaren im Falle der Änderung der Einkommens- und Vermögensverhältnisse eine an der getroffenen Vereinbarung orientierte Abänderung. Ergänzend gelten die gesetzlichen Regelungen. Eine Neuberechnung des Trennungsunterhalts hat auf der Grundlage der vorstehenden Vereinbarung in jedem Falle dann zu erfolgen, wenn sich an der Wohnsituation durch Auszug eines der Erschienenen etwas ändert.

4. Die Ersch. zu 2 verpflichtet sich für die Dauer der Unterhaltsleistung, die nach § 10 Abs. 1 Nr. 1 EStG erforderliche Zustimmung zum begrenzten Realsplitting zu geben. Der Ersch. zu 1 ist verpflichtet, die Ersch. zu 2 von den ihr entstehenden finanziellen Nachteilen freizustellen.

§ 3 Kindesunterhalt

1. Der Ersch. zu 1 verpflichtet sich, für das Kind K einen monatlichen, monatlich im Voraus fälligen Kindesunterhalt in Höhe von ___ % des Mindestbedarfs der jeweils gültigen Düsseldorfer Tabelle gemäß der jeweiligen Altersstufe des Kindes zu bezahlen. Hierauf ist die Hälfte des gesetzlichen Kindergeldes, derzeit 95 EUR bedarfsdeckend anzurechnen, so dass sich ein monatlicher Unterhaltsbetrag in Höhe von ___ EUR ergibt.

2. Die Festsetzung des Unterhalts erfolgte auf der Grundlage des in § 2 Ziff. 2 der Vereinbarung festgestellten anrechenbaren Nettoeinkommens des Ersch. zu 1. Die danach einschlägige Einkommensgruppe ___ wurde um eine Stufe erhöht, da die Unterhaltspflicht nur gegenüber einem Kind besteht.

3. Aufgrund der anderweitigen Deckung des Wohnbedarfs des Kindes K durch den Ersch. zu 1 ist vom jeweiligen Zahlbetrag gemäß Ziff. 1. ein Abzug von 20 % vorzunehmen. Dieser Abzug ist bis zum Ende desjenigen Monats vorzunehmen, in welchem das Kind aus der Ehewohnung auszieht oder der Wohnbedarf nicht (mehr)anderweitig durch den Ersch. zu 1 gedeckt wird.

§ 4 Vollstreckungsunterwerfung

Wegen der in § 2 und 3 der Vereinbarung eingegangenen Verpflichtung zur Zahlung von Ehegattenunterhalt und Kindesunterhalt unterwerfe ich, der Ersch. zu 1, mich der

sofortigen Zwangsvollstreckung

aus dieser Urkunde in mein Vermögen.

Die Ersch. zu 2 ist berechtigt, sich jederzeit auf einseitigen Antrag auf Kosten des Ersch. zu 1 eine vollstreckbare Ausfertigung dieser Urkunde erteilen zu lassen, ohne dass es hierzu des Nachweises der Fälligkeit oder sonstiger die Vollstreckung begründender Tatsachen bedarf.

§ 5 Hinweise, Durchführung

Der Notar hat die Erschienenen über die Bedeutung, die rechtliche Tragweite, insbesondere die Rechtsfolgen und die Auswirkungen der Unterhaltsvereinbarung abschließend noch einmal ausführlich belehrt. Beide Erschienenen sind sich der Tragweite der getroffenen Vereinbarungen bewusst und wünschen gleichwohl die Beurkundung der Vereinbarung auch unter Inkaufnahme möglicher zukünftig daraus erwachsener Nachteile.

(ggf. weitere abschließende Hinweise/Durchführung)

(Urkundsausgang, Unterschriften)

▲

c) Anderweitige Leistungen statt Barunterhalt

41 In nicht wenigen Fällen häufen Eheleute während der Ehezeit Schulden an, zu deren Rückzahlung Beide verpflichtet sind. Um den Umweg über einen Austausch der unterschiedlichen Leistungen zu vermeiden, kann es sinnvoll sein, sich über eine – zeitweise – Aussetzung der Zahlungspflicht hinsichtlich des Kindesunterhalts zu verständigen.

42 Dies kann in geeigneten Fällen wie folgt geschehen:

3.3

▼

Muster 3.3: Anderweitige Leistungen statt Barunterhalt

Verhandelt am

Zu

Vor mir, dem unterzeichnenden Notar im Bezirk des Oberlandesgerichts

erscheinen

1. Herr , geb. am , wohnhaft
2. Frau geb. , geb. am , wohnhaft

ausgewiesen durch .

Die Frage des beurkundenden Notars nach einer Vorbefassung im Sinne von § 3 Abs. 1 Nr. 7 BeurkG wurde von den Erschienenen verneint. Der beurkundende Notar erläuterte die vorgenannte Vorschrift.

Die Erschienenen baten den Notar um die Beurkundung einer

Trennungs- und Scheidungsfolgenvereinbarung

und erklärten vorab:

§ 1 Ausgangslage

Wir sind beide von Geburt an deutsche Staatsangehörige und haben am ___ in ___ die Ehe geschlossen. Aus unserer Ehe ist das am ___ geborene, derzeit also 3 Jahre alte Kind K. hervorgegangen. Es behält einvernehmlich seinen Lebensmittelpunkt bei der Kindesmutter. Kinder aus anderen Verbindungen sind nicht vorhanden.

Wir leben seit dem ___ in verschiedenen Wohnungen voneinander getrennt.

§ 2 Ehegattenunterhalt

1. Der Ersch. zu 1 verpflichtet sich, ab ___ an die Ersch. zu 2 für die Zeit der Trennung sowie nach Rechtskraft der Scheidung einen monatlich, jeweils bis zum 1. eines jeden Monats fälligen Unterhalt in Höhe von ___ EUR zu zahlen.

2. Bei dieser Vereinbarung gehen die Beteiligten von den folgenden Einkommensverhältnissen aus:

- Einkommen des Ersch. zu 1 ___
- Einkommen der Ersch. zu 2 ___.

Der Ersch. zu 1 trägt derzeit die gemeinsamen Schulden in Höhe von noch ___ EUR mit monatlicher Zahlung in Höhe von ___ EUR an die ___-Bank. Der Ersch. zu 2 verpflichtet sich im Innenverhältnis, weiterhin die gemeinsamen Verbindlichkeiten in der derzeitigen monatlichen Höhe auszugleichen. Die Ersch. zu 2 stellt den Ersch. zu 1 im Gegenzug bis zur endgültigen Tilgung der Verbindlichkeiten von der Leistung des Trennungsunterhalts gem. Ziff. 1. der Vereinbarung frei.

3. Die Vereinbarung zur Zahlung von Trennungsunterhalt ist der Abänderung zugänglich. Die Beteiligten vereinbaren im Falle der Änderung der Einkommens- und Vermögensverhältnisse eine an der getroffenen Vereinbarung orientierte Abänderung. Ergänzend gelten die gesetzlichen Regelungen. Eine Neuberechnung des Trennungsunterhalts hat auf der Grundlage der vorstehenden Vereinbarung in jedem Falle dann zu erfolgen, wenn sich an der Wohnsituation durch Auszug eines der Erschienenen etwas ändert.

4. Die Ersch. zu 2 verpflichtet sich für die Dauer der Unterhaltsleistung, die nach § 10 Abs. 1 Nr. 1 EStG erforderliche Zustimmung zum begrenzten Realsplitting zu geben. Der Ersch. zu 1 ist verpflichtet, die Ersch. zu 2 von den ihr entstehenden finanziellen Nachteilen freizustellen.

§ 3 Kindesunterhalt

1. Der Ersch. zu 1 verpflichtet sich, für das Kind K einen monatlichen, monatlich im Voraus fälligen Kindesunterhalt in Höhe von ___ % des Mindestbedarfs der jeweils gültigen Düsseldorfer Tabelle gemäß der jeweiligen Altersstufe des Kindes zu bezahlen. Hierauf ist die Hälfte des gesetzlichen Kindergeldes, derzeit 95 EUR bedarfsdeckend anzurechnen, so dass sich ein monatlicher Unterhaltsbetrag in Höhe von ___ EUR ergibt.

2. Die Festsetzung des Unterhalts erfolgte auf der Grundlage des in § 2 Ziff. 2 der Vereinbarung festgestellten anrechenbaren Nettoeinkommens des Ersch. zu 1.Die danach einschlägige Einkommensgruppe wurde um eine Stufe erhöht, da die Unterhaltspflicht nur gegenüber einem Kind besteht.

3. Die Ersch. zu 2 stellt den Ersch. zu 1 für die Dauer der Rückzahlung des Darlehens gemäß § 2 Ziff. 2 von der Leistung des Kindesunterhalts frei.

§ 4 Vollstreckungsunterwerfung

Wegen der in § 2 und 3 der Vereinbarung eingegangenen Verpflichtung zur Zahlung von Ehegattenunterhalt und Kindesunterhalt unterwerfe ich, der Ersch. zu 1, mich der

sofortigen Zwangsvollstreckung

aus dieser Urkunde in mein Vermögen.

Die Ersch. zu 2 ist berechtigt, sich jederzeit auf einseitigen Antrag auf Kosten des Ersch. zu 1 eine vollstreckbare Ausfertigung dieser Urkunde erteilen zu lassen, ohne dass es hierzu des Nachweises der Fälligkeit oder sonstiger die Vollstreckung begründender Tatsachen bedarf.

§ 5 Hinweise, Durchführung

Der Notar hat die Erschienenen über die Bedeutung, die rechtliche Tragweite, insbesondere die Rechtsfolgen und die Auswirkungen der Unterhaltsvereinbarung abschließend noch einmal ausführlich belehrt. Beide Erschienenen sind sich der Tragweite der getroffenen Vereinbarungen bewusst und wünschen gleichwohl die Beurkundung der Vereinbarung auch unter Inkaufnahme möglicher zukünftig daraus erwachsener Nachteile.

(ggf. weitere abschließende Hinweise/Durchführung)

(Urkundsausgang, Unterschriften)

▲

2. Die Unterhaltsvereinbarung mit dem volljährigen Kind

Das volljährige Kind schließt eigene Vereinbarungen über Art und Höhe des ihm zustehenden Unterhaltsanspruchs mit den Eltern. Da bei Elternteile grundsätzlich anteilig barunterhaltspflichtig sind, bedarf es einer Vereinbarung zwischen dem unterhaltsberechtigten Kind und beiden Eltern. 43

Hierbei sind folgende Konstellationen denkbar: 44

- beide Eltern und das Kind schließen eine gemeinsame Vereinbarung,
- das Kind schließt mit einem Elternteil eine Vereinbarung mit Zustimmung des anderen Elternteils,

- das Kind schließt gegen den Willen eines Elternteils eine Vereinbarung mit dem anderen Elternteil.

a) Gemeinsame Vereinbarung von Eltern und volljährigem Kind

45 Eine – isolierte – Vereinbarung über die Frage des Kindesunterhalts zwischen Eltern und deren volljährigem Kind bedarf nicht der notariellen Beurkundung.

Will jedoch das Kind die Ansprüche gegen den sich verpflichtenden Elternteil durch Vollstreckung durchsetzen, muss sich der Betreffende der **sofortigen Zwangsvollstreckung** unterwerfen. Dies ist nur mit **notarieller Urkunde** möglich. Eine Vereinbarung, also nicht nur eine Titulierung des Anspruchs durch eine Urkunde des Jugendamtes, ist dann durch gemeinsame Beurkundung möglich.

Für den Fall, dass das Kind noch bei einem Elternteil lebt und etwa noch die allgemeinbildende Schule besucht, könnte eine Vereinbarung wie folgt geschlossen werden:

▼

46 **Muster 3.4: Vereinbarung von Eltern und volljährigem Kind über direkte Zahlung**

Verhandelt am

Zu

Vor mir, dem unterzeichnenden Notar im Bezirk des Oberlandesgerichts

erscheinen

1. Herr , geb. am , wohnhaft
2. Frau geb. , geb. am , wohnhaft
3. der Sohn der Ersch. zu 1 und 2, K, geb. am , wohnhaft

ausgewiesen durch .

Die Frage des beurkundenden Notars nach einer Vorbefassung im Sinne von § 3 Abs. 1 Nr. 7 BeurkG wurde von den Erschienenen verneint. Der beurkundende Notar erläuterte die vorgenannte Vorschrift.

Die Erschienenen baten den Notar um die Beurkundung einer

Vereinbarung über Kindesunterhalt

und erklärten vorab:

§ 1 Ausgangslage

Wir, die Ersch. zu 1 und 2 sind beide von Geburt an deutsche Staatsangehörige und haben am ____ in ____ die Ehe geschlossen. Aus unserer Ehe ist der Ersch. zu 3 hervorgegangen. Der Ersch. zu 3 besucht die 12. Klasse des Gymnasiums in ____ und lebt im Haushalt der Ersch. zu 2.

Wir, die Ersch. zu 1 und 2 leben seit dem ____ voneinander getrennt und haben einvernehmlichen Scheidungsantrag bei dem zuständigen Amtsgericht – Familiengericht – in ____ gestellt.

§ 2 Kindesunterhalt

1. Der Ersch. zu 1 verpflichtet sich, für das Kind K einen monatlichen, monatlich im Voraus fälligen in Höhe von ____ EUR gem. Einkommensgruppe ____ der Düsseldorfer Tabelle, 4. Altersstufe, zu bezahlen. Hierauf ist das gesetzliche Kindergeld, derzeit 190 EUR bedarfsdeckend anzurechnen, so dass sich ein monatlicher Unterhaltsbetrag in Höhe von ____ EUR ergibt. Zusätzlich verpflichtet sich der Ersch. zu 1, die Kosten für die private Krankenversicherung für das Kind zu bezahlen.

2. Die Festsetzung des Unterhalts erfolgte auf der Grundlage des Einkommens der Ersch. zu 1 und 2 wie folgt:

- Einkommen des Ersch. zu 1 ____
- Einkommen der Ersch. zu 2 ____.

3. Die Erschienenen vereinbaren, dass der vorstehende Unterhaltsbetrag vom Ersch. zu 1 mit befreiender Wirkung unmittelbar an die Ersch. zu 2 gezahlt wird.

4. Die Ersch. zu 1 und 2 werden darüber hinaus an den Ersch. zu 3 monatlich ein Taschengeld in Höhe von ____ EUR jeweils monatlich im Voraus auf dessen Konto bei der ____-Bank, IBAN ____ überweisen.

5. Die Erschienenen sind darüber einig, dass dem Ersch. zu 3 über die vorstehenden Zahlungen hinaus keine Unterhaltsansprüche zustehen. Der Ersch. zu 3 verzichtet vorsorglich auf etwaige weitere Unterhaltsansprüche. Die Ersch. zu 1 und 2 nehmen den Verzicht hiermit an.

6. Die Vereinbarung bleibt gültig, solange der Ersch. zu 3 die allgemeinbildende Schule besucht und im Haushalt der Ersch. zu 2 wohnt. Nach Absolvierung der Abiturprüfung des Ersch. zu 3 erfolgt eine Weiterzahlung bis zum Beginn einer weiterführenden Ausbildung oder der Aufnahme eines Studiums zu dem auf das Abitur folgende Studiensemester.

§ 3 Vollstreckungsunterwerfung

Wegen der in § 2 der Vereinbarung eingegangenen Verpflichtung zur Zahlung von Kindesunterhalt unterwerfe ich, der Ersch. zu 1, mich der

sofortigen Zwangsvollstreckung

aus dieser Urkunde in mein Vermögen.

Die Ersch. zu 2 wird bevollmächtigt, sich jederzeit auf einseitigen Antrag auf Kosten des Ersch. zu 1 eine vollstreckbare Ausfertigung dieser Urkunde erteilen zu lassen, ohne dass es hierzu des Nachweises der Fälligkeit oder sonstiger die Vollstreckung begründender Tatsachen bedarf.

§ 4 Hinweise, Durchführung

Der Notar hat die Erschienenen über die Bedeutung, die rechtliche Tragweite, insbesondere die Rechtsfolgen und die Auswirkungen der Unterhaltsvereinbarung abschließend noch einmal ausführlich belehrt. Sämtliche Erschienenen sind sich der Tragweite der getroffenen Vereinbarungen bewusst und wünschen gleichwohl die Beurkundung der Vereinbarung auch unter Inkaufnahme möglicher zukünftig daraus erwachsener Nachteile.

(ggf. weitere abschließende Hinweise/Durchführung)

(Urkundsausgang, Unterschriften)

▲

47 Es gibt Fälle, in denen dem Kind Vorteile zukommen oder in denen ihm Leistungen gewährt werden, die auf der einen Seite **freiwillig erfolgen und deshalb nicht auf Unterhaltsansprüche anrechenbar** sind, andererseits aber für das Kind **zu entfallen drohen**, wenn keine Vereinbarung über die mindestens teilweise Anrechnung auf Unterhaltspflichten erfolgt.

Eine Vereinbarung wird in solchen Fällen sinnvoll sein.

48 Sie könnte wie folgt geschlossen werden:

▼

Muster 3.5: Vereinbarung von Eltern und volljährigem Kind über Zahlungsersatz

Verhandelt am

Zu

Vor mir, dem unterzeichnenden Notar im Bezirk des Oberlandesgerichts

erscheinen

1. Herr , geb. am , wohnhaft

2. Frau geb. , geb. am , wohnhaft

3. der Sohn der Ersch. zu 1 und 2, K, geb. am , wohnhaft

ausgewiesen durch .

Die Frage des beurkundenden Notars nach einer Vorbefassung im Sinne von § 3 Abs. 1 Nr. 7 BeurkG wurde von den Erschienenen verneint. Der beurkundende Notar erläuterte die vorgenannte Vorschrift.

Die Erschienenen baten den Notar um die Beurkundung einer

Vereinbarung über Kindesunterhalt

und erklärten vorab:

§ 1 Ausgangslage

Wir, die Ersch. zu 1 und 2 sind beide von Geburt an deutsche Staatsangehörige und haben am in die Ehe geschlossen. Aus unserer Ehe ist der Ersch. zu 3 hervorgegangen. Der Ersch. zu 3 besucht die 12. Klasse des Gymnasiums in und lebt im Haushalt der Ersch. zu 2.

Wir, die Ersch. zu 1 und 2 leben seit dem voneinander getrennt und haben einvernehmlichen Scheidungsantrag bei dem zuständigen Amtsgericht – Familiengericht – in gestellt.

§ 2 Kindesunterhalt

1. Der Ersch. zu 1 verpflichtet sich, für das Kind K einen monatlichen, monatlich im Voraus fälligen Kindesunterhalt in Höhe von EUR gem. Einkommensgruppe der Düsseldorfer Tabelle, 4. Altersstufe, zu bezahlen. Hierauf ist das gesetzliche Kindergeld, derzeit 190 EUR bedarfsdeckend anzurechnen, so dass sich ein monatlicher Unterhaltsbetrag in Höhe von EUR ergibt. Zusätzlich verpflichtet sich der Ersch. zu 1, die Kosten für die private Krankenversicherung für das Kind zu bezahlen.

2. Der Ersch. zu 1 hat dem Ersch. zu 3 zu seinem 18. Geburtstag einen PKW Marke , Kennzeichen , gekauft und übernimmt bisher die laufenden Kosten des Fahrzeugs. Der Ersch. zu 1 verpflichtet sich, weiterhin sämtliche laufenden Kosten für Instandhaltung, Reparatur, Steuer, Versicherung etc. zu tragen, ebenso die Benzinkosten im Rahmen einer monatlichen höhe bis zu EUR. Im Gegenzug verzichtet der Ersch. zu 3 auf die Zahlung des hälftigen Zahlungsbetrages zum Kindesunterhalt. Die Vereinbarung bleibt gültig, solange der Ersch. zu 3 das Fahrzeug führt.

3. Die Ersch. zu 2 stimmt der Vereinbarung zu Ziff. 2 zu und verzichtet auf die Geltendmachung darüber hinaus gehender Ansprüche wegen Gewährung des Naturalunterhalts aufgrund des Zusammenlebens gegenüber dem Ersch. zu 3.

4. Die Festsetzung des Unterhalts erfolgte auf der Grundlage des Einkommens der Ersch. zu 1 und 2 wie folgt:

- Einkommen des Ersch. zu 1
- Einkommen der Ersch. zu 2 .

5. Die Erschienenen vereinbaren, dass der vorstehende Unterhaltsbetrag vom Ersch. zu 1 mit befreiender Wirkung unmittelbar an die Ersch. zu 2 gezahlt wird.

6. Die Ersch. zu 1 und 2 werden darüber hinaus an den Ersch. zu 3 monatlich ein Taschengeld in Höhe von EUR jeweils monatlich im Voraus auf dessen Konto bei der -Bank, IBAN Überweisen.

7. Die Erschienenen sind darüber einig, dass dem Ersch. zu 3 über die vorstehenden Zahlungen hinaus keine Unterhaltsansprüche zustehen. Der Ersch. zu 3 verzichtet vorsorglich auf etwaige weitere Unterhaltsansprüche. Die Ersch. zu 1 und 2 nehmen den Verzicht hiermit an.

8. Die Vereinbarung bleibt – neben der Einschränkung gem. § 2 Ziff. 2 S. 4 – gültig, solange der Ersch. zu 3 die allgemeinbildende Schule besucht und im Haushalt der Ersch. zu 2 wohnt. Nach Absolvierung der Abiturprüfung des Ersch. zu 3 erfolgt eine Weiterzahlung bis zum Beginn einer weiterführenden Ausbildung oder der Aufnahme eines Studiums zu dem auf das Abitur folgende Studiensemester.

§ 3 Vollstreckungsunterwerfung

Wegen der in § 2 der Vereinbarung eingegangenen Verpflichtung zur Zahlung von Kindesunterhalt unterwerfe ich, der Ersch. zu 1, mich der

sofortigen Zwangsvollstreckung

aus dieser Urkunde in mein Vermögen.

Die Ersch. zu 2 wird bevollmächtigt, sich jederzeit auf einseitigen Antrag auf Kosten des Ersch. zu 1 eine vollstreckbare Ausfertigung dieser Urkunde erteilen zu lassen, ohne dass es hierzu des Nachweises der Fälligkeit oder sonstiger die Vollstreckung begründender Tatsachen bedarf.

§ 4 Hinweise, Durchführung

Der Notar hat die Erschienenen über die Bedeutung, die rechtliche Tragweite, insbesondere die Rechtsfolgen und die Auswirkungen der Unterhaltsvereinbarung abschließend noch einmal ausführlich belehrt. Sämtliche Erschienenen sind sich der Tragweite der getroffenen Vereinbarungen bewusst und wünschen gleichwohl die Beurkundung der Vereinbarung auch unter Inkaufnahme möglicher zukünftig daraus erwachsener Nachteile.

(ggf. weitere abschließende Hinweise/Durchführung)

(Urkundsausgang, Unterschriften)

▲

b) Vereinbarung mit einem Elternteil mit Zustimmung des anderen Elternteils

Häufig wird der nicht mit dem Kind zusammen lebende Elternteil versuchen, sich mit dem Kind **persönlich zu verständigen**, wenn er mit Volljährigkeit des Kindes feststellt, dass der Unterhaltsanspruch des Kindes dessen eigener Anspruch ist und nicht vom anderen Elternteil für das Kind geltend gemacht werden kann. 49

Dies geschieht wegen – immer noch – bestehender Spannungen zwischen den (ehemaligen) Eheleuten oft **ohne Wissen des anderen Elternteils**.

Dieser hat bei Zusammenleben mit dem Kind einen unmittelbaren Anspruch gegen das Kind, weil sein **Haftungsanteil** an der Barunterhaltspflicht nur **teilweise** die Aufwendungen im Zusammenhang mit dem Zusammenleben deckt. 50

Der Volljährige, der eine solche Vereinbarung ohne den zweiten Elternteil schließt, wird sich anschließend mit diesem hinsichtlich der Kosten und der Folgen im Zusammenleben auseinandersetzen müssen.

Eine – nicht zwingend notarielle – Vereinbarung mit einem Elternteil könnte wie folgt formuliert sein. Angeraten ist es aber immer, die Einigung in notarieller Form vorzunehmen, um die Möglichkeit einer Vollstreckung der Unterhaltspflicht aus der Urkunde zu erhalten.

▼

Muster 3.6: Vereinbarung mit einem Elternteil 51

Verhandelt am

Zu

Vor mir, dem unterzeichnenden Notar im Bezirk des Oberlandesgerichts

erscheinen

1. Herr , geb. am , wohnhaft

2. der Sohn des Ersch. zu 1, K, geb. am (18 Jahre alt) , wohnhaft

ausgewiesen durch .

Die Frage des beurkundenden Notars nach einer Vorbefassung im Sinne von § 3 Abs. 1 Nr. 7 BeurkG wurde von den Erschienenen verneint. Der beurkundende Notar erläuterte die vorgenannte Vorschrift.

Die Erschienenen baten den Notar um die Beurkundung einer

Vereinbarung über Kindesunterhalt

und erklärten vorab:

§ 1 Ausgangslage

Der Ersch. zu 1 und die Mutter des Ersch. zu 2 sind seit dem miteinander verheiratete Eheleute und leben seit dem in verschiedenen Wohnungen voneinander getrennt. Das Scheidungsverfahren ist anhängig bei dem Amtsgericht – Familiengericht – in .

Der Ersch. zu 2 besucht die 12. Klasse des Gymnasiums in und lebt im Haushalt der Ersch. zu 2.

§ 2 Kindesunterhalt

1. Der Ersch. zu 1 verpflichtet sich, für das Kind K einen monatlichen, monatlich im Voraus fälligen Kindesunterhalt in Höhe von EUR gem. Einkommensgruppe der Düsseldorfer Tabelle, 4. Altersstufe, zu bezahlen. Hierauf ist das gesetzliche Kindergeld, derzeit 190 EUR bedarfsdeckend anzurechnen, so dass sich ein monatlicher Unterhaltsbetrag in Höhe von EUR ergibt. Zusätzlich verpflichtet sich der Ersch. zu 1, die Kosten für die private Krankenversicherung für das Kind zu bezahlen.

2. Der Ersch. zu 1 hat dem Ersch. zu 2 zu seinem 18. Geburtstag einen PKW Marke , Kennzeichen , gekauft und übernimmt bisher die laufenden Kosten des Fahrzeugs. Der Ersch. zu 1 verpflichtet sich, weiterhin sämtliche laufenden Kosten für Instandhaltung, Reparatur, Steuer, Versicherung etc. zu tragen, ebenso die Benzinkosten im Rahmen einer monatlichen höhe bis zu EUR. Im Gegenzug verzichtet der Ersch. zu 2 auf die Zahlung des hälftigen Zahlungsbetrages zum Kindesunterhalt. Die Vereinbarung bleibt gültig, solange der Ersch. zu 2 das Fahrzeug führt.

3. Die Erschienenen vereinbaren, dass der vorstehende Unterhaltsbetrag vom Ersch. zu 1 mit befreiender Wirkung unmittelbar an die Kindesmutter gezahlt wird.

4. Die Beteiligten sind darüber einig, dass dem Ersch. zu 2 über die vorstehenden Zahlungen hinaus keine Unterhaltsansprüche zustehen. Der Ersch. zu 2 verzichtet vorsorglich auf etwaige weitere Unterhaltsansprüche. Die Erschienenen nehmen den Verzicht hiermit wechselseitig an.

5. Die Vereinbarung bleibt – neben der Einschränkung gem. § 2 Ziff. 2 S. 4 – gültig, solange der Ersch. zu 2 die allgemeinbildende Schule besucht und im Haushalt seiner Mutter wohnt. Nach Absolvierung der Abiturprüfung des Ersch. zu 2 erfolgt eine Weiterzahlung bis zum Beginn einer weiterführenden Ausbildung oder der Aufnahme eines Studiums zu dem auf das Abitur folgende Studiensemester.

§ 3 Vollstreckungsunterwerfung

Wegen der in § 2 der Vereinbarung eingegangenen Verpflichtung zur Zahlung von Kindesunterhalt unterwerfe ich, der Ersch. zu 1, mich der

sofortigen Zwangsvollstreckung

aus dieser Urkunde in mein Vermögen.

Der Ersch. zu 2 wird bevollmächtigt, sich jederzeit auf einseitigen Antrag auf Kosten des Ersch. zu 1 eine vollstreckbare Ausfertigung dieser Urkunde erteilen zu lassen, ohne dass es hierzu des Nachweises der Fälligkeit oder sonstiger die Vollstreckung begründender Tatsachen bedarf.

§ 4 Vorbehalt der Zustimmung der Kindesmutter

Die Vereinbarung steht unter der aufschiebenden Bedingung der Zustimmung der Kindesmutter zur vorstehenden Vereinbarung.

Der Ersch. zu 2 verpflichtet sich, die Zustimmung einzuholen. Wird die Zustimmung gegenüber dem Ersch. zu 1 nicht innerhalb von 4 Wochen nach Vertragsschluss nachgewiesen, gilt der Vertrag als nicht geschlossen.

§ 5 Hinweise, Durchführung

Der Notar hat die Erschienenen über die Bedeutung, die rechtliche Tragweite, insbesondere die Rechtsfolgen und die Auswirkungen der Unterhaltsvereinbarung abschließend noch einmal ausführlich belehrt. Die Erschienenen sind sich der Tragweite der getroffenen Vereinbarungen bewusst und wünschen gleichwohl die Beurkundung der Vereinbarung auch unter Inkaufnahme möglicher zukünftig daraus erwachsener Nachteile.

(ggf. weitere abschließende Hinweise/Durchführung)

(Urkundsausgang, Unterschriften)

▲

Der Kindesmutter wird häufig **menschlich** gar nichts anderes übrig bleiben, als der Vereinbarung zuzustimmen und damit auf einen Teil ihrer Aufwendungen zu verzichten, die sie durch das Zusammenleben mit dem volljährigen Kind hat. 52

Die aufschiebende Bedingung ist aus Sicht des Volljährigen sinnvoll, weil sonst die Kindesmutter ihre Ansprüche aus dem Zusammenleben mit dem Kind diesem gegenüber ganz unabhängig von – einseitigen – Vereinbarungen geltend machen könnte.

Eine **Zustimmung** kann gem. **§ 182 BGB** jedem der beiden Partner der Vereinbarung erklärt werden.[41] Sie ist **grundsätzlich formfrei** und bedarf nach § 182 Abs. 2 BGB nicht der für das Hauptgeschäft bestimmten oder gewählten Form.[42] Dies gilt übrigens auch dann, wenn eine – vorherige – Vollmacht entgegen § 167 Abs. 2 BGB formbedürftig wäre.[43]

41 BGH NJW 1998, 531.
42 Palandt/*Ellenberger,* § 182 Rn 2.
43 BGH NJW 1982, 1482.

Die Kindesmutter könnte im vorstehenden Fall der Vereinbarung zwischen Kindesvater und Sohn ihre Zustimmung wie folgt erteile:

53 *Formulierungsbeispiel: Zustimmung zur Vereinbarung mit einem Elternteil*

Ich, Frau …, geb. am …, wohnhaft …, erkläre gegenüber meinem Sohn, K, geb. am …, wohnhaft …, was folgt:

Mir liegt die notarielle Vereinbarung zwischen meinem getrennt von mir lebenden Ehemann … und meinem in meinem Haushalt lebenden Sohn K, vom …, UR-Nr. … des Notars … in … vor.

Ich stimme den Vereinbarungen in vollem Umfang zu.

Ich verzichte auf weitergehende Ansprüche gegenüber meinem Sohn im Rahmen der notariellen Vereinbarung.

………., den ……….

(Unterschrift)

c) Vereinbarung gegen den Willen eines Elternteils

54 Der mit dem Kind nicht zusammen lebende Elternteil weiß häufig aber ebenso wie das volljährige Kind, dass die Wahrscheinlichkeit **entgegen stehenden Willens** des anderen Elternteils groß ist.

Dieser Widerstand hat häufig **emotionale Gründe**, im Falle einer Ausweitung der Verpflichtungen des Unterhaltspflichtigen durch vergleichsweise höhere Zahlungen z.B. für einen Pkw aber auch schlicht **monetäre Gründe**. In manchen Fällen gilt es, einen Mangel zu verteilen. Es kann dann sehr unvernünftig sein, dem Volljährigen Vergünstigungen oder Vorteile zukommen zu lassen, die auf der anderen Seite beim Bestreiten des Lebensunterhalts fehlen.

Dass gleichwohl so gehandelt wird, ist in vielen Fällen lediglich psychologisch erklärbar entweder mit einem **Schuldgefühl** des aus seiner Sicht die Familie „im Stich" lassenden Elternteils oder dem Bedürfnis, Nähe zu dem Kind durch Gewährung finanzieller Vorteile herzustellen, **Liebe also zu erkaufen**.

55 Einigen sich beispielsweise in solchen Fällen Kindesvater und Kind, könnte eine Vereinbarung wie folgt formuliert sein:

▼

Muster 3.7: Vereinbarung gegen den Willen eines Elternteils

Verhandelt am

Zu

Vor mir, dem unterzeichnenden Notar im Bezirk des Oberlandesgerichts

erscheinen

1. Herr , geb. am , wohnhaft

2. der Sohn des Ersch. zu 1, K, geb. am (18 Jahre alt) , wohnhaft

ausgewiesen durch .

Die Frage des beurkundenden Notars nach einer Vorbefassung im Sinne von § 3 Abs. 1 Nr. 7 BeurkG wurde von den Erschienenen verneint. Der beurkundende Notar erläuterte die vorgenannte Vorschrift.

Die Erschienenen baten den Notar um die Beurkundung einer

Vereinbarung über Kindesunterhalt

und erklärten vorab:

§ 1 Ausgangslage

Der Ersch. zu 1 und die Mutter des Ersch. zu 2 sind seit dem miteinander verheiratete Eheleute und leben seit dem in verschiedenen Wohnungen voneinander getrennt. Das Scheidungsverfahren ist anhängig bei dem Amtsgericht – Familiengericht – in .

Der Ersch. zu 2 besucht die 12. Klasse des Gymnasiums in und lebt im Haushalt der Ersch. zu 2.

§ 2 Kindesunterhalt

1. Der Ersch. zu 1 verpflichtet sich, an das Kind K einen monatlichen, monatlich im Voraus fälligen Kindesunterhalt in Höhe von EUR gem. Einkommensgruppe der Düsseldorfer Tabelle, 4. Altersstufe, zu bezahlen. Hierauf ist das gesetzliche Kindergeld, derzeit 190 EUR bedarfsdeckend anzurechnen, so dass sich ein monatlicher Unterhaltsbetrag in Höhe von EUR ergibt. Zusätzlich verpflichtet sich der Ersch. zu 1, die Kosten für die private Krankenversicherung für das Kind zu bezahlen.

2. Der Ersch. zu 1 hat dem Ersch. zu 2 zu seinem 18. Geburtstag einen PKW Marke , Kennzeichen , gekauft und übernimmt bisher die laufenden Kosten des Fahrzeugs. Der Ersch. zu 1 verpflichtet sich, weiterhin sämtliche laufenden Kosten für Instandhaltung, Reparatur, Steuer, Versicherung etc. zu tragen, ebenso die Benzinkosten im Rahmen einer monatlichen höhe bis zu EUR. Im Gegenzug verzichtet der Ersch. zu 2 auf die Zahlung des hälftigen Zahlungsbetrages zum Kindesunterhalt. Die Vereinbarung bleibt gültig, solange der Ersch. zu 2 das Fahrzeug führt.

3. Die Beteiligten sind darüber einig, dass dem Ersch. zu 2 über die vorstehenden Zahlungen hinaus keine Unterhaltsansprüche gegenüber dem Ersch. zu 1 zustehen. Der

Ersch. zu 2 verzichtet vorsorglich auf etwaige weitere Unterhaltsansprüche gegenüber dem Ersch. zu 1 Der Erschienene zu 1 nimmt den Verzicht hiermit an.

4. Die Vereinbarung bleibt – neben der Einschränkung gem. § 2 Ziff. 2 S. 4 – gültig, solange der Ersch. zu 2 die allgemeinbildende Schule besucht und im Haushalt seiner Mutter wohnt. Nach Absolvierung der Abiturprüfung des Ersch. zu 2 erfolgt eine Weiterzahlung bis zum Beginn einer weiterführenden Ausbildung oder der Aufnahme eines Studiums zu dem auf das Abitur folgende Studiensemester.

§ 3 Vollstreckungsunterwerfung

Wegen der in § 2 der Vereinbarung eingegangenen Verpflichtung zur Zahlung von Kindesunterhalt unterwerfe ich, der Ersch. zu 1, mich der

sofortigen Zwangsvollstreckung

aus dieser Urkunde in mein Vermögen.

Der Ersch. zu 2 wird bevollmächtigt, sich jederzeit auf einseitigen Antrag auf Kosten des Ersch. zu 1 eine vollstreckbare Ausfertigung dieser Urkunde erteilen zu lassen, ohne dass es hierzu des Nachweises der Fälligkeit oder sonstiger die Vollstreckung begründender Tatsachen bedarf.

§ 4 Fehlende Zustimmung der Kindesmutter

Die Erschienenen gehen davon aus, dass die Kindesmutter der Vereinbarung nicht zustimmen wird. Der Ersch. zu 2 wird sich insoweit selbst um eine Regelung mit der Kindesmutter bemühen.

§ 5 Hinweise, Durchführung

Der Notar hat die Erschienenen über die Bedeutung, die rechtliche Tragweite, insbesondere die Rechtsfolgen und die Auswirkungen der Unterhaltsvereinbarung abschließend noch einmal ausführlich belehrt. Die Erschienenen sind sich der Tragweite der getroffenen Vereinbarungen bewusst und wünschen gleichwohl die Beurkundung der Vereinbarung auch unter Inkaufnahme möglicher zukünftig daraus erwachsener Nachteile.

(ggf. weitere abschließende Hinweise/Durchführung)

(Urkundsausgang, Unterschriften)

▲

56 Der **Volljährige ist jedoch davor zu warnen**, eine solche Vereinbarung zu schließen. Der Elternteil, der die Vereinbarung beurkundet, wird von weiteren Leistungen frei. Das Kind jedoch befindet sich in der Verpflichtung gegenüber dem mit ihm zusammen lebenden Elternteil und wird regelmäßig seine Hoffnung oder Erwartung darauf setzen, dass dieser schlicht nicht versucht, ihm zustehende Leistungen gerichtlich einzufordern.

D. Das Bestimmungsrecht der Eltern

I. Grundsätze zum Bestimmungsrecht

Nach § 1612 Abs. 2 S. 1 können **Eltern eines unverheirateten Kindes bestimmen**, in welcher Art und für welche Zeit im Voraus Unterhalt gewährt wird. Dabei muss auf die Belange des Kindes „**gebotene Rücksicht**" genommen werden. 57

§ 1612 BGB regelt in Abs. 1 und 3 die Art der Unterhaltsgewährung, nämlich den **Anspruch auf Barunterhalt** und seine Ausnahmen sowie die Modalitäten der Erfüllung der Unterhaltsschuld und in Abs. 2 als Sonderregel das Recht der Eltern zur Bestimmung des Unterhalts. Dabei ist die Bestimmung allerdings nur dann wirksam, wenn auf die **Belange des Kindes die gebotene Rücksicht** genommen worden ist. 58

Nimmt ein Kind den angebotenen Unterhalt nicht an, schließt dies einen Unterhaltsanspruch des Kindes aus, sofern eine wirksame Bestimmung vorgenommen worden ist. Bei der Frage der gebotenen Rücksicht auf die Belange des Kindes sind die **Interessen der Eltern und des Kindes** jeweils gegeneinander abzuwiegen.

Die Unterhaltsbestimmung gegenüber einem minderjährigen Kind wird sich regelmäßig als Problem dann nicht stellen, wenn sich das Kind im Haushalt zusammenlebender Eltern befindet. Dann wird regelmäßig Naturalunterhalt bzw. Betreuungsunterhalt geleistet. Barunterhalt wird sich auf ein Taschengeld beschränken. Lebt das minderjährige Kind nicht im Haushalt der Eltern wird sich der Anspruch auf Naturalunterhalt in einen Anspruch auf **Barunterhalt** verwandeln.

Leben die Eltern voneinander getrennt oder sind sie geschieden und verfügen nicht mehr über einen gemeinsamen Haushalt, dann übt derjenige Elternteil das **Bestimmungsrecht** aus, der das **Kind überwiegend betreut** und es damit nach § 1629 Abs. 2 BGB vertritt. Solange das Kind nicht verheiratet ist, gilt die Möglichkeit der Unterhaltsbestimmung **auch gegenüber einem volljährigen Kind.**[44] Das Bestimmungsrecht beruht insoweit die notwendige Rücksichtnahme des trotz seiner Volljährigkeit noch unterhaltsbedürftigen, unverheirateten Kindes auf seine Eltern.[45] 59

Die **Abwägung,** die hinsichtlich der Interessen der Eltern einerseits und derjenigen des Kindes andererseits notwendig ist, wird je nach Alter des volljährigen Kindes abgestuft gelöst werden müssen.

Bei **fortgeschrittenem Lebensalter** sind geringere Anforderungen an die Verpflichtung des Kindes zur Anpassung zu stellen. Mit höherem Alter überwiegt das Recht des Kindes auf Selbstbestimmung von Aufenthaltsort und Wohnsitz sowie auf freie Entfaltung der 60

44 BT-Drucks 13/9596, 32; BGH FamRZ 1981, 250.
45 KG FamRZ 2006, 60.

Persönlichkeit.[46] Umgekehrt kommt aber dem **Willen des volljährigen Kindes** über die Art seiner Lebensführung **keine stärkere Bedeutung** zu als dem Gebot der Rücksichtnahme gegenüber den wirtschaftlichen Interessen des unterhaltspflichtigen Elternteils.[47] Die wirtschaftlichen Interessen können daher eine erhebliche Rolle spielen.

61 Bei der **wechselseitigen Würdigung der Interessen** aller Beteiligter[48] ist das persönliche Verhältnis zwischen den Eltern und dem Kind von erheblicher Bedeutung. Ist beispielsweise eine Entfremdung des Kindes auf mangelhafte Erziehungsmaßnahmen, z.B. verbunden mit Schlägen und/oder Demütigungen, zurückzuführen, wird eine Bestimmung der Eltern oder eines Elternteils, die das Kind an die Eltern bindet, nicht wirksam sein können.[49]

Umgekehrt kann eine Entfremdung, die **durch das eigene Verhalten des Kindes** hervorgerufen worden ist, **nicht** zu einer Aushebelung des Rechts auf Unterhaltsbestimmung durch die Eltern führen.[50]

Einander widersprechende Bestimmungen der Eltern können natürlich schon dann unwirksam sein, wenn es dem Kind gar nicht möglich ist, beide Bestimmungen zu erfüllen. Dies ist beispielsweise der Fall, wenn jeder Elternteil die Bestimmung trifft, dass das Kind den **Unterhalt in seinem Haushalt** entgegenzunehmen hat.[51]

62 Grundsätzlich kann aber im Falle von Trennung und/oder Scheidung der Eltern jeder Elternteil, soweit er von einem volljährigen Kind in Anspruch genommen wird, unabhängig vom anderen das Bestimmungsrecht gem. § 1612 Abs. 2 S. 1 BGB hinsichtlich der Art der Unterhaltsgewährung ausüben, also **einseitig eine Bestimmung** treffen, ohne dass der andere Elternteil mitwirken muss. Sind die Interessen des anderen Elternteils nicht berührt, muss diese einseitige Bestimmung hingenommen werden.[52] Ebenso ist die Bestimmung von dem anderen Elternteil hinzunehmen, wenn ihm die Hinnahme im Rahmen der sonst erforderlich Interessenabwägung zuzumuten ist.

63 Insgesamt ist von den Eltern eine **wirksame Bestimmung** getroffen, wenn sie

- nicht rechtsmissbräuchlich ist,[53]
- den gesamten Lebensbedarf des Kindes umfasst,
- aus tatsächlichen oder rechtlichen Gründen auch erreichbar bzw. durchführbar ist[54] **und**
- für den anderen Elternteil und/oder das Kind zumutbar ist.[55]

46 KG FamRZ 2000, 979 betr. ein 37-jähriges „Kind".
47 OLG Brandenburg FamRZ 2009, 236.
48 So OLG Karlsruhe FamRZ 2004, 655.
49 KG FamRZ 2003, 619; OLG Celle FamRZ 1997, 966.
50 Vgl. dazu OLG Köln FuR 2001, 415.
51 Wendl/Dose/*Klinkhammer*, § 2 Rn 43.
52 OLG Hamm FamRZ 1990, 1028.
53 OLG Frankfurt FamRZ 2001, 116.
54 BGH FamRZ 1985, 584; OLG Hamburg FamRZ 1987, 1183.
55 Vgl. insgesamt Kleffmann/Klein/*Eder*, § 1612 Rn 27.

Rechtsmissbräuchlich ist eine Unterhaltsbestimmung, wenn Eltern beispielsweise jahrelang den Auszug des Kindes zu dessen Großmutter hingenommen haben und nunmehr ohne Darlegung von Gründen die Rückkehr des Kindes in den elterlichen Haushalt verlangen.[56] 64

Der **gesamte Lebensbedarf** des Kindes muss von der Bestimmung der Eltern umfasst sein. Dies bedeutet, dass die gesamten Aufwendungen des Kindes umfasst sein müssen, also Unterkunft, Verpflegung, Taschengeld und Geldleistung für zweckgebundene Ausgaben.[57]

So handelt es sich bei der Erklärung eines Elternteils, das volljährige Kind könne bei ihm wohnen, um keine wirksame, weil unvollständige Unterhaltsbestimmung.[58]

Schließlich muss die Bestimmung auch aus tatsächlichen oder rechtlichen Gründen **erreichbar bzw. durchführbar** sein. Umgekehrt bedeutet dies, dass keine wirksamen Bestimmungen vorliegen, wenn die Leistung in der bestimmten Art unmöglich ist.[59] Kann also z.B. ein Elternteil den vereinbarten Naturalunterhalt gar nicht leisten, ist die Bestimmung, die gemeinsam von den Eltern getroffen worden ist, schlichtweg nicht erreichbar bzw. nicht durchführbar.[60]

Letztlich ist bei der Frage der **Zumutbarkeit** die Abwägung zu treffen und hier auf das **gegenseitige Verhältnis**, die Entwicklung der Beziehung zueinander, auf Erziehungsgrundsätze und Lebensweisen etc. Rücksicht zu nehmen und eine Bewertung vorzunehmen. **Generationskonflikte**[61] reichen grundsätzlich nicht aus; versuchen aber Eltern ihrem volljährigen Kind den **eigenen Willen aufzuzwingen** oder **Konflikte mit Gewalt zu lösen**, liegt die Unzumutbarkeit darin, dass Eltern das erwachsene Kind nicht zu achten, zu respektieren bereit sind.[62] 65

Grundsätzlich steht den Eltern der **Zeitpunkt der Bestimmung des Unterhalts** frei.[63] Die Bestimmung wird dem volljährigen Kind gegenüber mit Zugang der Erklärung wirksam, § 130 BGB.

Hinsichtlich der **Barunterhaltspflicht** gilt Folgendes: 66

> *Hinweis*
>
> Der Unterhaltsschuldner kann die von ihm getroffene **Unterhaltsbestimmung** im Rahmen von Treu und Glauben **jederzeit einseitig ändern**.[64] Der Unterhaltsgläubiger kann

56 OLG Frankfurt FamRZ 2001, 116.
57 OLG Karlsruhe OLG 2006, 894; OLG Hamm FamRZ 1999, 404.
58 OLG Schleswig OLGR 2001, 373.
59 BayObLG FamRZ 1990, 905.
60 BGH FamRZ 1985, 584.
61 BayObLG FamRZ 1985, 513.
62 OLG Köln FamRZ 1996, 963; BayObLG NJW 1977, 680.
63 OLG Düsseldorf FamRZ 1981, 703.
64 OLG Zweibrücken FamRZ 1988, 204.

eine rechtswirksame Unterhaltsbestimmung jedoch nicht einseitig verändern.[65] Will das Kind die Unterhaltsbestimmung nicht hinnehmen, muss es **gerichtlich vorgehen**.

In der Regel wird es darum gehen, dass das Kind das elterliche Angebot auf Leistung von Naturalunterhalt nicht annehmen will.[66] Dann muss das Kind im Wege eines **Leistungsantrages auf Zahlung des begehrten Barunterhalts** vorgehen. Als **Vorfrage** klärt dann das Gericht vorab die Wirksamkeit und Angemessenheit der Unterhaltsbestimmung.[67]

II. Vereinbarungen zum Bestimmungsrecht

67 In vielen Fällen einer Unterhaltsbestimmung wird zweifelhaft sein, ob die Abwägung einer gerichtlichen Nachprüfung standhalten wird.

Es kann daher sinnvoll sein, Rechtssicherheit für alle Beteiligten herbeizuführen und eine **Vereinbarung über die Unterhaltsbestimmung** zu schließen.

Will ein Kind, das während seiner Minderjährigkeit **mit Billigung seiner Eltern** bereits 6 Monate bei seinen Großeltern gewohnt hat, mit Erreichen der Volljährigkeit eigene Unterhaltsansprüche gegenüber seinen Eltern geltend machen, werden diese auf die Idee kommen können, **nunmehr Naturalunterhalt anzubieten**, um die Barunterhaltspflicht zu vermeiden, die die Großeltern vielleicht bisher gar nicht geltend gemacht hatten.

Es stellt sich die Frage, wie die Abwägung der gegenseitigen Interessen gerichtlich gewertet würde.

Es ist deshalb sinnvoll, sich insoweit zu verständigen etwa darauf, dass Unterhaltszahlungen **nicht in vollem Umfang** erfolgen, soweit die Großeltern, wie bisher, einverstanden sind.

68 Dies könnte wie folgt formuliert werden:

▼

Muster 3.8: Vereinbarung zum Bestimmungsrecht der Eltern

Verhandelt am

Zu

Vor mir, dem unterzeichnenden Notar im Bezirk des Oberlandesgerichts

erscheinen

1. Herr , geb. am , wohnhaft

65 KG FamRZ 1990, 791.
66 Vgl. dazu Kleffmann/Klein/*Eder*, § 1612 Rn 43.
67 OLG Köln FamRZ 1985, 829: Unwirksamkeit der Bestimmung wegen offenbaren Rechtsmissbrauchs.

2. Frau , geb. am , wohnhaft ebenda,

3. der Sohn der Ersch. zu 1 und 2, K, geb. am (18 Jahre alt) , wohnhaft

ausgewiesen durch .

Die Frage des beurkundenden Notars nach einer Vorbefassung im Sinne von § 3 Abs. 1 Nr. 7 BeurkG wurde von den Erschienenen verneint. Der beurkundende Notar erläuterte die vorgenannte Vorschrift.

Die Erschienenen baten den Notar um die Beurkundung einer

Vereinbarung über Aufenthalt und Kindesunterhalt

und erklärten vorab:

§ 1 Ausgangslage

Die Erschienenen zu 1 und 2 sind seit dem miteinander verheiratete Eheleute. Aus der Ehe ist der Erschienene zu 3 hervorgegangen.

Der Ersch. zu 3 besucht die 12. Klasse des Gymnasiums in und lebt seit 6 Monaten im Haushalt der Eltern der Ersch. zu 2.

§ 2 Lebensmittelpunkt des Kindes

Der Ersch. zu 3 lebt im Einverständnis zwischen den Erschienenen seit dem (6 Monaten) im Haushalt der Eltern der Ersch. zu 2. Die Beteiligten sind darüber einig, dass es hierbei auch zukünftig bleiben soll. Die Eltern der Ersch. zu 2 haben hierzu bereits ihr Einverständnis erklärt.

§ 3 Kindesunterhalt

1. Die Ersch. zu 1 und 2 verpflichten sich gesamtschuldnerisch, an das Kind K einen monatlichen, monatlich im Voraus fälligen Kindesunterhalt auf der Grundlage der Einkommensgruppe der Düsseldorfer Tabelle, 4. Altersstufe, und zwar in Höhe von 30 % des Tabellenbetrages unter Abzug des Kindesgeldes, mithin derzeit in Höhe von EUR zu zahlen, und zwar als persönliches Taschengeld für den Ersch. zu 3. Das Kindergeld erhalten einvernehmlich die Eltern der Ersch. zu 2 in voller Höhe.

2. Die Beteiligten sind darüber einig, dass dem Ersch. zu 3 über die vorstehenden Zahlungen hinaus keine Unterhaltsansprüche gegenüber den Ersch. zu 1 und 2 zustehen, solange die Eltern der Ersch. zu 2 die Betreuung des Ersch. zu 3 unter Verzicht auf den Ausgleich dadurch entstehender Kosten vornehmen, ausgenommen den Erhalt des Kindergeldes, solange und soweit die Zahlung erfolgt.

3. Die Vereinbarung bleibt gültig, solange der Ersch. zu 3 die allgemeinbildende Schule besucht und im Haushalt seiner Großeltern wohnt, ohne dass diese hierfür einen Kostenausgleich beanspruchen. Nach Absolvierung der Abiturprüfung des Ersch. zu 2 erfolgt bei unveränderter Situation eine Weiterzahlung bis zum Beginn einer weiterführenden Ausbildung oder der Aufnahme eines Studiums zu dem auf das Abitur folgende Studiensemester.

§ 4 Vollstreckungsunterwerfung

Wegen der in § 3der Vereinbarung eingegangenen Verpflichtung zur Zahlung von Kindesunterhalt unterwerfen wir, die Ersch. zu 1 und 2, uns der

sofortigen Zwangsvollstreckung

aus dieser Urkunde in unser Vermögen.

Der Ersch. zu 3wird bevollmächtigt, sich jederzeit auf einseitigen Antrag auf Kosten der Ersch. zu 1 und 2 eine vollstreckbare Ausfertigung dieser Urkunde erteilen zu lassen, ohne dass es hierzu des Nachweises der Fälligkeit oder sonstiger die Vollstreckung begründender Tatsachen bedarf.

§ 5 Zustimmung der Großeltern

Die Erschienenen gehen davon aus, dass die Großeltern der Vereinbarung zustimmen werden. Der Ersch. zu 3 wird die Zustimmung einholen und den Ersch. zu 1 und 2 zustellen.

§ 6 Hinweise, Durchführung

Der Notar hat die Erschienenen über die Bedeutung, die rechtliche Tragweite, insbesondere die Rechtsfolgen und die Auswirkungen der Unterhaltsvereinbarung abschließend noch einmal ausführlich belehrt. Die Erschienenen sind sich der Tragweite der getroffenen Vereinbarungen bewusst und wünschen gleichwohl die Beurkundung der Vereinbarung auch unter Inkaufnahme möglicher zukünftig daraus erwachsener Nachteile.

(ggf. weitere abschließende Hinweise/Durchführung)

(Urkundsausgang, Unterschriften)

▲

69 Die Zustimmung der Großeltern könnte – privatschriftlich – wie folgt formuliert sein:

> *Formulierungsbeispiel: Zustimmung von Großeltern zum Bestimmungsrecht der Eltern*
> Wir, die Eheleute Herr …, geb. am …, wohnhaft …, und Frau …, geb. am …, wohnhaft ebenda, erklären gegenüber meiner Tochter, Frau …, geb. am …, wohnhaft … und unserem Schwiegersohn, Herrn …, geb. am …, wohnhaft ebenda, was folgt:
> Uns liegt die notarielle Vereinbarung zwischen meiner Tochter und meinem Schwiegersohn einerseits und unserem in unserem Haushalt lebenden Enkel K, vom …, UR-Nr. … des Notars … in … vor.

Wir stimmen den Vereinbarungen in vollem Umfang zu.

Wir verzichten auf weitergehende Ansprüche gegenüber meiner Tochter und meinem Schwiegersohn im Rahmen der notariellen Vereinbarung.

.........., den ....

(Unterschrift)

E. Die Bedürftigkeit des Kindes

Unterhaltsbedürftig ist nur derjenige, der **außer Stande** ist, sich selbst zu unterhalten, **§ 1602 Abs. 1 BGB.** 70

Dies ist der Fall, wenn ein Kind **nicht über entsprechendes anrechenbares Vermögen** verfügt **und** entweder

- nicht erwerbspflichtig ist,
- sich in der Ausbildung befindet oder
- zwar erwerbspflichtig ist, aber aus sonstigen Gründen gleichwohl unterhaltsbedürftig ist.

I. Das nicht erwerbspflichtige Kind

1. Grundsätze zur Bedürftigkeit

Ein Kind kann aus **drei Gründen nicht erwerbspflichtig** sein: 71

- Das Kind ist nicht erwerbspflichtig, wenn es **nicht erwerbstätig sein darf**. Es darf nicht erwerbstätig sein, wenn es jünger als 15 Jahre ist oder noch der Vollzeitschulpflicht unterliegt. Solche Kinder dürfen nach **§§ 2 Abs. 3, 5 Abs. 1, 7 JugArbSchG** nicht beschäftigt werden. Solche Minderjährige können ihren Unterhaltsbedarf nicht durch Erwerbstätigkeit decken.
- Unterhaltsbedürftig ist auch, dem gegenüber eine **Erwerbsobliegenheit nicht** besteht. Dies ist auch der Fall, soweit Kinder und Jugendliche leichtere Arbeitstätigkeiten wahrnehmen, z.B. aus Nachhilfeunterricht, Austragen von Zeitungen etc Solche Tätigkeiten stellen unzumutbare Arbeiten dar und sind auf die Ansprüche gegenüber dem Unterhaltspflichtigen nicht anzurechnen.[68]
- Zwar kann nach der Rechtsprechung des **BGH**[69] solches Einkommen **„nach Billigkeit teilweise"** auf den Unterhaltsanspruch angerechnet werden. Dies ist jedoch nur unter engen Voraussetzungen ausnahmsweise möglich. Erzieltes Einkommen

68 Entspr. Anwendung des § 1577 Abs. 2 BGB, vgl. Wendl/Dose/*Klinkhammer*, § 2 Rn 52.
69 BGH FamRZ 1995, 475.

aus Schülertätgkeit etc., das den üblichen Rahmen nicht überschreitet, ist nicht anrechenbar. Dies muss jedenfalls gelten, soweit sich diese Tätigkeit **im Rahmen von ca. 10 Arbeitsstunden pro Woche** hält.[70]

- Sind Kinder wegen langfristiger Erkrankung oder Behinderung **erwerbsunfähig**, sind sie ebenfalls unterhaltsbedürftig. Dies ist selbst dann der Fall, wenn sie vor Erkrankung oder entstehen der Behinderung bereits eine selbstständige Lebensstellung erreicht hatten.

2. Vereinbarungen bei fehlender Erwerbspflicht

72 Ist das Kind nicht erwerbspflichtig, weil es entweder nicht erwerbstätig sein darf oder zwar erwerbstätig sein kann, jedoch **wegen vollzeitlicher schulischer Ausbildung** nicht arbeiten muss, wird regelmäßig die Unterhaltspflicht der Eltern im vollen gesetzlichen Umfang einsetzen. Leben Eltern zusammen, wird der Unterhalt durch **Naturalleistung und ggf. Taschengeld** gewährt.

Lebt das Kind im Falle einer Trennung bei einem Elternteil, so leistet dieser **Betreuungsunterhalt** in Form der Gewährung von Wohnung, Kleidung, Essen etc. hinsichtlich aller Lebensbedürfnisse des Kindes. Der nicht mit dem Kind zusammenlebende Elternteil leistet den gesetzlichen **Barunterhalt**.

Es besteht jedoch auch bei solchen Konstellationen für die Kindeseltern Anlass, eine **Vereinbarung über die Gewährung des Unterhalts** dem Grunde und der Höhe nach zu schließen.

73 Es gibt Fälle, in denen ein Kind etwa **durch Erbschaft vermögend** geworden ist und aus der Vermögensmasse, beispielsweise vermieteten Wohnraum erhebliche eigene Einkünfte erzielt.

Um eine sichere Grundlage für beide Elternteile zu erhalten, könnte – ggf. im Rahmen sonstiger Unterhaltsvereinbarung – zum Kindesunterhalt sowie zu weiteren Kosten des Kindes z.B. für Sonderbedarf oder Mehrbedarf eine Vereinbarung getroffen werden.

74 Eine Vereinbarung, eingebettet beispielsweise in sonstige Regelungen, könnte wie folgt formuliert sein:

3.9

▼

Muster 3.9: Vereinbarung bei langfristig fehlender Bedürftigkeit des minderjährigen Kindes

Verhandelt am

Zu

Vor mir, dem unterzeichnenden Notar im Bezirk des Oberlandesgerichts

70 Vgl. dazu OLG FamRZ 1995, 55.

___

erscheinen

1. Herr ___, geb. am ___, wohnhaft ___

2. Frau ___ geb. ___, geb. am ___, wohnhaft ___

ausgewiesen durch ___.

Die Frage des beurkundenden Notars nach einer Vorbefassung im Sinne von § 3 Abs. 1 Nr. 7 BeurkG wurde von den Erschienenen verneint. Der beurkundende Notar erläuterte die vorgenannte Vorschrift.

Die Erschienenen baten den Notar um die Beurkundung einer

Trennungs- und Unterhaltsvereinbarung

und erklärten vorab:

§ 1 Ausgangslage

Wir sind beide von Geburt an deutsche Staatsangehörige und haben am ___ in ___ die Ehe geschlossen. Aus unserer Ehe ist das am ___ geborene, derzeit also 16 Jahre alte Kind K. hervorgegangen. Es behält einvernehmlich seinen Lebensmittelpunkt bei der Kindesmutter. Kinder aus anderen Verbindungen sind nicht vorhanden.

Wir leben seit dem ___ in verschiedenen Wohnungen voneinander getrennt.

§ 2 Ehegattenunterhalt

1. Der Ersch. zu 1 verpflichtet sich, ab ___ an die Ersch. zu 2 für die Zeit der Trennung einen monatlich, jeweils bis zum 1. eines jeden Monats fälligen Trennungsunterhalt in Höhe von ___ EUR zu zahlen.

2. Bei dieser Vereinbarung gehen die Beteiligten von den folgenden Einkommensverhältnissen aus:

- Einkommen des Ersch. zu 1 ___
- Einkommen der Ersch. zu 2 ___.

3. Die Vereinbarung zur Zahlung von Trennungsunterhalt ist der Abänderung zugänglich. Die Beteiligten vereinbaren im Falle der Änderung der Einkommens- und Vermögensverhältnisse eine an der getroffenen Vereinbarung orientierte Abänderung. Ergänzend gelten die gesetzlichen Regelungen.

4. Die Ersch. zu 2 verpflichtet sich für die Dauer der Unterhaltsleistung, die nach § 10 Abs. 1 Nr. 1 EStG erforderliche Zustimmung zum begrenzten Realsplitting zu geben. Der Ersch. zu 1 ist verpflichtet, die Ersch. zu 2 von den ihr entstehenden finanziellen Nachteilen freizustellen.

§ 3 Kindesunterhalt

1. Der Ersch. zu 1 ist nach seinem Einkommen grundsätzlich verpflichtet, für das Kind K einen monatlichen, monatlich im Voraus fälligen Kindesunterhalt in Höhe von % des Mindestbedarfs der jeweils gültigen Düsseldorfer Tabelle gemäß der jeweiligen Altersstufe des Kindes zu bezahlen. Hierauf ist die Hälfte des gesetzlichen Kindergeldes, derzeit 95 EUR bedarfsdeckend anzurechnen, so dass sich ein monatlicher Unterhaltsbetrag in Höhe von EUR ergibt.

2. Die Festsetzung des Unterhalts erfolgt auf der Grundlage des in § 2 Ziff. 2 der Vereinbarung festgestellten anrechenbaren Nettoeinkommens des Ersch. zu 1

3. Die Erschienenen stellen dazu fest, dass das Kind K derzeit nicht unterhaltsbedürftig ist. Es hat durch Erbschaft ein Mehrfamilienhaus geerbt, das unter Berücksichtigung von Kosten, Steuern und Rücklagen monatliche Einkünfte von durchschnittlich EUR ergibt. Dieser Betrag übersteigt die grundsätzliche Zahlungspflicht des Ersch. zu 1 gemäß Ziff. 1 um mehr als das Doppelte. Solange die Einnahmen des Kindes die Zahlungspflicht um mehr als das Doppelte übersteigen, vereinbaren wir, dass der Ersch. zu 1 von der Zahlungsverpflichtung betreffend Kindesunterhalt befreit ist. Sinken die Einnahmen des Kindes unter das Doppelte der Zahlungsverpflichtung ab, ist der Ersch. zu 1 verpflichtet, den fehlenden Betrag aufzustocken. Die Ersch. zu 2 wird dem Ersch. zu 1 entsprechende Veränderungen unverzüglich mitteilen und ggf. nachweisen.

§ 4 Vollstreckungsunterwerfung

Wegen der in § 2 und 3 der Vereinbarung eingegangenen Verpflichtung zur Zahlung von Ehegattenunterhalt und Kindesunterhalt unterwerfe ich, der Ersch. zu 1, mich der

sofortigen Zwangsvollstreckung

aus dieser Urkunde in mein Vermögen.

Die Ersch. zu 2 ist berechtigt, sich jederzeit auf einseitigen Antrag auf Kosten des Ersch. zu 1 eine vollstreckbare Ausfertigung dieser Urkunde erteilen zu lassen, ohne dass es hierzu des Nachweises der Fälligkeit oder sonstiger die Vollstreckung begründender Tatsachen bedarf.

§ 5 Hinweise, Durchführung

Der Notar hat die Erschienenen über die Bedeutung, die rechtliche Tragweite, insbesondere die Rechtsfolgen und die Auswirkungen der Unterhaltsvereinbarung abschließend noch einmal ausführlich belehrt. Beide Erschienenen sind sich der Tragweite der getroffenen Vereinbarungen bewusst und wünschen gleichwohl die Beurkundung der Vereinbarung auch unter Inkaufnahme möglicher zukünftig daraus erwachsener Nachteile.

(ggf. weitere abschließende Hinweise/Durchführung)

(Urkundsausgang, Unterschriften)

▲

Die vereinbarte Regelung in **§ 3 Ziff. 3** beruht darauf, dass auch das minderjährige Kind 75
die Früchte einer Erbschaft **nicht in vollem Umfang** für seinen Lebensunterhalt einsetzen sollte, sondern die Bildung weiterer angesparter Rücklagen möglich sein muss.

Eine andere Lösung wäre nicht korrekt, weil der Erblasser durchaus die Möglichkeit gehabt hätte, für den Zeitraum der Minderjährigkeit eine erbrechtliche Lösung zu wählen, bei der das Kind überhaupt nicht in den Genuss der Früchte der Erbschaft gekommen wäre.

Die Regelung in **§ 4** beruht darauf, dass der Fall – partieller – Zahlungspflicht durchaus möglich ist. In diesem Fall verhindert die Möglichkeit sofortiger Vollstreckung langwierige und ggf. kostenträchtige gerichtliche Verfahren.

Es gibt aber auch Fälle, in denen solche **Kinder** zum Beispiel gerade im Zeitalter des In- 76
ternets und der entsprechenden Foren über ganz **erhebliche Einkünfte** verfügen können. So haben Schülerinnen und Schüler z.B. im Internetportal **„YouTube" Internetauftritte** eingerichtet, bei denen Ratschläge erteilt oder Anleitungen zu bestimmtem Verhalten gegeben werden. Zum Teil werden solche Auftritte **millionenfach „angeklickt"** und spielen über Werbeeinnahmen sehr viel Geld für solche Kinder ein.

In solchen Fällen kann keine Rede mehr davon sein, dass solche Einnahmen nicht in entsprechender Anwendung des **§ 1577 Abs. 2 anzurechnen** seien, weil sie aus unzumutbarer Tätigkeit stammen.

Um die **Streitfrage der Anrechenbarkeit** zu klären, könnten Eltern hinsichtlich des Unterhaltsanspruchs etwa der mit dem minderjährigen Kind zusammenlebenden Kindesmutter eine Vereinbarung treffen wie folgt.

Dabei ist davon auszugehen, dass solche Vereinbarungen **regelmäßig in notarieller Form** erfolgen, weil sie entweder in **weitere, formbedürftige Vereinbarungen** eingebettet sind oder aber wegen der Nachweisbarkeit und/oder Vollstreckbarkeit sinnvollerweise notariell abgeschlossen werden:

3.10

▼

Muster 3.10: Vereinbarung bei aktuell fehlender Bedürftigkeit des minderjährigen Kindes 77

Verhandelt am

Zu

Vor mir, dem unterzeichnenden Notar im Bezirk des Oberlandesgerichts

erscheinen

1. Herr ___, geb. am ___, wohnhaft ___

2. Frau ___ geb. ___, geb. am ___, wohnhaft ___

ausgewiesen durch ___.

Die Frage des beurkundenden Notars nach einer Vorbefassung im Sinne von § 3 Abs. 1 Nr. 7 BeurkG wurde von den Erschienenen verneint. Der beurkundende Notar erläuterte die vorgenannte Vorschrift.

Die Erschienenen baten den Notar um die Beurkundung einer

Trennungs- und Unterhaltsvereinbarung

und erklärten vorab:

§ 1 Ausgangslage

Wir sind beide von Geburt an deutsche Staatsangehörige und haben am ___ in ___ die Ehe geschlossen. Aus unserer Ehe ist das am ___ geborene, derzeit also 16 Jahre alte Kind K. hervorgegangen. Es behält einvernehmlich seinen Lebensmittelpunkt bei der Kindesmutter. Kinder aus anderen Verbindungen sind nicht vorhanden.

Wir leben seit dem ___ in verschiedenen Wohnungen voneinander getrennt.

§ 2 Ehegattenunterhalt

1. Der Ersch. zu 1 verpflichtet sich, ab ___ an die Ersch. zu 2 für die Zeit der Trennung einen monatlich, jeweils bis zum 1. eines jeden Monats fälligen Trennungsunterhalt in Höhe von ___ EUR zu zahlen.

2. Bei dieser Vereinbarung gehen die Beteiligten von den folgenden Einkommensverhältnissen aus:

- Einkommen des Ersch. zu 1 ___
- Einkommen der Ersch. zu 2 ___.

3. Die Vereinbarung zur Zahlung von Trennungsunterhalt ist der Abänderung zugänglich. Die Beteiligten vereinbaren im Falle der Änderung der Einkommens- und Vermögensverhältnisse eine an der getroffenen Vereinbarung orientierte Abänderung. Ergänzend gelten die gesetzlichen Regelungen.

4. Die Ersch. zu 2 verpflichtet sich für die Dauer der Unterhaltsleistung, die nach § 10 Abs. 1 Nr. 1 EStG erforderliche Zustimmung zum begrenzten Realsplitting zu geben. Der Ersch. zu 1 ist verpflichtet, die Ersch. zu 2 von den ihr entstehenden finanziellen Nachteilen freizustellen.

§ 3 Kindesunterhalt

1. Der Ersch. zu 1 ist nach seinem Einkommen grundsätzlich verpflichtet, für das Kind K einen monatlichen, monatlich im Voraus fälligen Kindesunterhalt in Höhe von % des Mindestbedarfs der jeweils gültigen Düsseldorfer Tabelle gemäß der jeweiligen Altersstufe des Kindes zu bezahlen. Hierauf ist die Hälfte des gesetzlichen Kindergeldes, derzeit 95 EUR bedarfsdeckend anzurechnen, so dass sich ein monatlicher Unterhaltsbetrag in Höhe von EUR ergibt.

2. Die Festsetzung des Unterhalts erfolgt auf der Grundlage des in § 2 Ziff. 2 der Vereinbarung festgestellten anrechenbaren Nettoeinkommens des Ersch. zu 1. Die danach einschlägige Einkommensgruppe wurde um eine Stufe erhöht, da die Unterhaltspflicht nur gegenüber einem Kind besteht.

3. Die Erschienenen stellen dazu fest, dass das Kind K derzeit nicht unterhaltsbedürftig ist. Aufgrund von Internetaktivitäten verfügt K über erhebliche Einkünfte in unterschiedlicher Höhe, die in diesem Kalenderjahr bereits das Doppelte des zu zahlenden Betrages für Kindesunterhalt durch den Ersch. zu 1 überschreiten. Wir vereinbaren, dass der Ersch. zu 1 von der Unterhaltspflicht betreffend Kindesunterhalt gemäß Ziff. 1 befreit bleibt, solange die Einkünfte von K das Doppelte des geschuldeten Kindesunterhalts übersteigen. Sinken die Einnahmen unter den doppelten Betrag ab, wird der Ersch. zu 1 den fehlenden Teilbetrag ausgleichen. Sinken die Einnahmen unter den geschuldeten Kindesunterhalt, hat der Ersch. zu 1 den vollen Zahlungsbetrag gemäß Ziff. 1 zu zahlen. Der dem Kind verbleibende Betrag bleibt dann anrechnungsfrei. Die Erschienene zu 2 wird im vierteljährlichen Abstand eine Abrechnung der Einnahmen vorlegen und dem Ersch. zu 1 nachweisen.

§ 4 Vollstreckungsunterwerfung

Wegen der in § 2 und 3 der Vereinbarung eingegangenen Verpflichtung zur Zahlung von Ehegattenunterhalt und Kindesunterhalt unterwerfe ich, der Ersch. zu 1, mich der

sofortigen Zwangsvollstreckung

aus dieser Urkunde in mein Vermögen.

Die Ersch. zu 2 ist berechtigt, sich jederzeit auf einseitigen Antrag auf Kosten des Ersch. zu 1 eine vollstreckbare Ausfertigung dieser Urkunde erteilen zu lassen, ohne dass es hierzu des Nachweises der Fälligkeit oder sonstiger die Vollstreckung begründender Tatsachen bedarf.

§ 5 Hinweise, Durchführung

Der Notar hat die Erschienenen über die Bedeutung, die rechtliche Tragweite, insbesondere die Rechtsfolgen und die Auswirkungen der Unterhaltsvereinbarung abschließend noch einmal ausführlich belehrt. Beide Erschienenen sind sich der Tragweite der getroffenen Vereinbarungen bewusst und wünschen gleichwohl die Beurkundung der Vereinbarung auch unter Inkaufnahme möglicher zukünftig daraus erwachsener Nachteile.

(ggf. weitere abschließende Hinweise/Durchführung)

(Urkundsausgang, Unterschriften)

▲

78 Die Regelung zu **§ 3 Ziff. 3** ist konsequent, weil die Einkünfte minderjähriger Kinder bis zu einer bestimmten Höhe anrechnungsfrei bleiben.[71] Die Regelung in **§ 4** beruht darauf, dass der Fall – vollständiger oder partieller – Zahlungspflicht in schnelllebiger Zeit des Internet jederzeit möglich ist. In diesem Fall verhindert die Möglichkeit sofortiger Vollstreckung eventuell notwendige gerichtliche Verfahren.

II. Die Obliegenheit des Kindes zur Ausbildung

1. Grundsätze zur Obliegenheit einer Ausbildung

79 Für jedes Kind besteht die **Obliegenheit, sich ausbilden zu lassen**. Kommt es einer Ausbildungsobliegenheit in dem Zeitraum der **Minderjährigkeit** nicht nach, sind die Eltern verpflichtet, durch Erziehungsmaßnahmen auf eine Ausbildung hinzuwirken.[72]

Unterzieht sich ein **volljähriges Kind** keiner Berufsausbildung, ist es grundsätzlich nicht unterhaltsbedürftig.[73]

Umgekehrt hat jedes Kind das **Recht auf eine angemessene Ausbildung**. Grundsätzlich ist es während der Ausbildung unterhaltsbedürftig. Dies gilt aber lediglich dann, wenn tatsächlich eine mit einem entsprechenden Ziel verbundene Ausbildung absolviert wird.

Wird z.B. mangels Erreichens eines notwendigen numerus clausus ein anderes Fach studiert, das nicht dem eigentlichen Berufsziel des Kindes dient **(sog. Parkstudium)**, ist das Kind grundsätzlich **nicht unterhaltsbedürftig**, weil es sich einer zielgerichteten Ausbildung nicht unterzieht.[74]

80 Anderes muss dann gelten, wenn das Kind zwar sein Studienfach als sog. Parkstudium bezeichnet, jedoch das Fach **ernsthaft studiert mit der Alternative**, es dann erfolgreich abzuschließen, wenn es nicht in angemessener Zeit gelingt, in das eigentliche Wunschfach zu wechseln. Ist das sog. Parkstudium unabhängig davon **für den beabsichtigten Beruf förderlich**, ist es ebenfalls als Teil der Ausbildung zu finanzieren.[75]

Ähnlich ist die Situation für einen Abiturienten, wenn er beispielsweise feststellt, dass sein – **schlechter – Notendurchschnitt** des Abiturs nicht ausreicht, auch nur irgendein Fach zu

71 BGH FamRZ 1995, 475; OLG Köln FamRZ 1995, 55.
72 Wendl/Dose/*Klinkhammer*, § 2 Rn 55.
73 BGH FamRZ 1998, 671.
74 OLG Koblenz FamRZ 1991, 108.
75 OLG Naumburg FamRZ 2008, 1986.

studieren, das mit einem numerus clausus versehen ist. Er mag hoffen, später noch einen Studienplatz in einem der für ihn in Betracht kommenden Fächer zu erhalten, will sich aber **zunächst mit einer Lehre** eine berufliche Grundlage schaffen.

Es ist eine **Frage des Einzelfalles**, ob Eltern ein anschließendes etwaiges Studium zu finanzieren verpflichtet sind.[76]

2. Vereinbarungen zum Unterhalt bei Obliegenheit zur Ausbildung

In Fällen, in denen unklar ist, ob die Bedürftigkeit wegen Absolvierens einer Ausbildung 81
bejaht werden kann, wird es sinnvoll sein, eine **Vereinbarung über die Ausbildung** mit den zahlungspflichtigen Eltern herbeizuführen.

Bei einem volljährigen Kind, das ein **Studienfach als sog. Parkstudium** gewählt hat, könnte eine Vereinbarung mit den Eltern wie folgt aussehen:

▼

Muster 3.11: Vereinbarung zur Bedürftigkeit bei sog. Parkstudium 82

Verhandelt am

Zu

Vor mir, dem unterzeichnenden Notar im Bezirk des Oberlandesgerichts

erscheinen

1. Herr , geb. am , wohnhaft

2. Frau geb. , geb. am , wohnhaft

3. der Sohn der Ersch. zu 1 und 2, K, geb. am , wohnhaft

ausgewiesen durch .

Die Frage des beurkundenden Notars nach einer Vorbefassung im Sinne von § 3 Abs. 1 Nr. 7 BeurkG wurde von den Erschienenen verneint. Der beurkundende Notar erläuterte die vorgenannte Vorschrift.

Die Erschienenen baten den Notar um die Beurkundung einer

Vereinbarung über Ausbildungsunterhalt

und erklärten vorab:

76 BGH FamRZ 2006, 1100; 1995, 416; 1977, 629.

§ 1 Ausgangslage

Wir, die Ersch. zu 1 und 2 sind beide von Geburt an deutsche Staatsangehörige und haben am ____ in ____ die Ehe geschlossen. Aus unserer Ehe ist der Ersch. zu 3 hervorgegangen. Der Ersch. zu 3 studiert an der ____ – Universität in ____ und lebt in eigenem Haushalt.

Wir, die Ersch. zu 1 und 2 leben seit dem ____ voneinander getrennt und haben einvernehmlichen Scheidungsantrag bei dem zuständigen Amtsgericht – Familiengericht – in ____ gestellt.

§ 2 Kindesunterhalt

1. Der Ersch. zu 1 verpflichtet sich, für das Kind K einen monatlichen, jeweils im Voraus fälligen in Höhe von ____ EUR zu zahlen.

2. Die Ersch. zu 2 verpflichtet sich, für das Kind K einen monatlichen, jeweils im Voraus fälligen in Höhe von ____ EUR zu zahlen.

2. Die Festsetzung des Unterhalts erfolgte auf der Grundlage des Einkommens der Ersch. zu 1 und 2 wie folgt:

- Einkommen des Ersch. zu 1 ____
- Einkommen der Ersch. zu 2 ____.

3. Die Erschienenen sind darüber einig, dass dem Ersch. zu 3 über die vorstehenden Zahlungen hinaus keine Unterhaltsansprüche zustehen. Der Ersch. zu 3 verzichtet vorsorglich auf etwaige weitere Unterhaltsansprüche. Die Ersch. zu 1 und 2 nehmen den Verzicht hiermit an.

4. Die Vereinbarung bleibt gültig, solange der Ersch. zu 3 das derzeitige Studium der Betriebswirtschaftslehre weiter führt. Er wird nach jedem Semester den Ersch. zu 1 und 2 unaufgefordert Nachweise über seinen jeweiligen Studienfortschritt vorlegen.

5. Die Vereinbarung bleibt auch dann weiter gültig, wenn der Ersch. zu 3 spätestens mit Ablauf von 2 Semestern in das von ihm gewünschte Studienfach Rechtswissenschaften wechseln kann, für das ihm bisher wegen des bestehenden numerus clausus die erforderliche Gesamtnote des Abiturzeugnisses fehlt.

6. Der Ersch. zu 3 verpflichtet sich, für den Fall eines nicht möglichen Studienfachwechsels alles ihm Mögliche zu unternehmen, sein derzeit studiertes Fach zügig und zielgerichtet zu einem erfolgreichen Ende zu führen.

§ 3 Vollstreckungsunterwerfung

Wegen der in § 2 der Vereinbarung eingegangenen Verpflichtung zur Zahlung von Kindesunterhalt unterwerfen wir, die Ersch. zu 1 und 2, uns jeweils der

sofortigen Zwangsvollstreckung

aus dieser Urkunde in unser jeweiliges Vermögen.

Der Ersch. zu 3 ist berechtigt, sich jederzeit auf einseitigen Antrag auf Kosten des Ersch. zu 1 bzw. 2 eine vollstreckbare Ausfertigung dieser Urkunde erteilen zu lassen, ohne dass es hierzu des Nachweises der Fälligkeit oder sonstiger die Vollstreckung begründender Tatsachen bedarf.

§ 4 Hinweise, Durchführung

Der Notar hat die Erschienenen über die Bedeutung, die rechtliche Tragweite, insbesondere die Rechtsfolgen und die Auswirkungen der Unterhaltsvereinbarung abschließend noch einmal ausführlich belehrt. Sämtliche Erschienenen sind sich der Tragweite der getroffenen Vereinbarungen bewusst und wünschen gleichwohl die Beurkundung der Vereinbarung auch unter Inkaufnahme möglicher zukünftig daraus erwachsener Nachteile.

(ggf. weitere abschließende Hinweise/Durchführung)

(Urkundsausgang, Unterschriften)

▲

Es kann streitig werden, ob Eltern nach dem Absolvieren einer Lehre verpflichtet sind, ein daran **anschließendes Studium** zu finanzieren, da bereits eine Erstausbildung, die Lehre, finanziert worden ist. Wenn entsprechend einem Parkstudium von vornherein das Studium beabsichtigt ist, lediglich wegen zu schlechten Notendurchschnitts im Abitur nicht erreichbar war, wird es sinnvoll sein, die Möglichkeit eines Studiums durch Vereinbarung mit den Eltern offen zu halten. 83

Eine Einigung könnte wie folgt formuliert werden: 84

3.12

▼

Muster 3.12: Vereinbarung der Studienmöglichkeit nach einer Lehre

Verhandelt am

Zu

Vor mir, dem unterzeichnenden Notar im Bezirk des Oberlandesgerichts

erscheinen

1. Herr , geb. am , wohnhaft

2. Frau geb. , geb. am , wohnhaft

3. der Sohn der Ersch. zu 1 und 2, K, geb. am (19 Jahre), wohnhaft ebenda

ausgewiesen durch ___.

Die Frage des beurkundenden Notars nach einer Vorbefassung im Sinne von § 3 Abs. 1 Nr. 7 BeurkG wurde von den Erschienenen verneint. Der beurkundende Notar erläuterte die vorgenannte Vorschrift.

Die Erschienenen baten den Notar um die Beurkundung einer

Vereinbarung über Ausbildungsunterhalt

und erklärten vorab:

§ 1 Ausgangslage

Wir, die Ersch. zu 1 und 2 sind beide von Geburt an deutsche Staatsangehörige und haben am ___ in ___ die Ehe geschlossen. Aus unserer Ehe ist der Ersch. zu 3 hervorgegangen. Der Ersch. zu 3 hat vor ___ Monaten das Abitur bestanden und lebt im Haushalt der Ersch. zu 2.

Wir, die Ersch. zu 1 und 2 leben seit dem ___ voneinander getrennt und haben einvernehmlichen Scheidungsantrag bei dem zuständigen Amtsgericht – Familiengericht – in ___ gestellt.

§ 2 Ausbildung von K

1. Wegen nicht ausreichenden Notendurchschnitts im Abiturzeugnis ist es dem Ersch. zu 3 wegen des bestehenden numerus clausus nicht möglich, einen Studienplatz im gewünschten geisteswissenschaftlichen Bereichs zu erlangen. Der Ersch. zu 3 wird daher zunächst eine Lehre bei dem Pharmaunternehmen ___-AG als Industriekaufmann absolvieren.

2. Die Erschienenen sind darüber einig, dass es dem Ersch. zu 3 frei steht, nach erfolgreichem Abschluss der Ausbildung ein Studium in einem seinen Neigungen, Kenntnissen und Fähigkeiten geeigneten Bereich zu beginnen. Die Ersch. zu 1 und 2 werden die Lehre des Ersch. zu 3 nicht als Absolvieren einer Erstausbildung ansehen. Es steht demgemäß dem Ersch. zu 3 frei, das Studienfach ohne Berücksichtigung der Fachrichtung der abgeschlossenen Lehre zu wählen.

§ 3 Kindesunterhalt

1. Der Ersch. zu 1 verpflichtet sich, für das Kind K einen monatlichen, jeweils im Voraus fälligen in Höhe von ___ EUR zu zahlen, und zwar für die Zeit vom 1. August ___ bis zum 31. Juli ___.

2. Die Erschienenen gehen davon aus, dass der Ersch. zu 3 im Anschluss ab Beginn des 2. Lehrjahres für den Zeitraum der Lehre nicht mehr ergänzend unterhaltsbedürftig ist.

3. Die Festsetzung des Unterhalts erfolgte auf der Grundlage des Einkommens der Ersch. zu 1 und 2 wie folgt:

- Einkommen des Ersch. zu 1
- Einkommen der Ersch. zu 2
- Einkommen des Ersch. zu 3 im 1. Lehrjahr .

4. Sofern der Ersch. zu 3 nach Beendigung der Lehre ein Studium aufnehmen wird, werden sich die Beteiligten über die Höhe des zu zahlenden Unterhalts gesondert einigen. Die Beteiligten sind darüber einig, dass der Ersch. zu 3 sich mit Fleiß und Zielstrebigkeit der Lehre widmet und sich bemüht, zum Lehrabschluss zu gelangen. Die Beteiligten schließen die Aufnahme eines Studiums durch Abbruch der Lehre aus.

§ 4 Vollstreckungsunterwerfung

Wegen der in § 2 der Vereinbarung eingegangenen Verpflichtung zur Zahlung von Kindesunterhalt unterwerfe ich, der Ersch. zu 1, mich der

sofortigen Zwangsvollstreckung

aus dieser Urkunde in unser jeweiliges Vermögen.

Der Ersch. zu 3 ist berechtigt, sich jederzeit auf einseitigen Antrag auf Kosten des Ersch. zu 1 eine vollstreckbare Ausfertigung dieser Urkunde erteilen zu lassen, ohne dass es hierzu des Nachweises der Fälligkeit oder sonstiger die Vollstreckung begründender Tatsachen bedarf.

§ 5 Hinweise, Durchführung

Der Notar hat die Erschienen über die Bedeutung, die rechtliche Tragweite, insbesondere die Rechtsfolgen und die Auswirkungen der Unterhaltsvereinbarung abschließend noch einmal ausführlich belehrt. Sämtliche Erschienenen sind sich der Tragweite der getroffenen Vereinbarungen bewusst und wünschen gleichwohl die Beurkundung der Vereinbarung auch unter Inkaufnahme möglicher zukünftig daraus erwachsener Nachteile.

(ggf. weitere abschließende Hinweise/Durchführung)

(Urkundsausgang, Unterschriften)

▲

Die Regelung in **§ 3 Ziff. 4 S. 3** führt zu einer **Sicherheit** der Beteiligten dahingehend, dass 85
auch im Falle eines späteren, nicht erfolgreichen Studiums das Kind auf jeden Fall über eine abgeschlossene Berufsausbildung verfügt.

Will das Kind dagegen die Lehre eventuell zugunsten eines Studienplatzes abbrechen können, könnte **§ 3 Ziff. 4** wie folgt formuliert werden:

86 *Formulierungsbeispiel*

Sofern der Ersch. zu 3 ein Studium aufnehmen wird, werden sich die Beteiligten über die Höhe des zu zahlenden Unterhalts gesondert einigen. Dem Ersch. zu 3 bleibt freigestellt, die Ausbildung zum Industriekaufmann abzubrechen, falls er einen Studienplatz in einem frei von ihm gewählten Studienfach an der Universität erhalten sollte.

III. Das erwerbspflichtige Kind

1. Grundsätze zur Bedürftigkeit bei Erwerbspflicht

87 Sowohl minderjährige als auch volljährige Kinder sind **zur Erwerbstätigkeit verpflichtet**, wenn sie nicht mehr schulpflichtig sind und sich nicht ausbilden lassen. An die Beurteilung der Bedürftigkeit namentlich eines **volljährigen Kindes** werden strenge Anforderungen gestellt. Der nicht behinderte Volljährige **muss jede Arbeitsmöglichkeit ausnutzen** und auch berufsfremde Tätigkeiten ausüben. Er hat dabei nicht nur Arbeiten anzunehmen, die seiner bisherigen Lebensstellung entsprechen.[77]

Letztlich muss der Volljährige jede, auch gesellschaftlich noch so gering geschätzte Arbeitstätigkeit ausüben. Dies gilt auch dann, wenn er beispielsweise seine Arbeitsstelle in seinem erlernten Beruf verliert und in angemessener Zeit keine anderweitige Anstellung findet.[78]

Dieselben Grundsätze gelten **auch bei Minderjährigkeit** mit dem einzigen **Unterschied**, dass die sorgeberechtigten Eltern verpflichtet sind, dem minderjährigen Kind bei der Suche nach einer Anstellung zu helfen.[79]

2. Vereinbarungen zur Erwerbspflicht

88 Auch dann, wenn Kinder grundsätzlich erwerbspflichtig sind, besteht Anlass, eine Einigung über die Zahlung von Unterhalt herbei zu führen.

Es kann sinnvoll sein, beispielsweise vor Aufnahme eines Studiums bei noch jungem Alter der Abiturienten zunächst einige Praktika zu absolvieren, entweder um festzustellen, welcher Studienbereich der für das betreffende Kind seinen Neigungen und Anlagen entspricht oder um die Mechanismen, die Organisationsstrukturen und die jeweiligen Anforderungen verschiedener Berufe kennen zu lernen. Häufig werden solche Praktika nicht bezahlt, so dass ein Unterhaltsbedürfnis noch besteht.

77 BGH FamRZ 1987, 930; BGH FamRZ 1985, 1245.
78 OLG Hamburg FamRZ 1984, 607.
79 OLG Koblenz JAmt, 2004, 153; OLG Brandenburg FamRZ 2005, 2094.

Eine Vereinbarung in solchen Fällen könnte wie folgt aussehen: 89

3.13

▼

Muster 3.13: Vereinbarung über Unterhalt trotz Erwerbspflicht

Verhandelt am ___

Zu ___

Vor mir, dem unterzeichnenden Notar im Bezirk des Oberlandesgerichts ___

___

erscheinen

1. Herr ___, geb. am ___, wohnhaft ___

2. Frau ___ geb. ___, geb. am ___, wohnhaft ___

3. der Sohn der Ersch. zu 1 und 2, K, geb. am ___ (18 Jahre), wohnhaft ___

ausgewiesen durch ___.

Die Frage des beurkundenden Notars nach einer Vorbefassung im Sinne von § 3 Abs. 1 Nr. 7 BeurkG wurde von den Erschienenen verneint. Der beurkundende Notar erläuterte die vorgenannte Vorschrift.

Die Erschienenen baten den Notar um die Beurkundung einer

Vereinbarung über Kindesunterhalt

und erklärten vorab:

§ 1 Ausgangslage

Wir, die Ersch. zu 1 und 2 sind Beide von Geburt an deutsche Staatsangehörige und haben am ___ in ___ die Ehe geschlossen. Aus unserer Ehe ist der Ersch. zu 3 hervorgegangen. Der Ersch. zu 3 hat vor ___ Wochen seine Abiturprüfung bestanden und lebt im Haushalt der Ersch. zu 2.

Wir, die Ersch. zu 1 und 2 leben seit dem ___ voneinander getrennt und haben einvernehmlichen Scheidungsantrag bei dem zuständigen Amtsgericht – Familiengericht – in ___ gestellt.

§ 2 Kindesunterhalt

1. Der Ersch. zu 1 verpflichtet sich, für das Kind K einen monatlichen, jeweils im Voraus fälligen in Höhe von ___ EUR zu zahlen.

2. Die Festsetzung des Unterhalts erfolgte auf der Grundlage des Einkommens der Ersch. zu 1 und 2 wie folgt:

- Einkommen des Ersch. zu 1
- Einkommen der Ersch. zu 2 .

3. Die Erschienenen sind darüber einig, dass dem Ersch. zu 3 über die vorstehenden Zahlungen hinaus keine Unterhaltsansprüche zustehen. Der Ersch. zu 3 verzichtet vorsorglich auf etwaige weitere Unterhaltsansprüche. Die Ersch. zu 1 und 2 nehmen den Verzicht hiermit an.

4. Wir stellen dazu fest, dass der Ersch. zu 3 ein Studium erst in einem Jahr zum Wintersemester mit einer noch nicht feststehenden Fachrichtung aufnehmen wird. Wir wünschen aber, dass unser Sohn durch Praktika verschiedene Berufsbereiche kennenlernt. Soweit diese nicht, wie üblich, ohne Bezahlung, sondern unter Zahlung eines Gehaltes ausgeübt werden, wird das entsprechende Einkommen unter Abzug eines Betrages von 90 EUR monatlich für eigene Aufwendungen des Ersch. zu 3 auf die Zahlungspflicht des Ersch. zu 1 angerechnet. Wir sind darüber einig, dass der Ersch. zu 3 insoweit nicht verpflichtet ist, bis zum Studienbeginn einer Erwerbstätigkeit nachzugehen, um seine Bedürftigkeit zu beseitigen. Der Ersch. zu 3 ist verpflichtet, sich für die Zeit bis zum Beginn des Studiums um entsprechende vollzeitliche Praktika zu bemühen.

§ 3 Vollstreckungsunterwerfung

Wegen der in § 2 der Vereinbarung eingegangenen Verpflichtung zur Zahlung von Kindesunterhalt unterwerfe ich, der Ersch. zu 1, mich der

sofortigen Zwangsvollstreckung

aus dieser Urkunde in mein gesamtes Vermögen.

Der Ersch. zu 3 ist berechtigt, sich jederzeit auf einseitigen Antrag auf Kosten des Ersch. zu 1 eine vollstreckbare Ausfertigung dieser Urkunde erteilen zu lassen, ohne dass es hierzu des Nachweises der Fälligkeit oder sonstiger die Vollstreckung begründender Tatsachen bedarf.

§ 4 Hinweise, Durchführung

Der Notar hat die Erschienenen über die Bedeutung, die rechtliche Tragweite, insbesondere die Rechtsfolgen und die Auswirkungen der Unterhaltsvereinbarung abschließend noch einmal ausführlich belehrt. Sämtliche Erschienenen sind sich der Tragweite der getroffenen Vereinbarungen bewusst und wünschen gleichwohl die Beurkundung der Vereinbarung auch unter Inkaufnahme möglicher zukünftig daraus erwachsener Nachteile.

(ggf. weitere abschließende Hinweise/Durchführung)

(Urkundsausgang, Unterschriften)

▲

IV. Ausbildungsunterhalt

1. Grundsätze zur Gewährung von Ausbildungsunterhalt

Kinder trifft eine **Ausbildungsobliegenheit**,[80] Eltern trifft die Obliegenheit, Kindern eine angemessene **Ausbildung zu ermöglichen**[81] und zwar im **wirtschaftlich zumutbaren Rahmen**.[82] 90

Geschuldet wird grundsätzlich auch lediglich **eine einzige Ausbildung**. Eltern sind nicht verpflichtet, eine weitere Ausbildung zu finanzieren, der sich das Kind anschließend unterziehen will.

Anders ist dies in **Ausnahmefällen**, in denen beispielsweise 91

- das Kind in eine nicht seiner **Neigung und Begabung** entsprechenden Ausbildung gedrängt worden war,[83]
- zwischen Abitur und **Studium eine praktische Ausbildung** (Lehre) geschaltet wird,[84]
- bei sog. **Spätentwicklung des Kindes**, es sei denn, das Kind hat nach Abschluss der Erstausbildung bereits längere Zeit gearbeitet und dadurch eine eigene Lebensstellung erlangt,[85]
- ausnahmsweise **schwierige häusliche Verhältnisse**, z.B. aufgrund Trennung und Scheidung der Eltern mit dadurch eintretender Entwicklungsstörung des Kindes,[86]
- **Notwendigkeit eines Berufswechsels** aus gesundheitlichen Gründen, beispielsweise einer Allergie bei einer Frisörin.[87]

Die Berufsausbildung muss den **Eltern wirtschaftlich auch zumutbar** sein. Bei beengten Verhältnissen muss eine **aufwändige Ausbildung nicht unbedingt finanziert** werden, da nach dem Prinzip gegenseitiger Rücksichtnahme zwischen Eltern und Kindern eventuell eine weniger kostspielige Ausbildung gewählt werden muss. 92

Nach dem **Gegenseitigkeitsprinzip** ist nämlich das Kind umgekehrt verpflichtet, die Ausbildung nicht nur zielstrebig zu gestalten, sondern auch zeitlich in einer Weise, dass die **Eltern sobald als möglich entlastet** werden. 93

Diese Rücksichtnahme aus dem Gegenseitigkeitsprinzip betrifft vor allem ggf. **kostspielige Ausbildungsorte**, im Studienfall auch solche Universitäten, bei denen **hohe Studiengebühren** anfallen. Sind gleichwertige Studienorte vorhanden, bei denen keine oder nur wesentlich

80 OLG Düsseldorf FamRZ 2004, 1890.
81 Zum Begriff der Berufsausbildung Kleffmann/Klein/*Eder*, § 1610 Rn 100 ff.
82 BGH FamRZ 2006, 111; 2000, 420.
83 BGH FamRZ 2006, 111; 1995, 416.
84 BGH FamRZ 2006, 111; 1993, 1057; 1990, 149; OLG Köln FamRZ 2003, 1409.
85 BGH FamRZ 1989, 853; Wendl/Dose/*Klinkhammer*, § 2 Rn 94.
86 BGH FamRZ 2001, 1601.
87 BGH FamRZ 1995, 416.

geringere Kosten und Gebühren entstehen, hat das Kind die Ausbildung an einem für die Eltern finanziell günstigeren Ort zu absolvieren.[88]

Das Gegenseitigkeitsprinzip prägt auch die Ausbildungsverpflichtung des Kindes.

94 Während die Eltern verpflichtet sind, eine **pflichtbewusste und zielstrebig betriebene Ausbildung**[89] ihres Kindes in angemessener und üblicher Zeit durch angemessene Unterhaltszahlung zu finanzieren, ist das **Kind verpflichtet**,

- eine angemessene,
- seine Fähigkeiten und seiner Begabung,
- seinen Neigungen und seinem Leistungswillen entsprechende
- ordnungsgemäße Ausbildung
- zügig zu beginnen und
- mit gehörigem Fleiß, gebotener Zielstrebigkeit und entsprechender Disziplin
- in angemessener und üblicher Zeit zu beenden[90] und
- die Eltern entsprechend ausbildungsbezogen über den Ausbildungsfortgang zu informieren.[91]

95 Wird vom Kind keine Ausbildung begonnen oder wird die **Ausbildungsobliegenheit verletzt**, entfallen Unterhaltsverpflichtungen der Eltern. Überhaupt keine Ausbildung wird beispielsweise begonnen, wenn nach dem Schulabschluss, z.B. dem Abitur, zunächst eine **Weltreise** unternommen wird, aber auch wenn ein freiwilliges soziales oder ökologisches Jahr absolviert wird.

Letzteres kann ausnahmsweise dann zu einer **Unterhaltspflicht** der Eltern führen, wenn das freiwillige soziale oder ökologische Jahr der **Vorbereitung auf eine konkret angestrebte Berufsausbildung** dient. Dies wird regelmäßig nicht der Fall sein. Im Einzelfall kann ein solches Jahr aber z.B. den Beruf des Sozialarbeiters vorbereiten und einen Anspruch auf Ausbildungsunterhalt rechtfertigen.[92]

96 Zügiges Absolvieren der Ausbildung bedeutet nicht, dass etwa bei Ableistung eines Studiums auf die Mindeststudiendauer abgestellt werden darf. Es ist diejenige Zeit anzusetzen, innerhalb derer ein **durchschnittlicher Student** bei angemessener Anstrengung den Studienabschluss erreichen kann. Einen Anhaltspunkt für die Unterhaltsverpflichtung der Eltern bietet die **Höchstförderungsdauer nach § 15a BAföG**.[93]

88 Wendl/Dose/*Klinkhammer,* § 2, Rn 73.

89 Dazu KG FamRB 2011, 267; OLG Hamburg NJW-RR 2010, 1589; *Miesen,* FamRZ 1991, 125.

90 BGH FamRZ 1984, 777.

91 BGH FamRZ 1984, 777; OLG Hamm OLGR 1999, 174.

92 OLG Celle FamRB 2011, 364; OLG Naumburg FamRZ 2008, 86; OLG München FamRZ 2002, 1425; Wendl/Dose/*Klinkhammer*, § 2 Rn 489; Kleffmann/Klein/*Eder,* § 1610 Rn 101.

93 OLG Hamm FamRZ 1994, 387.

Die höchste Forderungsdauer orientiert sich an der **Regelstudienzeit nach dem Hochschulrahmengesetz (HRG)**. Danach beträgt die Regelstudienzeit beim Bachelor-Studium **drei bis vier Jahre**, beim Master-Studiengang weitere **ein bis zwei Jahre** und bei klassischen Studiengängen mit Staatsexamen, z.B. bei Rechtswissenschaften, **fünf Jahre**, § 19 HRG.[94] Verlängerungen kommen lediglich bei **schuldunabhängigen Verzögerungen** in Betracht wie Krankheit,[95] bei Problemen, die aus der **Erziehung der Eltern** resultieren[96] oder bei sonstigen **schwierigen Umständen** in der Ausbildung selbst.[97] 97

Kann sich das Kind **nicht vollzeitlich** dem Studium widmen, weil Eltern beispielsweise ihrer **Unterhaltspflicht nicht** oder nur zögerlich nachkommen, ist ebenfalls von einer unverschuldeten Verlängerung des Ausbildungsgangs auszugehen.

In Fällen, in denen die **Aufnahme eines weiteren Studienfaches** die Berufschancen erhöht, kann es zu einer längeren, zu akzeptierenden Studiendauer kommen.[98] 98

Häufig kommt es gerade in der Anfangszeit einer Ausbildung, etwa innerhalb des ersten Jahres einer Berufsausbildung oder innerhalb der ersten beiden Semester eines Studiums zu einem **Wechsel der Ausbildung**. Beruht ein solcher Wechsel auf sachlich nachvollziehbaren Gründen und ist insgesamt der Wechsel für die Eltern wirtschaftlich zumutbar, wird dies unterhaltsrechtlich unschädlich sein. Es ist jungen Menschen zuzubilligen, sich hinsichtlich seiner Neigungen und Fähigkeiten ebenso zu irren wie über die Vorstellungen zur Berufsausbildung oder dem **Studium.**

Insgesamt gilt: Je stärker ein sachlicher Zusammenhang zwischen dem beispielsweise abgebrochenem Studium und dem erstrebten neuen Studiengang besteht, desto eher ist den Unterhaltspflichtigen zuzumuten, die damit verbundenen Mehrkosten zu tragen. Dies gilt insbesondere bei **einem Wechsel innerhalb eines gemeinsamen wissenschaftlichen Bereichs**, z.B. im Bereich der Wirtschaftswissenschaften für einen Studienwechsel von Betriebswirtschaftslehre zu Wirtschaftsinformatik oder von Wirtschaftsinformatik zu Volkswirtschaftslehre. Aber auch dann, wenn der Medizinstudent im ersten Semester feststellt, dass er „kein Blut sehen" kann, darf er noch zum Studienfach Rechtswissenschaften wechseln. 99

Voraussetzung für eine Fortzahlung durch die Eltern im Falle eines Studienwechsels oder einer Verzögerung des Studiums ist jedoch, dass das **Kind darlegt und glaubhaft** macht, welches die Gründe für den Ausbildungswechsel oder die Überschreitung der Regelstudienzeit sind. Beweisfähige Tatsachen sind vom Kind ggf. zu beweisen.

94 Fragwürdig ist die Auffassung des OLG Koblenz, bei einer Regelstudienzeit von 10 Semestern müssten 15 Semester hingenommen werden, OLG Koblenz, Beschl. v. 23.4.2015 – 11 WF 317/15, BeckRS2015, 17354.
95 OLG Jena NJW-RR 2009, 651.
96 BGH FamRZ 2000, 420.
97 OLG Hamm FamRZ 1990, 904.
98 So OLG Koblenz NZFam 2015, 1064; kritisch *Elden,* NZFam 2015, 1064.

2. Vereinbarungen zum Ausbildungsunterhalt

100 Über die Frage der Grenzen der gegenseitigen Verpflichtungen der Eltern einerseits und der Kinder andererseits lässt sich streiten, wenn es um Grenzbereiche

- des Beginns einer Ausbildung,
- des Ausbildungswechsels oder
- der Ausbildungsdauer geht.

101 Will das Kind nach seinem Abitur beispielsweise ein soziales Jahr absolvieren, in welchem eine – eventuell nur restliche – Unterhaltspflicht verbleibt, könnte bei angestrebtem anschließenden Studium der Sozialpädagogik streitig sein, ob eine Unterhaltsverpflichtung der Eltern besteht. Ein **soziales Jahr gehört nicht zu den Zulässigkeitsvoraussetzungen** für ein solches Studium. Danach wäre es nicht zu finanzieren.

Gleichwohl wird die praktische Erfahrung auch im Studium nützlich sein und das Kind ggf. zielgerichteter auf einen von ihm angestrebten konkreten Beruf hinführen. Geht es auf Seiten der Eltern auch lediglich um ergänzenden Unterhalt, bietet sich eine **Vereinbarung** an, die im Falle getrennt lebender Eltern wie folgt formuliert sein könnte:

3.14 ▼

102 **Muster 3.14: Vereinbarung über Unterhalt im freiwilligen sozialen Jahr**

Verhandelt am

Zu

Vor mir, dem unterzeichnenden Notar im Bezirk des Oberlandesgerichts

erscheinen

1. Herr , geb. am , wohnhaft

2. Frau geb. , geb. am , wohnhaft

3 .der Sohn der Ersch. zu 1 und 2, K, geb. am (18 Jahre), wohnhaft ebenda,

ausgewiesen durch .

Die Frage des beurkundenden Notars nach einer Vorbefassung im Sinne von § 3 Abs. 1 Nr. 7 BeurkG wurde von den Erschienenen verneint. Der beurkundende Notar erläuterte die vorgenannte Vorschrift.

Die Erschienenen baten den Notar um die Beurkundung einer

Vereinbarung über Kindesunterhalt

und erklärten vorab:

§ 1 Ausgangslage

Wir, die Ersch. zu 1 und 2 sind beide von Geburt an deutsche Staatsangehörige und haben am … in … die Ehe geschlossen. Aus unserer Ehe ist der Ersch. zu 3 hervorgegangen. Der Ersch. zu 3 hat vor … Wochen seine Abiturprüfung bestanden und lebt im Haushalt der Ersch. zu 2.

Wir, die Ersch. zu 1 und 2 leben seit dem … voneinander getrennt und haben einvernehmlichen Scheidungsantrag bei dem zuständigen Amtsgericht – Familiengericht – in … gestellt.

§ 2 Berufsausbildung K

1. Der Ersch. zu 3 strebt im Einvernehmen mit den Ersch. zu 1 und 2 das Studium der Sozialpädagogik an. Die konkret angestrebte spätere Berufstätigkeit steht für den Ersch. zu 3 noch nicht fest.

2. Zur Vorbereitung auf das Studium wird der Ersch. zu 3 ein freiwilliges soziales Jahr in der Zeit von … bis … bei der gemeinnützigen Organisation … absolvieren. Er erhält dort einen monatlichen Aufwendungsersatz von netto … EUR.

3. Die Ersch. zu 1 und 2 erkennen das freiwillige soziale Jahr als Teil der Ausbildung an und verpflichten sich, den Bedarf des Ersch. zu 3 durch ergänzende Zahlung von Kindesunterhalt zu sichern.

§ 3 Kindesunterhalt

1. Der Ersch. zu 1 verpflichtet sich, für das Kind K einen monatlichen, jeweils im Voraus fälligen in Höhe von … EUR zu zahlen gem. Einkommensgruppe 6, Altersstufe 4 der Düsseldorfer Tabelle unter Abzug des Aufwendungsersatzes gem. § 2 Ziff. 2 der Vereinbarung in Höhe von … EUR abzüglich 90 EUR pauschaler Aufwendungen des Ersch. zu 3.

2. Die Festsetzung des Unterhalts erfolgte auf der Grundlage des Einkommens der Ersch. zu 1 und 2 wie folgt:

- Einkommen des Ersch. zu 1 …
- Einkommen der Ersch. zu 2 ….

§ 4 Vollstreckungsunterwerfung

Wegen der in § 3 der Vereinbarung eingegangenen Verpflichtung zur Zahlung von Kindesunterhalt unterwerfe ich, der Ersch. zu 1, mich der

sofortigen Zwangsvollstreckung

aus dieser Urkunde in mein gesamtes Vermögen.

Der Ersch. zu 3 ist berechtigt, sich jederzeit auf einseitigen Antrag auf Kosten des Ersch. zu 1 eine vollstreckbare Ausfertigung dieser Urkunde erteilen zu lassen, ohne dass es hierzu des Nachweises der Fälligkeit oder sonstiger die Vollstreckung begründender Tatsachen bedarf.

§ 5 Hinweise, Durchführung

Der Notar hat die Erschienenen über die Bedeutung, die rechtliche Tragweite, insbesondere die Rechtsfolgen und die Auswirkungen der Unterhaltsvereinbarung abschließend noch einmal ausführlich belehrt. Sämtliche Erschienenen sind sich der Tragweite der getroffenen Vereinbarungen bewusst und wünschen gleichwohl die Beurkundung der Vereinbarung auch unter Inkaufnahme möglicher zukünftig daraus erwachsener Nachteile.

(ggf. weitere abschließende Hinweise/Durchführung)

(Urkundsausgang, Unterschriften)

▲

103 Will das Kind seine **Ausbildung wechseln**, ist von ihm gegenüber den Unterhaltsverpflichteten der Grund glaubhaft darzulegen und ggf. zu beweisen.

Dies wird häufig schwer fallen, da eine Fehleinschätzung eigener Fähigkeiten oft einher geht mit zurück gehender Neigung und Lust am gewählten Ausbildungsgang.

Es wird daher gerade in solchen Fällen eine **Vereinbarung sinnvoll** sein, in denen sich durch Trennung und Scheidung der Familienverbund auflöst und damit einher gehend häufig auch **enger werdende wirtschaftliche Verhältnisse** entstehen. Im Rahmen des Gegenseitigkeitsverhältnisses von Ausbildungspflicht und Unterhaltspflicht könnte nämlich durchaus darüber gestritten werden, ob die enger werdenden wirtschaftlichen Verhältnisse nicht die Obliegenheit zur Fortsetzung und zum Abschluss des eingeschlagenen Ausbildungsweges nach sich zieht.

104 Studiert ein Kind **Volkswirtschaft** und will in das Fach **Japanologie** wechseln, weil es im Rahmen seines Volkswirtschaftsstudiums damit in Kontakt gekommen ist und dies nun seiner Lust und Neigung entspricht, wird der Wechsel unterhaltsrechtlich nicht gebilligt werden können.

Studiert ein Kind **Staatswissenschaften** im Bachelorstudium und erkennt seine Neigung zu **Rechtswissenschaften**, wird man dies akzeptieren können. Dies gilt umso mehr, als das Fach Staatswissenschaften aus den Bereichen Recht, Politik und Wirtschaft besteht und demgemäß eventuell einige Kenntnisse, belegte Kurse und Seminare aus dem staatswissenschaftlichen Bereich anerkannt werden mit der Konsequenz der **Verkürzung des (zweiten) Studienganges**.

105 Eine Vereinbarung könnte wie folgt formuliert werden:

3.15

Muster 3.15: Vereinbarung über Unterhalt bei Ausbildungswechsel

Verhandelt am

Zu

Vor mir, dem unterzeichnenden Notar im Bezirk des Oberlandesgerichts

erscheinen

1. Herr , geb. am , wohnhaft

2. Frau geb. , geb. am , wohnhaft

3. der Sohn der Ersch. zu 1 und 2, K, geb. am (20 Jahre), wohnhaft ,

ausgewiesen durch .

Die Frage des beurkundenden Notars nach einer Vorbefassung im Sinne von § 3 Abs. 1 Nr. 7 BeurkG wurde von den Erschienenen verneint. Der beurkundende Notar erläuterte die vorgenannte Vorschrift.

Die Erschienenen baten den Notar um die Beurkundung einer

Vereinbarung über Kindesunterhalt

und erklärten vorab:

§ 1 Ausgangslage

Wir, die Ersch. zu 1 und 2 sind beide von Geburt an deutsche Staatsangehörige und haben am in die Ehe geschlossen. Aus unserer Ehe ist der Ersch. zu 3 hervorgegangen. Der Ersch. zu 3 studiert seit zwei Semestern an der -Universität in

Wir, die Ersch. zu 1 und 2 leben seit dem voneinander getrennt und haben einvernehmlichen Scheidungsantrag bei dem zuständigen Amtsgericht – Familiengericht – in gestellt.

§ 2 Berufsausbildung K

1. Der Ersch. zu 3 strebt einen Studienwechsel in das Fach an.

2. Wir, die Ersch. zu 1 und 2 erklären uns mit dem Wechsel des Studienfaches einverstanden.

3. Die Erschienenen sind darüber einig, dass ein späterer weiter Wechsel des Studienfaches nicht infrage kommt und dem Ersch. zu 3 im Falle eines Abbruchs oder erneuten

Wechsels des Studienfaches weitere Unterhaltsansprüche wegen ausbildungsbedingten Gründen nicht zusteht.

4. Der Ersch. zu 3 verpflichtet sich, den Studiengang nach § 2 Ziff. 1 zielstrebig und pflichtbewusst zu verfolgen, den Ersch. zu 1 und 2 unaufgefordert nach jedem Semester über den Studienfortschritt zu berichten und etwaige Belege über die Teilnahme an Seminaren, das Ablegen von Zwischenprüfungen etc. vorzulegen.

§ 3 Kindesunterhalt

1. Der Ersch. zu 1 verpflichtet sich, für das Kind K einen monatlichen, jeweils im Voraus fälligen in Höhe von EUR zu zahlen.

2. Die Ersch. zu 2 verpflichtet sich, für das Kind K einen monatlichen, jeweils im Voraus fälligen in Höhe von EUR zu zahlen.

3. Die Festsetzung des Unterhalts erfolgte auf der Grundlage des Einkommens der Ersch. zu 1 und 2 wie folgt:

- Einkommen des Ersch. zu 1 .
- Einkommen der Ersch. zu 2 .

4. Die Erschienenen sind darüber einig, dass dem Ersch. zu 3 über die vorstehenden Zahlungen hinaus keine Unterhaltsansprüche zustehen. Der Ersch. zu 3 verzichtet vorsorglich auf etwaige weitere Unterhaltsansprüche. Die Ersch. zu 1 und 2 nehmen den Verzicht hiermit an.

§ 4 Vollstreckungsunterwerfung

Wegen der in § 3 der Vereinbarung eingegangenen Verpflichtung zur Zahlung von Kindesunterhalt unterwerfe ich, der Ersch. zu 1, mich der

sofortigen Zwangsvollstreckung

aus dieser Urkunde in mein gesamtes Vermögen.

Der Ersch. zu 3 ist berechtigt, sich jederzeit auf einseitigen Antrag auf Kosten des Ersch. zu 1 eine vollstreckbare Ausfertigung dieser Urkunde erteilen zu lassen, ohne dass es hierzu des Nachweises der Fälligkeit oder sonstiger die Vollstreckung begründender Tatsachen bedarf.

§ 5 Hinweise, Durchführung

Der Notar hat die Erschienenen über die Bedeutung, die rechtliche Tragweite, insbesondere die Rechtsfolgen und die Auswirkungen der Unterhaltsvereinbarung abschließend noch einmal ausführlich belehrt. Sämtliche Erschienenen sind sich der Tragweite der getroffenen Vereinbarungen bewusst und wünschen gleichwohl die Beurkundung der Vereinbarung auch unter Inkaufnahme möglicher zukünftig daraus erwachsener Nachteile.

(ggf. weitere abschließende Hinweise/Durchführung)

(Urkundsausgang, Unterschriften)

▲

Ist die **Regelstudienzeit** in einem Fach **abgelaufen**, das Kind aber nach seinem eigenen Empfinden oder auch tatsächlich wegen vorhandener Lerndefizite noch nicht bereit oder in der Lage, sich einer abschließenden Prüfung zu unterziehen, werden Eltern mit dem Kind die Ursachen besprechen, aber auch miteinander vereinbaren wollen, wie weiter verfahren wird. Eltern wünschen, dass ihre bisherigen finanziellen Aufwendungen nicht vergeblich waren und ein **Ausbildungsabschluss** erreicht wird, der eine zufriedenstellende, eigenständige Lebensführung des Kindes ermöglicht. **106**

Überdies wird man nicht ohne weiteres nach Ablauf der Regelstudienzeit Unterhaltszahlungen einstellen können. Mindestens sind ggf. noch ein bis zwei weitere Semester zuzugestehen, falls die Einzelfallprüfung die Notwendigkeit einer Überschreitung zeigt.[99] Der Erörterung der Gründe für die bisherige Zeitdauer wird sinnvollerweise zu einer **Vereinbarung über den Fortgang und den baldigen Abschluss** führen.

Eine Einigung im Hinblick auf eine solche Situation könnte wie folgt formuliert werden: **107**

3.16

▼

Muster 3.16: Vereinbarung über weitere Ausbildungsdauer

Verhandelt am

Zu

Vor mir, dem unterzeichnenden Notar im Bezirk des Oberlandesgerichts

erscheinen

1. Herr , geb. am , wohnhaft
2. Frau geb. , geb. am , wohnhaft
3. der Sohn der Ersch. zu 1 und 2, K, geb. am (24 Jahre), wohnhaft ,

ausgewiesen durch .

Die Frage des beurkundenden Notars nach einer Vorbefassung im Sinne von § 3 Abs. 1 Nr. 7 BeurkG wurde von den Erschienenen verneint. Der beurkundende Notar erläuterte die vorgenannte Vorschrift.

99 MüKoBGB/*Born*, § 1610 Rn 242; zu weitgehend OLG Koblenz NZFam 2015, 1064: „... bis einschließlich zum 15. Semester" bei Bachelor-Master-Studiengang; vgl. auch OLG Köln FamRZ 1999, 1162; OLG Hamm NJW 1982, 2325.

Die Erschienenen baten den Notar um die Beurkundung einer

Vereinbarung über Ausbildungsunterhalt

und erklärten vorab:

§ 1 Ausgangslage

Wir, die Ersch. zu 1 und 2 sind beide von Geburt an deutsche Staatsangehörige und haben am ____ in ____ die Ehe geschlossen. Aus unserer Ehe ist der Ersch. zu 3 hervorgegangen. Der Ersch. zu 3 studiert seit zehn Semestern ____ an der ____-Universität in ____

Wir, die Ersch. zu 1 und 2 leben seit dem ____ voneinander getrennt und haben einvernehmlichen Scheidungsantrag bei dem zuständigen Amtsgericht – Familiengericht – in ____ gestellt.

§ 2 Berufsausbildung K

1. Der Ersch. zu 3 strebt den Abschluss seines Studiums durch Anmeldung zur Abschlussprüfung nach weiteren zwei Studiensemestern an der ____-Universität ____ an.

2. Wir, die Ersch. zu 1 und 2 haben zur Kenntnis genommen, dass sich der Fortgang des Studiums des Ersch. zu 3 aufgrund seelischer Belastung durch unsere frühere schwierige häusliche Situation und unsere anschließende Trennung verzögert hat.

3. Die Ersch. zu 1 und 2 werden wegen der vom Ersch. zu 3 nicht schuldhaft verzögerten Studiensituation die Zahlung von Unterhalt fortsetzen. Dies gilt für zunächst weitere zwei Studiensemester und die anschließende Zeit der Prüfung.

4. Der Ersch. zu 3 verpflichtet sich, sein Studium zielstrebig und pflichtbewusst fortzusetzen, den Ersch. zu 1 und 2 unaufgefordert nach jedem Semester über den Studienfortschritt zu berichten und etwaige Belege über die Teilnahme an Seminaren, das Ablegen von Zwischenprüfungen etc. vorzulegen.

5. Die Ersch. zu 1 und 2 behalten sich vor, die Zahlung von Unterhalt einzustellen, sofern der Ersch. nicht durch Anmeldung zur Abschlussprüfung nach weiteren zwei Semestern zeigt, dass er sein Studium mit aller ihm möglichen Zielstrebigkeit und entsprechendem Fleiß zum Erfolg führen will.

6. Dem Ersch. zu 3 ist bewusst, dass im Falle der Nichtanmeldung zur Abschlussprüfung nach zwei weiteren Semestern seitens der Ersch. zu 1 und 2 nicht mehr von einer pflichtbewussten und zielstrebigen Ausbildung seinerseits ausgegangen werden kann.

§ 3 Kindesunterhalt

1. Der Ersch. zu 1 verpflichtet sich, für das Kind K einen monatlichen, jeweils im Voraus fälligen in Höhe von ____ EUR zu zahlen.

2. Die Ersch. zu 2 verpflichtet sich, für das Kind K einen monatlichen, jeweils im Voraus fälligen in Höhe von EUR zu zahlen.

3. Die Festsetzung des Unterhalts erfolgte auf der Grundlage des Einkommens der Ersch. zu 1 und 2 wie folgt:

- Einkommen des Ersch. zu 1 .
- Einkommen der Ersch. zu 2 .

4. Die Erschienenen sind darüber einig, dass dem Ersch. zu 3 über die vorstehenden Zahlungen hinaus keine Unterhaltsansprüche zustehen. Der Ersch. zu 3 verzichtet vorsorglich auf etwaige weitere Unterhaltsansprüche. Die Ersch. zu 1 und 2 nehmen den Verzicht hiermit an.

§ 4 Vollstreckungsunterwerfung

Wegen der in § 3 der Vereinbarung eingegangenen Verpflichtung zur Zahlung von Kindesunterhalt unterwerfe ich, der Ersch. zu 1, mich der

sofortigen Zwangsvollstreckung

aus dieser Urkunde in mein gesamtes Vermögen.

Der Ersch. zu 3 ist berechtigt, sich jederzeit auf einseitigen Antrag auf Kosten des Ersch. zu 1 eine vollstreckbare Ausfertigung dieser Urkunde erteilen zu lassen, ohne dass es hierzu des Nachweises der Fälligkeit oder sonstiger die Vollstreckung begründender Tatsachen bedarf.

§ 5 Hinweise, Durchführung

Der Notar hat die Erschienenen über die Bedeutung, die rechtliche Tragweite, insbesondere die Rechtsfolgen und die Auswirkungen der Unterhaltsvereinbarung abschließend noch einmal ausführlich belehrt. Sämtliche Erschienenen sind sich der Tragweite der getroffenen Vereinbarungen bewusst und wünschen gleichwohl die Beurkundung der Vereinbarung auch unter Inkaufnahme möglicher zukünftig daraus erwachsener Nachteile.

(ggf. weitere abschließende Hinweise/Durchführung)

(Urkundsausgang, Unterschriften)

▲

108 Die Akzeptanz der unterhaltsrechtlichen Situation bei fortgesetzter Verzögerung des Studiums durch das Kind in **§ 2 Ziff. 6** vereinfacht den Eltern die Möglichkeit einer Einstellung von Unterhaltszahlungen nach Ablauf der vereinbarten Zeit. Das Argument der Verzögerung durch eine schwierige häusliche Situation mit anschließender Trennung und Scheidung ist K. dadurch genommen.

V. Einkommen und Vermögen des Kindes

1. Grundsätze zur Anrechenbarkeit von Einkommen und Vermögen

109 **Eigenes Einkommen** des Kindes mindert grundsätzlich seine Bedürftigkeit.[100] Dies gilt nicht in gleicher Weise für das Kindesvermögen.

2. Einkünfte des Kindes

a) Allgemeine Einkünfte/Leitlinien der Oberlandesgerichte zur Anrechnung der Einkünfte minderjähriger oder volljähriger unterhaltsberechtigter Kinder

110 Grundsätzlich mindert jede Art des eigenen Einkommens des Kindes dessen Bedürftigkeit. Ausnahmsweise ist dies jedoch bei **subsidiären Sozialleistungen** nicht der Fall.[101]

111 **Anrechenbare Einkünfte** des Kindes sind aber vor allem

- Einkünfte aus Erwerbstätigkeit,
- Einkünfte aus Vermietung und Verpachtung,
- Einkünfte aus Kapitalerträgen, Zinsen,
- Halbwaisen- und Waisenrente,
- Einkünfte aus – auch als Darlehen gewährte – BAföG-Leistungen,
- Sozialleistungen, soweit sie nicht subsidiär sind, z.B. Leistungen aus Renten- oder Unfallversicherung.

112 Regelmäßig **nicht anrechenbar** sind Einkünfte aus

- laufender Nebentätigkeit von Schülern und Studenten,
- Ferienarbeit von Schülern und Studenten,
- aus sonstiger überobligationsmäßiger Tätigkeit.

113 In den Leitlinien der Oberlandesgerichte zur Anrechnung der Einkünfte minderjähriger oder volljähriger unterhaltsberechtigter Kinder heißt es in Ziff. 12.2 und 13.2 jeweils:

aa) Kammergericht Berlin

114 **12. Minderjährige Kinder**

12.2 Einkommen des Kindes

Eigenes Einkommen des Kindes mindert grundsätzlich seinen Anspruch und wird bei beiden Eltern hälftig angerechnet.

13. Volljährige Kinder

13.2 Einkommen des Kindes

Einkünfte des Kindes sind auf seinen Bedarf anzurechnen. Die Ausbildungsvergütung eines volljährigen Kindes ist auf den Bedarf voll anzurechnen, weil der Bedarf nach Nr. 13.1.2 die ausbildungsbedingten Aufwendungen umfasst.

100 BGH FamRZ 2006, 1597 m. Anm. *Born.*
101 Vgl. im Einzelnen Wendl/Dose/*Klinkhammer,* § 2 Rn 107.

bb) OLG Brandenburg

12. Minderjährige Kinder 115

12.2 Einkommen des Kindes

Einkommen des minderjährigen Kindes, das nach Abzug ausbildungsbedingter Kosten (vgl. Nr. 10.2.3) verbleibt, ist zur Hälfte auf den Barunterhalt anzurechnen. Die andere Hälfte kommt dem betreuenden Elternteil zugute.

13. Volljährige Kinder

13.2 Einkommen des Kindes

Einkommen des volljährigen unterhaltsberechtigten Kindes, das nach Abzug ausbildungsbedingter Kosten (vgl. Nr. 10.2.3) verbleibt, ist auf seinen Bedarf voll anzurechnen.

cc) OLG Braunschweig

12. Minderjährige Kinder 116

12.2 Eigenes Einkommen des Kindes mindert grundsätzlich seinen Unterhaltsanspruch (§ 1602 BGB); es wird nicht nur auf den Barbedarf angerechnet, sondern kommt auch dem betreuenden Elternteil zu Gute, so dass es in der Regel zur Hälfte vom Tabellenunterhalt abzuziehen ist.

13. Volljährige Kinder

13.2 Auf den Unterhaltsbedarf werden Einkünfte des Kindes, auch Kindergeld (siehe Nr. 14), BAföG-Darlehen und Ausbildungsbeihilfen (letztere gekürzt um ausbildungsbedingte Aufwendungen, vgl. 10.2.3) angerechnet; Einkünfte aus unzumutbarer Erwerbstätigkeit können nach Billigkeit ganz oder teilweise unberücksichtigt bleiben.

dd) OLG Bremen

12. Minderjährige Kinder 117

12.2 Eigenes Einkommen des Kindes ist anteilig auf den Barunterhalt und den Betreuungsunterhalt zu verrechnen. Zum Kindergeld vgl. Nr. 14, keinen Mehrbedarf oder Sonderbedarf; dafür gilt § 1606 Abs. 3 S. 1 BGB.

13. Volljährige Kinder

13.2 Auf den Unterhaltsbedarf werden das volle Kindergeld (vgl. Nr. 14) und Einkünfte des Kindes, auch BAföG-Darlehen und Ausbildungsbeihilfen – vermindert um ausbildungsbedingte Aufwendungen, vgl. 10.2.3. – angerechnet. Einkünfte aus nicht geschuldeter Erwerbstätigkeit können nach Billigkeit ganz oder teilweise unberücksichtigt bleiben.

ee) OLG Celle

118 **12. Minderjährige Kinder**

12.2 Unterhaltsrechtlich zu berücksichtigendes Einkommen des Kindes wird je hälftig auf den Bar- und Betreuungsunterhalt angerechnet. Zum Kindergeld vgl. Ziff. 14.

13. Volljährige Kinder

13.2 Auf den Bedarf wird unterhaltsrechtlich zu berücksichtigendes Einkommen des Kindes, auch BAföG-Leistungen (vgl. Ziff. 2.4) und Ausbildungsbeihilfen (gekürzt um ausbildungsbedingte Aufwendungen) sowie das staatliche Kindergeld in voller Höhe (vgl. Ziff. 14) angerechnet.

ff) OLG Dresden

119 **12. Minderjährige Kinder**

12.2 Einkommen des Kindes wird regelmäßig hälftig auf Barunterhalt und Betreuungsunterhalt angerechnet. Ein höherer Anteil kann zugunsten des Barunterhaltspflichtigen berücksichtigt werden, wenn der Betreuungsaufwand des anderen Elternteils nur noch gering ist.

13. Volljährige Kinder

13.2 Auf den Unterhaltsbedarf werden Einkünfte des Kindes, auch das Kindergeld, BAföG-Darlehen und Ausbildungsbeihilfen (gekürzt um ausbildungsbedingte Aufwendungen, vgl. Nr. 10.2.3.) angerechnet. Bei Einkünften aus unzumutbarer Erwerbstätigkeit gilt § 1577 Abs. 2 BGB entsprechend.

gg) OLG Düsseldorf

120 **12. Minderjährige Kinder**

12.2 Das bereinigte Einkommen des Kindes, das von einem Elternteil betreut wird, wird nur teilweise, in der Regel zur Hälfte auf den Barunterhalt angerechnet; im Übrigen kommt es dem betreuenden Elternteil zu Gute.

13. Volljährige Kinder

13.2 Das bereinigte Einkommen des volljährigen Kindes wird in der Regel in vollem Umfange auf den Bedarf angerechnet. Bei Einkünften aus unzumutbarer Erwerbstätigkeit gilt § 1577 Abs. 2 BGB entsprechend. Zu den Einkünften des Kindes gehören auch BAföG-Darlehen und Ausbildungsbeihilfen.

hh) OLG Frankfurt/M.

121 **12. Minderjährige Kinder**

12.2 Einkommen des Kindes

Einkommen des Kindes wird bei beiden Eltern hälftig angerechnet. Zum Kindergeld vgl. Nr. 14.

13. Volljährige Kinder

13.2 Einkommen des Kindes

Auf den Unterhaltsbedarf werden Einkünfte des Kindes, auch das Kindergeld (siehe Nr. 14), BAföG-Darlehen und Ausbildungsbeihilfen (gekürzt um ausbildungsbedingte Aufwendungen, vgl. Nr. 10.2.3) angerechnet. Bei Einkünften aus unzumutbarer Erwerbstätigkeit gilt § 1577 Abs. 2 BGB entsprechend.

ii) OLG Hamburg

12. Minderjährige Kinder 122

12.2 Eigenes Einkommen des Kindes ist auf den Barbedarf zur Hälfte anzurechnen.

13. Volljährige Kinder

13.2 Auf den Unterhaltsbedarf werden Einkünfte des Kindes, auch BAföG-Darlehen und Ausbildungsbeihilfen (gekürzt um ausbildungsbedingte Aufwendungen) angerechnet. Bei Einkünften aus unzumutbarer Erwerbstätigkeit gilt § 1577 Abs. 2 BGB entsprechend.

jj) OLG Hamm

12. Minderjährige Kinder 123

12.2 Einkommen des Kindes wird hälftig auf seinen Bedarf angerechnet. Die Ausbildungsvergütung ist – nach Kürzung um den ausbildungsbedingten Mehrbedarf (Nr. 10.2.3) – als Einkommen zu behandeln. Zur Kindergeldanrechnung siehe Nr. 3.

13. Volljährige Kinder

13.2 **Einkommen des Kindes**, auch BAföG-Darlehn und Ausbildungsbeihilfen, wird – gekürzt um ausbildungsbedingte Aufwendungen (vgl. Nr. 10.2.3) – in voller Höhe auf den Bedarf angerechnet. Überobligationsmäßig erzielte Einkünfte bleiben entsprechend § 1577 Abs. 2 BGB ganz oder teilweise unberücksichtigt.

kk) OLG Jena

12. Minderjährige Kinder 124

Der Betreuungsunterhalt i.S.d. § 1606 Abs. 3 S. 2 BGB entspricht wertmäßig in der Regel dem vollen Barunterhalt.

13. Volljährige Kinder

13.2 Einkommen des Kindes

Auf den Unterhaltsbedarf werden Einkünfte des Kindes, auch das Kindergeld (siehe Nr. 14), BAföG-Darlehen und Ausbildungsvergütung bzw. -beihilfen angerechnet. Bei in der Berufsausbildung befindlichen Volljährigen sind von diesen Einkünften des Kindes ausbildungsbedingte Aufwendungen abzuziehen. Bei Einkünften aus unzumutbarer Erwerbstätigkeit gilt § 1577 Abs. 2 BGB entsprechend.

ll) OLG Koblenz

125 **12. Minderjährige Kinder**

12.2 Das bereinigte Einkommen des Kindes, das von einem Elternteil betreut wird, wird nur zur Hälfte auf den Barbedarf angerechnet; im Übrigen kommt es dem betreuenden Elternteil zu Gute.

13. Volljährige Kinder

13.2 Das bereinigte Einkommen des volljährigen Kindes wird in der Regel in vollem Umfange auf den Bedarf angerechnet. Bei Einkünften aus unzumutbarer Erwerbstätigkeit (was in der Regel bei Nebentätigkeiten von Schülern oder Studenten angenommen werden kann) gilt § 1577 Abs. 2 BGB entsprechend. Zu den Einkünften des Kindes gehören auch BAföG-Darlehen und Ausbildungsbeihilfen.

mm) OLG Köln

126 **12. Minderjährige Kinder**

12.2 Einkommen des Kindes

Einkommen des Kindes Einkommen des Kindes wird bei beiden Eltern hälftig angerechnet.

13. Volljährige Kinder

13.2 Einkommen des Kindes

Auf den Unterhaltsbedarf werden das Kindergeld (Nr. 14) sowie Einkünfte des Kindes, auch BAföG-Darlehen und Ausbildungsbeihilfen (gekürzt um ausbildungsbedingte Aufwendungen, vgl. Nr. 10.2.3) angerechnet. Bei Einkünften aus unzumutbarer Erwerbstätigkeit gilt § 1577 Abs. 2 BGB entsprechend.

nn) OLG Naumburg

127 **12. Minderjährige Kinder**

12.2 Einkommen des Kindes

Einkommen des Kindes wird bei beiden Eltern hälftig angerechnet.

13. Volljährige Kinder

13.2 Einkommen des Kindes

Auf den Unterhaltsbedarf werden Einkünfte des Kindes, auch BAföG-Darlehen und Ausbildungsbeihilfen (gekürzt um ausbildungsbedingte Aufwendungen, vgl. Nr. 10.2.3) angerechnet. Bei Einkünften aus unzumutbarer Erwerbstätigkeit gilt § 1577 Abs. 2 BGB entsprechend.

oo) OLG Oldenburg

128 **12. Minderjährige Kinder**

12.2 Eigenes Einkommen des Kindes ist auf den Barbedarf zur Hälfte anzurechnen.

13. Volljährige Kinder

13.2 Auf den Bedarf sind Kindergeld und eigenes Einkommen des Kindes wie folgt anzurechnen:

Kindergeld in voller Höhe

Ausbildungsvergütung in voller Höhe, für Kinder ohne eigenen Hausstand vermindert um ausbildungsbedingte Aufwendungen

BAföG-Leistungen in voller Höhe – auch bei Gewährung als Darlehen – nicht jedoch die Vorausleistungen

Einkünfte aus nicht geschuldeter Erwerbstätigkeit (z.B. Ferienjob) können nach Billigkeit ganz oder teilweise unberücksichtigt bleiben.

pp) OLG Rostock

12. Minderjährige Kinder 129

12.2 Einkommen des minderjährigen Kindes, das nach Abzug ausbildungsbedingter Kosten (vgl. Nr. 10.2.3) verbleibt, ist zur Hälfte auf den Bar- und Betreuungsunterhalt anzurechnen.

13. Volljährige Kinder

13.2 Auf den Unterhaltsbedarf werden das volle Kindergeld (Nr. 14) und die Einkünfte des Kindes, auch BAföG-Darlehen und Ausbildungsbeihilfen (gekürzt um ausbildungsbedingte Aufwendungen) angerechnet. Bei Einkünften aus unzumutbarer Erwerbstätigkeit gilt § 1577 Abs. 2 BGB entsprechend.

qq) OLG Saarbrücken

Gesamttext der Leitlinien: 130

Unterhaltsrechtliche Leitlinien der Senate für Familiensachen bei dem Saarländischen Oberlandesgericht

(Stand: 1.1.2015)

Die Senate für Familiensachen bei dem Saarländischen Oberlandesgericht werden die ab 1.1.2015 geltende Düsseldorfer Tabelle in der bisherigen Weise als Orientierungshilfe benutzen.

Der Selbstbehalt des Unterhaltsverpflichteten beträgt

- gegenüber minderjährigen Kindern und gegenüber volljährigen unverheirateten Kindern bis zur Vollendung des 21. Lebensjahres, die im Haushalt der Eltern oder eines Elternteils leben und sich in der allgemeinen Schulausbildung befinden
  - für Erwerbstätige 1.080 EUR
  - für Nichterwerbstätige 880 EUR
- gegenüber anderen volljährigen Kindern generell 1.300 EUR

- gegenüber dem getrennt lebenden und dem geschiedenen Ehegatten oder der Mutter/dem Vater eines nichtehelichen Kindes unabhängig davon, ob erwerbstätig oder nicht erwerbstätig 1.200 EUR
- gegenüber Eltern mindestens 1.800 EUR.

rr) OLG Schleswig

131 **12. Minderjährige Kinder**

12.2 Eigenes Einkommen des minderjährigen Kindes wird auf den Barunterhaltsanspruch des Kindes mit Rücksicht auf die Betreuungslast des anderen Elternteils nach Billigkeit angerechnet.

Arbeitseinkünfte geringen Umfangs (z.B. Ferienjobs) oder aus unterhaltsrechtlich nicht gebotener Tätigkeit bleiben unberücksichtigt.

13. Volljährige Kinder

13.2 Sämtliche Einkünfte (auch BAföG-Darlehen) werden auf den Bedarf volljähriger Kinder angerechnet.

ss) Süddeutsche Leitlinien

132 **12. Minderjährige Kinder**

12.2 Einkommen des Kindes wird bei beiden Eltern hälftig angerechnet. Zum Kindergeld vgl. Ziffer 14.

13. Volljährige Kinder

13.2 Auf den Unterhaltsbedarf werden Einkünfte des Kindes, auch das Kindergeld, BAföG-Darlehen und Ausbildungsbeihilfen (gekürzt um ausbildungsbedingte Aufwendungen, vgl. Nr. 10.2.3) angerechnet. Bei Einkünften aus unzumutbarer Erwerbstätigkeit gilt § 1577 Abs. 2 BGB entsprechend.

133 Weder ein minderjähriger noch ein volljähriger Schüler oder Student ist zu einer **Erwerbstätigkeit neben Schulbesuch** oder Studium verpflichtet. Solches Einkommen ist entsprechend § 1577 Abs. 2 S. 1 BGB nicht anrechenbar.[102]

Gem. § 1577 Abs. 2 S. 2 BGB erfolgt dann eine – teilweise – **Anrechnung nach Billigkeit**, soweit die Einkünfte den vollen Unterhalt, den das Kind erhält, übersteigen. Grundsätzlich gilt, dass solche Einkünfte bei der Berechnung **unberücksichtigt** bleiben.[103]

Eine Anrechnung dieser Einkünfte kommt allenfalls dann in Betracht, wenn die Summe aus geleistetem Unterhalt und aus überobligatorischem Einkommen den **vollen Unterhalt (Unterhalt ohne Berücksichtigung des überobligationsmäßigen Einkommens) übersteigt**

102 BGH FamRZ 1995, 475.
103 BGH FamRZ 2005, 1154; 2003, 518, 520 m. Anm. *Büttner.*

und die Anrechnung der **Billigkeit** entspricht.[104] Es ist jeweils im Einzelfall zu prüfen, ob solche Art erzielten Einkommens in die Unterhaltsbemessung einzubeziehen ist.

Gleiches gilt für sog. **Ferienjobs**. Häufig werden sowohl Schüler als auch Studenten durch den Ferienverdienst **Sonderbedarf** decken, der aus laufenden Unterhaltszahlungen nicht aufgebracht werden kann. Dazu gehören z.B. Umzugskosten, die gerade bei Studenten häufiger auftreten, weil wegen chronischen Wohnungsmangels in Universitätsstädten Studenten häufig zunächst miserable Zimmer zu hohen Preisen anmieten müssen, um überhaupt ein Unterkommen zu haben. Sie suchen während des oder der kommenden Semester nach Wohnalternativen.

Das Gleiche gilt für Anschaffungen, die **nicht zum Sonderbedarf** zählen, z.B. die Anschaffung eines **Mopeds oder eines Motorrollers** durch einen Studenten.

Zu den anrechenbaren Einkünften gehört **nicht das Zusammenleben eines Studenten in** 134
einer Wohngemeinschaft mit mehreren anderen jungen Leuten. Eine Wohngemeinschaft entspricht nicht einer Lebensgemeinschaft. Lediglich dann, wenn ein Student/eine Studentin eine nicht eheliche Lebensgemeinschaft eingeht und dem oder der Lebensgefährten/Lebensgefährtin den Haushalt führt und ihn versorgt, kann fiktives Einkommen zugerechnet werden.[105]

b) Einkünfte aus Ausbildungsvergütungen/Leitlinien der Oberlandesgerichte

Ausbildungsvergütungen sind anzurechnende Einkünfte des Auszubildenden. Vor An- 135
rechnung sind allerdings ausbildungsbedingte Aufwendungen oder Mehrbedarf wie Fahrtkosten, Lernmittel etc. zu berücksichtigen.

In der Düsseldorfer Tabelle und mit einem Teil der Leitlinie der Oberlandesgerichte wird der **ausbildungsbedingte Mehrbedarf pauschaliert**. Zum Teil wird jedoch auch eine konkrete Darlegung der Mehraufwendungen verlangt, die dem Gericht eine Schätzung nach § 287 ZPO ermöglicht.

Die **Oberlandesgerichte** erklären hierzu in ihren **Leitlinien, jeweils 10.2.3** der Leitlinien, Folgendes:

aa) Kammergericht Berlin

10.3 nicht besetzt 136

bb) OLG Brandenburg

10.2.3 Ausbildungsaufwand 137

Ausbildungsvergütungen sind vorbehaltlich Nr. 13.1 Abs. 3 um ausbildungsbedingte Kosten zu kürzen. Die Höhe der ausbildungsbedingten Kosten bestimmt sich nach

104 Kleffmann/Klein/*Eder*, § 1577 Rn 57.
105 Vgl. Wendl/Dose/*Dose*, § 1 Rn 712 ff.

den Verhältnissen des Einzelfalles. Sie kann, wenn hinreichende Anhaltspunkte für eine Schätzung bestehen, mit 90 EUR monatlich angenommen werden.

cc) OLG Braunschweig

138 **10.2.3** Bei einem Auszubildenden sind in der Regel 90 EUR als pauschaler ausbildungsbedingter Aufwand abzuziehen.

dd) OLG Bremen

139 **10.2.3** Bei Auszubildenden sind in der Regel 90 EUR als ausbildungsbedingter Aufwand abzuziehen.

ee) OLG Celle

140 **10.2.3** (nicht belegt)

ff) OLG Dresden

141 **10.2.1** Bei Vorliegen entsprechender Anhaltspunkte kann eine Pauschale von 5 % des Nettoeinkommens, höchstens aber 150,00 EUR angesetzt werden. Übersteigen die berufsbedingten Aufwendungen die Pauschale, so sind sie im Einzelnen darzulegen. Bei beschränkter Leistungsfähigkeit ist mit konkreten Kosten zu rechnen.

10.2.2 Für die notwendigen Kosten der berufsbedingten Nutzung eines Kraftfahrzeuges kann ein Betrag von 0,30 EUR pro gefahrenem Kilometer angesetzt werden. Hierin sind Anschaffungs-, Reparatur- und sonstige Betriebskosten enthalten. Bei langen Fahrtstrecken (ab ca. 30 km einfach) kann nach unten abgewichen werden (für die Mehrkilometer in der Regel auf 0,20 EUR). Steuervorteile sind gegenzurechnen.

10.2.3 Bei einem Auszubildenden gelten 10.2.1. und 10.2.2. entsprechend.

gg) OLG Düsseldorf

142 **10.2.3** Für die Ausbildungsvergütung eines Kindes, das im Haushalt der Eltern oder eines Elternteils wohnt, gilt Anm. A. 8 der Düsseldorfer Tabelle. Lebt das Kind im eigenen Haushalt, ist Anm. A. 3 der Düsseldorfer Tabelle anzuwenden.

hh) OLG Frankfurt/M.

143 **10.2.1 Pauschale/konkrete Aufwendungen**

Bei Vorliegen entsprechender Anhaltspunkte kann eine Pauschale von 5 % des Nettoeinkommens (maximal 150 EUR) abgesetzt werden. Diese Pauschale wird vom Nettoeinkommen vor Abzug von Schulden und besonderen Belastungen abgezogen. Übersteigen die berufsbedingten Aufwendungen diese Pauschale, so sind sie im Einzelnen darzulegen.

10.2.3 Ausbildungsaufwand

Bei Vorliegen entsprechender Anhaltspunkte kann eine Pauschale von 5 % der Ausbildungsvergütung abgesetzt werden. Übersteigen die Aufwendungen diese Pauschale, so sind sie im Einzelnen darzulegen (vgl. Nr. 10.2.1).

ii) OLG Hamburg

10.2.3 Bei einem Auszubildenden ist ausbildungsbedingter Aufwand konkret darzulegen. 144

jj) OLG Hamm

10.2.3 Bei einem Auszubildenden sind in der Regel 90 EUR als Ausbildungsaufwand abzuziehen (Nr. 12.2), soweit dieser Aufwand nicht bereits in dem Bedarfssatz enthalten ist (Nr. 13.1.2). 145

12.2 Einkommen des Kindes wird hälftig auf seinen Bedarf angerechnet. Die Ausbildungsvergütung ist – nach Kürzung um den ausbildungsbedingten Mehrbedarf (Nr. 10.2.3) – als Einkommen zu behandeln. Zur Kindergeldanrechnung siehe Nr. 3.

13.1.2 Der Bedarf eines Studenten beträgt bei auswärtiger Unterbringung in der Regel 670 EUR (darin sind Kosten für Unterkunft und Heizung bis zu 280 EUR enthalten). Dieser Bedarfssatz kann auch sonst für ein Kind mit eigenem Hausstand angesetzt werden. Ein eigener Kranken bzw. Pflegeversicherungsbeitrag ist in diesem Betrag nicht enthalten. Dagegen sind in dem Bedarfssatz ausbildungs- bzw. berufsbedingte Aufwendungen bis zu einem Betrag von monatlich 90 EUR enthalten.

kk) OLG Jena

10.2.1 Berufsbedingte Aufwendungen, die sich von den privaten Lebenshaltungskosten nach objektiven Merkmalen eindeutig abgrenzen lassen, sind vom Einkommen abzuziehen. Bei entsprechenden Anhaltspunkten kann – auch bei fiktiven Einkünften – eine Pauschale von 5 % des Nettoeinkommens – mindestens 50 EUR, bei geringfügiger Teilzeitarbeit auch weniger, und höchstens 150 EUR monatlich – geschätzt werden. Übersteigen die berufsbedingten Aufwendungen die Pauschale, sind sie in voller Höhe konkret darzulegen. 146

10.2.2 Nachgewiesene notwendige Fahrtkosten zur und von der Arbeitsstätte werden mit 0,30 EUR pro gefahrenem Kilometer berücksichtigt, wobei in der Regel eine einfache Entfernung von mehr als 40 km nicht mehr als angemessen angesehen werden kann. Anschaffungs-, Reparatur- und sonstige Betriebskosten sind enthalten.

10.3 Kinderbetreuungskosten sind abzugsfähig, soweit die Betreuung durch Dritte infolge der Berufstätigkeit erforderlich ist. Kindergartenkosten stellen jedoch Mehrbedarf des Kindes dar.[106] Geht ein Ehegatte überobligatorisch einer Vollzeittätigkeit nach, obwohl er minderjährige Kinder betreut, so kann ihm gegenüber dem anderen Ehegatten

106 BGH FamRZ 2009, 962 ff.

ein Kinderbetreuungsbonus anrechnungsfrei belassen werden, wenn er darlegt, dass er oder Dritte zusätzliche Kosten durch die Betreuung der Kinder haben.

ll) OLG Koblenz

147 **10.2.3** Bei einem Auszubildenden sind in der Regel 90 EUR als ausbildungsbedingter Aufwand abzuziehen.

mm) OLG Köln

148 **10.2.3** Ausbildungsaufwand

Bei einem Auszubildenden sind in der Regel 90 EUR als ausbildungsbedingter Aufwand abzuziehen.

nn) LG Naumburg

149 **10.2.3** Ausbildungsaufwand

Die Ausbildungsvergütung eines in der Berufsausbildung stehenden Kindes, das im Haushalt der Eltern oder eines Elternteils wohnt, ist vor ihrer Anrechnung in der Regel, sofern für eine derartige Schätzung hinreichende Anhaltspunkte bestehen, um einen ausbildungsbedingten Mehrbedarf von 10 %, maximal 90 EUR zu kürzen.

oo) OLG Oldenburg

10.2.3 Bei einem in der Berufsausbildung stehenden Kind sind als ausbildungsbedingte Aufwendungen in der Regel 90 EUR anzusetzen.

pp) OLG Rostock

150 **10.2.3** Der Auszubildende hat seinen Ausbildungsaufwand konkret darzulegen und zu beweisen, ein pauschaler Abzug erfolgt nicht.

qq) OLG Saarbrücken

151 Gesamttext der Leitlinien:

Unterhaltsrechtliche Leitlinien der Senate für Familiensachen bei dem Saarländischen Oberlandesgericht

(Stand: 1.1.2015)

Die Senate für Familiensachen bei dem Saarländischen Oberlandesgericht werden die ab 1.1.2015 geltende Düsseldorfer Tabelle in der bisherigen Weise als Orientierungshilfe benutzen.

Der Selbstbehalt des Unterhaltsverpflichteten beträgt

- gegenüber minderjährigen Kindern und gegenüber volljährigen unverheirateten Kindern bis zur Vollendung des 21. Lebensjahres, die im Haushalt der Eltern oder eines Elternteils leben und sich in der allgemeinen Schulausbildung befinden

- für Erwerbstätige 1.080 EUR
- für Nichterwerbstätige 880 EUR
- gegenüber anderen volljährigen Kindern generell 1.300 EUR
- gegenüber dem getrennt lebenden und dem geschiedenen Ehegatten oder der Mutter/dem Vater eines nichtehelichen Kindes unabhängig davon, ob erwerbstätig oder nicht erwerbstätig 1.200 EUR
- gegenüber Eltern mindestens 1.800 EUR.

rr) OLG Schleswig

10.2.3 Bei Auszubildenden wird auf die Ausbildungsvergütung ein Abzug eines Pauschalbetrages von 90,00 EUR angerechnet. Diese Pauschale deckt in der Regel den allgemeinen und ausbildungsbedingten Mehrbedarf mit Ausnahme von Fahrtkosten. **152**

ss) Süddeutsche Leitlinien

10.2.3 Bei einem Auszubildenden sind i.d.R. 90 EUR als ausbildungsbedingter Aufwand abzuziehen. **153**

Nicht anrechenbar sind Einkünfte, die ein **Dritter freiwillig** leistet, ohne damit die grundsätzliche Bedürftigkeit des Kindes mindern zu wollen.[107] **154**

Freiwillige Leistungen z.B. von Großeltern als einmalige oder regelmäßige Geldgeschenke, Wohnungsgewährung etc. sollen regelmäßig das Kind zusätzlich unterstützen und nicht den unterhaltspflichtigen Elternteil entlasten. Erhält das Kind allerdings Geld **nicht als Geschenk unter Lebenden, sondern als Erbe oder im Wege des Vermächtnisses**, gelten die Regeln zur Berücksichtigung des Kindesvermögens.

Nicht nur Großeltern oder Dritte können Zuwendende sein, deren Leistung nicht anrechenbar ist. Auch ein Elternteil kann eine solche Person sein, die eine – ggf. zusätzliche – freiwillige Unterstützung des Kindes beabsichtigt.[108]

Dies gilt ebenso bei bestehender Unterhaltspflicht beider Elternteile als auch bei Barunterhaltspflicht nur eines Elternteils, wenn der andere, nicht leistungspflichtige Elternteil, zusätzliche geldwerte Leistungen erbringt oder Geld schenkt.[109]

c) Anrechenbarkeit von Kindesvermögen

Das **minderjährige, unterhaltsbedürftige Kind** muss den Stamm des eigenen Vermögens nicht für Unterhaltszwecke verwerten, § 1602 Abs. 2 BGB. **155**

107 BGH FamRZ 1995, 537.
108 BGH FamRZ 1988, 159; OLG Koblenz FamRZ 2002, 1281.
109 BGH FamRZ 2006, 99 m. Anm. *Viefhues* und *Scholz*.

In den Fällen des § 1603 BGB, der **mangelnden Leistungsfähigkeit**, muss das Kind allerdings sein Vermögen einsetzen. Ein sog. **Notgroschen** muss ihm verbleiben, der dem Schonvermögen des SGB entspricht.

Für ein **volljähriges Kind** bedeutet das ein Schonvermögen von jeweils 150 EUR je vollendetes Lebensjahr, mind. aber von 3.100 EUR, **§ 12 Abs. 2 Nr. 1 SGB II**.

Das **minderjährige Kind** behält den Mindestbetrag von 3.100 EUR, **§ 12 Abs. 2 Nr. 1a SGB II**. Richtig ist in diesem Zusammenhang, einen zusätzlichen Freibetrag von 750 EUR wegen notwendiger Anschaffungen nach § 12 Abs. 2 Nr. 4 SGB II nicht zu gewähren, da der Unterhalt grundsätzlich pauschal den gesamten Lebensbedarf umfasst und nur ausnahmsweise bei größeren Anschaffungen ein Anspruch wegen Sonderbedarfs bestehen kann.[110]

Das **volljährige Kind** hat dagegen vorrangig den Vermögensstamm zu verwerten, bevor es die Eltern auf Unterhalt in Anspruch nehmen kann.[111] Dies gilt auch für das sog. privilegiert volljährige Kind im Sinne des § 1603 Abs. 2 S. 2 BGB.

Einzusetzen ist das Kindesvermögen, soweit nicht **Unwirtschaftlichkeit** vorliegt. Dies ist der Fall, wenn aus dem Vermögensstamm angemessene Einkünfte erzielt werden, die bei Verwertung des Vermögens fortfallen würden.

3. Vereinbarungen zu Einkommen und Vermögen

156 Sowohl zum Einkommen des Kindes als auch zur Frage der Verwertung seines Vermögens können die Auffassungen er Beteiligten außerordentlich unterschiedlich sein.

a) Vereinbarungen zum Einkommen

157 Hat ein minderjähriges Kind Vermögen, beispielsweise in Form von Wohnungseigentum, geerbt, ist der Vermögensstamm nicht anzutasten, wohl aber – nach Billigkeit – die Einkünfte aus der Erbschaft.

In geeigneten Fällen könnte eine Vereinbarung zwischen den – getrennt lebenden oder geschiedenen – Eltern wie folgt aussehen:

3.17 ▼

158 **Muster 3.17: Vereinbarung bei Einkommen aus Vermögen von Minderjährigen**

Verhandelt am

Zu

Vor mir, dem unterzeichnenden Notar im Bezirk des Oberlandesgerichts

110 So Wendl/Dose/*Klinkhammer*, § 3 Rn 134.

111 OLG München FamRZ 1996, 1433.

erscheinen

1. Herr , geb. am , wohnhaft

2. Frau geb. , geb. am , wohnhaft

ausgewiesen durch .

Die Frage des beurkundenden Notars nach einer Vorbefassung im Sinne von § 3 Abs. 1 Nr. 7 BeurkG wurde von den Erschienenen verneint. Der beurkundende Notar erläuterte die vorgenannte Vorschrift.

Die Erschienenen baten den Notar um die Beurkundung einer

Trennungs- und Unterhaltsvereinbarung

und erklärten vorab:

§ 1 Ausgangslage

Wir sind beide von Geburt an deutsche Staatsangehörige und haben am in die Ehe geschlossen. Aus unserer Ehe ist das am geborene, derzeit also 10 Jahre alte Kind K. hervorgegangen. Es behält einvernehmlich seinen Lebensmittelpunkt bei der Kindesmutter. Kinder aus anderen Verbindungen sind nicht vorhanden.

Wir leben seit dem in verschiedenen Wohnungen voneinander getrennt.

§ 2 Ehegattenunterhalt

1. Der Ersch. zu 1 verpflichtet sich, ab an die Ersch. zu 2 für die Zeit der Trennung einen monatlich, jeweils bis zum 1. eines jeden Monats fälligen Trennungsunterhalt in Höhe von EUR zu zahlen.

2. Bei dieser Vereinbarung gehen die Beteiligten von den folgenden Einkommensverhältnissen aus:

- Einkommen des Ersch. zu 1
- Einkommen der Ersch. zu 2 .

3. Die Vereinbarung zur Zahlung von Trennungsunterhalt ist der Abänderung zugänglich. Die Beteiligten vereinbaren im Falle der Änderung der Einkommens- und Vermögensverhältnisse eine an der getroffenen Vereinbarung orientierte Abänderung. Ergänzend gelten die gesetzlichen Regelungen.

4. Die Ersch. zu 2 verpflichtet sich für die Dauer der Unterhaltsleistung, die nach § 10 Abs. 1 Nr. 1 EStG erforderliche Zustimmung zum begrenzten Realsplitting zu geben.

Der Ersch. zu 1 ist verpflichtet, die Ersch. zu 2 von den ihr entstehenden finanziellen Nachteilen freizustellen.

§ 3 Kindesunterhalt

1. Der Ersch. zu 1 ist nach seinem Einkommen grundsätzlich verpflichtet, für das Kind K einen monatlichen, monatlich im Voraus fälligen Kindesunterhalt in Höhe von ____ % des Mindestbedarfs der jeweils gültigen Düsseldorfer Tabelle gemäß der jeweiligen Altersstufe des Kindes zu bezahlen. Hierauf ist die Hälfte des gesetzlichen Kindergeldes, derzeit 95 EUR bedarfsdeckend anzurechnen, so dass sich ein monatlicher Unterhaltsbetrag in Höhe von ____ EUR ergibt.

2. Die Festsetzung des Unterhalts erfolgte auf der Grundlage des in § 2 Ziff. 2 der Vereinbarung festgestellten anrechenbaren Nettoeinkommens des Ersch. zu 1Die danach einschlägige Einkommensgruppe ____ wurde um eine Stufe erhöht, da die Unterhaltspflicht nur gegenüber einem Kind besteht.

3. Die Erschienenen stellen dazu fest, dass das Kind K derzeit nicht unterhaltsbedürftig ist. Es hat durch Erbschaft ein Mehrfamilienhaus geerbt, das unter Berücksichtigung von Kosten, Steuern und Rücklagen monatliche Einkünfte von durchschnittlich ____ EUR ergibt. Dieser Betrag übersteigt die grundsätzliche Zahlungspflicht des Ersch. zu 1 gemäß Ziff. 1 um mehr als das Doppelte. Solange die Einnahmen des Kindes die Zahlungspflicht um mehr als das Doppelte übersteigen, vereinbaren wir, dass der Ersch. zu 1 von der Zahlungsverpflichtung betreffend Kindesunterhalt befreit ist.

4. Grundsätzlich soll dem Kind die Hälfte der Einkünfte verbleiben. Wir vereinbaren daher: Sinken die Einnahmen des Kindes unter das Doppelte der Zahlungsverpflichtung ab, ist der Ersch. zu 1 verpflichtet, den fehlenden Betrag aufzustocken. Die Ersch. zu 2 wird dem Ersch. zu 1 entsprechende Veränderungen unverzüglich mitteilen und ggf. nachweisen.

§ 4 Vollstreckungsunterwerfung

Wegen der in § 2 und 3 der Vereinbarung eingegangenen Verpflichtung zur Zahlung von Ehegattenunterhalt und Kindesunterhalt unterwerfe ich, der Ersch. zu 1, mich der

sofortigen Zwangsvollstreckung

aus dieser Urkunde in mein Vermögen.

Die Ersch. zu 2 ist berechtigt, sich jederzeit auf einseitigen Antrag auf Kosten des Ersch. zu 1 eine vollstreckbare Ausfertigung dieser Urkunde erteilen zu lassen, ohne dass es hierzu des Nachweises der Fälligkeit oder sonstiger die Vollstreckung begründender Tatsachen bedarf.

§ 5 Hinweise, Durchführung

Der Notar hat die Erschienenen über die Bedeutung, die rechtliche Tragweite, insbesondere die Rechtsfolgen und die Auswirkungen der Unterhaltsvereinbarung abschließend

noch einmal ausführlich belehrt. Beide Erschienenen sind sich der Tragweite der getroffenen Vereinbarungen bewusst und wünschen gleichwohl die Beurkundung der Vereinbarung auch unter Inkaufnahme möglicher zukünftig daraus erwachsener Nachteile.

(ggf. weitere abschließende Hinweise/Durchführung)

(Urkundsausgang, Unterschriften)

▲

Verfügt das Kind über **Einkünfte aus eigener Nebenerwerbstätigkeit**, beispielsweise neben einem Studium, ist fraglich, ob und wenn ja, in welchem Umfang das Kind noch ergänzend unterhaltsbedürftig ist. 159

Werden durch das Kind z.B. **erhebliche Einnahmen aus Internetauftritten** generiert, die durchaus nicht zeitaufwändig sein müssen, liegt eine zumindest **teilweise Anrechnung** nahe.

In solchen Fällen empfiehlt sich eine Vereinbarung mit den Eltern, die auch die **wechselnden Einnahmemöglichkeiten** erfasst.

Eine Vereinbarung könnte wie folgt lauten: 160

3.18

▼

Muster 3.18: Vereinbarung bei erheblichem, für die Zukunft nicht sicherem Einkommen des Kindes

Verhandelt am

Zu

Vor mir, dem unterzeichnenden Notar im Bezirk des Oberlandesgerichts

erscheinen

1. Herr , geb. am , wohnhaft

2. Frau geb. , geb. am , wohnhaft

3. der Sohn der Ersch. zu 1 und 2, K, geb. am (20 Jahre), wohnhaft

ausgewiesen durch .

Die Frage des beurkundenden Notars nach einer Vorbefassung im Sinne von § 3 Abs. 1 Nr. 7 BeurkG wurde von den Erschienenen verneint. Der beurkundende Notar erläuterte die vorgenannte Vorschrift.

Die Erschienenen baten den Notar um die Beurkundung einer

Vereinbarung über Kindesunterhalt

und erklärten vorab:

§ 1 Ausgangslage

Wir, die Ersch. zu 1 und 2 sind Beide von Geburt an deutsche Staatsangehörige und haben am ___ in ___ die Ehe geschlossen. Aus unserer Ehe ist der Ersch. zu 3 hervorgegangen. Der Ersch. zu 3 studiert im 2. Semester ___ an der ___-Universität in ___.

Wir, die Ersch. zu 1 und 2 leben seit dem ___ voneinander getrennt und haben einvernehmlichen Scheidungsantrag bei dem zuständigen Amtsgericht – Familiengericht – in ___ gestellt.

§ 2 Kindesunterhalt

1. Der Ersch. zu 1 verpflichtet sich, für das Kind K einen monatlichen, jeweils im Voraus fälligen in Höhe von ___ EUR zu zahlen.

Die Ersch. zu 2 verpflichtet sich, für das Kind K einen monatlichen, jeweils im Voraus fälligen in Höhe von ___ EUR zu zahlen.

2. Die Festsetzung des Unterhalts erfolgte auf der Grundlage des Einkommens der Ersch. zu 1 und 2 wie folgt:

- Einkommen des Ersch. zu 1 ___
- Einkommen der Ersch. zu 2 ___.

3. Die Erschienenen sind darüber einig, dass dem Ersch. zu 3 über die vorstehenden Zahlungen hinaus keine Unterhaltsansprüche zustehen. Der Ersch. zu 3 verzichtet vorsorglich auf etwaige weitere Unterhaltsansprüche. Die Ersch. zu 1 und 2 nehmen den Verzicht hiermit an.

4. Die Erschienenen stellen fest, dass der Ersch. zu 3 derzeit nicht unterhaltsbedürftig ist. Aufgrund von Internetaktivitäten verfügt der Ersch. zu 3 über erhebliche Einkünfte in unterschiedlicher Höhe, die in diesem Kalenderjahr bereits das doppelte des zu zahlenden Betrages für Kindesunterhalt durch die Ersch. zu 1 und 2 überschreiten. Wir vereinbaren, dass die Ersch. zu 1 und 2 von der Unterhaltspflicht betreffend Kindesunterhalt gemäß Ziff. 1 befreit bleiben, solange die Einkünfte des Ersch. zu 3 das Doppelte des geschuldeten Kindesunterhalts übersteigen. Sinken die Einnahmen unter den doppelten Betrag ab, werden die Ersch. zu 1 und 2 den fehlenden Teilbetrag im Verhältnis ihrer Unterhaltspflicht ausgleichen. Sinken die Einnahmen unter den geschuldeten Kindesunterhalt, haben die Ersch. zu 1 und 2 den vollen Zahlungsbetrag gemäß Ziff. 1 zu zahlen. Der dem Ersch. zu 3 verbleibende Betrag bleibt dann anrechnungsfrei. Der Erschienene zu 3 wird im vierteljährlichen Abstand eine Abrechnung der Einnahmen vorlegen und den Ersch. zu 1 und 2 nachweisen.

§ 3 Vollstreckungsunterwerfung

Wegen der in § 2 der Vereinbarung eingegangenen Verpflichtung zur Zahlung von Kindesunterhalt unterwerfen wir, die Ersch. zu 1 und 2, uns der

sofortigen Zwangsvollstreckung

aus dieser Urkunde in unser gesamtes Vermögen.

Der Ersch. zu 3 ist berechtigt, sich jederzeit auf einseitigen Antrag auf Kosten der Ersch. zu 1 und 2 eine vollstreckbare Ausfertigung dieser Urkunde erteilen zu lassen, ohne dass es hierzu des Nachweises der Fälligkeit oder sonstiger die Vollstreckung begründender Tatsachen bedarf.

§ 4 Hinweise, Durchführung

Der Notar hat die Erschienenen über die Bedeutung, die rechtliche Tragweite, insbesondere die Rechtsfolgen und die Auswirkungen der Unterhaltsvereinbarung abschließend noch einmal ausführlich belehrt. Sämtliche Erschienenen sind sich der Tragweite der getroffenen Vereinbarungen bewusst und wünschen gleichwohl die Beurkundung der Vereinbarung auch unter Inkaufnahme möglicher zukünftig daraus erwachsener Nachteile.

(ggf. weitere abschließende Hinweise/Durchführung)

(Urkundsausgang, Unterschriften)

▲

b) Vereinbarungen bei Einkommen aus Vermögen

Auch wenn grundsätzlich zumindest das volljährige Kind zunächst sein Vermögen zur Deckung seiner Unterhaltsbedürftigkeit verwenden muss, wünschen Eltern häufig nicht, dass – bis auf das Schonvermögen – das gesamte Vermögen aufgebraucht wird, um sich selbst vollständig von der Unterhaltspflicht zu befreien. 161

Eine Vereinbarung etwa des hälftigen Einsatzes des Vermögens könnte wie folgt formuliert werden: 162

3.19

▼

Muster 3.19: Hälftiger Einsatz des Vermögens des Kindes

Verhandelt am

Zu

Vor mir, dem unterzeichnenden Notar im Bezirk des Oberlandesgerichts

erscheinen

1. Herr ___, geb. am ___, wohnhaft ___

2. Frau ___ geb. ___, geb. am ___, wohnhaft ___

3. der Sohn der Ersch. zu 1 und 2, K, geb. am ___ (20 Jahre), wohnhaft ___

ausgewiesen durch ___.

Die Frage des beurkundenden Notars nach einer Vorbefassung im Sinne von § 3 Abs. 1 Nr. 7 BeurkG wurde von den Erschienenen verneint. Der beurkundende Notar erläuterte die vorgenannte Vorschrift.

Die Erschienenen baten den Notar um die Beurkundung einer

Vereinbarung über Kindesunterhalt

und erklärten vorab:

§ 1 Ausgangslage

Wir, die Ersch. zu 1 und 2 sind beide von Geburt an deutsche Staatsangehörige und haben am ___ in ___ die Ehe geschlossen. Aus unserer Ehe ist der Ersch. zu 3 hervorgegangen. Der Ersch. zu 3 studiert im 2. Semester ___ an der ___-Universität in ___.

Wir, die Ersch. zu 1 und 2 leben seit dem ___ voneinander getrennt und haben einvernehmlichen Scheidungsantrag bei dem zuständigen Amtsgericht – Familiengericht – in ___ gestellt.

§ 2 Kindesunterhalt

1. Der Ersch. zu 1 verpflichtet sich, für das Kind K einen monatlichen, jeweils im Voraus fälligen in Höhe von ___ EUR zu zahlen.

Die Ersch. zu 2 verpflichtet sich, für das Kind K einen monatlichen, jeweils im Voraus fälligen in Höhe von ___ EUR zu zahlen.

2. Die Festsetzung des Unterhalts erfolgte auf der Grundlage des Einkommens der Ersch. zu 1 und 2 wie folgt:

- Einkommen des Ersch. zu 1 ___
- Einkommen der Ersch. zu 2 ___.

3. Die Erschienenen sind darüber einig, dass dem Ersch. zu 3 über die vorstehenden Zahlungen hinaus keine Unterhaltsansprüche zustehen. Der Ersch. zu 3 verzichtet vorsorglich auf etwaige weitere Unterhaltsansprüche. Die Ersch. zu 1 und 2 nehmen den Verzicht hiermit an.

4. Die Erschienenen stellen fest, dass der Ersch. zu 3 derzeit grundsätzlich nicht unterhaltsbedürftig ist. Aufgrund einer Schenkung des Vaters der Ersch. zu 2 verfügt der Ersch. zu 3 über ein Vermögen in Höhe von rd. EUR und erzielt daraus monatliche Zinseinkünfte von rd. EUR. Die Beteiligten vereinbaren, dass der Ersch. zu 3 zunächst die eigenen Zinseinnahmen sowie den Bestand des Vermögens zur Beseitigung seiner Unterhaltsbedürftigkeit verwendet. Die Regelung gilt bis zum hälftigen Verbrauch des derzeit vorhandenen Vermögens. Dies wird nach der Höhe der monatlichen Unterhaltsbedürftigkeit des Ersch. zu 3 in ca. Monaten der Fall sein. Für den anschließenden Zeitraum werden die Ersch. zu 1 und 2 im Falle fortdauernder Unterhaltsbedürftigkeit des Ersch. zu 3 die Unterhaltszahlungen gem. Ziff. 1 aufnehmen. Bis zu diesem Zeitpunkt sind die Ersch. zu 1 und 2 von der Unterhaltspflicht gemäß Ziff. 1 befreit. Das dem Ersch. zu 3 sodann verbleibende hälftige Vermögen bleibt anrechnungsfrei.

5. Der Ersch. zu 3 verpflichtet sich zum monatlichen Verbrauch der Zinseinnahmen und seines Vermögens entsprechend seiner in Ziff. 1 festgestellten Unterhaltsbedürftigkeit. Darüber hinaus gehende Ausgaben des Ersch. zu 3 sind seinem verbleibenden hälftigen Vermögensbestand zu belasten. Der Ersch. zu 3 wird gegenüber den Ersch. zu 1 und 2 im Abstand von 6 Monaten Auskunft über Bestand und Entwicklung seines Vermögens erteilen.

§ 3 Vollstreckungsunterwerfung

Wegen der in § 2 der Vereinbarung eingegangenen Verpflichtung zur Zahlung von Kindesunterhalt unterwerfe wir, die Ersch. zu 1 und 2, uns der

sofortigen Zwangsvollstreckung

aus dieser Urkunde in unser gesamtes Vermögen.

Der Ersch. zu 3 ist berechtigt, sich jederzeit auf einseitigen Antrag auf Kosten der Ersch. zu 1 und 2 eine vollstreckbare Ausfertigung dieser Urkunde erteilen zu lassen, ohne dass es hierzu des Nachweises der Fälligkeit oder sonstiger die Vollstreckung begründender Tatsachen bedarf.

§ 4 Hinweise, Durchführung

Der Notar hat die Erschienenen über die Bedeutung, die rechtliche Tragweite, insbesondere die Rechtsfolgen und die Auswirkungen der Unterhaltsvereinbarung abschließend noch einmal ausführlich belehrt. Sämtliche Erschienenen sind sich der Tragweite der getroffenen Vereinbarungen bewusst und wünschen gleichwohl die Beurkundung der Vereinbarung auch unter Inkaufnahme möglicher zukünftig daraus erwachsener Nachteile.

(ggf. weitere abschließende Hinweise/Durchführung)

(Urkundsausgang, Unterschriften)

▲

163 Auch wenn die **Schenkung eines Dritten** vorliegt, die grundsätzlich **nicht** die Unterhaltspflicht der Eltern beseitigen oder verringern soll, kann im Falle **eng (werdender) wirtschaftlicher Verhältnisse** des oder der Unterhaltspflichtigen eine Obliegenheit zum Einsatz auch des Vermögens entstehen.

164 Hierüber könnte man sich wie folgt verständigen:

3.20

▼

Muster 3.20: Einsatz von Anteilen geschenkten Vermögens

Verhandelt am

Zu

Vor mir, dem unterzeichnenden Notar im Bezirk des Oberlandesgerichts

erscheinen

1. Herr , geb. am , wohnhaft

2. Frau geb. , geb. am , wohnhaft

3. der Sohn der Ersch. zu 1 und 2, K, geb. am (20 Jahre), wohnhaft

ausgewiesen durch .

Die Frage des beurkundenden Notars nach einer Vorbefassung im Sinne von § 3 Abs. 1 Nr. 7 BeurkG wurde von den Erschienenen verneint. Der beurkundende Notar erläuterte die vorgenannte Vorschrift.

Die Erschienenen baten den Notar um die Beurkundung einer

Vereinbarung über Kindesunterhalt

und erklärten vorab:

§ 1 Ausgangslage

Wir, die Ersch. zu 1 und 2 sind beide von Geburt an deutsche Staatsangehörige und haben am in die Ehe geschlossen. Aus unserer Ehe ist der Ersch. zu 3 hervorgegangen. Der Ersch. zu 3 studiert im 2. Semester an der -Universität in .

Wir, die Ersch. zu 1 und 2 leben seit dem voneinander getrennt und haben einvernehmlichen Scheidungsantrag bei dem zuständigen Amtsgericht – Familiengericht – in gestellt.

§ 2 Kindesunterhalt

1. Der Ersch. zu 1 verpflichtet sich, für das Kind K einen monatlichen, jeweils im Voraus fälligen in Höhe von … EUR zu zahlen.

Die Ersch. zu 2 verpflichtet sich, für das Kind K einen monatlichen, jeweils im Voraus fälligen in Höhe von … EUR zu zahlen.

2. Die Festsetzung des Unterhalts erfolgte auf der Grundlage des Einkommens der Ersch. zu 1 und 2 wie folgt:

- Einkommen des Ersch. zu 1 …
- Einkommen der Ersch. zu 2 ….

3. Der Ersch. zu 3 hat vom verstorbenen Vater der Ersch. zu 2 zu dessen Lebzeiten den Betrag von … EUR als Geschenk erhalten. Der Ersch. zu 3 sollte sich nach dem Willen des Verstorbenen damit Sonderwünsche erfüllen. Die Erschienenen stellen dazu fest, dass aufgrund enger werdender wirtschaftlicher Verhältnisse durch eingetretene Arbeitslosigkeit der Ersch. zu 2 der vollständige Verbrauch des dem Ersch. zu 3 geschenkten Vermögens für Sonderwünsche nicht angemessen erscheint.

4. Die Beteiligten vereinbaren daher, dass der Ersch. zu 3 zunächst den Bestand des Vermögens zur Beseitigung seiner Unterhaltsbedürftigkeit verwendet. Die Regelung gilt bis zum hälftigen Verbrauch des derzeit vorhandenen Vermögens. Dies wird nach der Höhe der monatlichen Unterhaltsbedürftigkeit des Ersch. zu 3 in ca. … Monaten der Fall sein. Für den anschließenden Zeitraum werden die Ersch. zu 1 und 2 im Falle fortdauernder Unterhaltsbedürftigkeit des Ersch. zu 3 die Unterhaltszahlungen gem. Ziff. 1 aufnehmen. Bis zu diesem Zeitpunkt sind die Ersch. zu 1 und 2 von der Unterhaltspflicht gemäß Ziff. 1 befreit. Das dem Ersch. zu 3 sodann verbleibende hälftige Vermögen bleibt anrechnungsfrei.

5. Der Ersch. zu 3 verpflichtet sich zum monatlichen Verbrauch seines Vermögens entsprechend seiner in Ziff. 1 festgestellten Unterhaltsbedürftigkeit. Darüber hinaus gehende Ausgaben des Ersch. zu 3 sind seinem verbleibenden hälftigen Vermögensbestand zu belasten. Der Ersch. zu 3 wird gegenüber den Ersch. zu 1 und 2 im Abstand von 6 Monaten Auskunft über Bestand und Entwicklung seines Vermögens erteilen.

§ 3 Vollstreckungsunterwerfung

Wegen der in § 2 der Vereinbarung eingegangenen Verpflichtung zur Zahlung von Kindesunterhalt unterwerfen wir, die Ersch. zu 1 und 2, uns der

sofortigen Zwangsvollstreckung

aus dieser Urkunde in unser gesamtes Vermögen.

Der Ersch. zu 3 ist berechtigt, sich jederzeit auf einseitigen Antrag auf Kosten der Ersch. zu 1 und 2 eine vollstreckbare Ausfertigung dieser Urkunde erteilen zu lassen, ohne dass es hierzu des Nachweises der Fälligkeit oder sonstiger die Vollstreckung begründender Tatsachen bedarf.

§ 4 Hinweise, Durchführung

Der Notar hat die Erschienenen über die Bedeutung, die rechtliche Tragweite, insbesondere die Rechtsfolgen und die Auswirkungen der Unterhaltsvereinbarung abschließend noch einmal ausführlich belehrt. Sämtliche Erschienenen sind sich der Tragweite der getroffenen Vereinbarungen bewusst und wünschen gleichwohl die Beurkundung der Vereinbarung auch unter Inkaufnahme möglicher zukünftig daraus erwachsener Nachteile.

(ggf. weitere abschließende Hinweise/Durchführung)

(Urkundsausgang, Unterschriften)

▲

F. Der Barbedarf des Kindes

I. Das Maß des zu gewährenden Unterhalts

1. Grundsätze zur Bestimmung der Höhe des Bedarfs

165 Das Maß des zu gewährenden Unterhalts bestimmt sich nach der **Lebensstellung des Bedürftigen, sog. angemessener Unterhalt**, § 1610 Abs. 1 BGB. Hinsichtlich des Verhältnisses der Kinder zu den Eltern prägen die **wirtschaftlichen Verhältnisse der Eltern** die Lebensstellung des Kindes und bestimmen damit das Maß des diesem zustehenden Unterhalts im Sinne von § 1610 BGB.[112]

Kinder leiten ihren Lebensbedarf von den wirtschaftlichen Verhältnissen ihrer Eltern ab, weil sie grundsätzlich – noch – über **keine eigene Lebensstellung** verfügen.[113] Die eigene Lebensstellung erlangen Kinder erst, wenn sie durch eigene Einkünfte und/oder durch eigenes Vermögen wirtschaftlich selbstständig werden.

Erreicht das volljährige Kind nach Abschluss seiner Ausbildung bereits eine **eigene Lebensstellung** und wird es sodann unterhaltsbedürftig, teilt es nicht mehr die Lebensstellung seiner Eltern. Das Maß des Unterhalts bestimmt sich dann konkret nach seiner eigenen Lebensstellung.[114]

Ein Kind, gleichgültig ob es noch minderjährig oder schon volljährig ist, hat dann **keine eigene Lebensstellung** erreicht, wenn es noch auf die ihm **von seinen Eltern zur Ver-**

112 BGH FamRZ 2002, 815; 1988, 1039.

113 BGH FamRZ 1986, 151.

114 OLG Bamberg FamRZ 1994, 255; OLG Karlsruhe FamRZ 1986, 496; Kleffmann/Klein/*Eder*, § 1610 Rn 10; MAH/*Götz*, § 7 Rn 77.

fügung gestellten Mittel angewiesen ist. In diesen Fällen richtet sich der Bedarf des Kindes nach den wirtschaftlichen Verhältnissen der Eltern.[115]

Nach ständiger Rechtsprechung des BGH sind allerdings **nicht die zusammengerechneten Einkünfte** beider Elternteile entscheidend für die Ermittlung des Bedarfs. Dies gilt, obwohl sich die Lebensstellung der Eltern eigentlich nach dem zusammengerechneten Einkommen beider Elternteile richtet. Von der Lebensstellung der Eltern leitet sich die Lebensstellung des Kindes ab.[116]

Der **BGH** hält dagegen regelmäßig nur das Einkommen des Barunterhaltspflichtigen für bedarfsbestimmend.[117]

Diese Betrachtungsweise wurde zu Recht **kritisiert**.[118] Leben minderjährige Kinder im **166**
Falle von Trennung und/oder Scheidung der Eltern jeweils bei einem Elternteil, ist die Unterschiedlichkeit des festzustellenden Bedarfs des Kindes nicht zu erklären.

Infolge der Bedarfsbestimmung ausschließlich aus dem Einkommen des Barunterhaltspflichtigen wird dem bei dem **geringer verdienenden** Elternteil lebenden Kind ein **höherer Unterhaltsanspruch** zustehen als dem bei dem höher verdienenden Elternteil lebenden Kind. Die Lebensstellungen der Elternteile und der jeweils mit ihnen zusammenlebenden Kinder verkehrt sich damit in eine gegenläufige Situation, die nicht einsichtig erscheint.[119]

Anders ist die Bedarfsbemessung bei volljährigen Kindern auch nach der Rechtsprechung des BGH gestaltet.

Für die Bemessung des Bedarfs volljähriger Kinder ist die **Summe des Nettoeinkommens beider Eltern** maßgeblich, § 1606 Abs. 3 S. 1 BGB.[120] Die Begründung sieht der BGH darin, dass Betreuungspflicht gegenüber volljährigen Kindern nicht mehr vorhanden ist, sodass das Einkommen beider Elternteile Einfluss auf die Lebensstellung des Kindes hat.[121]

2. Vereinbarungen zum Maß des Unterhalts

Eltern werden es als ungerecht empfinden, wenn bei getrennt lebenden Eltern jeweils ei- **167**
nes von zwei Kindern bei einem Elternteil lebt mit der im Falle **stark unterschiedlicher Einkünfte** entstehender **Konsequenz stark unterschiedlicher Unterhaltsansprüche** für die Kinder.

115 BGH FamRZ 1997, 281; Wendl/Dose/*Klinkhammer*, § 2 Rn 203; Palandt/*Brudermüller*, § 1610 Rn 6.
116 *Scholz*, FamRZ 2006, 1728.
117 Vgl. BGH FamRZ 2007, 707.
118 Vgl. dazu ausführlich Wendl/Dose/*Klinkhammer*, § 2 Rn 206.
119 Vgl. dazu die Berechnung im Beispielsfall Wendl/Dose/*Klinkhammer*, a.a.O.
120 BGH FamRZ 1994, 696; 1988, 1039.
121 BGH FamRZ 1994, 696, 698.

Ist der Kindesvater mit seinem Einkommen beispielsweise mit einem Einkommen von 4.000 EUR in die Einkommensgruppe 8 der Düsseldorfer Tabelle einzustufen (Nettoeinkommen zwischen 3.901 EUR und 4.300 EUR), hat er zu Händen der Kindesmutter für die 12 Jahre alte Tochter **634 EUR** abzüglich derzeit 94 EUR hälftiges Kindesgeld zu zahlen. Die 1.600 EUR verdienende Kindesmutter hat für den 14 Jahre alten, bei dem Vater lebenden Sohn nach der Einkommensgruppe 1 der Düsseldorfer Tabelle **462 EUR** abzüglich 94 EUR anteiliges Kindergeld zu zahlen. Nimmt man die **Lebensstellung des mit dem Elternteil zusammenlebenden Kindes** als Maßstab, kommt die Rechnung zu einem widersprüchlichen Ergebnis: Kindesmutter niedrige Lebensstellung, Kind hohe Lebensstellung, 540 EUR Zahlbetrag; Kindesvater hohe Lebensstellung, Kind niedrige Lebensstellung 368 EUR Zahlbetrag.

168 Die Beteiligten könnten sich abweichend einigen, indem sie das zusammengesetzte Einkommen zugrunde legen und im Rahmen der Leistungsfähigkeit Korrekturen vornehmen.

Im vorliegenden Fall würde dies bedeuten, dass nach dem **zusammengesetzten Einkommen der Eltern** von 5.600 EUR (4.000 EUR + 1.600 EUR) nach der höchsten Stufe der Düsseldorfer Tabelle zu zahlen ist, mithin jeweils 704 EUR abzüglich derzeit 94 EUR hälftiges Kindergeld. Die Mutter kann den sich daraus errechneten Zahlbetrag von 610 EUR jedoch nicht leisten, da ihr Selbstbehalt von derzeit 1.080 EUR um 90 EUR überschritten wird. Hier muss der insoweit nicht für das bei ihm lebende Kind barunterhaltspflichtige Vater den Betrag von 90 EUR ausnahmsweise zusätzlich als Barunterhalt leisten. Die **Kindesmutter** zahlt daher an den Kindesvater **520 EUR**, der **Kindesvater** an die Kindesmutter **610 EUR**. Das Kindergeld steht den Eltern daneben jeweils für das von ihm betreute Kind zu.

169 Dies können die Beteiligten in eine Vereinbarung fassen.

3.21

▼

Muster 3.21: Vereinbarung über das Maß des Unterhalts

Verhandelt am

Zu

Vor mir, dem unterzeichnenden Notar im Bezirk des Oberlandesgerichts

erscheinen

1. Herr , geb. am , wohnhaft

2. Frau geb. , geb. am , wohnhaft

ausgewiesen durch .

Die Frage des beurkundenden Notars nach einer Vorbefassung im Sinne von § 3 Abs. 1 Nr. 7 BeurkG wurde von den Erschienenen verneint. Der beurkundende Notar erläuterte die vorgenannte Vorschrift.

Die Erschienenen baten den Notar um die Beurkundung einer

Trennungs- und Unterhaltsvereinbarung

und erklärten vorab:

§ 1 Ausgangslage

Wir sind beide von Geburt an deutsche Staatsangehörige und haben am in die Ehe geschlossen. Wir leben seit dem in verschiedenen Wohnungen voneinander getrennt.

Aus unserer Ehe sind zwei Kinder hervorgegangen,

- A, geb. am (8 Jahre), wohnhaft bei dem Ersch. zu 1 sowie
- B, geb. am (6 Jahre), wohnhaft bei der Ersch. zu 2.

§ 2 Ehegattenunterhalt

1. Der Ersch. zu 1 verpflichtet sich, ab an die Ersch. zu 2 für die Zeit der Trennung einen monatlich, jeweils bis zum 1. eines jeden Monats fälligen Trennungsunterhalt in Höhe von EUR zu zahlen.

2. Bei dieser Vereinbarung gehen die Beteiligten von den folgenden Einkommensverhältnissen aus:

- Einkommen des Ersch. zu 1
- Einkommen der Ersch. zu 2 .

3. Die Vereinbarung zur Zahlung von Trennungsunterhalt ist der Abänderung zugänglich. Die Beteiligten vereinbaren im Falle der Änderung der Einkommens- und Vermögensverhältnisse eine an der getroffenen Vereinbarung orientierte Abänderung. Ergänzend gelten die gesetzlichen Regelungen.

4. Die Ersch. zu 2 verpflichtet sich für die Dauer der Unterhaltsleistung, die nach § 10 Abs. 1 Nr. 1 EStG erforderliche Zustimmung zum begrenzten Realsplitting zu geben. Der Ersch. zu 1 ist verpflichtet, die Ersch. zu 2 von den ihr entstehenden finanziellen Nachteilen freizustellen.

§ 3 Kindesunterhalt

1. Aufgrund erheblich unterschiedlicher Einkünfte ist für unsere Kinder jeweils Kindesunterhalt in unterschiedlicher Höhe zu zahlen. Wir sind darüber einig, dass Kindesunterhalt für jedes der Kinder in gleicher Weise aus der Summe der beiderseitigen Ein-

künfte zu zahlen ist. Dies ergibt eine Zahlungspflicht in Höhe von derzeit jeweils EUR. Da mit Zahlung dieses Betrages die Leistungsfähigkeit der Ersch. zu 2 nicht gewahrt ist, reduzieren wir die Zahlungspflicht der Erschienenen zu 2 um EUR.

2. Der Ersch. zu 1 verpflichtet sich, für das Kind B einen monatlichen, jeweils im Voraus fälligen in Höhe von EUR zu zahlen.

Die Ersch. zu 2 verpflichtet sich, für das Kind A einen monatlichen, jeweils im Voraus fälligen in Höhe von EUR zu zahlen.

3. Die Festsetzung des Unterhalts erfolgte auf der Grundlage des Einkommens der Ersch. zu 1 und 2 wie folgt:

- Einkommen des Ersch. zu 1
- Einkommen der Ersch. zu 2 .

§ 4 Vollstreckungsunterwerfung

Wegen der in § 2 und 3 der Vereinbarung eingegangenen Verpflichtung zur Zahlung von Ehegattenunterhalt und Kindesunterhalt unterwerfen wir, die Ersch. zu 1 und 2, uns wechselseitig der

sofortigen Zwangsvollstreckung

aus dieser Urkunde in unser Vermögen.

Die Erschienenen sind berechtigt, sich jederzeit auf einseitigen Antrag auf Kosten des jeweils anderen eine vollstreckbare Ausfertigung dieser Urkunde erteilen zu lassen, ohne dass es hierzu des Nachweises der Fälligkeit oder sonstiger die Vollstreckung begründender Tatsachen bedarf.

§ 5 Hinweise, Durchführung

Der Notar hat die Erschienenen über die Bedeutung, die rechtliche Tragweite, insbesondere die Rechtsfolgen und die Auswirkungen der Unterhaltsvereinbarung abschließend noch einmal ausführlich belehrt. Beide Erschienenen sind sich der Tragweite der getroffenen Vereinbarungen bewusst und wünschen gleichwohl die Beurkundung der Vereinbarung auch unter Inkaufnahme möglicher zukünftig daraus erwachsener Nachteile.

(ggf. weitere abschließende Hinweise/Durchführung)

(Urkundsausgang, Unterschriften)

▲

II. Regelbedarf, Existenzminimum und luxuriöse Lebensstellung

1. Grundsätze zum unterschiedlichen Bedarf/Unterhaltsrechtliche Leitlinien der Oberlandesgerichte

Der unterschiedliche Bedarf von Kindern entsprechend den unterschiedlichen Lebensstellungen der Eltern ist zusammengefasst in der **Düsseldorfer Tabelle**, die seit dem 1.1.1979 vom OLG Düsseldorf herausgegeben wird.[122] 170

Die Düsseldorfer Tabelle hat derzeit den Stand vom 1.1.2016[123] und beruht auf der am 1.1.2008 in Kraft getretene Unterhaltsrechtsänderung.[124] 171

Die Düsseldorfer Tabelle baut seitdem auf dem in **§ 1612a Abs. 1 BGB** festgelegten gesetzlichen Mindestunterhalt auf. Die **Richtsätze der ersten Einkommensgruppe** der Tabelle entsprechen jeweils dem **gesetzlichen Mindestunterhalt**. Dieser Mindestunterhalt richtet sich wiederum nach dem doppelten Freibetrag für das sächliche Existenzminimum eines Kindes (Kinderfreibetrag) nach § 32 Abs. 6 S. 1 des EStG.

Die Düsseldorfer Tabelle wird hinsichtlich des Kindesunterhalts von allen Oberlandesgerichten angewendet, jedoch im Einzelnen auch modifiziert. **Feste Bedarfssätze** werden für **volljährige Kinder mit eigenem Haushalt**, also vor allem Studenten, festgelegt.

Die Düsseldorfer Tabelle regelt den Kindesunterhalt vom Existenzminimum bis zu gehobenen bis guten Einkommensverhältnissen von bis zu 5.100 EUR netto monatlich der Eltern. Die Bedarfssätze der Düsseldorfer Tabelle decken den **gesamten Lebensbedarf** ab. Deshalb sind Sonderausgaben, die z.B. anlässlich eines Geburtstages anfallen, bereits einbezogen. Regelmäßiger **Mehrbedarf** oder auch unvorhergesehen auftretender **Sonderbedarf** ist ggf. gesondert auszugleichen.

Ebenfalls einbezogen in die pauschalen Beträge der Düsseldorfer Tabelle sind **Ferienzeiten**, bei denen das Kind **einige Wochen bei dem barunterhaltspflichtigen Elternteil** verbringt. Anders ist die Situation lediglich dann, wenn sich der regelmäßige Aufenthalt bei dem anderen Elternteil einem **Wechselmodell** mit gleicher Betreuungszeit annähert. Dann könnte eine Herabgruppierung in der Düsseldorfer Tabelle in Betracht kommen. Ebenso kommt eine Höherstufung in Betracht.

Jeweils ist das Ergebnis nämlich zusätzlich auf seine **Angemessenheit** zu überprüfen. Bei unterdurchschnittlicher oder umgekehrt überdurchschnittlicher Unterhaltslast ist eine Höherstufung bzw. eine Herabstufung möglich.

Mindestunterhalt für das Kind wird regelmäßig zu zahlen sein. Wenn der Mindestunterhalt, also das Existenzminimum, vom unterhaltspflichtigen Elternteil nicht abgedeckt wird, 172

122 Vgl. die erste Düsseldorfer Tabelle, Stand 1.1.1979 in FamRZ 1978, 854.

123 Vgl. Anhang N.

124 Gesetz zur Änderung des Unterhaltsrechts vom 21.12.2007, in Kraft getreten am 1.1.2008, BGBl 2007 I, 3189.

muss die **Existenz des Kindes von Dritten** gesichert werden. Diese Einstandspflicht Dritter geht der Verpflichtung der Eltern immer vor. Dies bedeutet, dass zu hohe Anforderungen an die Erwerbsobliegenheit des barunterhaltspflichtigen Elternteils zu stellen sind. Es greift die **gesteigerte Unterhaltspflicht nach § 1603 Abs. 2 BGB**, wenn der Mindestunterhalt nicht gewährleistet ist.

173 Umgekehrt können **ganz besonders günstige Einkommens- und Vermögensverhältnisse** der Eltern vorliegen, die mit dem Höchstbetrag der Düsseldorfer Tabelle nicht mehr erfasst werden.

Dies bedeutet aber nicht, dass bei jedem Einkommen oberhalb von 5.100 EUR, also des Höchstbetrages in der Gruppeneinordnung der Düsseldorfer Tabelle, mehr zu zahlen ist, als die Bedarfsbeträge, gestaffelt nach unterschiedlichem Alter der Kinder, ausweisen.[125] Im Einzelfall ist jedoch eine Anhebung möglich.

Die Düsseldorfer Tabelle schreibt bei günstigen wirtschaftlichen Verhältnissen die Beträge nicht auf die höchste Einkommensgruppe fest. Entsprechend den Regeln einer konkreten Bedarfsberechnung im Ehegattenunterhalt steht es dem Kind frei, einen höheren **Unterhaltsbedarf konkret darzulegen** und zu beweisen.[126]

Bei welchem Betrag die Berechnung des konkreten Bedarfs zu erfolgen hat, wird in der Rechtsprechung unterschiedlich beantwortet.

174 Die **Leitlinien der Oberlandesgerichte** bestimmen den **Übergang vom Quotenunterhalt zur konkreten Bedarfsbemessung** mit unterschiedlichen Formulierungen in unterschiedlicher Höhe.

175 In den **Leitlinien** wird der **Übergang vom Quotenunterhalt zur konkreten Bedarfsbemessung** mit den folgenden **differierenden Formulierungen** bestimmt:

- **OLG Frankfurt/M. und OLG Jena:** Der Ehegattenunterhalt muss **2.500 EUR** übersteigen.[127]
- **KG u.a.:** Bei **sehr guten Einkommensverhältnissen** des Pflichtigen kommt eine konkrete Bedarfsberechnung in Betracht.[128]
- **OLG Brandenburg:** Haben **außergewöhnlich hohe Einkommen** die ehelichen Lebensverhältnisse geprägt, kann eine konkrete Bedarfsberechnung in Betracht kommen.[129]

125 BGH FamRZ 1980, 665.

126 BGH FamRZ 2001, 1603; 2000, 358 m. Anm. *Deisenhofer*; OLG Frankfurt NZFam 2014, 31; OLG Schleswig FamRZ 2012, 990.

127 Ziff. 15.3 der Leitlinien vom 1.1.2013; ebenso OLG Thüringen.

128 Ziff. 15.3 der Leitlinien vom 1.1.2013; ebenso OLG Braunschweig, OLG Bremen, OLG Celle, OLG Dresden, OLG Hamburg, OLG Köln, OLG Naumburg, OLG Rostock, Süddeutsche Leitlinien.

129 Ziff. 15.3 der Leitlinien vom 1.1.2013.

- **OLG Hamm:** Bei **besonders günstigen wirtschaftlichen Verhältnissen** ist in der Regel eine konkrete Bedarfsberechnung erforderlich.[130]
- **OLG Oldenburg:** Bei **hohen Einkommen** – in der Regel, wenn das für den Ehegattenunterhalt verfügbare Einkommen die höchste Einkommensgruppe der Düsseldorfer Tabelle übersteigt – ist der Bedarf konkret darzulegen.[131]
- **OLG Koblenz:** Übersteigen des doppelten Höchstbetrages der Düsseldorfer Tabelle durch die gemeinsamen Einkünfte.[132]

Vielfach hat sich durchgesetzt, die **konkrete Bedarfsberechnung** von einem Einkommen abhängig zu machen, das die **Höchsteinkommensgruppe der Düsseldorfer Tabelle übersteigt**.[133] 176

Die „Schallgrenze",[134] ab wann im Wege konkreter Bedarfsbemessung vorzugehen ist, wird wie folgt bestimmt:[135] 177

- Zum Teil wird auf „sehr gute" Einkommensverhältnisse verwiesen.[136]
- Zum Teil wird die Grenze bei einem gemeinsamen bereinigten Nettoeinkommen der Eheleute oberhalb der höchsten Einkommensgruppe der Düsseldorfer Tabelle mit derzeit 5.100 EUR gezogen.[137]
- Zum Teil wird die Grenze bei einem **Bedarf** von 5.100 EUR gezogen.[138]
- Zum Teil wird die Grenze bei einem Elementarunterhalt von 2.500 EUR gezogen.[139]
- Zum Teil wird auf ein Übersteigen des doppelten Höchstbetrages der Düsseldorfer Tabelle durch die gemeinsamen Einkünfte (derzeit10.200 EUR) abgestellt.[140]

Im Einzelnen heißt es in der jeweiligen **Ziff. 15.3. der unterhaltsrechtlichen Leitlinien der Oberlandesgerichte**:[141]

a) Kammergericht Berlin

Bei sehr guten Einkommensverhältnissen des Pflichtigen kommt eine konkrete Bedarfsberechnung in Betracht. 178

130 Ziff. 15.3 der Leitlinien vom 1.1.2013.
131 Ziff. 15.3 der Leitlinien vom 1.1.2013; ebenso OLG Düsseldorf, OLG Koblenz.
132 Ziff. 15.3 der Leitlinien.
133 OLG Düsseldorf FamRZ 1998, 1191; OLG Bamberg FamRZ 1999, 513; OLG Köln FuR 2001, 412; auch OLG Hamm FamRZ 2005, 719.
134 So *Born,* FamRZ 2013, 1613, 1617.
135 Nach *Born*, FamRZ 2013, 1613, 1617.
136 Vgl. Ziff. 15.3 verschiedener unterhaltsrechtlicher Leitlinien.
137 Ziff. 15.3 der Leilinien des OLG Oldenburg.
138 OLG Köln FamRZ 2012, 1731; so auch Wendl/Dose/*Gerhardt,* § 4 Rn 761.
139 Ziff. 15.3 der Leitlinien des OLG Frankfurt.
140 Ziff. 15.3 der Leitlinien des OLG Koblenz.
141 Stand 1.1.2014.

b) OLG Brandenburg

179 Haben außergewöhnlich hohe Einkommen die ehelichen Lebensverhältnisse geprägt, kann eine konkrete Bedarfsbemessung in Betracht kommen

c) OLG Braunschweig

180 Bei sehr guten Einkommensverhältnissen des Unterhaltspflichtigen (und des Berechtigten) kommt eine konkrete Bedarfsberechnung in Betracht.

d) OLG Bremen

181 Bei sehr guten Einkommensverhältnissen des Verpflichteten ist der Bedarf konkret zu berechnen.

e) OLG Celle

182 Bei sehr guten Einkommensverhältnissen des Pflichtigen kommt eine konkrete Bedarfsberechnung in Betracht.

f) OLG Dresden

183 Bei sehr guten Einkommensverhältnissen des Pflichtigen kommt eine konkrete Bedarfsberechnung in Betracht. Der Unterhalt kann regelmäßig bis zu einem Betrag von 5.000 EUR als Quotenunterhalt geltend gemacht werden. Für einen darüber hinausgehenden Anspruch muss der Bedarf konkret dargelegt werden. Eigenes Einkommen des Bedürftigen ist dann ohne Abzug des Erwerbstätigenbonus hierauf anzurechnen.

g) OLG Düsseldorf

184 Bei sehr guten Einkommensverhältnissen der Eheleute kommt eine konkrete Bedarfsberechnung in Betracht. Von sehr guten Einkommensverhältnissen kann in der Regel ausgegangen werden, wenn das bereinigte Gesamteinkommen der Eheleute oberhalb der höchsten Einkommensgruppe der Düsseldorfer Tabelle liegt.

h) OLG Frankfurt/Main

185 Ein eheangemessener Unterhaltsbedarf (Elementarunterhalt) kann bis zu einem Betrag von 2.500 EUR als Quotenunterhalt geltend gemacht werden. Ein darüber hinausgehender Bedarf auf Elementarunterhalt muss konkret dargelegt werden. Eigenes Einkommen des bedürftigen Ehegatten ist hierauf ohne Abzug eines Erwerbstätigenbonus anzurechnen.

Die konkrete Darlegung des Bedarfs kann auch dadurch geschehen, dass die Höhe des zur Verfügung stehenden Gesamteinkommens sowie die hiervon betriebenen Aufwendungen zur Vermögensbildung dargelegt werden.

i) OLG Hamburg

Bei sehr guten Einkommensverhältnissen des Pflichtigen kommt eine konkrete Bedarfsberechnung in Betracht. 186

j) OLG Hamm

Bei besonders günstigen wirtschaftlichen Verhältnissen ist in der Regel eine **konkrete Bedarfsberechnung** erforderlich. Einkünfte des Berechtigten sind ohne Erwerbstätigenbonus auf den Bedarf anzurechnen. 187

k) OLG Jena

Einen eheangemessenen Bedarf von mehr als 2.500 EUR (ohne Alters- und Krankenvorsorgebedarf) muss der Berechtigte konkret darlegen (sog. relative Sättigungsgrenze). Eigenes Einkommen des bedürftigen Ehegatten – Erwerbseinkommen nach Abzug des Erwerbstätigenbonus – ist hierauf anzurechnen. 188

l) OLG Koblenz

Bei sehr guten Einkommensverhältnissen (in der Regel mindestens das Doppelte des Höchstbetrages nach der Düsseldorfer Tabelle als frei verfügbares Einkommen) der Eheleute kommt eine **konkrete Bedarfsberechnung** in Betracht. 189

m) OLG Köln

Bei sehr guten Einkommensverhältnissen des Pflichtigen kommt eine konkrete Bedarfsberechnung in Betracht. 190

n) OLG Naumburg

Bei sehr guten Einkommensverhältnissen des Pflichtigen kommt eine konkrete Bedarfsberechnung in Betracht. 191

o) OLG Oldenburg

Bei hohen Einkommen – in der Regel, wenn das für den Ehegattenunterhalt verfügbare Einkommen die höchste Einkommensgruppe der Düsseldorfer Tabelle übersteigt – ist der Bedarf konkret darzulegen. 192

p) OLG Rostock

Bei sehr guten Einkommensverhältnissen des Pflichtigen kommt eine konkrete Bedarfsberechnung in Betracht. 193

q) OLG Saarbrücken

Die Senate für Familiensachen beim Saarländischen Oberlandesgericht verwenden die seit dem 1.1.2015 geltende Düsseldorfer Tabelle. 194

r) OLG Schleswig

195 Bei höheren Einkommen bleiben Teile, die regelmäßig und in angemessenem Umfang zur Vermögensbildung verwandt worden sind, grundsätzlich unberücksichtigt.

s) Süddeutsche Leitlinien

196 Bei sehr guten Einkommensverhältnissen des Pflichtigen kommt eine konkrete Bedarfsberechnung in Betracht.

197 Der **BGH** hat dazu erklärt,[142] dass eine Sättigungsgrenze für den nachehelichen Unterhalt zu Recht abgelehnt werde. Das Einkommen von gegenwärtig **5.100 EUR** bilde aber nur die Höchstgrenze des vom Einkommen des besser verdienenden Ehegatten abgeleiteten Quotenunterhalts. Der BGH hat in diesem Zusammenhang das Verlangen des vorinstanzlich zuständigen OLG Hamm, bei höheren Einkünften die **Darlegung des konkreten Bedarfs** zu verlangen, ausdrücklich gebilligt. Der BGH hat ebenso eine **relative Sättigungsgrenze bei 2.200 EUR** nicht beanstandet.[143]

Diese Grenzziehung erscheint richtig, weil **sowohl beim Ehegattenunterhalt als auch beim Kindesunterhalt** oberhalb dieser Grenze keine automatische Fortschreibung des Bedarfs des Kindes erfolgt.[144]

Die in der Düsseldorfer Tabelle vorgenommene vorläufige Begrenzung und nur in Ausnahmefällen maßvolle Anhebung der Unterhaltsbeträge betrifft in gleicher Weise auch **volljährige Kinder**, die noch **im Haushalt eines Elternteils** leben.[145]

In Einzelfällen kann aber selbst hinsichtlich des Festbetrages von **700 EUR** für das mit eigenem Haushalt studierende Kind eine **nicht unwesentliche Überschreitung** dieses Betrages angeordnet werden.[146]

198 Das **OLG Brandenburg** begrenzt in seinen Leitlinien[147] die Erhöhung des Unterhalts bei entsprechend hervorragenden wirtschaftlichen Verhältnissen auf das **Doppelte des Regelsatzes** eines nicht im Haushalt eines Elternteils lebenden volljährigen Kindes.

Es sollte allerdings allgemein gelten, dass derjenige, der einen höheren Bedarf geltend machen will als nach der höchsten Einkommensgruppe der Düsseldorfer Tabelle festgelegt ist, **im Einzelnen darlegen und beweisen** muss, wie sich konkret seiner erhöhter Bedarf ermittelt.[148]

142 BGH FamRZ 2010, 1637 mit Anm. *Borth,* 1636 f.
143 BGH FamRZ 2013, 191 = NJW 2013, 461.
144 So zu Recht *Born,* FamRZ 2013, 1613, 1617.
145 BGH FamRZ 2000, 358 m. Anm. *Deisenhofer.*
146 Vgl. BGH FamRZ 1987, 58; OLG Düsseldorf FamRZ 1992, 981; OLG Köln NJW-FER 1999, 176.
147 Vgl. Ziff. 13.1.
148 Vgl. dazu Wendl/Dose/*Klinkhammer*, § 2 Rn 341 f.

2. Vereinbarungen zum unterschiedlichen Bedarf

An beiden „extremen" Grenzen des Bedarfs, sowohl bei der Frage der Sicherung des **Existenzminimums** als auch bei der Frage des **Luxus-Bedarfs** kann es unterschiedliche Bewertungen hinsichtlich der notwendigen Einordnung geben. 199

Es bietet sich daher nicht nur in Luxus-Fällen, sondern auch in Fällen fraglichen Existenzminimums an, eine **Vereinbarung** über den zu zahlenden Unterhalt zu treffen.

Dies gilt insbesondere in Fällen, in denen unklar ist, ob die eigene Auffassung beispielsweise zur **Anrechenbarkeit ehelicher oder vorehelicher Schulden** im Streitfall von der Rechtsprechung gedeckt würde.[149]

Eine entsprechende Vereinbarung könnte wie folgt formuliert werden: 200

▼ 3.22

Muster 3.22: Vereinbarung zur Zahlung des Existenzminimums

Verhandelt am

Zu

Vor mir, dem unterzeichnenden Notar im Bezirk des Oberlandesgerichts

erscheinen

1. Herr , geb. am , wohnhaft

2. Frau geb. , geb. am , wohnhaft

ausgewiesen durch .

Die Frage des beurkundenden Notars nach einer Vorbefassung im Sinne von § 3 Abs. 1 Nr. 7 BeurkG wurde von den Erschienenen verneint. Der beurkundende Notar erläuterte die vorgenannte Vorschrift.

Die Erschienenen baten den Notar um die Beurkundung einer

Unterhaltsvereinbarung

und erklärten vorab:

§ 1 Ausgangslage

Wir sind beide von Geburt an deutsche Staatsangehörige und haben am die Ehe geschlossen. Aus unserer Ehe ist das am geborene, derzeit also

149 Dazu BGH FamRZ 2013, 1558; 2002, 536 m. Anm. *Büttner*.

10 Jahre alte Kind K. hervorgegangen. Es behält einvernehmlich seinen Lebensmittelpunkt bei der Kindesmutter. Kinder aus anderen Verbindungen sind nicht vorhanden.

Wir leben seit dem in verschiedenen Wohnungen voneinander getrennt.

§ 2 Kindesunterhalt

1. Der Ersch. zu 1 ist nach seinem Einkommen grundsätzlich verpflichtet, für das Kind K einen monatlichen, monatlich im Voraus fälligen Kindesunterhalt in Höhe von 105 % des Mindestbedarfs der jeweils gültigen Düsseldorfer Tabelle gemäß der jeweiligen Altersstufe des Kindes zu bezahlen. Hierauf ist die Hälfte des gesetzlichen Kindergeldes, derzeit 95 EUR bedarfsdeckend anzurechnen, so dass sich ein monatlicher Unterhaltsbetrag in Höhe von EUR ergibt.

2. Die Festsetzung des Unterhalts erfolgte auf der Grundlage des Nettoeinkommens des Ersch. zu 1 in Höhe von . Die danach einschlägige Einkommensgruppe 1 der Düsseldorfer Tabelle wurde um eine Stufe erhöht, da die Unterhaltspflicht nur gegenüber einem Kind besteht.

3. Die Erschienenen stellen dazu fest, dass der Ersch. zu 1 in Höhe der Zahlungspflicht nach Ziff. 1 nicht leistungsfähig ist. Weitergehende Arbeitstätigkeit ist dem Ersch. zu 1 wegen einer Behinderung nicht möglich. Wir sind uns daher über die Zahlung des folgenden Teilbetrages einig.

4. Der Ersch. zu 1 verpflichtet sich, monatlich bis zum 1. eines jeden Monats zu Händen der Ersch. zu 2 Kindesunterhalt für das gemeinsame Kind K, geb. am in Höhe von 80 % des Mindestbedarfs der jeweils gültigen Düsseldorfer Tabelle gemäß der jeweiligen Altersstufe des Kindes zu bezahlen. Hierauf ist die Hälfte des gesetzlichen Kindergeldes, derzeit 94 EUR bedarfsdeckend anzurechnen, so dass sich aktuell ein monatlicher Unterhaltsbetrag in Höhe von EUR ergibt.

§ 3 Vollstreckungsunterwerfung

Wegen der in § 2 der Vereinbarung eingegangenen Verpflichtung zur Zahlung von Kindesunterhalt unterwerfe ich, der Ersch. zu 1, mich der

sofortigen Zwangsvollstreckung

aus dieser Urkunde in mein Vermögen.

Die Ersch. zu 2 ist berechtigt, sich jederzeit auf einseitigen Antrag auf Kosten des Ersch. zu 1 eine vollstreckbare Ausfertigung dieser Urkunde erteilen zu lassen, ohne dass es hierzu des Nachweises der Fälligkeit oder sonstiger die Vollstreckung begründender Tatsachen bedarf.

§ 4 Hinweise, Durchführung

Der Notar hat die Erschienenen über die Bedeutung, die rechtliche Tragweite, insbesondere die Rechtsfolgen und die Auswirkungen der Unterhaltsvereinbarung abschließend noch einmal ausführlich belehrt. Beide Erschienenen sind sich der Tragweite der getroffenen Vereinbarungen bewusst und wünschen gleichwohl die Beurkundung der Vereinbarung auch unter Inkaufnahme möglicher zukünftig daraus erwachsener Nachteile.

(ggf. weitere abschließende Hinweise/Durchführung)

(Urkundsausgang, Unterschriften)

▲

Umgekehrt kann es gerade bei sehr guten Einkommensverhältnissen mit bisher luxuriöser Lebensführung zu unterschiedlichen Auffassungen über die zukünftigen Ausgaben für das gemeinsame Kind geben. **201**

Auch wenn dem Kind in gemeinsamer Lebensführung der Eltern „jeder materielle Wunsch" erfüllt worden ist, muss dies nach Trennung und/oder Scheidung der Eltern nicht so bleiben.

Die eventuell notwendige **konkrete Bedarfsermittlung** für das Kind wird häufig nicht einfach erstellt und gerichtlich durchgesetzt werden können.

Bei einer konkreten Bedarfsbemessung sind allgemein alle zur Aufrechterhaltung des bisherigen Lebensstandards benötigten **Lebenshaltungskosten konkret zu ermitteln**.[150] Dazu zählen u.a. die Aufwendungen für das **202**

- Haushaltsgeld,
- Wohnen,
- Kleidung,
- Geschenke,
- Putzhilfe,
- Reisen,
- Urlaub,
- sportliche Aktivitäten,
- kulturelle Bedürfnisse,
- Pkw-Nutzung,
- Vorsorgeaufwendungen,
- Versicherungen und
- sonstige notwendige Lebenshaltungskosten.[151]

150 Dazu ausführlich *Büte,* FK 2003, 104 ff.
151 BGH FamRZ 1990, 280; OLG Hamm FamRZ 1999, 723.

203 *Born* hat zur Bestimmung konkreter Aufwendungen im Rahmen der Geltendmachung von Ehegattenunterhalt eine sehr ausführliche Checkliste wie folgt vorgeschlagen:[152]

Checkliste

I. Essen und Trinken
   1. Wöchentlicher Einkauf (Supermarkt)
   2. Restaurant, auswärtiges Essen
   3. Besonderer Mehrbedarf, z.B. Diät

II. Kleidung
   4. Anschaffung und Reinigung von Oberbekleidung
   5. Unterwäsche
   6. Schuhe
   7. Mode
   8. Schmuck

III. Körperpflege
   9. Friseur
   10. Kosmetik (Produkte, Studio)
   11. Parfüm

IV. Haushalt und Wohnen
   12. Anschaffungen für Hausrat
   13. Zeitung
   14. Müllabfuhr
   15. Porto
   16. Telefon, Handy, PC
   17. TV und Radio (GEZ)
   18. Garage
   19. Miete und Nebenkosten (Heizung, Strom, Versicherung pp)
   20. Haustiere (Futter, Tierarzt, Versicherung)
   21. Instandhaltung, Reparaturaufwendungen
   22. Gärtner, Haushaltshilfe, Kindermädchen

V. Kultur und soziales Leben
   23. Theater/Oper
   24. Kino
   25. Museum
   26. Bücher und Zeitschriften
   27. Kosten für Einladungen und Geschenke

152 *Born,* FamRZ 2013, 1613, 1618.

V. Sport und Freizeit
   28. Mitgliedsbeiträge
   29. Trainerstunden
   30. Sportbekleidung (Anschaffung und Ersatz)
   31. Materialverbrauch
   32. Besondere Kosten (z.B. Turnier- und Meldegebühren)
VII. Urlaub
   33. Reisekosten
   34. Kosten der Unterkunft
   35. Zusatzausgaben vor Ort
   36. Club-Gebühren
   37. Städte- und Kulturreisen
VII. Kraftfahrzeug
   38. Steuer und Versicherung
   39. Reparaturen und Inspektionen
   40. Benzin
   41. Rücklage für Neuanschaffung
   42. Leasing-Rate
   43. Mitgliedsbeitrag (z.B. ADAC)
IX. Versicherungen
   44. Krankenkasse (Mitgliedsbeitrag)
   45. Krankenkasse (Selbstbeteiligung)
   46. Krankenzusatzversicherung
   47. Lebensversicherung
   48. Unfallversicherung
   49. Rechtsschutzversicherung
   50. Haftpflichtversicherung (soweit nicht für Kfz)
X. Sonstiges
   51. Persönliche Weiterbildung
   52. Vorsorgeaufwendungen Alter
   53. Steuerberater
   54. Bankgebühren
   55. Beiträge zu Vereinigungen, Spenden

Auch wenn dies auf die **konkrete Bedarfsermittlung betreffend das Kind** nicht ohne weiteres übertragbar ist und einige Positionen für ein Kind nicht zutreffen wie Kosmetik (Ziff. III. 10) oder anderes mehr, zeigt sich doch dass eine konkrete Bedarfsberechnung erhebliche Anforderungen an denjenigen stellt, der sich mit der höchsten Stufe der Düsseldorfer Tabelle nicht abfinden will. **204**

Es ist daher insgesamt sinnvoll, sich auf eine – maßvoll gestaltete – Vereinbarung zu einigen.
205 Diese könnte wie folgt aussehen:

3.23

▼

Muster 3.23: Luxus-Vereinbarung

Verhandelt am

Zu

Vor mir, dem unterzeichnenden Notar im Bezirk des Oberlandesgerichts

erscheinen

1. Herr , geb. am , wohnhaft
2. Frau geb. , geb. am , wohnhaft

ausgewiesen durch .

Die Frage des beurkundenden Notars nach einer Vorbefassung im Sinne von § 3 Abs. 1 Nr. 7 BeurkG wurde von den Erschienenen verneint. Der beurkundende Notar erläuterte die vorgenannte Vorschrift.

Die Erschienenen baten den Notar um die Beurkundung einer

Trennungs- und Unterhaltsvereinbarung

und erklärten vorab:

§ 1 Ausgangslage

Wir sind beide von Geburt an deutsche Staatsangehörige und haben am in die Ehe geschlossen. Aus unserer Ehe ist das am geborene, derzeit also 10 Jahre alte Kind K. hervorgegangen. Es behält einvernehmlich seinen Lebensmittelpunkt bei der Kindesmutter. Kinder aus anderen Verbindungen sind nicht vorhanden.

Wir leben seit dem in verschiedenen Wohnungen voneinander getrennt.

§ 2 Ehegattenunterhalt

1. Der Ersch. zu 1 verpflichtet sich, ab an die Ersch. zu 2 für die Zeit der Trennung einen monatlich, jeweils bis zum 1. eines jeden Monats fälligen Trennungsunterhalt in Höhe von EUR zu zahlen.

2. Bei dieser Vereinbarung gehen die Beteiligten von den folgenden Einkommensverhältnissen aus:

- Einkommen des Ersch. zu 1

- Einkommen der Ersch. zu 2 .

3. Die Vereinbarung zur Zahlung von Trennungsunterhalt ist der Abänderung zugänglich. Die Beteiligten vereinbaren im Falle der Änderung der Einkommens- und Vermögensverhältnisse eine an der getroffenen Vereinbarung orientierte Abänderung. Ergänzend gelten die gesetzlichen Regelungen.

4. Die Ersch. zu 2 verpflichtet sich für die Dauer der Unterhaltsleistung, die nach § 10 Abs. 1 Nr. 1 EStG erforderliche Zustimmung zum begrenzten Realsplitting zu geben. Der Ersch. zu 1 ist verpflichtet, die Ersch. zu 2 von den ihr entstehenden finanziellen Nachteilen freizustellen.

§ 3 Kindesunterhalt

1. Der Ersch. zu 1 verpflichtet sich, für das Kind K einen monatlichen, monatlich im Voraus fälligen Kindesunterhalt in Höhe von 200 % des Mindestbedarfs der jeweils gültigen Düsseldorfer Tabelle gemäß der jeweiligen Altersstufe des Kindes zu bezahlen. Hierauf ist die Hälfte des gesetzlichen Kindergeldes, derzeit 95 EUR bedarfsdeckend anzurechnen, so dass sich aktuell ein monatlicher Unterhaltsbetrag in Höhe von EUR ergibt.

2. Die Festsetzung des Unterhalts erfolgt auf der Grundlage des in § 2 Ziff. 2 der Vereinbarung festgestellten anrechenbaren Nettoeinkommens des Ersch. zu 1. Danach übersteigt das Einkommen des Ersch. zu 1 die höchste Einkommensgruppe der Düsseldorfer Tabelle erheblich. Zur Vermeidung einer konkreten Bedarfsberechnung betr. den Unterhalt unseres gemeinsamen Kindes K vereinbaren wir die Pauschalierung oberhalb der höchsten Einkommensgruppe der Düsseldorfer Tabelle.

§ 4 Vollstreckungsunterwerfung

Wegen der in § 2 und 3 der Vereinbarung eingegangenen Verpflichtung zur Zahlung von Ehegattenunterhalt und Kindesunterhalt unterwerfe ich, der Ersch. zu 1, mich der

sofortigen Zwangsvollstreckung

aus dieser Urkunde in mein Vermögen.

Die Ersch. zu 2 ist berechtigt, sich jederzeit auf einseitigen Antrag auf Kosten des Ersch. zu 1 eine vollstreckbare Ausfertigung dieser Urkunde erteilen zu lassen, ohne dass es hierzu des Nachweises der Fälligkeit oder sonstiger die Vollstreckung begründender Tatsachen bedarf.

§ 5 Hinweise, Durchführung

Der Notar hat die Erschienenen über die Bedeutung, die rechtliche Tragweite, insbesondere die Rechtsfolgen und die Auswirkungen der Unterhaltsvereinbarung abschließend noch einmal ausführlich belehrt. Beide Erschienenen sind sich der Tragweite der getroffenen Vereinbarungen bewusst und wünschen gleichwohl die Beurkundung der Vereinbarung auch unter Inkaufnahme möglicher zukünftig daraus erwachsener Nachteile.

(ggf. weitere abschließende Hinweise/Durchführung)

(Urkundsausgang, Unterschriften)

▲

III. Mehrbedarf des Kindes

1. Grundsätze zum Mehrbedarf/Leitlinien der Oberlandesgerichte

206 Ein Anspruch auf die **Abdeckung eines Mehrbedarfs** besteht, wenn bei einem Kind aufgrund besonderer Umstände zusätzliche Mittel für besondere Aufwendungen benötigt werden, die durch den pauschalierten Unterhalt nach der Düsseldorfer Tabelle nicht abgedeckt werden und deshalb zusätzlich zum Kindesunterhalt geleistet werden müssen.

Es handelt sich bei Mehrbedarf um einen solchen Teil des Lebensbedarfs, der **regelmäßig** – jedenfalls während eines längeren Zeitraums – anfällt, das **Übliche übersteigt**, allerdings **kalkulierbar** ist und deshalb bei der Bemessung des laufenden Unterhaltes berücksichtigt werden kann.[153]

In den **Leitlinien der Oberlandesgerichte** heißt es in **Ziff. 12.4** hierzu:

a) Kammergericht Berlin

207 **12.4 Zusatzbedarf**

Bei Zusatzbedarf (Prozesskostenvorschuss, Mehrbedarf, Sonderbedarf) gilt die beiderseitige Barunterhaltspflicht nach § 1606 Abs. 3 S. 1 BGB (vgl. Nr. 13.3).

b) OLG Brandenburg

208 **12.4 Zusatzbedarf**

Mehrbedarf und Sonderbedarf sind in den Unterhaltsbeträgen nicht enthalten. Insoweit sind grundsätzlich beide Elternteile barunterhaltspflichtig. Nr. 12.3 gilt entsprechend.

c) OLG Braunschweig

209 **12.4** Bei Zusatzbedarf (Prozesskostenvorschuss, Mehrbedarf, Sonderbedarf) gilt § 1606 Abs. 3 S. 1 BGB (vgl. Ziff. 13.3). Kosten für Kindergärten, Kinderkrippen und vergleichbare Betreuungsformen (ohne Verpflegungskosten) sind Mehrbedarf des Kindes.

d) OLG Bremen

210 **12.4** Kosten für Kindergärten und vergleichbare Betreuungseinrichtungen (ohne Verpflegungskosten) sind Mehrbedarf des Kindes.

153 Zur Definition vgl. Kleffmann/Soyka/*Soyka*, Kap. 1, Rn 16.

e) OLG Celle

12.4 Bei Zusatzbedarf (Verfahrenskostenvorschuss, Mehrbedarf, Sonderbedarf) gilt § 1606 Abs. 3 S. 1 BGB (vgl. Ziff. 13.3). Die Kosten für den Kindergarten (ohne Verpflegungskosten) oder vergleichbare Betreuungseinrichtungen sind Mehrbedarf des Kindes.[154] **211**

f) OLG Dresden

12.4 Kosten für Kindergärten und vergleichbare Betreuungseinrichtungen (ohne Verpflegungskosten) sind Mehrbedarf des Kindes, der, wie auch Zusatzbedarf im Übrigen (Prozesskostenvorschuss, Sonderbedarf) gem.§ 1606 Abs. 3 S. 1 BGB nach dem Verhältnis der beiderseitigen Einkünfte zwischen den Eltern aufzuteilen ist (vgl. Nr. 13.3.). **212**

13.3 Bei anteiliger Barunterhaltspflicht ist vor Berechnung des Haftungsanteils nach § 1606 Abs. 3 S. 1 BGB das bereinigte Nettoeinkommen jedes Elternteils gem. Nr. 10 zu ermitteln. Außerdem ist vom Restbetrag ein Sockelbetrag in Höhe des angemessenen Selbstbehaltes (1.300 EUR) abzuziehen.

Der Haftungsanteil nach § 1606 Abs. 3 S. 1 BGB errechnet sich nach der Formel:

> *Rechenbeispiel*
>
> Bereinigtes Nettoeinkommen eines Elternteils (N1 oder N2) abzüglich 1.300 EUR mal (Rest-)Bedarf (R), geteilt durch die Summe der bereinigten Nettoeinkommen beider Eltern (N1 + N2) abzüglich 2.600 EUR (= 1.300 EUR + 1.300 EUR).
>
> Haftungsanteil 1 = (N1 – 1.300 EUR) × R: (N1 + N2 – 2.600 EUR).

Der so ermittelte Haftungsanteil ist auf seine Angemessenheit zu überprüfen und kann bei Vorliegen besonderer Umstände (z.B. behindertes Kind) wertend verändert werden.

Bei volljährigen Schülern, die in § 1603 Abs. 2 S. 2 BGB minderjährigen Kindern gleichgestellt sind, wird der Sockelbetrag bis zum notwendigen Selbstbehalt (880 EUR/1.080 EUR) herabgesetzt, wenn der Bedarf der Kinder andernfalls nicht gedeckt werden kann.

g) OLG Düsseldorf

12.4 Bei Zusatzbedarf (Kostenvorschuss, Mehrbedarf, Sonderbedarf) gilt § 1606 Abs. 3 S. 1 BGB. **213**

h) OLG Frankfurt/M.

12.4 Zusatzbedarf **214**

Bei Zusatzbedarf (Verfahrenskostenvorschuss, Mehrbedarf, Sonderbedarf) gilt § 1606 Abs. 3 S. 1 BGB (vgl. Nr. 13.3). Zum Mehrbedarf des Kindes zählen die Kosten für den Besuch einer Kindertagesstätte (Kinderkrippe, Kindergarten, Schülerhort) abzüglich

154 BGH FamRZ 2009, 962.

des ersparten Verpflegungsmehraufwandes. Schulpaket und Bildungspaket ergeben keinen Zusatzbedarf.

i) OLG Hamburg

215 **12.4** Bei Zusatzbedarf (Kostenvorschuss, Mehrbedarf, Sonderbedarf) gilt § 1606 Abs. 3 S. 1 BGB. Zum Mehrbedarf des Kindes zählen die Kosten für den Besuch einer Kindertagesstätte (Kinderkrippe, Kindergarten, Schülerhort) abzüglich des ersparten Verpflegungsmehraufwandes.

j) OLG Hamm

216 **12.4** Bei Zusatzbedarf (Verfahrenskostenvorschuss, Mehrbedarf, Sonderbedarf) haften die Eltern grundsätzlich anteilig nach ihren Erwerbs- und Vermögensverhältnissen unter Wahrung ihres Selbstbehalts (vgl. Nr. 13.3.2). Zum Mehrbedarf des Kindes zählen die Kindergartenkosten.

k) OLG Jena

217 **12. Minderjährige Kinder**

Der Betreuungsunterhalt i.S.d. § 1606 Abs. 3 S. 2 BGB entspricht wertmäßig in der Regel dem vollen Barunterhalt.

l) OLG Koblenz

218 **12.4** Bei Zusatzbedarf (Prozesskostenvorschuss, Mehrbedarf, Sonderbedarf) haften die Eltern anteilig nach ihren Erwerbs- und Vermögensverhältnissen (§ 1606 Abs. 3 S. 1 BGB).

m) OLG Köln

219 **12.4** Zusatzbedarf

Bei Zusatzbedarf (Prozess-/Verfahrenskostenvorschuss, Mehrbedarf, Sonderbedarf) gilt § 1606 Abs. 3 S. 1 BGB(vgl. Nr. 13.3). Beiträge für Kindereinrichtungen stellen mit Ausnahme der Verpflegungskosten ebenfalls Mehrbedarf des Kindes dar.[155]

n) OLG Naumburg

220 **12.4** Zusatzbedarf

Bei Zusatzbedarf (Prozesskostenvorschuss, Mehrbedarf, Sonderbedarf) gilt § 1606 Abs. 3 S. 1 BGB (s. Nr. 13.3).

o) OLG Oldenburg

221 **12.4** Die Tabellensätze berücksichtigen keinen vom Normalfall abweichenden erhöhten Bedarf und Sonderbedarf (§ 1613 abs. 2 Nr. 1 BGB). Hierzu gehören die berücksichti-

155 BGH, Urt. v. 26.11.2008 – 65/07, FamRZ 2009, 962.

gungsfähigen Aufwendungen für den Besuch von Kindergärten und vergleichbare Betreuungsformen. Soweit die Aufwendungen das hälftige Kindergeld (s. Ziff. 14) übersteigen, sind sie entsprechend Ziff. 12.3 Abs. 2 von beiden Eltern zu tragen.

p) OLG Rostock

12.4 Bei Zusatzbedarf (Verfahrens-/Prozesskostenvorschuss, Mehrbedarf, Sonderbedarf) gilt § 1606 Abs. 3 S. 1 BGB. Die Kosten für den Kindergarten (ohne Verpflegungskosten) oder vergleichbare Betreuungseinrichtungen sind Mehrbedarf des Kindes.

q) OLG Saarbrücken

Gesamttext der Leitlinien: **222**

Unterhaltsrechtliche Leitlinien der Senate für Familiensachen bei dem Saarländischen Oberlandesgericht (Stand: 1.1.2015)

Die Senate für Familiensachen bei dem Saarländischen Oberlandesgericht werden die ab 1.1.2015 geltende Düsseldorfer Tabelle in der bisherigen Weise als Orientierungshilfe benutzen.

Der Selbstbehalt des Unterhaltsverpflichteten beträgt

- gegenüber minderjährigen Kindern und gegenüber volljährigen unverheirateten Kindern bis zur Vollendung des 21. Lebensjahres, die im Haushalt der Eltern oder eines Elternteils leben und sich in der allgemeinen Schulausbildung befinden
  - für Erwerbstätige 1.080 EUR
  - für Nichterwerbstätige 880 EUR
- gegenüber anderen volljährigen Kindern generell 1.300 EUR
- gegenüber dem getrennt lebenden und dem geschiedenen Ehegatten oder der Mutter/dem Vater eines nichtehelichen Kindes unabhängig davon, ob erwerbstätig oder nicht erwerbstätig 1.200 EUR
- gegenüber Eltern mindestens 1.800 EUR.

r) OLG Schleswig

12.4 Zusätzlichen Bedarf eines minderjährigen Kindes (z.B. Prozesskostenvorschuss, Mehrbedarf, Sonderbedarf) haben beide Eltern entsprechend ihren Erwerbs- und Vermögensverhältnissen zu decken (§ 1606 Abs. 3 S. 1 BGB). **223**

s) Süddeutsche Leitlinien

12.4 Kosten für Kindergärten und vergleichbare Betreuungsformen (ohne Verpflegungskosten) sind Mehrbedarf des Kindes. Bei Zusatzbedarf (Prozesskostenvorschuss, Mehrbedarf, Sonderbedarf) gilt § 1606 Abs. 3 S. 1 BGB (vgl. Nr. 13.3). **224**

13.3 Bei anteiliger Barunterhaltspflicht ist vor Berechnung des Haftungsanteils nach § 1606 Abs. 3 S. 1 BGB das bereinigte Nettoeinkommen jedes Elternteils gem. Nr. 10 zu ermitteln.

Außerdem ist vom Restbetrag ein Sockelbetrag in Höhe des angemessenen Selbstbehalts (1.300 EUR) abzuziehen.

Der Haftungsanteil nach § 1606 Abs. 3 S. 1 BGB errechnet sich nach der Formel:

225 *Rechenbeispiel*

Bereinigtes Nettoeinkommen eines Elternteils (N1 oder N2) abzüglich 1.300 EUR mal (Rest-)Bedarf (R), geteilt durch die Summe der bereinigten Nettoeinkommen beider Eltern (N1 + N2) abzüglich 2.600 (=1.300 + 1.300) EUR. Haftungsanteil 1 = (N1 − 1.300) × R : (N1 + N2 − 2.600).

226 Der so ermittelte Haftungsanteil ist auf seine Angemessenheit zu überprüfen und kann bei Vorliegen besonderer Umstände (z.B. behindertes Kind) wertend verändert werden.

Bei volljährigen Schülern, die in § 1603 Abs. 2 S. 2 BGB minderjährigen Kindern gleichgestellt sind, wird der Sockelbetrag bis zum notwendigen Selbstbehalt (880 EUR/1.080 EUR) herabgesetzt, wenn der Bedarf der Kinder andernfalls nicht gedeckt werden kann.

227 **Mehrbedarf** grenzt sich von **Sonderbedarf** dadurch ab, dass letzterer einen **unregelmäßigen außergewöhnlichen hohen Bedarf** darstellt, der **nicht mit Wahrscheinlichkeit vorauszusehen** war und deshalb bei der Bemessung des laufenden Unterhalts nicht berücksichtigt werden konnte. Eine Eingruppierung als Sonderbedarf scheidet damit schon aus, wenn die zusätzlichen Kosten **mit Wahrscheinlichkeit vorauszusehen** waren.[156]

228 **Einzelfälle:**

- Kosten der **Konfirmation** oder Kommunion sind **kein Sonderbedarf**, so der **BGH**, sondern **Mehrbedarf**, da die Kosten mit Beginn des entsprechenden Unterrichts voraussehbar waren;[157] Nach **anderer Ansicht**, der zuzustimmen ist, können solche Kosten durchaus Sonderbedarf sein. Dies ist vor allem dann der Fall, wenn die laufende Unterhaltsrente so niedrig ist, dass sie die Bildung ausreichender Rücklagen von vornherein nicht erlaubt.[158]
- eine **Brille** stellt keinen Sonderbedarf dar, wenn absehbar war, dass diese benötigt werde;
- die **Erstausstattung eines Säuglings** ist Sonderbedarf im Sinne des § 1613 Abs. 2 S. 1 Nr. 1 BGB;[159]
- **ärztliche Behandlungskosten** größeren Umfangs sind Sonderbedarf;[160]

156 Ausführlich Roßmann/Viefhues/*Viefhues,* Rn 594 ff.

157 Str; so BGH FamRZ 2006, 612 mit krit. Anm. *Luthin;* vgl. Wendl/*Scholz,* § 6 Rn 16 m.w.N.

158 So auch Wendl/*Scholz,* § 6 Rn 4 und Rn 16.

159 Roßmann/Viefhues/*Viefhues,* Rn 600.

160 BGH FamRZ 1992, 291.

- eine plötzlich notwendige **Zahnbehandlung** ist Sonderbedarf, die lang andauernde kieferorthopädische Behandlung möglicherweise aber ebenfalls;[161]
- Kosten des **Nachhilfeunterrichts** sind dann Sonderbedarf, wenn sie überraschend oder nur vorübergehend anfallen.[162]

Die **regelmäßigen zusätzlichen Aufwendungen** aufgrund besonderer Umstände, also **Mehrbedarf**, können sein: 229

- Krankheitsmehrbedarf,
- ausbildungsbedingter Mehrbedarf des Kindes,
- Krankheitsvorsorgeunterhalt des Berechtigten nach §§ 1578 Abs. 2, 1361 Abs. 1 BGB.

Ergibt sich aus **gesundheitlichen Gründen** beim Kind ein Mehrbedarf, kann dieser nach den Grundsätzen für den **ausbildungsbedingten Mehrbedarf** geltend gemacht werden, sofern er konkret dargelegt und bewiesen wird.

Zuerkannt wird ausschließlich, was „**medizinisch notwendig**" ist.

Beispiel 230

Bei Erkrankung an Diabetes unterscheiden Gerichte bei der Verwendung von Nahrungsmitteln danach, ob diese wirklich medizinisch notwendig sind. So ist z.B. die Verwendung von Reformhausprodukten dem „Lifestyle" zuzurechnen.[163]

Anerkannt wurde Mehrbedarf bei Darlegung der Notwendigkeit u.a. **in folgenden Fällen**:

- Fahrtkosten bei Behinderung[164]
- Energiekosten[165]
- Krankenversicherung[166]
- Lebenshaltungskosten[167]
- Medikamente[168]
- Umzugskosten[169]
- Versicherungen.[170]

161 Str.: so OLG Celle OLGR 2008, 241; OLG Düsseldorf ZFE 2003, 348; a.A. Roßmann/Viefhues/*Viefhues*, Rn 600.
162 OLG Köln FamRZ 1999, 531.
163 OLG Düsseldorf, FamRZ 2002, 751.
164 BGH FamRZ 1988, 921, 923.
165 BGH FamRZ 1988, 921, 923.
166 BGH FamRZ 1991, 414, 415.
167 OLG Düsseldorf NJW 1990, 2695.
168 OLG Hamm FamRZ 1999, 1349.
169 OLG Köln FamRZ 1986, 163.
170 BGH FamRZ 1988, 921, 924.

231 Der Mehrbedarf ist insgesamt **konkret darzulegen** und im Einzelfall vom Tatrichter zu ermitteln.[171]

Mehrbedarf ist grundsätzlich **konkret darzulegen und zu beweisen**. Der Bedürftige, der den Mehrbedarf geltend macht, ist beweispflichtig. Die angemessene Höhe kann aber auch einer Schätzung nach § 287 Abs. 2 ZPO unterliegen.[172] Eine Schätzung spielt aber nur dann eine Rolle, wenn es dem betroffenen Kind nicht zumutbar ist, seine besonderen Aufwendungen in allen Einzelheiten spezifiziert darzulegen.[173]

2. Mögliche Vereinbarungen zum Mehrbedarf

232 Über die Kosten eines Mehrbedarfs können sich Beteiligte sowohl **konkret nach den Aufwendungen als auch pauschal mit monatlichen Beträgen** einigen.

Die **konkrete Einigung auf anfallende Kosten** birgt für den Unterhaltspflichtigen das Problem, nicht sicher mit bestimmten Kosten rechnen zu können.

Hier ist man auf eine **pauschalierende Verfahrensweise** angewiesen, die dann am Ende eines Kalenderjahres überprüft werden kann.

233 Eine mögliche konkrete Einigung könnte wie folgt aussehen:

3.24

▼

Muster 3.24: Vereinbarung zum Ausgleich konkreten Mehrbedarfs

Verhandelt am

Zu

Vor mir, dem unterzeichnenden Notar im Bezirk des Oberlandesgerichts

erscheinen

1. Herr , geb. am , wohnhaft

2. Frau geb. , geb. am , wohnhaft

ausgewiesen durch .

Die Frage des beurkundenden Notars nach einer Vorbefassung im Sinne von § 3 Abs. 1 Nr. 7 BeurkG wurde von den Erschienenen verneint. Der beurkundende Notar erläuterte die vorgenannte Vorschrift.

171 BGH FamRZ 1990, 1085, 1088.
172 BGH FamRZ 1981, 338.
173 BGH FamRZ 1981, 338.

Die Erschienenen baten den Notar um die Beurkundung einer

Trennungs- und Unterhaltsvereinbarung

und erklärten vorab:

§ 1 Ausgangslage

Wir sind beide von Geburt an deutsche Staatsangehörige und haben am in die Ehe geschlossen. Aus unserer Ehe ist das am geborene, derzeit also 10 Jahre alte Kind K. hervorgegangen. Es behält einvernehmlich seinen Lebensmittelpunkt bei der Kindesmutter. Kinder aus anderen Verbindungen sind nicht vorhanden.

Wir leben seit dem in verschiedenen Wohnungen voneinander getrennt.

§ 2 Ehegattenunterhalt

1. Der Ersch. zu 1 verpflichtet sich, ab an die Ersch. zu 2 für die Zeit der Trennung einen monatlich, jeweils bis zum 1. eines jeden Monats fälligen Trennungsunterhalt in Höhe von EUR zu zahlen.

2. Bei dieser Vereinbarung gehen die Beteiligten von den folgenden Einkommensverhältnissen aus:

- Einkommen des Ersch. zu 1
- Einkommen der Ersch. zu 2 .

3. Die Vereinbarung zur Zahlung von Trennungsunterhalt ist der Abänderung zugänglich. Die Beteiligten vereinbaren im Falle der Änderung der Einkommens- und Vermögensverhältnisse eine an der getroffenen Vereinbarung orientierte Abänderung. Ergänzend gelten die gesetzlichen Regelungen.

4. Die Ersch. zu 2 verpflichtet sich für die Dauer der Unterhaltsleistung, die nach § 10 Abs. 1 Nr. 1 EStG erforderliche Zustimmung zum begrenzten Realsplitting zu geben. Der Ersch. zu 1 ist verpflichtet, die Ersch. zu 2 von den ihr entstehenden finanziellen Nachteilen freizustellen.

§ 3 Kindesunterhalt

1. Der Ersch. zu 1 verpflichtet sich, für das Kind K zu Händen der Ersch. zu 2 einen monatlichen, jeweils bis zum 1. eines jeden Monats im Voraus fälligen Kindesunterhalt in Höhe von % des Mindestbedarfs der jeweils gültigen Düsseldorfer Tabelle gemäß der jeweiligen Altersstufe des Kindes zu bezahlen. Hierauf ist die Hälfte des gesetzlichen Kindergeldes, derzeit 95 EUR bedarfsdeckend anzurechnen, so dass sich aktuell ein monatlicher Unterhaltsbetrag in Höhe von EUR ergibt.

2. Im Zahlungsbetrag zu Ziff. 1 ist der krankheitsbedingte Mehrbedarf des gemeinsamen Kindes K der Beteiligten (Diabetes) nicht enthalten. Dieser wird vom Ersch. zu 1 auf Nach-

weis der Ersch. zu 2 jeweils unverzüglich ausgeglichen. Die Beteiligten schätzen den Mehrbedarf auf einen Betrag von rd. 75 EUR monatlich. Der Ersch. zu 1 verpflichtet sich, zu Händen der Ersch. zu 2 zusätzlich zum Kindesunterhalt monatlich jeweils im Voraus 75 EUR für krankheitsbedingte Aufwendungen des Kindes zu zahlen Wir sind darüber einig, dass nach Ablauf des Kalenderjahres auf der Grundlage des konkret angefallenen Mehrbedarfs eine Neuberechnung des für das Folgejahr zugrunde zu legenden Pauschalbetrages vorgenommen wird. Die Nebenrechnung wird in gleicher Weise jeweils für die Folgejahre vorgenommen.

§ 4 Vollstreckungsunterwerfung

Wegen der in § 2 und 3 der Vereinbarung eingegangenen Verpflichtung zur Zahlung von Ehegattenunterhalt und Kindesunterhalt sowie Mehrbedarf unterwerfe ich, der Ersch. zu 1, mich der

sofortigen Zwangsvollstreckung

aus dieser Urkunde in mein Vermögen.

Die Ersch. zu 2 ist berechtigt, sich jederzeit auf einseitigen Antrag auf Kosten des Ersch. zu 1 eine vollstreckbare Ausfertigung dieser Urkunde erteilen zu lassen, ohne dass es hierzu des Nachweises der Fälligkeit oder sonstiger die Vollstreckung begründender Tatsachen bedarf.

§ 5 Hinweise, Durchführung

Der Notar hat die Erschienenen über die Bedeutung, die rechtliche Tragweite, insbesondere die Rechtsfolgen und die Auswirkungen der Unterhaltsvereinbarung abschließend noch einmal ausführlich belehrt. Beide Erschienenen sind sich der Tragweite der getroffenen Vereinbarungen bewusst und wünschen gleichwohl die Beurkundung der Vereinbarung auch unter Inkaufnahme möglicher zukünftig daraus erwachsener Nachteile.

(ggf. weitere abschließende Hinweise/Durchführung)

(Urkundsausgang, Unterschriften)

▲

234 Um aufwändige Auseinandersetzungen über die Frage, was zu den Mehraufwendungen zählt und was einem ggf. gehobenen „Lifestyle zugerechnet werden muss, können Beteiligte sich **sinnvollerweise auf eine Pauschalierung** einigen.

235 Diese könnte wie folgt formuliert werden:

3.25

▼

Muster 3.25: Vereinbarung über pauschalierten Mehrbedarf

Verhandelt am ___

Zu ___

Vor mir, dem unterzeichnenden Notar im Bezirk des Oberlandesgerichts ___ ___

erscheinen

1. Herr ___, geb. am ___, wohnhaft ___

2. Frau ___ geb. ___, geb. am ___, wohnhaft ___

ausgewiesen durch ___.

Die Frage des beurkundenden Notars nach einer Vorbefassung im Sinne von § 3 Abs. 1 Nr. 7 BeurkG wurde von den Erschienenen verneint. Der beurkundende Notar erläuterte die vorgenannte Vorschrift.

Die Erschienenen baten den Notar um die Beurkundung einer

Trennungs- und Unterhaltsvereinbarung

und erklärten vorab:

§ 1 Ausgangslage

Wir sind beide von Geburt an deutsche Staatsangehörige und haben am ___ in ___ die Ehe geschlossen. Aus unserer Ehe ist das am ___ geborene, derzeit also 10 Jahre alte Kind K. hervorgegangen. Es behält einvernehmlich seinen Lebensmittelpunkt bei der Kindesmutter. Kinder aus anderen Verbindungen sind nicht vorhanden.

Wir leben seit dem ___ in verschiedenen Wohnungen voneinander getrennt.

§ 2 Ehegattenunterhalt

1. Der Ersch. zu 1 verpflichtet sich, ab ___ an die Ersch. zu 2 für die Zeit der Trennung einen monatlich, jeweils bis zum 1. eines jeden Monats fälligen Trennungsunterhalt in Höhe von ___ EUR zu zahlen.

2. Bei dieser Vereinbarung gehen die Beteiligten von den folgenden Einkommensverhältnissen aus:

- Einkommen des Ersch. zu 1 ___
- Einkommen der Ersch. zu 2 ___.

3. Die Vereinbarung zur Zahlung von Trennungsunterhalt ist der Abänderung zugänglich. Die Beteiligten vereinbaren im Falle der Änderung der Einkommens- und Vermögensverhältnisse eine an der getroffenen Vereinbarung orientierte Abänderung. Ergänzend gelten die gesetzlichen Regelungen.

4. Die Ersch. zu 2 verpflichtet sich für die Dauer der Unterhaltsleistung, die nach § 10 Abs. 1 Nr. 1 EStG erforderliche Zustimmung zum begrenzten Realsplitting zu geben.

Der Ersch. zu 1 ist verpflichtet, die Ersch. zu 2 von den ihr entstehenden finanziellen Nachteilen freizustellen.

§ 3 Kindesunterhalt

1. Der Ersch. zu 1 verpflichtet sich, für das Kind K zu Händen der Ersch. zu 2 einen monatlichen, jeweils bis zum 1. eines jeden Monats im Voraus fälligen Kindesunterhalt in Höhe von % des Mindestbedarfs der jeweils gültigen Düsseldorfer Tabelle gemäß der jeweiligen Altersstufe des Kindes zu bezahlen. Hierauf ist die Hälfte des gesetzlichen Kindergeldes, derzeit 95 EUR bedarfsdeckend anzurechnen, so dass sich aktuell ein monatlicher Unterhaltsbetrag in Höhe von EUR ergibt.

2. Im Zahlungsbetrag zu Ziff. 1 ist der krankheitsbedingte Mehrbedarf des gemeinsamen Kindes K der Beteiligten (Diabetes) nicht enthalten. Die Beteiligten schätzen den Mehrbedarf auf einen Betrag von 75 EUR monatlich. Zur Vermeidung konkreter Darlegung einigen sich die Beteiligten auf der Grundlage ihrer gemeinsamen Erfahrungen mit der Erkrankung des Kindes auf die zusätzliche Zahlung des vorgenannten Betrages durch den Ersch. zu 1 wie folgt.

3. Der Ersch. zu 1 verpflichtet sich, zu Händen der Ersch. zu 2 zusätzlich zum Kindesunterhalt monatlich jeweils im Voraus 75 EUR für krankheitsbedingte Aufwendungen des Kindes zu zahlen.

4. Die Beteiligten gehen bei der Vereinbarung davon aus, dass mit dem Betrag für Mehrbedarf sämtliche für das Kind der Erschienenen insoweit entstehenden Kosten ausgeglichen werden können. Soweit dies nicht der Fall ist, verzichten die Beteiligten vorsorglich auf weitere Ansprüche wegen Mehrbedarfs und nehmen den Verzicht wechselseitig an.

§ 4 Vollstreckungsunterwerfung

Wegen der in § 2 und 3 der Vereinbarung eingegangenen Verpflichtung zur Zahlung von Ehegattenunterhalt und Kindesunterhalt sowie Mehrbedarf unterwerfe ich, der Ersch. zu 1, mich der

sofortigen Zwangsvollstreckung

aus dieser Urkunde in mein Vermögen.

Die Ersch. zu 2 ist berechtigt, sich jederzeit auf einseitigen Antrag auf Kosten des Ersch. zu 1 eine vollstreckbare Ausfertigung dieser Urkunde erteilen zu lassen, ohne dass es hierzu des Nachweises der Fälligkeit oder sonstiger die Vollstreckung begründender Tatsachen bedarf.

§ 5 Hinweise, Durchführung

Der Notar hat die Erschienenen über die Bedeutung, die rechtliche Tragweite, insbesondere die Rechtsfolgen und die Auswirkungen der Unterhaltsvereinbarung abschließend

noch einmal ausführlich belehrt. Beide Erschienenen sind sich der Tragweite der getroffenen Vereinbarungen bewusst und wünschen gleichwohl die Beurkundung der Vereinbarung auch unter Inkaufnahme möglicher zukünftig daraus erwachsener Nachteile.

(ggf. weitere abschließende Hinweise/Durchführung)

(Urkundsausgang, Unterschriften)

▲

IV. Sonderbedarf des Kindes

1. Grundsätze zum Sonderbedarf

Sonderbedarf ist im Gegensatz zum regelmäßigen Mehrbedarf aufgrund besonderer Um- 236
stände wie beispielsweise Krankheit ein unregelmäßiger, außerordentlich hoher Bedarf, der nicht auf Dauer besteht und deshalb zu einem einmaligen, mindestens zeitlich begrenzten Ausgleich neben dem regelmäßig geschuldeten Barunterhalt führen kann.[174]

Voraussetzung für eine Feststellung des Bedarfs als **Sonderbedarf** ist also, dass es sich um einen

- unregelmäßigen
- außergewöhnlich hohen Bedarf handelt, wobei
- eine angemessene Lastenverteilung gewahrt bleiben muss.

Regelmäßig außergewöhnlich hoher Bedarf, z.B. wegen Behinderung und unregel- 237
mäßiger, nicht außergewöhnlich hoher Bedarf, beispielsweise für Unterrichtsmaterialien zum Schuljahresbeginn, gehören **nicht** dazu.

Nach Rechtsprechung des **BGH**[175] muss ein solcher Bedarf **überraschend** auftreten und der Höhe nach nicht abschätzbar sein.

An den **überraschenden Auftritt und der fehlenden Abschätzbarkeit** dürfen allerdings nicht zu hohe Anforderungen gestellt werden.[176]

Sonderbedarf ist danach die 238

- in einem konkreten Einzelfall auftretende Bedarfserhöhung,
- die von der sonstigen Bemessung des laufenden Unterhalts nicht erfasst wird.

Im **Einzelfall** ist zu entscheiden, **ob und in welcher Höhe** dem Berechtigten zugemutet 239
werden kann, den Sonderbedarf selbst zu bestreiten.[177]

174 So die Definition von Wendl/Dose/*Klinkhamer*, § 2 Rn 237.
175 BGH FamRZ 1982, 145; 2006, 612 m. Anm. *Luthin*.
176 Vgl. Johannsen/Henrich/*Graba*, § 1613 Rn 12.
177 BGH FamRZ 1982, 145.

2. Mögliche Vereinbarungen zum Sonderbedarf

240 Vereinbarungen über Sonderbedarf werden nur in seltenen Fällen in Betracht kommen, da ein Merkmal des Sonderbedarfs gerade das überraschende Auftreten solcher Kosten darstellt.

Eine Vereinbarung erscheint dort sinnvoll, wo die Folgen eines überraschenden Ereignisses, beispielsweise eines Unfalls, mit Folgekosten, etwa **Operationskosten** verbunden sind, die von der Krankenkasse nicht getragen werden.[178]

Eine Einigung hierüber könnte wie folgt formuliert sein, wobei sie nur **ausnahmsweise in einer notariellen Vereinbarung** eingebettet sein wird. Steht aber die Einigung im Übrigen an, kann die Zahlungsverpflichtung hinsichtlich des Sonderbedarfs mit einer **Zwangsvollstreckungsmöglichkeit** versehen werden, um den Anspruchs im Streitfall nicht noch gerichtlich durchsetzen zu müssen.

3.26 ▼

241 **Muster 3.26: Vereinbarung zum Sonderbedarf**

Verhandelt am ___

Zu ___

Vor mir, dem unterzeichnenden Notar im Bezirk des Oberlandesgerichts ___

___

erscheinen

1. Herr ___, geb. am ___, wohnhaft ___

2. Frau ___ geb. ___, geb. am ___, wohnhaft ___
ausgewiesen durch ___.

Die Frage des beurkundenden Notars nach einer Vorbefassung im Sinne von § 3 Abs. 1 Nr. 7 BeurkG wurde von den Erschienenen verneint. Der beurkundende Notar erläuterte die vorgenannte Vorschrift.

Die Erschienenen baten den Notar um die Beurkundung einer

Trennungs- und Unterhaltsvereinbarung

und erklärten vorab:

§ 1 Ausgangslage

Wir sind beide von Geburt an deutsche Staatsangehörige und haben am ___ in ___ die Ehe geschlossen. Aus unserer Ehe ist das am ___ geborene, derzeit

178 BGH FamRZ 2006, 612 m. Anm. *Luthin.*

also 10 Jahre alte Kind K. hervorgegangen. Es behält einvernehmlich seinen Lebensmittelpunkt bei der Kindesmutter. Kinder aus anderen Verbindungen sind nicht vorhanden.

Wir leben seit dem in verschiedenen Wohnungen voneinander getrennt.

§ 2 Ehegattenunterhalt

1. Der Ersch. zu 1 verpflichtet sich, ab an die Ersch. zu 2 für die Zeit der Trennung einen monatlich, jeweils bis zum 1. eines jeden Monats fälligen Trennungsunterhalt in Höhe von EUR zu zahlen.

2. Bei dieser Vereinbarung gehen die Beteiligten von den folgenden Einkommensverhältnissen aus:

- Einkommen des Ersch. zu 1
- Einkommen der Ersch. zu 2 .

3. Die Vereinbarung zur Zahlung von Trennungsunterhalt ist der Abänderung zugänglich. Die Beteiligten vereinbaren im Falle der Änderung der Einkommens- und Vermögensverhältnisse eine an der getroffenen Vereinbarung orientierte Abänderung. Ergänzend gelten die gesetzlichen Regelungen.

4. Die Ersch. zu 2 verpflichtet sich für die Dauer der Unterhaltsleistung, die nach § 10 Abs. 1 Nr. 1 EStG erforderliche Zustimmung zum begrenzten Realsplitting zu geben. Der Ersch. zu 1 ist verpflichtet, die Ersch. zu 2 von den ihr entstehenden finanziellen Nachteilen freizustellen.

§ 3 Kindesunterhalt

1. Der Ersch. zu 1 verpflichtet sich, für das Kind K zu Händen der Ersch. zu 2 einen monatlichen, jeweils bis zum 1. eines jeden Monats im Voraus fälligen Kindesunterhalt in Höhe von % des Mindestbedarfs der jeweils gültigen Düsseldorfer Tabelle gemäß der jeweiligen Altersstufe des Kindes zu bezahlen. Hierauf ist die Hälfte des gesetzlichen Kindergeldes, derzeit 95 EUR bedarfsdeckend anzurechnen, so dass sich aktuell ein monatlicher Unterhaltsbetrag in Höhe von EUR ergibt.

§ 4 Sonderbedarf

1. Unser Kind hat vor Wochen einen Verkehrsunfall erlitten und unter anderem erhebliche Verletzungen im Gesicht davongetragen. Wir sind von den behandelnden Ärzten darauf hingewiesen worden, dass anstehende, sinnvolle operative Korrekturen im Gesichtsfeld des Kindes nicht von der Krankenkasse getragen werden. Das Krankenhaus hat in einem Kostenvoranschlag den Betrag von EUR für die Operation und die Folgekosten genannt.

2. Die Erschienenen sind darüber einig, die Operation und die dazu erforderliche Nachbehandlung auf eigene Kosten durchführen zu lassen. Der Ersch. zu 1 verpflichtet sich,

75 % der Kosten, die nicht von der Krankenkasse übernommen werden, zu zahlen. 25 % trägt die Ersch. zu 2.

3. Der Ersch. zu 1 verpflichtet sich, zu Händen der Ersch. zu 2 bis spätestens zum insoweit einen Kostenvorschuss in Höhe von EUR zu zahlen. Die Ersch. zu 2 wird unaufgefordert eine Abrechnung zum Ende der Behandlung vornehmen.

§ 4 Vollstreckungsunterwerfung

Wegen der in § 2, 3 und 4 der Vereinbarung eingegangenen Verpflichtung zur Zahlung von Ehegattenunterhalt und Kindesunterhalt sowie Sonderbedarf unterwerfe ich, der Ersch. zu 1, mich der

sofortigen Zwangsvollstreckung

aus dieser Urkunde in mein Vermögen.

Die Ersch. zu 2 ist berechtigt, sich jederzeit auf einseitigen Antrag auf Kosten des Ersch. zu 1 eine vollstreckbare Ausfertigung dieser Urkunde erteilen zu lassen, ohne dass es hierzu des Nachweises der Fälligkeit oder sonstiger die Vollstreckung begründender Tatsachen bedarf.

§ 5 Hinweise, Durchführung

Der Notar hat die Erschienenen über die Bedeutung, die rechtliche Tragweite, insbesondere die Rechtsfolgen und die Auswirkungen der Unterhaltsvereinbarung abschließend noch einmal ausführlich belehrt. Beide Erschienenen sind sich der Tragweite der getroffenen Vereinbarungen bewusst und wünschen gleichwohl die Beurkundung der Vereinbarung auch unter Inkaufnahme möglicher zukünftig daraus erwachsener Nachteile.

(ggf. weitere abschließende Hinweise/Durchführung)

(Urkundsausgang, Unterschriften)

▲

G. Die Leistungsfähigkeit des Unterhaltsschuldners

242 Leistungsfähig nach **§ 1603 Abs. 1 BGB** ist, wer **bei Berücksichtigung seiner sonstigen Verpflichtungen im Stande** ist, ohne Gefährdung seines angemessenen Unterhalts den Unterhalt zu gewähren. Gem. § 1603 Abs. 2 BGB müssen Eltern hierfür gegenüber ihren minderjährigen unverheirateten Kindern alle verfügbaren Mittel einsetzen. Dasselbe gilt gem. § 1603 Abs. 2 S. 2 BGB für volljährige unverheiratete Kinder bis zur Vollendung des 21. Lebensjahres, wenn sie sich einer allgemeinen Schulausbildung befinden.

Außer Stande, Unterhalt zu zahlen, ist derjenige, dem es unter den genannten Voraussetzungen nicht möglich ist, zum Unterhalt seines Kindes beizutragen.

I. Die Einkünfte des Unterhaltspflichtigen

Maßgebend für die Beurteilung ist das **gesamte Einkommen des Schuldners**, soweit es für den Unterhalt des Kindes zur Verfügung steht. Nicht zur Verfügung steht es, wenn ein **Dritter freiwillig** an den Unterhaltsschuldner Leistungen erbringt mit dem ausdrücklichen Willen, die Zuwendung dem Betroffenen zukommen zu lassen, ohne dass dies auf dessen Unterhaltsverpflichtungen Einfluss nehmen soll.[179] Solche Zuwendungen können Geldgeschenke sein, seien sie einmaliger oder regelmäßiger Natur oder Sach- bzw. Naturalleistungen wie unentgeltliche Wohnungsgewährung, Verköstigung etc.[180] **243**

In Ausnahmefällen sind auch sog. **fiktive Einkünfte** anrechenbar. Dies ist dann der Fall, wenn der Unterhaltsschuldner durch **244**

verantwortungsloses, zumindest leichtfertiges und unterhaltsbezogenes Verhalten[181]

seine Leistungsunfähigkeit selbst schuldhaft herbeigeführt hat. An die Möglichkeit, fiktive Einkünfte anzusetzen, sind allerdings dadurch erhebliche Anforderungen gestellt, dass die von der Rechtsprechung verlangte „Leichtfertigkeit“ eine **bewusste Fahrlässigkeit** beinhaltet.

Danach muss der Unterhaltsschuldner zumindest im Bewusstsein der Möglichkeit seiner aus dem Verhalten resultierenden Leistungsunfähigkeit gehandelt haben. Zu Recht weist in diesem Zusammenhang allerdings *Klinkhammer*[182] darauf hin, dass etwa bei **schwerer vorsätzlicher Straftat** ein solches Bewusstsein nicht unbedingt zu fordern ist. **245**

Ist etwa der Kindesvater wegen sexuellen Missbrauchs seines Kindes inhaftiert worden, kann es nicht darauf ankommen, ob sich der Betroffene über seine unterhaltsrechtliche Leistungsfähigkeit Gedanken gemacht hat. Es reicht aus, dass der Vater sich **bewusst der Einsicht verschlossen** hat, dass seine Straftat Sanktionen nach sich ziehen wird. Er wird sich, so zu Recht *Klinkhammer*,[183] gegenüber dem Kind und im Übrigen auch gegenüber der Kindesmutter als leistungsfähig behandeln lassen müssen.
Zu **fiktiven Einkünften** können **folgende Fallgruppen** unterschieden werden:

179 BGH FamRZ 1995, 537; 1993, 417.
180 OLG Hamm FamRZ 1999, 166.
181 BGH FamRZ 2000, 815; 1994, 240; OLG Düsseldorf FamRZ 1994, 1049.
182 Wendl/Dose/*Klinkhammer*, § 2 Rn 243.
183 Wendl/Dose/*Klinkhammer*, § 2 Rn 243.

1. Unterlassene zumutbare Erwerbstätigkeit

246 Ein Unterhaltsschuldner muss sich um Arbeitstätigkeit bemühen.[184] Unterlässt der Unterhaltsverpflichtete seine Erwerbsbemühungen, hat er sich fiktive Einkünfte, orientiert an dem zuletzt erzielten Einkommen, anrechnen zu lassen.[185]

2. Aufgabe des Arbeitsverhältnisses wegen Kinderbetreuung

247 Es ist im Einzelfall zu prüfen, ob hier die Rücksicht auf zu betreuende Kinder oder die Rücksichtnahme auf die Unterhaltsverpflichtung gegenüber Kindern überwiegen.[186]

3. Wechsel des Arbeitsplatzes

248 Wird ohne vernünftigen Grund der Arbeitsplatz oder aber auch der Beruf gewechselt und führt dies zu einer nicht unerheblichen Minderung des zuvor verfügbaren Einkommens, ist die entsprechende Einkommensdifferenz als fiktives Einkommen anzurechnen.[187]

4. Aufgabe nicht selbstständiger Erwerbstätigkeit

249 Wird ein Arbeitsverhältnis einverständlich aufgelöst oder aufgrund eigener Kündigung des Arbeitnehmers beendet, **ohne dass ein entsprechender anderweitiger Arbeitsplatz** zur Verfügung steht, ist grundsätzlich von unterhaltsbezogener Leichtfertigkeit auszugehen, sodass fiktive Einkünfte anzurechnen sind.[188] Dasselbe gilt bei Aufgabe des Arbeitsplatzes mit dem Ziel der Aufnahme einer selbstständigen Tätigkeit. Ist dies mit erheblichen Einkommenseinbußen verbunden, kann der Schritt erst dann gewählt werden, wenn die Unterhaltspflichten sichergestellt sind.[189]

5. Aufnahme einer (weiterführenden) Ausbildung

250 Lediglich ausnahmsweise ist es unterhaltsrechtlich zumutbar, wenn der Unterhaltsschuldner durch – weiterführende – Ausbildung Zahlungen nicht oder nur begrenzt leisten

184 OLG Naumburg FamRZ 2003, 1022; OLG München FuR 2003, 22; *Kleffmann,* FuR 2000, 454.
185 OLG Dresden OLGR 2003, 468.
186 Zur Abwägung vgl. BVerfG FamRZ 1996, 343.
187 BGH FamRZ 1985, 158; OLG Hamm FamRZ 2001, 1476; Kleffmann/Klein/*Eder,* § 1603 Rn 66.
188 BGH FamRZ 1985, 158.
189 BGH FamRZ 1982, 365; OLG Hamm FamRZ 2003, 1213; OLG Köln FamRZ 2002, 1627.

kann. Eine solche Ausnahme gilt dann, wenn die – fortführende – Ausbildung bereits weit fortgeschritten ist und lediglich noch eine kurze Zeit in Anspruch nimmt.[190]

6. Unfreiwilliger Verlust des Arbeitsplatzes

Für den Fall des Verlustes des Arbeitsplatzes, der ungewollt ist, sei er auch selbstverschuldet, ist zu differenzieren: Im Einzelfall ist im Rahmen der Zurechnung des Verschuldens zu prüfen, ob die dem Fehlverhalten zugrunde liegenden **Vorstellungen** und Antriebe sich auch **auf die Verminderung der unterhaltsrechtlichen Leistungsfähigkeit** als Folge des Verhaltens erstreckt haben.[191] 251

Der Verlust des Arbeitsplatzes z.B. aufgrund alkoholisierten Verhaltens ist dann leichtfertig verschuldet, wenn der Verpflichtete die Folgen seines Verhaltens erkannt und sie in Kauf genommen hat.[192] Eine solche Inkaufnahme ist vor allem dann der Fall, wenn der Betroffene **über längere Zeit keinerlei Anstalten** erkennen lässt, die Alkoholsucht behandeln zu lassen.[193]

7. Längere Strafhaft

Eine längere Strafhaft führt **nur ausnahmsweise** zu einer fortdauernden Einkommensfiktion und zwar dann, wenn die Strafhaft auf einem Fehlverhalten beruht, das sich gerade auf den Unterhaltsgläubiger bezieht.[194] Dasselbe gilt bei einer schwereren Straftat auch gegen nahe Familienangehörige des Berechtigten, namentlich bei Tötungsversuchen oder einem Sexualdelikt.[195] 252

8. Altersteilzeit

Ein Verstoß gegen die Erwerbsobliegenheit besteht dann, wenn für die Vereinbarung eine Altersteilzeit keine – etwa gesundheitliche – Veranlassung auf Seiten des Unterhaltsschuldners besteht. 253

190 OLG Bamberg FamRZ 1989, 93; Kleffmann/Klein/*Eder,* § 1603 Rn 74.
191 BGH FamRZ 1994, 242.
192 BGH FamRZ 1993, 1055.
193 OLG Hamburg FamRZ 1998, 182; *Förster*, FamRZ 1999, 1250.
194 BGH FamRZ 2002, 813.
195 So zu Recht Wendl/Dose/*Klinkhammer,* § 2 Rn 243.

9. Renteneintritt

254 Grundsätzlich ist der Renteneintritt zu respektieren.

Gleichwohl ist derjenige Unterhaltsverpflichtete, der seinen minderjährigen unverheirateten Kindern Unterhalt schuldet, **bis zur Vollendung des 70. Lebensjahres** ggf. verpflichtet, eine Erwerbstätigkeit im Rahmen einer geringfügigen Tätigkeit auszuüben. Dies gilt allerdings nur dann, wenn die Tätigkeit erforderlich ist, um den Mindestunterhalt der Kinder sicherzustellen.[196]

Die Höhe des fiktiv anzunehmenden Einkommens orientiert sich am früheren Einkommen des Unterhaltsverpflichteten, ggf. auch an den in zumutbarer Weise erzielbaren Einkünften.[197]

10. Übernahme der Haushaltsführung in neuer Ehe

255 Übernimmt ein Elternteil trotz Unterhaltsverpflichtung gegenüber einem minderjährigen Kind aus früherer Verbindung, das vom anderen Elternteil betreut wird, die Haushaltsführung unter Aufgabe seiner Berufstätigkeit, verbunden ggf. mit Kindesbetreuung von Kindern aus der neuen Ehe, entfällt seine Unterhaltspflicht gegenüber dem Kind aus früherer Verbindung nicht.

Der in der neuen Ehe den Haushalt führende Ehegatte erfüllt damit seine Unterhaltspflicht gegenüber dem neuen Ehegatten und dem Kind/den Kindern aus der neuen Ehe (§§ 1360 S. 2, 1606 Abs. 3 S. 2 BGB), dagegen nicht gegenüber dem minderjährigen Kind aus früherer Verbindung.[198]

256 Letztlich wird eine Rollenwahl betroffener Unterhaltsverpflichteter nicht zu verbieten sein. Selbst eine wesentlich günstigere Einkommenssituation der neuen Familie durch die Rollenwahl reicht aber nicht aus, wenn sie mit einer Verminderung der Leistungsfähigkeit gegenüber dem Unterhaltsberechtigten verbunden ist. Es geht daher nicht darum, ob etwa die Rollenwahl wirtschaftlich vernünftig ist, sondern darum, dass es **dem Unterhaltsberechtigten nicht wirtschaftlich schlechter gehen darf**. In gegebenen Fällen wird dem Unterhaltsverpflichteten ein Einkommen aus fiktiver Tätigkeit zuzurechnen sein.[199]

Zu **anrechenbaren Einkünften** zählen im Übrigen auch **Unterhaltsleistungen**. Wer Unterhaltsleistungen oberhalb seines notwendigen Selbstbehaltes (bei Unterhaltspflicht gegenüber minderjährigen unverheirateten Kindern) oder oberhalb angemessenen Selbst-

196 OLG Koblenz OLGR 2003, 193.

197 OLG Frankfurt FamRZ 1995, 1217; OLG Bamberg FamRZ 1995, 436.

198 Sog. Hausmann-Rechtsprechung, vgl. BGH FamRZ 2006, 1827 m. Anm. *Strohal;* BGH FamRZ 1996, 796.

199 Zum Einsatz des Erziehungsgeldes für den Unterhalt des minderjährigen Kindes vgl. BGH FamRZ 2006, 1182 m. Anm. *Luthin.*

behalts (bei volljährigen studierenden Kindern) zur Verfügung hat, ist leistungsfähig in Höhe des jeweiligen Differenzbetrages zum notwendigen bzw. angemessenen Selbstbehalt.

Schulden können im Ausnahmefall berücksichtigt werden. Es bedarf dazu einer Interes- 257
senabwägung zwischen der Notwendigkeit gerade minderjähriger Kinder, Unterhalt vom Berechtigten zu erlangen und der Verbindlichkeit selbst. Für die Abwägung sind von Bedeutung:

- Der Zweck der eingegangenen Verpflichtung,
- der Zeitpunkt und die Art der Schuld,
- die Dringlichkeit der beiderseitigen Bedürfnisse,
- die Kenntnis des Schuldners vom Bestehen der Unterhaltsschuld und
- die Möglichkeiten des Schuldners, die Leistungsfähigkeit in zumutbarer Weise wieder herzustellen.[200]

Die Abwägung kann allerdings nur in Ausnahmefällen dazu führen, dass die **eingegange-** 258
nen Verbindlichkeiten berücksichtigt werden. Zumindest wird einem minderjährigen Kind der Mindestunterhalt zu zahlen sein. Dies gilt umso mehr, wenn die Verbindlichkeit zu einem Zeitpunkt eingegangen wurde, in welchem das Kind bereits existierte. Dabei spielt keine Rolle, ob die Kindeseltern zu diesem Zeitpunkt bereits getrennt gelebt haben oder nicht.

II. Vereinbarungen zur Leistungsfähigkeit

In vielen Fällen wird streitig sein, ob die **Voraussetzungen für die Annahme einer Leis-** 259
tungsunfähigkeit des Unterhaltsschuldners vorliegen.

Gerade in Fällen vorübergehender Leistungsunfähigkeit wir es häufig sinnvoll sein, sich über die Frage des Unterhalts zu verständigen, statt hierüber zu prozessieren.

Ist bei Trennung zwischen Eheleuten eine zuvor begonnene **Umschulung** noch nicht abgeschlossen, ist eine Einigung über den eigentlich zu zahlenden Unterhalt in geeigneten Fällen wie folgt möglich:

▼

Muster 3.27: Vereinbarung über den Abschluss einer Umschulung 260

Verhandelt am

Zu

Vor mir, dem unterzeichnenden Notar im Bezirk des Oberlandesgerichts

200 BGH FamRZ 1996, 160; Wendl/Dose/*Klinkhammer* § 2 Rn 257.

erscheinen

1. Herr , geb. am , wohnhaft

2. Frau geb. , geb. am , wohnhaft

ausgewiesen durch .

Die Frage des beurkundenden Notars nach einer Vorbefassung im Sinne von § 3 Abs. 1 Nr. 7 BeurkG wurde von den Erschienenen verneint. Der beurkundende Notar erläuterte die vorgenannte Vorschrift.

Die Erschienenen baten den Notar um die Beurkundung einer

Trennungs- und Unterhaltsvereinbarung

und erklärten vorab:

§ 1 Ausgangslage

Wir sind beide von Geburt an deutsche Staatsangehörige und haben am in die Ehe geschlossen. Aus unserer Ehe ist das am geborene, derzeit also 16 Jahre alte Kind K. hervorgegangen. Es behält einvernehmlich seinen Lebensmittelpunkt bei der Kindesmutter. Kinder aus anderen Verbindungen sind nicht vorhanden.

Wir leben seit dem (4 Wochen) in verschiedenen Wohnungen voneinander getrennt.

Dem Ersch. zu 1 ist vom Arbeitsamt in eine Umschulung zum Schweißer bewilligt worden, die am (in einem Monat) beginnt und zwei Jahre in Anspruch nehmen wird. Die Umschulung ist von uns einvernehmlich beantragt worden, da ich, der Ersch. zu 1, bisher über keine abgeschlossene Berufsausbildung verfüge.

§ 2 Kindesunterhalt

1. Der Ersch. zu 1 verpflichtet sich, ab für das Kind K zu Händen der Ersch. zu 2 für die Zeit der Umschulung Kindesunterhalt in Höhe von 150 EUR monatlich zu zahlen.

2. Das Kindergeld steht der Ersch. zu 2 in vollem Umfang zu.

3. Wir gehen bei dieser Vereinbarung davon aus, dass der Ersch. zu 1 neben seinen Einkünften aus Umschulung, die den notwendigen Selbstbehalt nicht erreichen, durch Nebentätigkeit mindestens 150 EUR monatlich erarbeiten kann.

4. Die Vereinbarung ist befristet bis zur Beendigung der Umschulung oder ggf. einem Abbruch der Ausbildung.

§ 3 Vollstreckungsunterwerfung

Wegen der in § 2der Vereinbarung eingegangenen Verpflichtung zur Zahlung von Kindesunterhalt unterwerfe ich, der Ersch. zu 1, mich der

sofortigen Zwangsvollstreckung

aus dieser Urkunde in mein Vermögen.

Die Ersch. zu 2 ist berechtigt, sich jederzeit auf einseitigen Antrag auf Kosten des Ersch. zu 1 eine vollstreckbare Ausfertigung dieser Urkunde erteilen zu lassen, ohne dass es hierzu des Nachweises der Fälligkeit oder sonstiger die Vollstreckung begründender Tatsachen bedarf.

§ 4 Hinweise, Durchführung

Der Notar hat die Erschienenen über die Bedeutung, die rechtliche Tragweite, insbesondere die Rechtsfolgen und die Auswirkungen der Unterhaltsvereinbarung abschließend noch einmal ausführlich belehrt. Beide Erschienenen sind sich der Tragweite der getroffenen Vereinbarungen bewusst und wünschen gleichwohl die Beurkundung der Vereinbarung auch unter Inkaufnahme möglicher zukünftig daraus erwachsener Nachteile.

(ggf. weitere abschließende Hinweise/Durchführung)

(Urkundsausgang, Unterschriften)

▲

Im vorliegenden Fall ist einerseits die **Bewilligung der Umschulung ein Indiz** dafür, 261
dass der Unterhaltsverpflichtete entweder auf dem Arbeitsmarkt nicht zu vermitteln war oder aber, dass die Umschulung sinnvoll ist, da sie bessere Vermittlungschancen bietet. Für die Akzeptanz der Umschulung spricht zusätzlich die einvernehmliche Entscheidung der Eheleute während der Führung der Ehe.

Andererseits gelten solche Vereinbarungen zwischen Eheleuten nach Trennung nur noch in Grenzen, da sie in der **Annahme des Fortbestehens der Ehe** getroffen worden sind und im Wissen um eine Trennung eventuell nicht getroffen worden wären. Überdies muss der Unterhaltspflichtige bei gesteigerter Unterhaltspflicht wie im vorliegenden Fall weiter konkret zu seinen auch ohne Umschulung möglichen **Erwerbschancen** Stellung nehmen sowie den **vollzeitlichen Umfang** seiner Umschulung glaubhaft darlegen.

Es ist deshalb sinnvoll, diese Fragen der **Abwägung** einer Vereinbarung sie vorstehend zuzuführen.

In anderen Fallkonstellationen mag es darum gehen, dass ein Unterhaltsverpflichteter seine 262
Arbeitsstelle wechseln will, weil die Verhältnisse dort für ihn subjektiv nicht – mehr – aushaltbar sind, er jedoch bei dem Stellenangebot, das sich ihm bietet, wesentlich weniger verdient als bisher. Grundsätzlich kann ein **Arbeitsplatzwechsel,** verbunden mit einer Einkom-

mensreduzierung zu Lasten des Unterhaltsberechtigten nicht vorgenommen werden.[201] Im Einzelfall kann es jedoch überwiegende Gründe geben, die den Arbeitsplatzwechsel rechtfertigen. Dies ist vor allem dann der Fall, wenn bei Fortsetzung der konkreten Arbeitstätigkeit gesundheitliche, **physische oder psychische Schäden** drohen. Die Frage, wie derartige Probleme zu gewichten sind, bedarf der Klärung im Einzelfall.[202]

Es erscheint deshalb sinnvoll, in streitigen Fällen eine **Vereinbarung über den Arbeitsplatzwechsel** zu schließen.

3.28 Dies könnte wie folgt vereinbart werden:

▼

263 **Muster 3.28: Vereinbarung über freiwilligen Arbeitsplatzwechsel**

Verhandelt am

Zu

Vor mir, dem unterzeichnenden Notar im Bezirk des Oberlandesgerichts

erscheinen

1. Herr , geb. am , wohnhaft

2. Frau geb. , geb. am , wohnhaft

ausgewiesen durch .

Die Frage des beurkundenden Notars nach einer Vorbefassung im Sinne von § 3 Abs. 1 Nr. 7 BeurkG wurde von den Erschienenen verneint. Der beurkundende Notar erläuterte die vorgenannte Vorschrift.

Die Erschienenen baten den Notar um die Beurkundung einer

Trennungs- und Unterhaltsvereinbarung

und erklärten vorab:

§ 1 Ausgangslage

Wir sind beide von Geburt an deutsche Staatsangehörige und haben am in die Ehe geschlossen. Aus unserer Ehe ist das am geborene, derzeit also 16 Jahre alte Kind K. hervorgegangen. Es behält einvernehmlich seinen Lebensmittelpunkt bei der Kindesmutter. Kinder aus anderen Verbindungen sind nicht vorhanden.

201 BGH NJW 2000, 2351 m.w.N.; BGH FamRZ 1985, 158; OLG Hamm FamRZ 2001, 1476; Palandt/*Brudermüller,* § 1603 Rn 24.

202 BGH NJW 1994, 258.

Wir leben seit dem (4 Monaten) in verschiedenen Wohnungen voneinander getrennt.

Der Ersch. zu 1 hat seinen bisherigen Arbeitsplatz gekündigt und wird unmittelbar nach Beendigung des bisherigen Arbeitsverhältnisses ab dem (1. des Folgemonats) seine Arbeitstätigkeit als bei der Fa. beginnen. Mit dem Arbeitsplatzwechsel ist eine Reduzierung der Einkünfte verbunden, die die Zahlung von Kindesunterhalt statt bisher nach der Einkommensgruppe 6 nunmehr nach der Einkommensgruppe 4 der Düsseldorfer Tabelle vorsieht. Die einschlägige Einkommensgruppe 5 bzw. 3 der Düsseldorfer Tabelle wurde um eine Stufe erhöht, da die Unterhaltspflicht nur gegenüber einem Kind besteht.

Im Hinblick auf die Frage der Berechtigung des Arbeitsplatzwechsels vereinbaren wir die Zahlung von Kindesunterhalt nach der Einkommensgruppe 5 der Düsseldorfer Tabelle wie folgt.

§ 2 Kindesunterhalt

1. Der Ersch. zu 1 verpflichtet sich, zu Händen der Ersch. zu 2für das Kind K einen monatlichen, monatlich im Voraus fälligen Kindesunterhalt in Höhe von 120 % des Mindestbedarfs der jeweils gültigen Düsseldorfer Tabelle gemäß der jeweiligen Altersstufe des Kindes zu bezahlen. Hierauf ist die Hälfte des gesetzlichen Kindergeldes, derzeit 95 EUR bedarfsdeckend anzurechnen, so dass sich ein monatlicher Unterhaltsbetrag in Höhe von derzeit EUR ergibt.

2. Die Festsetzung des Unterhalts erfolgte auf der Grundlage des Nettoeinkommens des Ersch. zu 1 in Höhe von .

§ 3 Vollstreckungsunterwerfung

Wegen der in § 2 der Vereinbarung eingegangenen Verpflichtung zur Zahlung von Kindesunterhalt unterwerfe ich, der Ersch. zu 1, mich der

sofortigen Zwangsvollstreckung

aus dieser Urkunde in mein Vermögen.

Die Ersch. zu 2 ist berechtigt, sich jederzeit auf einseitigen Antrag auf Kosten des Ersch. zu 1 eine vollstreckbare Ausfertigung dieser Urkunde erteilen zu lassen, ohne dass es hierzu des Nachweises der Fälligkeit oder sonstiger die Vollstreckung begründender Tatsachen bedarf.

§ 4 Hinweise, Durchführung

Der Notar hat die Erschienenen über die Bedeutung, die rechtliche Tragweite, insbesondere die Rechtsfolgen und die Auswirkungen der Unterhaltsvereinbarung abschließend noch einmal ausführlich belehrt. Beide Erschienenen sind sich der Tragweite der getrof-

fenen Vereinbarungen bewusst und wünschen gleichwohl die Beurkundung der Vereinbarung auch unter Inkaufnahme möglicher zukünftig daraus erwachsener Nachteile.

(ggf. weitere abschließende Hinweise/Durchführung)

(Urkundsausgang, Unterschriften)

▲

H. Kindesunterhalt im Wechselmodell

I. Die Grundlagen des Wechselmodells

264 Das Alternativmodell zum Lebensmittelpunkt und zum überwiegenden Zusammenleben mit einem Elternteil bildet das sog. Wechselmodell.[203]

Die **Eltern teilen sich die Betreuungszeiten** für das Kind, indem z.B. ein wöchentlich wechselnder Aufenthalt bei den jeweiligen Elternteilen praktiziert wird. Um ein Wechselmodell anzunehmen, bedarf es allerdings nicht der exakten hälftigen Aufteilung der Betreuungszeiten.[204] Auch bei einer Aufteilung während der Woche in 3 Tagen bzw. 4 Tagen bei dem jeweils anderen Elternteil muss noch vom Wechselmodell gesprochen werden.[205] Die **Grenze** wird man allerdings bei einer Betreuung von $^3/_7$ **zu** $^4/_7$ ziehen müssen.[206]

265 In Fällen nicht exakt hälftiger Teilung der Betreuung handelt es sich jedoch nach Auffassung des **BGH**, um **„großzügigen Besuchskontakt"**[207]

Der **BGH** erklärt:

> *Übernimmt ein Elternteil den größeren Anteil der Betreuung, so ist der andere Elternteil allein barunterhaltspflichtig. Der Unterhaltsanspruch richtet sich dann allein nach dessen Einkommen.*

Der BGH verlangt damit – zu Unrecht – eine exakt gleiche zeitliche Aufteilung, um von einem Wechselmodell ausgehen zu können.

266 Das **OLG Düsseldorf**[208] hat dagegen erklärt, für eine überwiegende Betreuung genüge,

> *dass der Anteil eines Elternteils an der Betreuung den Anteil des anderen geringfügig übersteigt.*

203 Vgl. insgesamt die Stellungnahme der Kinderrechtekommission des DFGT zum Wechselmodell im deutschen Familienrecht, FF 2014, 352.

204 OLG München FamRZ 2008, 1103.

205 So *Horndasch,* ZFE 2007, 329; anders ständ. Rspr. vgl. BGH FamRZ 2014, 917 f.; OLG Düsseldorf FamRZ 2001, 1235.

206 Vgl. dazu BGH FamRZ 2015, 236; 2014, 917; OLG Düsseldorf FamRZ 2016, 142; *Seiler,* FamRZ 2015, 1845.

207 BGH 2006, 1015 m. Anm. *Luthin*; zu Wechselmodell und Kindesunterhalt vgl. *Spangenberg,* FamRZ 2014, 88.

208 OLG Düsseldorf FamRZ 2001, 1235.

Es ist anerkannt, dass mit dem regelmäßigen Wechsel des Kindes zwischen zwei Haushalten Vorteile für das Kind und für die Eltern verbunden sind. Die **enge Eltern-Kind-Beziehung zwischen dem Kind und beiden Elternteilen** wird aufrecht erhalten. Das Kind erlebt den Alltag mit beiden Eltern. 267

Beide Elternteile bleiben in der Verantwortung für ihre Kinder und werden durch das Wechselmodell von der Mehrfachbelastung, die bei einem allein erziehenden Elternteil besteht, entlastet.

Gleichwohl stehen diesen Vorteilen auch Gefahren und **Nachteile** gegenüber. Mit dem regelmäßigen Wechsel sind Belastungen für das Kind verbunden, die ein **hohes Maß an Kooperation, Kommunikation und Kompromissbereitschaft der Eltern** und auch der Kinder erfordern.

Im Schrifttum und in der Rechtsprechung besteht daher Einigkeit darüber, dass das Wechselmodell nur dann eine Alternative darstellt, wenn die Eltern in der Lage sind, ihre Konflikte einzudämmen, sie beide, so das **OLG Koblenz** in einem Beschl. v. 12.1.2010, „hochmotiviert und an den Bedürfnissen des Kindes ausgerichtet“ sind,[209] sie kontinuierlich kommunizieren und kooperieren können.[210] 268

Unverzichtbare Voraussetzung, so heißt es richtig in vielen Entscheidungen weiter, ist ein **Konsens** zur Durchführung der wechselseitigen Betreuung und ein gemeinsamer Kooperationswille.[211]

Der Wille zur Kooperation um des Kindeswohls willen ist allerdings nicht gleichzusetzen mit dem Willen zur Praxis des Wechselmodells. Richtig ist sicher, dass die Einrichtung eines Wechselmodells gegen den Widerstand eines Elternteils in der Regel nicht infrage kommen kann.[212] Sind die übereinstimmenden Voraussetzungen nicht gegeben, kann es, worauf *Soyka* richtig hinweist, zu Erziehungsdefiziten kommen, die „zu einer erheblichen Beeinträchtigung des Kindeswohls“ führen.[213]

II. Die Berechnung des Kindesunterhalts im Wechselmodell/Leitlinien der Oberlandesgerichte zur Düsseldorfer Tabelle

Die **Einordnung hat erhebliche Auswirkungen** auf die Berechnung des Kindesunterhalts. 269
Liegt die Betreuung schwerpunktmäßig bei einem Elternteil, befindet sich das Kind in seiner

209 OLG Koblenz FamRZ 2010, 738.
210 *Motzer,* FamRB 2010, 138.
211 OLG Stuttgart FamRZ 2007, 1266; OLG München FamRZ 2007, 723; OLG Dresden FamRZ 2005, 125; *Schwab,* FamRZ 1998, 457; *Kostka,* FPR 2006, 271; *Fichtner/Salzgeber,* FPR 2006, 278.
212 Vgl. OLG Dresden FamRZ 2005, 125; *Gutjahr,* FPR 2006, 301, 302.
213 *Soyka,* FuR 2011, 416.

Obhut mit der Folge, dass der **Barbedarf des Kindes** allein am Einkommen des anderen Elternteils auszurichten und von diesem zu zahlen ist.[214]

270 Stellt man den zu zahlenden Unterhalt im **Residenzmodell**, also bei überwiegender Betreuung durch einen Elternteil, der Betreuung im **Wechselmodell** gegenüber, ergibt sich folgende unterschiedliche Berechnung der Ansprüche zum Kindesunterhalt.

Beispiel: Ausgangslage

Verfügbares Einkommen Ehemann nach Berücksichtigung vorrangiger Verpflichtungen und Abzug berufsbedingter Aufwendungen 3.000 EUR;

verfügbares Einkommen Ehefrau nach Berücksichtigung vorrangiger Verpflichtungen und Abzug berufsbedingter Aufwendungen 1.800 EUR;

2 Kinder, 8 + 12 Jahre alt.

Berechnung nach Stand Düsseldorfer Tabelle vom 1.1.2016.

271 *Beispiel 1: Berechnung des Kindesunterhalts im Residenzmodell*

Betreuung durch die Ehefrau, die das Kindergeld erhält:

Unterhalt K1 (8 Jahre) 366 EUR (Bedarf 461 EUR – ½ Kindergeld 95 EUR)

Unterhalt K 2 (12 Jahre) 445 EUR (Bedarf 540 – ½ Kindergeld 95 EUR)

Zahlbetrag Ehemann insgesamt nach EGr. 5 der DT: **811 EUR**

272 *Beispiel 2: Berechnung des Kindesunterhalts im Wechselmodell*

Sockelbetrag: notwendiger Selbstbehalt; Vom Kindergeld erhalten die Eltern nach Vereinbarung jeweils die Hälfte des Gesamtbetrages:

Bedarf der Kinder nach dem zusammengerechneten Einkommen der Eltern 4.800 EUR (3.000 EUR + 1.800 EUR).

Einsetzbares Einkommen:

M: 3.000 EUR – 1.080 EUR (notwendiger Selbstbehalt) = 1.920 EUR

F: 1.800 EUR – 1.080 EUR = 780 EUR

Gesamtes einsetzbares Einkommen:

1.920 EUR + 780 EUR = 2.700 EUR

Unterhalt K 1:

Bedarf 615 EUR – 190 EUR volles Kindergeld = 425 EUR

Anteil M:

425 EUR × 1.920 EUR : 2.700 EUR = 302 EUR

Anteil F:

425 EUR × 780 EUR : 2.700 EUR = 123 EUR

214 BGH FamRZ 2007, 707; 2006, 1015; vgl. dazu auch *Soyka,* FK 2007, 145.

Unterhalt K 2:

Bedarf 720 EUR – 190 EUR volles Kindergeld = 530 EUR

Anteil M:

530 EUR × 1.920 EUR : 2.700 EUR = 377 EUR

530 EUR × 780 EUR : 2.700 EUR = 153 EUR

Ausgleichszahlung:

K 1: 302 EUR – 123 EUR = 179 EUR von M an F zu zahlen

K 2: 377 EUR – 153 EUR = 224 EUR von M an F zu zahlen

Gesamtzahlung von M an F zum Ausgleich der Barunterhaltspflicht für K 1 und K 2: **403 EUR** (179 EUR für K 1 und 224 EUR für K 2).

Bei der Berechnung des Kindesunterhalts im Wechselmodell ist das Einkommen der Eltern zusammen zu rechnen. Streitig ist in diesem Zusammenhang allerdings, ob bei der Berechnung das Einkommen bis zum **notwendigen Selbstbehalt** der Eltern, also derzeit 1.080 EUR, oder als Sockelbetrag der **angemessene Selbstbehalt,** derzeit 1.300 EUR außer Betracht bleibt.

Legt man als Sockelbetrag **nicht den notwendigen, sondern den angemessenen Selbstbehalt** zugrunde, ergibt sich folgende Berechnung:

Beispiel 3 Berechnung des Kindesunterhalts im Wechselmodell 273

Sockelbetrag: angemessener Selbstbehalt; Vom Kindergeld erhalten die Eltern nach Vereinbarung jeweils die Hälfte des Gesamtbetrages:

Bedarf der Kinder nach dem zusammengerechneten Einkommen der Eltern 4.800 EUR (3.000 EUR + 1.800 EUR).

Einsetzbares Einkommen:

M: 3.000 EUR – 1.300 EUR (angemessener Selbstbehalt) = 1.700 EUR

F: 1.800 EUR – 1.300 EUR = 500 EUR

Gesamtes einsetzbares Einkommen:

1.700 EUR + 500 EUR = 2.200 EUR

Unterhalt K 1:

Bedarf 615 EUR – 190 EUR volles Kindergeld = 425 EUR

Anteil M:

425 EUR × 1.700 EUR : 2.200 EUR = 328 EUR

Anteil F:

425 EUR × 500 EUR : 2.200 EUR = 97 EUR

Unterhalt K 2:

Bedarf 720 EUR – 190 EUR volles Kindergeld = 530 EUR

Anteil M:

530 EUR × 1.700 EUR : 2.200 EUR = 410 EUR

530 EUR × 500 EUR : 2.200 EUR = 120 EUR

Ausgleichszahlung:

K 1: 328 EUR – 97 EUR = 231 EUR von M an F zu zahlen

K 2: 410 EUR – 120 EUR = 290 EUR von M an F zu zahlen

Gesamtzahlung von M an F zum Ausgleich der Barunterhaltspflicht für K 1 und K 2: **521 EUR** (231 EUR für K 1 und 290 EUR für K 2).

Berechnung nach Stand Düsseldorfer Tabelle vom 1.1.2016.

274 Die Vergleichsberechnung zeigt, dass der **Unterschied in der Ausgleichspflicht erheblich** ist, je nachdem, ob man den angemessenen oder den notwendigen Selbstbehalt als Sockelbetrag für die jeweiligen Elternteile zugrunde legt. Im Beispielsfall sind statt **403 EUR** – bei notwendigem Selbstbehalt – **521 EUR** – bei angemessenem Selbstbehalt – zu zahlen, ein Unterschiedsbetrag von **118 EUR**.

275 Die Annahme des angemessenen Selbstbehalts als Sockelbetrag **begünstigt den geringer verdienenden Elternteil.**

In den jeweiligen Leitlinien der Oberlandesgerichte zur Düsseldorfer Tabelle finden sich unter **Ziff. 12.3** hierzu unterschiedliche Auffassungen, wobei auf die Berechnung in Ziff. 13.3 der Leitlinien verwiesen wird. Die Oberlandesgerichte verfahren wie folgt:

1. Kammergericht Berlin

276 **12.3 Beiderseitige Barunterhaltspflicht/Haftungsanteil**

Sind bei auswärtiger Unterbringung beide Eltern zum Barunterhalt verpflichtet, haften sie anteilig nach§ 1606 Abs. 3 S. 1 BGB für den Gesamtbedarf (vgl. Nr. 13.3). Der Verteilungsschlüssel kann unter Berücksichtigung des Betreuungsaufwandes wertend verändert werden.

13.3 beiderseitige Barunterhaltspflicht/Haftungsanteil

Die Haftungsquote von Eltern, die beide für ein Kind barunterhaltspflichtig sind, bemisst sich nach dem Verhältnis ihrer anrechenbaren Einkünfte abzüglich des jeweiligen Eigenbedarfs gemäß Nr. 21.2 bzw. 21.3.1 und abzüglich der Unterhaltsleistungen und tatsächlichen Aufwendungen für vorrangig Berechtigte.

2. OLG Brandenburg

12.3 Beiderseitige Barunterhaltspflicht/Haftungsanteil 277

Sind ausnahmsweise beide Elternteile gegenüber dem minderjährigen Kind barunterhaltspflichtig, bestimmt sich ihr Haftungsanteil nach dem Verhältnis ihrer den jeweiligen Selbstbehalt übersteigenden Einkommen.

13.3 Beiderseitige Barunterhaltspflicht/Haftungsanteil

Gegenüber volljährigen Kindern sind beide Elternteile barunterhaltspflichtig. Ihr Haftungsanteil bestimmt sich nach dem Verhältnis ihrer den jeweiligen Selbstbehalt übersteigenden Einkommen.

3. OLG Braunschweig

12.3 Sind bei einer auswärtigen Unterbringung des Kindes oder bei einem im Vergleich zum Barunterhaltspflichtigen wesentlich höheren Einkommen des betreuenden Elternteils ausnahmsweise beide Eltern zum Barunterhalt verpflichtet, haften sie – wie beim Kindesunterhalt Volljähriger, vgl. Ziff. 13.3 – anteilig für den Gesamtbedarf (§ 1606 Abs. 3 S. 1 BGB), und zwar nach dem Verhältnis ihrer den notwendigen Selbstbehalt übersteigenden Einkommen. Der Verteilungsschlüssel kann unter Berücksichtigung einer verbleibenden Kinderbetreuung wertend verändert werden. 278

13.3 Mit Eintritt der Volljährigkeit besteht – auch für privilegiert volljährige Kinder (§ 1603 Abs. 2 S. 2 BGB) – grundsätzlich eine Barunterhaltspflicht beider Elternteile.

Zur Ermittlung des Haftungsanteils bei anteiliger Barunterhaltspflicht ist das bereinigte Nettoeinkommen jedes leistungsfähigen Elternteils gemäß Ziff. 10 zu ermitteln und vom unterhaltsrelevanten Resteinkommen ein Sockelbetrag in Höhe des angemessenen Selbstbehalts von 1.300 EUR abzuziehen. Der so ermittelte Haftungsanteil ist auf seine Angemessenheit zu überprüfen und kann bei Vorliegen besonderer Umstände (z.B. behindertes Kind) wertend verändert werden.

Bei volljährigen privilegierten Kindern wird der Sockel betrag auf den notwendigen Selbstbehalt (880 EUR/11.080 EUR bei Erwerbstätigkeit) herabgesetzt.

4. OLG Bremen

12.3 Der **betreuende Elternteil** braucht neben dem anderen Elternteil in der Regel keinen Barunterhalt zu leisten (§ 1606 Abs. 3 S. 2 BGB), es sei denn, sein Einkommen übersteigt das des anderen Elternteils erheblich oder der eigene angemessene Unterhalt des sonst allein barunterhaltspflichtigen Elternteils ist gefährdet und der des anderen nicht (§ 1603 Abs. 2 S. 3 BGB). 279

Sind bei **auswärtiger Unterbringung** beide Elternteile zum Barunterhalt verpflichtet, haften sie für den Gesamtbedarf anteilig (§ 1606 Abs. 3 S. 1 BGB). Für die Ermittlung der Haftungsanteile gilt Nr. 13.3 Abs. 2 und 3.

13.3 Ab Volljährigkeit besteht – auch für privilegierte volljährige Kinder – grundsätzlich eine **Barunterhaltspflicht beider Elternteile**.

Zur Ermittlung des **Haftungsanteils** bei anteiliger Barunterhaltspflicht ist das bereinigte Nettoeinkommen jedes Elternteils gemäß Nr. 10 zu ermitteln und vom Restbetrag ein Sockelbetrag in Höhe des angemessenen Selbstbehalts von **1.200 EUR abzuziehen**. Der so ermittelte Haftungsanteil ist auf seine Angemessenheit zu überprüfen und kann bei Vorliegen besonderer Umstände (z.B. behindertes Kind) wertend verändert werden. Nr. 13.1.1. S. 4 gilt entsprechend.

Bei volljährigen privilegierten Kindern wird der Sockelbetrag bis zum notwendigen Selbstbehalt **(800 EUR/1.000 EUR)** herabgesetzt, wenn der Bedarf des Kindes andernfalls nicht gedeckt werden kann; § 1603 Abs. 2 S. 3 BGB ist zu beachten.

5. OLG Celle

280 **12.3** Sind, z.B. bei auswärtiger Unterbringung des Kindes, beide Eltern zum Barunterhalt verpflichtet, haften sie anteilig nach § 1606 Abs. 3 S. 1 BGB für den Gesamtbedarf (vgl. Ziff. 13.3). Der Verteilungsschlüssel kann unter Berücksichtigung des Betreuungsaufwandes wertend verändert werden.

12.4 Bei Zusatzbedarf (Verfahrenskostenvorschuss, Mehrbedarf, Sonderbedarf) gilt § 1606 Abs. 3 S 1 BGB (vgl. Ziff. 13.3). Die Kosten für den Kindergarten (ohne Verpflegungskosten) oder vergleichbare Betreuungseinrichtungen sind Mehrbedarf des Kindes.[215]

13.3 Bei anteiliger Barunterhaltspflicht ist vor Berechnung des Haftungsanteils nach § 1606 Abs. 3 S. 1 BGB das bereinigte Nettoeinkommen jedes Elternteils gemäß Ziff. 10 zu ermitteln und davon ein Sockelbetrag in Höhe des angemessenen Selbstbehalts (vgl. Ziff. 21.3.1) abzuziehen.

Der Haftungsanteil nach § 1606 Abs. 3 S. 1 BGB errechnet sich nach der Formel:

281 *Rechenbeispiel*

Bereinigtes Nettoeinkommen eines Elternteils (N1 oder N2) abzüglich 1.300 EUR mal **(Rest-)Bedarf (R),** geteilt durch die Summe der bereinigten Nettoeinkommen beider Eltern (N1 + N2) – 2.600 (= 1.300 + 1.300) EUR.

Haftungsanteil 1 = (N1 – 1.300) × R : (N1 + N2 – 2.600).

215 BGH FamRZ 2009, 962.

Der so ermittelte Haftungsanteil ist auf seine Angemessenheit zu überprüfen und kann bei Vorliegen besonderer Umstände (z.B. behindertes Kind) wertend verändert werden. 282

Bei volljährigen Schülern, die in § 1603 Abs. 2 S. 2 BGB minderjährigen Kindern gleichgestellt sind, wird der Sockelbetrag bis zum notwendigen Selbstbehalt (vgl. Ziff. 21.2) herabgesetzt, wenn der Mindestbedarf der Kinder andernfalls nicht gedeckt werden kann.

6. OLG Dresden

12.3 Der betreuende Elternteil braucht neben dem anderen Elternteil in der Regel keinen Barunterhalt zu leisten, es sei denn, sein Einkommen ist bedeutend höher als das des anderen Elternteils und der eigene angemessene Unterhalt des sonst allein barunterhaltspflichtigen Elternteils ist gefährdet (§ 1603 Abs. 2 S. 3 BGB).

Sind bei auswärtiger Unterbringung beide Eltern zum Barunterhalt verpflichtet, haften sie anteilig nach§ 1606 Abs. 3 S. 1 BGB für den Gesamtbedarf (vgl. Nr. 13.3.).

13.3 Bei anteiliger Barunterhaltspflicht ist vor Berechnung des Haftungsanteils nach § 1606 Abs. 3 S. 1 BGB das bereinigte Nettoeinkommen jedes Elternteils gem. Nr. 10 zu ermitteln. Außerdem ist vom Restbetrag ein Sockelbetrag in Höhe des angemessenen Selbstbehaltes (1.300 EUR) abzuziehen.

Der Haftungsanteil nach § 1606 Abs. 3 S. 1 BGB errechnet sich nach der Formel:

> *Rechenbeispiel* 283
>
> Bereinigtes Nettoeinkommen eines Elternteils (N1 oder N2) abzüglich 1.300 EUR mal (Rest-)Bedarf (R), geteilt durch die Summe der bereinigten Nettoeinkommen beider Eltern (N1 + N2) – 2.600 EUR (= 1.300 EUR + 1.300 EUR).
>
> Haftungsanteil 1 = (N1 – 1.300 EUR) × R: (N1 + N2 – 2.600 EUR).

Der so ermittelte Haftungsanteil ist auf seine Angemessenheit zu überprüfen und kann bei Vorliegen besonderer Umstände (z.B. behindertes Kind) wertend verändert werden. 284

Bei volljährigen Schülern, die in § 1603 Abs. 2 S. 2 BGB minderjährigen Kindern gleichgestellt sind, wird der Sockelbetrag bis zum notwendigen Selbstbehalt (880 EUR/1.080 EUR) herabgesetzt, wenn der Bedarf der Kinder andernfalls nicht gedeckt werden kann.

7. OLG Düsseldorf

12.3 Sind, z.B. bei auswärtiger Unterbringung des Kindes, beide Eltern zum Barunterhalt verpflichtet, haften sie anteilig für den Gesamtbedarf (Berechnung nach Nr. 13.3). Gleiches gilt bei einem Wechselmodell, wobei die Haftungsanteile wegen der beiderseitigen Betreuungsleistungen um die Hälfte zu kürzen sind. 285

Bei einem über das übliche Maß hinausgehenden Umgangsrecht können dadurch bedingte hohe Mehraufwendungen (z.B. Fahrt- und Unterbringungskosten) zu einer Herabstufung um eine oder mehrere Einkommensgruppen der Düsseldorfer Tabelle oder zum Absehen von einer erforderlichen Höherstufung führen. Reicht das Einkommen des umgangsberechtigten Elternteils nur zur Zahlung des Mindestunterhalts aus, kann der Mehraufwand bei der Einkommensermittlung oder durch Erhöhung des Selbstbehalts berücksichtigt werden. Ferner kann der Unterhaltsbedarf des Kindes dadurch gemindert sein, dass der umgangsberechtigte Elternteil dem Kind im Zuge seines erweiterten Umgangsrechts Leistungen erbringt, mit denen er den Unterhaltsbedarf des Kindes auf andere Weise als durch Zahlung einer Geldrente teilweise deckt.

286 **13.3** Sind beide Eltern barunterhaltspflichtig, bemisst sich die Haftungsquote nach dem Verhältnis ihrer anrechenbaren Einkünfte. Diese sind vorab jeweils um den Sockelbetrag zu kürzen. Der Sockelbetrag entspricht dem angemessenen Selbstbehalt gemäß Anm. A 5 Abs. 2 der Düsseldorfer, bei minderjährigen unverheirateten und ihnen gleichgestellten volljährigen Kindern (§ 1603 Abs. 2 S. 2 BGB) jedoch dann dem notwendigen Selbstbehalt gemäß Anm. A. 5 Abs. 1 der Düsseldorfer Tabelle, wenn bei einem Sockelbetrag in Höhe des angemessenen Selbstbehalts der Bedarf dieser Kinder nach der ersten Einkommensgruppe nicht sichergestellt ist.

Bei minderjährigen unverheirateten und ihnen gleichgestellten volljährigen Kindern (§ 1603 Abs. 2 S. 2 BGB) sind die anrechenbaren Einkommen der Eltern außerdem wegen gleichrangiger Unterhaltspflichten und bei anderen volljährigen Kindern wegen vorrangiger Unterhaltspflichten zu kürzen.

Der Verteilungsschlüssel kann bei Vorliegen besonderer Umstände (z.B. Betreuung eines behinderten Volljährigen) wertend verändert werden.

8. OLG Frankfurt/M.

287 **12.3 Beiderseitige Barunterhaltspflicht/Haftungsanteil**

Der betreuende Elternteil braucht neben dem anderen Elternteil in der Regel keinen Barunterhalt zu leisten (§ 1606 Abs. 3 S. 2 BGB), es sei denn

a) der angemessene Selbstbehalt des nicht betreuenden Elternteils wäre durch den Barbedarf des Kindes gefährdet und der betreuende Elternteil wäre insoweit leistungsfähig, ohne dass sein eigener angemessener Selbstbehalt gefährdet würde (§ 1603 Abs. 2 S. 3 BGB);[216]

oder

216 Vgl. BGH FamRZ 2011, 1041.

b) der angemessene Selbstbehalt des nicht betreuenden Elternteils wäre durch den Barbedarf des Kindes zwar nicht gefährdet, die Leistungsfähigkeit des betreuenden Elternteils ist aber bedeutend höher als diejenige des nicht betreuenden Elternteils, etwa bei dreifach höherem verfügbaren Einkommen oder guten Vermögensverhältnissen.[217]

Fall a) führt dazu, dass das Einkommen des nicht betreuenden Elternteils nur bis zur Grenze seines angemessenen Selbstbehalts für Unterhaltszahlungen einzusetzen ist und dass im Übrigen der betreuende Elternteil im Rahmen seiner Ausfallhaftung für den Barunterhalt des Kindes haftet.

Fall b) führt zur Kürzung bis hin zum völligen Wegfall der Barunterhaltspflicht des nicht betreuenden Elternteils.

Sind bei auswärtiger Unterbringung des Kindes beide Eltern zum Barunterhalt verpflichtet, haften sie anteilig nach § 1606 Abs. 3 S. 1 BGB für den Gesamtbedarf (vgl. Nr. 13.3). Der Verteilungsschlüssel kann unter Berücksichtigung des Betreuungsaufwandes wertend verändert werden.

13.3 Beiderseitige Barunterhaltspflicht/Haftungsanteil 288

Für den Bedarf des Volljährigen haften die Eltern anteilig nach dem Verhältnis ihrer verfügbaren Einkommen. Vor der Bildung der Haftungsquote sind der angemessene Selbstbehalt jedes Elternteils (1.300 EUR, siehe Nr. 21.3.1) und der Unterhalt vorrangig Berechtigter abzusetzen.[218] Die Haftung ist auf den Tabellenbetrag nach Maßgabe des eigenen Einkommens des jeweils Verpflichteten begrenzt.

Diese Berechnung findet für den Bedarf des volljährigen Schülers im Sinne des § 1603 Abs. 2 S. 2 BGB entsprechende Anwendung: Zur Bildung der Haftungsquote ist vorab der angemessene Selbstbehalt jedes Elternteils und der Barbedarf weiterer jetzt gleichrangiger Kinder abzusetzen, wenn der verbleibende Betrag zur Bedarfsdeckung aller Kinder ausreicht. Ist dies nicht der Fall (Mangelfall) wird der Selbstbehalt auf den notwendigen Selbstbehalt herabgesetzt. Außerdem ist statt eines Vorwegabzugs des Bedarfs der anderen Kinder der Bedarf des volljährigen Kindes aus dem nach Abzug des eigenen Selbstbehalts der Eltern verbleibenden Betrag anteilig zu befriedigen.[219]

9. OLG Hamburg

12.3 Sind beide Eltern zur Zahlung von Barunterhalt verpflichtet, zum Beispiel bei auswärtiger Unterbringung, haften sie anteilig nach § 1606 Abs. 1 BGB für den Gesamtbedarf (vgl. 289

217 Vgl. BGH vom 10.7.2013, XII ZB 297/12 = FamRZ 2013, 1558.

218 Vgl. zur Berechnungsmethode BGH FamRZ 1986, 151 = NJW-RR 1986, 426; FamRZ 1986, 153 = NJW-RR 1986, 293.

219 Zur Berechnungsweise im Übrigen vgl. BGH FamRZ 2002, 815, 818.

Nr. 13.3). Der Verteilungsschlüssel kann unter Berücksichtigung des Betreuungsaufwandes wertend verändert werden.

13.3 Bei anteiliger Barunterhaltspflicht ist vor Berechnung des Haftungsanteils nach § 1606 Abs. 3 S. 1 BGB das bereinigte Nettoeinkommen jedes Elternteils gem. Nr. 10 zu ermitteln. Außerdem ist vom Restbetrag ein Sockelbetrag in Höhe des angemessenen Selbstbehalts (1.300 EUR) abzuziehen. Der Haftungsanteil nach § 1606 Abs. 3 S. 1 BGB errechnet sich nach der Formel:

290 *Rechenbeispiel*

bereinigtes Nettoeinkommen eines Elternteils (N1 oder N2) abzüglich 1.300 EUR mal (Rest-)Bedarf (R), geteilt durch die Summe der bereinigten Nettoeinkommen beider Eltern (N1 + N2) – 2.600 EUR (= 1.300 EUR + 1.300 EUR). Haftungsanteil 1 = (N1 – 1.300) × R : (N1 + N2 – 2.600 EUR).

291 Bei minderjährigen unverheirateten und ihnen gleichgestellten volljährigen Kindern (§ 1603 Abs. 2 S. 2 BGB) sind die anrechenbaren Einkommen der Eltern außerdem wegen gleichrangiger Unterhaltspflichten und bei anderen volljährigen Kindern wegen vorrangiger Unterhaltspflichten zu kürzen. Der ermittelte Haftungsanteil ist auf seine Angemessenheit zu überprüfen und kann bei Vorliegen besonderer Umstände (z.B. behindertes Kind) wertend verändert werden. Bei volljährigen Schülern, die in § 1603 Abs. 2 S. 2 BGB minderjährigen Kindern gleichgestellt sind, wird der Sockelbetrag bis zum notwendigen Selbstbehalt (880 EUR/1.080 EUR) herabgesetzt, wenn der Bedarf der Kinder andernfalls nicht gedeckt werden kann.

10. OLG Hamm

292 **12.3** Der Elternteil, der in seinem Haushalt ein minderjähriges unverheiratetes Kind betreut, braucht deshalb (vgl. Nr. 12.1) neben dem anderen Elternteil regelmäßig keinen Barunterhalt zu leisten. Er kann jedoch auch barunterhaltspflichtig sein, wenn sein Einkommen bedeutend höher als das des anderen Elternteils ist oder wenn sein eigener angemessener Unterhaltsbedarf (1.300 EUR) bei zusätzlicher Leistung auch des Barunterhalts nicht unterschritten wird, während der an sich allein barunterhaltspflichtige Elternteil hierzu ohne Beeinträchtigung seines eigenen angemessenen Unterhaltsbedarfs nicht in der Lage ist (§ 1603 Abs. 2 S. 3 BGB).

13.3 Beiderseitige Barunterhaltspflicht/Haftungsanteil

13.3.1 Die Haftungsanteile der Eltern (§ 1606 Abs. 3 S. 1 BGB), die für ein **volljähriges Kind** unterhaltspflichtig sind, bestimmen sich nach dem Verhältnis ihrer anrechenbaren Einkommen **grundsätzlich** abzüglich ihres angemessenen Selbstbehalts (1.300 EUR) und abzüglich der Unterhaltsleistungen an vorrangig Berechtigte.

13.3.2 Für die Unterhaltspflicht gegenüber **privilegierten volljährigen Kindern** i.S.d. § 1603 Abs. 2 S. 2 BGB bemessen sich die Haftungsanteile der Eltern grundsätzlich nach dem Verhältnis ihrer anrechenbaren Einkommen abzüglich ihres angemessenen Selbstbehalts (1.300 EUR), im Mangelfall abzüglich ihres notwendigen Selbstbehalts (880 EUR bzw. 1.080 EUR). Die Barunterhaltspflichten gegenüber minderjährigen Kindern sind auch in diesem Fall vorweg abzuziehen. Hiervon kann im Einzelfall abgesehen werden, wenn der Vorwegabzug zu einem unbilligen Ergebnis führt.

13.3.3 Ein Elternteil hat jedoch in der Regel höchstens den Unterhalt zu leisten, der sich allein nach seinem Einkommen aus der Unterhaltstabelle ergibt.

11. OLG Jena

12. Minderjährige Kinder 293

Der Betreuungsunterhalt i.S.d. § 1606 Abs. 3 S. 2 BGB entspricht wertmäßig in der Regel dem vollen Barunterhalt.

13. Volljährige Kinder

13.1 Bedarf

Der Bedarf des volljährigen Schülers oder Studenten umfasst in der Regel den Wohnbedarf und übliche ausbildungsbedingte Aufwendungen.

Beim Bedarf volljähriger Kinder ist zu unterscheiden, ob sie noch im Haushalt der Eltern/eines Elternteils leben oder einen eigenen Hausstand haben.

13.1.1 Für volljährige Kinder, die noch im Haushalt der Eltern oder eines Elternteils wohnen, gilt die Altersstufe 4 der Düsseldorfer Tabelle. Sind beide Elternteile leistungsfähig (vgl. Nr. 21.3), ist der Bedarf des Kindes in der Regel nach dem zusammengerechneten Einkommen zu bemessen. Für die Haftungsquote gilt Nr. 13.3. Ein Elternteil hat jedoch höchstens den Unterhalt zu leisten, der sich allein aus seinem Einkommen aus der Düsseldorfer Tabelle ergibt.

Dies gilt auch für ein Kind im Sinne des § 1603 Abs. 2 S. 2 BGB.

Erzielt das volljährige Kind eigenes Einkommen, beträgt der Unterhaltsbedarf (ohne Kranken-/Pflegeversicherungsbedarf und ohne Studiengebühren) mindestens monatlich 560 EUR.

Die Ausbildungsvergütung eines in der Berufsausbildung stehenden Kindes, das im Haushalt der Eltern oder eines Elternteils wohnt, ist vor ihrer Anrechnung in der Regel um einen ausbildungsbedingten Mehrbedarf von monatlich 90 EUR zu kürzen.

Die Anrechnung darf nicht zu unangemessenen Ergebnissen führen.

13.1.2 Der angemessene Bedarf eines volljährigen Kindes mit eigenem Hausstand beträgt in der Regel monatlich mindestens 670 EUR (darin sind enthalten Kosten für Unterkunft und Heizung bis zu 280 EUR), ohne Beiträge zur Kranken- und Pflegeversicherung sowie ohne Studiengebühren. Von diesem Betrag kann bei erhöhtem Bedarf oder mit Rücksicht auf die Lebensstellung der Eltern abgewichen werden.

294 **13.2 Einkommen des Kindes**

Auf den Unterhaltsbedarf werden Einkünfte des Kindes, auch das Kindergeld (siehe Nr. 14), BAföG-Darlehen und Ausbildungsvergütung bzw. -beihilfen angerechnet. Bei in der Berufsausbildung befindlichen Volljährigen sind von diesen Einkünften des Kindes ausbildungsbedingte Aufwendungen abzuziehen. Bei Einkünften aus unzumutbarer Erwerbstätigkeit gilt § 1577 Abs. 2 BGB entsprechend.

295 **13.3 Beiderseitige Barunterhaltspflicht/Haftungsanteil**

Für den Bedarf des Volljährigen haften die Eltern anteilig nach dem Verhältnis ihrer verfügbaren Einkommen. Vor der Bildung der Haftungsquote sind der angemessene Selbstbehalt jedes Elternteils (vgl. Nr. 21.3.1) und der Unterhalt vorrangig Berechtigter abzusetzen. Die Haftung ist auf den Tabellenbetrag nach Maßgabe des eigenen Einkommens des jeweils Verpflichteten begrenzt.

Diese Berechnung findet für den Bedarf des volljährigen Schülers im Sinne des § 1603 Abs. 2 S. 2 BGB entsprechende Anwendung. In diesem Fall ist vor der Bildung der Haftungsquote der notwendige Selbstbehalt jedes Elternteils (vgl. Nr. 21.2) abzusetzen.

12. OLG Koblenz

296 **12.3** Sind, z.B. bei auswärtiger Unterbringung des Kindes, beide Eltern zum Barunterhalt verpflichtet, haften sie anteilig nach Nr. 13.3 für den Gesamtbedarf.

13.3 Sind beide Eltern barunterhaltspflichtig, bemisst sich die Haftungsquote nach dem Verhältnis ihrer anrechenbaren Einkünfte. Diese sind vorab jeweils um den Sockelbetrag zu kürzen. Der Sockelbetrag entspricht dem angemessenen Selbstbehalt gemäß Anm. 5 Abs. 2 der Düsseldorfer Tabelle, bei minderjährigen unverheirateten und ihnen gleichgestellten volljährigen Kindern (§ 1603 Abs. 2 S. 2 BGB) jedoch dann dem notwendigen Selbstbehalt gemäß Anm. 5 Abs. 1 der Düsseldorfer Tabelle, wenn bei einem Sockelbetrag in Höhe des angemessenen Selbstbehalts der Bedarf dieser Kinder nach der ersten Einkommensgruppe nicht sichergestellt ist.

Bei minderjährigen unverheirateten und ihnen gleichgestellten volljährigen Kindern (§ 1603 Abs. 2 S. 2 BGB) sind die anrechenbaren Einkommen der Eltern außerdem wegen gleichrangiger Unterhaltspflichten und bei anderen volljährigen Kindern wegen vorrangiger Unterhaltspflichten zu kürzen.

Der Verteilungsschlüssel kann bei Vorliegen besonderer Umstände (z.B. Betreuung eines behinderten Volljährigen) wertend verändert werden.

13. OLG Köln

12.3 Beiderseitige Barunterhaltspflicht/Haftungsanteil 297

Sind bei auswärtiger Unterbringung oder bei Praktizierung eines echten Wechselmodells (Betreuung 50:50) beide Eltern zum Barunterhalt verpflichtet, haften sie anteilig nach § 1606 Abs. 3 S. 1 BGB für den Gesamtbedarf (Berechnung siehe Nr. 13.3). Bei auswärtiger Unterbringung kann der Verteilungsschlüssel unter Berücksichtigung des Betreuungsaufwands wertend verändert werden.

13.3 Beiderseitige Barunterhaltspflicht

Bei anteiliger Barunterhaltspflicht ist vor Berechnung des Haftungsanteils nach § 1606 Abs. 3 S. 1 BGB das bereinigte Nettoeinkommen jedes Elternteils gem. Nr. 10 zu ermitteln. Hiervon ist bei Unterhaltsansprüchen nicht privilegierter volljähriger Kinder ein Sockelbetrag in Höhe des angemessenen Selbstbehalts (1.300 EUR) abzuziehen.

Der Haftungsanteil nach § 1606 Abs. 3 S. 1 BGB errechnet sich nach der Formel:

> Bereinigtes Nettoeinkommen eines Elternteils (N1 oder N2) abzüglich 1.300 EUR mal (Rest-)Bedarf gemäß Nr. 13.1./13.2. (R), geteilt durch die Summe der bereinigten Nettoeinkommen beider Eltern (N1 + N2) – 2.600 (=1.300 + 1.300) EUR. 298
>
> Haftungsanteil Elternteil 1 = (N1 – 1.300) × R : (N1 + N2 – 2.600).

Der so ermittelte Haftungsanteil ist auf seine Angemessenheit zu überprüfen und kann bei Vorliegen besonderer Umstände (z.B. behindertes Kind) wertend verändert werden.

Bei volljährigen Schülern, die in § 1603 Abs. 2 S. 2 BGB minderjährigen Kindern gleichgestellt sind, wird der Sockelbetrag bis zum notwendigen Selbstbehalt (880 EUR/1.080 EUR) herabgesetzt, wenn der Bedarf der Kinder andernfalls nicht gedeckt werden kann.

14. OLG Naumburg

12.3 Beiderseitige Barunterhaltspflicht/Haftungsanteil 299

Der das Kind betreuende Elternteil braucht in der Regel neben dem anderen Elternteil keinen Barunterhalt zu leisten, es sei denn, sein Einkommen ist bedeutend höher als das des anderen Elternteils (§ 1606 Abs. 3 S. 2 BGB) oder der eigene angemessene Unterhalt des sonst allein barunterhaltspflichtigen Elternteils ist gefährdet (§ 1603 Abs. 2 S. 3 BGB). Im letzteren Fall kann jedoch nach der so genannten „Hausmann“-Rechtsprechung eine Haftung in Betracht kommen.

Der Verteilungsschlüssel kann ggfs. unter Berücksichtigung des zusätzlichen Betreuungsaufwandes eines Elternteils wertend verändert werden.

Sind **bei auswärtiger Unterbringung des Kindes** beide Eltern zum Barunterhalt verpflichtet, haften sie anteilig nach § 1606 Abs. 3 S. 1 BGB für den Gesamtbedarf (Nr. 13.3). Bei vergleichbarer wirtschaftlicher Lage ist insoweit hinsichtlich Bedarf und Bedürftigkeit des Kindes die Regelung für volljährige Schüler, Studenten und Auszubildende entsprechend anzuwenden (Nr. 13).

13.3 Beiderseitige Barunterhaltspflicht/Haftungsanteil

Die anteilige Barunterhaltspflicht beider Elternteile bestimmt sich nach Maßgabe des § 1606 Abs. 3 S. 1 BGB, geht jedoch für den einzelnen Elternteil nicht über den Unterhaltsbetrag hinaus, der sich allein nach seinem Einkommen aus der Unterhaltstabelle (Anhang) ergibt.

Vor Berechnung des Haftungsanteils nach § 1606 Abs. 3 S. 1 BGB ist das Nettoeinkommen jedes Elternteils gemäß Nr. 10 zu ermitteln. Außerdem ist vom Restbetrag ein Sockelbetrag in Höhe des angemessenen Selbstbehalts (1.300 EUR) oder, sofern es um Unterhaltsansprüche privilegierter Volljähriger gemäß § 1603 Abs. 2 S. 2 BGB geht, des (entweder 1.080 EUR oder 880 EUR betragenden) notwendigen Selbstbehalts abzuziehen.

15. OLG Oldenburg

300 **12.3** Der das Kind betreuende Elternteil ist nur dann barunterhaltspflichtig, wenn sein Einkommen das Einkommen des anderen Elternteils erheblich übersteigt. Ferner kann er in angemessenem Umfang barunterhaltspflichtig sein, wenn der angemessene Bedarf des anderen Elternteils bei Leistung des Unterhalts gefährdet wäre (§ 1603 Abs. 2 S. 3 BGB).

Sind bei auswärtiger Unterbringung beide Elternteile zum Barunterhalt verpflichtet, haben sie den um das volle Kindergeld verminderten Gesamtbedarf anteilig nach dem Verhältnis ihrer den angemessenen Selbstbehalt übersteigenden Einkommen zu tragen (§ 1606 Abs. 3 S. 1 BGB). Das den notwendigen Selbstbehalt übersteigende Einkommen ist maßgebend, wenn der Bedarf des Kindes andernfalls nicht gedeckt werden kann.

13.3 Ab Volljährigkeit besteht – auch für minderjährigen Kindern gleichgestellte volljährige Kinder – grundsätzlich eine Barunterhaltspflicht beider Elternteile.

Beide Eltern schulden Unterhalt nach dem Verhältnis ihres jeweiligen den angemessenen Selbstbehalt von **1.300 EUR** bzw. bei minderjährigen Kindern gleichgestellten volljährigen Kindern ggf. den notwendigen Selbstbehalt übersteigenden Einkommens. Ziff. 10.5 und Ziff. 12.3 Abs. 2 sind zu beachten. Kein Elternteil hat einen höheren Unterhaltsbetrag zu zahlen, als sich allein nach seinem Einkommen aus der Düsseldorfer Tabelle ergäbe.

16. OLG Rostock

301 **12.3** Der betreuende Elternteil braucht neben dem anderen Elternteil in der Regel keinen Barunterhalt zu leisten, es sei denn, sein Einkommen ist bedeutend höher als das des anderen

Elternteils oder der eigene angemessene Unterhalt (1.300 EUR) des sonst allein barunterhaltspflichtigen Elternteils ist gefährdet (§ 1603 Abs. 2 S. 3 BGB) und der des anderen nicht.

Sind bei auswärtiger Unterbringung beide Elternteile zum Barunterhalt verpflichtet, haften sie anteilig nach§ 1606 Abs. 3 S. 1 BGB für den Gesamtbedarf. Betreuungsleistungen sind zu berücksichtigen.

13.3 Bei anteiliger Barunterhaltspflicht ist vor Berechnung des Haftungsanteils nach § 1606 Abs. 3 S. 1 BGB das bereinigte Nettoeinkommen jedes Elternteils gemäß Nr. 10 zu ermitteln. Außerdem sind vom Restbetrag ein Sockelbetrag in Höhe des angemessenen Selbstbehalts von 1.300 EUR und Unterhaltsleistungen für vorrangig Berechtigte abzuziehen.

Bei volljährigen Schülern, die in § 1603 Abs. 2 S. 2 BGB minderjährigen Kindern gleichgestellt sind, wird der Sockelbetrag bis zum notwendigen Selbstbehalt (1.080 EUR/880 EUR) herabgesetzt, wenn der Bedarf der Kinder andernfalls nicht gedeckt werden kann.

17. OLG Saarbrücken

Gesamttext der Leitlinien: 302

Unterhaltsrechtliche Leitlinien der Senate für Familiensachen bei dem Saarländischen Oberlandesgericht (Stand: 1.1.2015)

Die Senate für Familiensachen bei dem Saarländischen Oberlandesgericht werden die ab 1.1.2015 geltende Düsseldorfer Tabelle in der bisherigen Weise als Orientierungshilfe benutzen.

Der Selbstbehalt des Unterhaltsverpflichteten beträgt

- gegenüber minderjährigen Kindern und gegenüber volljährigen unverheirateten Kindern bis zur Vollendung des 21. Lebensjahres, die im Haushalt der Eltern oder eines Elternteils leben und sich in der allgemeinen Schulausbildung befinden
- für Erwerbstätige 1.080 EUR
- für Nichterwerbstätige 880 EUR
- gegenüber anderen volljährigen Kindern generell 1.300 EUR
- gegenüber dem getrennt lebenden und dem geschiedenen Ehegatten oder der Mutter/dem Vater eines nichtehelichen Kindes unabhängig davon, ob erwerbstätig oder nicht erwerbstätig 1.200 EUR
- gegenüber Eltern mindestens 1.800 EUR.

18. OLG Schleswig

12.3 Verfügen beide Eltern über Einkommen, wird der Bedarf minderjähriger Kinder im Verhältnis zu dem Elternteil, der den Barunterhalt zu leisten hat, in der Regel allein nach 303 seinem Einkommen ermittelt. Ausnahmsweise kann der betreuende Elternteil zur Barunterhaltsleistung entlastend herangezogen werden, wenn sein Einkommen das des anderen Elternteils wesentlich übersteigt. Die Entlastung wird dann nach den Umständen des Einzelfalles bemessen.

304 **13.3** Verfügen beide Eltern über Einkommen, ergibt sich der Bedarf volljähriger Kinder, soweit dafür die Tabelle maßgebend ist, grundsätzlich nach dem zusammengerechneten Einkommen beider Eltern, jedoch ist wegen doppelter Haushaltsführung in der Regel um eine Stufe herabzustufen.

Den offenen Bedarf haben die Eltern anteilig zu decken, und zwar grundsätzlich im Verhältnis ihrer Einkommen zueinander. Dabei werden nur die Einkommensteile zueinander ins Verhältnis gesetzt, die jeweils über dem angemessenen Selbstbehalt liegen, und zwar nach Abzug vorrangiger Unterhaltspflichten.

Bei sog. privilegiert volljährigen Kindern sind grundsätzlich die bereinigten Einkünfte oberhalb des angemessenen Selbstbehalts maßgebend. Lediglich im Mangelfall ist auf die bereinigten Einkünfte oberhalb des notwendigen Selbstbehalts abzustellen.[220]

Ein Elternteil hat jedoch höchstens den Unterhalt zu leisten, der sich allein aus seinem Einkommen gemäß der Unterhaltstabelle ergibt.

19. Süddeutsche Leitlinien

305 **12.3** Sind bei auswärtiger Unterbringung beide Eltern zum Barunterhalt verpflichtet, haften sie anteilig nach§ 1606 Abs. 3 S. 1 BGB für den Gesamtbedarf (vgl. Nr. 13.3). Der Verteilungsschlüssel kann unter Berücksichtigung des Betreuungsaufwandes wertend verändert werden.

13.3 Bei anteiliger Barunterhaltspflicht ist vor Berechnung des Haftungsanteils nach § 1606 Abs. 3 S. 1 BGB das bereinigte Nettoeinkommen jedes Elternteils gem. Nr. 10 zu ermitteln. Außerdem ist vom Restbetrag ein Sockelbetrag in Höhe des angemessenen Selbstbehalts (1.300 EUR) abzuziehen.

Der Haftungsanteil nach § 1606 Abs. 3 S. 1 BGB errechnet sich nach der Formel:

306 *Rechenbeispiel*

Bereinigtes Nettoeinkommen eines Elternteils (N1 oder N2) abzüglich 1.300 EUR mal (Rest-)Bedarf (R), geteilt durch die Summe der bereinigten Nettoeinkommen beider Eltern (N1 + N2) – 2.600 (=1.300 + 1.300) EUR. Haftungsanteil 1 = (N1 -1.300) × R : (N1 + N2 -2.600).

220 BGH FamRZ 2011, 454.

Der so ermittelte Haftungsanteil ist auf seine Angemessenheit zu überprüfen und kann bei Vorliegen besonderer Umstände (z.B. behindertes Kind) wertend verändert werden. 307

Bei volljährigen Schülern, die in § 1603 Abs. 2 S. 2 BGB minderjährigen Kindern gleichgestellt sind, wird der Sockelbetrag bis zum notwendigen Selbstbehalt (880 EUR/1.080 EUR) herabgesetzt, wenn der Bedarf der Kinder andernfalls nicht gedeckt werden kann.

Klinkhammer ist in seiner Auffassung zuzustimmen, die Quotenberechnung sei auf der Grundlage des nach Abzug des **angemessenen Selbstbehalts als Sockelbetrag** verbleibenden Einkommens vorzunehmen. Erst dann, wenn sich nach dieser Berechnungsmethode ein **Mangelfall**, also eine Bedarfslücke des oder der Kinder ergäbe, sei es angemessen, dass die Eltern für den Fehlbetrag nach ihren jeweiligen Einkünften **zwischen dem notwendigen und dem angemessenen Selbstbehalt** haften.[221] 308

Ob allerdings die erhebliche Begünstigung des geringer verdienenden Elternteils bei Annahme des angemessenen Selbstbehalts als Sockelbetrag im Bereich des Kindesunterhalts richtig ist, unterliegt persönlicher Bewertung.

III. Die Vereinbarung von Kindesunterhalt im Wechselmodell

Auch wenn sich beteiligte Eltern über die Einrichtung eines Wechselmodells einig sind, werden häufig unterschiedliche Auffassungen darüber bestehen, ob, und wenn ja, in welcher Höhe ausgleichend Kindesunterhalt zu zahlen ist. Eine **Ausgleichspflicht** ergibt sich immer dann, wenn die Kindeseltern über unterschiedliche hohe Einkünfte verfügen. 309

Streit kann auch über die Frage entstehen, ob der **angemessene oder nur der notwendige Selbstbehalt** als Sockelbetrag zugrunde zu legen ist.

Zur Vermeidung von Konflikten, die auch das **notwendige Zusammenwirken** der Eltern im Rahmen der Praktizierung des Wechselmodells stört, ist eine Gesamtvereinbarung immer sinnvoll.

Über die Praktizierung des Wechselmodells und die Zahlung von Kindesunterhalt könnte man sich wie folgt einigen: 310

3.29

▼

Muster 3.29: Vereinbarung von Wechselmodell und Kindesunterhalt

Verhandelt am

Zu

Vor mir, dem unterzeichnenden Notar im Bezirk des Oberlandesgerichts

221 Wendl/Dose/*Klinkhammer*, § 2 Rn 427 m.w.N.

erscheinen

1. Herr , geb. am , wohnhaft

2. Frau geb. , geb. am , wohnhaft

ausgewiesen durch .

Die Frage des beurkundenden Notars nach einer Vorbefassung im Sinne von § 3 Abs. 1 Nr. 7 BeurkG wurde von den Erschienenen verneint. Der beurkundende Notar erläuterte die vorgenannte Vorschrift.

Die Erschienenen baten den Notar um die Beurkundung einer

Trennungs- und Unterhaltsvereinbarung

und erklärten vorab:

§ 1 Ausgangslage

Wir sind beide von Geburt an deutsche Staatsangehörige und haben am in die Ehe geschlossen. Aus unserer Ehe sind die am geborene, derzeit also 7 Jahre alte K. sowie der am geborene, also 12 Jahre alte L. hervorgegangen. Kinder aus anderen Verbindungen sind nicht vorhanden.

Wir leben seit dem in verschiedenen Wohnungen voneinander getrennt.

§ 2 Ehegattenunterhalt

1. Der Ersch. zu 1 verpflichtet sich, ab an die Ersch. zu 2 für die Zeit der Trennung einen monatlich, jeweils bis zum 1. eines jeden Monats fälligen Trennungsunterhalt in Höhe von EUR zu zahlen.

2. Bei dieser Vereinbarung gehen die Beteiligten von den folgenden Einkommensverhältnissen aus:

- Einkommen des Ersch. zu 1
- Einkommen der Ersch. zu 2 .

3. Die Vereinbarung zur Zahlung von Trennungsunterhalt ist der Abänderung zugänglich. Die Beteiligten vereinbaren im Falle der Änderung der Einkommens- und Vermögensverhältnisse eine an der getroffenen Vereinbarung orientierte Abänderung. Ergänzend gelten die gesetzlichen Regelungen.

4. Die Ersch. zu 2 verpflichtet sich für die Dauer der Unterhaltsleistung, die nach § 10 Abs. 1 Nr. 1 EStG erforderliche Zustimmung zum begrenzten Realsplitting zu geben. Der Ersch. zu 1 ist verpflichtet, die Ersch. zu 2 von den ihr entstehenden finanziellen Nachteilen freizustellen.

§ 3 Vereinbarung des Wechselmodells

1. Auch nach der Trennung und einer anschließenden Scheidung unserer Ehe wollen wir die elterliche Sorge für K., geb. , und L., geb. , weiterhin gemeinsam ausüben. Bei unseren Entscheidungen für unsere Kinder werden wir uns allein am Kindeswohl ausrichten. Sämtliche Einzelheiten für sie werden wir im gegenseitigen Einvernehmen regeln.

2. Für die Schulferien der Kinder werden wir jeweils im Jahreswechsel besondere Abreden treffen, um möglichst gleiche Zeiten für jeden Elternteil festzulegen, die er dann mit den Kindern zusammen sein und verbringen kann. In gleicher Form werden wir uns über die Verteilung der Feiertage übers Jahr (Ostern, Pfingsten, Weihnachten, Silvester und Neujahr; Eltern- und Kindergeburtstage; Geburtstage von Großeltern, Jubiläumsfeiern u.Ä.) verständigen.

3. Im Übrigen sind wir uns darüber einig, dass die Kinder in diesem Kalenderjahr jeweils in den ungeraden Wochen des Jahres die Zeit von Montagmorgen bis zum folgenden Montagmorgen vom Vater, sowie in den geraden Wochen des Jahres von der Mutter betreut werden. Im folgenden Kalenderjahr werden die Kinder die geraden Wochen beim Kindesvater und die ungeraden Wochen bei der Kindesmutter verbringen. Übergabezeiten und sonstige Einzelheiten der Aufenthaltszeiten werden wir von Fall zu Fall festlegen.

§ 4 Kindesunterhalt

1. Wir vereinbaren im Hinblick auf die Einrichtung des Wechselmodells unter Berücksichtigung des oben festgestellten Einkommens, dass der Ersch. zu 1 zur Ausgleichung gegenseitiger Ansprüche wegen wechselnder Betreuung der Kinder eine monatliche Ausgleichszahlung für Kindesunterhalt in Höhe von EUR vornimmt, jeweils im Voraus bis zum 1. Eines Monats zu zahlen.

2. Von weitergehenden Unterhaltsansprüchen hinsichtlich der Kinder stellen wir uns wechselseitig frei.

§ 5 Vollstreckungsunterwerfung

Wegen der in § 2 und 4 der Vereinbarung eingegangenen Verpflichtung zur Zahlung von Ehegattenunterhalt und Kindesunterhalt unterwerfe ich, der Ersch. zu 1, mich der

sofortigen Zwangsvollstreckung

aus dieser Urkunde in mein Vermögen.

Die Ersch. zu 2 ist berechtigt, sich jederzeit auf einseitigen Antrag auf Kosten des Ersch. zu 1 eine vollstreckbare Ausfertigung dieser Urkunde erteilen zu lassen, ohne dass es hierzu des Nachweises der Fälligkeit oder sonstiger die Vollstreckung begründender Tatsachen bedarf.

§ 6 Hinweise, Durchführung

Der Notar hat die Erschienenen über die Bedeutung, die rechtliche Tragweite, insbesondere die Rechtsfolgen und die Auswirkungen der Unterhaltsvereinbarung abschließend noch einmal ausführlich belehrt. Beide Erschienenen sind sich der Tragweite der getroffenen Vereinbarungen bewusst und wünschen gleichwohl die Beurkundung der Vereinbarung auch unter Inkaufnahme möglicher zukünftig daraus erwachsener Nachteile.

(ggf. weitere abschließende Hinweise/Durchführung)

(Urkundsausgang, Unterschriften)

▲

I. Besondere Probleme beim Kindesunterhalt

I. Beiderseitige Barunterhaltspflicht

311 Nach dem Gleichwertigkeitsprinzip des § 1606 Abs. 3 S. 2 BGB leistet ein Elternteil nach Trennung bzw. Scheidung der Eltern dem minderjährigen unverheirateten Kind in der Regel durch Pflege, Betreuung und Versorgung **Naturalunterhalt**, während der anderen Elternteil **barunterhaltspflichtig** ist. Naturalunterhalt und Barunterhalt gelten als gleichwertig.

312 **Ausnahmsweise** jedoch kann das Gleichwertigkeitsprinzip des § 1606 Abs. 3 S. 2 BGB durchbrochen werden mit der Folge, dass **beide Elternteile dem Kind barunterhaltspflichtig** sind. Diese Situation tritt vor allem in folgenden Fällen ein:

- Betreuung je eines gemeinsames Kindes,
- Wechselmodell,
- Fremdbetreuung eines Kindes,
- stark ungleichgewichtige Einkommens- und Vermögensverhältnisse,
- zu berücksichtigende Schuldenlast aus der Zeit gemeinsamer Lebensführung der Eltern,
- Anteilshaftung beim Zusammentreffen minderjähriger und privilegiert volljähriger Kinder.

313 Es ist jeweils im Einzelfall abzuwägen und zu entscheiden, ob die Ausnahme der Barunterhaltspflicht beider Elternteile besteht. Kommt eine solche Barunterhaltspflicht beider Elternteile in Betracht, ist es immer sinnvoll, eine **Vereinbarung** über die anteiligen Unterhaltsbeträge zu schließen. Dies hängt aber naturgemäß von dem Grund für die bestehende beiderseitige Barunterhaltspflicht ab.

1. Die Betreuung je eines gemeinsames Kindes

Betreut jeder Elternteil, etwa durch Geschwistertrennung, ein oder mehrere gemeinsame minderjährige Kinder, bleibt es dann grundsätzlich bei der Gleichwertigkeitsregelung des § 1603 Abs. 3 S. 2 BGB. Dies bedeutet, dass jeder Elternteil für das bei ihm lebende Kind keinen Barunterhalt, sondern Naturalunterhalt durch Pflege, Betreuung und Versorgung leistet. Jedoch ist jeder Elternteil für das nicht bei ihm lebende Kind barunterhaltspflichtig. 314

Die Berechnung erfolgt wie folgt: 315

> *Beispiel:*
>
> Bereinigtes Einkommen Kindesvater M: 3.000 EUR
>
> Bereinigtes Einkommen Kindesmutter F: 2.500 EUR
>
> K1, 13 Jahre alt, wird von der Kindesmutter betreut
>
> K2, 16 Jahre alt, wird vom Kindesvater betreut
>
> **Unterhaltspflicht Kindesvater für K1:**
>
> Höherstufung Eink.gr. 5 auf 6 nach Düsseldorfer Tabelle wegen Unterhaltspflicht ausschließlich gegenüber einer unterhaltsberechtigten Person,
>
> 576 EUR – 95 EUR ½ Kindergeld = **481 EUR**
>
> **Unterhaltspflicht Kindesmutter für K2:**
>
> Höherstufung s.o. von Eink.gr. 4 auf 5,
>
> 540 EUR – 95 EUR ½ Kindergeld = **445 EUR**.
>
> Differenzzahlung: 481 EUR – 445 EUR = **36 EUR von M an F zu zahlen**.

Berechnung nach Stand Düsseldorfer Tabelle vom 1.1.2016.

Es liegt nahe, bei derart geringen Differenzen auf die Ausgleichszahlung zu verzichten und beispielsweise Sparbücher für die Kinder anzulegen. 316

Hierüber können Elternteile natürlich eine **Verrechnungsvereinbarung** treffen. Diese wäre wie folgt zu formulieren:

▼

Muster 3.30: Verrechnung von Kindesunterhalt bei Betreuung je eines Kindes 317

Verhandelt am

Zu

Vor mir, dem unterzeichnenden Notar im Bezirk des Oberlandesgerichts

erscheinen

1. Herr , geb. am , wohnhaft

2. Frau geb. , geb. am , wohnhaft

ausgewiesen durch .

Die Frage des beurkundenden Notars nach einer Vorbefassung im Sinne von § 3 Abs. 1 Nr. 7 BeurkG wurde von den Erschienenen verneint. Der beurkundende Notar erläuterte die vorgenannte Vorschrift.

Die Erschienenen baten den Notar um die Beurkundung einer

Trennungs- und Unterhaltsvereinbarung

und erklärten vorab:

§ 1 Ausgangslage

Wir sind beide von Geburt an deutsche Staatsangehörige und haben am in die Ehe geschlossen. Aus unserer Ehe sind die gemeinsamen Kinder K1, geb. am (13 Jahre) und K2, geb. am (16 Jahre) hervorgegangen.

K1 behält einvernehmlich seinen Lebensmittelpunkt bei der Kindesmutter. K2 behält einvernehmlich seinen Lebensmittelpunkt beim Kindesvater.

Wir gehen von den folgenden Einkommensverhältnissen aus:

- Einkommen des Ersch. zu 1
- Einkommen der Ersch. zu 2 .

§ 2 Kindesunterhalt

1. Im Hinblick auf die Verpflichtung zur jeweiligen Zahlung von Kindesunterhalt für das vom barunterhaltspflichtigen Elternteil nicht betreute Kind verzichten wir auf die jeweilige Zahlung und nehmen eine Verrechnung der Zahlungspflichten vor.

2. Die Differenzzahlung beträgt nach der als Anlage dieser Urkunde beigefügten Berechnung EUR.

3. Wir vereinbaren, das der Ersch. zu 1 diesen Betrag hälftig jeweils monatlich auf ein für jedes der Kinder anzulegendes Sparbuch einzahlt, über das die Erschienenen nur gemeinsam verfügungsberechtigt sind. Der Ersch. zu 1 wird der Ersch. zu 2 über die Einrichtung und die Einzahlungen halbjährlich Auskunft erteilen.

4. Die Vereinbarung bleibt gültig, solange sich die Kinder in der Schulausbildung befinden und jeweils von einem Elternteil betreut werden.

5. Im Falle der Änderung eines Zahlungsbetrages durch Änderung der Einkommensverhältnisse oder Höherstufung eines der Kinder nach der Altersstruktur der Düssel-

dorfer Tabelle ist der Differenzbetrag entsprechend anzupassen und in gleicher Weise zu verwenden.

6. Im Übrigen bleibt die Unterhaltsregelung nach § 239 FamFG abänderbar.

§ 3 Hinweise, Durchführung

Der Notar hat die Erschienenen über die Bedeutung, die rechtliche Tragweite, insbesondere die Rechtsfolgen und die Auswirkungen der Unterhaltsvereinbarung abschließend noch einmal ausführlich belehrt. Beide Erschienenen sind sich der Tragweite der getroffenen Vereinbarungen bewusst und wünschen gleichwohl die Beurkundung der Vereinbarung auch unter Inkaufnahme möglicher zukünftig daraus erwachsener Nachteile.

(ggf. weitere abschließende Hinweise/Durchführung)

(Urkundsausgang, Unterschriften)

▲

Zu beachten ist im vorliegenden Fall, dass sich **mit Volljährigkeit der Zahlbetrag** 318
ändert. Die Kindesmutter müsste dann für K2 430 EUR zahlen; auf den Bedarf von 620 EUR ist bei Volljährigkeit das volle Kindergeld anzurechnen, so dass 620 EUR–190 EUR = 430 EUR zu zahlen sind. Die Differenz erhöht sich sodann um **15 EUR**.

2. Das Wechselmodell

Würde nach dem obigen Beispiel eine **Betreuung nach dem Wechselmodell** erfolgen, 319
würden die Unterhaltsansprüche[222] wie folgt errechnet werden, wobei der Einsatz von Mehrkosten außer Betracht bleiben soll:

Beispiel: Berechnung des Kindesunterhalts im Wechselmodell 320

Sockelbetrag: angemessener Selbstbehalt; vom Kindergeld erhalten die Eltern jeweils die Hälfte des Gesamtbetrages:[223]

Bereinigtes Einkommen Kindesvater M: 3.000 EUR

Bereinigtes Einkommen Kindesmutter F: 2.500 EUR

K1, 13 Jahre alt, und K2, 16 Jahre alt, werden im Wechselmodell betreut.

Bedarf der Kinder nach dem zusammengerechneten Einkommen der Eltern 5.500 EUR (3.000 EUR + 2.500 EUR).

222 Zu Unterhaltsansprüchen zwischen Kindeseltern im Wechselmodell vgl. *Horndasch*, Ehegattenunterhalt, § 4 Rn 315 ff.

223 Zum Meinungsstreit über die Aufteilung des Kindergeldes beim Wechselmodell vgl. *Wohlgemuth,* FamRZ 2015, 808: OLG Düsseldorf FamRZ 2014, 567 = FuR 2014, 243 m. Anm. *Viefhues.*

Einsetzbares Einkommen:

M: 3.000 EUR – 1.300 EUR (angemessener Selbstbehalt) = 1.700 EUR

F: 2.500 EUR – 1.300 EUR = 1.200 EUR

Gesamtes einsetzbares Einkommen:

1.700 EUR + 1.200 EUR = 2.900 EUR

Unterhalt K 1:

Bedarf 720 EUR – 190 EUR volles Kindergeld = 530 EUR

Anteil M: 530 EUR × 1.700 EUR : 2.900 EUR = 311 EUR

Anteil F: 530 EUR × 1.200 EUR : 2.900 EUR = 219 EUR

Unterhalt K 2:

Bedarf 720 EUR – 190 EUR volles Kindergeld = 530 EUR

Anteil M:

530 EUR × 1.700 EUR : 2.900 EUR = 311 EUR

Anteil F:

530 EUR × 1.200 EUR : 2.900 EUR = 219 EUR

Ausgleichszahlung:

K 1: 311 EUR – 219 EUR = 92 EUR von M an F zu zahlen

K 2: 311 EUR – 219 EUR = 92 EUR von M an F zu zahlen

Gesamtzahlung von M an F zum Ausgleich der Barunterhaltspflicht für K 1 und K 2: **184 EUR** (92 EUR für K 1 und 92 EUR für K 2).

Berechnung nach Stand Düsseldorfer Tabelle vom 1.1.2016.

321 **Anm.**: Es ist bei der Bestimmung des Bedarfs der Kinder von der **höchsten Einkommensgruppe der Düsseldorfer Tabelle** auszugehen, weil keine Anhaltspunkte für einen außergewöhnlich hohen Bedarf vorliegen, der eine weitere Erhöhung der Bedarfsbeträge rechtfertigen würde.

322 Eine Vereinbarung über die Zahlung des Kindesunterhalts könnte wie folgt formuliert werden:

3.31

▼

Muster 3.31: Vereinbarung von Ausgleichszahlung im Wechselmodell

Verhandelt am

Zu

Vor mir, dem unterzeichnenden Notar im Bezirk des Oberlandesgerichts

erscheinen

1. Herr ___, geb. am ___, wohnhaft ___

2. Frau ___ geb. ___, geb. am ___, wohnhaft ___

ausgewiesen durch ___.

Die Frage des beurkundenden Notars nach einer Vorbefassung im Sinne von § 3 Abs. 1 Nr. 7 BeurkG wurde von den Erschienenen verneint. Der beurkundende Notar erläuterte die vorgenannte Vorschrift.

Die Erschienenen baten den Notar um die Beurkundung einer

Trennungs- und Unterhaltsvereinbarung

und erklärten vorab:

§ 1 Ausgangslage

Wir sind beide von Geburt an deutsche Staatsangehörige und haben am ___ in ___ die Ehe geschlossen. Aus unserer Ehe sind der am ___ geborene, derzeit also 13 Jahre alte K1 sowie der am ___ geborene, also 16 Jahre alte K2 hervorgegangen. Kinder aus anderen Verbindungen sind nicht vorhanden.

Wir leben seit dem ___ in verschiedenen Wohnungen voneinander getrennt.

Wir verfügen über die folgenden bereinigten monatlichen Nettoeinkünfte:

- der Ersch. zu 1: ___ EUR
- die Ersch. zu 2: ___ EUR.

§ 2 Vereinbarung des Wechselmodells

1. Auch nach der Trennung und einer anschließenden Scheidung unserer Ehe wollen wir die elterliche Sorge für K1, geb ___, und K2, geb. ___, weiterhin gemeinsam ausüben. Bei unseren Entscheidungen für unsere Kinder werden wir uns allein am Kindeswohl ausrichten. Sämtliche Einzelheiten für sie werden wir im gegenseitigen Einvernehmen regeln.

2. Für die Schulferien der Kinder werden wir jeweils im Jahreswechsel besondere Abreden treffen, um möglichst gleiche Zeiten für jeden Elternteil festzulegen, die er dann mit den Kindern zusammen sein und verbringen kann. In gleicher Form werden wir uns über die Verteilung der Feiertage übers Jahr (Ostern, Pfingsten, Weihnachten, Silvester und Neujahr; Eltern- und Kindergeburtstage; Geburtstage von Großeltern, Jubiläumsfeiern u.Ä.) verständigen.

3. Im Übrigen sind wir uns darüber einig, dass die Kinder in diesem Kalenderjahr jeweils in den ungeraden Wochen des Jahres die Zeit von Montagmorgen bis zum folgenden Montagmorgen vom Vater, sowie in den geraden Wochen des Jahres von der Mutter

betreut werden. Im folgenden Kalenderjahr werden die Kinder die geraden Wochen beim Kindesvater und die ungeraden Wochen bei der Kindesmutter verbringen. Übergabezeiten und sonstige Einzelheiten der Aufenthaltszeiten werden wir von Fall zu Fall festlegen.

§ 3 Kindesunterhalt

1. Wir vereinbaren im Hinblick auf die Einrichtung des Wechselmodells unter Berücksichtigung des oben festgestellten Einkommens, dass der Ersch. zu 1 zur Ausgleichung gegenseitiger Ansprüche wegen wechselnder Betreuung der Kinder eine monatliche Ausgleichszahlung für Kindesunterhalt in Höhe von EUR vornimmt, jeweils im Voraus bis zum 1. eines Monats zu zahlen.

2. Von weitergehenden Unterhaltsansprüchen hinsichtlich der Kinder stellen wir uns wechselseitig frei.

3. Die Höhe des Differenzbetrages ergibt sich aus der dieser Urkunde als Anlage beigefügten Berechnung.

4. Die Unterhaltsregelung ist nach § 239 FamFG abänderbar.

§ 4 Vollstreckungsunterwerfung

Wegen der in § 3der Vereinbarung eingegangenen Verpflichtung zur Zahlung des Differenzbetrages zum Kindesunterhalt unterwerfe ich, der Ersch. zu 1, mich der

sofortigen Zwangsvollstreckung

aus dieser Urkunde in mein Vermögen.

Die Ersch. zu 2 ist berechtigt, sich jederzeit auf einseitigen Antrag auf Kosten des Ersch. zu 1 eine vollstreckbare Ausfertigung dieser Urkunde erteilen zu lassen, ohne dass es hierzu des Nachweises der Fälligkeit oder sonstiger die Vollstreckung begründender Tatsachen bedarf.

§ 5 Hinweise, Durchführung

Der Notar hat die Erschienenen über die Bedeutung, die rechtliche Tragweite, insbesondere die Rechtsfolgen und die Auswirkungen der Unterhaltsvereinbarung abschließend noch einmal ausführlich belehrt. Beide Erschienenen sind sich der Tragweite der getroffenen Vereinbarungen bewusst und wünschen gleichwohl die Beurkundung der Vereinbarung auch unter Inkaufnahme möglicher zukünftig daraus erwachsener Nachteile.

(ggf. weitere abschließende Hinweise/Durchführung)

(Urkundsausgang, Unterschriften)

▲

3. Fremdbetreuung eines Kindes

Überlässt beispielsweise der bisher betreuende Elternteil die Pflege und Erziehung des 323
Kindes vollständig einem Dritten, hat auch dieser Elternteil Barunterhalt zu leisten.[224]

Wegen der Gleichwertigkeit von Barunterhalt und Betreuungsunterhalt ist sodann von beiden Eltern Barunterhalt pauschal in anfallender Höhe zu zahlen, entsprechend den Einkommensverhältnissen der Elternteile. Hierüber ist eine Einigung sinnvoll, ggf. mit den betreuenden Personen.

> *Beispiel:* 324
>
> Kind K, 13 Jahre alt, lebt im Haushalt der Großeltern; Einkommen der Eltern: M 3.000 EUR, F 2.500 EUR, die Großeltern erhalten das Kindergeld,
>
> **Bedarf des Kindes** nach dem zusammengerechneten Einkommen der Eltern 5.500 EUR (3.000 EUR + 2.500 EUR).
>
> Einsetzbares Einkommen:
>
> M: 3.000 EUR – 1.300 EUR (angemessener Selbstbehalt) = 1.700 EUR
>
> F: 2.500 EUR – 1.300 EUR = 1.200 EUR
>
> Gesamtes einsetzbares Einkommen:
>
> 1.700 EUR + 1.200 EUR = 2.900 EUR
>
> **Unterhalt K:**
>
> Bedarf 720 EUR – 190 EUR volles Kindergeld = 530 EUR
>
> Anteil M: 530 EUR × 1.700 EUR : 2.900 EUR = 311 EUR
>
> Anteil F: 530 EUR × 1.200 EUR : 2.900 EUR = 219 EUR
>
> M hat an die Großeltern 311 EUR zu zahlen, F hat 219 EUR zu zahlen.

Berechnung nach Stand Düsseldorfer Tabelle vom 1.1.2016.

Hierüber kann eine Einigung wie folgt getroffen werden:

▼

Muster 3.32: Vereinbarung über Barunterhalt bei Fremdbetreuung 325

Verhandelt am

Zu

Vor mir, dem unterzeichnenden Notar im Bezirk des Oberlandesgerichts

erscheinen

224 OLG Hamm FamRZ 1999, 1449.

1. Herr ____, geb. am ____, wohnhaft ____

2. Frau ____ geb. ____, geb. am ____, wohnhaft ____

ausgewiesen durch ____.

Die Frage des beurkundenden Notars nach einer Vorbefassung im Sinne von § 3 Abs. 1 Nr. 7 BeurkG wurde von den Erschienenen verneint. Der beurkundende Notar erläuterte die vorgenannte Vorschrift.

Die Erschienenen baten den Notar um die Beurkundung einer

Trennungs- und Unterhaltsvereinbarung

und erklärten vorab:

§ 1 Ausgangslage

Wir sind beide von Geburt an deutsche Staatsangehörige und haben am ____ in ____ die Ehe geschlossen. Aus unserer Ehe ist der am ____ geborene, derzeit also 13 Jahre alte K hervorgegangen. Kinder aus anderen Verbindungen sind nicht vorhanden.

Wir leben seit dem ____ in verschiedenen Wohnungen voneinander getrennt.

Wir verfügen über die folgenden bereinigten monatlichen Nettoeinkünfte:

- Der Ersch. zu 1: ____ EUR
- Die Ersch. zu 2: ____ EUR.

§ 2 Vereinbarung von Betreuung

1. Unser Kind K hat sich im Rahmen der Trennung der Erschienenen dazu entschlossen, bei seinen Großeltern, den Eltern der Ersch. zu 2, zu wohnen. Diese haben K in den Haushalt aufgenommen und versorgen und betreuen das Kind.

2. Wir, die Erschienenen, haben mit den Großeltern vereinbart, dass diese Unterhalt für K in Höhe des in der Anlage errechneten Betrages von ____ EUR erhalten. Hierauf wird zunächst das Kindergeld in Höhe von derzeit ____ EUR angerechnet, das zu Händen der Großeltern ausgezahlt wird.

§ 3 Kindesunterhalt

1. Wir vereinbaren im Hinblick auf den verbleibenden Restbedarf in Höhe von ____ EUR, dass wir nach unseren Einkünften die folgenden, monatlich bis zum 1. eines jeden Monats im Voraus zu zahlenden Teilbeträge leisten:

- der Ersch. zu 1: ____ EUR
- die Ersch. zu 2: ____ EUR.

2. Die Höhe der einzelnen Beträge ergibt sich aus der dieser Urkunde als Anlage beigefügten Berechnung.

3. Die Unterhaltsregelung ist nach § 239 FamFG abänderbar.

§ 4 Vollstreckungsunterwerfung

Wegen der in § 3 Ziff. 1der Vereinbarung eingegangenen Verpflichtung zur Zahlung des Kindesunterhaltes unterwerfen wir, die Ersch. zu 1und 2, uns jeweils der

sofortigen Zwangsvollstreckung

aus dieser Urkunde in unser Vermögen.

Das Kind K ist berechtigt, sich jederzeit eine vollstreckbare Ausfertigung dieser Urkunde zu Händen eines jeden Elternteils erteilen zu lassen, ohne dass es hierzu des Nachweises der Fälligkeit oder sonstiger die Vollstreckung begründender Tatsachen bedarf.

§ 5 Hinweise, Durchführung

Der Notar hat die Erschienenen über die Bedeutung, die rechtliche Tragweite, insbesondere die Rechtsfolgen und die Auswirkungen der Unterhaltsvereinbarung abschließend noch einmal ausführlich belehrt. Beide Erschienenen sind sich der Tragweite der getroffenen Vereinbarungen bewusst und wünschen gleichwohl die Beurkundung der Vereinbarung auch unter Inkaufnahme möglicher zukünftig daraus erwachsener Nachteile.

(ggf. weitere abschließende Hinweise/Durchführung)

(Urkundsausgang, Unterschriften)

▲

4. Ungleichgewichtige Einkommens- und Vermögensverhältnisse

Im Rahmen **deutlich ungleich gewichtiger** Einkommens- und/oder Vermögensverhältnisse kann es bei der Inanspruchnahme des nicht betreuenden Elternteils auf Zahlung von Barunterhalt zu einem erheblichen finanziellen Ungleichgewicht zwischen den Eltern.[225] **326**

In solchen Fällen kann möglicherweise der betreuende Elternteil dazu verpflichtet werden, **zusätzlich zu seiner Betreuungsleistung** zum Barunterhalt des Kindes beizutragen. Dafür muss aber das Einkommen des betreuenden Elternteils deutlich dasjenige des barunterhaltspflichtigen Elternteils übersteigen.[226]

Dem barunterhaltspflichtigen Elternteil, dem im Rahmen der Verpflichtung gegenüber **327**
einem betreuungsbedürftigen minderjährigen, unverheirateten Kind lediglich der not-

225 BGH FamRZ 2002, 743; 2001, 1068 = FuR 2002, 248 m. Anm. *Büttner*; BGH FamRZ 1980, 994 m.w.N.
226 So BGH FamRZ 2002, 743; *Luthin* FamRB 2004, 39.

wendige Selbstbehalt verbleiben muss, **darüber hinaus der angemessene Selbstbehalt** verbleiben, wenn es dem betreuenden Elternteil möglich ist, zur Unterhaltszahlung beizutragen, ohne unterhalb seines angemessenen Selbstbehaltes zu gelangen.[227]

Wann ein solcher Fall vorliegt, ist lediglich im Einzelfall zu klären.

328 Um Streit über diese Frage zu vermeiden, ist selbstverständlich möglich, hierüber auch eine Vereinbarung wie folgt zu treffen:

> *Beispiel:*
>
> Einkommen der betreuenden F: 4.500 EUR aus Vermögen
>
> Einkommen des barunterhaltspflichtigen M: 1.400 EUR
>
> Kind K, 12 Jahre alt
>
> Bedarf K: 450 EUR – 95 EUR ½ Kindergeld = 355 EUR
>
> ***Lösung bei Beteiligungspflicht F***
>
> M hat 100 EUR zu zahlen bis zur Grenze seines angemessenen Selbstbehalts, F hat wegen des deutlich höheren Einkommens den fehlenden Barunterhaltsteil von 255 EUR zu leisten. Ihr angemessener Selbstbehalt bleibt gewahrt.[228]
>
> Hierüber ist Streit möglich, wenn F **Einwendungen** geltend macht, z.B. dahingehend, dass ihr Einkommen auf der **Schenkung eines Mehrfamilienhauses** ihrer Eltern basiert, das diese ihr ausdrücklich mit dem Hinweis übereignet haben, dass dies die Unterhaltspflicht des M aber nicht schmälern dürfe, weil sie sonst mittelbar für den M Unterhalt zahlen.

Berechnung nach Stand Düsseldorfer Tabelle vom 1.1.2016.

329 Hierüber wäre eine Vereinbarung mit einem Mittelweg wie folgt möglich:

3.33

▼

Muster 3.33: Vereinbarung bei deutlich unterschiedlichen Einkommensverhältnissen

Verhandelt am

Zu

Vor mir, dem unterzeichnenden Notar im Bezirk des Oberlandesgerichts

erscheinen

227 BGH FamRZ 2011, 1041 = FuR 2011, 458.

228 BGH FamRZ 2013, 1558 = FuR 2013, 653; Palandt/*Brudermüller,* § 1606 Rn 16; PWW/*Soyka,* § 1606 Rn 10; Wendl/Dose/*Klinkhammer,* § 2 Rn 434:"..das Dreifache der unterhaltsrelevanten Einkünfte…".

1. Herr , geb. am , wohnhaft

2. Frau geb. , geb. am , wohnhaft

ausgewiesen durch .

Die Frage des beurkundenden Notars nach einer Vorbefassung im Sinne von § 3 Abs. 1 Nr. 7 BeurkG wurde von den Erschienenen verneint. Der beurkundende Notar erläuterte die vorgenannte Vorschrift.

Die Erschienenen baten den Notar um die Beurkundung einer

Trennungs- und Unterhaltsvereinbarung

und erklärten vorab:

§ 1 Ausgangslage

Wir sind beide von Geburt an deutsche Staatsangehörige und haben am in die Ehe geschlossen. Aus unserer Ehe ist der am geborene, derzeit also 12 Jahre alte K hervorgegangen. Kinder aus anderen Verbindungen sind nicht vorhanden. Das Kind lebt im Haushalt der Ersch. zu 2.

Wir leben seit dem in verschiedenen Wohnungen voneinander getrennt.

Wir verfügen über die folgenden bereinigten monatlichen Nettoeinkünfte:

- der Ersch. zu 1: EUR
- die Ersch. zu 2: EUR.

§ 2 Kindesunterhalt

1. Wir vereinbaren im Hinblick auf die unterschiedliche Höhe unserer Einkünfte, dass der Ersch. zu 1 einen monatlich bis zum 1. eines jeden Monats im Voraus zu zahlenden Teilbetrag von EUR zum Kindesunterhalt leistet. Der Restbetrag wird von der Ersch. zu 2 aufgebracht.

2. Die Höhe des Bedarfsbetrages des Kindes ergibt sich aus der dieser Urkunde als Anlage beigefügten Berechnung.

3. Die Unterhaltsregelung ist nach § 239 FamFG abänderbar.

§ 3 Vollstreckungsunterwerfung

Wegen der in § 2 Ziff. 1 der Vereinbarung eingegangenen Verpflichtung zur Zahlung des Kindesunterhaltunterwerfe ich, der Ersch. zu 2, mich der

sofortigen Zwangsvollstreckung

aus dieser Urkunde in mein gesamtes Vermögen.

Das Kind K ist berechtigt, sich jederzeit eine vollstreckbare Ausfertigung dieser Urkunde zu Händen der Ersch. zu 2 erteilen zu lassen, ohne dass es hierzu des Nachweises der Fälligkeit oder sonstiger die Vollstreckung begründender Tatsachen bedarf.

§ 4 Hinweise, Durchführung

Der Notar hat die Erschienenen über die Bedeutung, die rechtliche Tragweite, insbesondere die Rechtsfolgen und die Auswirkungen der Unterhaltsvereinbarung abschließend noch einmal ausführlich belehrt. Beide Erschienenen sind sich der Tragweite der getroffenen Vereinbarungen bewusst und wünschen gleichwohl die Beurkundung der Vereinbarung auch unter Inkaufnahme möglicher zukünftig daraus erwachsener Nachteile.

(ggf. weitere abschließende Hinweise/Durchführung)

(Urkundsausgang, Unterschriften)

▲

5. Schuldenlast aus der Zeit gemeinsamer Eheführung

330 In Ausnahmefällen kann eine **erdrückende Schuldenlast** dazu führen, dass die Existenz des minderjährigen Kindes durch den barunterhaltspflichtigen Elternteil nicht gesichert werden kann.

Grundsätzlich geht die Zahlung von Kindesunterhalt der Schuldentilgung vor. Hat aber während bestehender Ehe der betreuende Elternteil der Verschuldung des barunterhaltspflichtigen Elternteils zugestimmt und von den Gegenwerten wirtschaftlich profitiert, kann dem betreuenden Elternteil **zumindest ein Anteil an der Barunterhaltspflicht** für das Kind auferlegt werden.[229]

331 *Beispiel*

Einkommen M 1.500 EUR

Einkommen F 1.300 EUR

Monatliche Schuldenlast, von M bedient: 200 EUR aus gemeinsamer Urlaubsreise

Bedarf Kind K, 12 Jahre alt: 450 EUR – 95 EUR ½ Kindergeld = 355 EUR

Lösung

Zahlungspflicht M:

1.500 EUR – 200 EUR Schulden = 1.300 EUR – 1.080 EUR notwendiger Selbstbehalt = **220 EUR Leistungsfähigkeit**;

Beitrag Barunterhaltspflicht F:

135 EUR

229 BGH FamRZ 1986, 254, 256; Kleffmann/Klein/*Eder*, § 1606 Rn 36.

Berechnung nach Stand Düsseldorfer Tabelle vom 1.1.2016.

Hierüber kann gestritten, aber auch eine **Vereinbarung** herbeigeführt werden, um die 332
Streitfrage der Anrechenbarkeit der Schuldenlast zu lösen.

Eine Vereinbarung könnte wie folgt formuliert werden:

3.34

▼

Muster 3.34: Vereinbarung zur Berücksichtigung der Schuldenlast

Verhandelt am …

Zu …

Vor mir, dem unterzeichnenden Notar im Bezirk des Oberlandesgerichts …

…

erscheinen

1. Herr …, geb. am …, wohnhaft …

2. Frau … geb. …, geb. am …, wohnhaft …

ausgewiesen durch ….

Die Frage des beurkundenden Notars nach einer Vorbefassung im Sinne von § 3 Abs. 1 Nr. 7 BeurkG wurde von den Erschienenen verneint. Der beurkundende Notar erläuterte die vorgenannte Vorschrift.

Die Erschienenen baten den Notar um die Beurkundung einer

Trennungs- und Unterhaltsvereinbarung

und erklärten vorab:

§ 1 Ausgangslage

Wir sind beide von Geburt an deutsche Staatsangehörige und haben am … in … die Ehe geschlossen. Aus unserer Ehe ist der am … geborene, derzeit also 12 Jahre alte K hervorgegangen. Kinder aus anderen Verbindungen sind nicht vorhanden. Das Kind lebt im Haushalt der Ersch. zu 2.

Wir leben seit dem … in verschiedenen Wohnungen voneinander getrennt.

Wir verfügen über die folgenden bereinigten monatlichen Nettoeinkünfte:

- der Ersch. zu 1: … EUR
- die Ersch. zu 2: … EUR.

Aus der Ehezeit sind Schulden des Ersch. zu 1 in Höhe von monatlich 200 EUR zu zahlen. Im Hinblick auf die gemeinsame Herbeiführung der Schulden und der Tilgung ausschließlich durch den Ersch. zu 1 vereinbaren wir, was folgt.

§ 2 Kindesunterhalt

1. Wir vereinbaren im Hinblick auf das dem Ersch. zu 1 verbleibende Einkommen, dass der Ersch. zu 1 zu Händen der Ersch. zu 2 für das gemeinsame Kind K, geb. am , einen monatlich bis zum 1. eines jeden Monats im Voraus zu zahlenden Anteil für Kindesunterhalt in Höhe von EUR zahlt.

2. Die Höhe des Bedarfsbetrages des Kindes ergibt sich aus der dieser Urkunde als Anlage beigefügten Berechnung.

3. Die Unterhaltsregelung gilt, solange der Ersch. zu 1 zur Rückzahlung der Schulden verpflichtet ist und die Zahlungen in der aus der Anlage ersichtlichen Höhe leistet. Im Übrigen bleibt die Vereinbarung nach § 239 FamFG abänderbar.

§ 3 Vollstreckungsunterwerfung

Wegen der in § 2 Ziff. 1 der Vereinbarung eingegangenen Verpflichtung zur Zahlung des Kindesunterhaltunterwerfe ich, der Ersch. zu 2, mich der

sofortigen Zwangsvollstreckung

aus dieser Urkunde in mein gesamtes Vermögen.

Das Kind K ist berechtigt, sich jederzeit eine vollstreckbare Ausfertigung dieser Urkunde zu Händen der Ersch. zu 2 erteilen zu lassen, ohne dass es hierzu des Nachweises der Fälligkeit oder sonstiger die Vollstreckung begründender Tatsachen bedarf.

§ 4 Hinweise, Durchführung

Der Notar hat die Erschienenen über die Bedeutung, die rechtliche Tragweite, insbesondere die Rechtsfolgen und die Auswirkungen der Unterhaltsvereinbarung abschließend noch einmal ausführlich belehrt. Beide Erschienenen sind sich der Tragweite der getroffenen Vereinbarungen bewusst und wünschen gleichwohl die Beurkundung der Vereinbarung auch unter Inkaufnahme möglicher zukünftig daraus erwachsener Nachteile.

(ggf. weitere abschließende Hinweise/Durchführung)

(Urkundsausgang, Unterschriften)

▲

6. Betreuung minderjähriger und privilegiert volljähriger Kinder

Wird von einem Elternteil **sowohl** ein minderjähriges als auch ein privilegiert volljähriges Kind betreut, hat sich der betreuende Elternteil ausschließlich am Barunterhalt des privilegiert volljährigen Kindes zu beteiligen. 333

Die Ermittlung der Haftungsanteile erfolgt wegen der Gleichrangigkeit des Unterhaltsanspruchs beider Kinder **ohne Vorwegabzug des Minderjährigenunterhalts**. Die erhöhte Betreuungsbelastung kann im Rahmen der erforderlichen Angemessenheitsprüfung durch Herabstufung in eine niedrigere Einkommensgruppe der Düsseldorfer Tabelle berücksichtigt werden.[230]

Beispiel 334

Einkommen M 3.000 EUR

Einkommen F 2.500 EUR

Kinder: K1, 14 Jahre alt, Schüler, K2, 18 Jahre alt, Schüler, beide im Haushalt der F lebend;

Bedarf des Kindes K1 nach dem Einkommen des M: 540 EUR

Zahlung M: 540 EUR – 95 EUR ½ Kindergeld = **445 EUR**

Bedarf des Kindes K2 nach dem zusammengerechneten Einkommen der Eltern 5.500 EUR (3.000 EUR + 2.500 EUR).

Einsetzbares Einkommen:

M: 3.000 EUR – 1.300 EUR (angemessener Selbstbehalt) = 1.700 EUR

F: 2.500 EUR – 1.300 EUR = 1.200 EUR

Gesamtes einsetzbares Einkommen:

1.700 EUR + 1.200 EUR = 2.900 EUR

Unterhalt K2:

Bedarf 720 EUR – 190 EUR volles Kindergeld = 530 EUR

Anteil M: 530 EUR × 1.700 EUR : 2.900 EUR = **311 EUR**

Anteil F: 530 EUR × 1.200 EUR : 2.900 EUR = 219 EUR

M hat daher **445 EUR** für K1 und **311 EUR** für K2 zu zahlen **insgesamt 756 EUR**.

Berechnung nach Stand Düsseldorfer Tabelle vom 1.1.2016.

Ein **Anlass zur Herabsetzung** des Anteils der F im Rahmen der Angemessenheitsprüfung besteht nicht, da beide Elternteile über ausreichend verbleibendes Einkommen verfügen. 335

Über einen solchen Sachverhalt ist natürlich eine Einigung sinnvoll.

230 OLG Hamm FamRZ 2010, 1346.

336 Die Formulierung könnte wie folgt lauten:

3.35

▼

Muster 3.35: Vereinbarung über Kindesunterhalt bei Betreuung minderjähriger und volljähriger Kinder

Verhandelt am

Zu

Vor mir, dem unterzeichnenden Notar im Bezirk des Oberlandesgerichts

erscheinen

1. Herr , geb. am , wohnhaft

2. Frau geb. , geb. am , wohnhaft
ausgewiesen durch .

Die Frage des beurkundenden Notars nach einer Vorbefassung im Sinne von § 3 Abs. 1 Nr. 7 BeurkG wurde von den Erschienenen verneint. Der beurkundende Notar erläuterte die vorgenannte Vorschrift.

Die Erschienenen baten den Notar um die Beurkundung einer

Trennungs- und Unterhaltsvereinbarung

und erklärten vorab:

§ 1 Ausgangslage

Wir sind beide von Geburt an deutsche Staatsangehörige und haben am in die Ehe geschlossen. Aus unserer Ehe sind die Kinder K1, geb. am (14 Jahre) und K2, geb. am (18 Jahre) hervorgegangen. Kinder aus anderen Verbindungen sind nicht vorhanden. Beide Kinder besuchen die allgemeinbildende Schule und leben im Haushalt der Ersch. zu 2.

Wir leben seit dem in verschiedenen Wohnungen voneinander getrennt.

Wir verfügen über die folgenden bereinigten monatlichen Nettoeinkünfte:

- der Ersch. zu 1: EUR
- die Ersch. zu 2: EUR.

§ 3 Kindesunterhalt

1. Der Ersch. zu verpflichtet sich, an das Kind K1, geb. am , derzeit also 14 Jahre alt, zu Händen der Ersch. zu 2 jeweils monatlich bis zum 1. eines jeden Monats im Voraus

Kindesunterhalt in Höhe von 120 % des Mindestunterhalts nach § 1612a BGB entsprechend der jeweiligen Altersstufe zu zahlen.

2. Wir vereinbaren im Hinblick auf den Unterhaltsbedarf unseres Kindes K2, geb. am derzeit also 18 Jahre alt, in Höhe von EUR, dass der Ersch. zu 1 nach unseren Einkünften einen monatlich bis zum 1. eines jeden Monats im Voraus zu zahlenden Betrag in Höhe von EUR leistet.

3. Die Höhe der einzelnen Beträge ergibt sich aus der dieser Urkunde als Anlage beigefügten Berechnung.

4. Die Unterhaltsregelung ist nach § 239 FamFG abänderbar.

§ 4 Vollstreckungsunterwerfung

Wegen der in § 3 Ziff. 1 und 2 der Vereinbarung eingegangenen Verpflichtung zur Zahlung des Kindesunterhalts unterwerfe ich, der Ersch. zu 1, mich der

sofortigen Zwangsvollstreckung

aus dieser Urkunde in mein Vermögen.

Die Kinder K1 und K2 sind berechtigt, sich jederzeit eine vollstreckbare Ausfertigung dieser Urkunde zu Händen der Ersch. zu 2 erteilen zu lassen, ohne dass es hierzu des Nachweises der Fälligkeit oder sonstiger die Vollstreckung begründender Tatsachen bedarf.

§ 5 Hinweise, Durchführung

Der Notar hat die Erschienenen über die Bedeutung, die rechtliche Tragweite, insbesondere die Rechtsfolgen und die Auswirkungen der Unterhaltsvereinbarung abschließend noch einmal ausführlich belehrt. Beide Erschienenen sind sich der Tragweite der getroffenen Vereinbarungen bewusst und wünschen gleichwohl die Beurkundung der Vereinbarung auch unter Inkaufnahme möglicher zukünftig daraus erwachsener Nachteile.

(ggf. weitere abschließende Hinweise/Durchführung)

(Urkundsausgang, Unterschriften)

▲

II. Kindergeld und Unterhalt

Grundsätzlich haben beide Eltern einen Anspruch auf Zahlung von Kindergeld. Nach **§ 64 Abs. 2 S. 1 EStG** wird das Kindergeld jedoch nur an einen Berechtigten ausgezahlt. 337

Leben Eltern zusammen, wird es an denjenigen ausgezahlt, der das Kind **„in seinem Haushalt“** aufgenommen hat.[231]

231 Vgl. BFH FamRZ 2005, 618.

Leben Eltern **getrennt oder sind sie geschieden**, wird das Kindergeld an denjenigen ausgezahlt, der das Kind **überwiegend versorgt und betreut**, also an denjenigen, in dessen Haushalt das Kind seinen Lebensmittelpunkt hat, sog. **Obhutsprinzip**.[232]

Das Kindergeld hat sich der Höhe nach in den vergangenen Jahren erheblich verändert.

338 **Kindergeldtabelle**

(Beträge bis 2001 in DM, ab 2002 in EUR)

Zeitraum	**1. Kind**	**2. Kind**	**3. Kind**	**ab 4. Kind**
1975–1977	50	70	120	120
1978	50	80	150	150
1/1979–6/1979	50	80	200	200
7/1979–1/1981	50	100	200	200
2/1981–12/1981	50	120	240	240
1982	50	100	220	240
1/1983–6/1990	a) 50	100	220	240
	b) 50	70	140	140[233]
7/1990–12/1991	a) 50	130	220	240
	b) 50	70	140	140
1992–1995	a) 70	130	220	240
	b) 70	70	140	140
1996	200	200	300	350
1997–1998	220	220	300	350
1999	250	250	300	350
(DM)2000–2001	270	270	300	350
(EUR)2002–2008	154	154	154	179
ab 1/2009	164	164	170	195
ab 1/2010	184	184	190	215
ab 1/2015	188	188	194	219
Ab 1/2016	190	190	196	221

232 Vgl. im Einzelnen Wendl/Dose/*Klinkhammer,* § 2 Rn 705.

233 Durch § 44e Abs. 2 BKGG i.d.F. des Steueränderungsgesetzes 1992 v. 25.2.1992 (BGBl I, 297) erfolgte eine Nachbesserung des Kindergeldes für die Jahre 1983 bis 1985 durch Erhöhung der Sockelbeträge nach § 10 Abs. 2 BKGG a.F. für das 3. Kind (auf 200 DM), 4. Kind (auf 180 DM) und das 5. Kind (auf 155 DM) für die Fälle, in denen für das betreffende Jahr – über die Minderung des Kindergeldes nach nicht bindend entschieden worden war und – keine Nachbesserung bei der Besteuerung erfolgte.

Zu den Unterscheidungen zu a) und b) in den Jahren 1981 bis 1996: 339

Das Kindergeld war einkommensabhängig, vgl. § 10 Abs. 2 BKGG i.d. bis zum 31.12.1995 geltenden Fassung der Bekanntmachung vom 31.1.1994, BGBl I S. 168. Ab 1986 wurde zu dem Kindergeld gemäß § 11a BKGG ein Kindergeldzuschlag zugunsten der Berechtigten gewährt, die den einkommensteuerrechtlichen Kinderfreibetrag in Höhe von 4.104 DM jährlich (§ 32a Abs. 6 EStG a.F.) mangels hinreichenden steuerpflichtigen Einkommens nicht oder nicht voll in Anspruch nehmen konnten. Die Höhe des Zuschlags war von den individuellen Verhältnissen (d.h. den im Einzelfall maßgebenden Besteuerungsmerkmalen) abhängig, er betrug zuletzt höchstens 65 DM mtl.!

1. Die Berücksichtigung des hälftigen Kindergeldes

Nach § 1612b Abs. 1 BGB dient das Kindergeld der **Deckung des Barbedarfs** des Kindes. Erfüllt ein Elternteil seine Unterhaltspflicht durch Betreuung des Kindes, § 1606 Abs. 3 S. 2 BGB, wird das Kindergeld **hälftig** auf den Betreuungsbedarf und hälftig auf den Barbetrag angerechnet. 340

Beispiel 341

Einkommen Kindesvater M 3.000 EUR

Einkommen Kindesmutter F 2.500 EUR

Kind K, 14 Jahre alt, lebt im Haushalt der Kindemutter

Bedarf des Kindes: 540 EUR nach Eink.gr. 5 der Düsseldorfer Tabelle

Zahlungspflicht M: 540 EUR – 95 EUR ½ Kindergeld = **445 EUR**

Berechnung nach Stand Düsseldorfer Tabelle vom 1.1.2016.

Eine Einigung hierüber ist möglich und sinnvoll. Sie sollte in urkundlicher Form erfolgen, um die jederzeitige Vollstreckungsmöglichkeit zu gewährleisten.

▼

3.36

Muster 3.36: Vereinbarung bei Berücksichtigung des hälftigen Kindergeldes 342

Verhandelt am

Zu

Vor mir, dem unterzeichnenden Notar im Bezirk des Oberlandesgerichts

erscheinen

1. Herr , geb. am , wohnhaft

2. Frau geb. , geb. am , wohnhaft

ausgewiesen durch .

Die Frage des beurkundenden Notars nach einer Vorbefassung im Sinne von § 3 Abs. 1 Nr. 7 BeurkG wurde von den Erschienenen verneint. Der beurkundende Notar erläuterte die vorgenannte Vorschrift.

Die Erschienenen baten den Notar um die Beurkundung einer

Trennungs- und Unterhaltsvereinbarung

und erklärten vorab:

§ 1 Ausgangslage

Wir sind beide von Geburt an deutsche Staatsangehörige und haben am in die Ehe geschlossen. Aus unserer Ehe ist das Kind K, geb. am (14 Jahre) hervorgegangen. Kinder aus anderen Verbindungen sind nicht vorhanden. Das Kind besucht die allgemeinbildende Schule und lebt im Haushalt der Ersch. zu 2.

Wir leben seit dem in verschiedenen Wohnungen voneinander getrennt.

Wir verfügen über die folgenden bereinigten monatlichen Nettoeinkünfte:

- der Ersch. zu 1: EUR
- die Ersch. zu 2: EUR.

§ 2 Kindesunterhalt

1. Der Ersch. zu verpflichtet sich, an das Kind K1, geb. am , derzeit also 14 Jahre alt, zu Händen der Ersch. zu 2 jeweils monatlich bis zum 1. eines jeden Monats im Voraus Kindesunterhalt in Höhe von 120 % des Mindestunterhalts nach § 1612a BGB entsprechend der jeweiligen Altersstufe zu zahlen, derzeit unter Abzug des hälftigen Kindergeldes in Höhe von EUR daher EUR.

2. Die Höhe des Betrages ergibt sich aus der dieser Urkunde als Anlage beigefügten Berechnung.

3. Die Unterhaltsregelung ist nach § 239 FamFG abänderbar.

§ 3 Vollstreckungsunterwerfung

Wegen der in § 3 Ziff. 1 der Vereinbarung eingegangenen Verpflichtung zur Zahlung des Kindesunterhalts unterwerfe ich, der Ersch. zu 1, mich der

sofortigen Zwangsvollstreckung

aus dieser Urkunde in mein Vermögen.

Das Kind K ist berechtigt, sich jederzeit eine vollstreckbare Ausfertigung dieser Urkunde zu Händen der Ersch. zu 2 erteilen zu lassen, ohne dass es hierzu des Nachweises der Fälligkeit oder sonstiger die Vollstreckung begründender Tatsachen bedarf.

§ 4 Hinweise, Durchführung

Der Notar hat die Erschienenen über die Bedeutung, die rechtliche Tragweite, insbesondere die Rechtsfolgen und die Auswirkungen der Unterhaltsvereinbarung abschließend noch einmal ausführlich belehrt. Beide Erschienenen sind sich der Tragweite der getroffenen Vereinbarungen bewusst und wünschen gleichwohl die Beurkundung der Vereinbarung auch unter Inkaufnahme möglicher zukünftig daraus erwachsener Nachteile.

(ggf. weitere abschließende Hinweise/Durchführung)

(Urkundsausgang, Unterschriften)

▲

2. Die Berücksichtigung des vollen Kindergeldes

Bei **volljährigen Kindern**, also sowohl bei privilegiert volljährigen Kindern im Sinne des § 1603 Abs. 2 S. 2 BGB als auch bei anderen volljährigen Kindern wird das Kindergeld, sofern es gezahlt wird, **in voller Höhe** vom Bedarf abgezogen, § 1612b Abs. 1 S. 1 Nr. 2 BGB. 343

Dies betrifft im Übrigen auch solche **minderjährigen Kinder**, die entweder **verheiratet** sind oder die zwar unverheiratet sind, aber nicht von einem Elternteil, sondern von **Dritten**, etwa Großeltern, betreut werden.

Beispiel[234] 344

Einkommen Kindesvater M 3.000 EUR

Einkommen Kindesmutter F 2.500 EUR

Kind K, 18 Jahre alt, Schüler, lebt im Haushalt der Kindemutter

Bedarf des Kindes K nach dem zusammengerechneten Einkommen der Eltern 5.500 EUR (3.000 EUR + 2.500 EUR).

Einsetzbares Einkommen:

M: 3.000 EUR – 1.300 EUR (angemessener Selbstbehalt) = 1.700 EUR

F: 2.500 EUR – 1.300 EUR = 1.200 EUR

Gesamtes einsetzbares Einkommen:

1.700 EUR + 1.200 EUR = 2.900 EUR

234 Berechnung nach Stand Düsseldorfer Tabelle vom 1.1.2016.

Unterhalt K:

Bedarf 720 EUR – 190 EUR volles Kindergeld = 530 EUR

Anteil M: 530 EUR × 1.700 EUR : 2.900 EUR = **311 EUR**

Anteil F: 530 EUR × 1.200 EUR : 2.900 EUR = 219 EUR

F erbringt in der Regel ihren Anteil durch Gewährung von Wohnung etc; M hat den Barbetrag von 302 EUR zu leisten.

345 Hierüber ist natürlich eine **Einigung möglich**, wegen der Möglichkeit jederzeitiger Vollstreckung sinnvollerweise in Form einer **Urkunde.** Eine Formulierung könnte wie folgt lauten:

▼

Muster 3.37: Vereinbarung bei Berücksichtigung vollen Kindergeldes

Verhandelt am

Zu

Vor mir, dem unterzeichnenden Notar im Bezirk des Oberlandesgerichts

erscheinen

1. Herr , geb. am , wohnhaft

2. Frau geb. , geb. am , wohnhaft

ausgewiesen durch .

Die Frage des beurkundenden Notars nach einer Vorbefassung im Sinne von § 3 Abs. 1 Nr. 7 BeurkG wurde von den Erschienenen verneint. Der beurkundende Notar erläuterte die vorgenannte Vorschrift.

Die Erschienenen baten den Notar um die Beurkundung einer

Trennungs- und Unterhaltsvereinbarung

und erklärten vorab:

§ 1 Ausgangslage

Wir sind beide von Geburt an deutsche Staatsangehörige und haben am in die Ehe geschlossen. Aus unserer Ehe ist das Kind K, geb. am (18 Jahre) hervorgegangen. Kinder aus anderen Verbindungen sind nicht vorhanden. Das Kind besucht die allgemeinbildende Schule und lebt im Haushalt der Ersch. zu 2.

Wir leben seit dem in verschiedenen Wohnungen voneinander getrennt.

Wir verfügen über die folgenden bereinigten monatlichen Nettoeinkünfte:

- der Ersch. zu 1: EUR
- die Ersch. zu 2: EUR.

§ 2 Kindesunterhalt

1. Wir vereinbaren im Hinblick auf den Unterhaltsbedarf unseres Kindes K, geb. am derzeit also 18 Jahre alt, in Höhe von EUR, dass der Ersch. zu 1 nach unseren Einkünften einen monatlich bis zum 1. eines jeden Monats im Voraus zu zahlenden Betrag in Höhe von EUR leistet.

2. Die Höhe des Betrages ergibt sich aus der dieser Urkunde als Anlage beigefügten Berechnung.

3. Die Unterhaltsregelung ist nach § 239 FamFG abänderbar.

§ 3 Vollstreckungsunterwerfung

Wegen der in § 3 Ziff. 1 der Vereinbarung eingegangenen Verpflichtung zur Zahlung des Kindesunterhalts unterwerfe ich, der Ersch. zu 1, mich der

sofortigen Zwangsvollstreckung

aus dieser Urkunde in mein Vermögen.

Das Kind K ist berechtigt, sich jederzeit eine vollstreckbare Ausfertigung dieser Urkunde zu Händen der Ersch. zu 2 erteilen zu lassen, ohne dass es hierzu des Nachweises der Fälligkeit oder sonstiger die Vollstreckung begründender Tatsachen bedarf.

§ 4 Hinweise, Durchführung

Der Notar hat die Erschienenen über die Bedeutung, die rechtliche Tragweite, insbesondere die Rechtsfolgen und die Auswirkungen der Unterhaltsvereinbarung abschließend noch einmal ausführlich belehrt. Beide Erschienenen sind sich der Tragweite der getroffenen Vereinbarungen bewusst und wünschen gleichwohl die Beurkundung der Vereinbarung auch unter Inkaufnahme möglicher zukünftig daraus erwachsener Nachteile.

(ggf. weitere abschließende Hinweise/Durchführung)

(Urkundsausgang, Unterschriften)

▲

3. Das Kindergeld beim Wechselmodell

Es ist in Literatur und Rechtsprechung außerordentlich umstritten, wie die **Aufteilung des Kindergeldes beim Wechselmodell** erfolgt.[235] 346

235 Vgl. insgesamt *Wohlgemuth*, FamRZ 2015, 808.

Es wird die Auffassung vertreten, dass dem einkommensschwächeren Elternteil ein seinem Einkommen entsprechender **Prozentsatz angerechnet** wird.[236] Würde sich der entsprechende Elternteil wegen seines geringeren Einkommen lediglich mit z.B. 20 % am Unterhalt beteiligen, würde dem betreffenden Elternteil auch lediglich ein Anteil von 20 % vom Kindergeld, mithin 37,60 EUR (188,00 EUR × 20 %) zustehen. Eine solche Lösung führt allerdings nicht zu tragbaren Ergebnissen, da bei einem Wechselmodell beide Elternteile in gleicher Weise die Betreuung vornehmen.

347 Näher kommt dieser Berücksichtigung des Betreuungsanteils eine Berechnungsform, bei der das **Kindergeld in die übrige Barunterhaltsaufteilung einbezogen** wird. Dabei wird das Kindergeld unter Anwendung von § 1612b Abs. 1 S. 2 BGB ganz[237] oder zur Hälfte[238] bei der einkommensabhängigen Quotelung des Barunterhalts nach § 1606 Abs. 3 S. 1 BGB abgezogen. Wegen der gleichen Betreuungszeit der Eltern wird das Kindergeld hinsichtlich der Barunterhaltshaftung hälftig und hinsichtlich der Versorgungsleistungen mit voller Anrechnung einbezogen.

348 Während die **ausschließliche** Berücksichtigung der Barunterhaltsbeteiligung zu einer **unangemessenen Benachteiligung** des einkommensschwächeren Elternteils führt, bezieht die zweite Variante mit der Aufteilung in Bar- und Betreuungsanteil zumindest den Wert der erfolgenden Betreuung mit ein.

Beide Varianten sind nach diesseitiger Auffassung jedoch **abzulehnen**. Sowohl die ausschließliche Bemessung an der Barunterhaltsbeteiligung als auch die gesplittete Bemessung an Bar- und Betreuungsleistungen berücksichtigt nicht, dass Eltern **über den vorzunehmenden Barunterhaltsausgleich hinaus** Betreuungs- und Versorgungsleistungen erbringen, die einen weitergehenden Kindergeldausgleich nahe legen.

349 Der **Zweck des Kindergeldausgleichs** liegt nicht in einer Verteilung unter den Eltern nach den Einkommensunterschieden, sondern soll die **beiderseits erbrachten Betreuungs- und Versorgungsleistungen** nach ihrer Gesamtleistung und damit hälftig, ausgleichen.[239] Danach ist das Kindergeld beim Wechselmodell wie folgt zu berechnen:

350 *Beispiel: Berechnung des Kindesunterhalts im Wechselmodell*

Sockelbetrag: angemessener Selbstbehalt; vom Kindergeld erhalten die Eltern jeweils die Hälfte des Gesamtbetrages:

Bereinigtes Einkommen Kindesvater M: 3.000 EUR

236 *Schürmann*, in: Sünderhauf/Willutzki u.a., Bd. 7, 2013, 53, 60.

237 Wendl/Dose/*Klinkhammer,* § 2 Rn 450.

238 Bausch/Gutdeutsch/*Seiler,* FamRZ 2012, 258; *Wohlgemuth*, FPR 2013, 157.

239 So zurecht *Wohlgemuth,* FamRZ 2015, 808; vgl. auch OLG Düsseldorf, FamRZ 2014, 567 = FuR 2014, 243 m. Anm. *Viefhues,* 244; *Wohlgemuth,* FamRZ 2014, 84; *Jokisch,* FuR 2014, 25; OLG Schleswig FamRZ 2015, 965: „Beim echten Wechselmodell steht den Kindeseltern das Kindergeld intern hälftig zu und es kann ein Ausgleich über den familienrechtlichen Ausgleichsanspruch erfolgen.“.

Bereinigtes Einkommen Kindesmutter F: 2.500 EUR

K, 13 Jahre alt, wird im Wechselmodell betreut,

Bedarf des Kindes nach dem zusammengerechneten Einkommen der Eltern 5.500 EUR (3.000 EUR + 2.500 EUR).

Einsetzbares Einkommen:

M: 3.000 EUR – 1.300 EUR (angemessener Selbstbehalt) = 1.700 EUR

F: 2.500 EUR – 1.300 EUR = 1.200 EUR

Gesamtes einsetzbares Einkommen:

1.700 EUR + 1.200 EUR = 2.900 EUR

Unterhalt K:

Bedarf 720 EUR – 190 EUR volles Kindergeld = 530 EUR

Anteil M: 530 EUR × 1.700 EUR : 2.900 EUR = **311 EUR**

Anteil F: 530 EUR × 1.200 EUR : 2.900 EUR = **219 EUR**

Ausgleichszahlung:

311 EUR – 219 EUR = **92 EUR** von M an F zu zahlen

Bezieht man den – hälftigen – Kindergeldanspruch ausschließlich auf den zu leistenden Barunterhalt, stünde der F statt des Betrages von **95 EUR** (190 EUR : 2) lediglich der (Teil-)Betrag von **66,90 EUR** (190 : 2 × 219 : 311) zu.[240]

Berechnung nach Stand Düsseldorfer Tabelle vom 1.1.2016.

Um sich nicht wegen der unterschiedlich beurteilten Anrechnung des Kindergeldes ggf. 351
streitig auseinander zu setzen, erscheint es sinnvoll, die Berechnung des Kindergeldes in eine Vereinbarung mit aufzunehmen.

Dies könnte wie folgt formuliert werden:

▼

Muster 3.38: Vereinbarung hälftiger Anrechnung des Kindergeldes

Verhandelt am

Zu

Vor mir, dem unterzeichnenden Notar im Bezirk des Oberlandesgerichts

erscheinen

240 Vgl. das Beispiel bei *Kleffmann,* FuR 2015, 80.

1. Herr …, geb. am …, wohnhaft …

2. Frau … geb. …, geb. am …, wohnhaft …

ausgewiesen durch ….

Die Frage des beurkundenden Notars nach einer Vorbefassung im Sinne von § 3 Abs. 1 Nr. 7 BeurkG wurde von den Erschienenen verneint. Der beurkundende Notar erläuterte die vorgenannte Vorschrift.

Die Erschienenen baten den Notar um die Beurkundung einer

Trennungs- und Unterhaltsvereinbarung

und erklärten vorab:

§ 1 Ausgangslage

Wir sind beide von Geburt an deutsche Staatsangehörige und haben am … in … die Ehe geschlossen. Aus unserer Ehe ist der am … geborene, derzeit also 13 Jahre alte Sohn K hervorgegangen. Kinder aus anderen Verbindungen sind nicht vorhanden.

Wir leben seit dem … in verschiedenen Wohnungen voneinander getrennt.

Wir verfügen über die folgenden bereinigten monatlichen Nettoeinkünfte:

- Der Ersch. zu 1: … EUR.
- Die Ersch. zu 2: … EUR.

§ 2 Vereinbarung des Wechselmodells

1. Auch nach der Trennung und einer anschließenden Scheidung unserer Ehe wollen wir die elterliche Sorge für K, geb. …, weiterhin gemeinsam ausüben. Bei unseren Entscheidungen für unser Kind werden wir uns allein am Kindeswohl ausrichten. Sämtliche Einzelheiten werden wir im gegenseitigen Einvernehmen regeln.

2. Für die Schulferien des Kinde werden wir jeweils im Jahreswechsel besondere Abreden treffen, um möglichst gleiche Zeiten für jeden Elternteil festzulegen, die er dann mit dem Kind zusammen sein und verbringen kann. In gleicher Form werden wir uns über die Verteilung der Feiertage übers Jahr (Ostern, Pfingsten, Weihnachten, Silvester und Neujahr; Eltern- und Kindergeburtstage; Geburtstage von Großeltern, Jubiläumsfeiern u.Ä.) verständigen.

3. Im Übrigen sind wir uns darüber einig, dass K in diesem Kalenderjahr jeweils in den ungeraden Wochen des Jahres die Zeit von Montagmorgen bis zum folgenden Montagmorgen vom Vater, sowie in den geraden Wochen des Jahres von der Mutter betreut wird. Im folgenden Kalenderjahr wird K die geraden Wochen beim Kindesvater und die ungeraden Wochen bei der Kindesmutter verbringen. Übergabezeiten und sonstige Einzelheiten der Aufenthaltszeiten werden wir von Fall zu Fall festlegen.

§ 3 Kindesunterhalt

1. Wir vereinbaren im Hinblick auf die Einrichtung des Wechselmodells unter Berücksichtigung des oben festgestellten Einkommens, dass der Ersch. zu 1 zur Ausgleichung gegenseitiger Ansprüche wegen wechselnder Betreuung des Kindes eine monatliche Ausgleichszahlung für Kindesunterhalt in Höhe von EUR vornimmt, jeweils im Voraus bis zum 1. eines Monats zu zahlen. Wir stellen hierzu ausdrücklich fest, dass das Kindegeld hälftig an jeden Elternteil auszukehren ist.

2. Von weitergehenden Unterhaltsansprüchen hinsichtlich K stellen wir uns wechselseitig frei.

3. Die Höhe des Differenzbetrages ergibt sich aus der dieser Urkunde als Anlage beigefügten Berechnung.

4. Die Unterhaltsregelung ist nach § 239 FamFG abänderbar.

§ 4 Vollstreckungsunterwerfung

Wegen der in § 3 der Vereinbarung eingegangenen Verpflichtung zur Zahlung des Differenzbetrages zum Kindesunterhalt unterwerfe ich, der Ersch. zu 1, mich der

sofortigen Zwangsvollstreckung

aus dieser Urkunde in mein Vermögen.

Das Kind K ist berechtigt, sich jederzeit zu Händen der Ersch. zu 2 auf einseitigen Antrag auf Kosten des Ersch. zu 1 eine vollstreckbare Ausfertigung dieser Urkunde erteilen zu lassen, ohne dass es hierzu des Nachweises der Fälligkeit oder sonstiger die Vollstreckung begründender Tatsachen bedarf.

§ 5 Hinweise, Durchführung

Der Notar hat die Erschienenen über die Bedeutung, die rechtliche Tragweite, insbesondere die Rechtsfolgen und die Auswirkungen der Unterhaltsvereinbarung abschließend noch einmal ausführlich belehrt. Beide Erschienenen sind sich der Tragweite der getroffenen Vereinbarungen bewusst und wünschen gleichwohl die Beurkundung der Vereinbarung auch unter Inkaufnahme möglicher zukünftig daraus erwachsener Nachteile.

(ggf. weitere abschließende Hinweise/Durchführung)

(Urkundsausgang, Unterschriften)

▲

III. Die Fassung des Unterhaltstitels

Grundsätzlich lässt sich ein Unterhaltstitel betreffend Kindesunterhalt als **statischer** 352
Unterhaltstitel mit einem bestimmten zu zahlenden Festbetrag errichten oder als **dyna-**

misierter Unterhalt vereinbaren, der den Prozentsatz des Mindestunterhalts nach § 1612a BGB enthält.

1. Der statische Unterhaltstitel

353 Kindesunterhaltstitel können **grundsätzlich als statische Titel** errichtet werden. Im **Mangelfall** ist dies gar nicht anders möglich. Der Mangelfall bestimmt eine konkrete Zahlungsverpflichtung.[241]

Statische Titel beinhalten den Vorteil, **unmittelbar aus der Formulierung** die Höhe der Zahlungspflicht zu erkennen und im Falle der Unterwerfung des Verpflichteten unter die sofortige Zwangsvollstreckung gem. § 800 ZPO eine unkomplizierte Zwangsvollstreckung durchführen zu können.

354 Zu formulieren[242] ist ein solcher statischer Titel in einer Vereinbarung wie folgt:

3.39

▼

Muster 3.39: Vereinbarung statischen Kindesunterhalts

Verhandelt am

Zu

Vor mir, dem unterzeichnenden Notar im Bezirk des Oberlandesgerichts

erscheinen

1. Herr , geb. am , wohnhaft

2. Frau geb. , geb. am , wohnhaft

ausgewiesen durch .

Die Frage des beurkundenden Notars nach einer Vorbefassung im Sinne von § 3 Abs. 1 Nr. 7 BeurkG wurde von den Erschienenen verneint. Der beurkundende Notar erläuterte die vorgenannte Vorschrift.

Die Erschienenen baten den Notar um die Beurkundung einer

Trennungs- und Unterhaltsvereinbarung

und erklärten vorab:

241 OLG Brandenburg NZFam 2014, 568.
242 Zur Formulierung vgl. auch *Münch,* Rn 3930 ff.

§ 1 Ausgangslage

Wir sind beide von Geburt an deutsche Staatsangehörige und haben am … in … die Ehe geschlossen. Aus unserer Ehe ist das am … geborene, derzeit also 4 Jahre alte Kind K. hervorgegangen. Es behält einvernehmlich seinen Lebensmittelpunkt bei der Kindesmutter. Kinder aus anderen Verbindungen sind nicht vorhanden.

Wir leben seit dem … in verschiedenen Wohnungen voneinander getrennt.

§ 2 Ehegattenunterhalt

1. Der Ersch. zu 1 verpflichtet sich, ab … an die Ersch. zu 2 für die Zeit der Trennung einen monatlich, jeweils bis zum 1. eines jeden Monats fälligen Trennungsunterhalt in Höhe von … EUR zu zahlen.

2. Bei dieser Vereinbarung gehen die Beteiligten von den folgenden Einkommensverhältnissen aus:

- Einkommen des Ersch. zu 1 …
- Einkommen der Ersch. zu 2 ….

3. Die Vereinbarung zur Zahlung von Trennungsunterhalt ist der Abänderung zugänglich. Die Beteiligten vereinbaren im Falle der Änderung der Einkommens- und Vermögensverhältnisse eine an der getroffenen Vereinbarung orientierte Abänderung. Ergänzend gelten die gesetzlichen Regelungen.

4. Die Ersch. zu 2 verpflichtet sich für die Dauer der Unterhaltsleistung, die nach § 10 Abs. 1 Nr. 1 EStG erforderliche Zustimmung zum begrenzten Realsplitting zu geben. Der Ersch. zu 1 ist verpflichtet, die Ersch. zu 2 von den ihr entstehenden finanziellen Nachteilen freizustellen.

§ 3 Kindesunterhalt

1. Der Ersch. zu 1 ist verpflichtet, an das Kind K zu Händen der Ersch. zu 2 Kindesunterhalt in Höhe von … EUR zu zahlen, und zwar jeweils im Voraus bis zum 1. eines jeden Monats.

2. Die Festsetzung des Unterhalts erfolgt auf der Grundlage des in § 2 Ziff. 2 der Vereinbarung festgestellten anrechenbaren Nettoeinkommens des Ersch. zu 1.

3. Aufgrund des Alters des Kindes erfolgt die Unterhaltsbemessung nach der ersten Altersstufe der Düsseldorfer Tabelle.

§ 4 Vollstreckungsunterwerfung

Wegen der in § 2 und 3 der Vereinbarung eingegangenen Verpflichtung zur Zahlung von Ehegattenunterhalt und Kindesunterhalt unterwerfe ich, der Ersch. zu 1, mich der

sofortigen Zwangsvollstreckung

aus dieser Urkunde in mein Vermögen.

Die Ersch. zu 2 ist berechtigt, sich jederzeit auf einseitigen Antrag auf Kosten des Ersch. zu 1 eine vollstreckbare Ausfertigung dieser Urkunde erteilen zu lassen, ohne dass es hierzu des Nachweises der Fälligkeit oder sonstiger die Vollstreckung begründender Tatsachen bedarf.

§ 5 Hinweise, Durchführung

Der Notar hat die Erschienenen über die Bedeutung, die rechtliche Tragweite, insbesondere die Rechtsfolgen und die Auswirkungen der Unterhaltsvereinbarung abschließend noch einmal ausführlich belehrt. Beide Erschienenen sind sich der Tragweite der getroffenen Vereinbarungen bewusst und wünschen gleichwohl die Beurkundung der Vereinbarung auch unter Inkaufnahme möglicher zukünftig daraus erwachsener Nachteile.

(ggf. weitere abschließende Hinweise/Durchführung)

(Urkundsausgang, Unterschriften)

▲

2. Dynamisierter Kindesunterhalt

355 In den ganz überwiegenden Fällen erscheint es aber sachgemäß, eine Dynamisierung vorzunehmen.

Diese trägt den sich fast schon jährlich wandelnden, regelmäßig erhöht festgesetzten Beträgen der Düsseldorfer Tabelle Rechnung.

356 Zu formulieren ist dynamisierter Unterhalt wie folgt:

3.40

▼

Muster 3.40: Vereinbarung dynamisierter Kindesunterhalt

Verhandelt am

Zu

Vor mir, dem unterzeichnenden Notar im Bezirk des Oberlandesgerichts

erscheinen

1. Herr , geb. am , wohnhaft
2. Frau geb. , geb. am , wohnhaft

ausgewiesen durch .

Die Frage des beurkundenden Notars nach einer Vorbefassung im Sinne von § 3 Abs. 1 Nr. 7 BeurkG wurde von den Erschienenen verneint. Der beurkundende Notar erläuterte die vorgenannte Vorschrift.

Die Erschienenen baten den Notar um die Beurkundung einer

Trennungs- und Unterhaltsvereinbarung

und erklärten vorab:

§ 1 Ausgangslage

Wir sind beide von Geburt an deutsche Staatsangehörige und haben am in die Ehe geschlossen. Aus unserer Ehe ist das am geborene, derzeit also 16 Jahre alte Kind K. hervorgegangen. Es behält einvernehmlich seinen Lebensmittelpunkt bei der Kindesmutter. Kinder aus anderen Verbindungen sind nicht vorhanden.

Wir leben seit dem in verschiedenen Wohnungen voneinander getrennt.

§ 2 Ehegattenunterhalt

1. Der Ersch. zu 1 verpflichtet sich, ab an die Ersch. zu 2 für die Zeit der Trennung einen monatlich, jeweils bis zum 1. eines jeden Monats fälligen Trennungsunterhalt in Höhe von EUR zu zahlen.

2. Bei dieser Vereinbarung gehen die Beteiligten von den folgenden Einkommensverhältnissen aus:

- Einkommen des Ersch. zu 1
- Einkommen der Ersch. zu 2 .

3. Die Vereinbarung zur Zahlung von Trennungsunterhalt ist der Abänderung zugänglich. Die Beteiligten vereinbaren im Falle der Änderung der Einkommens- und Vermögensverhältnisse eine an der getroffenen Vereinbarung orientierte Abänderung. Ergänzend gelten die gesetzlichen Regelungen.

4. Die Ersch. zu 2 verpflichtet sich für die Dauer der Unterhaltsleistung, die nach § 10 Abs. 1 Nr. 1 EStG erforderliche Zustimmung zum begrenzten Realsplitting zu geben. Der Ersch. zu 1 ist verpflichtet, die Ersch. zu 2 von den ihr entstehenden finanziellen Nachteilen freizustellen.

§ 3 Kindesunterhalt

1. Der Ersch. zu 1 verpflichtet sich, für das Kind K, geb. am , zu Händen der Ersch. zu 2 einen monatlichen, bis zum 1. eines jeden Monats im Voraus fälligen Kindesunterhalt in Höhe von % des Mindestbedarfs der jeweils gültigen Düsseldorfer Tabelle gemäß der jeweiligen Altersstufe des Kindes zu bezahlen. Hierauf ist die Hälfte des gesetzlichen Kindergeldes, derzeit 95 EUR, bedarfsdeckend anzurechnen, so dass sich ein derzeitiger monatlicher Unterhaltsbetrag in Höhe von EUR ergibt.

2. Die Festsetzung des Unterhalts erfolgt auf der Grundlage des in § 2 Ziff. 2 der Vereinbarung festgestellten anrechenbaren Nettoeinkommens des Ersch. zu 1

§ 4 Vollstreckungsunterwerfung

Wegen der in § 2 und 3 der Vereinbarung eingegangenen Verpflichtung zur Zahlung von Ehegattenunterhalt und Kindesunterhalt unterwerfe ich, der Ersch. zu 1, mich der

sofortigen Zwangsvollstreckung

aus dieser Urkunde in mein Vermögen.

Die Ersch. zu 2 ist berechtigt, sich jederzeit auf einseitigen Antrag auf Kosten des Ersch. zu 1 eine vollstreckbare Ausfertigung dieser Urkunde erteilen zu lassen, ohne dass es hierzu des Nachweises der Fälligkeit oder sonstiger die Vollstreckung begründender Tatsachen bedarf.

§ 5 Hinweise, Durchführung

Der Notar hat die Erschienenen über die Bedeutung, die rechtliche Tragweite, insbesondere die Rechtsfolgen und die Auswirkungen der Unterhaltsvereinbarung abschließend noch einmal ausführlich belehrt. Beide Erschienenen sind sich der Tragweite der getroffenen Vereinbarungen bewusst und wünschen gleichwohl die Beurkundung der Vereinbarung auch unter Inkaufnahme möglicher zukünftig daraus erwachsener Nachteile.

(ggf. weitere abschließende Hinweise/Durchführung)

(Urkundsausgang, Unterschriften)

▲

357 Ist das Kind noch sehr jung, empfiehlt es sich, zur Vermeidung späterer Nachforderungen oder Änderungswünsche zur Urkunde, die **Altersstufen nach der Düsseldorfer Tabelle** bereits einzubeziehen.

3.41 Eine Vereinbarung kann sodann wie folgt lauten:

▼

Muster 3.41: Vereinbarung dynamisierter Kindesunterhalt mit Altersstufen

Verhandelt am

Zu

Vor mir, dem unterzeichnenden Notar im Bezirk des Oberlandesgerichts

erscheinen

1. Herr , geb. am , wohnhaft

2. Frau , geb. , geb. am , wohnhaft
ausgewiesen durch .

Die Frage des beurkundenden Notars nach einer Vorbefassung im Sinne von § 3 Abs. 1 Nr. 7 BeurkG wurde von den Erschienenen verneint. Der beurkundende Notar erläuterte die vorgenannte Vorschrift.

Die Erschienenen baten den Notar um die Beurkundung einer

Trennungs- und Unterhaltsvereinbarung

und erklärten vorab:

§ 1 Ausgangslage

Wir sind beide von Geburt an deutsche Staatsangehörige und haben am in die Ehe geschlossen. Aus unserer Ehe ist das am geborene, derzeit also 4 Jahre alte Kind K. hervorgegangen. Es behält einvernehmlich seinen Lebensmittelpunkt bei der Kindesmutter. Kinder aus anderen Verbindungen sind nicht vorhanden.

Wir leben seit dem in verschiedenen Wohnungen voneinander getrennt.

§ 2 Ehegattenunterhalt

1. Der Ersch. zu 1 verpflichtet sich, ab an die Ersch. zu 2 für die Zeit der Trennung einen monatlich, jeweils bis zum 1. eines jeden Monats fälligen Trennungsunterhalt in Höhe von EUR zu zahlen.

2. Bei dieser Vereinbarung gehen die Beteiligten von den folgenden Einkommensverhältnissen aus:

- Einkommen des Ersch. zu 1
- Einkommen der Ersch. zu 2 .

3. Die Vereinbarung zur Zahlung von Trennungsunterhalt ist der Abänderung zugänglich. Die Beteiligten vereinbaren im Falle der Änderung der Einkommens- und Vermögensverhältnisse eine an der getroffenen Vereinbarung orientierte Abänderung. Ergänzend gelten die gesetzlichen Regelungen.

4. Die Ersch. zu 2 verpflichtet sich für die Dauer der Unterhaltsleistung, die nach § 10 Abs. 1 Nr. 1 EStG erforderliche Zustimmung zum begrenzten Realsplitting zu geben. Der Ersch. zu 1 ist verpflichtet, die Ersch. zu 2 von den ihr entstehenden finanziellen Nachteilen freizustellen.

§ 3 Kindesunterhalt

1. Der Ersch. zu 1 verpflichtet sich, für das Kind K, geb. am , zu Händen der Ersch. zu 2 einen monatlichen, bis zum 1. eines jeden Monats im Voraus fälligen Kindesunterhalt in Höhe von % des Mindestbedarfs der jeweils gültigen Düsseldorfer Tabelle gemäß der jeweiligen Altersstufe des Kindes zu bezahlen. Hierauf ist die Hälfte

des gesetzlichen Kindergeldes, derzeit EUR, bedarfsdeckend anzurechnen, so dass sich ein derzeitiger monatlicher Unterhaltsbetrag in Höhe von EUR ergibt.

2. Die Festsetzung des Unterhalts erfolgt auf der Grundlage des in § 2 Ziff. 2 der Vereinbarung festgestellten anrechenbaren Nettoeinkommens des Ersch. zu 1.

3. Die Berechnung gemäß Ziff. 1 erfolgt nach der Unterhaltsbemessung der ersten Altersstufe der Düsseldorfer Tabelle.

Ab dem erhöht sich der Unterhalt auf % des Mindestbedarfs der zweiten Altersstufe der Düsseldorfer Tabelle, derzeit also EUR.

Ab dem erhöht sich der Unterhalt auf % des Mindestbedarfs der dritten Altersstufe der Düsseldorfer Tabelle, derzeit also EUR.

Abzuziehen ist das jeweils gültige gesetzliche Kindergeld nach den gesetzlichen Bestimmungen, derzeit mit hälftiger Anrechnung.

§ 4 Vollstreckungsunterwerfung

Wegen der in § 2 und 3 der Vereinbarung eingegangenen Verpflichtung zur Zahlung von Ehegattenunterhalt und Kindesunterhalt unterwerfe ich, der Ersch. zu 1, mich der

sofortigen Zwangsvollstreckung

aus dieser Urkunde in mein Vermögen.

Die Ersch. zu 2 ist berechtigt, sich jederzeit auf einseitigen Antrag auf Kosten des Ersch. zu 1 eine vollstreckbare Ausfertigung dieser Urkunde erteilen zu lassen, ohne dass es hierzu des Nachweises der Fälligkeit oder sonstiger die Vollstreckung begründender Tatsachen bedarf.

§ 5 Hinweise, Durchführung

Der Notar hat die Erschienenen über die Bedeutung, die rechtliche Tragweite, insbesondere die Rechtsfolgen und die Auswirkungen der Unterhaltsvereinbarung abschließend noch einmal ausführlich belehrt. Beide Erschienenen sind sich der Tragweite der getroffenen Vereinbarungen bewusst und wünschen gleichwohl die Beurkundung der Vereinbarung auch unter Inkaufnahme möglicher zukünftig daraus erwachsener Nachteile.

(ggf. weitere abschließende Hinweise/Durchführung)

(Urkundsausgang, Unterschriften)

▲

IV. Freistellungsvereinbarungen der Eltern

358 Grundsätzlich kann auf Kindesunterhalt **für die Zukunft nicht verzichtet** werden, § 1640 BGB.

Es können daher zwischen Eltern auch keine Vereinbarungen getroffen werden, die sich zu Lasten der Kinder auswirken. Eltern können allerdings **im Innenverhältnis Vereinbarungen** treffen, die den Kindesunterhalt betreffen. So ist es möglich, dass Eltern Freistellungsvereinbarungen treffen, wonach ein Elternteil verspricht, den anderen **von Barunterhaltsansprüchen des Kindes/der Kinder freizustellen.**

Sollte das Kind/die Kinder gleichwohl Ansprüche geltend machen, muss der verspre- **359**
chende Elternteil den anderen freistellen bzw. diesem ggf. eingezogene Unterhaltsbeträge erstatten. Häufig werden solche Vereinbarungen **im Zusammenhang mit einem Unterhaltsverzicht oder einer Unterhaltsbegrenzung** betreffend den anderen Ehegatten hinsichtlich des Ehegattenunterhalts vereinbart.[243]

Zu beachten ist im Rahmen solcher Verhandlungen allerdings, dass im Zusammenhang mit Vereinbarungen zur Freistellung betreffend Kindesunterhalt **nicht andere Bereiche „erkauft"** werden. Dies betrifft etwa Vereinbarungen zur elterlichen Sorge oder zum Umgang, bei denen das **Kindeswohl nicht beachtet** wird. In solchem Zusammenhang gestellte Unterhaltsfreistellungen sind regelmäßig sittenwidrig.[244]

Schließlich ist zu empfehlen, einen **Vorbehalt für außergewöhnliche Fälle** aufzuneh- **360**
men, etwa einer langfristigen Erkrankung oder Behinderung des Kindes, ebenso eine Änderung der Lebenssituation des Kindes.[245]

Eine Formulierung kann wie folgt erfolgen: **361**

3.42

▼

Muster 3.42: Freistellungsvereinbarung minderjähriges Kind

Verhandelt am

Zu

Vor mir, dem unterzeichnenden Notar im Bezirk des Oberlandesgerichts

erscheinen

1. Herr , geb. am , wohnhaft

2. Frau geb. , geb. am , wohnhaft

ausgewiesen durch .

243 Vgl. *Bergschneider,* Rn 365.
244 Vgl. OLG Frankfurt ZFE 2007, 433; Wendl/Dose/*Klinkhammer,* § 2 Rn 764.
245 *Münch,* Rn 3940 f.

Die Frage des beurkundenden Notars nach einer Vorbefassung im Sinne von § 3 Abs. 1 Nr. 7 BeurkG wurde von den Erschienenen verneint. Der beurkundende Notar erläuterte die vorgenannte Vorschrift.

Die Erschienenen baten den Notar um die Beurkundung einer

Trennungs- und Unterhaltsvereinbarung

und erklärten vorab:

§ 1 Ausgangslage

Wir sind beide von Geburt an deutsche Staatsangehörige und haben am in die Ehe geschlossen. Aus unserer Ehe ist das am geborene, derzeit also 16 Jahre alte Kind K. hervorgegangen. Es behält einvernehmlich seinen Lebensmittelpunkt bei dem Kindesvater. Kinder aus anderen Verbindungen sind nicht vorhanden.

Wir leben seit dem in verschiedenen Wohnungen voneinander getrennt.

§ 2 Ehegattenunterhalt

1. Der Ersch. zu 1 verpflichtet sich, ab an die Ersch. zu 2 für die Zeit der Trennung einen monatlich, jeweils bis zum 1. eines jeden Monats fälligen Trennungsunterhalt in Höhe von EUR zu zahlen.

2. Bei dieser Vereinbarung gehen die Beteiligten von den folgenden Einkommensverhältnissen aus:

- Einkommen des Ersch. zu 1
- Einkommen der Ersch. zu 2 .

3. Die Vereinbarung zur Zahlung von Trennungsunterhalt ist der Abänderung zugänglich. Die Beteiligten vereinbaren im Falle der Änderung der Einkommens- und Vermögensverhältnisse eine an der getroffenen Vereinbarung orientierte Abänderung. Ergänzend gelten die gesetzlichen Regelungen.

4. Die Ersch. zu 2 verpflichtet sich für die Dauer der Unterhaltsleistung, die nach § 10 Abs. 1 Nr. 1 EStG erforderliche Zustimmung zum begrenzten Realsplitting zu geben. Der Ersch. zu 1 ist verpflichtet, die Ersch. zu 2 von den ihr entstehenden finanziellen Nachteilen freizustellen.

§ 3 Freistellungsvereinbarung Kindesunterhalt

1. Der Ersch. zu 1, bei dem das gemeinsame Kind K, geb. am , weiterhin leben wird, verpflichtet sich hiermit, die Ersch. zu 2 von allen Kindesunterhaltsansprüchen freizustellen.

2. Die grundsätzliche Verpflichtung der Ersch. zu 2 zur Zahlung von Kindesunterhalt ist bei der Bemessung der Ansprüche zum Ehegattenunterhalt berücksichtigt.

3. Wir stellen ausdrücklich klar, dass die Vereinbarung das Innenverhältnis zwischen den Eltern betrifft und die Ansprüche des Kindes gegen die Eltern nicht berührt.

4. Die Vereinbarung verliert ihre Gültigkeit, falls das Kind

- wegen einer geistigen oder körperlichen Behinderung auf Dauer arbeitsunfähig werden sollte und deshalb ein Unterhaltsanspruch gegen einen oder beide Erschienenen besteht oder
- wenn das Kind seinen gewöhnlichen Aufenthalt wechselt und deshalb nicht mehr bei dem Ersch. zu 1 lebt.

§ 4 Vollstreckungsunterwerfung

Wegen der in § 2 der Vereinbarung eingegangenen Verpflichtung zur Zahlung von Ehegattenunterhalt unterwerfe ich, der Ersch. zu 1, mich der

sofortigen Zwangsvollstreckung

aus dieser Urkunde in mein Vermögen.

Die Ersch. zu 2 ist berechtigt, sich jederzeit auf einseitigen Antrag auf Kosten des Ersch. zu 1 eine vollstreckbare Ausfertigung dieser Urkunde erteilen zu lassen, ohne dass es hierzu des Nachweises der Fälligkeit oder sonstiger die Vollstreckung begründender Tatsachen bedarf.

§ 5 Hinweise, Durchführung

Der Notar hat die Erschienenen über die Bedeutung, die rechtliche Tragweite, insbesondere die Rechtsfolgen und die Auswirkungen der Unterhaltsvereinbarung abschließend noch einmal ausführlich belehrt. Beide Erschienenen sind sich der Tragweite der getroffenen Vereinbarungen bewusst und wünschen gleichwohl die Beurkundung der Vereinbarung auch unter Inkaufnahme möglicher zukünftig daraus erwachsener Nachteile.

(ggf. weitere abschließende Hinweise/Durchführung)

(Urkundsausgang, Unterschriften)

▲

Die vorstehende Freistellungsvereinbarung ist – bis auf die Ausnahmebestimmungen in 362
§ 3 Ziff. 4 **unbefristet und unbegrenzt** abgefasst. Dies birgt naturgemäß die Gefahr von Unterhaltsansprüchen des Kindes, die derzeit noch nicht absehbar sind.

Sinnvoll erscheint es deshalb häufig, die Freistellung zunächst einmal auf die Minderjährigkeit zu beschränken.

Dies könnte bei ansonsten gleichem Sachverhalt wie folgt formuliert werden, wobei man dann eventuell auf die Aufnahme der Ausnahmebestimmungen verzichten könnte.

3.43

▼

363 **Muster 3.43: Freistellungsvereinbarung für die Zeit der Minderjährigkeit**

Verhandelt am

Zu

Vor mir, dem unterzeichnenden Notar im Bezirk des Oberlandesgerichts

erscheinen

1. Herr , geb. am , wohnhaft

2. Frau geb. , geb. am , wohnhaft

ausgewiesen durch .

Die Frage des beurkundenden Notars nach einer Vorbefassung im Sinne von § 3 Abs. 1 Nr. 7 BeurkG wurde von den Erschienenen verneint. Der beurkundende Notar erläuterte die vorgenannte Vorschrift.

Die Erschienenen baten den Notar um die Beurkundung einer

Trennungs- und Unterhaltsvereinbarung

und erklärten vorab:

§ 1 Ausgangslage

Wir sind beide von Geburt an deutsche Staatsangehörige und haben am in die Ehe geschlossen. Aus unserer Ehe ist das am geborene, derzeit also 16 Jahre alte Kind K. hervorgegangen. Es behält einvernehmlich seinen Lebensmittelpunkt bei dem Kindesvater. Kinder aus anderen Verbindungen sind nicht vorhanden.

Wir leben seit dem in verschiedenen Wohnungen voneinander getrennt.

§ 2 Ehegattenunterhalt

1. Der Ersch. zu 1 verpflichtet sich, ab an die Ersch. zu 2 für die Zeit der Trennung einen monatlich, jeweils bis zum 1. eines jeden Monats fälligen Trennungsunterhalt in Höhe von EUR zu zahlen.

2. Bei dieser Vereinbarung gehen die Beteiligten von den folgenden Einkommensverhältnissen aus:

- Einkommen des Ersch. zu 1
- Einkommen der Ersch. zu 2 .

3. Die Vereinbarung zur Zahlung von Trennungsunterhalt ist der Abänderung zugänglich. Die Beteiligten vereinbaren im Falle der Änderung der Einkommens- und Vermögensverhältnisse eine an der getroffenen Vereinbarung orientierte Abänderung. Ergänzend gelten die gesetzlichen Regelungen.

4. Die Ersch. zu 2 verpflichtet sich für die Dauer der Unterhaltsleistung, die nach § 10 Abs. 1 Nr. 1 EStG erforderliche Zustimmung zum begrenzten Realsplitting zu geben. Der Ersch. zu 1 ist verpflichtet, die Ersch. zu 2 von den ihr entstehenden finanziellen Nachteilen freizustellen.

§ 3 Freistellungsvereinbarung Kindesunterhalt

1. Der Ersch. zu 1, bei dem das gemeinsame Kind K, geb. am , weiterhin leben wird, verpflichtet sich hiermit, die Ersch. zu 2 für die Zeit der Minderjährigkeit des Kindes von allen Kindesunterhaltsansprüchen freizustellen.

2. Die grundsätzliche Verpflichtung der Ersch. zu 2 zur Zahlung von Kindesunterhalt ist bei der Bemessung der Ansprüche zum Ehegattenunterhalt berücksichtigt.

3. Wir stellen ausdrücklich klar, dass die Vereinbarung das Innenverhältnis zwischen den Eltern betrifft und die Ansprüche des Kindes gegen die Eltern nicht berührt.

§ 4 Vollstreckungsunterwerfung

Wegen der in § 2 der Vereinbarung eingegangenen Verpflichtung zur Zahlung von Ehegattenunterhalt unterwerfe ich, der Ersch. zu 1, mich der

sofortigen Zwangsvollstreckung

aus dieser Urkunde in mein Vermögen.

Die Ersch. zu 2 ist berechtigt, sich jederzeit auf einseitigen Antrag auf Kosten des Ersch. zu 1 eine vollstreckbare Ausfertigung dieser Urkunde erteilen zu lassen, ohne dass es hierzu des Nachweises der Fälligkeit oder sonstiger die Vollstreckung begründender Tatsachen bedarf.

§ 5 Hinweise, Durchführung

Der Notar hat die Erschienenen über die Bedeutung, die rechtliche Tragweite, insbesondere die Rechtsfolgen und die Auswirkungen der Unterhaltsvereinbarung abschließend noch einmal ausführlich belehrt. Beide Erschienenen sind sich der Tragweite der getroffenen Vereinbarungen bewusst und wünschen gleichwohl die Beurkundung der Vereinbarung auch unter Inkaufnahme möglicher zukünftig daraus erwachsener Nachteile.

(ggf. weitere abschließende Hinweise/Durchführung)

(Urkundsausgang, Unterschriften)

▲

364 Ist das **Kind volljährig**, sind die Eltern nicht gehindert, Vereinbarungen über die Frage der **Verteilung der Belastungen oder auch Vereinbarungen** dahingehend zu treffen, dass ein Elternteil von den Verpflichtungen zur Zahlung von Kindesunterhalt **freigestellt** wird.

Die Vereinbarung kann dann zwar ohne das volljährige Kind geschlossen werden. Dabei ist jedoch zu beachten, dass das Kind gleichwohl Ansprüche stellen kann. Sinnvoll erscheint eine **Vereinbarung unter Mitwirkung des volljährigen Kindes.**

In einem Fall, in welchem – befristet – Ehegattenunterhalt nach Scheidung einer Ehe zu zahlen ist, könnte man – für die Zeit der Befristung – die Zahlung von Kindesunterhalt einbeziehen.

365 Dies könnte wie folgt formuliert werden:

3.44

▼

Muster 3.44: Freistellungsvereinbarung Volljährigenunterhalt

Verhandelt am

Zu

Vor mir, dem unterzeichnenden Notar im Bezirk des Oberlandesgerichts

erscheinen

1. Herr , geb. am , wohnhaft
2. Frau geb. , geb. am , wohnhaft
3. der Sohn der Ersch. zu 1 und 2, Herr geb. am , wohnhaft

ausgewiesen durch .

Die Frage des beurkundenden Notars nach einer Vorbefassung im Sinne von § 3 Abs. 1 Nr. 7 BeurkG wurde von den Erschienenen verneint. Der beurkundende Notar erläuterte die vorgenannte Vorschrift.

Die Erschienenen baten den Notar um die Beurkundung einer

Scheidungs- und Unterhaltsvereinbarung

und erklärten vorab:

§ 1 Ausgangslage

Die Erschienenen zu 1 und 2 erklären zunächst:

Wir sind beide von Geburt an deutsche Staatsangehörige und haben am ___ in ___ die Ehe geschlossen. Aus unserer Ehe ist das am ___ geborene, derzeit also 19 Jahre alte Kind K, der Ersch. zu 3, hervorgegangen.

Unsere Ehe ist am ___ durch Beschluss des Amtsgerichts – Familiengerichts – in ___ geschieden worden. Die Rechtskraft ist am ___ eingetreten.

Der Ersch. zu 1 hat vor ___ Wochen nach bestandenem Abitur das Studium der Rechtswissenschaften an der ___-Universität in ___ aufgenommen und unterhält seitdem in ___ einen eigenen Hausstand.

§ 2 Ehegattenunterhalt

1. Der Ersch. zu 1 verpflichtet sich, ab ___ an die Ersch. zu 2 einen monatlich, jeweils bis zum 1. eines jeden Monats fälligen Ehegattenunterhalt in Höhe von ___ EUR zu zahlen.

2. Bei dieser Vereinbarung gehen die Beteiligten von den folgenden Einkommensverhältnissen aus:

- Einkommen des Ersch. zu 1 ___
- Einkommen der Ersch. zu 2 ___.

3. Die Vereinbarung zur Zahlung von Ehegattenunterhalt ist der Abänderung zugänglich. Die Beteiligten vereinbaren im Falle der Änderung der Einkommens- und Vermögensverhältnisse eine an der getroffenen Vereinbarung orientierte Abänderung. Ergänzend gelten die gesetzlichen Regelungen.

4. Die Ersch. zu 2 verpflichtet sich für die Dauer der Unterhaltsleistung, die nach § 10 Abs. 1 Nr. 1 EStG erforderliche Zustimmung zum begrenzten Realsplitting zu geben. Der Ersch. zu 1 ist verpflichtet, die Ersch. zu 2 von den ihr entstehenden finanziellen Nachteilen freizustellen.

5. Die Verpflichtung zur Zahlung von Ehegattenunterhalt ist auf die Dauer von 5 Jahren ab Rechtskraft der Scheidung befristet. Für die sich daran anschließende Zeit verzichten die Parteien hiermit auf nachehelichen Unterhalt in jeder Form und in allen Lebenslagen einschließlich dem Fall der Not und nehmen diesen Verzicht gegenseitig an. Dieser Verzicht gilt auch für jeden Fall der Änderung der Rechtsprechung oder einer Gesetzesänderung.

§ 3 Kindesunterhalt

1. Wir sind darüber einig, dass wir dem Ersch. zu 3 aufgrund seines derzeitigen Studiums und der Begründung des eigenen Hausstandes auf der Basis unserer beiderseitigen Einkünfte nach Ziff. A.7. der Düsseldorfer Tabelle einen Gesamtunterhaltsbedarf in Höhe von ___ EUR schulden.[246] Hiervon wird das volle Kindergeld in Höhe von der-

246 Stand Düsseldorfer Tabelle vom 1.1.2016.

zeit ____ EUR abgezogen, das wir dem Ersch. zu 3 zukommen lassen werden. Vom verbleibenden Bedarfsbetrag in Höhe von ____ EUR müssten nach unseren Einkommensverhältnissen der Ersch. zu 1 ____ % und die Ersch. zu 2 ____ % tragen.

2. Der Ersch. zu 1 verpflichtet sich hiermit, die Ersch. zu 2 für die Zeit des Studiums des Kindes, längstens jedoch für die Zeit bis zur Wirksamkeit des wechselseitigen Unterhaltsverzichts zwischen den Ersch. zu 1 und 2 gem. § 3 Ziff. 4 der Vereinbarung von allen Unterhaltsansprüchen des Ersch. zu 3 freizustellen.

3. Die Freistellung der Ersch. zu 2 von der Verpflichtung zur Zahlung von Kindesunterhalt ist bei der Bemessung der Ansprüche zum Ehegattenunterhalt berücksichtigt.

4. Ich, der Ersch. zu 1, verpflichte mich daher ausdrücklich den Kindesunterhalt nach § 3 Zif. 1 der Vereinbarung in voller Höhe an den Ersch. zu 3 zu zahlen.

5. Die Freistellung gilt nicht, wenn der Ersch. zu 3 wegen einer Behinderung arbeitsunfähig werden und ihm aus diesem Grund ein Unterhaltsanspruch zustehen sollte.

6. Weitergehende gesetzliche Ansprüche bleiben unberührt.

7. Der Ersch. zu 3 stimmt der Vereinbarung, namentlich der Einigung der Ersch. zu 1 und 2 über die Freistellung von Kindesunterhaltsansprüchen ausdrücklich zu. Der Ersch. zu 3 ist berechtigt, aus der Vereinbarung den vollen Unterhalt gegen den Ersch. zu 1 geltend zu machen.

8. Die Ersch. zu 1 und 2 behalten sich das Recht vor, diese Vereinbarung ohne Zustimmung des Ersch. zu 3 zu ändern oder zu ergänzen.

§ 4 Vollstreckungsunterwerfung

Wegen der in §§ 2 und 3 der Vereinbarung eingegangenen Verpflichtung zur Zahlung von Ehegattenunterhalt und Kindesunterhalt unterwerfe ich, der Ersch. zu 1, mich der

sofortigen Zwangsvollstreckung

aus dieser Urkunde in mein Vermögen.

Die Ersch. zu 2 und 3 sind berechtigt, sich jederzeit auf einseitigen Antrag auf Kosten des Ersch. zu 1 eine vollstreckbare Ausfertigung dieser Urkunde erteilen zu lassen, ohne dass es hierzu des Nachweises der Fälligkeit oder sonstiger die Vollstreckung begründender Tatsachen bedarf.

§ 5 Hinweise, Durchführung

Der Notar hat die Erschienenen über die Bedeutung, die rechtliche Tragweite, insbesondere die Rechtsfolgen und die Auswirkungen der Unterhaltsvereinbarung abschließend noch einmal ausführlich belehrt. Beide Erschienenen sind sich der Tragweite der getrof-

fenen Vereinbarungen bewusst und wünschen gleichwohl die Beurkundung der Vereinbarung auch unter Inkaufnahme möglicher zukünftig daraus erwachsener Nachteile.

(ggf. weitere abschließende Hinweise/Durchführung)

(Urkundsausgang, Unterschriften)

▲

Der in diesem Zusammenhang festgelegte Betrag von 700 EUR für das studierende Kind wird häufig zu Unrecht als fester Betrag angesehen, der praktisch nie veränderbar ist. 366

Dabei wird nicht beachtet, dass bereits Kinder, die noch im elterlichen Haushalt leben und der Altersstufe 4 der Düsseldorfer Tabelle unterfallen, einen **höheren Unterhaltsanspruch** geltend machen können als Studenten im eigenem Haushalt, wenn das gemeinsame Einkommen der Eltern überdurchschnittlich hoch ist, also die 8. bis 10. Einkommensstufe der Düsseldorfer Tabelle erreicht.

Der feste Vertrag von 700 EUR kann daher nur im Falle durchschnittlicher Einkünfte gelten. Bei höheren Gesamteinkünften könnte durch Vereinbarung ein erhöhter Betrag wie folgt festgelegt werden: 367

3.45

▼

Muster 3.45: Freistellungsvereinbarung Volljährigenunterhalt bei hohen Einkünften

Verhandelt am

Zu

Vor mir, dem unterzeichnenden Notar im Bezirk des Oberlandesgerichts

erscheinen

1. Herr , geb. am , wohnhaft
2. Frau geb. , geb. am , wohnhaft
3. der Sohn der Ersch. zu 1 und 2, Herr , geb. am , wohnhaft

ausgewiesen durch .

Die Frage des beurkundenden Notars nach einer Vorbefassung im Sinne von § 3 Abs. 1 Nr. 7 BeurkG wurde von den Erschienenen verneint. Der beurkundende Notar erläuterte die vorgenannte Vorschrift.

Die Erschienenen baten den Notar um die Beurkundung einer

Scheidungs- und Unterhaltsvereinbarung

und erklärten vorab:

§ 1 Ausgangslage

Die Erschienenen zu 1 und 2 erklären zunächst:

Wir sind beide von Geburt an deutsche Staatsangehörige und haben am in die Ehe geschlossen. Aus unserer Ehe ist das am geborene, derzeit also 19 Jahre alte Kind K, der Ersch. zu 3, hervorgegangen.

Unsere Ehe ist am durch Beschluss des Amtsgerichts – Familiengerichts – in geschieden worden. Die Rechtskraft ist am eingetreten.

Der Ersch. zu 1 hat vor Wochen nach bestandenem Abitur das Studium der Rechtswissenschaften an der -Universität in aufgenommen und unterhält seitdem in einen eigenen Hausstand.

§ 2 Ehegattenunterhalt

1. Der Ersch. zu 1 verpflichtet sich, ab an die Ersch. zu 2 einen monatlich, jeweils bis zum 1. eines jeden Monats fälligen Ehegattenunterhalt in Höhe von EUR zu zahlen.

2. Bei dieser Vereinbarung gehen die Beteiligten von den folgenden Einkommensverhältnissen aus:

- Einkommen des Ersch. zu 1
- Einkommen der Ersch. zu 2 .

3. Die Vereinbarung zur Zahlung von Ehegattenunterhalt ist der Abänderung zugänglich. Die Beteiligten vereinbaren im Falle der Änderung der Einkommens- und Vermögensverhältnisse eine an der getroffenen Vereinbarung orientierte Abänderung. Ergänzend gelten die gesetzlichen Regelungen.

4. Die Ersch. zu 2 verpflichtet sich für die Dauer der Unterhaltsleistung, die nach § 10 Abs. 1 Nr. 1 EStG erforderliche Zustimmung zum begrenzten Realsplitting zu geben. Der Ersch. zu 1 ist verpflichtet, die Ersch. zu 2 von den ihr entstehenden finanziellen Nachteilen freizustellen.

5. Die Verpflichtung zur Zahlung von Ehegattenunterhalt ist auf die Dauer von 5 Jahren ab Rechtskraft der Scheidung befristet. Für die sich daran anschließende Zeit verzichten die Parteien hiermit auf nachehelichen Unterhalt in jeder Form und in allen Lebenslagen einschließlich dem Fall der Not und nehmen diesen Verzicht gegenseitig an. Dieser Verzicht gilt auch für jeden Fall der Änderung der Rechtsprechung oder einer Gesetzesänderung.

§ 3 Kindesunterhalt

1. Wir sind darüber einig, dass wir dem Ersch. zu 3 aufgrund seines derzeitigen Studiums und der Begründung des eigenen Hausstandes nach Zif. A.7. der Düsseldorfer Tabelle einen Gesamtunterhaltsbedarf in Höhe von ____ EUR schulden.[247] Wegen unserer Gesamteinkünfte, die die Einkommensgruppe 10 der Düsseldorfer Tabelle überschreiten, vereinbaren wir die Erhöhung dieses Betrags um monatlich ____ EUR auf insgesamt ____ EUR. Hiervon wird das volle Kindergeld in Höhe von derzeit 190 EUR abgezogen, das wir dem Ersch, zu 3 zukommen lassen werden. Vom verbleibenden Bedarfsbetrag in Höhe von ____ EUR müssten nach unseren Einkommensverhältnissen der Ersch. zu 1 ____ % und die Ersch. zu 2 ____ % tragen.

2. Der Ersch. zu 1 verpflichtet sich hiermit, die Ersch. zu 2 für die Zeit des Studiums des Kindes, längstens jedoch für die Zeit bis zur Wirksamkeit des wechselseitigen Unterhaltsverzichts zwischen den Ersch. zu 1 und 2 gem. § 3 Ziff. 4 der Vereinbarung von allen Unterhaltsansprüchen des Ersch. zu 3 freizustellen.

3. Die Freistellung der Ersch. zu 2 von der Verpflichtung zur Zahlung von Kindesunterhalt ist bei der Bemessung der Ansprüche zum Ehegattenunterhalt berücksichtigt.

4. Ich, der Ersch. zu 1, verpflichte mich daher ausdrücklich den Kindesunterhalt nach § 3 Ziff. 1 der Vereinbarung in voller Höhe an den Ersch. zu 3 zu zahlen.

5. Die Freistellung gilt nicht, wenn der Ersch. zu 3 wegen einer Behinderung arbeitsunfähig werden und ihm aus diesem Grund ein Unterhaltsanspruch zustehen sollte.

6. Weitergehende gesetzliche Ansprüche bleiben unberührt.

7. Der Ersch. zu 3 stimmt der Vereinbarung, namentlich der Einigung der Ersch. zu 1 und 2 über die Freistellung von Kindesunterhaltsansprüchen ausdrücklich zu. Der Ersch. zu 3 ist berechtigt, aus der Vereinbarung den vollen Unterhalt gegen den Ersch. zu 1 geltend zu machen.

8. Die Ersch. zu 1 und 2 behalten sich das Recht vor, diese Vereinbarung ohne Zustimmung des Ersch. zu 3 zu ändern oder zu ergänzen.

§ 4 Vollstreckungsunterwerfung

Wegen der in §§ 2 und 3 der Vereinbarung eingegangenen Verpflichtung zur Zahlung von Ehegattenunterhalt und Kindesunterhalt unterwerfe ich, der Ersch. zu 1, mich der

sofortigen Zwangsvollstreckung

aus dieser Urkunde in mein Vermögen.

247 Stand Düsseldorfer Tabelle vom 1.1.2016.

Die Ersch. zu 2 und 3 sind berechtigt, sich jederzeit auf einseitigen Antrag auf Kosten des Ersch. zu 1 eine vollstreckbare Ausfertigung dieser Urkunde erteilen zu lassen, ohne dass es hierzu des Nachweises der Fälligkeit oder sonstiger die Vollstreckung begründender Tatsachen bedarf.

§ 5 Hinweise, Durchführung

Der Notar hat die Erschienenen über die Bedeutung, die rechtliche Tragweite, insbesondere die Rechtsfolgen und die Auswirkungen der Unterhaltsvereinbarung abschließend noch einmal ausführlich belehrt. Beide Erschienenen sind sich der Tragweite der getroffenen Vereinbarungen bewusst und wünschen gleichwohl die Beurkundung der Vereinbarung auch unter Inkaufnahme möglicher zukünftig daraus erwachsener Nachteile.

(ggf. weitere abschließende Hinweise/Durchführung)

(Urkundsausgang, Unterschriften)

▲

V. Auskunft

368 Nach § 1605 BGB besteht zwischen unterhaltsberechtigten und unterhaltsverpflichteten Verwandten die Verpflichtung zur Erteilung einer wechselseitigen Auskunft über Einkünfte und Vermögen.

1. Auskunftsanspruch zwischen Eltern

369 Eltern schulden zusätzlich untereinander Auskunft, wenn ihre Haftungsanteile nach § 1606 Abs. 3 S. 1 BGB festgestellt werden müssen. Dies ist dann der Fall, wenn beide Eltern barunterhaltspflichtig sind, regelmäßig mit Volljährigkeit des Kindes.

370 Im Ausnahmefall gilt dies aber auch bei minderjährigen Kindern, wenn ausnahmsweise – auch – der betreuende Elternteil Barunterhalt leisten muss, insgesamt also

- bei Volljährigkeit des Kindes,
- bei Praktizierung des Wechselmodells,
- bei Betreuung je eines gemeinsamen Kindes,
- bei Fremdbetreuung eines Kindes
- bei dramatischer, erdrückender[248] Schuldenlast aus der Zeit gemeinsamer Lebensführung der Eltern,
- bei deutlich ungleichgewichtigen Einkommens- und Vermögensverhältnissen,

248 So die zutreffende Formulierung von Kleffmann/Klein/*Eder*, § 1606 Rn 36.

- im Rahmen der Anteilshaftung beim Zusammentreffen minderjähriger und privilegiert volljähriger Kinder.

Über den Auskunftsanspruch können sich die Beteiligten verständigen und die regelmäßige Auskunftsverpflichtung beispielsweise im Falle einer Fremdbetreuung wie folgt formulieren: 371

3.46

▼

Muster 3.46: Vereinbarung zur Auskunftsverpflichtung zwischen Eltern 372

Verhandelt am

Zu

Vor mir, dem unterzeichnenden Notar im Bezirk des Oberlandesgerichts

erscheinen

1. Herr , geb. am , wohnhaft

2. Frau geb. , geb. am , wohnhaft

ausgewiesen durch .

Die Frage des beurkundenden Notars nach einer Vorbefassung im Sinne von § 3 Abs. 1 Nr. 7 BeurkG wurde von den Erschienenen verneint. Der beurkundende Notar erläuterte die vorgenannte Vorschrift.

Die Erschienenen baten den Notar um die Beurkundung einer

Trennungs- und Unterhaltsvereinbarung

und erklärten vorab:

§ 1 Ausgangslage

Wir sind beide von Geburt an deutsche Staatsangehörige und haben am in die Ehe geschlossen. Aus unserer Ehe ist der am geborene, derzeit also 13 Jahre alte K hervorgegangen. Kinder aus anderen Verbindungen sind nicht vorhanden.

Wir leben seit dem in verschiedenen Wohnungen voneinander getrennt.

Wir verfügen über die folgenden bereinigten monatlichen Nettoeinkünfte:

- der Ersch. zu 1: EUR
- die Ersch. zu 2: EUR.

§ 2 Vereinbarung von Betreuung

1. Unser Kind K hat sich im Rahmen der Trennung der Erschienenen dazu entschlossen, bei seinen Großeltern, den Eltern der Ersch. zu 2, zu wohnen. Diese haben K in den Haushalt aufgenommen und versorgen und betreuen das Kind.

2. Wir, die Erschienenen, haben mit den Großeltern vereinbart, dass diese Unterhalt für K in Höhe des in der Anlage errechneten Betrages von EUR erhalten. Hierauf wird zunächst das Kindergeld in Höhe von derzeit EUR angerechnet, das zu Händen der Großeltern ausgezahlt wird.

§ 3 Kindesunterhalt

1. Wir vereinbaren im Hinblick auf den verbleibenden Restbedarf in Höhe von EUR, dass wir nach unseren Einkünften die folgenden, monatlich bis zum 1. eines jeden Monats im Voraus zu zahlenden Teilbeträge leisten:

- der Ersch. zu 1: EUR
- die Ersch. zu 2: EUR.

2. Die Höhe der einzelnen Beträge ergibt sich aus der dieser Urkunde als Anlage beigefügten Berechnung.

3. Die Unterhaltsregelung ist nach § 239 FamFG abänderbar.

4. Zur Feststellung unserer Haftungsanteile vereinbaren wir, uns wechselseitig im Januar eines jeden Jahres Auskunft über unsere Einkünfte des Vorjahres zu erteilen und die erforderlichen Belege beizufügen. Die erste Auskunft wird wechselseitig betreffend das nächste Kalenderjahr geschuldet, mithin vorzulegen im Januar (übernächstes Jahr).

§ 4 Vollstreckungsunterwerfung

Wegen der in § 3 Ziff. 1 der Vereinbarung eingegangenen Verpflichtung zur Zahlung des Kindesunterhaltes unterwerfen wir, die Ersch. zu 1und 2, uns jeweils der

sofortigen Zwangsvollstreckung

aus dieser Urkunde in unser Vermögen.

Das Kind K ist berechtigt, sich jederzeit eine vollstreckbare Ausfertigung dieser Urkunde zu Händen eines jeden Elternteils erteilen zu lassen, ohne dass es hierzu des Nachweises der Fälligkeit oder sonstiger die Vollstreckung begründender Tatsachen bedarf.

§ 5 Hinweise, Durchführung

Der Notar hat die Erschienenen über die Bedeutung, die rechtliche Tragweite, insbesondere die Rechtsfolgen und die Auswirkungen der Unterhaltsvereinbarung abschließend noch einmal ausführlich belehrt. Beide Erschienenen sind sich der Tragweite der getrof-

fenen Vereinbarungen bewusst und wünschen gleichwohl die Beurkundung der Vereinbarung auch unter Inkaufnahme möglicher zukünftig daraus erwachsener Nachteile.

(ggf. weitere abschließende Hinweise/Durchführung)

(Urkundsausgang, Unterschriften)

▲

Beispiel: Anlage zu Muster 3.46

Die **Anlage** hatte folgenden Berechnungsinhalt:[249]

Kind K, 13 Jahre alt, lebt im Haushalt der Großeltern; Einkommen der Eltern: M 3.000 EUR, F 2.500 EUR, die Großeltern erhalten das Kindergeld,

Bedarf des Kindes nach dem zusammengerechneten Einkommen der Eltern 5.500 EUR (3.000 EUR + 2.500 EUR).

Einsetzbares Einkommen:

M: 3.000 EUR – 1.300 EUR (angemessener Selbstbehalt) = 1.700 EUR

F: 2.500 EUR – 1.300 EUR = 1.200 EUR

Gesamtes einsetzbares Einkommen:

1.700 EUR + 1.200 EUR = 2.900 EUR

Unterhalt K:

Bedarf 720 EUR – 190 EUR volles Kindergeld = 530 EUR

Anteil M: 530 EUR × 1.700 EUR : 2.900 EUR = **311 EUR**

Anteil F: 530 EUR × 1.200 EUR : 2.900 EUR = **219 EUR**

2. Auskunftsanspruch zwischen Eltern und Kindern

Ein Kind kann von demjenigen Auskunft über seine Einkünfte fordern, der ihm Barunter- 373
halt schuldet. Das Kind muss mit Hilfe der Auskunft eine Einordnung in die Regelbedarfssätze der Düsseldorfer Tabelle vornehmen können. Damit wird dann die Höhe der Barunterhaltspflicht bestimmt.

Die gilt nicht nur „im Ausnahmefall“,[250] sondern grundsätzlich auch dann, wenn **feste Bedarfssätze** wie diejenigen für im eigenen Haushalt lebende studierende Kinder gelten.

Solche Bedarfssätze können nur Richtschnur dafür sein, was bei **durchschnittlicher Einkommenssituation der Eltern** an Ausbildungsunterhalt verlangt werden kann. Zu Recht wird darauf hingewiesen, dass der Bedarfssatz von 700 EUR bereits dann überschritten wird, wenn das gemeinsame Einkommen der Eltern die 8. bis 10. Einkommensstufe der

249 Berechnung nach Stand Düsseldorfer Tabelle vom 1.1.2016.
250 So Wendl/Dose/*Dose*, § 1 Rn 1160.

Düsseldorfer Tabelle erreicht und das Kind im Haushalt eines Elternteils lebt, so dass eine Einordnung nach der 4. Altersstufe der Düsseldorfer Tabelle erfolgt.

Eine Vereinbarung könnte zwischen den Eltern und dem volljährigen Kind wie folgt formuliert werden, wenn beispielsweise ein Elternteil die Zahlung übernommen hat.

3.47 ▼

374 **Muster 3.47: Vereinbarung zur Auskunftsverpflichtung zwischen Eltern und Kindern**

Verhandelt am

Zu

Vor mir, dem unterzeichnenden Notar im Bezirk des Oberlandesgerichts

erscheinen

1. Herr , geb. am , wohnhaft

2. Frau geb. , geb. am , wohnhaft

3. der Sohn der Ersch. zu 1 und 2, K, geb. am , wohnhaft

ausgewiesen durch .

Die Frage des beurkundenden Notars nach einer Vorbefassung im Sinne von § 3 Abs. 1 Nr. 7 BeurkG wurde von den Erschienenen verneint. Der beurkundende Notar erläuterte die vorgenannte Vorschrift.

Die Erschienenen baten den Notar um die Beurkundung einer

Trennungs- und Unterhaltsvereinbarung

und erklärten vorab:

§ 1 Ausgangslage

Wir sind beide von Geburt an deutsche Staatsangehörige und haben am in die Ehe geschlossen. Aus unserer Ehe ist der am geborene, derzeit also 18 Jahre alte Ersch. zu 3 hervorgegangen. Kinder aus anderen Verbindungen sind nicht vorhanden.

Wir leben seit dem in verschiedenen Wohnungen voneinander getrennt.

Wir verfügen über die folgenden bereinigten monatlichen Nettoeinkünfte:

- der Ersch. zu 1: EUR
- die Ersch. zu 2: EUR.

§ 2 Vereinbarung von Betreuung

1. Der Ersch. zu 3 hat sich im Rahmen der Trennung der Erschienenen dazu entschlossen, bei seinen Großeltern, den Eltern der Ersch. zu 2, zu wohnen. Diese haben den Ersch. zu 3 in ihren Haushalt aufgenommen.

2. Wir, die Erschienenen, haben mit dem Ersch. zu 3 im Einvernehmen mit den Großeltern vereinbart, dass der Ersch. zu 3 zu Händen der Großeltern Unterhalt in Höhe des in der Anlage errechneten Betrages von … EUR erhält. Hierauf wird zunächst das Kindergeld in Höhe von derzeit … EUR angerechnet, das zu Händen der Großeltern ausgezahlt wird.

§ 3 Kindesunterhalt

1. Wir vereinbaren im Hinblick auf den verbleibenden Restbedarf in Höhe von … EUR, dass wir nach unseren Einkünften die folgenden, monatlich bis zum 1. eines jeden Monats im Voraus zu zahlenden Teilbeträge leisten:

- der Ersch. zu 1: … EUR
- die Ersch. zu 2: … EUR.

2. Die Höhe der einzelnen Beträge ergibt sich aus der dieser Urkunde als Anlage beigefügten Berechnung.

3. Die Unterhaltsregelung ist nach § 239 FamFG abänderbar.

4. Zur Feststellung der Haftungsanteile verpflichten sich die Ersch. zu 1 und 2 gegenüber dem Ersch. zu 3, im Januar eines jeden Jahres Auskunft über die Einkünfte des Vorjahres zu erteilen und die erforderlichen Belege beizufügen. Die erste Auskunft wird betreffend das nächste Kalenderjahr geschuldet und ist mithin dem Ersch. zu 3 im Januar … (übernächstes Jahr) vorzulegen.

§ 4 Vollstreckungsunterwerfung

Wegen der in § 3 Ziff. 1 der Vereinbarung eingegangenen Verpflichtung zur Zahlung des Kindesunterhalts unterwerfen wir, die Ersch. zu 1und 2, uns jeweils der

sofortigen Zwangsvollstreckung

aus dieser Urkunde in unser Vermögen.

Der Ersch. zu 3 ist berechtigt, sich jederzeit eine vollstreckbare Ausfertigung dieser Urkunde zu Händen eines jeden Elternteils erteilen zu lassen, ohne dass es hierzu des Nachweises der Fälligkeit oder sonstiger die Vollstreckung begründender Tatsachen bedarf.

§ 5 Hinweise, Durchführung

Der Notar hat die Erschienen über die Bedeutung, die rechtliche Tragweite, insbesondere die Rechtsfolgen und die Auswirkungen der Unterhaltsvereinbarung abschließend

noch einmal ausführlich belehrt. Beide Erschienenen sind sich der Tragweite der getroffenen Vereinbarungen bewusst und wünschen gleichwohl die Beurkundung der Vereinbarung auch unter Inkaufnahme möglicher zukünftig daraus erwachsener Nachteile.

(ggf. weitere abschließende Hinweise/Durchführung)

(Urkundsausgang, Unterschriften)

▲

Beispiel: Anlage zu Muster 3.47

Die **Anlage** hatte folgenden Berechnungsinhalt:[251]

Kind K, 18 Jahre alt, lebt im Haushalt der Großeltern; Einkommen der Eltern: M 1.900 EUR, F 1.500 EUR, die Großeltern erhalten das Kindergeld,

Bedarf des Kindes nach dem zusammengerechneten Einkommen der Eltern 3.400 EUR (1.900 EUR + 1.500 EUR).

Einsetzbares Einkommen:

M: 1.900 EUR – 1.300 EUR (angemessener Selbstbehalt) = 600 EUR

F: 1.500 EUR – 1.300 EUR = 200 EUR

Gesamtes einsetzbares Einkommen:

600 EUR + 200 EUR = 800 EUR

Unterhalt K:

Bedarf (Höherstufung) 702 EUR – 190 EUR volles Kindergeld = 512 EUR

Anteil M: 512 EUR × 600 EUR : 800 EUR = **384 EUR**

Anteil F: 512 EUR × 200 : 800 EUR = **128 EUR**

VI. Enkelunterhalt

375 Nach § 1601 BGB sind Verwandte gerader Linie einander unterhaltspflichtig.

Um feststellen zu können, wer Verwandter gerader Linie ist, sind zunächst die Begriffe Verwandtschaft (§ 1589 BGB) und Schwägerschaft (§ 1590 BGB) zu klären.

1. Vorbemerkung: Verwandtschaft und Schwägerschaft

376 **§ 1589 BGB definiert den Begriff der Verwandtschaft** im Rechtssinn. Viele umgangssprachlich gebräuchliche Verwandtschaftsbezeichnungen wie „Onkel“, „Tante“, „Vetter“, Cousine“ etc. sind dem Gesetz fremd. Begriffe wie Eltern, Großeltern, Urgroßeltern etc. dagegen stimmen rechtlich mit dem allgemeinen Sprachgebrauch überein.

251 Berechnung nach Stand Düsseldorfer Tabelle vom 1.1.2016.

Seine Bedeutung entfaltet der Verwandtschaftsbegriff auf zahlreichen Gebieten, insbesondere auf dem Gebiet der **Unterhaltspflicht (§ 1601 BGB),** des Erbrechts (§§ 1922 ff. BGB) oder als Ehe- bzw. Lebenspartnerschaftsverbot (§ 1307 BGB, § 1 Abs. 3 LPartG).

Auch sozialrechtliche Erstattungsansprüche wie z.B. § 38 Abs. 4 S. 2 SGB V werden oftmals eingeschränkt, wenn die Leistung durch einen „Verwandten oder Verschwägerten bis zum zweiten Grad" erbracht wurde. Relevant wird der Begriff auch auf dem Gebiet des Verfahrensrechts, dort vor allem für Fragen des Ausschlusses von Gerichtspersonen (§ 41 Nr. 3 ZPO, § 6 FamFG, § 22 Nr. 3 StPO) und des Zeugnisverweigerungsrecht (§ 383 Abs. 1 Nr. 3 ZPO, § 52 Abs. 1 Nr. 3 StPO) 377

a) Verwandtschaft durch Abstammung

Verwandtschaft nach § 1598 BGB entsteht durch **Abstammung im Rechtssinn**. Auf 378 die genetische Abstammung kommt es nur dort an, wo diese vom Zweck der Vorschrift her maßgeblich ist (Beischlaf unter Verwandten, § 173 StGB, Eheverbot, § 1307 BGB).

> *Beispiel:* 379
>
> F hat durch Samenspende eine Tochter T empfangen und zur Welt gebracht. Als deren Vater gilt der Ehemann der F. Die Samenspende hat ein guter Freund des Ehepaares vorgenommen. Dieser will Jahre später die T heiraten.

Diese **Eheschließung ist untersagt.**[252] Ebenso wenig dürfte nach dem Tod der Ehefrau 380 im vorgenannten Beispiel der Ehemann, dessen Vaterschaft nicht angefochten wurde, die Tochter trotz fehlender Blutsverwandtschaft ehelichen, weil die rechtliche und die genetische Verwandtschaft für § 1307 BGB gleich stehen.[253]

Verwandtschaft im Rechtssinne kann auch ohne jegliche genetische Beziehung entstehen, beispielsweise durch die Bestimmung des § 1592 Nr. 1 BGB, ein unrichtiges Vaterschaftsanerkenntnis oder eine unrichtige gerichtliche Feststellung der Vaterschaft.

Ebenso ist es für die Frage der Verwandtschaft im Regelfall unerheblich, ob ein Kind innerhalb oder außerhalb der Ehe geboren wird. Zu beachten sind aber Unterschiede z.B. beim Sorgerecht, §§ 1626 ff. BGB oder Namensrecht (§ 1617a BGB).

- Verwandtschaft in gerade Linie: 381

Personen, von denen eine – unmittelbar oder mittelbar – von der anderen abstammt, sind Verwandte in gerade Linie, § 1589 S. 1 BGB. Verwandtschaft in gerader Linie besteht also zwischen Eltern und ihren Kindern ebenso wie zwischen Großeltern und Enkeln.

252 Palandt/*Brudermüller,* § 1307 Rn 3.
253 Palandt/*Brudermüller,* § 1307 Rn 5.

- Verwandtschaft in der Seitenlinie:

Stammen zwei nicht in gerade Linie miteinander verwandte Personen von derselben dritten Person ab, so sind sie in der **Seitenlinie miteinander verwandt**. Die gilt für Vollgeschwister ebenso wie für Halbgeschwister. Verwandtschaft in der Seitenlinie besteht aber auch zwischen einem Kind den **Geschwistern eines Enkelteils** (Onkel/Tante) oder den **Geschwistern eines Großelternteils** (Großonkel/Großtante) oder zwischen einem Kind und den Kindern der Geschwister eines Elternteils (Cousin/Cousine).

382 Der Grad der Verwandtschaft bestimmt sich nach der **Zahl der sie vermittelnden Geburten**, § 1589 S. 3 BGB. Maßgeblich ist mithin die Zahl der Personen, die im Abstammungsgefüge die Verbindung zwischen den betroffenen Verwandten herstellen, wobei der Abstammende selbst nicht mitgezählt wird.[254] Verwandte in der Seitenlinie ersten Grades gibt es nicht.

383 *Beispiele:*

Sohn und Vater sind Verwandte in gerade Linie ersten Grades, Enkel und Großvater Verwandte in gerade Linie zweiten Grades. Nichte und Tante sind Verwandte in der Seitenlinie dritten Grades, Bruder und Schwester Verwandte in der Seitenlinie zweiten Grades.

b) Schwägerschaft

384 Schwägerschaft ist das Rechtsverhältnis **zwischen einem Ehegatten/Lebenspartner und den Verwandten des anderen Ehegatten/Lebenspartners**, §§ 1590 Abs. 1 S. 1 BGB, 11 Abs. 2 LPartG. Verschwägert ist eine Person also mit den Ehegatten/Lebenspartnern der eigenen Verwandten und den Verwandten des eigenen Ehegatten/Lebenspartners.

Schwägerschaft im Rechtssinne erfasst weitergehend als der übrige Sprachgebrauch nicht nur die Geschwister des anderen Ehegatten, sondern auch deren Eltern (Schwiegereltern) sowie die aus anderer Beziehung stammenden Kinder des Ehegatten/Lebenspartners (Stiefkinder). Dagegen besteht keine Schwägerschaft zwischen den Ehegatten selbst. Ebenso wenig besteht eine Schwägerschaft zwischen den Verwandten eines Ehegatten/Lebenspartners mit den Verwandten des anderen.[255]

385 - Linie und Grad:

Die Linie und der Grad bestimmen sich nach der Linie und dem Grad der sie vermittelnden Verwandtschaft, § 1590 Abs. 1 S. 2 BGB. Mit anderen Worten: Ein Ehegatte ist mit den Verwandten des anderen Ehegatten in demjenigen Grad verschwägert, wie letzterer mit ihnen verwandt ist.

254 Palandt/*Brudermüller*, § 1589 Rn 1.
255 Kaiser/*Gutzeit*, § 1590 Rn 5 m.w.N.

Beispiel: 386

Frank und Lisa sind verheiratet. Frank hat einen Bruder Karl, Lisa aus erster Ehe eine Tochter Eva. Lisas Mutter Maria lebt noch, Karl ist mit Evelin verheiratet. Es besteht keine Verwandtschaft oder Schwägerschaft zwischen den Eheleuten Frank und Lisa Frank ist mit seinem Bruder Karl in der Seitenlinie im zweiten Grad verwandt, Lisa daher mit Karl im zweiten Grad verschwägert. Zwischen Lisa und Evelin besteht weder Verwandtschaft noch Schwägerschaft (Volksmund: Schwippschwägerin). Lisa ist mit ihrer Mutter in aufsteigender Linie im ersten Grad verwandt, mit ihrer Tochter Eva in absteigender Linie. Frank ist deshalb mit Eva in absteigender Linie im ersten Grad verschwägert, mit Maria in aufsteigender Linie im ersten Grad.

Maria und Eva sind mit Karl nicht verschwägert.

Eine Schwägerschaft bleibt besteht, auch wenn die sie begründende Ehe aufgelöst wurde, 387
§ 1590 Abs. 2 BGB. Ob die Auflösung durch Tod eines Ehegatten oder durch Scheidung/Eheaufhebung erfolgt, ist gleichgültig. Dagegen kann eine Schwägerschaft nach Auflösung der Ehe nicht mehr begründet werden.

Abwandlung des vorstehenden Beispiels: 388

Frank und Lisa lassen sich scheiden. Nach Rechtskraft der Scheidung bringt Lisa den weiteren Sohn Jan zur Welt. Für Lisa bleibt nach § 1590 Abs. 2 BGB die Schwägerschaft zu Karl unberührt. Gleiches gilt für die Schwägerschaft von Frank zu Maria und Eva. Mit Jan besteht dagegen keine Schwägerschaft, weil dieser erst nach Auflösung der Ehe Franks mit Lisa geboren wurde.

2. Die Haftung der Großeltern

Nach § 1606 Abs. 2 BGB haften unter den Abkömmlingen und unter den Verwandten der 389
aufsteigenden Linien die näheren vor den entfernteren. Dies bedeutet, dass im Falle einer Haftung der Eltern eine Eintrittspflicht der Großeltern gerade nicht gegeben ist.

Sollen **Großeltern** haften, sind bestimmte Voraussetzungen erforderlich.

Großeltern haften nur dann, wenn vorrangig unterhaltspflichtige Personen, also die Eltern, nicht oder nicht in vollem Umfang für den Gesamtbedarf eines Kindes in Anspruch genommen werden können, §§ 1606 Abs. 2, 1607 BGB.

Eine solche Situation ist gegeben, wenn die **Eltern als vorrangig verpflichtete Verwandte nicht leistungsfähig sind**, **§ 1607 Abs. 1 BGB**.[256] Dieser Haftung steht die Situation gleich,

256 Palandt/*Brudermüller,* § 1607 Rn 5.

in der zwar die Eltern eigentlich leistungsfähig sind, die **Rechtsverfolgung** gegen solche Eltern im Innenland jedoch entweder ausgeschlossen oder erheblich erschwert ist.[257]

Ausgeschlossen oder erheblich erschwert ist die Rechtsverfolgung, wenn **deutsche Gerichte nicht zuständig** sind, wenn nicht festgestellt ist, wer eigentlich Vater des Kindes ist,[258] wenn die Vollstreckung durch Wohnungswechsel oder Strafhaft unmöglich ist und schließlich, wenn die Zurechnung fiktiver Einkünfte nicht zum Ziel führt, weil die Vollstreckung ohne Ergebnis bleiben muss.

390 Ist auf diese Weise eine Eigenhaftung oder eine Ersatzhaftung der Großeltern gegeben, richten sich die Ansprüche gegen **alle vier unterhaltspflichtigen Großeltern**, soweit diese noch leben.[259]

Dabei ist nicht von Bedeutung, ob etwa ein Elternteil seiner Unterhaltspflicht durch Betreuung des Kindes genügt. Da **das verwandtschaftliche Verhältnis** entscheidend für die Haftung nach § 1607 BGB ist, stehen alle vier Großeltern gleichrangig in der Haftung.

Ist der Bedarf des Kindes vorhanden und besteht keine Bedarfsdeckung durch Unterhaltsvorschuss oder durch Sozialhilfe, durch Vermögenseinsatz und/oder BAföG, ist die Haftung der Großeltern gegeben. Die **Leistungsfähigkeit der Großeltern** ist allerdings Voraussetzung für die Haftung.

Großeltern haften sodann nach ihren Erwerbs- und Vermögensverhältnissen für den Unterhaltsbedarf des Enkelkindes, § 1606 Abs. 3 S. 1 BGB.[260]

Eine besondere Schwierigkeit hinsichtlich der Haftung „nach den Erwerbs- und Vermögensverhältnissen“ liegt darin, dass es hier nicht nur um die Haftung der Großeltern mit ihrem Einkommen geht, sondern auch eventuell **bei den Großeltern vorhandenes Vermögen** für die anteilige Haftung einzusetzen ist.

391 *Hauß* weist in diesem Zusammenhang zu Recht darauf hin, dass beim Enkelunterhalt ein **Vermögen nur auf die voraussichtliche Unterhaltsdauer verteilt** werden kann. Regelmäßig kann man aber nicht davon ausgehen, dass mit Erreichen der Volljährigkeit die Unterhaltsbedürftigkeit des Enkelkindes endet.[261]

Es stellt sich dann in diesem Zusammenhang die Schwierigkeit, dass auf der einen Seite die Finanzierung einer angemessenen Berufsausbildung geschuldet wird und daher ein **Unterhaltszeitraum von 20 bis 25 Jahren** angenommen werden muss, andererseits aber auch bei einem Vermögenseinsatz der Großeltern anhand von Sterbetafeln ggf. zu ermitteln ist, ob der Zeitraum des Vermögenseinsatzes die gesamte Bedarfszeit des Enkels umfasst.[262]

257 Dazu im Einzelnen *Hauß*, Rn 813 ff.
258 OLG Brandenburg FamRZ 2004, 560.
259 OLG Frankfurt FamRZ 2004, 1745.
260 BGH FamRZ 2004, 186.
261 *Hauß*, Rn 874.
262 So zu Recht *Hauß*, Rn 847.

Im Falle einer Ersatzhaftung normiert **§ 1607 Abs. 2 BGB** sodann einen **gesetzlichen Forderungsübergang** auf den leistenden Verwandten und räumt diesem einen Ersatzanspruch gegen den vorrangig Verpflichteten ein.[263] 392

3. Vereinbarung zwischen Großeltern

Es kann deshalb sinnvoll sein, wenn Großeltern sich darüber verständigen, wie sie notwendige **Unterhaltsbeträge untereinander verteilen**. Eine Vereinbarung könnte wie folgt gefasst werden: 393

3.48

▼

Muster 3.48: Vereinbarung zum Enkelunterhalt zwischen Großeltern

Verhandelt am

Zu

Vor mir, dem unterzeichnenden Notar im Bezirk des Oberlandesgerichts

erscheinen

1. Herr , geb. am , wohnhaft
2. dessen Ehefrau, Frau geb. , geb. am , wohnhaft ebenda,
3. Herr , geb. am , wohnhaft
4. dessen Ehefrau, Frau , geb. am , wohnhaft ebenda,

ausgewiesen durch .

Die Frage des beurkundenden Notars nach einer Vorbefassung im Sinne von § 3 Abs. 1 Nr. 7 BeurkG wurde von den Erschienenen verneint. Der beurkundende Notar erläuterte die vorgenannte Vorschrift.

Die Erschienenen baten den Notar um die Beurkundung einer

Unterhaltsvereinbarung

und erklärten vorab:

§ 1 Ausgangslage

Wir sind die Großeltern des am geborenen, derzeit also 4 Jahre alte Kind K. Die Eltern des Kindes sind vor rd. 6 Monaten mit unbekanntem Ziel in das Ausland verzogen.

263 *Schausten*, Elternunterhalt Rn 34.

Es ist nicht gelungen, den Aufenthaltsort der Eltern ausfindig zu machen. Unser Enkelkind K haben sie mit dem Hinweis in der Obhut der Schwester des Kindesvaters gelassen, sie seien nicht in der Lage, im Ausland für das Kind zu sorgen.

Im Hinblick auf die Verpflichtung zur Leistung von Kindesunterhalt für das Kind vereinbaren wir, was folgt.

§ 2 Kindesunterhalt

1. Wir, die Ersch. zu 1 und 3, verpflichten uns, den Bedarf des Kindes K, geb. am …, in Höhe von derzeit … EUR, in der folgenden Weise zu decken. Auf den Bedarf ist zunächst das Kindergeld in Höhe von derzeit … EUR anzurechnen, das der Schwester des Kindesvaters zukommen soll.

2. Den restlichen Bedarf in Höhe von … EUR verpflichten wir uns wie folgt zu tragen:

- der Ersch. zu 1 einen Teilbetrag in Höhe von … EUR und
- der Ersch. zu 3 einen Teilbetrag in Höhe von … EUR.

3. Die Ersch. zu 2 und 4 werden wegen fehlender Leistungsfähigkeit von der Leistungspflicht befreit.

4. Wir vereinbaren die vorstehende Verteilung der Unterhaltsverpflichtung unabhängig von unseren tatsächlichen Einkommens- und Vermögensverhältnissen.

5. Wir stellen ausdrücklich klar, dass die Vereinbarung das Innenverhältnis zwischen den Großeltern betrifft und die Ansprüche des Kindes nicht berührt.

6. Weitergehende gesetzliche Ansprüche bleiben unberührt.

7. Die Erschienenen stimmen der Vereinbarung wechselseitig ausdrücklich zu.

8. Die Erschienenen behalten sich das Recht vor, diese Vereinbarung ohne Zustimmung des Enkelkindes K, geb. am …, zu ändern oder zu ergänzen.

§ 3 Vollstreckungsunterwerfung

Wegen der in § 2 der Vereinbarung eingegangenen Verpflichtung zur Zahlung von Unterhalt für unseren Enkel K, geb. am …, unterwerfen wir, der Ersch. zu 1 und 3, uns der

sofortigen Zwangsvollstreckung

aus dieser Urkunde in unser Vermögen.

Das Enkelkind K, geb. am …, ist berechtigt, sich jederzeit auf einseitigen Antrag auf Kosten des Ersch. zu 1 bzw. 2. eine vollstreckbare Ausfertigung dieser Urkunde erteilen zu lassen, ohne dass es hierzu des Nachweises der Fälligkeit oder sonstiger die Vollstreckung begründender Tatsachen bedarf.

§ 4 Hinweise, Durchführung

Der Notar hat die Erschienenen über die Bedeutung, die rechtliche Tragweite, insbesondere die Rechtsfolgen und die Auswirkungen der Unterhaltsvereinbarung abschließend noch einmal ausführlich belehrt. Sämtliche Erschienenen sind sich der Tragweite der getroffenen Vereinbarungen bewusst und wünschen gleichwohl die Beurkundung der Vereinbarung auch unter Inkaufnahme möglicher zukünftig daraus erwachsener Nachteile.

(ggf. weitere abschließende Hinweise/Durchführung)

(Urkundsausgang, Unterschriften)

▲

§ 4 Abstammungsrecht

A. Allgemeines

Der Begriff **„Kindschaftsrecht"** ist keine gesetzgeberische Definition. 1

Der **zweite Abschnitt des Familienrechts (Verwandtschaft)** beinhaltet von seiner praktischen Relevanz her allerdings weitgehend Vorschriften, die für das Eltern-Kind-Verhältnis von Bedeutung sind.

Nach der Definition der Begriffe **Verwandtschaft** (§ 1589 BGB) und **Schwägerschaft** (§ 1590 BGB) folgen als weitere Titel die **Abstammung** und nach der **Unterhaltspflicht** die 4. bis 9. Titel, die sich alle mit dem **Eltern-Kind-Verhältnis im engeren Sinne** befassen. Insofern ist unter dem Begriff des Kindschaftsrechts das **Abstammungsrecht und die einschlägigen sorgerechtlichen Vorschriften** zu verstehen, also §§ 1591 bis 1600 BGB und §§ 1616 bis 1772 BGB.

§ 1589 BGB definiert den Begriff der Verwandtschaft im Rechtssinn. Viele umgangssprachlich gebräuchliche Verwandtschaftsbezeichnungen wie „Onkel", „Tante", „Vetter", Cousine" etc. sind dem Gesetz fremd. Begriffe wie Eltern, Großeltern, Urgroßeltern etc. dagegen stimmen rechtlich mit dem allgemeinen Sprachgebrauch überein.

Seine Bedeutung entfaltet der Verwandtschaftsbegriff auf zahlreichen Gebieten, insbesondere auf dem Gebiet der **Unterhaltspflicht** (§ 1601 BGB), des **Erbrechts** (§§ 1922 ff. BGB) oder als **Ehe- bzw. Lebenspartnerschaftsverbot** (§ 1307 BGB, § 1 Abs. 3 LPartG).

Auch **sozialrechtliche Erstattungsansprüche** wie z.B. § 38 Abs. 4 S. 2 SGB V werden 2
oftmals eingeschränkt, wenn die Leistung durch einen „Verwandten oder Verschwägerten bis zum zweiten Grad" erbracht wurde. Relevant wird der Begriff auch auf dem Gebiet des Verfahrensrechts, dort vor allem für Fragen des Ausschlusses von Gerichtspersonen (§ 41 Nr. 3 ZPO, § 6 FamFG, § 22 Nr. 3 StPO) und des Zeugnisverweigerungsrecht (§ 383 Abs. 1 Nr. 3 ZPO, § 52 Abs. 1 Nr. 3 StPO)

B. Grundsätze zur Abstammung

In den Abstammungsvorschriften der §§ 1591 ff. BGB geht es ausschließlich um die Frage 3
der **Elternschaft**, nicht also auch z.B. um Enkelkinder wie in § 1589 BGB.

Zur Bestimmung der Eltern eines Kindes bedient sich das Gesetz einer bestimmten Systematik, die zwar dem **Grundprinzip der biologischen Abstammung** verpflichtet bleibt, aber zugleich – und zunächst – im Sinne größtmöglicher Klarheit an einfache Tatbestände anknüpft wie etwa an das Merkmal „Ehemann" (§ 1592 Nr. 1 BGB), wodurch im Interesse des Kindes eine sofortige Abstammungszuordnung erreicht wird.

Steht die **biologische Abstammung im Streit**, bleibt es für die Abstammung zunächst bei der Anknüpfung an leicht ermittelbare Tatsachen. Zur umfassenden Klärung der biologischen Abstammung ist erst in einem **zweiten Schritt** ein gerichtliches Statusverfahren vorgesehen.[1]

I. Jüngere Entwicklung des Abstammungsrechts

4 Das Abstammungsrecht ist in jüngerer Zeit mehrfach modifiziert worden.

Durch das **Kindschaftsrechtsformgesetz (KindRG) vom 16.12.1997** wurde zum 1.7.1998 etwa die Unterscheidung zwischen ehelicher und nichtehelicher Abstammung beseitigt. Regelungen über die Vaterschaft finden sich seither im Wesentlichen in den §§ 1592 und 1593 BGB.

Auch wurde die **Vaterschaftsanfechtung über § 1599 Abs. 1 BGB** einheitlich ausgestaltet, während nach früherem Recht entweder die Ehelichkeit des Kindes oder die Anerkennung der Vaterschaft angefochten wurde. Auch die Voraussetzungen für die **Vaterschaft des Ehemannes** (§ 1592 Nr. 1 BGB) wurden deutlicher gefasst. Galt nach früherem Recht ein Kind auch dann als Kind des Ehemannes, wenn die Ehe geschieden und das Kind binnen 302 Tagen nach Auflösung der Ehe geboren wurde, kommt es nunmehr ausschließlich auf das (Noch-)Bestehen der Ehe zum Zeitpunkt der Geburt an. In Ausnahme dazu sieht allerdings § 1593 BGB vor, dass bei Auflösung der Ehe durch Tod ein Kind auch dann als eheliches Kind gilt, wenn das Kind **innerhalb von 300 Tagen nach dem Tod des Ehegatten** geboren wird.

Weitere Lockerungen der Ehegatten-Vaterschaft sieht das Gesetz in **§ 1599 Abs. 2 BGB** vor. Danach gilt auch dann die Vaterschaft des Ehemannes nicht, wenn das Kind nach Anhängigkeit eines Scheidungsantrags geboren wird und ein Dritter spätestens **bis zum Ablauf eines Jahres** nach Rechtskraft des dem Scheidungsantrag stattgebenden Beschlusses die Vaterschaft anerkennt.

5 Im Hinblick auf die Fortschritte der Fortpflanzungsmedizin hat das KindRG ferner eine Regelung über die **Mutterschaft** eingeführt (§ 1591 BGB). Das **Kinderrechteverbesserungsgesetz vom 9.4.2002**, in Kraft seit dem 12.4.2002, beseitigte zunächst ein vermeintliches Redaktionsversehen für den Fall der Vaterschaftsanerkennung. Die Anerkennung der Vaterschaft bedarf der Zustimmung der Mutter, § 1595 Abs. 1 BGB.

Während nun der geschäftsunfähige Vater die Vaterschaft über seinen gesetzlichen Vertreter anerkennen konnte, fehlte für die Zustimmungserklärung der geschäftsunfähigen Mutter eine entsprechende Vorschrift.[2]

1 Zum Vaterschaftsanfechtungsverfahren § 1600 BGB, zum Feststellungsverfahren § 1600d BGB.
2 Nunmehr geregelt durch § 1596 Abs. 1 S. 4 BGB.

Zentral ist aber die Einfügung eines § 1600 Abs. 2 BGB, heute Abs. 4, durch den bei Zustimmung des Ehemannes im Falle einer konsentierten heterologen Insemination die Anfechtung der Vaterschaft sowohl durch die Mutter als auch durch den Vater ausgeschlossen ist.[3]

Die jüngste Änderung hat das Abstammungsrecht durch das Gesetz zur Änderung der Vorschriften für die Anfechtung der Vaterschaft und das Umgangsrecht von Bezugspersonen des Kindes vom 23.4.2004[4] erfahren. Die Änderung fußt auf einer Entscheidung des **BVerfG** vom 9.4.2003,[5] nach der der Gesetzgeber verpflichtet war, die Stellung des biologischen Vaters für das Vaterschaftsanfechtungsverfahren zu verbessern. Dieser Verpflichtung ist der Gesetzgeber durch die Regelung eines eigenen Anfechtungsrechts des biologischen Vaters nachgekommen, vgl. § 1600 Abs. 1 Nr. 2 BGB. 2008[6] ist es zu einer weiteren Gesetzesänderung gekommen durch das „Gesetz zur Ergänzung des Rechts zur Anfechtung der Vaterschaft".[7] 6

Die entscheidende Änderung/Ergänzung besteht darin, dass der Kreis der Anfechtungsberechtigten in einer Ziff. 5 des § 1600 Abs. 1 BGB erweitert worden ist um 7

die zuständige Behörde (anfechtungsberechtigte Behörde) in den Fällen des§ 1592 Nr. 2.[8]

Es wird damit einem Träger öffentlicher Belange (wieder) das Recht eingeräumt, gegen **offensichtlich missbräuchliche Vaterschaftsanerkennungen** einzuschreiten. 8

Dass es dafür einen Bedarf gibt, zeigt eindrucksvoll der Bericht über den in Paraguay lebenden Deutschen, der dort und anderswo die Vaterschaft zu hunderten ausländischer Kinder anerkannt hat, um diesen damit die deutsche Staatsangehörigkeit und deutsche Sozialleistungen zu verschaffen.[9] Nach den Ermittlungen der Presse handelte es sich keineswegs um einen Einzelfall. Osteuropäische Kriminelle ließen Helfer in Berliner „Kneipen" nach Sozialhilfeempfängern Ausschau halten, die dann überredet werden, für Beträge zwischen 1.000 EUR und 2.000 EUR die Vaterschaft zu einem Kind aus deren Ländern anzuerkennen.[10] Geschädigt wird dadurch der Staat, da von den Anerkennenden keine Unterhaltszahlungen zu erwarten sind.

Möglich wurde dieser Missbrauch durch die Gesetzesänderung von 1998. Bis zum Inkrafttreten des Kindschaftsrechtsreformgesetz am 1.7.1998 musste das Kind jeder Anerkennung 9

3 Dazu *Peschel-Gutzeit,* FPR 2002, 285ff.

4 BGBl I, 598, vollständig lautet der Titel des Gesetzes noch ... zur Registrierung von Vorsorgeverfügungen und zur Einführung von Vordrucken für die Vergütung von Berufsbetreuern.

5 NJW 2003, 2151.

6 Fassung aufgrund des Gesetzes zur Ergänzung des Rechts zur Anfechtung der Vaterschaft vom 13.3.2008 (BGBl I, 313) mit Wirkung vom 1.6.2008.

7 Abgedr. in FamRZ 2006, 990 ff.

8 Vgl. die Dokumentation des Referentenentwurfs a.a.O., 990.

9 Vgl. den Artikel „Der Rächer" in Der Spiegel Nr. 19 v. 8.5.2006, 96 ff.

10 Bestätigt wurde der Spiegel-Bericht durch TV-Sendungen mit Interviews von Obdachlosen in Berlin.

zustimmen. Vertreten wurde es dabei vom Jugendamt als Amtspfleger. Mit der Reform wurde die Zustimmung des Kindes durch die Zustimmung der Mutter ersetzt, damit zugleich der Kontrollmöglichkeit durch das Jugendamt entzogen.

Die Begründung lag in der Stärkung der Elternautonomie. Unwahre Vaterschaftsanerkennungen nahm man in Kauf, weil man nur an Fälle dachte, in denen durch eine „Gefälligkeitsanerkennung" ein Kind in eine Familie aufgenommen wird und damit als „Kind der Familie" aufwächst, ohne biologisch mit dem „Vater" verwandt zu sein. Der Missbrauch wurde nicht vorausgesehen.[11] Diese Gesetzeslücke ist nunmehr geschlossen worden, obwohl m.E. auch nach früherem Recht die Möglichkeit bestanden hatte, in Fällen eines krassen Missbrauchs Vaterschaftsanerkennungen den Einwand der Gesetzesumgehung (fraus legis) entgegenzuhalten.[12]

II. Mutterschaft – § 1591 BGB

1. Die rechtlichen Grundlagen

10 Mutter eines Kindes ist die Frau, die es **geboren** hat, § 1591 BGB.

Diese Regelung, eingeführt durch das Kindschaftsrechtsreformgesetz mit Wirkung zum 1.7.1998, war notwendig geworden durch die Fortschritte der Fortpflanzungsmedizin, insbesondere angesichts von Ei- bzw. Embryonenspenden, die zu einem Auseinanderfallen der genetischen und der gebärenden Mutter führen können.

Eine Anfechtungsmöglichkeit für den Fall, dass die gebärende Frau nicht die genetische Mutter ist, sieht das Gesetz nicht vor. Mit dieser relativ rigiden Regelung wollte der Gesetzgeber den Fällen der sog. Ersatzmutterschaft (auch zivilrechtlich) begegnen.[13]

11 *Hinweis*

Gemäß § 13a AdVermiG[14] ist eine Ersatzmutter eine Frau, die aufgrund einer Vereinbarung bereit ist, sich entweder (1) einer künstlichen oder natürlichen Befruchtung zu unterziehen oder (2) einen nicht von ihr stammenden Embryo auf sich übertragen zu lassen oder sonst auszutragen.[15]

11 Vgl. dazu ausführlich *Henrich,* FamRZ 2006, 977.

12 So auch *Henrich,* FamRZ 2006, 977 f.

13 Kritisch MüKo-BGB/*Seidel,* § 1591 Rn 19 ff.; Staudinger/*Rauscher,* § 1591 Rn 9 ff.

14 BGBl I 2001, 2950.

15 Zum Begriff des Embryos vgl. § 8 Abs. 1 ESchG: „Als Embryo im Sinne des Gesetzes gilt bereits die befruchtete, entwicklungsfähige menschliche Eizelle vom Zeitpunkt der Kernverschmelzung an, ferner jede einem Embryo entnommene totipotente Zelle, die sich bei Vorliegen der dafür erforderlichen weiteren Voraussetzungen zu teilen und zu einem Individuum zu entwickeln vermag."

Für beide Alternativen muss die Ersatzmutter jeweils bereit sein, das Kind nach der Geburt Dritten zur Annahme als Kind oder zur sonstigen Aufnahme auf Dauer zu überlassen.[16] 12

Während die **erste Alternative** (die künstliche oder natürliche Befruchtung einer Eizelle der Ersatzmutter selbst) hinsichtlich der Mutterschaft keine besonderen Probleme aufweist (genetische Mutter und gebärende Mutter sind identisch), führt die **zweite Alternative** (fremder Embryo wird auf Ersatzmutter übertragen) zu einem Auseinanderfallen der genctischen und der gebärenden Mutter.

Im Übrigen ergeben sich auch abstammungsrechtliche Fragen bei einer Eispende, bei der 13
die Eizelle einer fremden Frau zumeist extrakorporal befruchtet wird und der Wunschmutter eingesetzt wird.[17]

> *Hinweis* 14
> Die Ersatzmutter**vermittlung** ist strafbar gem. §§ 13c, 14b AdVermiG.

Derjenige, der an einer Ersatzmutterschaft oder an einer Eispende mitwirkt, in der Regel also der Arzt, macht sich nach Maßgabe des § 1 ESchG[18] **strafbar**.

Die Wunschmutter und die Ersatzmutter selbst sind hingegen **nicht strafbar**, § 1 Abs. 3 ESchG.[19] Insofern ist nicht auszuschließen, dass Wunsch- und Ersatzmutter entsprechende Handlungen im Ausland vornehmen lassen.

2. Vereinbarungen zur Mutterschaft

a) Ersatzmutter und Wunschmutter

Allerdings sind rechtsgeschäftlichen **Vereinbarungen zwischen Ersatzmutter und** 15
Wunschmutter sittenwidrig, § 138 Abs. 1 BGB.[20]

> *Hinweis*
> Es ist daher nicht möglich, dass Wunsch- und Ersatzmutter eine **Vereinbarung** über die Austragung, über den Verbleib des dann geborenen Kindes, über ein – späteres – Einverständnis zur Adoption und über etwaige finanzielle Ersatzleistungen der Wunschmutter treffen.

16 Staudinger/*Rauscher,* § 1591 Rn 3; Dauner-Lieb/Gutzeit/*Klebeck,* vor § 1591 Rn 9.
17 Zur insoweit nicht einheitlichen Terminologie vgl. *Schlegel,* FuR 1996, 116.
18 Gesetz zum Schutz von Embryonen(Embryonenschutzgesetz – ESchG); Vollzitat: „Embryonenschutzgesetz vom 13.12.1990 (BGBl I, 2746), das durch Artikel 22 des Gesetzes vom 23.10.2001 (BGBl I, 2702) geändert worden ist"
19 Zur Strafbarkeit vgl. *Coester-Waltjen,* FamRZ 1992, 369.
20 Palandt/*Brudermüller,* vor § 1591 Rn 20; Dauner-Lieb/Gutzeit/*Klebeck,* a.a.O. Rn 10; *Coester-Waltjen,* FamRZ 1992, 369, 371.

16 Der genetischen (Wunsch)Mutter bleibt in Fällen der Ersatzmutterschaft zur Begründung eines Verwandtschaftsverhältnisses daher nur die – zweifelhafte – Möglichkeit, das Kind einverständlich zu **adoptieren.**[21]

Betreffend die Mutterschaft scheitert ein Statusverfahren nach § 640 Abs. 2 Nr. 1 ZPO zur Feststellung der genetischen Abstammung daran, dass es nach der klaren Regelung des § 1591 BGB insoweit nicht um die Feststellung eines Eltern-Kind-Verhältnisses ginge.[22]

Steht demgegenüber nicht die genetische Abstammung, sondern die Geburt als solche im Streit, so kann die **Mutterschaft grundsätzlich im Verfahren betr. Abstammungssachen gem. § 169 Nr. 1 FamFG** geklärt werden.[23]

So kann beispielsweise eine Unsicherheit des Kindesvaters bestehen, ob dasjenige Kind, das ihm als gemeinsames Kind mit seiner Ehefrau nach der Geburt etwa gezeigt worden ist, **tatsächlich von seiner Frau geboren** worden ist. Die beteiligten Eltern können statt eines gerichtlichen Verfahrens zunächst eine Einigung darüber herbeiführen, dass durch ein Abstammungsgutachten geklärt wird, ob es sich bei dem in Rede stehenden Kind um das leibliche Kind der Kindesmutter handelt.

17 Wird dies bei nicht miteinander verheirateten Eltern mit einer Unterhaltsvereinbarung verbunden, könnte eine Einigung wie folgt formuliert werden:

4.1

▼

Muster 4.1: Gutachten zur Mutterschaft und Kindesunterhalt als Darlehen

Verhandelt am

Zu

Vor mir, dem unterzeichnenden Notar im Bezirk des Oberlandesgerichts

erscheinen

1. Herr A, geb. am , wohnhaft

2. Frau B, geb. , geb. am , wohnhaft

ausgewiesen durch .

21 Anders aber bei Zuordnung aufgrund ausländischer Entscheidung, vgl. AmtsG Konstanz FamRZ 2016, 248: Zuordnung eines von einer Leihmutter ausgetragenen Kindes zu den genetischen Eltern in einem Verfahren in den USA.

22 Staudinger/*Rauscher,* § 1591 Rn 17.

23 Dauner-Lieb/Gutzeit/*Klebeck,* § 1591 Rn 3; Horndasch/Viefhues/*Horndasch,* § 169 Rn 3.

Die Frage des beurkundenden Notars nach einer Vorbefassung im Sinne von § 3 Abs. 1 Nr. 7 BeurkG wurde von den Erschienenen verneint. Der beurkundende Notar erläuterte die vorgenannte Vorschrift.

Die Erschienenen baten den Notar um die Beurkundung einer

Unterhaltsvereinbarung

und erklärten vorab:

§ 1 Ausgangslage

Wir sind beide von Geburt an deutsche Staatsangehörige und haben seit ___ (vor 5 Jahren) ___ in nichtehelicher Lebensgemeinschaft zusammen gelebt. Wir haben uns am ___ (vor 4 Wochen) ___ voneinander getrennt. Aus unserer Verbindung ist ein Kind hervorgegangen, geb. am ___ (vor 2 Wochen) ___.

Der Ersch. zu 1 hat Zweifel, ob es sich bei dem seitdem von mir, der Ersch. zu 2 betreuten Kind C um das von der Ersch. zu 2 geborene Kind handelt, da aus Sicht des Ersch. zu 1 bei dem Kind Zeichen einer Abstammung aus dem asiatischen Kulturraum vorhanden sind.

Die eigene Vaterschaft des von der Ersch. zu 2 geborenen Kindes wird vom Ersch. zu 1 nicht bezweifelt.

Im Hinblick auf diese Ausgangssituation vereinbaren die Beteiligten was folgt.

§ 2 Prüfung der Abstammung

1. Die Beteiligten vereinbaren, dass über die Frage der Abstammung des Kindes C, geb. am ___ von der Ersch. zu 2 ein Abstammungsgutachten eingeholt wird.

2. Die Ersch. zu 2 willigt in die genetische Abstammungsuntersuchung ein und wird die Entnahme einer für die Untersuchung geeigneten genetischen Probe dulden sowie die entsprechenden notwendigen Maßnahmen hinsichtlich des Kindes ermöglichen.

§ 3 Kindesunterhalt

1. Der Ersch. zu 1 verpflichtet sich, für das Kind C einen monatlichen, monatlich im Voraus bis zum 1. eines jeden Monats fälligen Kindesunterhalt in Höhe von ___ % des Mindestbedarfs der jeweils gültigen Düsseldorfer Tabelle gemäß der jeweiligen Altersstufe des Kindes zu bezahlen. Hierauf ist die Hälfte des gesetzlichen Kindergeldes, derzeit 95 EUR bedarfsdeckend anzurechnen, so dass sich ein monatlicher Unterhaltsbetrag in Höhe von ___ EUR ergibt.

2. Die Festsetzung des Unterhalts erfolgt auf der Grundlage eines anrechenbaren Nettoeinkommens des Ersch. zu 1 in Höhe von derzeit ___.

3. Die Verpflichtung zur Zahlung des Kindesunterhalts erfolgt unter der Voraussetzung, dass sich aus dem Abstammungsgutachten die Mutterschaft der Ersch. zu 2 ergibt und wird erstmals fällig mit Beginn des auf die Feststellung der Abstammung folgenden Monats.

4. Bis zum Zeitpunkt gem. § 3 Ziff. 3 der Vereinbarung gewährt der Ersch. zu 1 der Ersch. zu 2 ein monatlich im Voraus bis zum 1. eines jeden Monats zu zahlendes Darlehen in Höhe der Verpflichtung gem. Ziff. 1, auf dessen Rückzahlung verzichtet wird, falls die Mutterschaft der Ersch. zu 2 festgestellt wird. Für den Fall, dass die Mutterschaft der Ersch. zu 2 hinsichtlich des Kindes C nicht besteht, werden die Beteiligten sich unter Berücksichtigung der dann zu klärenden Situation gesondert über die Frage einer Rückzahlung einigen.

§ 4 Vollstreckungsunterwerfung

Wegen der in § 3 der Vereinbarung eingegangenen Verpflichtung zur Zahlung von Kindesunterhalt unterwerfe ich, der Ersch. zu 1, mich der

sofortigen Zwangsvollstreckung

aus dieser Urkunde in mein Vermögen.

Die Ersch. zu 2 ist berechtigt, sich jederzeit auf einseitigen Antrag auf Kosten des Ersch. zu 1. eine vollstreckbare Ausfertigung dieser Urkunde erteilen zu lassen, ohne dass es hierzu des Nachweises der Fälligkeit oder sonstiger die Vollstreckung begründender Tatsachen bedarf.

§ 5 Hinweise, Durchführung

Der Notar hat die Erschienenen über die Bedeutung, die rechtliche Tragweite, insbesondere die Rechtsfolgen und die Auswirkungen der Unterhaltsvereinbarung abschließend noch einmal ausführlich belehrt. Beide Erschienenen sind sich der Tragweite der getroffenen Vereinbarungen bewusst und wünschen gleichwohl die Beurkundung der Vereinbarung auch unter Inkaufnahme möglicher zukünftig daraus erwachsener Nachteile.

(ggf. weitere abschließende Hinweise/Durchführung)

(Urkundsausgang, Unterschriften)

▲

18 Die Konstruktion, bis zur Feststellung der Mutterschaft Kindesunterhalt nicht zu zahlen, sondern ein **Darlehen in jeweils entsprechender Höhe** zu leisten, hat zur Folge, dass im Falle fehlender Mutterschaft die Ansprüche wegen der Aufwendungen nicht vom Ersch. zu 1 geltend gemacht werden müssen.

Alternativ kann natürlich die Zahlung als Kindesunterhalt erfolgen. Rechtlich wäre der Ersch. zu 1 hierzu auch zunächst verpflichtet, da er seine Vaterschaft grundsätzlich nicht bestreitet.

Die Ersch. kann dann alle etwaigen eigenen Ansprüche an den Ersch. zu 2 abtreten.

Dies könnte wie folgt formuliert werden: 19

4.2

▼

Muster 4.2: Gutachten zur Mutterschaft und Kindesunterhalt mit Abtretung von Ersatzansprüchen

Verhandelt am ___

Zu ___

Vor mir, dem unterzeichnenden Notar im Bezirk des Oberlandesgerichts ___

___

erscheinen

1. Herr A, geb. am ___, wohnhaft ___

2. Frau B, geb. ___, geb. am ___, wohnhaft ___
ausgewiesen durch ___.

Die Frage des beurkundenden Notars nach einer Vorbefassung im Sinne von § 3 Abs. 1 Nr. 7 BeurkG wurde von den Erschienenen verneint. Der beurkundende Notar erläuterte die vorgenannte Vorschrift.

Die Erschienenen baten den Notar um die Beurkundung einer

Unterhaltsvereinbarung

und erklärten vorab:

§ 1 Ausgangslage

Wir sind beide von Geburt an deutsche Staatsangehörige und haben seit ___ (vor 5 Jahren) ___ in nichtehelicher Lebensgemeinschaft zusammen gelebt. Wir haben uns am ___ (vor 4 Wochen) ___ voneinander getrennt. Aus unserer Verbindung ist ein Kind hervorgegangen, geb. am ___ (vor 2 Wochen) ___.

Der Ersch. zu 1 hat Zweifel, ob es sich bei dem seitdem von mir, der Ersch. zu 2 betreuten Kind C um das von der Ersch. zu 2 geborene Kind handelt, da aus Sicht des Ersch. zu 1 bei dem Kind Zeichen einer Abstammung aus dem asiatischen Kulturraum vorhanden sind.

Die eigene Vaterschaft des von der Ersch. zu 2 geborenen Kindes wird vom Ersch. zu 1 nicht bezweifelt.

Im Hinblick auf diese Ausgangssituation vereinbaren die Beteiligten was folgt.

§ 2 Prüfung der Abstammung

1. Die Beteiligten vereinbaren, dass über die Frage der Abstammung des Kindes C, geb. am ___ von der Ersch. zu 2 ein Abstammungsgutachten eingeholt wird.

2. Die Ersch. zu 2 willigt in die genetische Abstammungsuntersuchung ein und wird die Entnahme einer für die Untersuchung geeigneten genetischen Probe dulden sowie die entsprechenden notwendigen Maßnahmen hinsichtlich des Kindes ermöglichen.

§ 3 Kindesunterhalt

1. Der Ersch. zu 1 verpflichtet sich, für das Kind C einen monatlichen, monatlich im Voraus bis zum 1. eines jeden Monats fälligen Kindesunterhalt in Höhe von ___ % des Mindestbedarfs der jeweils gültigen Düsseldorfer Tabelle gemäß der jeweiligen Altersstufe des Kindes zu bezahlen. Hierauf ist die Hälfte des gesetzlichen Kindergeldes, derzeit 95 EUR bedarfsdeckend anzurechnen, so dass sich ein monatlicher Unterhaltsbetrag in Höhe von ___ EUR ergibt.

2. Die Festsetzung des Unterhalts erfolgt auf der Grundlage eines anrechenbaren Nettoeinkommens des Ersch. zu 1 in Höhe von derzeit ___.

3. Ergibt sich aus dem Abstammungsgutachten die fehlende Mutterschaft der Ersch. zu 2, entfällt die Unterhaltsverpflichtung gem. § 3 Zif. 1 mit sofortiger Wirkung.

4. Die Ersch. zu 2 tritt vorsichtshalber sämtliche Ansprüche wegen erfolgter Aufwendungen an den Ersch. zu 1 ab. Dieser nimmt die Abtretung an.

§ 4 Vollstreckungsunterwerfung

Wegen der in § 3 der Vereinbarung eingegangenen Verpflichtung zur Zahlung von Kindesunterhalt unterwerfe ich, der Ersch. zu 1, mich der

sofortigen Zwangsvollstreckung

aus dieser Urkunde in mein Vermögen. Die Ersch. zu 2 ist berechtigt, sich jederzeit auf einseitigen Antrag auf Kosten des Ersch. zu 1. eine vollstreckbare Ausfertigung dieser Urkunde erteilen zu lassen, ohne dass es hierzu des Nachweises der Fälligkeit oder sonstiger die Vollstreckung begründender Tatsachen bedarf.

§ 5 Hinweise, Durchführung

Der Notar hat die Erschienenen über die Bedeutung, die rechtliche Tragweite, insbesondere die Rechtsfolgen und die Auswirkungen der Unterhaltsvereinbarung abschließend noch einmal ausführlich belehrt. Beide Erschienenen sind sich der Tragweite der getroffenen Vereinbarungen bewusst und wünschen gleichwohl die Beurkundung der Vereinbarung auch unter Inkaufnahme möglicher zukünftig daraus erwachsener Nachteile.

(ggf. weitere abschließende Hinweise/Durchführung)

(Urkundsausgang, Unterschriften)

▲

b) Die Kindesverwechselung

Verfahren nach § 169 FamFG sind auch die Fälle der Kindesverwechslung,[24] der Kindesunterschiebung oder des Kindesraubs.[25] Allerdings ist hier vor allem im Falle der im Nachhinein entdeckten Verwechslung auch ein personenstandsrechtliches Berichtigungsverfahren möglich, **§ 47 PStG.** 20

Zur Vermeidung eines mit Spannungen versehenen Verfahrens können beteiligte Eltern beispielsweise im Falle einer **festgestellten Verwechselung** von Kindern anlässlich der Geburt im Krankenhaus eine Vereinbarung über den weiteren Verlauf treffen.

In diesem Zusammenhang ist es zur **Wahrung des Kindeswohls** sinnvoll, Regelungen auch über einen Umgang mit den für die Kinder jeweils vertrauten Personen zu treffen, die von den Kindern bisher als ihre leiblichen Eltern und vertrauten „primären Bezugspersonen“ angesehen worden waren.

Die Formulierung könnte wie folgt gefasst werden: 21

▼

Muster 4.3: Vereinbarung über die Folgen verwechselter Kinder

Verhandelt am

Zu

Vor mir, dem unterzeichnenden Notar im Bezirk des Oberlandesgerichts

erscheinen

1. Herr , geb. am , wohnhaft
2. dessen Ehefrau, Frau geb. , geb. am , wohnhaft ebenda,
3. Herr , geb. am , wohnhaft
4. dessen Ehefrau, Frau , geb. am , wohnhaft ebenda,

ausgewiesen durch .

Die Frage des beurkundenden Notars nach einer Vorbefassung im Sinne von § 3 Abs. 1 Nr. 7 BeurkG wurde von den Erschienenen verneint. Der beurkundende Notar erläuterte die vorgenannte Vorschrift.

24 OLG Bremen FamRZ 1995, 1291.
25 Vgl. Erman/*Holzhauer*, § 1591 Rn 5.

Die Erschienenen baten den Notar um die Beurkundung einer

familienrechtlichen Vereinbarung

und erklärten vorab:

§ 1 Ausgangslage

Wir, die Ersch. zu 1 und 2, sind seit dem ____ miteinander verheiratete Eheleute. Aus unserer Ehe ist das Kind A, geb. am ____ (gleicher Tag wie Kind B) hervorgegangen.

Wir, die Ersch. zu 3 und 4, sind seit dem ____ miteinander verheiratete Eheleute. Aus unserer Ehe ist das Kind B, geb. am ____ (gleicher Tag wie Kind A) hervorgegangen.

Die Kinder sind anlässlich der Geburt vor rund 2 Jahren im ____-Krankenhaus in ____ verwechselt worden. Die Kinder werden seitdem im Haushalt der jeweiligen anderen Eheleute versorgt und betreut.

Die Verwechselung der Kinder ist anlässlich weiterer medizinischer Untersuchungen festgestellt worden.

Dies vorausgeschickt vereinbaren wir, was folgt.

§ 2 Personenstandsrechtliches Berichtigungsverfahren

Wir vereinbaren, jeweils für die Kinder A und B, beide geb. am ____, ein personenstandsrechtliches Berichtigungsverfahren nach § 47 PStG durchzuführen.

Wir werden das Verfahren unverzüglich gemeinsam einleiten.

§ 3 Aufenthalt und Umgang mit den Kindern

Um das Wohl unserer Kinder zu gewährleisten, vereinbaren wir zur Rückführung der Kinder in die Familien ihrer leiblichen Abstammung:

1. Der Austausch der Kinder wird gemeinsam am ____ vollzogen. Die näheren Einzelheiten werden persönlich geregelt. Die Kinder erhalten jeweils ihre persönliche Kleidung sowie das persönliche Spielzeug. Die Einrichtung der Kinderzimmer verbleibt in der jeweiligen Familie.

2. Wir vereinbaren ein jeweiliges wechselseitiges Umgangsrecht der Ersch. zu 1 und 2 mit dem Kind B sowie der Ersch. zu 3 und 4 mit dem Kind A zu jeweils gleichem Zeitpunkt und gleichem Zeitraum vorläufig im wöchentlichen Wechsel Freitag 16 Uhr bis Samstag 10 Uhr sowie in der darauffolgenden Woche Samstag 18 Uhr bis Sonntag 18 Uhr. Die Kinder werden im Wechsel von den Ersch. zu 1 und 2 sowie den Ersch. zu 3 und 4 abgeholt und wieder zurückgebracht.

3. Die Umgangsregelung gemäß Ziff. 2 wird zunächst bis zum Ende des laufenden Kalenderjahres getroffen. Über eine Umgangsregelung unter Beachtung des Kindes-

wohls für das folgende Kalenderjahr werden wir uns rechtzeitig, spätestens Anfang Dezember diesen Jahres einigen.

§ 4 Erstattung von Kosten

Wir verzichten wechselseitig auf die Erstattung von Kosten, die uns jeweils im Rahmen der Versorgung und Betreuung der Kinder entstanden sind und nehmen den Verzicht gegenseitig an.

§ 5 Hinweise, Durchführung

Der Notar hat die Erschienenen über die Bedeutung und die rechtliche Tragweite, der Vereinbarung abschließend noch einmal ausführlich belehrt. Sämtliche Erschienenen sind sich der Tragweite der getroffenen Vereinbarungen bewusst und wünschen gleichwohl die Beurkundung der Vereinbarung auch unter Inkaufnahme möglicher daraus erwachsener Nachteile.

(ggf. weitere abschließende Hinweise/Durchführung)

(Urkundsausgang, Unterschriften)

▲

III. Vaterschaft – §§ 1592 bis 1598, §§ 1600d, 1600e BGB

1. Die rechtlichen Grundlagen

Wie § 1592 BGB zeigt, kennt das Gesetz **drei Fälle der Festlegung der Vaterschaft**. 22

Nach **§ 1592 Nr. 1 BGB** ist zunächst Vater des Kindes der Mann, der zum Zeitpunkt der Geburt mit der Mutter **verheiratet** ist.

Dies schließt grundsätzlich andere Männer aus. Weder durch Anerkennung (§ 1594 Abs. 2 BGB) noch durch Klage auf gerichtliche Feststellung der Vaterschaft (§ 1600d Abs. 1 BGB) kann die Vaterschaft des mit der Mutter verheirateten Mannes ausgehebelt werden. Wird ein Kind in einer bestehenden Ehe geboren, muss erst die **rechtliche Vaterschaft des Ehemannes beseitigt** werden, regelmäßig durch Anfechtung, ausnahmsweise durch die Sonderregelung des § 1599 Abs. 2 BGB (im Folgenden), bevor ein anderer Mann rechtlich als Vater festgestellt werden kann. 23

§ 1593 BGB dehnt den „Zeitraum der Ehe“ (bei Tod des Ehemannes) etwas aus und befasst sich mit dem Sonderfall, dass aufgrund eines neuen Eheschlusses der Frau das Kind theoretisch aus „zwei Ehen“ stammen könnte. Ansonsten wird mit der Regelung des § 1592 Nr. 1 BGB für alle die Fälle, in denen die Frau verheiratet ist, zunächst der Ehemann der Frau als rechtlicher Vater des Kindes formal bestimmt.

Als **zweite Möglichkeit sieht § 1592 Nr. 2 BGB** für die Festlegung der Vaterschaft vor, dass die Vaterschaft anerkannt wird. Dies ist dann von Bedeutung, wenn die Mutter nicht verhei- 24 ratet ist, bzw. wenn die Vaterschaft des Ehemannes (der zunächst nach § 1592 Nr. 1 BGB als Vater gilt) durch die Anfechtung rechtlich beseitigt wurde.

Die Anerkennung bedarf der **Zustimmung der Mutter** (§ 1595 Abs. 1 BGB):

> *Gegen den Willen der Mutter kann ihr für ihr Kind über den Weg der Anerkennung die Vaterschaft nicht aufgenötigt werden.*

Die Anerkennung bedarf der Zustimmung des Kindes, wenn der Mutter die elterliche Sorge nicht zusteht, etwa wegen Entzug nach § 1666 BGB. Das ist beim volljährigen Kind stets der Fall, weil dann die elterliche Sorge ganz wegfällt, § 1626 BGB.

25 **§§ 1594 bis 1597 BGB** beinhalten weitere Vorschriften für die Anerkennung der Vaterschaft. Grundsätzlich ist die Anerkennung und die Zustimmung eine **höchstpersönliche Erklärung**, die durch die jeweiligen Personen selbst vorzunehmen ist.

Das gilt auch dann, wenn z.B. Vater oder Mutter noch **minderjährig** sind (in ihrer Geschäftsfähigkeit beschränkt sind), dann allerdings ist die **Zustimmung des gesetzlichen Vertreters** erforderlich, § 1596 Abs. 1 BGB. Nur wenn sie geschäftsunfähig sind, § 104 BGB, werden sie durch den gesetzlichen Vertreter vertreten.

Das Kind muss nach § 1595 Abs. 2 BGB zustimmen, wenn der Kindesmutter nicht die elterliche Sorge zusteht. Ist das Kind in diesen Fällen älter als 14 Jahre, kann es nur selbst zustimmen und bedarf anschließend der Zustimmung des gesetzlichen Vertreters.[26] Bei jüngerem Alter oder für den Fall der Geschäftsunfähigkeit stimmt der gesetzliche Vertreter zu, § 1596 Abs. 2 BGB.

26 Außerdem sind die Formerfordernisse des § 1597 BGB einzuhalten, wonach die öffentliche Beurkundung erforderlich ist. Dies kann z.B. durch Notare, Rechtspfleger vorgenommen werden; da bei außerhalb von bestehenden Ehen geborenen Kindern häufig die **Jugendämter unterstützend tätig** sind, können auch sie beurkunden, § 59 Abs. 1 Nr. 1, 2 SGB VIII.

Eine gewisse Entschärfung der Problematik der Trennungskinder bringt § 1599 Abs. 2 BGB. Wenn die Ehefrau von einem anderen Mann als dem Ehemann ein Kind bekommt, so gilt nach § 1592 Nr. 1 BGB ja zunächst der Ehemann als Vater.

Um hier auch bei unstrittigen und offensichtlichen Fällen von Trennungskindern zur korrekten rechtlichen Zuordnung zum biologischen Vater zu kommen, wäre es notwendig, zunächst die Ehelichkeit anzufechten, um dann die Anerkennung vornehmen zu können. Hierauf stellt § 1599 Abs. 2 BGB ab:

> *wird ein Kind **nach Anhängigkeit eines Scheidungsantrags geboren**, wird es spätestens bis zu einem Jahr nach Rechtskraft des Scheidungsurteils vom biologischen Vater anerkannt und stimmt der frühere Ehemann diesem Anerkenntnis zu, so kann auf diesem vereinfachten Weg der biologische Vater rechtlicher Vater werden.*

26 Dazu *Horndasch*, Die notarielle Fachprüfung im Familienrecht, § 5 Rn 6.

Hinweis

Darauf muss der beratende Rechtsanwalt hinweisen. Unterbleibt die Aufklärung, könnte er im Wege des Schadenersatzes für die zusätzlich entstehenden Kosten für die evtl. später notwendige Anfechtungsklage herangezogen werden.

Die Anerkennung (und die gerichtliche Feststellung der Vaterschaft – § 1600d BGB) hat ihre Hauptbedeutung bei Kindern, die **außerhalb einer bestehenden Ehe** geboren werden. Da es hier bisweilen komplizierte tatsächliche und rechtliche Fragen gibt, hat der Gesetzgeber die Unterstützungsmöglichkeit durch die **Beistandschaft** geschaffen, **§ 1712 Abs. 1 Nr. 1 BGB**. 27

Nach wie vor von Bedeutung ist die **gerichtliche Feststellung der Vaterschaft** – § 1592 Nr. 3, § 1600d BGB. Festgestellt wird die Vaterschaft nach § 1600d BGB entweder durch Verfahren der Mutter oder des Kindes gegen den Mann, oder des Mannes gegen das Kind durch das Familiengericht.

Damit ist es bei einem außerhalb einer Ehe geborenen Kind möglich, dass z.B. dann, wenn die **Mutter gar nicht will, dass der Erzeuger als Vater festgestellt** wird, dieser durch entsprechendes Verfahren gegen das Kind zu einer Feststellung der Vaterschaft kommen kann. Allerdings darf grundsätzlich kein anderer Mann rechtlich als Vater feststehen.

Bei der gerichtlichen Feststellung der Vaterschaft arbeitet **§ 1600d Abs. 2 BGB** mit einer **Beweisvermutung**: Als Vater wird der Mann vermutet, der der Mutter während der Empfängniszeit „beigewohnt" hat. Angesichts der medizinischen Fortschritte in der Vaterschaftsbegutachtung spielt diese Beweisvermutung nur eine untergeordnete Rolle, faktisch erfolgt die Feststellung der Vaterschaft durch entsprechende Gutachten.[27] 28

Die **DNA-Analyse** ist ein genomisches Analyseverfahren, das genetische Aussagen auf statistischer Basis beinhaltet und von hoher Genauigkeit ist,[28] sich aber nur allmählich bei der Vaterschaftsfeststellung (bzw. bei der Vaterschaftsanfechtung) durchgesetzt hat,[29] so dass es zunächst nur in Kombination mit anderen Gutachtenverfahren verwendet wurde. Wegen der hohen Genauigkeit und nicht zuletzt wegen der wesentlich geringeren Kosten ist die **DNA-Analyse zum zentralen Analyseverfahren** bei Vaterschaftsfeststellungen geworden.[30]

27 Vgl. dazu OLG Karlsruhe FamRZ 2016, 249.

28 Vgl. dazu die Richtlinien des Gesundheitsamtes DAVorm 1993, 689.

29 Dazu BGH NJW 1991, 751.

30 Gar keine oder anthropologische/erbbiologische Gutachten (Mindestalter von 3 Jahren erforderlich), Blutgruppengutachten (zuverlässig, aber nur Ausschluss-Gutachten) und HLA-Gutachten (zuverlässig, aber teuer); vgl. dazu im Einzelnen Dauner-Lieb/Gutzeit/*Klebeck* vor § 1591 Rn 11 ff. kaum eine Rolle spielen in der Praxis andere Gutachtenformen wie z.B. Tragezeitgutachten (von Bedeutung allenfalls im Rahmen des § 1600 Abs. 3 BGB), andrologische Gutachten (überprüft nur die Zeugungsfähigkeit).

2. Vereinbarungen zur Vaterschaft

a) Vertragliche Vereinbarung zur Vaterschaft

29 In den Fällen **heterologer künstlicher Befruchtung** einer Frau wird ein Partner, mit dem gemeinsames Ziel der Mutterschaft/Vaterstellung verfolgt wird, nicht quasi automatisch zu einem rechtlichen Vater. Grundsätzlich besteht bei heterologer künstlicher Befruchtung **keine Pflicht des Partners**, für den Unterhalt des Kindes wie ein rechtlicher Vater einzustehen. Bei der heterologen Insemination wird mithilfe von Fremdsperma versucht, eine Schwangerschaft der betroffenen Frau herbeizuführen.

Häufig wird dies jedoch nicht nur mit **Zustimmung**, sondern auch mit tätiger Mithilfe des jeweiligen Partners durchgeführt. Fremdsperma wird dann zur Hilfe genommen, weil der Partner selbst zeugungsunfähig ist.

30 Hinsichtlich der zur (Schein-)Vaterschaft des Ehemannes ergangenen Rechtsprechung des **BGH** enthält eine Vereinbarung zwischen Eheleuten, mit welcher der Ehemann sein **Einverständnis zu einer heterologen Insemination** erteilt, regelmäßig zugleich einen von familienrechtlichen Besonderheiten geprägten berichtigenden **Vertrag zugunsten des aus der heterologen Insemination hervorgehenden Kindes**. Aus ergibt sich für den Ehemann dem Kind gegenüber die Pflicht, für dessen Unterhalt wie ein ehelicher Vater zu sorgen.[31]

Der BGH erläutert diesen Standpunkt zu Recht damit, dass es sich bei der Einwilligung des Ehemannes aus seiner Sicht um die **Übernahme der Elternschaft (der Schein-Vaterschaft) durch Willensakt** handelt.

Insofern, so der BGH, sei aus der Sicht des Ehemannes das Einverständnis mit der heterologen Insemination eine Adoption (§§ 1741 ff. BGB) ähnlich. Es handelt sich zwar nicht um die Übernahme der Elternschaft für ein bereits gezeugtes oder geborenes Kind. Durch das Einverständnis mit der heterologen Insemination soll vielmehr die Entstehung des Kindes erst ermöglicht werden.[32]

31 Der **BGH** erklärt:

> *Die Willenserklärung des Ehemannes besteht in der Einwilligung in die künstliche Befruchtung mittels Samenspende eines Dritten und entspricht insoweit der Einwilligung im Sinne von § 1600 Abs. 5 BGB. Die Einwilligung nach § 1600 Abs. 5 BGB richtet sich – wenigstens mittelbar – auf die Begründung einer der Vaterschaft entsprechenden Verantwortung und ist eine Willenserklärung.*[33]

31 BGH FamRZ 1995, 861.

32 BGH FamRZ 2013, 1209; *Coester-Waltjen*, NJW 1983, 2059.

33 BGH FamRZ 2015, 2134, 2135; OLG Oldenburg FamRZ 2015, 67; OLG Karlsruhe FamRZ 2012, 1150; a.A. *Wanitzek*, FamRZ 2003, 730, 733 f.

Diese völlig richtige Auffassung kann aber nicht an die Tatsache der bestehenden Ehe gebunden sein. Willigt der auch **nicht mit der Kindesmutter verheiratete Partner** in die heterologe Insemination ein und besteht ein entsprechender **Rechtsbindungswille** hinsichtlich der Verantwortung für das Kind, wird ein Vertrag zugunsten Dritter im Sinne von § 328 Abs. 1 BGB abgeschlossen.[34] 32

Die Wirksamkeit setzt allerdings eine **wechselseitige Erklärung** voraus. Diese wechselseitige Erklärung kann sogar in der Weise erfolgen, dass die Einwilligung des Mannes etwa im Rahmen einer ärztlich assistierten künstlichen Befruchtung erklärt wird. Sie kann auf Veranlassung des Arztes gem. Nr. 3.2.6 der (Muster-)Richtlinie zur Durchführung der assistierten Reproduktion[35] erklärt werden. Unterzeichnet der Partner die Erklärung, wird sie nicht nur gegenüber dem behandelnden Arzt abgegeben, sondern zumindest auch gegenüber der Frau.[36] 33

Die Erklärungen sind naturgemäß auch **formfrei** möglich.

Der Annahme eines solchen Vertrages steht im Übrigen die Tatsache nicht entgegen, dass weder die Rechtsfähigkeit des Kindes vorhanden ist, die mit der Vollendung der Geburt eintritt (§ 1 BGB) noch die Zeugung überhaupt geschehen ist. Auch **dem (noch) nicht gezeugten Kind können Rechte** für den Fall seiner Geburt zugewendet werden.[37]

Zu beachten ist allerdings, dass die Zustimmung des Mannes bis zu der zur Schwangerschaft führenden künstlichen Befruchtung **frei widerruflich** ist. Im Anschluss ist allerdings ein Widerruf nicht mehr möglich.[38]

Eine solche Vereinbarung kann wie folgt formuliert werden: 34

▼

Muster 4.4: Vertragliche Vereinbarung zur Vaterschaft

Verhandelt am

Zu

Vor mir, dem unterzeichnenden Notar im Bezirk des Oberlandesgerichts

erscheinen

34 So auch BGH FamRZ 2015, 2134, 2135.
35 Deutsches Ärzteblatt 2006, A-1396.
36 BGH FamRZ 2015, 2134, 2136.
37 BGH FamRZ 1995, 861, 863; Palandt/*Ellenberger,* § 1 Rn 9 m.w.N.
38 BGH FamRZ 1995, 861, 863, 1272 f.

1. Herr A, geb. am , wohnhaft

2. Frau B, geb. , geb. am , wohnhaft ebenda

ausgewiesen durch .

Die Frage des beurkundenden Notars nach einer Vorbefassung im Sinne von § 3 Abs. 1 Nr. 7 BeurkG wurde von den Erschienenen verneint. Der beurkundende Notar erläuterte die vorgenannte Vorschrift.

Die Erschienenen baten den Notar um die Beurkundung einer

Familienrechtlichen Vereinbarung

und erklärten vorab:

§ 1 Ausgangslage

Wir sind beide von Geburt an deutsche Staatsangehörige und leben seit (vor 5 Jahren) in nichtehelicher Lebensgemeinschaft zusammen. Aus unserer Verbindung sind Kinder nicht hervorgegangen, da ich, der Ersch. zu 1 durch fachärztliche Feststellung zeugungsunfähig bin.

Wir planen die Durchführung einer heterologen Insemination.

Im Hinblick auf diese Ausgangssituation vereinbaren die Beteiligten was folgt.

§ 2 Einwilligung zur Insemination

1. Ich, der Ersch. zu 1, willige in eine heterologe Insemination, also einer künstlichen Befruchtung der Ersch. zu 2 mit Hilfe von Fremdsperma, ein und werde nach meinen Möglichkeiten daran mitwirken, dass es durch die künstliche Befruchtung zu einer Schwangerschaft der Ersch. zu 2 kommt.

2. Den Erschienen ist bekannt, dass die Einwilligung des Ersch. zu 1 bis zur Durchführung der zur Schwangerschaft führenden künstlichen Befruchtung frei widerruflich ist. Im Anschluss ist eine einseitige Loslösung von den damit übernommenen Verpflichtungen nicht mehr möglich.

§ 3 Übernahme der Elternschaft

Der Ersch. zu 1 erklärt seine Bereitschaft zur Übernahme der Elternschaft ausdrücklich. Er verpflichtet sich zur Übernahme der Verantwortung gegenüber dem Kind und der Ersch. zu 2 sowohl in persönlicher als auch in unterhaltsrechtlicher Hinsicht und wird hierfür wie ein rechtlicher Vater einstehen.

§ 4 Kindesunterhalt

Für den Fall, dass die heterologe Insemination erfolgreich sein wird, vereinbaren wir für den Fall der Geburt des Kindes bereits vorab:

1. Der Ersch. zu 1 verpflichtet sich, für das derzeit noch nicht geborene Kinder Ersch. zu 2 einen monatlichen, monatlich im Voraus bis zum 1. eines jeden Monats fälligen Kindesunterhalt in Höhe von % des Mindestbedarfs der jeweils gültigen Düsseldorfer Tabelle gemäß der jeweiligen Altersstufe des Kindes zu bezahlen. Hieraus ist die Hälfte des gesetzlichen Kindergeldes, derzeit 95 EUR bedarfsdeckend anzurechnen, so dass sich ein monatlicher Unterhaltsbetrag in Höhe von EUR ergibt.

2. Die Festsetzung des Unterhalts erfolgt auf der Grundlage eines anrechenbaren Nettoeinkommens des Ersch. zu 1 in Höhe von derzeit

§ 5 Vollstreckungsunterwerfung

Wegen der in § 3 der Vereinbarung eingegangenen Verpflichtung zur Zahlung von Kindesunterhalt unterwerfe ich, der Ersch. zu 1, mich der

sofortigen Zwangsvollstreckung

aus dieser Urkunde in mein Vermögen.

Die Ersch. zu 2 ist berechtigt, sich jederzeit auf einseitigen Antrag auf Kosten des Ersch. zu 1. eine vollstreckbare Ausfertigung dieser Urkunde erteilen zu lassen, ohne dass es hierzu des Nachweises der Fälligkeit oder sonstiger die Vollstreckung begründender Tatsachen bedarf.

§ 6 Hinweise, Durchführung

Der Notar hat die Erschienenen über die Bedeutung, die rechtliche Tragweite, insbesondere die Rechtsfolgen und die Auswirkungen der Vereinbarung zur Vaterschaft und der Unterhaltsvereinbarung abschließend noch einmal ausführlich belehrt. Beide Erschienenen sind sich der Tragweite der getroffenen Vereinbarungen bewusst und wünschen gleichwohl die Beurkundung der Vereinbarung auch unter Inkaufnahme möglicher zukünftig daraus erwachsener Nachteile.

(ggf. weitere abschließende Hinweise/Durchführung)

(Urkundsausgang, Unterschriften)

▲

Zu Recht ist daher in der Vorinstanz des Urteils des BGH vom 23.9.2015, AZ XII ZR99/14, das Urteil des **Oberlandesgerichts Stuttgart**[39] bestätigt worden. **35**

Danach hatte das OLG Stuttgart folgerichtig die ehelich geborene kinderbetrachtende Rechtsprechung des BGH auf die von nicht verheirateten Wunscheltern vereinbarte Zeugung eines Kindes durch heterologe Insemination übertragen.[40]

39 OLG Stuttgart FamRZ 2015, 514.

40 Vgl. auch *Wellenhofer,* FamRZ 2015, 1137; Anm. zu BGH FamRZ 2015, 2134.

b) Vereinbarung zum Vaterschaftsanerkenntnis

36 Wie bei der Festlegung der Vaterschaft nach § 1591 Nr. 1 BGB kommt es auch bei dem Fall der (einvernehmlichen) Anerkenntnisses nach § 1591 Nr. 2 BGB hinsichtlich der Festlegung der rechtlichen Vaterschaft grundsätzlich nicht darauf an, ob der anerkennende Mann der biologische Vater ist.

Es ist also durchaus **möglich**, dass – etwa im **Zusammenwirken zwischen Mann und Frau** – eine bewusst unrichtige Vaterschaftsanerkenntnis vorliegt. Auch hier gilt zunächst, dass eine Klage auf Feststellung der Vaterschaft des (angeblichen) biologischen Vaters nicht zulässig ist, wenn durch Anerkennung die Vaterschaft eines anderen Mannes besteht – § 1600d BGB.[41]

Haben Eheleute auf diese Weise zusammen gewirkt und trennen sie sich später voneinander, wird es häufig **Streit über Fragen der Zuordnung** in der Abstammung und Auseinandersetzungen über Unterhaltsfragen kommen können.

37 Ein solcher Streit über die Vaterschaft könnte wie folgt geregelt werden:

▼

Muster 4.5: Vereinbarung über Berichtigung eines Vaterschaftsanerkenntnisses

Verhandelt am

Zu

Vor mir, dem unterzeichnenden Notar im Bezirk des Oberlandesgerichts

erscheinen

1. Herr , geb. am , wohnhaft
2. Frau geb. , geb. am , wohnhaft ,
3. Herr , geb. am , wohnhaft ebenda,

ausgewiesen durch .

Die Frage des beurkundenden Notars nach einer Vorbefassung im Sinne von § 3 Abs. 1 Nr. 7 BeurkG wurde von den Erschienenen verneint. Der beurkundende Notar erläuterte die vorgenannte Vorschrift.

Die Erschienenen baten den Notar um die Beurkundung einer

41 OLG Köln FamRZ 2002, 480f. = NJW-RR 2002, 4 f.

Familienrechtlichen Vereinbarung

und erklärten vorab:

§ 1 Ausgangslage

Wir, die Ersch. zu 1 und 2, haben seit rund 5 Jahren in nichtehelicher Lebensgemeinschaft zusammengelebt. Wir haben uns am , mithin vor rund 4 Wochen, voneinander getrennt und leben seit dem in verschiedenen Wohnungen.

Ich, die Ersch. zu 2, habe am (vor 2 Jahren) das Kind A geboren. Der Ersch. zu 1 hat die Vaterschaft anerkannt. Dem Ersch. zu 1 war allerdings bekannt, dass er möglicherweise nicht leiblicher Vater des Kindes ist. Um der gemeinsamen Lebensführung willen haben wir, die Ersch. zu 1 und 2 im Zusammenwirken die Vaterschaftsanerkennung des Ersch. zu 1 durchgeführt. Die Anerkennung ist am (vor 15 Monaten) wirksam geworden.

Durch ein eingeholtes Abstammungsgutachten ist festgestellt, dass der Ersch. zu 3 leiblicher Vater des Kindes A ist.

Dies vorausgeschickt vereinbaren wir, was folgt.

§ 2 Vaterschaftsanfechtung

Der Ersch. zu 1 wird unverzüglich ein Vaterschaftsanfechtungsverfahren nach §§ 1599 ff. BGB einleiten.

Die Ersch. zu 2 und 3 erklären, dass sie an der Durchführung des Verfahrens mitwirken werden. Insbesondere wird der Ersch. zu 3 alle Erklärungen abgeben, die zur Feststellung seiner Vaterschaft führen.

§ 3 Elterliche Sorge und Umgang

Um das Wohl des Kindes A, geb. am , zu gewährleisten, vereinbaren wir:

1. Die elterliche Sorge für das Kind A steht derzeit allein der Ersch. zu 2 zu.

Der Erschienene zu 3 erkennt hiermit die Vaterschaft für das vorgenannte Kind an.

Als Mutter stimmt hiermit die Erschienene zu 2 dieser Vaterschaftsanerkennung zu.

Der Ersch. zu 1 erteilt hierzu seine Zustimmung.

2. Die Ersch. zu 2 und 3 erklären nunmehr: Wir wollen die elterliche Sorge für das Kind A, geb. am , gemeinsam übernehmen.

3. Wir vereinbaren den Umgang zwischen dem Ersch. zu 1 und dem Kind A wie folgt: Der Ersch. zu 1 wird alle 14 Tage das Kind von Freitag 18 Uhr bis Samstag 18 Uhr zu sich nehmen und es zu diesem Zweck bei der Ersch. zu 2 abholen und entsprechend zurück bringen.

4. Die Umgangsregelung gemäß Ziff. 3 wird zunächst bis zum Ende des laufenden Kalenderjahres getroffen. Über eine Umgangsregelung unter Beachtung des Kindeswohls für das folgende Kalenderjahr werden wir uns rechtzeitig, spätestens Anfang Dezember diesen Jahres einigen.

§ 4 Erstattung von Kosten

Wir verzichten wechselseitig auf die Erstattung von Kosten, die jeweils im Rahmen der Versorgung und Betreuung des Kindes entstanden sind und nehmen den Verzicht gegenseitig an. Insbesondere verzichtet der Ersch. zu 1 auf jedweden Ersatz von Kosten für Versorgung und Betreuung des Kindes gegenüber dem Ersch. zu 3. Dieser nimmt den Verzicht ausdrücklich an.

§ 5 Hinweise, Durchführung

Der Notar hat die Erschienenen über die Bedeutung und die rechtliche Tragweite, der Vereinbarung abschließend noch einmal ausführlich belehrt. Sämtliche Erschienenen sind sich der Tragweite der getroffenen Vereinbarungen bewusst und wünschen gleichwohl die Beurkundung der Vereinbarung auch unter Inkaufnahme möglicher daraus erwachsener Nachteile.

Der Notar wies im Hinblick auf die Anerkennung der Vaterschaft insbesondere darauf hin, dass zunächst die nach § 1592 Nr. 2 BGB bestehende Vaterschaft beseitigt werden muss. Die Beteiligten wurden vom Notar über die rechtliche Situation belehrt.

Zur Sorgeerklärung erläuterte der Notar: Die Erschienenen werden darauf hingewiesen, dass eine Sorgeerklärung unter einer Bedingung oder einer Zeitbestimmung unwirksam ist und die gemeinsame Sorge nur in Ausnahmefällen auf Antrag bei nicht nur vorübergehender Trennung aufgehoben werden kann. Sie sind darüber belehrt, dass durch die Sorgeerklärung die Pflicht und das Recht besteht, für das minderjährige Kind zu sorgen und die elterliche Sorge die Sorge für die Person des Kindes (Personensorge) und das Vermögen des Kindes (Vermögenssorge) umfasst.

(ggf. weitere abschließende Hinweise/Durchführung)

(Urkundsausgang, Unterschriften)

▲

C. Anfechtung der Vaterschaft – §§ 1599 bis 1600c BGB

I. Die rechtlichen Grundlagen

38 Wegen des ehemaligen Unterschiedes zwischen ehelicher und nichtehelicher Abstammung waren auch die Anfechtungsregelungen unterschiedlich ausgestaltet; bei der Anfechtung der ehelichen Abstammung konnte uneingeschränkt nur der **Ehemann die Va-**

terschaft anfechten, während das Kind aus Gründen des „Ehefriedens“ nur eingeschränkt, die Ehefrau überhaupt nicht anfechten konnte.

Nun ist die **Anfechtung einheitlich in § 1599 Abs. 1 BGB** geregelt. Nach § 1600 BGB sind ohne inhaltliche Einschränkungen der Mann, die Mutter und das Kind anfechtungsberechtigt.

Die **Abweisung einer Anfechtungsklage** bewirkt die materielle Rechtskraft einer sol- 39
chen Entscheidung. Dies steht einer erneuten Anfechtungsklage entgegen, wenn nicht neue, selbstständige, nach der letzten mündlichen Verhandlung im früheren Prozess zu Tage getretene Lebenssachverhalte vorgetragen werden.[42]

Inhaltlich ist die Voraussetzung an keine weiteren Voraussetzungen gebunden. Deswegen ist – innerhalb der Fristen – eine Anfechtung auch möglich, wenn dem zunächst nach § 1592 Nr. 1, 2 BGB als rechtlichen Vater feststehenden Vater bekannt war, dass er nicht Vater war, ja sogar in den Fällen, in denen er bewusst eine unrichtige Vaterschaftsanerkenntnis abgegeben hat.[43]

Im Übrigen steht dem biologischen Vater gegen die Kindesmutter bezüglich des Mannes, 40
der die Vaterschaft anerkannt hat, zur Vorbereitung einer Vaterschaftsanfechtung ein **Auskunftsanspruch** zu, bezogen auf Namen und Anschrift des Betroffenen.[44] Das OLG Oldenburg hat diesen Anspruch aus den Grundsätzen des § 242 BGB hergeleitet.

Nach dem Wortlaut des 2004 abgeänderten **§ 1600 Abs. 1 Nr. 2 BGB** ist eine Anfechtung durch den Mann, der bei bestehender rechtlicher Vaterschaft eines anderen Mannes geltend macht, der biologische Vater des Kindes zu sein, möglich geworden.[45]

Das Bundesverfassungsgericht[46] hatte entschieden, dass § 1600 BGB mit Art. 6 Abs. 2 S. 1 GG insoweit unvereinbar ist, als durch § 1600 BGB dem biologischen Vater auch dann das Recht auf Anfechtung der rechtlichen Vaterschaft vorenthalten wird, wenn die rechtlichen Eltern mit dem Kind gar keine soziale Familie bilden, die es nach Art. 6 Abs. 1 GG zu schützen gelte.

Von besonderer Bedeutung ist dies in den Fällen, in denen die rechtliche Vaterschaft nicht typisierend an das Bestehen einer Ehe anknüpfte, sondern auf einer Anerkenntnis eines Mannes mit Zustimmung der Mutter beruhte, ohne dass ein familiäres Zusammenleben zwischen Mutter, dem (anerkennenden) Mann und dem Kind bestand.[47]

42 BGH U. 30.10.2002 – XII ZR 345/00 = FuR 2003, 302.

43 OLG Köln NJW 2002, 901 = FamRZ 2002, 629; dem Scheinvater, der zunächst anerkannt hat und dann erfolgreich anficht, steht im Übrigen kein Anspruch auf Ersatz seiner Kosten des Vaterschaftsanfechtungsverfahrens zu, OLG Celle v. 24.11.2004, OLGR 2005, 54.

44 OLG Oldenburg FamRZ 2010, 1819.

45 So noch BGH NJW 1999, 1632.

46 BVerfG Beschl. v. 9.4.2003 – 1 BvR 1493/96 u.a. = NJW 2003, 2151 = FamRZ 2003, 816 – In diese Richtung bereits EGMR U. 27.10.1994 – 29/1993/424/503 = FamRZ 2003, 813; zum damaligen Gesetzesvorhaben vgl. *Roth*,NJW 2003, 3153.

47 OLG Celle FamRZ 2012, 564; BGH FamRZ 2007, 538, 540; zum Begriff der sozial-familiären Beziehung vgl. OLG Stuttgart FamRZ 2008, 629.

41 Die **Anfechtung ist eine höchstpersönliche Rechtshandlung**, so dass grundsätzlich die Vertretung durch andere Personen ausgeschlossen ist, § 1600a BGB.

Das gilt auch für den Fall der beschränkten Geschäftsfähigkeit des Vaters oder der Mutter. Nur dann, wenn sie geschäftsunfähig sind, kann ihr gesetzlicher Vertreter anfechten (im Einzelnen § 1600a Abs. 2 BGB). Für das geschäftsunfähige oder in der Geschäftsfähigkeit beschränkte Kind kann nach § 1600a Abs. 2 BGB nur der gesetzliche Vertreter anfechten.

In allen Fällen, in denen die gesetzlichen Vertreter tätig sind, haben sie das Wohl des Vertretenen bei der Anfechtung zu beachten (§ 1600a Abs. 4 BGB).

42 Das **OLG Celle** erklärt dazu:[48]

> *Im Rahmen der Kindeswohlprüfung nach § 1600a IV BGB sind die konkreten Vor- und Nachteile, ob die Anfechtung der Vaterschaft im Interesse des Kindes liegt, gegeneinander abzuwägen.*

43 Die Anfechtung muss innerhalb von zwei Jahren nachdem der Anfechtungsberechtigte von den Umständen erfahren hat, die gegen die Vaterschaft sprechen, erfolgen, § 1600b BGB.

44 Das **OLG Thüringen**[49] meint dazu:

> *Ab dem Zeitpunkt, an dem der Anfechtungsberechtigte sichere Kenntnis von Umständen erhält, die gegen seine Vaterschaft sprechen, und dies durch das Erscheinungsbild einer evident unterschiedlichen Hautfarbe[50] bestätigt wird, läuft die zweijährige Anfechtungsfrist.*

45 Wenn der gesetzliche Vertreter eines minderjährigen Kindes die Vaterschaft nicht rechtzeitig angefochten hat, so besteht für das Kind nach der Volljährigkeit nochmals die Möglichkeit der Anfechtung, wiederum mit einer zweijährigen Frist ab dem Zeitpunkt, ab dem das dann volljährige Kind von den Umständen erfährt, die gegen die Vaterschaft seines bisherigen rechtlichen Vaters sprechen, § 1600b Abs. 3 BGB.

Die Fristen sind **Ausschlussfristen aus Gründen der Rechtssicherheit**, so dass selbst dann, wenn die biologische Vaterschaft eines anfechtenden Vaters ausgeschlossen ist, er als Vater gilt, wenn er die maßgeblichen Fristen versäumt hat.[51]

Beachte: Abweichende Regeln nach ausländischem Recht sind möglich. So ist eine Anfechtung der Vaterschaft nach ghanaischem Recht auch nach Versäumung der Anfech-

48 FamRZ 2012, 567.
49 FamRZ 2010, 1822.
50 Der Kläger war ivorischer Staatsangehöriger schwarzer Hautfarbe, das Kind war hellhäutig.
51 OLG Brandenburg FamRZ 2001, 1630.

tungsfrist nach deutschem Recht möglich, **EGBGB Art. 4 Abs. 1 S. 1, 19 Abs. 1 S. 1, 19 Abs. 1 S. 2, 20; Children's Act ss. 40, 41, 42.**[52]

Die Frist dient nicht dazu, den leiblichen Vater vor seiner Unterhaltspflicht zu schützen.[53] 46
Die Ausschlussfrist soll die Anfechtungsberechtigten im Interesse der Rechtssicherheit in den Familienbeziehungen und im Interesse des Kindes zwingen, innerhalb einer angemessenen Frist zu entscheiden, ob sie von ihrem Anfechtungsrecht Gebrauch machen wollen.[54]

Zu den Umständen, die gegen eine Vaterschaft sprechen, hat das **OLG Hamm** entschieden, dass die Verwendung von Kondomen während des Ehebruchs die Nichtvaterschaft des Ehemannes „eher fern liegend" erscheinen lasse, so dass die Anfechtungsfrist mit der Kenntnis des Ehebruchs nicht zu laufen begann.[55]

Anders hat der BGH[56] in einem Fall entschieden, in dem die Ehefrau mit Wissen des Ehe- 47
mannes während der Empfängniszeit der **Prostitution** nachging und mit Kondomen verhütete. Die Vaterschaftsanfechtungsklage war verfristet. Die Frist hat nach Art. 224, § 1 Abs. 2 EGBGB, § 1600b Abs. 1 2, Abs. 2 1 BGB mit der Geburt des Kindes begonnen. Zu den Umständen, so der BGH, deren Kenntnis die Anfechtungsfrist in Lauf setzt, gehört regelmäßig ein einmaliger außerehelicher Geschlechtsverkehr der Kindesmutter während der Empfängniszeit. Dies gilt auch, wenn das Kind auch vom Ehemann stammen kann.[57]

> *Hinweis* 48
>
> Der Beginn der Anfechtungsfrist setzt nicht voraus, dass die Vaterschaft eines Dritten wahrscheinlicher ist als die des Anfechtenden.[58] Auch steht die bloße Versicherung der Mutter, das Kind stamme vom Ehemann ab, dem Lauf der Anfechtungsfrist nicht entgegen, wenn der Ehemann dies geglaubt hat.[59]

Allgemein, so der **BGH**, sei bekannt, dass Kondome weniger zuverlässig seien als die 49
„Pille". Es müsse auch einem verständigen Laien einleuchten, dass die Häufigkeit des Geschlechtsverkehrs bei **berufsmäßiger Prostitution** dieses Risiko ansteigen lässt. Dann liegt die Möglichkeit der Abstammung des Kindes von einem Dritten „nicht ganz fern". Daher beginnt mit der Geburt des Kindes (nicht mit der Kenntnis der Schwangerschaft, § 1600b Abs. 2 BGB!) die Anfechtungsfrist zu laufen.

52 OLG Hamburg FamRZ 2012, 568: innerhalb von drei Jahren nach dem Tod des Vaters oder der Mutter des Kindes **oder** bevor das Kind das Alter von 18 Jahren erreicht hat.
53 So BGH FamRZ 2007, 36; OLG Oldenburg NJW-RR 2004, 871.
54 BGH NJW 2006, 1657.
55 FamRZ 1999, 1362; ebenso OLG Düsseldorf zur Einnahme der „Pille", FamRZ 1989, 426.
56 BGH FamRZ 2006, 771 m. Anm. *Luthin*; vgl. auch *Möller,* FK 2006, 120.
57 BGH FamRZ 1978, 494.
58 OLG Karlsruhe FamRZ 2000, 108.
59 MüKo/*Wellenhofer-Klein,* § 1600b Rn 14.

Beurteilt wird die Frage der bekannt werdenden Umstände aus der **Sicht eines verständigen objektiven Betrachters**. Daher beginnt die Anfechtungsfrist nicht zu laufen, wenn der Scheinvater aus ihm zugegangenen Informationen die falschen Schlüsse zieht und deshalb subjektiv den Verdacht hegt, nicht der Vater zu sein, obwohl die Informationen bei objektiver Betrachtung dazu nicht geeignet sind.[60]

50 Inhaltlich ist in einem solchen **Anfechtungsverfahren zu klären, wer der biologische Vater** ist. Auch hier arbeitet das Gesetz (wie bei der Abstammungsregelung) mit einer Beweisvermutung (§ 1600c BGB).

Gegen diese gesetzlichen Vermutungen muss im Falle einer Anfechtung ein **hinreichender Anfechtungsverdacht** vorgetragen werden. Bei einem außergerichtlichen, **heimlich eingeholten DNA-Vaterschaftsnachweis** handelt es sich um ein in rechtswidriger Weise erlangtes Mittel, das aus dem verfassungsrechtlich geschützten allgemeinen Persönlichkeitsrecht heraus einem Beweisverwertungsverbot unterliegt und deswegen keinen Anfangsverdacht für eine Vaterschaftsanfechtungsklage begründen kann.[61]

Räumt die Mutter allerdings als Reaktion auf dieses Gutachten möglichen Mehrverkehr ein, reicht dies für die schlüssige Darstellung g i.S.d. § 1600b BGB aus.[62] Grundlage der gerichtlichen Schlüssigkeitsprüfung ist dann nicht das DNA-Gutachten, sondern die **Erklärung der Mutter**.[63]

II. Vereinbarung zur Anfechtung der Vaterschaft

51 Letztlich wird in solchen Fällen die betroffene Mutter besser beraten sein, eine Vereinbarung zu schließen, die die Anerkennung des Gutachtens und die Einräumung abweichender biologischer Zuordnung des Kindes beinhaltet. Dadurch können Verfahrenskosten für die Mutter vermieden werden, die bei weiterem Bestreiten erheblich sein können.

52 Dies kann wie folgt formuliert werden:

4.6

▼

Muster 4.6: Vereinbarung zur Anfechtung der Vaterschaft

Verhandelt am

60 OLG Koblenz FamRZ 2006, 808.

61 OLG Celle U. 29.10.2003 – 15 UF 84/03 = FamRZ 2004, 481; BGH FamRZ 2005, 340 und FamRZ 2006, 686 m. Anm. *Wellenhofer,* 689;vgl. dazu auch BVerfG v. 13.2.2007, FamRZ 2007, 441 und *Büte*, Heimlicher Vaterschaftstest in FK 2007, 73.

62 OLG Stuttgart FamRZ 2011, 382.

63 OLG Koblenz FamRZ 2006, 1220; dies gilt nach der der Entscheidung des OLG auch dann, wenn die Klage zunächst nur mit dem DNA-Gutachten begründet wurde und die Mutter – prozessordnungswidrig – als Zeugin oder Partei hierzu gehört wurde.

Zu ___

Vor mir, dem unterzeichnenden Notar im Bezirk des Oberlandesgerichts ___

___

erscheinen

1. Herr ___, geb. am ___, wohnhaft ___

2. Frau ___ geb. ___, geb. am ___, wohnhaft ___,

ausgewiesen durch ___.

Die Frage des beurkundenden Notars nach einer Vorbefassung im Sinne von § 3 Abs. 1 Nr. 7 BeurkG wurde von den Erschienenen verneint. Der beurkundende Notar erläuterte die vorgenannte Vorschrift.

Die Erschienenen baten den Notar um die Beurkundung einer

Trennungs- und Unterhaltsvereinbarung

und erklärten vorab:

§ 1 Ausgangslage

Wir, die Ersch. zu 1 und 2, sind seit dem ___ (7 Jahre) miteinander verheiratete Eheleute. Wir haben uns am ___, mithin vor rund 4 Wochen, voneinander getrennt und leben seit dem ___ in verschiedenen Wohnungen.

Ich, die Ersch. zu 2, habe am ___ (vor 2 Jahren) das Kind A geboren. Der Ersch. zu 1 ist jedoch nicht leiblicher Vater des Kindes.

Ein durch den Ersch. zu 1 ohne Wissen der Ersch. zu 2 eingeholtes Abstammungsgutachten hat ohne ernsthaften Zweifel ergeben, dass Herr ___, wohnhaft ___, leiblicher Vater des Kindes A ist. Ich, die Ersch. zu 2, räume ein, im Empfängniszeitraum ein heimliches, außereheliches Verhältnis mit dem vorgenannten Herrn ___ unterhalten zu haben.

Dies vorausgeschickt vereinbaren wir, was folgt.

§ 2 Vaterschaftsanfechtung

Der Ersch. zu 1 wird unverzüglich ein Vaterschaftsanfechtungsverfahren nach §§ 1599 ff. BGB einleiten.

Die Ersch. zu 2 erklärt, dass sie an der Durchführung des Verfahrens mitwirken und alle Erklärungen abgeben wird, die in diesem Zusammenhang erforderlich sind.

§ 3 Schadenersatz

1. Der Ersch. zu 1 behält sich Schadenersatzansprüche gegen den leiblichen Vater des Kindes vor.

2. Gegenüber der Ersch. zu 2 verzichtet der Ersch. zu 1 auf die Geltendmachung von Schadenersatzansprüchen und Kosten wegen Versorgung und Betreuung des Kindes im Zusammenhang mit dem Kind A gleich aus welchem Rechtsgrund. Die Erschienene zu 2 nimmt den Verzicht hiermit an.

§ 4 Umgang

Um das Wohl des Kindes A, geb. am , zu gewährleisten, vereinbaren wir:

1. Wir vereinbaren den Umgang zwischen dem Ersch. zu 1 und dem Kind A wie folgt: Der Ersch. zu 1 wird alle 14 Tage das Kind von Freitag 18 Uhr bis Samstag 18 Uhr zu sich nehmen und es zu diesem Zweck bei der Ersch. zu 2 abholen und entsprechend zurück bringen.

2. Die Umgangsregelung gemäß Ziff. 1 wird zunächst bis zum Ende des laufenden Kalenderjahres getroffen. Über eine Umgangsregelung unter Beachtung des Kindeswohls für das folgende Kalenderjahr werden wir uns rechtzeitig, spätestens Anfang Dezember diesen Jahres einigen.

§ 5 Ehegattenunterhalt

1. Der Ersch. zu 1. verpflichtet sich, ab an die Ersch. zu 2. für die Zeit der Trennung einen monatlich, jeweils bis zum 1. eines jeden Monats fälligen Trennungsunterhalt in Höhe von EUR zu zahlen.

2. Bei dieser Vereinbarung gehen die Beteiligten von den folgenden Einkommensverhältnissen aus:

- Einkommen des Ersch. zu 1.
- Einkommen der Ersch. zu 2. .

3. Die Vereinbarung zur Zahlung von Trennungsunterhalt ist der Abänderung zugänglich. Die Beteiligten vereinbaren im Falle der Änderung der Einkommens- und Vermögensverhältnisse eine an der getroffenen Vereinbarung orientierte Abänderung. Ergänzend gelten die gesetzlichen Regelungen.

4. Die Ersch. zu 2.verpflichtet sich für die Dauer der Unterhaltsleistung, die nach § 10 Abs. 1 Nr. 1 EStG erforderliche Zustimmung zum begrenzten Realsplitting zu geben. Der Ersch. zu 1. ist verpflichtet, die Ersch. zu 2. von den ihr entstehenden finanziellen Nachteilen freizustellen.

§ 6 Vollstreckungsunterwerfung

Wegen der in § 5 der Vereinbarung eingegangenen Verpflichtung zur Zahlung von Ehegattenunterhalt unterwerfe ich, der Ersch. zu 1, mich der

sofortigen Zwangsvollstreckung

aus dieser Urkunde in mein Vermögen.

Die Erschienene zu 2 ist berechtigt, sich jederzeit auf einseitigen Antrag auf Kosten des Ersch. zu 1 eine vollstreckbare Ausfertigung dieser Urkunde erteilen zu lassen, ohne dass es hierzu des Nachweises der Fälligkeit oder sonstiger die Vollstreckung begründender Tatsachen bedarf.

§ 7 Hinweise, Durchführung

Der Notar hat die Erschienenen über die Bedeutung und die rechtliche Tragweite der Vereinbarung abschließend noch einmal ausführlich belehrt. Die Erschienenen sind sich der Tragweite der getroffenen Vereinbarungen bewusst und wünschen gleichwohl die Beurkundung der Vereinbarung auch unter Inkaufnahme möglicher daraus erwachsener Nachteile.

(ggf. weitere abschließende Hinweise/Durchführung)

(Urkundsausgang, Unterschriften)

▲

D. Das Recht auf Kenntnis der eigenen Abstammung

Die Frage, von wem ein Kind abstammt, ist für eine Familie von grundlegender Bedeutung. 53
Für viele Männer wurde sie bei Zweifeln über ihre Vaterschaft zu einer Frage, in der sie sich nicht gescheut haben, etwa heimlich Haare des Kindes (Kamm/Bürste) oder seinen Speichel (Zahnbürste) zu verwenden, **gutachtlich klären** zu lassen, ob die von ihnen angenommene oder angezweifelte Vaterschaft zu Recht besteht.[64]

Ein solches Gutachten nützte dem Betroffenen jedoch nichts. Das Bundesverfassungsgericht und der BGH haben längst festgestellt, dass ein auf solche Weise erlangtes Wissen über die fehlende biologische Vaterschaft keinen Anfangsverdacht für eine Vaterschaftsanfechtungsklage begründen kann.[65] Wegen des **„schwerwiegenden Verstoßes gegen das informationelle Selbstbestimmungsrecht“**[66] handelte es sich um ein in rechtswidriger Weise erlangtes Mittel, das dem Beweisverwertungsverbot unterliegt.

64 Nach Schätzungen rd. 20.000 Tests jährlich, so die Bundesregierung in der Erläuterung des Gesetzentwurfs zur Klärung der Vaterschaft (im Folgenden: Begründung).

65 OLG Celle Urteil v. 29.10.2003 – 15 UF 84/03 – FamRZ 2004, 481; BGH FamRZ 2005, 340 und FamRZ 2006, 686 m. Anm. *Wellenhofer,* 689;vgl. dazu auch BVerfG v. 13.2.2007, FamRZ 2007, 441 und *Büte*, Heimlicher Vaterschaftstest in FK 2007 S. 73.

66 So BVerfG a.a.O.; das Recht auf informationelle Selbstbestimmung ist nach ständiger Rechtsprechung des Bundesverfassungsgerichts eine Ausprägung des allgemeinen Persönlichkeitsrechts und gewährleistet die Befugnis des Einzelnen, grundsätzlich selbst zu entscheiden, wann und innerhalb welcher Grenzen persönliche Daten offenbart werden, Art. 2 Abs. 1 i.V.m. Art. 1 GG, vgl. BVerfGE 65, 1 ff., 42; 78, 77 ff., 84; 84, 192 ff., 194.

Diese Rechtssituation wurde häufig als unbefriedigend empfunden, wenn konkrete Anhaltspunkte, die eine Anfechtung der Vaterschaft ermöglichen würden, schlicht nicht vorlagen. Aber auch das Kind, in manchen Fällen sogar die Mutter selbst, würden gern wissen, **wer wirklich der biologische Vater** ist. Schließlich hatte das Bundesverfassungsgericht in seiner Entscheidung vom 13.2.2007[67] darauf hingewiesen, dass die Rechtslage verfassungsrechtlich bedenklich ist. Es hatte in dieser Entscheidung dem Gesetzgeber aufgegeben, ein von der Vaterschaftsanfechtung unabhängiges Verfahren zur Klärung der Abstammung zu schaffen.[68]

54 Die Abstammung eines Kindes von seinem rechtlichen Vater müsse **ohne gerichtliche Anfechtung der Vaterschaft** und ohne die Folgen eines solchen gerichtlichen Verfahrens geklärt werden können.

Zum Recht eines Mannes auf Kenntnis, ob ein Kind von ihm abstammt, gehöre auch das Recht, die Möglichkeit eröffnet zu bekommen, in einem Verfahren die Abstammung eines Kindes von ihm klären zu lassen.[69] Dies gelte für Mutter und Kind in gleicher Weise.

Nachdem das Bundesverfassungsgericht dem Recht auf Kenntnis der Abstammung größeres Gewicht beigemessen hat als dem Recht auf informationelle Selbstbestimmung,[70] ist **zum 1.4.2008** gesetzlich ein Anspruch auf Einwilligung in eine genetische Untersuchung zur Klärung der leiblichen Abstammung eingeführt worden. Grundsätzlich bleibt das Verfahren zur Anfechtung der Vaterschaft aufrecht erhalten. Zusätzlich ist völlig unabhängig vom Anfechtungsverfahren ein zweites Verfahren geschaffen worden, das ausschließlich auf die Klärung der Abstammung gerichtet ist.[71]

I. Verfahren auf Klärung der Abstammung

1. Der gesetzliche Anspruch auf Klärung der Abstammung, § 1598a BGB

55 Eingeführt ist mit § 1598a BGB eine Vorschrift, durch die (1) der Vater von Mutter und Kind, (2) die Mutter jeweils von Vater und Kind und (3) das Kind jeweils von beiden Elternteilen verlangen kann, dass diese in eine genetische Abstammungsuntersuchung einwilligen und die Entnahme einer für die Untersuchung geeigneten genetischen Probe dulden.[72]

67 FamRZ 2007, 441; ausführlich besprochen von *Rotax,* in ZFE 2007, 124

68 Die Frist ist darin bis zum 31.3.2008 gesetzt worden, angesichts des umfangreichen gesetzgeberischen Verfahrensablauf erstaunlich kurzer Zeitraum, worauf *Rotax* bereits deutlich hingewiesen hat; Vgl. ZFE 2007, 124, 126.

69 BVerfG FamRZ 2007, 441, 443.

70 A.a.O.; vgl. auch *Rotax,* ZFE 2007, 124.

71 Ausführlich dazu *Horndasch,* ZFE 2007, 404.

72 Vgl. auch *Helms,* FamRZ 2008, 1033.

Dieser Anspruch soll ermöglichen, auf offenem Weg und ohne weitere rechtliche Voraussetzungen, die genetische Abstammung zu klären.[73] Damit wird der Einholung „heimlicher Gutachten" weitgehend der Nährboden entzogen.

Das Interesse an einer solchen Klärung ist aber möglicherweise nicht nur beim Vater, sondern auch bei dem betroffenen Kind und, in manchen Fällen auch bei der Mutter vorhanden. Aus diesem Grund sind alle **drei Beteiligten Anspruchsinhaber**. 56

Der Anspruch auf Klärung der Abstammung kann im Weigerungsfall anderer Beteiligter nötigenfalls auch gerichtlich durchgesetzt werden.[74] Abs. 2 des § 1598a BGB sieht vor, dass das Familiengericht eine nicht erteilte Einwilligung zu ersetzen und die Duldung einer Probeentnahme anzuordnen hat. 57

Im Verfahren nach **§ 1598a BGB** soll das Gericht die beiden Elternteile und das Kind anhören, sofern dieses das 14. Lebensjahr vollendet hat. Das Gericht hat dadurch auch die sicher häufig erfolgreiche Möglichkeit, auf eine einvernehmliche Lösung hinzuwirken, § 156 FamFG.

Grundsätzlich ist aber auf die Belange des Kindeswohls Rücksicht zu nehmen. Abs. 3 des § 1598a BGB ermöglicht eine Aussetzung des Verfahrens, „wenn und solange die Klärung der leiblichen Abstammung eine erhebliche Beeinträchtigung des Wohls des minderjährigen Kindes begründen würde, die auch unter Berücksichtigung der Belange des Klärungsberechtigten für das Kind unzumutbar wäre".

> *Hinweis*
>
> Ein Antrag auf Klärung der Abstammung unterliegt daher in keinem Fall der Abweisung. Das Verfahren kann lediglich unter bestimmten Voraussetzungen aufgeschoben, „ausgesetzt" werden.

Der Gefahr einer Titulierung und Durchsetzung des Anspruchs **„zur Unzeit"** soll begegnet werden.[75] Wann diese Voraussetzungen vorliegen, wird tatrichterlicher Entscheidung unterliegen. In der Begründung des Gesetzentwurfs heißt es hierzu allgemein, dass das Kind 58

stabil genug sein muss, um eine solche Information (über die Abstammung, d. Verf.) verkraften zu können.[76]

73 Zu den verfassungskonformen Voraussetzungen vgl. OLG Brandenburg FamRZ 2010, 1817.

74 Zur Unbeachtlichkeit der Weigerung aus **Glaubensgründen** vgl. OLG Brandenburg FamRZ 2010, 1826.

75 Vgl. Begründung S. 20.

76 So auch die Presseerklärung des BMJ v. 11.7.2007; dort wird das Beispiel gebildet (für die identische Formulierung im Anfechtungsverfahren, dass das Kind sehr krank sei und das Verfahren eine zusätzliche große Belastung darstellen würde.

59 Genannt werden in der Begründung des Gesetzentwurfs darüber hinaus Gründe, die das Kind psychisch und/oder physisch außergewöhnlich belasten wie z.B. eine **Suizidgefahr** oder die Gefahr der gravierenden Verschlechterung einer bereits bestehenden schweren Krankheit.[77]

60 Die **Dauer der Aussetzung** ist vom Einzelfall abhängig. Ist beispielsweise ein Gutachten zur Feststellung der Voraussetzungen des § 1598a Abs. 3 BGB eingeholt worden, liegt es nahe, die Aussetzung entsprechend zu befristen. Allerdings kann auch zunächst ausgesetzt und in regelmäßigen Abständen von Amts wegen überprüft werden, ob der Aussetzungsgrund noch besteht. Unabhängig davon kann der Anspruchsberechtigte jederzeit anregen, das Verfahren wieder aufzunehmen, wenn er der Auffassung ist, dass die Aussetzungsgründe entfallen sind. Gegen die Entscheidung zur Duldung der Probeentnahme steht dem verweigernden Beteiligten das Recht der Beschwerde zu.

61 Auch die **Anwendung unmittelbaren Zwangs** ist möglich und nur dann ausgeschlossen, wenn die Art der Probeentnahme der zu untersuchenden Person „nicht zugemutet" werden kann. Das ist dann der Fall, wenn gesundheitliche Schäden für den zu Untersuchenden zu befürchten sind.[78] Über die Berechtigung der Verweigerung einer Untersuchung entscheidet das Gericht, das auch über die Frage der Einwilligung des Betroffenen entschieden hat, und zwar nach Anhörung der Beteiligten. Insgesamt hat die Klärung der Abstammung aber keinerlei weitere Konsequenzen. Die bestehenden rechtlichen Bindungen bleiben unberührt.

2. Vereinbarung über die Klärung der Abstammung

62 Vielfach wird es sinnvoll sein, sich über die Klärung der Abstammung **gütlich zu einigen**, um Spannungen zwischen den beteiligten Eltern zu vermeiden. Dies ist umso wichtiger, wenn Kinder von den Auswirkungen solcher Spannungen betroffen sein können.

Eine solche Einigung ist **grundsätzlich formfrei** möglich. Sie wird aber nach Geburt eines Kindes häufig auch in notarieller Form erfolgen, wenn gleichzeitig etwa der Unterhalt für das in Rede stehende Kind zu regeln ist.

63 Eine Vereinbarung könnte wie folgt formuliert werden:

4.7

▼

Muster 4.7: Vereinbarung über die Klärung der Abstammung

Verhandelt am

Zu

Vor mir, dem unterzeichnenden Notar im Bezirk des Oberlandesgerichts

77 So Begründung a.a.O.
78 So Begründung S. 28.

erscheinen

1. Herr A, geb. am , wohnhaft

2. Frau B, geb. , geb. am , wohnhaft

ausgewiesen durch .

Die Frage des beurkundenden Notars nach einer Vorbefassung im Sinne von § 3 Abs. 1 Nr. 7 BeurkG wurde von den Erschienenen verneint. Der beurkundende Notar erläuterte die vorgenannte Vorschrift.

Die Erschienenen baten den Notar um die Beurkundung einer

Unterhaltsvereinbarung

und erklärten vorab:

§ 1 Ausgangslage

Wir sind beide von Geburt an deutsche Staatsangehörige und haben seit (vor 5 Jahren) in nichtehelicher Lebensgemeinschaft zusammen gelebt. Wir haben uns am (vor 2 Monaten) voneinander getrennt. Aus unserer Verbindung ist ein Kind hervorgegangen, C, geb. am (vor 1 Jahr) .

Der Ersch. zu 1 hat Zweifel, ob er leiblicher Vater des Kindes C ist, da ihm am (vor 1 Monat) von einem Freund erklärt worden ist, dass die Ersch. zu 2 etwa 9 Monate vor Geburt des Kindes ein intimes Verhältnis mit dessen Bruder unterhalten habe. Die Ersch. zu 2 bestreitet ein solches Verhältnis. Der Ersch. zu 1 ist von der Unrichtigkeit der Anschuldigung überzeugt. Gleichwohl wünscht er eine Klärung der Vaterschaft.

Im Hinblick auf diese Ausgangssituation vereinbaren die Beteiligten was folgt.

§ 2 Klärung der Abstammung

1. Die Beteiligten vereinbaren, dass über die Frage der Abstammung des Kindes C, geb. am von den Erschienenen ein Abstammungsgutachten eingeholt wird.

2. Die Ersch. zu 2 willigt in die genetische Abstammungsuntersuchung ein und wird die Entnahme einer für die Untersuchung geeigneten genetischen Probe dulden sowie die entsprechenden notwendigen Maßnahmen hinsichtlich des Kindes ermöglichen.

§ 3 Kindesunterhalt

1. Der Ersch. zu 1 verpflichtet sich, für das Kind C einen monatlichen, monatlich im Voraus bis zum 1. eines jeden Monats fälligen Kindesunterhalt in Höhe von % des Mindestbedarfs der jeweils gültigen Düsseldorfer Tabelle gemäß der jeweiligen Altersstufe

des Kindes zu bezahlen. Hierauf ist die Hälfte des gesetzlichen Kindergeldes, derzeit 95 EUR bedarfsdeckend anzurechnen, so dass sich ein monatlicher Unterhaltsbetrag in Höhe von EUR ergibt.

2. Die Festsetzung des Unterhalts erfolgt auf der Grundlage eines anrechenbaren Nettoeinkommens des Ersch. zu 1 in Höhe von derzeit .

3. Ergibt sich aus dem Abstammungsgutachten die fehlende Mutterschaft der Ersch. zu 2, entfällt die Unterhaltsverpflichtung gem. § 3 Ziff. 1 mit sofortiger Wirkung.

4. Die Ersch. zu 2 tritt vorsichtshalber sämtliche Ansprüche wegen erfolgter Aufwendungen an den Ersch. zu 1 ab. Dieser nimmt die Abtretung an.

§ 4 Vollstreckungsunterwerfung

Wegen der in § 3 der Vereinbarung eingegangenen Verpflichtung zur Zahlung von Kindesunterhalt unterwerfe ich, der Ersch. zu 1, mich der

sofortigen Zwangsvollstreckung

aus dieser Urkunde in mein Vermögen.

Die Ersch. zu 2 ist berechtigt, sich jederzeit auf einseitigen Antrag auf Kosten des Ersch. zu 1. eine vollstreckbare Ausfertigung dieser Urkunde erteilen zu lassen, ohne dass es hierzu des Nachweises der Fälligkeit oder sonstiger die Vollstreckung begründender Tatsachen bedarf.

§ 5 Hinweise, Durchführung

Der Notar hat die Erschienenen über die Bedeutung, die rechtliche Tragweite, insbesondere die Rechtsfolgen und die Auswirkungen der Unterhaltsvereinbarung abschließend noch einmal ausführlich belehrt. Beide Erschienenen sind sich der Tragweite der getroffenen Vereinbarungen bewusst und wünschen gleichwohl die Beurkundung der Vereinbarung auch unter Inkaufnahme möglicher zukünftig daraus erwachsener Nachteile.

(ggf. weitere abschließende Hinweise/Durchführung)

(Urkundsausgang, Unterschriften)

▲

II. Anfechtung der Vaterschaft

1. Grundsätze zur Anfechtung nach Klärung der Abstammung

64 Will also der Anfechtungsberechtigte nach Klärung der Abstammung seine rechtliche Vaterschaft beseitigen, muss er **anschließend Vaterschaftsanfechtungsklage** erheben.

Das zweifelnde Familienmitglied hat die Wahl, ob es nur **eines oder beide Verfahren**, d.h. zunächst das Klärungsverfahren und anschließend das Anfechtungsverfahren oder eben ausschließlich das Verfahren zur Klärung der Vaterschaft durchführen will.

Statt des Klärungsverfahrens kann deshalb auch, wie bisher, sofort und ausschließlich die Anfechtungsklage erhoben werden.

Wird aber zunächst das Klärungsverfahren zur Abstammung durchgeführt, so kann es bei zuvor vorhandenen Zweifeln[79] zu **Verjährungsproblemen** kommen. 65

Darauf hat der Gesetzgeber mit einer neuen Fristenregelung reagiert. Die Frist wird durch Einleitung eines Verfahrens **nach § 1598a Abs. 2 BGB gehemmt**. Besteht mit Durchführung des Verfahrens zur Klärung der Abstammung die Gewissheit, dass eine leibliche Abstammung nicht besteht, läuft die Anfechtungsfrist weiter.

> *Hinweis*
>
> Die Frist wird jedoch nicht mit Beendigung eines etwaigen gerichtlichen Verfahrens fortgesetzt, sondern mit Kenntnis vom Ergebnis einer genetischen Untersuchung nach § 1598a B GB.

Wird ein Vaterschaftsanfechtungsverfahren durchgeführt, muss sich der Betroffene auf eine weitere gesetzliche Änderung einstellen. Entsprechend dem Wortlaut des neuen § 1598a Abs. 3 BGB wird ein neuer Abs. 5 in § 1600 BGB eingefügt. In beiden Vorschriften wird auf das **Kindeswohl** abgestellt. Dies geschieht in identischer Wortwahl. 66

Während im Verfahren zur Klärung der Abstammung allerdings das Verfahren auszusetzen ist, wenn bestimmte Voraussetzungen vorliegen, ist die Anfechtung der Vaterschaft ausgeschlossen, „wenn und solange die Folgen der Anfechtung eine erhebliche Beeinträchtigung des Wohls des minderjährigen Kindes begründen" würde. Es müssen – in beiden Fällen – derart massive Beeinträchtigungen sein, dass das Verfahren „auch unter Berücksichtigung der Belange des Anfechtungsberechtigten unzumutbar wäre".

Die Anfechtungsklage unterliegt daher für den Fall des Vorliegens der Voraussetzungen der Abweisung. Es wird also gerade nicht ausgesetzt wie im Verfahren zur Klärung der Abstammung.

Es muss natürlich möglich sein, trotz – rechtskräftigen – Urteils erneut zu gerichtlich vorzugehen. § 1600 Abs. 5 BGB sieht deshalb vor, dass erneut geklagt werden kann, und zwar innerhalb der **neu und vollständig beginnenden Anfechtungsfrist**.

Das Gericht kann diese Frist in seinem abweisenden Urteil im Übrigen verlängern, wenn mit hoher Wahrscheinlichkeit auch nach Ablauf der neu beginnenden Frist die

79 Innerhalb der vergangenen 2 Jahre.

Voraussetzungen gem. Abs. 1, also die erheblichen Beeinträchtigungen des Kindeswohls, noch vorliegen, § 1600 Abs. 5 S. 3 BGB.

Wann die Voraussetzungen für einen Ausschluss der Anfechtung vorliegen, wird, wie im Verfahren zur Klärung der Abstammung, **tatrichterlicher Entscheidung** unterliegen. Die Begründung des Gesetzgebers nennt hierfür zunächst – nicht konkretisiert – die psychische Labilität es Kindes.[80] Entsprechend den Voraussetzungen für eine Aussetzung des Verfahrens nach § 1598a BGB werden aber für einen Ausschluss der Anfechtung außergewöhnlich belastende psychische und/oder physische Gründe in der Person des Kindes vorzubringen sein.

2. Vereinbarung zur Klärung der Abstammung und Anfechtung der Vaterschaft

67 Ob derart massive Beeinträchtigungen des Kindeswohls vorhanden sind, dass das Verfahren

auch unter Berücksichtigung der Belange des Anfechtungsberechtigten unzumutbar wäre,

wird in solchen Verfahren häufig streitig sein.

Es kann deshalb in geeigneten Fällen sinnvoll sein, unter Berücksichtigung beispielsweise einer Trennungssituation durch Vereinbarung eine zeitliche Verlagerung vorzunehmen. Im Falle einer Vereinbarung könnte dann das eventuell drängende Problem einer Versäumung der Anfechtungsfristen gelöst werden.

68 Eine Vereinbarung könnte wie folgt lauten:

▼

Muster 4.8: Vereinbarung zur aufschiebenden Klärung der Abstammung und Anfechtung der Vaterschaft

Verhandelt am

Zu

Vor mir, dem unterzeichnenden Notar im Bezirk des Oberlandesgerichts

erscheinen

1. Herr A, geb. am , wohnhaft

2. Frau B, geb. , geb. am , wohnhaft

80 So zumindest in der Presserklärung zum geplanten Gesetz vom 11.7.2007.

ausgewiesen durch .

Die Frage des beurkundenden Notars nach einer Vorbefassung im Sinne von § 3 Abs. 1 Nr. 7 BeurkG wurde von den Erschienenen verneint. Der beurkundende Notar erläuterte die vorgenannte Vorschrift.

Die Erschienenen baten den Notar um die Beurkundung einer

Unterhaltsvereinbarung

und erklärten vorab:

§ 1 Ausgangslage

Wir sind beide von Geburt an deutsche Staatsangehörige und haben seit (vor 10 Jahren) in nichtehelicher Lebensgemeinschaft zusammen gelebt. Wir haben uns am (vor 1 Monat) voneinander getrennt. Aus unserer Verbindung ist ein Kind hervorgegangen, C, geb. am (vor 6 Jahren) .

Der Ersch. zu 1 hat Zweifel, ob er leiblicher Vater des Kindes C ist, da ihm am (vor 1 Jahr) von einem Freund erklärt worden ist, dass die Ersch. zu 2 etwa 9 Monate vor Geburt des Kindes ein intimes Verhältnis mit dessen Bruder unterhalten habe. Die Ersch. zu 2 bestreitet ein solches Verhältnis. Der Ersch. zu 1 ist von der Unrichtigkeit der Anschuldigung überzeugt. Gleichwohl wünscht er eine Klärung der Vaterschaft.

Für den Fall, dass sich herausstellt, dass er nicht leiblicher Vater des Kindes C ist, behält sich der Ersch. zu 1 die Anfechtung der Vaterschaft vor.

Das Kind C ist derzeit jedoch aufgrund der Trennung der Erschienenen seelisch sehr belastet.

Im Hinblick auf diese Ausgangssituation vereinbaren die Beteiligten was folgt.

§ 2 Klärung der Abstammung

1. Die Beteiligten vereinbaren, dass über die Frage der Abstammung des Kindes C, geb. am von den Erschienenen ein Abstammungsgutachten eingeholt wird.

2. Die Ersch. zu 2 willigt in die genetische Abstammungsuntersuchung ein und wird die Entnahme einer für die Untersuchung geeigneten genetischen Probe dulden sowie die entsprechenden notwendigen Maßnahmen hinsichtlich des Kindes ermöglichen.

3. Die Erschienenen vereinbaren im Hinblick auf den derzeit labilen seelischen Zustand des Kindes C, die Klärung der Abstammung erst Anfang (in einem Jahr) durchzuführen.

§ 3 Anfechtung der Vaterschaft

1. Für den Fall, dass der Ersch. zu 1 nicht der leibliche Vater des Kindes C ist, behält dieser sich die Anfechtung der Vaterschaft vor.

2. Im Hinblick auf die mögliche Fristversäumnis zur Anfechtung der Vaterschaft erklärt die Ersch. zu 2 den Verzicht auf die Einrede der Verjährung zunächst bis zum (2 Jahre).

3. Sollte die weitere Verschiebung der Klärung der Abstammung aufgrund des seelischen Zustandes des Kindes C notwendig werden, besteht Einverständnis zwischen den Erschienenen, auf die Einrede der Verjährung hinsichtlich der Anfechtung der Vaterschaft für den Zeitraum der Verschiebung der Klärung der Abstammung zu verzichten.

§ 4 Kindesunterhalt

1. Der Ersch. zu 1 verpflichtet sich, für das Kind C einen monatlichen, monatlich im Voraus bis zum 1. eines jeden Monats fälligen Kindesunterhalt in Höhe von % des Mindestbedarfs der jeweils gültigen Düsseldorfer Tabelle gemäß der jeweiligen Altersstufe des Kindes zu bezahlen. Hierauf ist die Hälfte des gesetzlichen Kindergeldes, derzeit 95 EUR bedarfsdeckend anzurechnen, so dass sich ein monatlicher Unterhaltsbetrag in Höhe von EUR ergibt.

2. Die Festsetzung des Unterhalts erfolgt auf der Grundlage eines anrechenbaren Nettoeinkommens des Ersch. zu 1 in Höhe von derzeit

3. Ergibt sich aus dem Abstammungsgutachten gem. § 2 die fehlende Vaterschaft des Ersch. zu 1, entfällt die Unterhaltsverpflichtung gem. § 4 Ziff. 1 mit sofortiger Wirkung.

4. Die Ersch. zu 2 tritt vorsichtshalber sämtliche Ansprüche wegen erfolgter Aufwendungen an den Ersch. zu 1 ab. Dieser nimmt die Abtretung an.

§ 5 Vollstreckungsunterwerfung

Wegen der in § 3 der Vereinbarung eingegangenen Verpflichtung zur Zahlung von Kindesunterhalt unterwerfe ich, der Ersch. zu 1, mich der

sofortigen Zwangsvollstreckung

aus dieser Urkunde in mein Vermögen.

Die Ersch. zu 2 ist berechtigt, sich jederzeit auf einseitigen Antrag auf Kosten des Ersch. zu 1 eine vollstreckbare Ausfertigung dieser Urkunde erteilen zu lassen, ohne dass es hierzu des Nachweises der Fälligkeit oder sonstiger die Vollstreckung begründender Tatsachen bedarf.

§ 6 Hinweise, Durchführung

Der Notar hat die Erschienenen über die Bedeutung, die rechtliche Tragweite, insbesondere die Rechtsfolgen und die Auswirkungen der Vereinbarung über die Klärung der Abstammung, das Anfechtungsverfahren zur Vaterschaft sowie die Unterhaltsvereinbarung abschließend noch einmal ausführlich belehrt. Beide Erschienenen sind sich der Tragweite der getroffenen Vereinbarungen bewusst und wünschen gleichwohl die Beurkundung der Vereinbarung auch unter Inkaufnahme möglicher zukünftig daraus erwachsener Nachteile.

(ggf. weitere abschließende Hinweise/Durchführung)

(Urkundsausgang, Unterschriften)

▲

III. Fazit

Das 2008 eingeführte Verfahren auf Klärung der Abstammung ist nicht nur verfassungs- 69
rechtlich geboten. Es beseitigt auch einen Missstand, der von 20.000 jährlich heimlich eingeholten Abstammungsuntersuchungen gekennzeichnet ist.

Darüber hinaus führt das Verfahren zur Klärung der Abstammung – zumindest mit Hilfe anwaltlicher Aufklärung und/oder notarieller Vereinbarungen – in einer Vielzahl von Fällen zu einer außergerichtlichen Erledigung von Verfahren bei Zweifeln über die Vaterschaft.

Dies hat ebenfalls zu einer stark abnehmenden Zahl von Vaterschaftsanfechtungsverfahren geführt. Das ist sinnvoll, zumal statistisch in 80 %[81] solcher gerichtlichen Verfahren festgestellt wird, dass der Anfechtende der tatsächliche biologische Vater ist.

Für **Rechtsanwälte** wird wichtig sein, Mandanten in derartigen Fällen schon zur Vermei- 70
dung anwaltlicher Haftung über die verschiedenen Möglichkeiten in korrekter Weise zu beraten.

> *Merke*
>
> Schon dann, wenn der Anwalt in der Lage ist, sich aus für ihn zugänglichen Quellen über den Verfahrensstand gesetzgeberischer Überlegungen zu unterrichten, muss er seine Mandanten hierüber in Kenntnis setzen und ihm die richtigen Schritte anraten.[82]

Für **Notare** wird wichtig sein, die unterschiedlichen Möglichkeiten und Kombinationen 71
im Zusammenhang von Klärung der Abstammung und Anfechtung der Vaterschaft zu kennen, um möglichst spannungsfreie Lösungen anzuraten und Haftpflichtfälle durch nicht beachtete Fristversäumnis zu vermeiden.

81 Vgl. Begründung S. 10; einer britischen Untersuchung zufolge ist der Prozentsatz noch höher, vgl. *Bellis* u.a., in Epidemial Community *Health*, 2005, 749 ff

82 BGH NJW 2004, 3487 m.w.N.

E. Künstliche Befruchtung

I. Die rechtlichen Grundlagen künstlicher Befruchtung

72 Die wissenschaftlich-technischen Fortschritte der heutigen Medizin haben die **natürlichen Zusammenhänge von Zeugung und Empfängnis veränderbar** gemacht.[83] Dadurch können die im Abstammungsrecht miteinander verbundenen Aspekte (Beiwohnung, Zeugung, Empfängnis und Geburt) in unterschiedlicher Kombination auftreten. Dass deswegen die Rechtsordnung Probleme hat, ist nicht verwunderlich.

Künstliche Befruchtung spricht nicht nur familienrechtliche, sondern allgemein gesellschaftliche Fragen an. Der Gesetzgeber hat sich im Embryonenschutzgesetz mit Teilaspekten dieser Thematik befasst.

73 Nach § 4 ESchG ist die künstliche Befruchtung nicht verboten, wenn die **beteiligte Frau und der Samenspender einwilligen**. Die Samenspende kann sowohl vom Ehemann stammen (**homologe Insemination**), als auch von einem anderen Mann (**heterologe Insemination**).[84] Die heterologe Insemination darf von dem Arzt nur unter folgenden strengen Voraussetzungen vorgenommen werden:

- Nur ein Samenspender je Befruchtungsvorgang,
- die Gewissheit, dass ein früherer Befruchtungsversuch mit Drittsperma nicht zur Konzeption geführt hat,
- Aufklärung des Samengebers über eine mögliche Vaterschaftsfeststellung und Unterhaltspflicht, wenn das Kind anficht,
- Hinweis, dass der Arzt den Spendernamen nicht geheim halten darf, wenn die Vaterschaft erfolgreich angefochten ist,
- Zustimmung der Ehefrau des Spermaspenders,
- Unterrichtung des Ehegatten der Spermaempfängerin,
- Dokumentation bei Notar oder Rechtsanwalt.

74 Während bei der heterologen Insemination biologischer und sozialer Vater auseinanderfallen können (**gespaltene Vaterschaft**), ist eine gespaltene Mutterschaft rechtlich nicht möglich. § 1 ESchG verbietet die Eispende (Nr. 1), den Embryonentransfer (Nr. 6 i.V.m. § 4 Nr. 3 ESchG), sowie die Ersatzmutterschaft (Nr. 7).

Bei dem **homologen Verfahren** ist die rechtliche Situation **unproblematisch**: Wird das Kind in einer bestehenden Ehe geboren, so stammt das Kind auch genetisch vom Ehemann der Mutter ab, so dass er gemäß § 1592 Nr. 1 BGB (unanfechtbar) rechtlicher Vater ist.

83 Zu einer Darstellung der verschiedenen Verfahren der künstlichen Befruchtung sowie der rechtlichen Zulässigkeit der künstlichen Befruchtung ausführlich *Wanitzek*, 2002; *Wanitzek*, FamRZ 2003, 730.

84 Zum Platz des Samenspenders bei der heterologen Insemination vgl. *Pauli*, NZFam 2016, 57.

Umstrittener war die Rechtslage bei dem heterologen Verfahren. Erfolgt die heterologe Befruchtung in einer **bestehenden Ehe**, so gilt der Ehemann nach § 1592 Nr. 1 BGB als der rechtliche Vater, obwohl er nicht der biologische Vater ist. 75

War er mit der heterologen Befruchtung einverstanden, was Voraussetzung für die Vornahme einer heterologen Befruchtung ist, so stellt sich die Frage, ob er an den Verzicht gebunden ist oder nunmehr anfechten kann.

Und: kann das Kind – eventuell nach Volljährigkeit (§ 1600b Abs. 3 BGB) – anfechten?

Was die Vaterschaft und deren Anfechtung anbelangt, so hatte der BGH dem Ehemann das Anfechtungsrecht grundsätzlich auch für den Fall zugebilligt, dass er der Samenspende zugestimmt hat:[85] nach Änderung des Anfechtungsrechts konnte auch die Mutter die Vaterschaft anfechten.

Auch war das Einverständnis mit der heterologen Befruchtung kein Hinderungsgrund für die Anfechtung; die Anfechtung ist auch dann möglich, wenn die Befruchtung im Ausland vorgenommen wurde und deswegen eine Feststellung der Vaterschaft des Samenspenders nicht möglich ist.[86]

Hinsichtlich des Unterhaltsrechtes allerdings hatte der BGH festgehalten, dass in der Vereinbarung zwischen den Eheleuten über eine heterologe Befruchtung regelmäßig zugleich ein durch familienrechtliche Besonderheiten geprägter unterhaltsrechtlicher Vertrag zugunsten des aus der heterologen Befruchtung hervorgehenden Kindes eingeschlossen ist. Die **Anfechtung der Vaterschaft** durch den Vater führt demnach regelmäßig **nicht zum Wegfall des Unterhaltsanspruchs.**[87]

Diese Situation wurde zum Teil als unbefriedigend empfunden. Der Gesetzgeber hat darauf reagiert. Mit Wirkung vom 12.4.2002 wurde dem früheren§ 1600 ein Absatz 2 (heute Abs. 5) hinzugefügt. Hiernach ist dann, wenn das Kind mit Einwilligung des Mannes und der Mutter durch künstliche Befruchtung mittels der **Samenspende eines Dritten** gezeugt wurde, die Anfechtung der Vaterschaft sowohl durch den Mann als auch durch die Mutter ausgeschlossen. Und da nach deutschem Recht eine homologe Insemination nur mit Einwilligung der beiden möglich ist, bedeutet dies, dass eine Anfechtung durch den Vater und durch die Mutter ausgeschlossen ist. 76

Was die **Anfechtungsmöglichkeiten durch das Kind** anbelangt, so ist klar, dass eine Vereinbarung zwischen Ehemann, Ehefrau (und möglicherweise dem Samenspender) das Kind nicht binden kann: das Kind kann jederzeit die Vaterschaft des Ehemanns anfechten. 77

85 BGHZ 87, 169; BGH FamRZ 1995, 1272.
86 OLG Celle NJW 2001, 3419.
87 BGHZ 129, 297.

Für das minderjährige Kind gilt die Einschränkung des § 1600a Abs. 4 BGB, wonach die Anfechtung durch den gesetzlichen Vertreter nur zulässig ist, wenn sie dem Wohl des Vertretenen dient.

Dies kann durchaus fraglich sein, denn nach bisheriger Rechtsprechung tritt die Folge ein, dass mit der Anfechtung der Vaterschaft regelmäßig der Unterhaltsanspruch des Kindes entfällt.[88]

An den Anfechtungsmöglichkeiten des Kindes hat sich durch den neuen Abs. 4 des § 1600 BGB nichts geändert. Das Kind kann die Vaterschaft selbst – ggf. nach Eintritt der Volljährigkeit durch § 1600b Abs. 3 BGB – selbst anfechten.

78 Rechtlich anders und komplizierter ist es bei der **heterologen Befruchtung außerhalb einer bestehenden Ehe**. Nach den Musterrichtlinien der Bundesärztekammer ist die heterologe Befruchtung grundsätzlich nur bei Ehepaaren möglich, so dass es in Deutschland nicht zu einer heterologen Befruchtung nicht verheirateter Frauen kommen könnte – etwa im Rahmen einer nichtehelichen Lebensgemeinschaft.

Falls es der Fall ist, so wäre bei einem durch heterologe Befruchtung außerhalb einer bestehenden Ehe geborenen Kind die – wahrheitswidrige – Anerkennung der Vaterschaft durch den Partner einer nichtehelichen Lebensgemeinschaft möglich; erforderlich ist dann auch noch die Zustimmung der Mutter (§ 1595 BGB).

Erfolgt keine Anerkennung, käme nur die gerichtliche Feststellung der Vaterschaft in Frage. In diesem Verfahren muss geklärt werden, wer der biologische Vater ist. Dies wäre der Samenspender. Wenn er feststellbar ist, würde er auch als rechtlicher Vater festgestellt werden – mit allen sich daraus ergebenden Folgen.[89]

II. Vereinbarungen zur künstlichen Befruchtung

79 Gerade, weil bei künstlicher Befruchtung **leiblicher Vater und rechtlicher Vater oder auch durch Vertrag verantwortlicher Vater auseinanderfallen** können, ist in geeigneten Fällen der Abschluss einer Vereinbarung über die künstliche Befruchtung notwendig.

Dies betrifft naturgemäß **nicht die homologe Insemination**, bei der kein Fremdsperma, sondern dasjenige des Partners verwendet wird. Anders ist die Situation ausschließlich bei der heterologen Insemination mit der Verwendung von Fremdsperma.

Sind der betroffene Mann und die Mutter miteinander verheiratet, so gilt das während bestehender Ehe geborene Kind zunächst als eheliches Kind der Eheleute.

Sind die Partner allerdings nicht miteinander verheiratet, gilt dies nicht.

80 Eine Vereinbarung hierüber könnte in solchen Fällen wie folgt formuliert werden:

88 BGHZ 129, 297.
89 Vgl. OLG Naumburg FamRZ 2011, 383.

4.9

▼

Muster 4.9: Vereinbarung zur heterologen Insemination bei unverheirateten Partnern

Verhandelt am

Zu

Vor mir, dem unterzeichnenden Notar im Bezirk des Oberlandesgerichts

erscheinen

1. Herr A, geb. am , wohnhaft

2. Frau B, geb. , geb. am , wohnhaft ebenda

ausgewiesen durch .

Die Frage des beurkundenden Notars nach einer Vorbefassung im Sinne von § 3 Abs. 1 Nr. 7 BeurkG wurde von den Erschienenen verneint. Der beurkundende Notar erläuterte die vorgenannte Vorschrift.

Die Erschienenen baten den Notar um die Beurkundung einer

Familienrechtlichen Vereinbarung

und erklärten vorab:

§ 1 Ausgangslage

Wir sind beide von Geburt an deutsche Staatsangehörige und leben seit (vor 5 Jahren) in nichtehelicher Lebensgemeinschaft zusammen. Aus unserer Verbindung sind Kinder nicht hervorgegangen, da ich, der Ersch. zu 1 durch fachärztliche Feststellung zeugungsunfähig bin.

Wir planen die Durchführung einer heterologen Insemination.

Im Hinblick auf diese Ausgangssituation vereinbaren die Beteiligten was folgt.

§ 2 Einwilligung zur Insemination

1. Ich, der Ersch. zu 1, willige in eine heterologe Insemination, also einer künstlichen Befruchtung der Ersch. zu 2 mit Hilfe von Fremdsperma, ein und werde nach meinen Möglichkeiten daran mitwirken, dass es durch die künstliche Befruchtung zu einer Schwangerschaft der Ersch. zu 2 kommt.

2. Den Erschienen ist bekannt, dass die Einwilligung des Ersch. zu 1 bis zur Durchführung der zur Schwangerschaft führenden künstlichen Befruchtung frei widerruflich ist. Im An-

schluss ist eine einseitige Loslösung von den damit übernommenen Verpflichtungen nicht mehr möglich.

§ 3 Übernahme der Elternschaft

Der Ersch. zu 1 erklärt seine Bereitschaft zur Übernahme der Elternschaft ausdrücklich. Er verpflichtet sich zur Übernahme der Verantwortung gegenüber dem Kind und der Ersch. zu 2 sowohl in persönlicher als auch in unterhaltsrechtlicher Hinsicht und wird hierfür wie ein rechtlicher Vater einstehen.

§ 4 Kindesunterhalt

Für den Fall, dass die heterologe Insemination erfolgreich sein wird, vereinbaren wir für den Fall der Geburt des Kindes bereits vorab:

1. Der Ersch. zu 1 verpflichtet sich, für das derzeit noch nicht geborene Kind der Ersch. zu 2 einen monatlichen, monatlich im Voraus bis zum 1. eines jeden Monats fälligen Kindesunterhalt in Höhe von % des Mindestbedarfs der jeweils gültigen Düsseldorfer Tabelle gemäß der jeweiligen Altersstufe des Kindes zu bezahlen. Hierauf ist die Hälfte des gesetzlichen Kindergeldes, derzeit 95 EUR bedarfsdeckend anzurechnen, so dass sich ein monatlicher Unterhaltsbetrag in Höhe von EUR ergibt.

2. Die Festsetzung des Unterhalts erfolgt auf der Grundlage eines anrechenbaren Nettoeinkommens des Ersch. zu 1 in Höhe von derzeit .

§ 5 Vollstreckungsunterwerfung

Wegen der in § 3 der Vereinbarung eingegangenen Verpflichtung zur Zahlung von Kindesunterhalt unterwerfe ich, der Ersch. zu 1, mich der

sofortigen Zwangsvollstreckung

aus dieser Urkunde in mein Vermögen.

Die Ersch. zu 2 ist berechtigt, sich jederzeit auf einseitigen Antrag auf Kosten des Ersch. zu 1. eine vollstreckbare Ausfertigung dieser Urkunde erteilen zu lassen, ohne dass es hierzu des Nachweises der Fälligkeit oder sonstiger die Vollstreckung begründender Tatsachen bedarf.

§ 6 Hinweise, Durchführung

Der Notar hat die Erschienenen über die Bedeutung, die rechtliche Tragweite, insbesondere die Rechtsfolgen und die Auswirkungen der Vereinbarung zur heterologen Insemination, den sich daraus ergebenden rechtlichen Folgen und Verpflichtungen insbesondere aus vertraglicher, unterhaltsrechtlicher Vereinbarung abschließend noch einmal ausführlich belehrt. Beide Erschienenen sind sich der Tragweite der getroffenen Vereinbarungen bewusst und wünschen gleichwohl die Beurkundung der Vereinbarung auch unter Inkaufnahme möglicher zukünftig daraus erwachsener Nachteile.

(ggf. weitere abschließende Hinweise/Durchführung)

(Urkundsausgang, Unterschriften)

▲

Die Beteiligten vereinbaren vorstehend **vertragliche Unterhaltspflichten**. 81

Diese enden nicht etwa, wie gesetzliche Unterhaltspflichten, wenn in einem **Statusverfahren** die Abstammung festgestellt wird. Unterhaltsansprüche bestehen daneben gleichwohl gegenüber dem Samenspender. Dieser kann sich nur dadurch schützen, dass er im **Innenverhältnis die Freistellung** mit den Wunscheltern – oder dem Arzt – vereinbart.[90]

90 Palandt/*Brudermüller,* Einf. v. § 1591 Rn 18.

§ 5 Namensrecht

A. Allgemeines

Das Namensrecht hat viele Gesichter. Wir wollen es im Folgenden vor allem unter zwei Aspekten beleuchten: 1

Zunächst geht es – in einem Exkurs – um die Frage, welchen Änderungen der Nachname eines Ehepartners nach der Scheidung unterworfen sein kann.

Des Weiteren werden wir untersuchen, wie man als Sorgeberechtigter mit dem Namen der Kinder vor und nach der Scheidung verfahren darf.

Dagegen werden wir hier nicht in das öffentliche Namensrecht (Namensänderungsgesetz) abschweifen, soweit es die Möglichkeit bietet, außerhalb des familienrechtlichen Kontextes einen neuen Namen zu erhalten **(§ 3 NamÄndG)**.[1] Das ist vor allem bei **lächerlichen und anstößigen Namen** der Fall. Kein hinreichender Grund für eine Namensänderung sind übrigens gesellschaftliche oder berufliche Vorteile.[2]

B. Der Ehename (Familienname)

Der (Nach-)Name ist für viele Menschen Teil ihrer Identität. Es ist daher schon immer über die **Veränderbarkeit und die Möglichkeit der Beibehaltung des Nachnamens**, wenn er einmal angenommen wurde, diskutiert worden. 2

In der Ursprungsfassung des § 1355 BGB v. 18.8.1896[3] wurde der Name des Mannes zum Familiennamen bestimmt. Der Name der Frau konnte nicht Ehename werden. Durch das Gleichberechtigungsgesetz v. 18.6.1975[4] wurde den Frauen gestattet, ihren Geburtsnamen dem Ehenamen hinzuzufügen.

Erst mit dem Gesetz zur Reform des Ehe- und Familienrechts v. 14.6.1976[5] wurde § 1355 BGB dahingehend geändert, dass die Ehegatten als Ehenamen den **Namen des Mannes oder den Namen der Frau** wählen können. 3

1 Zur Abgrenzung des familiengerichtlichen Verfahrens vom verwaltungsgerichtlichen s. VG Braunschweig FamRZ 1995, 1226.

2 VerwG Regensburg FamRZ 2003, 34 zu einem Fall, in dem sich ein in Großbritannien ansässiger Deutscher das Additiv *Freiherr* zugelegt hatte und diesen aristokratischen Zusatz in Deutschland legalisieren lassen wollte.

3 RGBl 1896, 195.

4 BGBl I 1975, 609.

5 BGBl I 1976, 1421.

Soweit keine Bestimmung erfolgte, wurde der Name des Mannes Ehename. Der Ehegatte, dessen Geburtsname nicht Ehename wurde, konnte dem Ehenamen seinen Geburtsnamen und zZt. der Eheschließung geführten Namen voranstellen.

Diese Regelung wurde vom **Bundesverfassungsgericht** in seiner Entscheidung v. 5.3.1991[6] für nicht verfassungsgemäß gehalten. Der **Vorrang des Mannesnamens** bei Nichteinigung der Ehegatten über den Ehenamen sei, so führte das BVerfG aus, mit Art. 3 Abs. 2 GG unvereinbar[7]

Aufgrund dieser Entscheidung wurde sodann am 16.12.1993 das Gesetz zur Neuordnung des Familiennamensrechts[8] **(FamNamRG)** erlassen, das am 1.4.1994 in Kraft trat. Danach konnten Ehegatten als Ehenamen wie bisher sowohl den Namen des Mannes als auch den Namen der Frau wählen. Abweichend von der vorangegangenen Regelung wurde jedoch bestimmt, dass dann, wenn sich die Eheleute **nicht auf einen Ehenamen einigen**, jeder den jeweils zum Zeitpunkt der Eheschließung geführten Namen **weiter** trägt.

4 Schließlich wurde die seit 1976 geltende Regel, dass der Ehegatte, dessen Geburtsname nicht Ehename wurde, dem Ehenamen seinen Geburtsnamen oder zzt. der Eheschließung geführten Namen voranstellen oder anfügen kann, eingeschränkt. In § 1355 Abs. 4 S. 2 und S. 3 BGB wurde normiert, dass diese Regel dann nicht gelte, wenn der Ehename aus mehreren Namen besteht. Besteht der Name eines Ehegatten aus mehreren Namen, kann nur einer dieser Namen hinzugefügt werden.

Diese durch das FamNamRG geschaffene Regelung hat dann aufgrund der Entscheidung des BVerfG v. 18.2.2004[9] eine letzte Änderung dahingehend erfahren, dass zum Ehenamen auch der zuvor durch Eheschließung erworbene Name und nicht etwa nur der Geburtsname gewählt werden kann.

Die Regelung des Lebenspartnerschaftsnamens in § 3 Abs. 2 S. 2 und 3 LPartG entspricht übrigens den Bestimmungen des **§ 1355 BGB**.

5 Das Bundesverfassungsgericht hat in einer Entscheidung aus dem Jahre 2009 die Motive noch einmal zusammengefasst:[10]

- Der Name soll dem Einzelnen die Möglichkeit geben, seine Individualität zum Ausdruck zu bringen.
- Die Nachvollziehbarkeit von Abstammungslinien und die Erhaltung der Identifikationskraft und deren Sicherung in der Generationsfolge soll gewahrt werden.
- Der Name soll dem Einzelnen ermöglichen, seine familiären Zusammenhänge darzustellen sowie seinen Familienstatus anzuzeigen.

6 BVerfG FamRZ 1991, 535.
7 BVerfG FamRZ 1991, 535 = NJW 1991, 1602.
8 BGBl 1993 I, 2054.
9 BVerfG FamRZ 2004, 515.
10 BVerfG NJW 2009, 1657; vgl. dazu ausführlich *Machulla-Notthoff*, ZFE 2010, 9.

Um diese Funktionen sicherzustellen, sind vom Gesetzgeber verschiedene Regelungen vorgesehen worden, die die Bildung von **Doppel- und Mehrfachnamen weitgehend verhindern** sollen. Hierzu gehört auch § 1355 Abs. 4 S. 2 BGB. Der Gesetzgeber ging bei der Gestaltung des Namensrechtsdavon aus, dass Schachtelnamen und Namensketten verhindert werden müssen, weil mehrgliedrige Namensketten den Rechts- und Geschäftsverkehr unnötig belasten würden und die Identifikationskraft des Namens schwächen und damit nicht mehr dem wohlverstandenen Eigeninteresse des jeweiligen Namensträgers dienen würden.[11]

I. Die Namensrechtsreform

1. Die Grundsätze des Namensrechts

Das Gesetz sieht jetzt Folgendes vor: 6

- Man soll einen Ehenamen bestimmen, muss aber nicht.
- Zusammengesetzte Ehenamen gibt's nicht (zweigliedrig dürfen Ehenamen nur noch sein, wenn einer schon einen zweigliedrigen Geburtsnamen mitbringt).[12]
- In einer Vorehe erheiratete Namen können Ehenamen werden.[13]
- Jeder kann dem Ehenamen seinen abweichenden eigenen Namen (egal, ob Geburtsname oder erheirateter Name) voranstellen oder anfügen.[14]
- Ausländer, die nach ausländischem Recht einen Ehenamen bestimmt haben, können nach der Einbürgerung, da für sie danach deutsches Recht Anwendung findet, ihren Ehenamen für die Zukunft neu bestimmen.[15]

Die verschiedenen Möglichkeiten der Namenswahl verdeutlicht folgendes Beispiel: 7

11 BVerfG NJW 2009, 1657 ff; BT-Drucks 12/3163, 9; BT-Drucks 7/650, 256, 257; BT-Drucks 7/3119, 4.

12 Zweigliedrige Namen nach spanischer Rechtstradition gelten nicht als zweigliedrige Geburtsnamen im Sinne des deutschen Namensrechts; sie können deshalb, wenn der aus diesem Rechtskreis stammende Partner eine(n) Deutsche(n) heiratet, nicht zum Ehenamen erstarken. Nur der erste der beiden Namen kann Ehename werden (OLG Karlsruhe FamRZ 1999, 160 zu einem Peruaner, dessen deutsche Frau seinen kompletten Doppelnamen – wie immer ohne Bindestrich geschrieben! – haben wollte). Der erste Teil bezeichnet übrigens den Familiennamen des Vaters, der zweite den der Mutter.

13 BVerfG vom 18.2.2004, FamRZ 2004, 515. A.A.: OLG Zweibrücken FamRZ 1996, 487; BayObLG FamRZ 1997, 554 und 556; KG FamRZ 1997, 557. Danach ist bei Verstoß die Namenswahl von Anfang an nichtig.

14 Ein späterer Wechsel der Reihenfolge ist allerdings ausgeschlossen, BayObLG FamRZ 1999, 162.

15 BGH FamRZ 2001, 903 (Rußlanddeutsche).

Frau Crantz-Wende, geb. Crantz, heiratet Herrn Bischof

	Frau Crantz-Wende Abweichender persönlicher Frauenname	Ehename	Herr Bischof Abweichender persönlicher Mannesname
1.		Bischof	
2.		Crantz	
3.		Crantz	Bischof-Crantz
4.		Crantz	Crantz-Bischof
5.		Crantz	Bischof
6.	Crantz-Bischof	Bischof	
7.	Bischof-Crantz	Bischof	
8.	Wende-Bischof	Bischof	
9.	Bischof-Wende	Bischof	
10.	Crantz-Wende		Bischof
11.		Wende	
12.	Wende-Bischof	Wende	
13.	Bischof-Wende	Wende[16]	

Verfassungsmäßige Bedenken gegen die vom Gesetzgeber gewählte Lösung hat das OLG Celle[17] zu Recht zurückgewiesen.

8 Wenn die Eheleute einen Ehenamen bestimmt haben, ist eine **erneute Ehenamenswahl** unzulässig.[18]

16 Optionen 11–13 sind allerdings erst durch die Entscheidung des BVerfG vom 18.2.2004, FamRZ 2004, 515, hinzugetreten. Bis dahin war es nach § 1355 Abs. 2 nicht zulässig, einen Namensbestandteil aus einer früheren Ehe in die neue Ehe zu transportieren. Die Entscheidung gegen den eindeutigen Wortlaut des § 1355 Abs. 2 (... den Geburtsnamen des Mannes oder den Geburtsnamen der Frau) ist auf herbe Kritik gestoßen, insbesondere in der Anm. von *von Hein*, FamRZ 2004, 519, der nach eigenem Bekunden Mühe hatte, sich dem Urteil anders als satirisch zu nähern. Verständlich, denn der Wunsch, sich mit dem Namen des Vorgängers bzw. der Vorgängerin zu schmücken, ist in der Tat nicht vom Grundgesetz gedeckt: Er kann in der Regel nur zum Tragen kommen, wenn der erheiratete Name – wie in der BVerfG-Entscheidung – ein Adelsname ist, so dass die Rspr. des BVerfG letztlich auf eine **Selbstnobilitierung** hinausläuft. Der Gesetzgeber soll aber nun lt. BVerfG die Rechtslage bis zum 30.5.2005 mit dem GG in Einklang bringen (a.a.O., S. 519). Im Ausland, insbesondere im angelsächischen Rechtskreis, versteht man die ganze Aufregung nicht. *Andrea Woelke* (London), von der man übrigens erfährt, dass in der BVerfG-Entscheidung Frau *Elke Aurora*, die unter diesem Namen als Designerin bekannt geworden war, den erheirateten Namen auch nach abermaliger Eheschließung (mit einem Herrn *Rolf Behrens*) behalten wollte, plädiert in FamRZ 2004, 1342 z.B. dafür, dass jeder sich gegen Gebühr beim Standesamt einen neuen Namen verpassen lassen dürfen soll; Missbrauch und Betrugsversuche seien schließlich schon jetzt möglich und „*schöne Namen*" seien dem Allgemeinwohl dienlich.

17 OLG Celle FamRZ 1994, 1322.

18 OLG Hamm FamRZ 1999, 1426.

Der Ehename ist – ungeachtet der Begleitnamenoption – immer eingliedrig. Damit haben auch die der Ehe entstammenden Kinder einen **eingliedrigen Namen** (vorbehaltlich eines Additivs oder Anhangs im Falle der Einbenennung bei Zweitheirat eines Elternteils, insbesondere der Mutter nach § 1618 S. 2 BGB). Dagegen ist – verständlicherweise – Verfassungsbeschwerde erhoben worden. Am 7.2.2002 entschied das BVerfG,[19] dass der Ausschluss des Ehedoppelnamens im Einklang mit Art. 2 Abs. 1 GG i.V.m. Art 1 Abs. 1 GG (Persönlichkeitsrecht), mit Art. 6 Abs. 1 GG und Art. 3 Abs. 1 GG (Gleichbehandlungsgebot im Hinblick auf den möglichen Kindesdoppelnamen bei Einbenennung) steht.

> *Beachte*
> Im Ausland „erworbene" zusätzliche Nachnamen können bei der Bestimmung des Familiennamens (des Kindes) gegen den deutschen ordre public verstoßen, so bei der Verwendung des Phantasienamens „Baron/Baronin zu Romkerhall".[20]

Für die Fälle, in denen aufgrund früher geltenden Rechts der Ehename aus mehreren Namen besteht, bestimmt § 1355 Abs. 4 2 BGB, dass kein Begleitname vorangestellt oder drangehängt werden kann. Zweck ist natürlich die **Verhinderung von dreigliedrigen Namen**, also von Namensketten. Auch diese Vorschrift musste eigens für verfassungsgemäß erklärt werden.[21] 9

In neuerer Zeit wird die Möglichkeit einer umfassenden **Reform des Namensrechts** wie folgt diskutiert: 10

Nach dem Grundsatz, dass jede Person möglichst ihr ganzes Leben lang denselben Namen tragen sollte, wird vorgeschlagen, dass der Status als Ehegatte durch die Nachstellung des von dem anderen Ehegatten geführten Namens als Begleitnamen dokumentiert werden soll. Die Abstammung soll sodann dadurch deutlich werden, dass jedem Kind der Geburtsname eines Elternteils zu geben ist und ihm der Name des anderen Elternteils von diesem als Begleitname erteilt werden kann. Ehename und Einbenennung sollen entfallen.[22]

2. Vereinbarung zum Ehenamen

Eine – bindende – Vereinbarung **über die Bestimmung des Ehenamens** ist selbstverständlich möglich. Sie ist grundsätzlich formfrei abzuschließen. 11

Häufig wird die Frage der Namensbestimmung aber Teil eines – notariellen – Ehevertrages sein, in welchem weitere Regelungen getroffen werden. Soll beispielsweise eine Regelung zum Güterstand getroffen und statt der gesetzlichen Regelung der Zugewinngemeinschaft Gütertrennung[23] vereinbart werden, lässt sich dies insgesamt wie folgt formulieren.

19 BVerfG FamRZ 2002, 530.
20 OLG Naumburg FamRZ 2014, 1036.
21 BayObLG FamRZ 2004, 374.
22 Vgl. dazu ausführlich *Battes,* FamRZ 2008, 1037.
23 Vgl. dazu Eder/*Horndasch*, Familienvermögensrecht, 193.

5.1

▼

12 **Muster 5.1: Vereinbarung über den Ehenamen**

Verhandelt am ____

Zu ____

Vor mir, dem unterzeichnenden Notar im Bezirk des Oberlandesgerichts ____

____

erscheinen

1. Herr A, geb. am ____, wohnhaft ____

2. Frau B, geb. ____, geb. am ____, wohnhaft ebenda

ausgewiesen durch ____.

Die Frage des beurkundenden Notars nach einer Vorbefassung im Sinne von § 3 Abs. 1 Nr. 7 BeurkG wurde von den Erschienenen verneint. Der beurkundende Notar erläuterte die vorgenannte Vorschrift.

Die Erschienenen baten den Notar um die Beurkundung eines

Ehevertrages

und erklärten vorab:

§ 1 Ausgangslage

Wir, die Erschienenen zu 1 und 2, sind miteinander verlobt und wollen am ____ die Ehe miteinander schließen.

Kinder sind aus unserer Verbindung bisher nicht hervorgegangen.

Wir vereinbaren für unsere Ehe, was folgt:

§ 2 Ehename

Wir verpflichten uns wechselseitig, als Ehenamen den Geburtsnamen des Ehemannes zu bestimmen und die hierfür erforderlichen Erklärungen gegenüber dem Standesamt bei Eheschließung abzugeben. Die Ehefrau behält sich vor, ihren Geburtsnamen entweder voranzustellen oder anzufügen.

§ 3 Güterstand

Als Güterstand für unsere Ehe soll die Gütertrennung nach Maßgabe des Bürgerlichen Gesetzbuches gelten. Uns ist bekannt, dass durch die Vereinbarung der Gütertrennung:

- keine Haftungsbeschränkung gegenüber Gläubigern eintritt,
- jeder Ehegatte über sein Vermögen frei verfügen kann,
- beim Tode eines von uns beiden das Erb- und Pflichtteilsrecht des Überlebenden am Nachlass des Zuerst versterbenden sich vermindern und das Erb- und Pflichtteilsrecht der Kinder oder sonstiger Abkömmlinge sich erhöhen kann,
- bei Auflösung der Ehe kein Zugewinnausgleich stattfindet,
- die Privilegierung des § 5 ErbStG keine Anwendung findet.

Die Gütertrennung soll derzeit nicht in das Güterrechtsregister eingetragen werden. Jeder von uns beiden ist jedoch berechtigt, den Eintragungsantrag jetzt oder künftig alleine zu stellen.

Nach Belehrung durch den Notar verzichten wir auf die Erstellung eines Vermögensverzeichnisses.

§ 4 Hinweise, Durchführung

Der Notar hat die Erschienenen über die Bedeutung, die rechtliche Tragweite, insbesondere die Rechtsfolgen und die Auswirkungen der Vereinbarung zum Ehenamen und zur Gütertrennung abschließend noch einmal ausführlich belehrt. Beide Erschienenen sind sich der Tragweite der getroffenen Vereinbarungen bewusst und wünschen gleichwohl die Beurkundung der Vereinbarung auch unter Inkaufnahme möglicher zukünftig daraus erwachsener Nachteile.

(ggf. weitere abschließende Hinweise/Durchführung)

(Urkundsausgang, Unterschriften)

▲

II. Der Name nach der Scheidung

1. Grundsätze zur Namenswahl nach Scheidung einer Ehe

Nach Scheidung einer Ehe können die Veränderungen zu Beginn der Ehe wieder zurückgeführt werden. Aber auch darüber hinaus sind Namensänderungen möglich. 13

In § 1355 Abs. 5 BGB heißt es zwar, dass der verwitwete oder geschiedene Ehegatte seinen Ehenamen behält. Er kann aber auch durch Erklärung gegenüber dem Standesbeamten seinen Geburtsnamen oder den Namen wieder annehmen, den er zur Zeit der Eheschließung geführt hat, oder schließlich Geburts- und Ehenamen kombinieren. Das Kind nimmt allerdings an dieser Namensänderung nicht teil, auch dann nicht, wenn es zuvor eben gerade wegen dieser – später gescheiterten – Ehe einbenannt worden ist.[24]

24 LG Fulda FamRZ 2000, 689.

14 Die geschiedene Ehefrau (ggf. auch der Mann) hat also ein breit gefächertes Wahlrecht:[25]

- Sie kann den Ehenamen übernehmen (das geschieht automatisch, wenn sie keine Erklärungen abgibt).
- Sie kann den Ehenamen mit ihrem Geburtsnamen übernehmen (durch Voranstellen oder Anfügen).
- Sie kann dem Ehenamen einen Begleitnamen voranstellen, wenn sie das bisher nicht getan hat (Mädchennamen oder Namen aus erster Ehe).
- Sie kann ihren Geburtsnamen wieder annehmen.
- Sie kann ihren Namen aus der vorangegangenen Ehe wieder annehmen.[26]

15 *Beispiel*

Frau Gunilla Kranke-Drossel, Ehename Drossel, geschiedene Kranke-Möller, geborene Möller, kann sich also nach der Scheidung für „Drossel", „Kranke-Drossel", „Drossel-Möller", „Möller-Drossel", „Kranke-Möller" oder „Möller" entscheiden.

16 *Praxistipp*

Erklärungen zur Namenswahl unterliegen **nicht der Irrtumsanfechtung.**[27] Es ist deshalb wichtig, die Betroffenen auf die Folgen hinzuweisen.

2. Vereinbarungen zur Namenswahl nach Scheidung einer Ehe

17 Natürlich ist es möglich, sich per Ehevertrag wirksam zu verpflichten, nach der Scheidung seinen Geburtsnamen wieder anzunehmen.[28]

Dies wird vor allem in denjenigen Fällen eine Rolle spielen, in denen mit der Eheschließung eine „Nobilitierung" eintritt.

Sinnvoll ist es in diesem Zusammenhang, eine entsprechende – formfrei mögliche – Vereinbarung bereits vor Eheschließung zu treffen. In einer Ehekrise oder nach Trennung der Beteiligten wird es naturgemäß schwierig sein, den vom „Standesnamen" profitierenden Ehegatten zu einem Verzicht auf den Ehenamen zu bewegen.

Eine Vereinbarung – vor Beginn der Ehe – kann im Parallelfall des obigen Beispiels wie folgt formuliert werden:

25 Es sei denn, durch – im konkreten Fall nicht sittenwidrige – ehevertragliche Abrede wird das Wahlrecht eingeschränkt oder ausgeschlossen, vgl. dazu BGH FamRZ 2008, 859.

26 Die Untersagung ist allerdings im Einzelfall möglich, z.B. bei Täuschung oder erzwungener Ehschließung, vgl. BGH FamRZ 2005, 1658; Bamberger/Roth/*Lohmann,* § 1355 Rn 23; vgl. auch ausführlich *Winkler*, Der Ehename bei Eheaufhebung, Würzburg, 2005.

27 OLG Zweibrücken FamRZ 2000, 1361.

28 LG München I FamRZ 2000,1168; BGH FamRZ 2008, 859.

5.2

▼

Muster 5.2: Der Ehename nach Scheidung 18

Verhandelt am

Zu

Vor mir, dem unterzeichnenden Notar im Bezirk des Oberlandesgerichts

erscheinen

1. Herr Freiherr von A, geb. am , wohnhaft

2. Frau B, geb. , geb. am , wohnhaft ebenda

ausgewiesen durch .

Die Frage des beurkundenden Notars nach einer Vorbefassung im Sinne von § 3 Abs. 1 Nr. 7 BeurkG wurde von den Erschienenen verneint. Der beurkundende Notar erläuterte die vorgenannte Vorschrift.

Die Erschienenen baten den Notar um die Beurkundung eines

Ehevertrages

und erklärten vorab:

§ 1 Ausgangslage

Wir, die Erschienenen zu 1 und 2, sind miteinander verlobt und wollen am die Ehe miteinander schließen.

Kinder sind aus unserer Verbindung bisher nicht hervorgegangen.

Wir vereinbaren für unsere Ehe, was folgt:

§ 2 Ehename

1. Wir verpflichten uns wechselseitig, als Ehenamen den Geburtsnamen des Ehemannes zu bestimmen und die hierfür erforderlichen Erklärungen gegenüber dem Standesamt bei Eheschließung abzugeben. Die Ehefrau behält sich vor, ihren Geburtsnamen entweder voranzustellen oder anzufügen.

2. Die Ersch. zu 2 verpflichtet sich, innerhalb von drei Monaten nach Rechtskraft einer etwaigen Scheidung der Ehe eine Namensbestimmung zu treffen, die dazu führt, dass dieser Ehename nicht mehr Bestandteil ihres Namens ist.

3. Für den Fall einer schuldhaften Verletzung verpflichtet sich die Ersch. zu 2 zur Zahlung einer Vertragsstrafe in Höhe von EUR (i.W. EUR) für jeden angefangenen Monat, in welchem er seiner vorstehend vereinbarten Verpflichtung zuwiderhandelt.

§ 3 Güterstand

Als Güterstand für unsere Ehe soll die Gütertrennung nach Maßgabe des Bürgerlichen Gesetzbuches gelten. Uns ist bekannt, dass durch die Vereinbarung der Gütertrennung:

- keine Haftungsbeschränkung gegenüber Gläubigern eintritt,
- jeder Ehegatte über sein Vermögen frei verfügen kann,
- beim Tode eines von uns beiden das Erb- und Pflichtteilsrecht des Überlebenden am Nachlass des Zuerst versterbenden sich vermindern und das Erb- und Pflichtteilsrecht der Kinder oder sonstiger Abkömmlinge sich erhöhen kann,
- bei Auflösung der Ehe kein Zugewinnausgleich stattfindet,
- die Privilegierung des § 5 ErbStG keine Anwendung findet.

Die Gütertrennung soll derzeit nicht in das Güterrechtsregister eingetragen werden. Jeder von uns beiden ist jedoch berechtigt, den Eintragungsantrag jetzt oder künftig alleine zu stellen.

Nach Belehrung durch den Notar verzichten wir auf die Erstellung eines Vermögensverzeichnisses.

§ 4 Hinweise, Durchführung

Der Notar hat die Erschienenen über die Bedeutung, die rechtliche Tragweite, insbesondere die Rechtsfolgen und die Auswirkungen der Vereinbarung zum Ehenamen und zur Gütertrennung abschließend noch einmal ausführlich belehrt. Beide Erschienenen sind sich der Tragweite der getroffenen Vereinbarungen bewusst und wünschen gleichwohl die Beurkundung der Vereinbarung auch unter Inkaufnahme möglicher zukünftig daraus erwachsener Nachteile.

(ggf. weitere abschließende Hinweise/Durchführung)

(Urkundsausgang, Unterschriften)

▲

C. Der Name des Kindes

I. Der Vorname

1. Grundsätze zur Bestimmung des Vornamens

Den Vornamen des Kindes bestimmt der Inhaber der elterlichen Sorge; es folgt die Eintragung in das Geburtenbuch (§§ 21, 22 Personenstandsgesetz). 19

Bei gemeinsam sorgeberechtigten Eltern entscheiden diese **gemeinsam** über den oder die Vornamen des Kindes. Ein ausschließlich sorgeberechtigter Elternteil entscheidet allein über die Frage des Vornamens.

Können sich Eltern nicht über den Vornamen einigen, entscheidet das **Familiengericht gem. § 1628 BGB** darüber, welchem der Elternteile das **Bestimmungsrecht** über den Vornamen übertragen wird.

Kommen Eltern ihrer **Verpflichtung zur Vornamensgebung** nicht nach, entscheidet das Familiengericht nach Anhörung des Jugendamtes (§ 162 FamFG)[29] an ihrer Stelle wegen Gefährdung des Kindeswohls (§ 1666 Abs. 1 und 3 BGB).[30] 20

Vier bis fünf Vornamen reichen nach Ansicht der Rechtsprechung aus, 12 sind jedenfalls unzulässig.[31] Das Bundesverfassungsgericht hat eine Entscheidung des OLG Düsseldorf wurde am 28.1.2004[32] bestätigt und erklärt, der Staat habe die Pflicht, „das Kind als Grundrechtsträger vor verantwortungsloser Namenswahl durch die Eltern zu schützen“.

Die Eltern hatten die folgenden Namen für das Kind vorgesehen: 21

Chenekwahow Tecumseh Migiskau Kioma Ernesto Inti Prithibi Pathar Chajara Majim Henriko Alessandro.

Es ist auch nicht möglich, einen Namen zu wählen, der nicht als Vorname identifizierbar ist („Souvenir 1“) oder einem Mädchen einen Jungennamen zu geben und umgekehrt. Gleichwohl haben die Eltern hier einen weiten Spielraum.

Die Namen sollen außerdem klanglich und in der Schreibweise mit der **deutschen Sprache** vereinbar sein.[33]

Ob auch bei deutsch-amerikanischer Doppelstaatsangehörigkeit die Billigung des „middle name“ (Familienname der Mutter als zweiter Vorname des Kindes) ausscheidet, 22

29 Horndasch/Viefhues/*Horndasch,* FamFG, § 162 Rn 3.

30 *Wendt,* in: Scholz/Kleffmann/Motzer, Teil U – Rn 260.

31 OLG Düsseldorf FamRZ 1999, 46.

32 BVerfG FamRZ 2004, 522.

33 Ein zweifelhaftes Prinzip! Was hätten die Richter wohl zum schönen polnischen Vornamen Zdzislaw gesagt? Klanglich sehr schön – vorausgesetzt, man kennt die Aussprache.

ist umstritten: Das KG[34] meint, dass der **„middle name“** unzulässig ist, während das OLG Frankfurt[35] ihn zulässt.

23 Folgende Vornamen wurden rechtskräftig **gebilligt:**[36]

- der Mädchennamen „Chelsea“[37]
- der Mädchenname „Maha“ (libanesische Eltern)[38]
- der Mädchenname „Mienaatchi“ (Eltern aus Sri Lanka)[39]
- „Nicola Andrea“ für einen Jungen[40]
- „Beke“ für ein Mädchen[41]
- „Büb“ für einen Jungen[42]
- „Birkenfeld“ als weiterer Vorname für einen Jungen (offenbar als Namensharmonisierung gemeint, denn die Mutter hatte diesen ihren Mädchennamen als Begleitnamen dem Ehenamen vorangestellt).[43]
- „Bock“ als (dritter) Vorname für ein Mädchen[44]
- „November“ als (weiterer) Vorname für einen Jungen[45]
- Looo Moooooo für ein Mädchen[46]
- Zoè (mit Trema=2 Punkte über dem Buchstaben „e“)[47]
- Ciuraj als dritter männlicher Vorname (=Nachname eines Elternteils)[48]

34 KG FamRZ 2000, 53.
35 OLG Frankfurt FamRZ 2001, 372 (Ls).
36 Ohne Prozess wurden nach einer Umfrage der Deutschen Gesellschaft für deutsche Sprache im Jahre 1999 erstaunlicherweise folgende Namen zugelassen: Pepsi-Carola, Pumuckl, Rapunzel, Rasputin, Timpe, Windsbraut, Winnetou, Blücherine, Gneisenauette, Katzbachine, Napoleon und Waterloo.
37 OLG Hamm FamRZ 1995, 1225.
38 OLG Celle FamRZ 1999, 46.
39 OLG Stuttgart FamRZ 2003, 1689.
40 Der Name weist zwar nach deutschem Sprachempfinden auf ein Mädchen hin, ist aber in Italien ein Jungenname; der Name wurde vom OLG Frankfurt (FamRZ 1995, 1225) gebilligt.
41 OLG Hamm FamRZ 2004,1229 (Ls); Zweifel hatte der Senat, weil Beke im benachbarten Ausland (wo?) als männlicher Name gelte.
42 OLG Köln FamRZ 2000,699 (Ls).
43 OLG Frankfurt FamRZ 2001,372 (Ls).
44 OLG Frankfurt/M. FamRZ 2012, 39.
45 LG Bonn FamRZ 2007, 302.
46 AG Pankow/Weißensee v. 19.2.2009, Gesch.nr.: 27 F 767/09.
47 OLG München FamRZ 2011, 485.
48 OLG München FamRZ 2012, 462.

Nicht akzeptiert[49] wurden: 24

Der dem buddhistischen Kulturraum entstammende Name **„Bodhi"**, weil er nicht ohne weiteres auf einen männlichen Namensträger hinweist,[50] ebenso wenig der eindeutig christliche, aber nicht eindeutig weibliche Vorname **„Jona"**, selbst in (bindestrichloser?) Kombination mit „Frauke"[51] sowie **„Waldmeister"**, weil der Name geeignet ist, seinen Träger lächerlich zu machen.[52]

Eine dritte Gruppe soll nur in **Kombination mit einem weiteren**, sozusagen klarstellenden Vornamen Bestand haben: 25

- „Gerrit" wurde nur in Verbindung mit einem zweiten, eindeutig männlichen Vornamen gebilligt.[53]
- Das Gleiche gilt für „Mikado",[54] „Speedy"[55] und „Tjorven".[56]
- Bei „Gor" lässt der Name zwar keine Schlussfolgerung auf das Geschlecht zu; wenn jedoch der Name „Victoria" hinzugefügt wird, ist Gor zulässig.[57]
- „Alke" darf ein Mädchen nur heißen, wenn ein weiterer, eindeutig weiblicher Vorname hinzugesetzt wird.[58]
- „Ogün" kann als männlicher Vorname nur erteilt werden, wenn ein zweiter – eindeutig männlicher – Vorname hinzugefügt wird.[59]

Keine Klarstellung als geschlechtsspezifischer Vorname ist dann notwendig, wenn der Name zwar im Ausland für ein anderes Geschlecht gebräuchlich ist, im **deutschen Sprachraum** jedoch eindeutig zuzuordnen ist.[60] 26

Zu den im Ausland gebräuchlichen Namen hat das KG entschieden, dass es sich bei der Frage, ob es sich um einen männlichen oder weiblichen Vornamen handelt, nach dem **Gebrauch im Herkunftsland** richtet. Zweifel könnten durch weitere Vornamen ausgeräumt werden, die das Geschlecht eindeutig erkennen lassen.[61]

49 Nach der bereits erwähnten Umfrage der Deutschen Gesellschaft für deutsche Sprache wurden in 1999 auch folgende Namen abgelehnt: Agfa, Atomfried, Bierstübl, Grammophon, Lenin McDonald, Ogino, Omo, Pillula, Schnucki, Schroeder, Sputnik und Störenfried.
50 OLG Hamm FamRZ 1996, 505.
51 LG Münster FamRZ 1996, 892.
52 OLG Bremen FamRZ 2015, 59.
53 OLG Hamm FamRZ 1999, 46.
54 LG Braunschweig FamRZ 1999, 46.
55 Gebilligt in Verbindung mit „Ralf" vom OLG Karlsruhe in FamRZ 1999, 46.
56 OLG Hamm FamRZ 2001, 1480 (Ls).
57 OLG Düsseldorf FamRZ 1996, 119.
58 LG Braunschweig FamRZ 2001, 1480 (Ls).
59 OLG Hamm FamRZ 2002, 637 (Ls).
60 So für den Vornamen „Kai" OLG Hamm FamRZ 2005, 389.
61 So das KG für den Vornamen Christiansdottir, FamRZ 2006, 1405.

27 Das Bundesverfassungsgericht hat zur Frage des Vornamens eines Kindes klargestellt, dass **nicht etwa „öffentliche Belange“** für die Frage eines Eingriffs in das Recht zur Vornamenswahl eine Rolle spielen dürfen.[62]

Grundsätzlich seien die **Eltern in der Wahl des Vornamens frei**. Der Staat sei lediglich berechtigt und verpflichtet, das Kind als Grundrechtsträger vor verantwortungsloser Namenswahl durch die Eltern zu schützen. Nicht die „Ordnungsfunktion“ des Staates sei von Bedeutung sondern allein das Kindeswohl.[63]

Damit hat sich das Bundesverfassungsgericht gegen die früher herrschende Rechtsprechung[64] gewendet und im konkreten Fall den Vornamen **„Anderson“** erlaubt, obwohl der Vorname auch mit Nachnamen verwechselt werden kann (was für andere Vornamen im Übrigen auch gilt, z.B. Martin, Bastian, Hermann).[65]

Der Nachname des Vaters kann im Übrigen in geeigneten Fällen durchaus als **Vorname des Kindes** gewählt werden.

28 Der BGH hatte darüber zu entscheiden, ob der Familienname des Vaters („**Lütke**“) als weiterer Vorname für den Sohn gewählt werden kann.[66] Es hat hierzu ausgeführt, dass die Eltern in der Wahl des Vornamens für ihr Kind grundsätzlich frei sind. Grenze für die Namensgebung ist die mögliche Beeinträchtigung des Kindeswohls. Dies kann dann der Fall sein, wenn der Familienname als Vorname nicht geeignet ist, eine Individualisierung des Kindes zu ermöglichen. Bei dem Namen Lütke hat es diese Gefahr nicht gesehen und deshalb die Wahl des Namens als zulässig angesehen.[67]

Nach einem Beschluss des OLG München vom 6.10.2011 kann ein Junge mit schon vorhandenen zwei Vornamen den weiteren Vornamen **„Ciuraj“**, den Familiennamen eines Elternteils als dritten Vornamen erhalten.[68]

29 Wenn die Eltern sich nach Eintragung in das Geburtenbuch darüber einig sind, dass irrtümlich die **Beifügung eines zweiten Vornamens** unterblieben war, kann **berichtigt** werden.[69]

Wenn Eltern den gewählten Vornamen des Kindes bereuen und nach **§ 3 NÄG** eine Änderung wünschen, ist es allerdings außerordentlich schwierig, dies durchzusetzen. Das OVG Lüneburg hat in einer einschlägigen Entscheidung[70] die Änderung abgelehnt. Der Vorname wurde dabei allerdings leider nicht genannt: Die Redaktion der Familienrechts-

62 BVerfG 1BvR 69/03 v. 3.11.2005, FamRZ 2005, 2049

63 So auch OLG Hamm NJW-RR 2005, 874; vgl. auch *Wiegelmann,* FamRB 2008, 276.

64 Vgl. etwa BGHZ 29, 256, 259; BGHZ 30, 132, 134; BGHZ 73, 239, 241; OLG Frankfurt StAZ 1985, 106; OLG Karlsruhe StAZ 1999, 298; OLG Köln StAZ 2002, 43.

65 Nachfolgend dem BVerfG auch KG FamRZ 2006, 1405.

66 BGH, Beschl. v. 30.4.2008, Az.: XII ZB 5/08.

67 Dazu *Henrich,* FamRZ 2008, 1333.

68 Az. 31 Wx 332/11; vgl. auch OLG Frankfurt/M. FamRZ 2012, 39.

69 BayObLG FamRZ 1995, 685.

70 OVG Lüneburg FamRZ 1994,1346.

zeitschrift verrät nur, dass der Vorname „L." ergänzt werden sollte („J. L."). Der vorangestellte zweite Vorname (Juliane? Jolantha? Jutta?) sollte also wohl den Ursprungsvornamen (Lydia? Liliane? Laura?) entschärfen. So bleibt der milde Spott des Senats über das Vorhaben der Eltern leicht enigmatisch. Zitat: „Der jetzige Vorname „L." ist weder ein ungewöhnlicher Name noch geeignet, die Kl. vor anderen verächtlich zu machen. Er ist nach Auffassung des Senats vielmehr ein ausgesprochen schöner Vorname."

Eine Vornamensänderung kann im Einzelfall gerechtfertigt sein, wenn durch den Namen ein Kind erkennbar belastet wird.[71]

So durfte ein aus Afghanistan stammender Junge seinen Vornamen „Subsidien", mit dem er im Kindergarten gehänselt worden war, in „Sebastian" ändern.[72]

> *Hinweis* 30
>
> Eine Namens(neu)bestimmung gem. § 1617a BGB ist auch für ein totgeborenes Kind möglich.[73]

2. Vereinbarungen zum Vornamen

Eheleute gerade unterschiedlicher kultureller Herkunft könnten wechselseitig fürchten, 31
der andere Elternteil würde für den Fall der Geburt eines gemeinsamen Kindes auf einem Vornamen bestehen, der für den anderen Elternteil nicht akzeptabel ist.

In einem solchen Fall kann man sich auch zuvor schon zu einer Namenswahl verpflichten. Formbedürftig ist eine solche Vereinbarung nicht.

Zu beachten ist die Möglichkeit jederzeitigen Widerrufs der Vereinbarung, weshalb es sinnvoll ist, für den Fall der Durchsetzung abweichender Auffassung des anderen Elternteils mit Hilfe des Bestimmungsrechts des Familiengerichts gem. § 1628 BGB eine Vertragsstrafe zu vereinbaren. Sittenwidrig ist eine solche Vereinbarung nicht.

Dies könnte für den Fall, dass beispielsweise weitere Regelungen etwa zum Güterrecht 32
für die Ehe erfolgen sollen, in einem Ehevertrag wie folgt formuliert werden: 5.3

▼

Muster 5.3: Vereinbarung zum Vornamen eines Kindes

Verhandelt am

Zu

Vor mir, dem unterzeichnenden Notar im Bezirk des Oberlandesgerichts

erscheinen

71 VG Koblenz, Urt. v. 10. 12. 2008, Az. 5 K 957/08.
72 VG Koblenz, Urt. v. 10.12.2008, Az. 5 K 957/08.
73 OLG Düsseldorf FamRZ 2015, 333.

1. Herr , geb. am , wohnhaft

2. Frau , geb. , geb. am , wohnhaft ebenda

ausgewiesen durch .

Die Frage des beurkundenden Notars nach einer Vorbefassung im Sinne von § 3 Abs. 1 Nr. 7 BeurkG wurde von den Erschienenen verneint. Der beurkundende Notar erläuterte die vorgenannte Vorschrift.

Die Erschienenen baten den Notar um die Beurkundung eines

Ehevertrages

und erklärten vorab:

§ 1 Ausgangslage

Wir, die Erschienenen zu 1 und 2, sind miteinander verlobt und wollen am die Ehe miteinander schließen.

Kinder sind aus unserer Verbindung bisher nicht hervorgegangen. Ich, die Ersch. zu 2, bin von dem Ersch. zu 1 im 3. Monat schwanger.

Wir vereinbaren für unsere Ehe, was folgt:

§ 2 Vornamen des Kindes

1. Wir verpflichten uns wechselseitig, als Vornamen für unsere zukünftigen gemeinsamen Kinder zumindest einen Vornamen aus dem deutschsprachigen Raum zu bestimmen und die hierfür erforderlichen Erklärungen gegenüber dem Standesamt unverzögerlich nach Geburt des oder der Kinder abzugeben.

2. Für den Fall, dass die Erschienenen über die Namensbestimmung des Vornamens gem. Zif. 1 nicht einig sind, wird das Bestimmungsrecht hierüber auf die Ersch. zu 2 übertragen.

3. Für den Fall einer schuldhaften Verletzung der vorstehenden Vereinbarung verpflichtet sich der Ersch. zu 1 zur Zahlung einer Vertragsstrafe in Höhe von EUR (i.W. EUR).

§ 3 Güterstand

Als Güterstand für unsere Ehe soll die Gütertrennung nach Maßgabe des Bürgerlichen Gesetzbuches gelten. Uns ist bekannt, dass durch die Vereinbarung der Gütertrennung

- keine Haftungsbeschränkung gegenüber Gläubigern eintritt,
- jeder Ehegatte über sein Vermögen frei verfügen kann,
- beim Tode eines von uns beiden das Erb- und Pflichtteilsrecht des Überlebenden am Nachlass des Zuerst-versterbenden sich vermindern und das Erb- und Pflichtteilsrecht der Kinder oder sonstiger Abkömmlinge sich erhöhen kann,

- bei Auflösung der Ehe kein Zugewinnausgleich stattfindet,
- die Privilegierung des § 5 ErbStG keine Anwendung findet.

Die Gütertrennung soll derzeit nicht in das Güterrechtsregister eingetragen werden. Jeder von uns beiden ist jedoch berechtigt, den Eintragungsantrag jetzt oder künftig alleine zu stellen.

Nach Belehrung durch den Notar verzichten wir auf die Erstellung eines Vermögensverzeichnisses.

§ 4 Hinweise, Durchführung

Der Notar hat die Erschienenen über die Bedeutung, die rechtliche Tragweite, insbesondere die Rechtsfolgen und die Auswirkungen der Vereinbarung zur Bestimmung des Vornamens und zur Gütertrennung abschließend noch einmal ausführlich belehrt. Beide Erschienenen sind sich der Tragweite der getroffenen Vereinbarungen bewusst und wünschen gleichwohl die Beurkundung der Vereinbarung auch unter Inkaufnahme möglicher zukünftig daraus erwachsener Nachteile.

(ggf. weitere abschließende Hinweise/Durchführung)

(Urkundsausgang, Unterschriften)

▲

II. Der Regelfall des Nachnamens

Kinder erhalten den Ehenamen ihrer Eltern als Geburtsnamen (§ 1616 BGB). 33

Dabei werden auch **adlige Namen** in Langfassung auf die Kinder tradiert. Ist der Vater „Ritter und Edler von …“, so ist die Tochter eine „Edle von …“; sie kann den Zusatz „Edle“ nicht verändern oder streichen lassen.[74]

In Deutschland lebende **Isländer** dürfen gemäß der heimische Gepflogenheit ihrem Kind anstelle des eigenen Familiennamens den Vatersnamen verleihen (Vorname des Vaters mit der Nachsilbe „son“,[75] bei Töchtern „dottir“).

Voraussetzung für die Weitergabe des Ehenamens an die Kinder ist naturgemäß, dass überhaupt ein Ehename existiert.

Auch wenn die Mutter einen abweichenden persönlichen Namen hat, besteht immerhin noch die Gewähr, dass zwei Beteiligte (zwei Eltern, ein Kind) den gleichen Namen haben.

Merkwürdigkeiten gibt es dagegen z.T. im Ausland. So hatte das OLG Hamm einen Fall 34
aus Sri Lanka zu entscheiden und dort festgestellt:

74 OLG Düsseldorf FamRZ 1997, 1554.
75 LG Tübingen FamRZ 2004, 730.

„Es gibt bei der Angleichung srilankischer Namen an das deutsche Personenstandsrecht keine feste Regel, nach der ein nach srilankischem Recht erworbener persönlicher Eigenname als Vorname und der vom Vater abgeleitete Eigenname als Familienname anzusehen ist. Es ist daher möglich, dass ein Ehegatte seinen persönlichen Eigennamen als Vornamen und den Eigennamen nach seinem Vater als Familiennamen und der andere Ehegatte den Eigennamen nach seinem Vater als Vornamen und seinen persönlichen Eigennamen als Familiennamen im Sinne des deutschen Rechts bezeichnet.“[76]

III. Kindesname bei Verzicht auf Ehenamen

1. Grundsätze zum Kindesnamen

35 Führen die Eltern **keinen Ehenamen** und steht ihnen die Sorge gemeinsam zu, so bestimmen sie durch **Erklärung gegenüber dem Standesbeamten** den Namen, den der Vater oder die Mutter zur Zeit der Erklärung führt, zum Geburtsnamen des Kindes, § 1617 Abs. 1 BGB.

Haben sich die Eltern für eine Lösung für das Kind entschieden, so ist die Namenswahl **weder anfechtbar noch widerruflich**.[77]

36 Für die Zeit **vor dem 1.4.1994** (Inkrafttreten der Namensrechtsreform) war es Eltern erlaubt, dem Kind einen aus beiden Elternnamen gebildeten Kombinationsnamen zu geben. Das galt auch für nichteheliche, durch Heirat legitimierte Kinder, sofern die Namenswahl in zeitlichem Zusammenhang mit der Eheschließung stand.[78]

Über die Namens-Reihenfolge entschied im Streitfall das Los.[79] Wer seinem Kind einen Kombinationsnamen gegeben hatte, musste ihn nach Inkrafttreten der Namensrechtsreform am 1.4.1994 nicht wieder kappen.[80]

Allerdings gilt das „Kombinationsnamensprivileg“, wenn es denn für die Kinder ein solches ist, nicht für weitere, aus derselben Ehe entstammende Kinder, wenn diese nach dem 1.4.1994 geboren worden sind,[81] auch wenn die Eltern damit nur verhindern wollen, dass ihre Kinder abweichende Namen haben, also der eine, noch zur Übergangszeit geborene Säugling einen Kombinationsnamen, der nach dem 1.4.1994 zweitgeborene dagegen einen einfachen Namen trägt.[82]

76 OLG Hamm FamRZ 2007, 213.
77 OLG Naumburg FamRZ 1997, 1234.
78 OLG Düsseldorf FamRZ 1997, 1233.
79 OLG Stuttgart FamRZ 1995, 1233.
80 OLG Hamm FamRZ 1995, 439.
81 OLG Hamm FamRZ 1995, 1224.
82 OLG Stuttgart FamRZ 1995, 1601; OLGe Celle, Köln und Zweibrücken, jeweils FamRZ 1996, 815; OLG Frankfurt FamRZ 1996, 816 und 817; KG FamRZ 1997, 1320.

Das „Recht“ des – von den Eltern nicht gefragten – Kindes, den Namen beider Eltern als Doppelnamen zu führen, lebt also auch dann nicht wieder auf, wenn ein anderes aus der Ehe hervorgegangenes Kind kraft der oben erörterten Übergangsregelung schon den Doppelnamen trägt.[83]

37 Allerdings war der Vorstoß der Eltern im Hinblick auf den – durch das Kindschaftsreformgesetz auch schon wieder abgeschafften – § 1616 Abs. 2 S. 3 BGB keineswegs abwegig, denn dort stand ausdrücklich, dass die Namensbestimmung der Eltern „auch für ihre weiteren Kinder“ gilt. Regelungszweck ist also die Namensgleichheit von Geschwistern. Jedoch kann dieser Grundsatz nicht losgelöst von der Gesamtregelung des Familiennachnamensrechts beurteilt werden,[84] und diese Gesamtregelung will eingliedrige Kindesnamen erreichen. Die gelegentliche Nichtübereinstimmung von Geschwisternamen infolge der **Divergenz zwischen Übergangsregelung und der Namensrechtsnovelle war auch verfassungskonform**.[85]

Wenn dagegen die Frau von der Übergangsregelung in der Weise Gebrauch macht, dass sie ihren Mädchennamen wieder annimmt, den vom Mannesnamen abgeleiteten Familiennamen des Kindes aber unverändert lässt – also ihn nicht in einen Doppelnamen umwandelt –, so ist dieser Familienname auch für die nachgeborenen Geschwister verbindlich.[86] Wollen die Eltern im Anschluss auch den Namen ihres vor Inkrafttreten der Reform geborenen Kindes neu bestimmen, haben sie nur die Wahl zwischen dem des Vaters und dem (neuen) der Mutter.[87]

38 Heute gilt:

Die Eltern müssen sich für einen Namen entscheiden,[88] und wenn sie sich binnen Monatsfrist nach der Geburt zu keinem Ergebnis durchringen können, überträgt das Familiengericht das **Namensbestimmungsrecht auf einen Elternteil**, und falls der sich innerhalb einer weiteren, vom Gericht festzusetzenden Frist nicht regt, bestimmt das Gericht den Namen dieses Elternteils zum Geburtsnamen (§ 1617 Abs. 2 BGB). Auf die Gründe für die ausbleibende Reaktion kommt es nicht an. Gegen die Fristversäumung gibt es auch keine Wiedereinsetzung in den vorigen Stand.[89]

83 St. Rspr., z.B. BayObLG FamRZ 1996, 236. Hierzu das OLG Oldenburg in FamRZ 1995, 688 trocken: „Eltern haben ausreichende Möglichkeiten, die Namensgleichheit ihrer Kinder zu erreichen.".

84 BayObLG FamRZ 1996, 426.

85 So die etwas verspätete Entscheidung BVerfG FamRZ 2002, 87 vom 18.3.2002. Wie das BVerfG schon in FamRZ 1991, 535 hervorgehoben hat, gebietet Art. 6 I GG keineswegs, die Namenseinheit der Familie zu wahren.

86 BayObLG FamRZ 1997, 232; die Abgrenzung zu der oben erörterten Entscheidung BayObLG FamRZ 1996, 236 ist auf S. 233 angesprochen.

87 BayObLG FamRZ 1997, 234.

88 Das gilt lt. BayObLG FamRZ 2000, 56 auch dann, wenn das Kind in den USA geboren wurde und die deutsch-amerikanische Doppelstaatsangehörigkeit hat: Kombinationsname unzulässig!

89 OLG Hamm FamRZ 2004, 731.

Zuständig ist nicht der Rechtspfleger, sondern der „Namensrichter“.[90]

39 Auch später, ggf. weit nach Eheschließung, können sich Eheleute zu einem Ehenamen entschließen.

> *Beispiel*
> für den Fall, dass aus der Ehe zwischenzeitlich ein Kind hervorgegangen ist:
> Frau Wende und Herr Bischof einigen sich hinsichtlich ihres Sohnes Kai nicht über einen Geburtsnamen. Das Namensgebungsrecht wird auf Frau Wende übertragen. Der Sohn heißt jetzt Kai Wende. Drei Jahre später entschließen sich die Eltern zu einem Familiennamen, nämlich Bischof. Heißt Kai jetzt automatisch Kai Bischof?

40 Der Name des Kindes ändert sich nach § 1617c Abs. 1 BGB:

- bei unter 5 Jahre alten Kindern automatisch;
- vom 5. bis zum 14. Geburtstag des Kindes nur, wenn die Eltern dies bestimmen und das Familiengericht zustimmt;[91]
- danach bis zur Volljährigkeit nur, wenn das Kind und seine gesetzlichen Vertreter zustimmen;
- nach Volljährigkeit behält das Kind seinen Namen.

Solange Kinder aus derselben Ehe minderjährig sind, erhalten sie also allesamt denselben Nachnamen.

2. Vereinbarung zum Kindesnamen

41 Eheleute können sich naturgemäß nicht nur über einen Familiennamen einigen. Sie können auch bei einverständlich fehlendem Familiennamen bereits eine Einigung für den Fall herbeiführen, dass später ein Familienname gewählt wird.

42 Dies könnte wie folgt formuliert werden, wobei wieder – trotz grundsätzlicher Formfreiheit dieser isolierten Vereinbarung die notarielle Form gewählt wird, wenn weitere, formbedürftige Vereinbarungen getroffen werden sollen.

▼

Muster 5.4: Vereinbarung zum Familiennamen des Kindes

Verhandelt am

Zu

Vor mir, dem unterzeichnenden Notar im Bezirk des Oberlandesgerichts

90 § 14 I 5. Rechtspflegergesetz, so LG Münster FamRZ 1995, 1516 und OLG Frankfurt FamRZ 1996,819). Wegen der Einzelheiten des Verfahrens s. Aufsatz *Liermann* in FamRZ 1995, 199 ff.

91 S. BayObLG FamRZ 1996, 1161.

erscheinen

1. Herr , geb. am , wohnhaft

2. Frau , geb. , geb. am , wohnhaft ebenda

ausgewiesen durch .

Die Frage des beurkundenden Notars nach einer Vorbefassung im Sinne von § 3 Abs. 1 Nr. 7 BeurkG wurde von den Erschienenen verneint. Der beurkundende Notar erläuterte die vorgenannte Vorschrift.

Die Erschienenen baten den Notar um die Beurkundung eines

Ehevertrages

und erklärten vorab:

§ 1 Ausgangslage

Wir, die Erschienenen zu 1 und 2, sind miteinander verlobt und wollen am die Ehe miteinander schließen.

Wir haben uns entschieden, nach der Eheschließung unsere Nachnamen beizubehalten und keinen Familiennamen zu wählen.

Kinder sind aus unserer Verbindung bisher nicht hervorgegangen. Ich, die Ersch. zu 2, bin von dem Ersch. zu 1 im 3. Monat schwanger.

Wir vereinbaren für unsere Ehe, was folgt:

§ 2 Vor- und Nachnamen des Kindes

1. Wir verpflichten uns wechselseitig, als Vornamen für unsere zukünftigen gemeinsamen Kinder zumindest einen Vornamen aus dem deutschsprachigen Raum sowie als Nachnamen denjenigen der Ersch. zu 2 zu bestimmen und die hierfür erforderlichen Erklärungen gegenüber dem Standesamt unverzögerlich nach Geburt des oder der Kinder abzugeben.

2. Für den Fall, dass die Erschienenen über die Namensbestimmung des Vornamens gem. Zif. 1 nicht einig sind, wird das Bestimmungsrecht hierüber auf die Ersch. zu 2 übertragen.

3. Für den Fall einer schuldhaften Verletzung der vorstehenden Vereinbarung verpflichtet sich der Ersch. zu 1 zur Zahlung einer Vertragsstrafe in Höhe von EUR (i.W. EUR).

§ 3 Güterstand

Als Güterstand für unsere Ehe soll die Gütertrennung nach Maßgabe des Bürgerlichen Gesetzbuches gelten. Uns ist bekannt, dass durch die Vereinbarung der Gütertrennung:

- keine Haftungsbeschränkung gegenüber Gläubigern eintritt,
- jeder Ehegatte über sein Vermögen frei verfügen kann,
- beim Tode eines von uns beiden das Erb- und Pflichtteilsrecht des Überlebenden am Nachlass des Zuerstversterbenden sich vermindern und das Erb- und Pflichtteilsrecht der Kinder oder sonstiger Abkömmlinge sich erhöhen kann,
- bei Auflösung der Ehe kein Zugewinnausgleich stattfindet,
- die Privilegierung des § 5 ErbStG keine Anwendung findet.

Die Gütertrennung soll derzeit nicht in das Güterrechtsregister eingetragen werden. Jeder von uns beiden ist jedoch berechtigt, den Eintragungsantrag jetzt oder künftig alleine zu stellen.

Nach Belehrung durch den Notar verzichten wir auf die Erstellung eines Vermögensverzeichnisses.

§ 4 Hinweise, Durchführung

Der Notar hat die Erschienenen über die Bedeutung, die rechtliche Tragweite, insbesondere die Rechtsfolgen und die Auswirkungen der Vereinbarung zur Bestimmung des Vor- und Nachnamens und zur Gütertrennung abschließend noch einmal ausführlich belehrt. Beide Erschienenen sind sich der Tragweite der getroffenen Vereinbarungen bewusst und wünschen gleichwohl die Beurkundung der Vereinbarung auch unter Inkaufnahme möglicher zukünftig daraus erwachsener Nachteile.

(ggf. weitere abschließende Hinweise/Durchführung)

(Urkundsausgang, Unterschriften)

▲

§ 6 Elterliche Sorge

A. Inhalt des Sorgerechts

I. Das Grundrecht der elterlichen Sorge

1 Art. 6 Abs. 2 des Grundgesetzes legt fest, dass die Pflege und Erziehung der Kinder das natürliche Recht der Eltern und die zuvörderst ihnen obliegende Pflicht ist. Über ihre Betätigung wacht die staatliche Gemeinschaft (Art. 6 Abs. 2 S. 2 GG).

Eltern, so führt es § 1626 Abs. 1 BGB aus, haben die **Pflicht und das Recht**, also die **Verantwortung**, für die Person und das Vermögen ihres minderjährigen Kindes zu sorgen.

Art. 6 Abs. 2 GG gibt Eltern ein starkes **Abwehrrecht** gegenüber Einmischungen Dritter sowie des Staates in das Sorgeverhältnis.[1] Das grundrechtlich geschützte Elternrecht des Art. 6 Abs. 2 GG bezieht sich auf leibliche Eltern, unabhängig von ihrem Familienstand sowie auf diesen gleichgestellten Adoptiveltern. Bei einem länger andauernden Pflegeverhältnis und der daraus erwachsenen Bindung zwischen Pflegeeltern und Pflegekind ist auch die Pflegefamilie durch Art. 6 Abs. 1, Abs. 3 GG geschützt.[2]

Die elterliche Sorge ist ein absolutes Recht im Sinne des § 823 Abs. 1 BGB.[3] Der Staat übt im Rahmen seines Wächteramtes eine **Garantiefunktion für Kindesrechte** aus. Er handelt somit als „Ausfallbürge" für die ansonsten vorrangige Elternkompetenz.[4]

II. Historisches zur elterlichen Sorge

2 Entscheidender Maßstab in der Ausübung elterlicher Verantwortung ist das **Kindeswohl**. Dies gilt auch für alle gerichtlichen Maßnahmen im Bereich des Sorgerechts, § 1697a BGB.[5]

Der Begriff des Kindeswohls ist allerdings von Gerichten zu allen Zeiten gefüllt worden mit einem Inhalt, der **nicht unabhängig von der jeweiligen gesellschaftspolitischen Situation** und nicht unabhängig von gesellschaftlichen Auffassungen gesehen werden kann. 1917 wurde ein Minderjähriger den Eltern weggenommen und in ein Heim gesteckt, weil das

1 Zur pflichtgebundenen Verantwortung vgl. OVG Münster, Beschl. v. 30.4.2010 – 19 A 993/07, BeckRS 2010, 49985 m. Anm. *Zimmermann*, a.a.O.

2 BVerfG FamRZ 1989, 31; 2000, 1489.

3 BGH FamRZ 1990, 966.

4 Zu den Befugnissen öffentlicher Institutionen vgl. *Hoffmann*, § 1 Rn 134 ff.

5 BVerfG NJW 1999, 2173 m.w.N.; Palandt/*Götz*, BGB, Einf. v. § 1626 Rn 1; vgl. auch Horndasch/Viefhues/*Horndasch*, FamFG, § 166 Rn 3 ff.

Kind nicht in der Lage war, so das Kammergericht, „für das Große, das Deutschland an hervorragenden Männern und Taten hervorgebracht (hat), Verständnis zu gewinnen".[6]

In der – gerade beginnenden – Zeit des Nationalsozialismus erklärte das **AG Berlin-Lichterfelde:**[7]

> *Es besteht die dringende Gefahr, dass das Kind nach der Rückkehr des Vaters (Anm.: seinerzeit als Kommunist in Haft) in staatsfeindlicher Weise und somit zu seinem Nachteil erzogen wird. Es ist Aufgabe des Vormundschaftsgerichts, dafür zu sorgen, dass auf den Minderjährigen in nationaldeutschem Sinne eingewirkt wird.*

3 Ein **Landgericht** meinte ebenfalls bereits 1935:

> *Eine deutsche Mutter, die durch ihren Verkehr mit einem Juden zu einer Zeit, in der eine aufklärende Propaganda ihr das Verbrecherische ihrer Handlungsweise zum Bewusstsein hat bringen müssen, eine schamlose Gesinnung an den Tag gelegt hat, ist nicht würdig und nicht fähig, deutsche Kinder zu deutschen Menschen zu erziehen.*[8]

4 Auch wenn unsere Verfassung 1948 mit **Art 6 GG** dann endlich die Grundlage friedlicher Entwicklung auch unserer Kinder zu freien und sozial denkenden Persönlichkeiten geschaffen hatte, dauerte es doch noch einige Jahre, bis sich die Auffassung weg von einem Gewaltverhältnis, einem reinen Elternrecht, hin zu einer Elternverantwortung durchgesetzt hatte. Während beispielsweise noch 1953 ein Elternverhalten vom **BGH** als lediglich drastisch qualifiziert wurde, bei dem die 16-jährige Tochter in der Wohnung festgehalten, festgebunden und geschlagen wurde, ihre Haare kurz geschoren wurden, um ihre „sittliche Verkommenheit zu bekämpfen",[9] entzog immerhin das **OLG Karlsruhe** 1974 einem Vater, der seine 14-jährige Tochter schlug und sie ohrfeigte, das Personensorgerecht, weil „Schläge in diesem Alter kein geeignetes Erziehungsmittel" seien.[10]

5 Aber nicht nur die Rechtsprechung, auch der Gesetzgeber verstärkte im Wandel gesellschaftspolitischer Einsichten mehr und mehr die Bemühungen um die Kinderrechte mit dem **Ausgangspunkt des Kindeswohls**. Von großer Bedeutung auf diesem Weg waren Gesetzesänderungen, deren Dimension auf den ersten Blick nicht auffiel, wie z.B. die verschuldensunabhängige Formulierung des § 1666 BGB im Jahre 1980,[11] die zwar angegriffen, aber vom Bundesverfassungsgericht bestätigt wurde.[12]

6 Beschl. v. 27.4.1917, JW 1917, 737, 738.
7 Beschl. v. 15.4.1935, ZJJ Bd. 27, 232; es würde „Fürsorgeerziehung" angeordnet.
8 LG Torgau, Beschl. v. 27.11.1935, JW 1936, 895.
9 NJW 1953, 1440.
10 FamRZ 1974, 538.
11 Art. 1 Nr. 16 SorgeRG, BT-Drucks 8/2788, 38 ff.
12 BVerfGE 60, 79.

Seitdem hat eine Reihe von Reformen dafür gesorgt, dass das Kindeswohl zum Mittelpunkt der Entscheidungen auch im Rahmen der elterlichen Sorge geworden ist.

Zuletzt setzte das am 1.9.2009 in Kraft getretene **FamFG** neue Standards im Umgang mit Kindern und ihren Rechten im Rahmen unserer Gesellschaft.

III. Der Umfang der elterlichen Sorge

Die elterliche Sorge umfasst die Personen- und die Vermögenssorge jeweils in **tatsächlicher Hinsicht und hinsichtlich der gesetzlichen Vertretung** (§§ 1626 Abs. 1, 1629 BGB), **Teilmündigkeiten** der Minderjährigen sehen die §§ 110 ff. BGB vor. Ansonsten gibt es nur wenige Beispiele dafür, schwerpunktmäßig im Verfahrensrecht und häufig mit der Altersgrenze der Vollendung des 14. Lebensjahres verbunden. 6

Mündigkeitsstufen: 7

Alter	Rechtspositionen	Folgen
Vollendung der Geburt	■ Rechtsfähigkeit § 1 BGB ■ Parteifähigkeit § 50 Abs. 1 ZPO	■ Minderjähriger ist Träger von Rechten und Pflichten; die Eltern sind seine gesetzlichen Vertreter ■ §§ 1626 Abs. 2, 164 ff. BGB ■ Minderjähriger kann klagen und verklagt werden, Prozesshandlungen werden durch Eltern als gesetzliche Vertreter vorgenommen ■ § 51 Abs. 1 ZPO
Vollendung des 7. Lebensjahres	■ beschränkte Geschäftsfähigkeit §§ 106 bis 113 BGB ■ beschränkte Schadensverantwortlichkeit § 828 Abs. 2 BGB	■ Minderjähriger kann selbstständig Willenserklärungen abgeben, braucht zu ihrer Rechtsverbindlichkeit aber die Einwilligung der Eltern ■ Haftung des Minderjährigen gegenüber dem Geschädigten, falls er die erforderliche Einsicht besitzt
Vollendung des 10. Lebensjahres	■ Anhörungsrecht bei Weltanschauungs-/Religionswechsel § 5 RKEG	
Vollendung des 12. Lebensjahres	■ beschränkte Weltanschauungs-/Religionsmündigkeit § 5 S. 2 RKEG	■ gegen den Willen des Minderjährigen kein Weltanschauungs-/Religionswechsel

Alter	Rechtspositionen	Folgen
Vollendung des 14. Lebensjahres	■ Weltanschauungs-/Religionsmündigkeit § 5 S. 1 RKEG ■ beschränkte Strafmündigkeit §§ 1, 3 JGG ■ Anhörungsrecht § 159 FamFG ■ Beschwerderecht § 60 FamFG ■ Zustimmungsrecht §§ 1617a ff. BGB ■ Übertragung der elterlichen Sorge § 1671 Abs. 3 BGB ■ Einwilligung § 1746 BGB ■ Antragsrecht § 1887 BGB	■ Minderjähriger kann Weltanschauung/Religion selbst bestimmen ■ bei strafbaren Handlungen und bei Einsichtsfähigkeit des Minderjährigen Verhandlung vor dem Jugendgericht ■ unbedingte gerichtliche Anhörung in Personenangelegenheiten ■ Minderjähriger kann selbst Beschwerde gegen Entscheidungen des Familiengerichts in Angelegenheiten, die seine Person betreffen, einlegen ■ Minderjähriger kann nur noch selbst zustimmen bei Geburtsnamensänderung (Namenserteilung, Einbenennung) ■ Vorschlagsrecht des Minderjährigen bezüglich der Verteilung der elterlichen Sorge ■ nur selbstständige Einwilligung des Minderjährigen in die Adoption ■ selbstständiges Antragsrecht auf Bestellung eines anderen Pflegers/Vormunds
Vollendung des 15. Lebensjahres	■ Antragsrecht § 36 SGB I	■ grundsätzlich selbstständiges Recht, Anträge auf Sozialleistungen zu stellen und zu verfolgen
Vollendung des 16. Lebensjahres	■ beschränkte Testierfähigkeit § 2229 Abs. 1 BGB ■ Eidesfähigkeit §§ 393, 455 ZPO; § 60 Nr. 1 StPO	■ Minderjähriger kann selbstständig ein Testament errichten, jedoch nur in bestimmter Form ■ § 2233 Abs. 1 BGB ■ Minderjähriger ist eidesfähig
Vollendung des 18. Lebensjahres	■ Volljährigkeit § 2 BGB	■ Eintritt der Volljährigkeit, volle Geschäftsfähigkeit

Neben den gesetzlich formulierten Teilmündigkeiten wurde in Rechtslehre und Rechtsprechung die Rechtsfigur des **sog. einsichtsfähigen Minderjährigen** entwickelt: Wo es um tatsächliches Verhalten, insbesondere in **höchstpersönlichen Angelegenheiten** geht, können Minderjährige, wenn sich hinreichende Einsichtsfähigkeit in die konkrete, zur Entscheidung anstehende Angelegenheit haben, selbst die entsprechende Entscheidung treffen.[13] 8

Beispiele sind etwa die **Entbindung des Arztes von der Schweigepflicht**, die **Einwilligung in ärztliche Behandlungen**, die **Ausübung des Zeugnisverweigerungsrechts** (ausdrücklich geregelt in § 52 Abs. 2 S. 1 StPO), die **Einwilligung in eine ärztliche oder psychiatrische Untersuchung** usw. 9

Da es sich um eine von Rechtslehre und Rechtsprechung entwickelte Rechtsfigur handelt, fehlen strikte Altersgrenzen, es kommt auf die **konkrete jeweilige Einsichtsfähigkeit der Minderjährigen** an. Als Orientierungspunkt kann von einem **Alter von ca. 14/15 Jahren** ausgegangen werden.

Fehlt es an der Einsichtsfähigkeit, entscheiden die Sorgeberechtigten, sind sie von der gesetzlichen Vertretung ausgeschlossen (z.B. § 52 Abs. 2 S. 2 StPO), ist ein **Ergänzungspfleger** zu bestellen.[14]

Besonders umstritten ist die Frage der Einsichtsfähigkeit und der damit verbundenen selbstständigen Handlungsmöglichkeit der Minderjährigen bei der Vornahme eines **Schwangerschaftsabbruchs**.

Aus der Entscheidung des **Bundesverfassungsgerichts vom 28.5.1993**[15] lässt sich entnehmen, dass das Bundesverfassungsgericht offenbar davon ausgeht, dass **auch der Minderjährigen die Letztverantwortung** bezüglich des Schwangerschaftsabbruchs zusteht, da die **Eltern der werdenden Mutter** nach der Konzeption des Bundesverfassungsgerichts **kein Mandat** haben, die Entscheidung ihrer Tochter für oder gegen das Kind zu beeinflussen.[16] 10

Das bedeutet, dass in solchen Fällen, **sofern die Minderjährige entsprechend einsichtsfähig** ist, sie die Entscheidung selbst treffen kann.[17] Die Einsichtsfähigkeit muss sich hier auf die **Fähigkeit zur medizinischen Selbstbestimmung** und auf die **Fähigkeit zur Rechtsgüterabwägung** beziehen.[18]

13 BGHZ 29, 33; OLG Hamm FamRZ 1983, 310; BGHSt 23, 1; OLG Schleswig VersR 1989, 810; OLG Karlsruhe FamRZ 1998, 563 (bei § 372a Abs. 1 ZPO); OLG Düsseldorf NJW 1998, 1502; OLG Naumburg EzFamR aktuell 2000, 161 (für eine Blutgruppenuntersuchung im Kindschaftsverfahren); *Kern,* NJW 1994, 753.

14 BayObLG FamRZ 1998, 257.

15 BVerfGE 88, 203.

16 BVerfGE 88, 297, 285.

17 So schon LG München NJW 1980, 646; AG *Schlüchtern,* NJW 1998, 832; a.A. AG Celle NJW 1987, 2307; OLG Hamm NJW 1998, 3424.

18 Ausführlich dazu *Belling/Eberl,* FuR 1995, 287; *Scherer,* FamRZ 1997, 589.

Teilmündigkeiten spielen – wie das Beispiel des Schwangerschaftsabbruchs gezeigt hat – bisweilen auch eine Rolle, wenn es um **Konflikte zwischen Eltern und Kindern** geht: Über den Weg der Teilmündigkeit steht in solchen Konfliktsituationen dann den Minderjährigen die Kompetenz zu, eine rechtsverbindliche Entscheidung zu treffen.

IV. Vereinbarung zum Umfang elterlicher Entscheidung

11 Grundsätzlich bleibt es Zeit der Minderjährigkeit eines Kindes bei der gemeinsamen Verantwortung der Eltern im Rahmen elterlicher Sorge. Hiervon können sich Eltern auch **durch Vereinbarung nicht** lösen.

Möglich ist zwar die Übertragung der elterlichen Sorge auf einen Elternteil **im Rahmen gerichtlicher Vereinbarung** oder im Rahmen gerichtlichen Beschlusses. Ein Verzicht durch privatschriftliche Vereinbarung ist jedoch ebenso wenig möglich wie die Übertragung der elterlichen Sorge auf dritte Personen. Letzteren kann Verantwortung lediglich durch Erteilung von Vollmachten zuerkannt werden, ohne dass jedoch die eigene Verantwortung wegen des Fortbestehens der eigenen elterlichen Sorge entfallen würde.

Eltern können sich aber darüber einigen, wie sie die Entwicklung der Persönlichkeit ihres Kindes einschätzen. Daher können sie auch **Vereinbarungen** darüber treffen, inwieweit sie das Selbstbestimmungsrecht des Kindes in bestimmten Angelegenheiten respektieren.

Eine Vereinbarung in diesem Zusammenhang ist vor allem dann sinnvoll, wenn sich das Kind oder die Kinder der Beteiligten in einem Entwicklungsstadium befinden, in denen fraglich oder auch streitig sein kann, inwieweit Eltern die Selbstbestimmung des Kindes höher werten als ihre eigene Auffassung zu einem konkreten Sachverhalt.

In geeigneten Fällen kann eine entsprechende Einigung, die etwa im Rahmen einer Trennung der Eltern geschieht, wie folgt formuliert werden.

6.1

▼

12 **Muster 6.1: Vereinbarung zum Umfang elterlicher Entscheidung**

Verhandelt am

Zu

Vor mir, dem unterzeichnenden Notar im Bezirk des Oberlandesgerichts

erscheinen

1. Herr , geb. am , wohnhaft

2. Frau geb. , geb. am , wohnhaft

ausgewiesen durch … .

Die Frage des beurkundenden Notars nach einer Vorbefassung im Sinne von § 3 Abs. 1 Nr. 7 BeurkG wurde von den Erschienenen verneint. Der beurkundende Notar erläuterte die vorgenannte Vorschrift.

Die Erschienenen baten den Notar um die Beurkundung einer

Trennungs- und Unterhaltsvereinbarung

und erklärten vorab:

§ 1 Ausgangslage

Wir sind beide von Geburt an deutsche Staatsangehörige und haben am … in … die Ehe geschlossen.

Aus unserer Ehe ist das am … geborene, derzeit also 15 Jahre alte Kind K. hervorgegangen. Es behält einvernehmlich seinen Lebensmittelpunkt bei der Kindesmutter. Kinder aus anderen Verbindungen sind nicht vorhanden.

Wir leben seit dem … (4 Wochen) … in verschiedenen Wohnungen voneinander getrennt.

§ 2 Elterliche Sorge

1. Wir vereinbaren, dass es bei der gemeinsamen elterlichen Sorge verbleiben soll.

2. Im Hinblick auf das Alter unseres Kindes sind wir darüber einig, dass K. nach seiner Persönlichkeitsentwicklung hinsichtlich höchstpersönlicher Angelegenheiten einsichtsfähig ist und solche Angelegenheiten letztlich selbst entscheiden kann. Wir werden ihm gleichwohl auch in höchstpersönlichen Angelegenheiten Beide weiterhin mit Rat und Hilfe zur Seite stehen. Als höchstpersönliche Angelegenheiten sehen wir beispielsweise Entscheidungen im Bereich von Schule und Ausbildung an.

3. Uns ist bekannt, dass die Vereinbarung gemeinsamer elterlicher Sorge jederzeit änderbar ist und gerichtlich abweichende Anträge gestellt werden können. Uns ist weiter bekannt, dass die Einsichtsfähigkeit unseres Kindes die Verantwortung zur elterlichen Sorge nicht entfallen lässt.

§ 3 Ehegattenunterhalt

1. Der Ersch. zu 1 verpflichtet sich, ab … an die Ersch. zu 2 für die Zeit der Trennung einen monatlich, jeweils bis zum 1. eines jeden Monats fälligen Trennungsunterhalt in Höhe von … EUR zu zahlen.

2. Bei dieser Vereinbarung gehen die Beteiligten von den folgenden Einkommensverhältnissen aus:

Einkommen des Ersch. zu 1

Einkommen der Ersch. zu 2 .

3. Die Vereinbarung zur Zahlung von Trennungsunterhalt ist der Abänderung zugänglich. Die Beteiligten vereinbaren im Falle der Änderung der Einkommens- und Vermögensverhältnisse eine an der getroffenen Vereinbarung orientierte Abänderung. Ergänzend gelten die gesetzlichen Regelungen.

4. Die Ersch. zu 2 verpflichtet sich für die Dauer der Unterhaltsleistung, die nach § 10 Abs. 1 Nr. 1 EStG erforderliche Zustimmung zum begrenzten Realsplitting zu geben. Der Ersch. zu 1 ist verpflichtet, die Ersch. zu 2 von den ihr entstehenden finanziellen Nachteilen freizustellen.

§ 4 Kindesunterhalt

1. Der Ersch. zu 1 verpflichtet sich, für das Kind K , geb. am , zu Händen der Ersch. zu 2 einen monatlichen, bis zum 1. eines jeden Monats im Voraus fälligen Kindesunterhalt in Höhe von % des Mindestbedarfs der jeweils gültigen Düsseldorfer Tabelle gemäß der jeweiligen Altersstufe des Kindes zu bezahlen. Hierauf ist die Hälfte des gesetzlichen Kindergeldes, derzeit 95 EUR, bedarfsdeckend anzurechnen, so dass sich ein derzeitiger monatlicher Unterhaltsbetrag in Höhe von EUR ergibt.

2. Die Festsetzung des Unterhalts erfolgt auf der Grundlage des in § 2 Ziff. 2 der Vereinbarung festgestellten anrechenbaren Nettoeinkommens des Ersch. zu 1.

§ 5 Vollstreckungsunterwerfung

Wegen der in § 2 und 3 der Vereinbarung eingegangenen Verpflichtung zur Zahlung von Ehegattenunterhalt und Kindesunterhalt unterwerfe ich, der Ersch. zu 1, mich der

sofortigen Zwangsvollstreckung

aus dieser Urkunde in mein Vermögen.

Die Ersch. zu 2 ist berechtigt, sich jederzeit auf einseitigen Antrag auf Kosten des Ersch. zu 1. eine vollstreckbare Ausfertigung dieser Urkunde erteilen zu lassen, ohne dass es hierzu des Nachweises der Fälligkeit oder sonstiger die Vollstreckung begründender Tatsachen bedarf.

§ 6 Hinweise, Durchführung

Der Notar hat die Erschienenen über die Bedeutung, die rechtliche Tragweite, insbesondere die Rechtsfolgen und die Auswirkungen der Vereinbarung zur elterlichen Sorge sowie der Unterhaltsvereinbarung abschließend noch einmal ausführlich belehrt. Beide Erschienenen sind sich der Tragweite der getroffenen Vereinbarungen bewusst und wünschen gleichwohl die Beurkundung der Vereinbarung auch unter Inkaufnahme möglicher zukünftig daraus erwachsener Nachteile.

(ggf. weitere abschließende Hinweise/Durchführung)

(Urkundsausgang, Unterschriften)

▲

B. Die gemeinsame elterliche Sorge

Art. 6 Abs. 2 S. 1 GG ordnet das Sorgerecht den Eltern zu, also **zwei Personen** gemeinsam. Die gemeinsame Ausübung des Rechts auf Pflege und Erziehung des Kindes setzt allerdings ein Mindestmaß an Übereinstimmung zwischen den Eltern und eine soziale Beziehung jedes Elternteils zu dem Kind voraus. Fehlt es hieran, können die einzelnen elterlichen Befugnisse weitgehend einem Elternteil allein zugewiesen werden.[19] 13

Beide Elternteile haben demnach **eigenständige Elternrechte,** die jedoch in ihrer Ausübung **aneinander gebunden** sind.[20] Das Elternrecht ist nach Inhalt und Funktion durch das Schutzbedürfnis sowie das Persönlichkeits- und Menschenrecht des Kindes **pflichtgebunden.**[21] Bei einer **Interessenkollision** zwischen Eltern und Kind ist das **Kindeswohl** der bestimmende Maßstab, § 1697a BGB.[22]

I. Ausübung der elterlichen Sorge

Eltern haben die **Pflicht und das Recht,** für die Person des minderjährigen Kindes (**Personensorge**) und für sein Vermögen (**Vermögenssorge**) zu sorgen. Die Eltern haben die Sorge **im gemeinsamen Einvernehmen** und die Verantwortung zum Wohle des Kindes auszuüben, § 1627 BGB. Auch wenn eine einvernehmliche Aufgabenteilung der Eltern untereinander besteht, hebt dies die gemeinsame Verantwortung für das Kind nicht auf. 14

1. Personensorge

a) Gewaltfreie Erziehung

aa) Der Grundsatz der gewaltfreien Erziehung

Kinder haben ein **Recht auf gewaltfreie Erziehung**, § 1631 Abs. 2 BGB. 15

19 BGH FamRZ 1995, 789, 792.
20 MüKo BGB/*Huber*, Rn 18 zu § 1626.
21 BVerfG FamRZ 1986, 769.
22 BVerfG FamRZ 1999, 85.

„Gewalt“ ist jedoch nicht der strafrechtliche Gewaltbegriff zu übernehmen.[23] Der Gewaltbegriff wird in § 1631 Abs. 2 S. 2 BGB **konkretisiert** mit „körperlichen Bestrafungen, seelischen Verletzungen und anderen entwürdigenden Maßnahmen“.

Mit dem Verbot **körperlicher Bestrafungen** wird jede Form der Einwirkung auf den Körper des Kindes zum Zwecke der Erziehung für unzulässig erklärt. Den strafrechtlichen Rechtfertigungsgrund des elterlichen Züchtigungsrechtes gibt es nicht (mehr).

Ursprünglich hieß es in § 1631 Abs. 2 BGB:

> *Der Vater kann kraft des Erziehungsrechts angemessene Zuchtmittel gegen das Kind anwenden.*

16 1957 wurde der Wortlaut zwar verändert, maßgeblich aber aus Gründen der Gleichberechtigung von Frauen und Männern.

Erst im Jahre 2000 wurde das **Recht des Kindes auf gewaltfreie Erziehung** eingeführt, obwohl übrigens die UN-Kinderrechtskonvention schon seit dem Jahre 1989 die gewaltfreie Erziehung für Kinder eingefordert hatte.

Und auch anschließend war man sich in unserer Gesellschaft noch nicht einig: So formulierte *Diederichsen* noch 2012 in der 71. Aufl. des Palandt[24] in der Kommentierung zu § 1631 BGB: „Körperliche Züchtigungen sind … kein institutionalisiertes Erziehungsmittel mehr.“ Erst nach Übernahme der Kommentierung durch Frau *Götz* wurde der Satz in der 72. Auflage ersetzt wie folgt: „Körperliche Züchtigungen sind unzulässig.“

bb) Vereinbarung gewaltfreier Erziehung

17 Auch wenn die Pflicht zur gewaltfreien Erziehung von Kindern gesetzlich normiert ist, kann es Anlass geben, ausdrücklich die Gewaltfreiheit in eine Vereinbarung zu fassen.

Hat sich ein Elternteil im Zeitraum des Zusammenlebens der Familie solcher Übergriffe schuldig gemacht, ist es sinnvoll, die Gewaltfreiheit ausdrücklich zu betonen.

18 Dies kann wie folgt formuliert werden:

6.2

▼

Muster 6.2: Vereinbarung gewaltfreier Erziehung

Verhandelt am

Zu

Vor mir, dem unterzeichnenden Notar im Bezirk des Oberlandesgerichts

23 BT-Drucks 14/1247, 7.

24 Palandt/*Diederichsen*, § 1631 Rn 9.

Erscheinen

1. Herr , geb. am , wohnhaft

2. Frau geb. , geb. am , wohnhaft

ausgewiesen durch .

Die Frage des beurkundenden Notars nach einer Vorbefassung im Sinne von § 3 Abs. 1 Nr. 7 BeurkG wurde von den Erschienenen verneint. Der beurkundende Notar erläuterte die vorgenannte Vorschrift.

Die Erschienenen baten den Notar um die Beurkundung einer

Trennungs- und Unterhaltsvereinbarung

und erklärten vorab:

§ 1 Ausgangslage

Wir sind beide von Geburt an deutsche Staatsangehörige und haben am in die Ehe geschlossen. Aus unserer Ehe ist das am geborene, derzeit also 4 Jahre alte Kind K. hervorgegangen. Es behält einvernehmlich seinen Lebensmittelpunkt bei der Kindesmutter. Kinder aus anderen Verbindungen sind nicht vorhanden.

Wir leben seit dem in verschiedenen Wohnungen voneinander getrennt.

§ 2 Ehegattenunterhalt

1. Der Ersch. zu 1 verpflichtet sich, ab an die Ersch. zu 2 für die Zeit der Trennung einen monatlich, jeweils bis zum 1. eines jeden Monats fälligen Trennungsunterhalt in Höhe von EUR zu zahlen.

2. Bei dieser Vereinbarung gehen die Beteiligten von den folgenden Einkommensverhältnissen aus:

- Einkommen des Ersch. zu 1
- Einkommen der Ersch. zu 2 .

3. Die Vereinbarung zur Zahlung von Trennungsunterhalt ist der Abänderung zugänglich. Die Beteiligten vereinbaren im Falle der Änderung der Einkommens- und Vermögensverhältnisse eine an der getroffenen Vereinbarung orientierte Abänderung. Ergänzend gelten die gesetzlichen Regelungen.

4. Die Ersch. zu 2 verpflichtet sich für die Dauer der Unterhaltsleistung, die nach § 10 Abs. 1 Nr. 1 EStG erforderliche Zustimmung zum begrenzten Realsplitting zu geben. Der Ersch. zu 1 ist verpflichtet, die Ersch. zu 2 von den ihr entstehenden finanziellen Nachteilen freizustellen.

§ 3 Kindesunterhalt

1. Der Ersch. zu 1 verpflichtet sich, für das Kind K , geb. am , zu Händen der Ersch. zu 2 einen monatlichen, bis zum 1. eines jeden Monats im Voraus fälligen Kindesunterhalt in Höhe von % des Mindestbedarfs der jeweils gültigen Düsseldorfer Tabelle gemäß der jeweiligen Altersstufe des Kindes zu bezahlen. Hierauf ist die Hälfte des gesetzlichen Kindergeldes, derzeit 95 EUR, bedarfsdeckend anzurechnen, so dass sich ein derzeitiger monatlicher Unterhaltsbetrag in Höhe von EUR ergibt.

2. Die Festsetzung des Unterhalts erfolgt auf der Grundlage des in § 2 Ziff. 2 der Vereinbarung festgestellten anrechenbaren Nettoeinkommens des Ersch. zu 1.

3. Die Berechnung gemäß Ziff. 1 erfolgt nach der Unterhaltsbemessung der ersten Altersstufe der Düsseldorfer Tabelle.

Ab dem erhöht sich der Unterhalt auf % des Mindestbedarfs der zweiten Altersstufe der Düsseldorfer Tabelle, derzeit also EUR;

ab dem erhöht sich der Unterhalt auf % des Mindestbedarfs der dritten Altersstufe der Düsseldorfer Tabelle, derzeit also EUR.

Abzuziehen ist das jeweils gültige gesetzliche Kindergeld nach den gesetzlichen Bestimmungen, derzeit mit hälftiger Anrechnung.

§ 4 Vollstreckungsunterwerfung

Wegen der in § 2 und 3 der Vereinbarung eingegangenen Verpflichtung zur Zahlung von Ehegattenunterhalt und Kindesunterhalt unterwerfe ich, der Ersch. zu 1, mich der

sofortigen Zwangsvollstreckung

aus dieser Urkunde in mein Vermögen.

Die Ersch. zu 2 ist berechtigt, sich jederzeit auf einseitigen Antrag auf Kosten des Ersch. zu 1 eine vollstreckbare Ausfertigung dieser Urkunde erteilen zu lassen, ohne dass es hierzu des Nachweises der Fälligkeit oder sonstiger die Vollstreckung begründender Tatsachen bedarf.

§ 5 Elterliche Sorge

1. Der Ersch. zu 1 hat in der Vergangenheit gegen die Verpflichtung zur gewaltfreien Erziehung unseres Kindes verstoßen. Er bedauert dies und hat sich insoweit auch einer therapeutischen Behandlung unterzogen. Dies vorausgeschickt vereinbaren die Beteiligten:

2. Es bleibt bei der gemeinsamen elterlichen Sorge der Erschienenen für das gemeinsame Kind K. Für den Fall, dass der Ersch. zu 1 zukünftig gegen das Gewaltverbot gem. § 1631 Abs. 2 BGB verstößt, wird die Ersch. zu 2 die Übertragung der alleinigen elterlichen Sorge auf sich bei dem zuständigen Familiengericht beantragen. Der Ersch. zu 1 versichert, dem Antrag in einem solchen Fall zuzustimmen.

3. Den Beteiligten ist bekannt, dass die vorstehenden Vereinbarungen beiderseits jederzeit widerrufbar sind. Sie wünschen gleichwohl die Beurkundung der Vereinbarung.

§ 6 Hinweise, Durchführung

Der Notar hat die Erschienenen über die Bedeutung, die rechtliche Tragweite, insbesondere die Rechtsfolgen und die Auswirkungen der Vereinbarung zur elterlichen Sorge sowie der Unterhaltsvereinbarung abschließend noch einmal ausführlich belehrt. Beide Erschienenen sind sich der Tragweite der getroffenen Vereinbarungen bewusst und wünschen gleichwohl die Beurkundung der Vereinbarung auch unter Inkaufnahme möglicher zukünftig daraus erwachsener Nachteile.

(ggf. weitere abschließende Hinweise/Durchführung)

(Urkundsausgang, Unterschriften)

▲

b) Pflege, Erziehung, Beaufsichtigung

aa) Grundsätze

Eltern **pflegen, erziehen und beaufsichtigen** das Kind; sie bestimmen auch seinen **Aufenthalt**, § 1631 Abs. 1 BGB. Eine gemeinsam getroffene Bestimmung des Lebensmittelpunktes des Kindes bleibt, solange keine anderweitige gerichtliche Regelung getroffen ist, **auch nach Trennung** der Eltern bindend.[25] Die Personensorge umfasst auch die Vertretung und Regelung bezüglich Angelegenheiten der schulischen Ausbildung.[26] Eltern bestimmen (grundsätzlich) den Umgang des Kindes mit Dritten – § 1632 Abs. 2 BGB. 19

Die elterliche Sorge ist durch Schutzbedürfnisse, Erziehungsziel und Persönlichkeitsrechte des Kindes gebunden. Der Gesetzgeber hat **Erziehungsgrundsätze** aufgestellt.

§ 1626 Abs. 2 S. 1 BGB verlangt, dass die Eltern die wachsende Fähigkeit und das steigende Bedürfnis des Kindes zu selbstständigem, verantwortungsbewusstem Handeln berücksichtigen. Dies beinhaltet ein partnerschaftliches Eltern-Kind-Verhältnis.

Ein **Eingriff** in den Ermessensbereich der Eltern, was nach deren subjektiver Auffassung dem Kindeswohl dient, setzt eine **Gefährdung des Kindeswohles** im Sinne § 1666 BGB voraus. Außerhalb dieser Grenzen wird auch an einen Verstoß der Eltern gegen Erziehungsgrundsätze keine Folge geknüpft.

bb) Vereinbarung zu Pflege und Erziehung

Zu Erziehungsgrundsätzen können Eheleute sowohl zu Beginn einer Ehe als auch bei Trennung und Scheidung Vereinbarungen treffen. 20

25 AG Bad Iburg FamRZ 2000, 1036.
26 OVG Münster FamRZ 2002, 232.

Zu Beginn einer Ehe bieten sich Vereinbarungen über Erziehungsgrundsätze vor allem dann an, wenn – zukünftige – Eheleute unterschiedlichen Kulturkreisen entstammen und deshalb über einen Erziehungsstil einig werden müssen.

6.3 Eingeordnet in weitere – notarielle – Vereinbarungen kann dies wie folgt formuliert werden.

▼

Muster 6.3: Vereinbarung von Grundsätzen zu Pflege und Erziehung zu Beginn der Ehe

Verhandelt am

Zu

Vor mir, dem unterzeichnenden Notar im Bezirk des Oberlandesgerichts

erscheinen

1. Herr , geb. am , wohnhaft
2. Frau , geb. , geb. am , wohnhaft ebenda

ausgewiesen durch .

Die Frage des beurkundenden Notars nach einer Vorbefassung im Sinne von § 3 Abs. 1 Nr. 7 BeurkG wurde von den Erschienenen verneint. Der beurkundende Notar erläuterte die vorgenannte Vorschrift.

Die Erschienenen baten den Notar um die Beurkundung eines

Ehevertrages

und erklärten vorab:

§ 1 Ausgangslage

Wir, die Erschienenen zu 1 und 2, sind miteinander verlobt und wollen am die Ehe miteinander schließen.

Wir haben uns entschieden, nach der Eheschließung unsere Nachnamen beizubehalten und keinen Familiennamen zu wählen.

Kinder sind aus unserer Verbindung bisher nicht hervorgegangen. Ich, die Ersch. zu 2, bin von dem Ersch. zu 1 im 3. Monat schwanger.

Wir vereinbaren für unsere Ehe, was folgt:

§ 2 Vor- und Nachnamen des Kindes

1. Wir verpflichten uns wechselseitig, als Vornamen für unsere zukünftigen gemeinsamen Kinder zumindest einen Vornamen aus dem deutschsprachigen Raum sowie als Nach-

namen denjenigen der Ersch. zu 2 zu bestimmen und die hierfür erforderlichen Erklärungen gegenüber dem Standesamt unverzögerlich nach Geburt des oder der Kinder abzugeben.

2. Für den Fall, dass die Erschienenen über die Namensbestimmung des Vornamens gem. Ziff. 1 nicht einig sind, wird das Bestimmungsrecht hierüber auf die Ersch. zu 2 übertragen.

3. Für den Fall einer schuldhaften Verletzung der vorstehenden Vereinbarung verpflichtet sich der Ersch. zu 1 zur Zahlung einer Vertragsstrafe in Höhe von EUR (i.W. EUR).

§ 3 Elterliche Sorge, Erziehungsgrundsätze

1. Wir, die Erschienenen, werden die gemeinsame Verantwortung elterlicher Sorge für unsere gemeinsamen Kinder übernehmen.

2. Wir werden dabei nach Erziehungsgrundsätzen handeln, wonach eine gewaltfreie Erziehung ohne körperliche Bestrafungen, ohne seelische Verletzungen und/oder andere entwürdigende Maßnahmen erfolgt.

§ 4 Güterstand

Als Güterstand für unsere Ehe soll die Gütertrennung nach Maßgabe des Bürgerlichen Gesetzbuches gelten. Uns ist bekannt, dass durch die Vereinbarung der Gütertrennung

- keine Haftungsbeschränkung gegenüber Gläubigern eintritt,
- jeder Ehegatte über sein Vermögen frei verfügen kann,
- beim Tode eines von uns beiden das Erb- und Pflichtteilsrecht des Überlebenden am Nachlass des Zuerst versterbenden sich vermindern und das Erb- und Pflichtteilsrecht der Kinder oder sonstiger Abkömmlinge sich erhöhen kann,
- bei Auflösung der Ehe kein Zugewinnausgleich stattfindet,
- die Privilegierung des § 5 ErbStG keine Anwendung findet.

Die Gütertrennung soll derzeit nicht in das Güterrechtsregister eingetragen werden. Jeder von uns beiden ist jedoch berechtigt, den Eintragungsantrag jetzt oder künftig alleine zu stellen.

Nach Belehrung durch den Notar verzichten wir auf die Erstellung eines Vermögensverzeichnisses.

§ 5 Hinweise, Durchführung

Der Notar hat die Erschienenen über die Bedeutung, die rechtliche Tragweite, insbesondere die Rechtsfolgen und die Auswirkungen der Vereinbarung zur Bestimmung des Vor- und Nachnamens sowie zur elterlichen Sorge und zur Gütertrennung abschließend noch einmal ausführlich belehrt. Beide Erschienenen sind sich der Tragweite der getroffenen

Vereinbarungen bewusst und wünschen gleichwohl die Beurkundung der Vereinbarung auch unter Inkaufnahme möglicher zukünftig daraus erwachsener Nachteile.

(ggf. weitere abschließende Hinweise/Durchführung)

(Urkundsausgang, Unterschriften)

▲

21 Hat es schon während der Führung der Ehe sehr unterschiedliche Auffassungen zur Erziehung von Kindern gegeben, wird der jeweilige – frühere – Ehepartner Sorge haben, ob im getrennten Haushalt unter Obhut des anderen Elternteils die Erziehungsmaßstäbe eingehalten werden, die bisher als notwendig erachtet wurden.

6.4 Auch hierüber kann eine Vereinbarung erfolgen:

▼

22 **Muster 6.4: Vereinbarung von Grundsätzen zu Pflege und Erziehung nach Trennung**

Verhandelt am

Zu

Vor mir, dem unterzeichnenden Notar im Bezirk des Oberlandesgerichts

erscheinen

1. Herr , geb. am , wohnhaft

2. Frau geb. , geb. am , wohnhaft

ausgewiesen durch .

Die Frage des beurkundenden Notars nach einer Vorbefassung im Sinne von § 3 Abs. 1 Nr. 7 BeurkG wurde von den Erschienenen verneint. Der beurkundende Notar erläuterte die vorgenannte Vorschrift.

Die Erschienenen baten den Notar um die Beurkundung einer

Trennungs- und Unterhaltsvereinbarung

und erklärten vorab:

§ 1 Ausgangslage

Wir sind beide von Geburt an deutsche Staatsangehörige und haben am in die Ehe geschlossen. Aus unserer Ehe ist das am geborene, derzeit also 12 Jahre alte Kind K. hervorgegangen. Es behält einvernehmlich seinen Lebensmittelpunkt bei der Kindesmutter. Kinder aus anderen Verbindungen sind nicht vorhanden.

Wir leben seit dem ___ in verschiedenen Wohnungen voneinander getrennt.

§ 2 Ehegattenunterhalt

1. Der Ersch. zu 1 verpflichtet sich, ab ___ an die Ersch. zu 2 für die Zeit der Trennung einen monatlich, jeweils bis zum 1. eines jeden Monats fälligen Trennungsunterhalt in Höhe von ___ EUR zu zahlen.

2. Bei dieser Vereinbarung gehen die Beteiligten von den folgenden Einkommensverhältnissen aus:

- Einkommen des Ersch. zu 1 ___
- Einkommen der Ersch. zu 2 ___.

3. Die Vereinbarung zur Zahlung von Trennungsunterhalt ist der Abänderung zugänglich. Die Beteiligten vereinbaren im Falle der Änderung der Einkommens- und Vermögensverhältnisse eine an der getroffenen Vereinbarung orientierte Abänderung. Ergänzend gelten die gesetzlichen Regelungen.

4. Die Ersch. zu 2 verpflichtet sich für die Dauer der Unterhaltsleistung, die nach § 10 Abs. 1 Nr. 1 EStG erforderliche Zustimmung zum begrenzten Realsplitting zu geben. Der Ersch. zu 1 ist verpflichtet, die Ersch. zu 2 von den ihr entstehenden finanziellen Nachteilen freizustellen.

§ 3 Kindesunterhalt

1. Der Ersch. zu 1 ist verpflichtet, an das Kind K zu Händen der Ersch. zu 2 Kindesunterhalt in Höhe von ___ EUR zu zahlen, und zwar jeweils im Voraus bis zum 1. eines jeden Monats.

2. Die Festsetzung des Unterhalts erfolgt auf der Grundlage des in § 2 Ziff. 2 der Vereinbarung festgestellten anrechenbaren Nettoeinkommens des Ersch. zu 1.

3. Aufgrund des Alters des Kindes erfolgt die Unterhaltsbemessung nach der dritten Altersstufe der Düsseldorfer Tabelle.

§ 4 Vollstreckungsunterwerfung

Wegen der in § 2 und 3 der Vereinbarung eingegangenen Verpflichtung zur Zahlung von Ehegattenunterhalt und Kindesunterhalt unterwerfe ich, der Ersch. zu 1, mich der

sofortigen Zwangsvollstreckung

aus dieser Urkunde in mein Vermögen.

Die Ersch. zu 2 ist berechtigt, sich jederzeit auf einseitigen Antrag auf Kosten des Ersch. zu 1 eine vollstreckbare Ausfertigung dieser Urkunde erteilen zu lassen, ohne dass es hierzu des Nachweises der Fälligkeit oder sonstiger die Vollstreckung begründender Tatsachen bedarf.

§ 5 Elterliche Sorge, Erziehungsgrundsätze

1. Wir, die Erschienenen, vereinbaren die Beibehaltung der gemeinsamen elterlichen Sorge für unser Kind K nach Scheidung unserer Ehe.

2. In der Pflege, der Betreuung und weiteren Erziehung unseres Kindes K werden wir weiterhin nach Erziehungsgrundsätzen handeln, wonach eine gewaltfreie Erziehung ohne körperliche Bestrafungen, ohne seelische Verletzungen und/oder andere entwürdigende Maßnahmen erfolgt. Wir werden das mit höherem Alter unseres Kindes verbundene größere Maß an Selbstständigkeit und Eigenverantwortlichkeit berücksichtigen.

3. Für den Fall des Verstoßes gegen die vorbenannten Grundsätze behalten sich die Erschienenen angemessene gerichtliche Anträge vor, um das Kindeswohl zu gewährleisten.

4. Den Erschienenen ist bekannt, dass die vorstehenden Vereinbarungen jederzeit frei widerrufbar sind.

§ 6 Hinweise, Durchführung

Der Notar hat die Erschienenen über die Bedeutung, die rechtliche Tragweite, insbesondere die Rechtsfolgen und die Auswirkungen der Unterhaltsvereinbarung und der Vereinbarung zur elterlichen Sorge abschließend noch einmal ausführlich belehrt. Beide Erschienenen sind sich der Tragweite der getroffenen Vereinbarungen bewusst und wünschen gleichwohl die Beurkundung der Vereinbarung auch unter Inkaufnahme möglicher zukünftig daraus erwachsener Nachteile.

(ggf. weitere abschließende Hinweise/Durchführung)

(Urkundsausgang, Unterschriften)

▲

2. Vermögenssorge

a) Grundsätze

23 Im Rahmen der Vermögenssorge des § 1626 Abs. 1 BGB haben die Eltern die Verpflichtung, das Vermögen des Kindes zu **verwalten,** es zu **erhalten** und nach Möglichkeit zu **vermehren**, § 1642 BGB.

Eltern erfüllen ihre Pflicht, Geld des Kindes nach Grundsätzen einer wirtschaftlichen Vermögensverwaltung anzulegen, wenn sie eine Form der Vermögensverwaltung wählen, die auch ein wirtschaftlich denkender Privatmann als günstige und sichere Anlage ansieht, wobei neben Rentabilität und Sicherheit als weiteres Anlageziel die Liquidität zu beachten ist. Auch mit der Mindestrendite von **Sparguthaben mit gesetzlicher Kündigungsfrist**müssen sich Eltern begnügen dürfen.[27]

27 A.A. LG Kassel FamRZ 2003, 626.

Die Ausübung der Vermögenssorge ist **gesetzlich eingeschränkt,** etwa nach § 181 BGB (Insichgeschäft), § 1629 Abs. 2 S. 1 i.V.m. § 1795 BGB, der die Fälle eines Vertretungsverbotes eines Vormundes für den Mündel regelt. 24

Das Familiengericht kann in die elterliche Vermögensverwaltung eingreifen, wenn das Vermögen des Kindes gefährdet wird, § 1666 Abs. 1, 2 BGB. Gem. § 1667 BGB hat das Gericht gefährdetes Kindesvermögen zu schützen.

b) Vereinbarung zur Vermögenssorge

Etwaiges Vermögen eines Kindes wird von den Eltern zwar nach außen gemeinschaftliche verwaltet, doch wird es oft Absprachen geben, wonach derjenige Elternteil, der wirtschaftlich erfahrener und kompetenter ist, die notwendigen Entscheidungen zu treffen hat. 25

Dies kann – formfrei – zwischen den Eltern auch vereinbart werden.

Dabei ist darauf zu achten, dass der andere Elternteil zwar sodann Kindesvermögen verpflichten kann, nicht jedoch den Ehepartner.

Einige Geschäfte bedürfen allerdings nach § 1643 BGB i.V.m. §§ 1821, 1822 BGB der Genehmigung des Familiengerichts.

Die Genehmigungspflicht besteht danach hinsichtlich folgender Bereiche:

Gem. § 1821 BGB: 26

1. zur Verfügung über ein Grundstück oder über ein Recht an einem Grundstück;

2. zur Verfügung über eine Forderung, die auf Übertragung des Eigentums an einem Grundstück oder auf Begründung oder Übertragung eines Rechts an einem Grundstück oder auf Befreiung eines Grundstücks von einem solchen Recht gerichtet ist;

3. zur Verfügung über ein eingetragenes Schiff oder Schiffsbauwerk oder über eine Forderung, die auf Übertragung des Eigentums an einem eingetragenen Schiff oder Schiffsbauwerk gerichtet ist;

4. zur Eingehung einer Verpflichtung zu einer der in den Nummern 1 bis 3 bezeichneten Verfügungen;

5. zu einem Vertrag, der auf den entgeltlichen Erwerb eines Grundstücks, eines eingetragenen Schiffes oder Schiffsbauwerks oder eines Rechts an einem Grundstück gerichtet ist.

Gem. § 1822 BGB, soweit ein Vormund der Genehmigung bedürfte: 27

1. zu einem Rechtsgeschäft, durch das der Mündel zu einer Verfügung über sein Vermögen im Ganzen oder über eine ihm angefallene Erbschaft oder über seinen künftigen gesetzlichen Erbteil oder seinen künftigen Pflichtteil verpflichtet wird, sowie zu einer Verfügung über den Anteil des Mündels an einer Erbschaft,

3. zu einem Vertrag, der auf den entgeltlichen Erwerb oder die Veräußerung eines Erwerbsgeschäfts gerichtet ist, sowie zu einem Gesellschaftsvertrag, der zum Betrieb eines Erwerbsgeschäfts eingegangen wird,

5. zu einem Miet- oder Pachtvertrag oder einem anderen Vertrag, durch den der Mündel zu wiederkehrenden Leistungen verpflichtet wird, wenn das Vertragsverhältnis länger als ein Jahr nach dem Eintritt der Volljährigkeit des Mündels fortdauern soll,
8. zur Aufnahme von Geld auf den Kredit des Mündels,
9. zur Ausstellung einer Schuldverschreibung auf den Inhaber oder zur Eingehung einer Verbindlichkeit aus einem Wechsel oder einem anderen Papier, das durch Indossament übertragen werden kann,
10. zur Übernahme einer fremden Verbindlichkeit, insbesondere zur Eingehung einer Bürgschaft,
11. zur Erteilung einer Prokura.

28 Außerhalb dieser genehmigungspflichtigen Rechtshandlungen kann jedoch eine Einigung der Eheleute erfolgen. Soweit sie nicht **formfrei** erfolgt, weil andere – weitere – Vereinbarungen erfolgen, kann dies in einem Ehevertrag wie folgt gelöst werden:

29 **Muster 6.5: Vereinbarung zur Vermögenssorge**

Verhandelt am …

Zu …

Vor mir, dem unterzeichnenden Notar im Bezirk des Oberlandesgerichts …

…

erscheinen

1. Herr …, geb. am …, wohnhaft …

2. Frau …, geb. …, geb. am …, wohnhaft ebenda

ausgewiesen durch ….

Die Frage des beurkundenden Notars nach einer Vorbefassung im Sinne von § 3 Abs. 1 Nr. 7 BeurkG wurde von den Erschienenen verneint. Der beurkundende Notar erläuterte die vorgenannte Vorschrift.

Die Erschienenen baten den Notar um die Beurkundung eines

Ehevertrages

und erklärten vorab:

§ 1 Ausgangslage

Wir, die Erschienenen zu 1 und 2, sind miteinander verlobt und wollen am … die Ehe miteinander schließen.

Ich, der Ersch. zu 1, bin von Beruf Schreiner, ich, die Ersch. zu 2, bin von Beruf Bankkauffrau.

Kinder sind aus unserer Verbindung bisher nicht hervorgegangen. Ich, die Ersch. zu 2, bin von dem Ersch. zu 1 im 3. Monat schwanger.

Wir vereinbaren für unsere Ehe, was folgt:

§ 2 Elterliche Sorge, Vermögenssorge

1. Wir, die Erschienenen, werden die gemeinsame Verantwortung elterlicher Sorge für unsere gemeinsamen Kinder übernehmen.

2. Ich, der Ersch. zu 1, bevollmächtige die Ersch. zu 2 aufgrund ihrer weitreichenden wirtschaftlichen Kenntnisse, für unsere gemeinsamen Kinder alle Handlungen vorzunehmen, Erklärungen abzugeben, Rechtsgeschäfte abzuschließen und Maßnahmen zu treffen, die sich auf die Vermögensverwaltung des Kindes/der Kinder beziehen. Die Vollmacht umfasst nicht die Befugnis, mich aus dabei eingegangenen Verpflichtungen rechtsgeschäftlich zu binden.

3. Den Beteiligten ist bekannt, dass die vorstehenden Vereinbarungen jederzeit widerrufbar sind.

§ 3 Güterstand

Als Güterstand für unsere Ehe soll die Gütertrennung nach Maßgabe des Bürgerlichen Gesetzbuches gelten. Uns ist bekannt, dass durch die Vereinbarung der Gütertrennung

- keine Haftungsbeschränkung gegenüber Gläubigern eintritt,
- jeder Ehegatte über sein Vermögen frei verfügen kann,
- beim Tode eines von uns beiden das Erb- und Pflichtteilsrecht des Überlebenden am Nachlass des Zuerst versterbenden sich vermindern und das Erb- und Pflichtteilsrecht der Kinder oder sonstiger Abkömmlinge sich erhöhen kann,
- bei Auflösung der Ehe kein Zugewinnausgleich stattfindet,
- die Privilegierung des § 5 ErbStG keine Anwendung findet.

Die Gütertrennung soll derzeit nicht in das Güterrechtsregister eingetragen werden. Jeder von uns beiden ist jedoch berechtigt, den Eintragungsantrag jetzt oder künftig alleine zu stellen.

Nach Belehrung durch den Notar verzichten wir auf die Erstellung eines Vermögensverzeichnisses.

§ 4 Hinweise, Durchführung

Der Notar hat die Erschienenen über die Bedeutung, die rechtliche Tragweite, insbesondere die Rechtsfolgen und die Auswirkungen der Vereinbarung zur elterlichen Sorge und zur Gütertrennung abschließend noch einmal ausführlich belehrt. Beide Erschienenen sind sich der Tragweite der getroffenen Vereinbarungen bewusst und wünschen gleichwohl die Beurkundung der Vereinbarung auch unter Inkaufnahme möglicher zukünftig daraus erwachsener Nachteile.

(ggf. weitere abschließende Hinweise/Durchführung)

(Urkundsausgang, Unterschriften)

▲

30 Ebenso wie insgesamt die Verantwortung für Fragend er Vermögenssorge auf einen der Ehepartner übertragen werden kann, ist dies naturgemäß hinsichtlich **einzelner Vermögenspositionen** möglich.

Hat beispielsweise das Kind ein Mehrfamilienhaus geerbt, dessen Verwaltung zu regeln ist, weil der Erblasser eine Vermögensverwaltung nicht angeordnet hat, können dies die **Kindeseltern untereinander** regeln. Auch dies ist formfrei[28] möglich und kann im Zusammenhang mit anderen – notariell – regelungsbedürftigen Fragen wie folgt formuliert werden:

▼

31 **Muster 6.6: Vereinbarung zu Teilen der Vermögenssorge**

Verhandelt am

Zu

Vor mir, dem unterzeichnenden Notar im Bezirk des Oberlandesgerichts

erscheinen

1. Herr , geb. am , wohnhaft

2. Frau , geb. , geb. am , wohnhaft ebenda

ausgewiesen durch .

Die Frage des beurkundenden Notars nach einer Vorbefassung im Sinne von § 3 Abs. 1 Nr. 7 BeurkG wurde von den Erschienenen verneint. Der beurkundende Notar erläuterte die vorgenannte Vorschrift.

Die Erschienenen baten den Notar um die Beurkundung eines

Ehevertrages

und erklärten vorab:

28 Vgl. die Beispiele in BeckFormB FamR/*Finger,* Form.E. I. 6–8.

§ 1 Ausgangslage

Wir, die Erschienenen zu 1 und 2, sind miteinander verlobt und wollen am ___ die Ehe miteinander schließen.

Ich, der Ersch. zu 1, bin von Beruf Schreiner, ich, die Ersch. zu 2, bin von Beruf Bankkauffrau.

Aus unserer Verbindung ist das nunmehr 4 Jahre alte Kind K hervorgegangen. Wir sind aufgrund gemeinsamer Sorgeerklärung beide für unser Kind sorgeberechtigt.

Unser Kind hat von seinem Großvater, dem Vater der Ersch. zu 2 ein Mehrfamilienhaus unter der Anschrift ___, in ___ geerbt.

Wir vereinbaren für unsere Ehe, was folgt:

§ 2 Elterliche Sorge, Vermögenssorge

1. Wir, die Erschienenen, werden weiterhin die gemeinsame Verantwortung elterlicher Sorge für unser gemeinsames Kind K tragen.

2. Wir vereinbaren, dass die Vermögenssorge grundsätzlich gemeinschaftlich ausgeübt wird. In Ausnahme dazu soll jedoch hinsichtlich des von unserem Kind K ererbten Mehrfamilienhauses unter der Anschrift ___, in ___ die Ersch. zu 2 handlungs-, entscheidungs- und verwaltungsbefugt sein.

3. Aus den Maßnahmen, Tätigkeiten und Erklärungen der Ersch. zu 2 darf der Ersch. zu 1 jedoch nicht rechtsgeschäftlich oder in anderer Form verpflichtet werden.

4. Den Beteiligten ist bekannt, dass die vorstehenden Vereinbarungen jederzeit widerrufbar sind.

§ 3 Güterstand

Als Güterstand für unsere Ehe soll die Gütertrennung nach Maßgabe des Bürgerlichen Gesetzbuches gelten. Uns ist bekannt, dass durch die Vereinbarung der Gütertrennung

- keine Haftungsbeschränkung gegenüber Gläubigern eintritt,
- jeder Ehegatte über sein Vermögen frei verfügen kann,
- beim Tode eines von uns beiden das Erb- und Pflichtteilsrecht des Überlebenden am Nachlass des Zuerst versterbenden sich vermindern und das Erb- und Pflichtteilsrecht der Kinder oder sonstiger Abkömmlinge sich erhöhen kann,
- bei Auflösung der Ehe kein Zugewinnausgleich stattfindet,
- die Privilegierung des § 5 ErbStG keine Anwendung findet.

Die Gütertrennung soll derzeit nicht in das Güterrechtsregister eingetragen werden. Jeder von uns beiden ist jedoch berechtigt, den Eintragungsantrag jetzt oder künftig alleine zu stellen.

Nach Belehrung durch den Notar verzichten wir auf die Erstellung eines Vermögensverzeichnisses.

§ 4 Hinweise, Durchführung

Der Notar hat die Erschienenen über die Bedeutung, die rechtliche Tragweite, insbesondere die Rechtsfolgen und die Auswirkungen der Vereinbarung zur Bestimmung des Vor- und Nachnamens sowie zur elterlichen Sorge und zur Gütertrennung abschließend noch einmal ausführlich belehrt. Beide Erschienenen sind sich der Tragweite der getroffenen Vereinbarungen bewusst und wünschen gleichwohl die Beurkundung der Vereinbarung auch unter Inkaufnahme möglicher zukünftig daraus erwachsener Nachteile.

(ggf. weitere abschließende Hinweise/Durchführung)

(Urkundsausgang, Unterschriften)

▲

3. Meinungsverschiedenheiten der Eltern, § 1628 BGB

a) Grundsätze zur gerichtlichen Entscheidung bei Meinungsverschiedenheiten

32 Im Hinblick darauf, dass statistisch in rund **80 %** der Fälle bei Trennung und Scheidung die Eltern gemeinsam die Verantwortung für Kinder ausüben, hat die Vorschrift des § 1628 BGB über die gerichtliche Entscheidung bei Meinungsverschiedenheiten der Eltern erheblich an Bedeutung gewonnen.[29]

§ 1628 BGB ermächtigt die Gerichte allerdings nur dazu, einem Elternteil die **Entscheidungskompetenz zu übertragen**, fällt jedoch keine eigene Sachentscheidung.[30] Es wirkt aber auf eine Einigung der Sorgeberechtigten hin, § 156 FamFG.[31]

Gerichtliche Entscheidungen bei Meinungsverschiedenheiten der Eltern gem. § 1628 BGB beziehen sich aber nur auf eine **einzelne Angelegenheit** oder eine bestimmte Art von Angelegenheiten nicht dagegen auf grundsätzliche Fragen, z.B. des Wohnsitzes der Kinder.[32]

§ 1628 BGB ist deshalb grundsätzlich restriktiv auszulegen und auf situative Entscheidungen zu begrenzen.[33]

29 Vgl. dazu OLG Köln FamRZ 2012, 1502.

30 BVerfGFamRZ 2003, 511.

31 Vgl. auchOLG Zweibrücken FamRZ 2000, 627.

32 OLG Köln FamRZ 2012, 563.

33 Palandt/*Götz*, BGB, 72. Aufl., 2013, § 1628 Rn 3 m.w.N.

Voraussetzung für das familiengerichtliche Verfahren ist der **Antrag eines Elternteils** nach erfolglosem Einigungsversuch mit dem anderen Elternteil,[34] dessen Konflikt sich auf die elterliche Sorge und dabei nur auf eine einzelne Angelegenheit bezieht,[35] die **von erheblicher Bedeutung** ist.[36] 33

Einzelfälle von Angelegenheiten von erheblicher Bedeutung sind z.B.:[37] 34

- Streit um den Vornamen des Kindes[38]
- Bestimmung des Aufenthaltes des Kindes[39]
- Unterbringung im Landschulheim oder im Elternhaus[40]
- Unterbringung in einer Heilanstalt[41]
- Wahl des Kindergartens;[42] Wahl der Schulart;[43] Wahl des Schulortes;[44] Umschulung auf eine Waldorfschule[45]
- Ausbildungs- und Berufswahl[46]
- Wahl des religiösen Bekenntnisses[47]
- Katholische Taufe und Erstkommunion des achtjährigen Kindes[48]
- Taufe eines Kindes[49]
- Ärztliche Behandlung[50]

34 Zur Rechtspflicht vgl. § 1627 S. 2 BGB.

35 BGH FamRZ 2004, 1167 m. Anm. *Luthin*; FF 2005, 268 m. Anm. *Fröhlich.*

36 OLG Bremen FamRZ 2009, 355: Abholen vom Kindergarten ist keine Angelegenheit von erheblicher Bedeutung; ähnlich OLG Karlsruhe FamRZ 2008, 1368 für Urlaubsreise; anders OLG Düsseldorf FamRZ 2010, 1255 für die Entscheidung betr. Taufe und Kommunion und OLG Oldenburg FamRZ 2010, 1256 betr. die Entscheidung über Religionszugehörigkeit.

37 Vgl. auch *Horndasch*, Verbundverfahren, Rn 215 sowie die Einzelfallübersicht mit Nachweisen von *Schilling,* NJW 2007, 3233.

38 OLG Frankfurt FamRZ 1957, 55.

39 BGH FamRZ 1980, 1107; OLG Karlsruhe FamRZ 2010, 391; OLG Naumburg FamRZ 2009, 792; OLG München FamRZ 2008, 1103.

40 AG Hamburg FamRZ 1956, 123.

41 Staudinger/*Peschel-Gutzeit*, § 1628 BGB Rn 27.

42 OLG Frankfurt FamRZ 2009, 894.

43 OLG Brandenburg OLGR 2008, 388; OLG Hamburg FamRZ 2001, 1088; OLG Nürnberg FamRZ 1999, 1160; BayObLGFamRZ 1959, 293; LG Berlin FamRZ 1982, 839.

44 OLG Schleswig FamFR 2011, 113.

45 AG Lemgo FamRZ 2004, 49.

46 OLG Celle FamRZ 1955, 213; OLG Hamm FamRZ 1966, 209.

47 BGH FamRZ 2005, 1167 m. Anm. *Luthin* = FF 2005, 268 m. Anm. *Fröhlich.*

48 Übertragung des Alleinentscheidungsrechts abgelehnt, OLG Hamm FamRZ 2014, 1712: Angesichts der verschiedenen Kulturkreise und Religionen der Eltern – Mutter Katholikin, Vater Muslim – erscheine es „geboten, die Kinder nicht bereits jetzt endgültig in eine Religionsgemeinschaft zu integrieren, wie es durch Taufe und Kommunion der Fall wäre“

49 OLG Schleswig FamRZ 2004, 394; AG Lübeck FamRZ 2003, 549.

50 OLG Bamberg FamRZ 2003, 1403; anders bei Routineeingriffen, OLG München FamRZ 2009, 2099.

- Ob und wogegen das Kind geimpft werden soll[51]
- Umgang mit dritten Personen[52]
- Ausstellung eines Kinderausweises[53]
- Urlaubsreise nach Katar für zwei 5 und 7 Jahre alte Kinder[54]
- Urlaubsreise der mit den Kindern (16 und 6 J. alt) zusammen lebenden Kindesmutter kasachischer Abstammung nach Kasachstan[55]
- Urlaubsreise in Krisengebiete[56]
- Anlegung eines größeren Kindesvermögens[57]
- Ausschlagung einer angefallenen Erbschaft[58]
- Verwendung der Einkünfte des Kindesvermögens gem. § 1649 Abs. 2 BGB[59]
- Vertretung des Kindes bei der Geltendmachung von Kindesunterhalt im Wechselmodell[60]
- Gerichtliche Geltendmachung von Sozialleistungen[61]
- Antrag nach dem Namensänderungsgesetz.[62]

35 Das Familiengericht entscheidet nicht selbst hinsichtlich der Angelegenheit, sondern überträgt die Entscheidung einem Elternteil allein, entweder dem Antragsteller oder dem Antragsgegner.[63] Ein **Antrag,** etwa bei Streit über die Einschulung des Kindes in eine Waldorfschule oder eine so genannte Regelschule, lautet:

Es wird beantragt werden, wie folgt zu erkennen:

Der Antragstellerin wird die Entscheidung darüber übertragen, in welche Schule das gemeinsame minderjährige Kind XY einzuschulen ist.

36 Ziel des § 1628 BGB ist nicht Staatsintervention durch gerichtliche Eigenentscheidung, sondern Wahrung des Kindeswohles durch einen Elternteil, auf den sich insoweit mit Hilfe des Gerichtes die Ausübung der elterlichen Sorge für die Entscheidung der Einzelfrage konzentriert.[64]

51 KG FamRZ 2006, 142; AmtsG Darmstadt FamRZ 2016, 248: Tetanusimpfungen pp sind Angelegenheiten des täglichen Lebens.
52 OLG Thüringen FamRZ 2009, 894.
53 OLG Karlsruhe FamRZ 2005, 1187.
54 OLG Köln FamRZ 2005, 644.
55 OLG Hamburg FamRZ 2012, 562.
56 OLG Karlsruhe FamRZ 2015, 150: Reise in die Ost-Ukraine.
57 MüKoBGB/*Huber*, § 1628 Rn 14 m.w.N.
58 OLG Hamm FamRZ 2003, 172.
59 MüKoBGB/*Huber*, § 1628 Rn 11, § 1649 BGB Rn 22.
60 OLG Hamburg FamRZ 2015, 591; vgl. auch OLG Celle FamRZ 2015, 590.
61 OLG Jena FamRZ 2015, 148.
62 OLG Oldenburg FamRZ 2015, 333.
63 BVerfG FamRZ 2003, 511.
64 Ausführlich dazu *Horndasch*, in: Scholz/Kleffmann/Motzer, Teil E Rn 24 ff.

b) Vereinbarung vor gerichtlicher Entscheidung

Gerichte sollen gerade in Kindschaftssachen gem. § 156 FamFG auf ein **Einvernehmen der Eltern hinwirken**. 37

Dies gilt unabhängig davon, ob ein gerichtlich gebilligter Vergleich zwischen den Beteiligten möglich ist. Damit ist auch der Streit entschieden, ob das Gericht nach dem früheren § 52 Abs. 1 FGG auch dort auf ein Einvernehmen hinzuwirken hatte, wo ein Vergleich der Beteiligten nicht möglich war.[65] Das Gericht hat auf die Möglichkeit der Beratung durch die Träger der Kinder- und Jugendhilfe hinzuweisen, § 156 Abs. 1 S. 2 FamFG.

Damit sollen Eltern bewogen werden, gemeinsam ein Konzept zu entwickeln, das zur Wahrnehmung der elterlichen Sorge und der elterlichen Verantwortung führt. Durch den zusätzlichen Hinweis auf die elterliche Verantwortung soll unterstrichen werden, dass die Verantwortung der Eltern unabhängig von der elterlichen Sorge besteht und auch nach Trennung und Scheidung fort gilt.[66] Der Verstoß gegen die Beratungspflicht des Gerichts stellt i.Ü. einen schweren Verfahrensfehler dar, der zur Aufhebung der Entscheidung im Beschwerdeverfahren führen kann.[67]

Das Gericht soll in geeigneten Fällen auf die **Möglichkeit der Mediation** oder der sonstigen außergerichtlichen Streitbeilegung hinweisen, § 156 Abs. 1 S. 3 FamFG. 38

Mit der letzten Möglichkeit sind Beratungsstellen gemeint, die sich in Verbänden, in Kirchen und Vereinen gebildet haben und in Beratungsstellen Gespräche mit dem Ziel einvernehmlicher Lösung auftretender Probleme anbieten. Die **Mediation** hat sich mehr und mehr in diesem Zusammenhang zu einer erfolgversprechenden Möglichkeit entwickelt, Einvernehmen zwischen Eltern zu erreichen. Dabei erarbeiten die Eltern über die Entwicklung von Verständnis für die Position des jeweils anderen mithilfe des Mediators die Lösung selbst.[68]

> *Praxistipp* 39
>
> Hat das Gericht nicht nur auf die Möglichkeit einer **Mediation** hingewiesen, sondern sie **von Amts wegen angeordnet**, sind die Kosten des im Rahmen von PKH beigeordneten Mediators von der Staatskasse zu tragen.[69] Die Formulierung des Abs. 1 S. 3 als Soll-Vorschrift ist unnötig, da ohnehin nach dem Gesetzeswortlaut nur in geeigneten

65 Bejahend Johannsen/Henrich/*Brudermüller*, Eherecht, § 52 FGG Rn 5; Bassenge/*Roth*, FGG/RPflG, § 52 FGG Rn 2; a.A. BayObLG, FGPrax 2001, 77; Keidel/Kuntze/Winkler/*Engelhardt*, FGG, § 52 Rn 2; Jansen/*Zorn*, FGG, § 52 Rn 2 m.w.N.

66 So die Begr. zu § 52 Abs. 1 S. 2 FGG in BT-Drucks 13/8511, 79; vgl. Jansen/*Zorn*, FGG, § 52 Rn 7; *Coester*, FF 2009, 269.

67 OLG Köln, FamRZ 1999, 734.

68 Zur Literatur über Mediation vgl.: vgl. *Haynes*, Scheidung ohne Verlierer; *Diez*, Werkstattbuch Mediation; *Brunner*, Die Kunst des Fragens.

69 AG Eilenburg, FamRZ 2007, 1670.

Fällen auf diese Möglichkeit hinzuweisen ist. Die fehlende Verpflichtung zu entsprechenden Hinweisen führt zu einer nicht gerechtfertigten Herabstufung der Mediation und der sonstigen Möglichkeiten außergerichtlicher Streitbeilegung.

40 Ein solches, vom Familiengericht im Streitfall erstrebtes Einverständnis sollten Eltern zuvor bereits zu erreichen versuchen, indem sie beispielsweise vereinbaren, im Streitfalle eine Mediation in Anspruch zu nehmen.

Dies könnte – isoliert formfrei – im Zusammenhang mit anderen Regelungen notariell wie folgt formuliert werden:

6.7

▼

41 **Muster 6.7: Vereinbarung von Mediation zur Streitvermeidung**

Verhandelt am

Zu

Vor mir, dem unterzeichnenden Notar im Bezirk des Oberlandesgerichts

erscheinen

1. Herr , geb. am , wohnhaft

2. Frau geb. , geb. am , wohnhaft

ausgewiesen durch .

Die Frage des beurkundenden Notars nach einer Vorbefassung im Sinne von § 3 Abs. 1 Nr. 7 BeurkG wurde von den Erschienenen verneint. Der beurkundende Notar erläuterte die vorgenannte Vorschrift.

Die Erschienenen baten den Notar um die Beurkundung einer

Trennungs- und Unterhaltsvereinbarung

und erklärten vorab:

§ 1 Ausgangslage

Wir sind beide von Geburt an deutsche Staatsangehörige und haben am in die Ehe geschlossen. Aus unserer Ehe ist das am geborene, derzeit also 12 Jahre alte Kind K. hervorgegangen. Es behält einvernehmlich seinen Lebensmittelpunkt bei der Kindesmutter. Kinder aus anderen Verbindungen sind nicht vorhanden.

Wir leben seit dem in verschiedenen Wohnungen voneinander getrennt.

§ 2 Ehegattenunterhalt

1. Der Ersch. zu 1 verpflichtet sich, ab an die Ersch. zu 2 für die Zeit der Trennung einen monatlich, jeweils bis zum 1. eines jeden Monats fälligen Trennungsunterhalt in Höhe von EUR zu zahlen.

2. Bei dieser Vereinbarung gehen die Beteiligten von den folgenden Einkommensverhältnissen aus:

- Einkommen des Ersch. zu 1
- Einkommen der Ersch. zu 2 .

3. Die Vereinbarung zur Zahlung von Trennungsunterhalt ist der Abänderung zugänglich. Die Beteiligten vereinbaren im Falle der Änderung der Einkommens- und Vermögensverhältnisse eine an der getroffenen Vereinbarung orientierte Abänderung. Ergänzend gelten die gesetzlichen Regelungen.

4. Die Ersch. zu 2 verpflichtet sich für die Dauer der Unterhaltsleistung, die nach § 10 Abs. 1 Nr. 1 EStG erforderliche Zustimmung zum begrenzten Realsplitting zu geben. Der Ersch. zu 1 ist verpflichtet, die Ersch. zu 2 von den ihr entstehenden finanziellen Nachteilen freizustellen.

§ 3 Kindesunterhalt

1. Der Ersch. zu 1 ist verpflichtet, an das Kind K zu Händen der Ersch. zu 2 Kindesunterhalt in Höhe von EUR zu zahlen, und zwar jeweils im Voraus bis zum 1. eines jeden Monats.

2. Die Festsetzung des Unterhalts erfolgt auf der Grundlage des in § 2 Ziff. 2 der Vereinbarung festgestellten anrechenbaren Nettoeinkommens des Ersch. zu 1.

3. Aufgrund des Alters des Kindes erfolgt die Unterhaltsbemessung nach der dritten Altersstufe der Düsseldorfer Tabelle.

§ 4 Vollstreckungsunterwerfung

Wegen der in § 2 und 3 der Vereinbarung eingegangenen Verpflichtung zur Zahlung von Ehegattenunterhalt und Kindesunterhalt unterwerfe ich, der Ersch. zu 1, mich der

sofortigen Zwangsvollstreckung

aus dieser Urkunde in mein Vermögen.

Die Ersch. zu 2 ist berechtigt, sich jederzeit auf einseitigen Antrag auf Kosten des Ersch. zu 1. eine vollstreckbare Ausfertigung dieser Urkunde erteilen zu lassen, ohne dass es hierzu des Nachweises der Fälligkeit oder sonstiger die Vollstreckung begründender Tatsachen bedarf.

§ 5 Elterliche Sorge, Erziehungsgrundsätze

1. Wir, die Erschienenen, vereinbaren die Beibehaltung der gemeinsamen elterlichen Sorge für unser Kind K nach Scheidung unserer Ehe.

2. In der Pflege, der Betreuung und weiteren Erziehung unseres Kindes K werden wir weiterhin nach Erziehungsgrundsätzen handeln, wonach eine gewaltfreie Erziehung ohne körperliche Bestrafungen, ohne seelische Verletzungen und/oder andere entwürdigende Maßnahmen erfolgt. Wir werden das mit höherem Alter unseres Kindes verbundene größere Maß an Selbstständigkeit und Eigenverantwortlichkeit berücksichtigen.

3. Für den Fall des Verstoßes gegen die vorbenannten Grundsätze behalten sich die Erschienenen angemessene gerichtliche Anträge vor, um das Kindeswohl zu gewährleisten. Um eine streitige gerichtliche Entscheidung möglichst zu vermeiden, vereinbaren wir bei Meinungsverschiedenheiten betr. die elterliche Sorge oder Umgangsfragen hinsichtlich unseres Kindes K die Inanspruchnahme einer Mediation vor Anrufung des Familiengerichts. Für den Fall, dass wir uns über die Person des Mediators/Mediatorin nicht einigen können, wird das zuständige Jugendamt um eine entsprechende Bestimmung gebeten.

4. Den Erschienenen ist bekannt, dass die vorstehenden Vereinbarungen jederzeit frei widerrufbar sind.

§ 6 Hinweise, Durchführung

Der Notar hat die Erschienenen über die Bedeutung, die rechtliche Tragweite, insbesondere die Rechtsfolgen und die Auswirkungen der Unterhaltsvereinbarung und der Vereinbarung zur elterlichen Sorge abschließend noch einmal ausführlich belehrt. Beide Erschienenen sind sich der Tragweite der getroffenen Vereinbarungen bewusst und wünschen gleichwohl die Beurkundung der Vereinbarung auch unter Inkaufnahme möglicher zukünftig daraus erwachsener Nachteile.

(ggf. weitere abschließende Hinweise/Durchführung)

(Urkundsausgang, Unterschriften)

▲

II. Übertragung von Sorgepflichten

42 Die (künftigen) Eheleute und (künftigen) Eltern können auch in Teilbereichen elterlicher Sorge Vereinbarungen über die Ausgestaltung treffen oder Vollmachten erteilen.

1. Vereinbarung in Teilbereichen

43 Ein typisches und nicht ungewöhnliches Beispiel ist die religiöse Kindererziehung bei unterschiedlichen Glaubensrichtungen der Eheleute/Eltern.

Beispiel 44

Wir, (die Eheleute) A. und H.M., wollen am … in … heiraten. Wir wollen Kinder haben. Für unsere Kinder legen wir uns in dieser Vereinbarung auf eine kirchlich ausgerichtete und kirchlich begleitete Erziehung fest, über die im Einzelnen der Ehemann bestimmen soll, Herr H.M., Mitglied der römisch-katholischen Kirche. Die Ehefrau erteilt schon jetzt die dazu erforderlichen Vollmachten und erklärt, dass sie ihren Mann und die Kinder in ihrer religiösen Entwicklung nicht behindern oder stören oder eigene Befugnisse (störend) geltend machen wird. Sie trägt die Vorstellungen ihres Mannes in vollem Umfang mit.

Variante:

A. will Hussein heiraten, tunesischer Staatsangehöriger und Muslim. In ihrem Ehevertrag halten beide Eheleute fest, dass Kinder aus ihrer Ehe im „christlichen Bekenntnis katholischen Glaubens" erzogen werden sollen. Ausdrücklich sollen die Absprachen, die sie treffen, auch für eine Trennung oder Scheidung ihrer Ehe gelten.[70]

Ähnliche Vereinbarungen sind denkbar namentlich im Bereich schulischer Entwicklung oder hinsichtlich ärztlicher Heileingriffe.[71]

Die Übertragung von Entscheidungsbefugnissen wird vor allem bei **Angelegenheiten von erheblicher Bedeutung** für das Kind sinnvoll sein. 45

Von Angelegenheiten von erheblicher Bedeutung sind abzugrenzen Angelegenheiten des täglichen Lebens. Es handelt sich bei den **Angelegenheiten des täglichen Lebens** um Entscheidungen, die häufig wiederkehren und auf die Entwicklung des Kindes keine schwer abzuändernden Auswirkungen haben. Um dies zu ermitteln, ist zu fragen, ob es mit dem Kindeswohl vereinbar wäre, wenn eine Entscheidung unterbliebe.[72]

- Bei Angelegenheiten von erheblicher Bedeutung müssen Eltern jedoch grundsätzlich Einvernehmen herstellen.[73]
- Bei miteinander zusammen lebenden Eltern genügt die grundlegende Übereinstimmung.[74]
- Bei getrenntlebenden oder voneinander geschiedenen Eltern werden sich jedoch häufig unterschiedliche Auffassungen herausbilden, die auf der getrennten Lebensführung und entsprechend unterschiedlichen Entwicklungen und Erfahrungen beruht.

70 Bergschneider/*Finger*, a.a.O. Ziff. E.I.2.
71 Vgl. dazu ausführlich *Bergschneider/Finger* a.a.O. Ziff. E.I.
72 *Völker/Clausius,* § 1 Rn 67.
73 Vgl. die Einzelaufstellung von *Schilling,* NJW 2007, 3133; dazu auch *Schwab,* FamRZ 1998, 457.
74 *Wend,* FPR 1999, 137.

Es kann deshalb sinnvoll sein, in Einzelbereichen Zuordnungen herbeizuführen, je nach zugrundeliegendem Sachverhalt **sowohl bei Eheschließung und während der Eheführung als auch nach Trennung und Scheidung**.

Je nach zugrundeliegendem Sachverhalt wird eine Vereinbarung für eine ganze Anzahl von Fallgestaltungen möglich sein.

a) Aufenthaltsbestimmung

46 Das **Aufenthaltsbestimmungsrecht** steht als Teil der elterlichen Sorge grundsätzlich beiden Elternteilen zu, soweit beide Träger elterlicher Sorge sind.

Es kann jedoch sinnvoll sein, diese Teilbefugnis gesondert durch **gerichtliche Entscheidung oder gerichtliche Vereinbarung** zu übertragen, wenn entweder der andere Elternteil den überwiegenden Aufenthalt bei dem betreuenden Ehegatten bestreitet oder die Gefahr einer Verbringung des Kindes in das Ausland besteht.

Auch wenn solcher Sachverhalt nicht gegeben ist, kann eine **privatschriftliche Vereinbarung** entsprechenden Inhalts sinnvoll sein. Dies gilt, obwohl der andere Elternteil jederzeit berechtigt ist, solche Vereinbarung zu widerrufen.

Wird ohnehin eine notarielle Vereinbarung geschlossen, ist es sinnvoll, auch diesen Punkt in eine Regelung einzubeziehen.

47 Dies kann bei entsprechendem Sachverhalt wie folgt geschehen:

6.8

▼

Muster 6.8: Vereinbarung zur Aufenthaltsbestimmung

Verhandelt am

Zu

Vor mir, dem unterzeichnenden Notar im Bezirk des Oberlandesgerichts

erscheinen

1. Herr , geb. am , wohnhaft

2. Frau , geb. , geb. am , wohnhaft ebenda

ausgewiesen durch .

Die Frage des beurkundenden Notars nach einer Vorbefassung im Sinne von § 3 Abs. 1 Nr. 7 BeurkG wurde von den Erschienenen verneint. Der beurkundende Notar erläuterte die vorgenannte Vorschrift.

Die Erschienenen baten den Notar um die Beurkundung eines

Ehevertrages

und erklärten vorab:

§ 1 Ausgangslage

Wir, die Erschienenen zu 1 und 2, sind miteinander verlobt und wollen am die Ehe miteinander schließen.

Ich, der Ersch. zu 1, bin von ägyptischer Staatsangehörigkeit, ich, die Ersch. zu 2, bin deutsche Staatsangehörige.

Aus unserer Verbindung ist das nunmehr 4 Jahre alte Kind K hervorgegangen. Wir sind aufgrund gemeinsamer Sorgeerklärung beide für unser Kind sorgeberechtigt.

Wir vereinbaren für unsere Ehe, was folgt:

§ 2 Elterliche Sorge, Aufenthaltsbestimmung

1. Wir, die Erschienenen, werden weiterhin die gemeinsame Verantwortung elterlicher Sorge für unser gemeinsames Kind K tragen.

2. Wir vereinbaren, dass der Ersch. zu 2 während der Ehe, aber auch nach etwaiger Trennung und Scheidung das alleinige Aufenthaltsbestimmungsrecht für unser Kind/unsere Kinder zustehen soll. Der Ersch. zu 1 wird ggf. entsprechende Regelungsanträge der Ersch. zu 2 unterstützen.

3. Den Erschienenen ist bekannt, dass die vorstehenden Vereinbarungen jederzeit frei widerrufbar sind.

§ 3 Güterstand

Als Güterstand für unsere Ehe soll die Gütertrennung nach Maßgabe des Bürgerlichen Gesetzbuches gelten. Uns ist bekannt, dass durch die Vereinbarung der Gütertrennung

- keine Haftungsbeschränkung gegenüber Gläubigern eintritt,
- jeder Ehegatte über sein Vermögen frei verfügen kann,
- beim Tode eines von uns beiden das Erb- und Pflichtteilsrecht des Überlebenden am Nachlass des Zuerst versterbenden sich vermindern und das Erb- und Pflichtteilsrecht der Kinder oder sonstiger Abkömmlinge sich erhöhen kann,
- bei Auflösung der Ehe kein Zugewinnausgleich stattfindet,
- die Privilegierung des § 5 ErbStG keine Anwendung findet.

Die Gütertrennung soll derzeit nicht in das Güterrechtsregister eingetragen werden. Jeder von uns beiden ist jedoch berechtigt, den Eintragungsantrag jetzt oder künftig alleine zu stellen.

Nach Belehrung durch den Notar verzichten wir auf die Erstellung eines Vermögensverzeichnisses.

§ 4 Hinweise, Durchführung

Der Notar hat die Erschienenen über die Bedeutung, die rechtliche Tragweite, insbesondere die Rechtsfolgen und die Auswirkungen der Vereinbarung zur elterlichen Sorge und Aufenthaltsbestimmung sowie zur Gütertrennung abschließend noch einmal ausführlich belehrt. Beide Erschienenen sind sich der Tragweite der getroffenen Vereinbarungen bewusst und wünschen gleichwohl die Beurkundung der Vereinbarung auch unter Inkaufnahme möglicher zukünftig daraus erwachsener Nachteile.

(ggf. weitere abschließende Hinweise/Durchführung)

(Urkundsausgang, Unterschriften)

▲

b) Schul- und Berufsausbildung

48 Die Schul- und Berufsausbildung, damit zusammenhängend auch die Wahl der Schulart, der Auswahl einer Schule unter mehreren Möglichkeiten sowie der Schulwechsel gehören zu den wichtigsten Bereichen elterlicher Sorge. Hier konkretisiert sich der Erziehungsauftrag der Eltern. Dieser Erziehungsauftrag erfasst die Sorge für die sittliche, geistige und seelische Entwicklung des Kindes und Jugendlichen. Dies umfasst auch den Bildungs- und Ausbildungsauftrag.

Über den Gesamtbereich des Schul- und Berufsausbildung können Eltern eine Zuordnung im Sinne einer Bevollmächtigung eines Elternteils zur Ausübung der entsprechend notwendigen Handlungen und für Entscheidungen, die in diesem Zusammenhang getroffen werden sollen.

Eine Vereinbarung ist nach Trennung und Scheidung sinnvoll, wenn entweder wegen

- großer räumlicher Trennung der Eltern oder
- starker persönlicher Nähe des Kindes zu nur einem der Elternteile oder
- unterschiedlicher Befähigung zur qualifizierten Entscheidung

ohnehin vor allem einer der beiden Elternteile zu entsprechenden Entscheidungen in der Lage ist.

49 Aber auch zu Beginn einer Ehe kann es angemessen sein, einem der Eheleute die Entscheidungsbefugnis zu erteilen.

Dies könnte wie folgt formuliert sein:

6.9

▼

Muster 6.9: Vereinbarung zu Kindergarten, Schul- und Berufsausbildung

Verhandelt am

Zu

Vor mir, dem unterzeichnenden Notar im Bezirk des Oberlandesgerichts

erscheinen

1. Herr geb. am , wohnhaft
2. Frau geb. , geb. am , wohnhaft ebenda

ausgewiesen durch .

Die Frage des beurkundenden Notars nach einer Vorbefassung im Sinne von § 3 Abs. 1 Nr. 7 BeurkG wurde von den Erschienenen verneint. Der beurkundende Notar erläuterte die vorgenannte Vorschrift.

Die Erschienenen baten den Notar um die Beurkundung eines

Ehevertrages

und erklärten vorab:

§ 1 Ausgangslage

Wir, die Erschienenen zu 1 und 2, sind miteinander verlobt und wollen am die Ehe miteinander schließen.

Ich, der Ersch. zu 1, bin von ägyptischer Staatsangehörigkeit, ich, die Ersch. zu 2, bin deutsche Staatsangehörige.

Ich, der Ersch. zu 1 bin Schreiner von Beruf, ich, die Ersch. zu 2, bin verbeamtete Grundschullehrerin.

Aus unserer Verbindung ist das nunmehr 4 Jahre alte Kind K hervorgegangen. Wir sind aufgrund gemeinsamer Sorgeerklärung beide für unser Kind sorgeberechtigt.

Wir vereinbaren für unsere Ehe, was folgt:

§ 2 Elterliche Sorge, Kindergarten, Schul- und Berufsausbildung

1. Wir, die Erschienenen, werden weiterhin die gemeinsame Verantwortung elterlicher Sorge für unser gemeinsames Kind K tragen.

2. Wir vereinbaren, dass der Ersch. zu 2 während der Ehe, aber auch nach etwaiger Trennung und Scheidung die alleinigen Entscheidungsbefugnisse in allen Fragen des Kindergartens, der schulischen Ausbildung, der Wahl des Schultyps und der konkreten Wahl der Schule erhalten soll. Die Ersch. zu 2 sichert zu, dass sie ihre Entscheidungen an der Entwicklung des Kindes und an seinem Wohl ausrichten werde.

3. Den Erschienenen ist bekannt, dass die vorstehenden Vereinbarungen jederzeit frei widerrufbar sind.

§ 3 Güterstand

Als Güterstand für unsere Ehe soll die Gütertrennung nach Maßgabe des Bürgerlichen Gesetzbuches gelten. Uns ist bekannt, dass durch die Vereinbarung der Gütertrennung

- keine Haftungsbeschränkung gegenüber Gläubigern eintritt,
- jeder Ehegatte über sein Vermögen frei verfügen kann,
- beim Tode eines von uns beiden das Erb- und Pflichtteilsrecht des Überlebenden am Nachlass des Zuerst versterbenden sich vermindern und das Erb- und Pflichtteilsrecht der Kinder oder sonstiger Abkömmlinge sich erhöhen kann,
- bei Auflösung der Ehe kein Zugewinnausgleich stattfindet,
- die Privilegierung des § 5 ErbStG keine Anwendung findet.

Die Gütertrennung soll derzeit nicht in das Güterrechtsregister eingetragen werden. Jeder von uns beiden ist jedoch berechtigt, den Eintragungsantrag jetzt oder künftig alleine zu stellen.

Nach Belehrung durch den Notar verzichten wir auf die Erstellung eines Vermögensverzeichnisses.

§ 4 Hinweise, Durchführung

Der Notar hat die Erschienenen über die Bedeutung, die rechtliche Tragweite, insbesondere die Rechtsfolgen und die Auswirkungen der Vereinbarung zur elterlichen Sorge, zu Fragen des Kindergartens und zur Schul- und Berufsausbildung sowie zur Gütertrennung abschließend noch einmal ausführlich belehrt. Beide Erschienenen sind sich der Tragweite der getroffenen Vereinbarungen bewusst und wünschen gleichwohl die Beurkundung der Vereinbarung auch unter Inkaufnahme möglicher zukünftig daraus erwachsener Nachteile.

(ggf. weitere abschließende Hinweise/Durchführung)

(Urkundsausgang, Unterschriften)

▲

c) Erziehungsgrundsätze

50 Man kann darüber streiten, ob die **Wahl von Erziehungsgrundsätzen** zu den Angelegenheiten von erheblicher Bedeutung zählen. In ihrer Gesamtheit wird man dies bejahen müssen.[75]

75 So auch *Völker/Clausius*, § 1 Rn 110.

Es ist für die Entwicklung eines Kindes und Jugendlichen von entscheidender Bedeutung, **mit welchen kulturellen und gesellschaftlichen Parametern** es konfrontiert und erzogen wird, was seine primären Bezugspersonen, seine Eltern, an Werten vermitteln.

So wird es auch für eine mit den Werten mitteleuropäischer Kultur aufgewachsene Mutter 51
eines Kindes wichtig sein, dass ihr mit „muslimischem Clan-Verständnis" versehener Partner und Kindesvater dem Kind Grundwerte beispielsweise von **Gleichberechtigung der Geschlechter, Gleichwertigkeit unterschiedlicher sexueller Orientierung sowie Respekt und Achtung gegenüber dem Kindeswohl** vermittelt.

Auch wenn die damit zugespitzte Gegenüberstellung keine Bewertung, namentlich keine Abwertung „muslimischen Clan-Verständnisses" sein soll, wird daran deutlich, dass im mitteleuropäischen Lebensraum, in dem Deutschland sich befindet, durchaus das Interesse eines der beteiligten Eltern sein kann, bestimmte – ggf. auch im Laufe von Jahrzehnten erkämpfte – Fortschritte in gesellschaftlicher Hinsicht zu wahren und an die nächste Generation durch erzieherische Maßnahmen weiter zu geben.

Die Problemstellung wird sich zukünftig immer häufiger stellen, nachdem Mitteleuropa immer mehr – und grundsätzlich nicht zu seinem Nachteil – auch „bunter Schmelztiegel" unterschiedlicher Kulturen wird.

Im Rahmen eines Ehevertrages könnte ein solches Anliegen, das im Übrigen formfrei 52
möglich wäre – wie folgt formuliert werden:

6.10

▼

Muster 6.10: Vereinbarung zu Erziehungsgrundsätzen

Verhandelt am

Zu

Vor mir, dem unterzeichnenden Notar im Bezirk des Oberlandesgerichts

erscheinen

1. Herr geb. am , wohnhaft

2. Frau geb. , geb. am , wohnhaft ebenda

ausgewiesen durch .

Die Frage des beurkundenden Notars nach einer Vorbefassung im Sinne von § 3 Abs. 1 Nr. 7 BeurkG wurde von den Erschienenen verneint. Der beurkundende Notar erläuterte die vorgenannte Vorschrift.

Die Erschienenen baten den Notar um die Beurkundung eines

Ehevertrages

und erklärten vorab:

§ 1 Ausgangslage

Wir, die Erschienenen zu 1 und 2, sind miteinander verlobt und wollen am die Ehe miteinander schließen.

Ich, der Ersch. zu 1, bin von ägyptischer Staatsangehörigkeit, ich, die Ersch. zu 2, bin deutsche Staatsangehörige.

Aus unserer Verbindung ist das nunmehr 4 Jahre alte Kind K hervorgegangen. Wir sind aufgrund gemeinsamer Sorgeerklärung beide für unser Kind sorgeberechtigt.

Wir vereinbaren für unsere Ehe, was folgt:

§ 2 Elterliche Sorge, Erziehungsgrundsätze

1. Wir, die Erschienenen, werden weiterhin die gemeinsame Verantwortung elterlicher Sorge für unser gemeinsames Kind K tragen.

2. In der Pflege, der Betreuung und weiteren Erziehung unseres Kindes K werden wir weiterhin nach Erziehungsgrundsätzen handeln, wonach eine gewaltfreie Erziehung ohne körperliche Bestrafungen, ohne seelische Verletzungen und/oder andere entwürdigende Maßnahmen erfolgt. Beide Erschienenen erklären, dass sie in ihrem erzieherischen Verhalten die Wahrung der Werte, die in den Grundrechten der Verfassung der Bundesrepublik Deutschland zum Ausdruck kommen, berücksichtigen werden.

3. Für den Fall des Verstoßes gegen die vorbenannten Grundsätze behalten sich die Erschienenen angemessene gerichtliche Anträge vor, um das Kindeswohl zu gewährleisten.

4. Den Erschienenen ist bekannt, dass die vorstehenden Vereinbarungen jederzeit frei widerrufbar sind.

§ 3 Güterstand

Als Güterstand für unsere Ehe soll die Gütertrennung nach Maßgabe des Bürgerlichen Gesetzbuches gelten. Uns ist bekannt, dass durch die Vereinbarung der Gütertrennung

- keine Haftungsbeschränkung gegenüber Gläubigern eintritt,
- jeder Ehegatte über sein Vermögen frei verfügen kann,
- beim Tode eines von uns beiden das Erb- und Pflichtteilsrecht des Überlebenden am Nachlass des Zuerst versterbenden sich vermindern und das Erb- und Pflichtteilsrecht der Kinder oder sonstiger Abkömmlinge sich erhöhen kann,
- bei Auflösung der Ehe kein Zugewinnausgleich stattfindet,

- die Privilegierung des § 5 ErbStG keine Anwendung findet.

Die Gütertrennung soll derzeit nicht in das Güterrechtsregister eingetragen werden. Jeder von uns beiden ist jedoch berechtigt, den Eintragungsantrag jetzt oder künftig alleine zu stellen.

Nach Belehrung durch den Notar verzichten wir auf die Erstellung eines Vermögensverzeichnisses.

§ 4 Hinweise, Durchführung

Der Notar hat die Erschienenen über die Bedeutung, die rechtliche Tragweite, insbesondere die Rechtsfolgen und die Auswirkungen der Vereinbarung zur elterlichen Sorge, zu Erziehungsgrundsätzen und zur Schul- und Berufsausbildung sowie zur Gütertrennung abschließend noch einmal ausführlich belehrt. Beide Erschienenen sind sich der Tragweite der getroffenen Vereinbarungen bewusst und wünschen gleichwohl die Beurkundung der Vereinbarung auch unter Inkaufnahme möglicher zukünftig daraus erwachsener Nachteile.

(ggf. weitere abschließende Hinweise/Durchführung)

(Urkundsausgang, Unterschriften)

▲

d) Unterbringung in Heim oder Internat

Die Unterbringung in einem Heim oder einem Internat ist mit **erheblichen Kosten** verbunden. Sie stellt darüber hinaus einen **erheblichen Eingriff** in die Lebensführung des Kindes dar. 53

Ein solcher Eingriff ist immer eine Angelegenheit von erheblicher Bedeutung, die Eltern **gemeinsam entscheiden** müssen.

Es ist aber naturgemäß möglich, die Verantwortung für die Durchführung und die Beaufsichtigung eines solchen langfristigen Aufenthalts des Kindes außerhalb des Elternhauses einem Elternteil zu überlassen.

Häufig wird dies mit der **Zuordnung der Zahlungspflichten** für den Aufenthalt im Heim oder Internat verbunden.

Vereinbart wird eine solche – formfrei mögliche – Regelung häufig im Rahmen von Trennung und/oder Scheidung und daher im Rahmen – sonstiger – notarieller Regelungen.

In geeigneten Fällen kann dies wie folgt vereinbart werden: 54

6.11

▼

Muster 6.11: Vereinbarung über Unterbringung im Internat

Verhandelt am

Zu

Vor mir, dem unterzeichnenden Notar im Bezirk des Oberlandesgerichts

erscheinen

1. Herr , geb. am , wohnhaft
2. Frau geb. , geb. am , wohnhaft

ausgewiesen durch .

Die Frage des beurkundenden Notars nach einer Vorbefassung im Sinne von § 3 Abs. 1 Nr. 7 BeurkG wurde von den Erschienenen verneint. Der beurkundende Notar erläuterte die vorgenannte Vorschrift.

Die Erschienenen baten den Notar um die Beurkundung einer

Trennungs- und Unterhaltsvereinbarung

und erklärten vorab:

§ 1 Ausgangslage

Wir sind beide von Geburt an deutsche Staatsangehörige und haben am in die Ehe geschlossen. Aus unserer Ehe ist das am geborene, derzeit also 14 Jahre alte Kind K. hervorgegangen. Es behält einvernehmlich seinen Lebensmittelpunkt bei der Kindesmutter. Kinder aus anderen Verbindungen sind nicht vorhanden.

Unser gemeinsames Kind K wird mit seiner Zustimmung einvernehmlich ab dem (in 4 Monaten) die Internationale Schule in besuchen und im angeschlossenen Internat wohnen.

Wir leben seit dem in verschiedenen Wohnungen voneinander getrennt.

§ 2 Ehegattenunterhalt

1. Der Ersch. zu 1 verpflichtet sich, ab an die Ersch. zu 2 für die Zeit der Trennung einen monatlich, jeweils bis zum 1. eines jeden Monats fälligen Trennungsunterhalt in Höhe von EUR zu zahlen.

2. Bei dieser Vereinbarung gehen die Beteiligten von den folgenden Einkommensverhältnissen aus:

- Einkommen des Ersch. zu 1
- Einkommen der Ersch. zu 2 .

3. Die Vereinbarung zur Zahlung von Trennungsunterhalt ist der Abänderung zugänglich. Die Beteiligten vereinbaren im Falle der Änderung der Einkommens- und Vermögensverhältnisse eine an der getroffenen Vereinbarung orientierte Abänderung. Ergänzend gelten die gesetzlichen Regelungen.

4. Die Ersch. zu 2 verpflichtet sich für die Dauer der Unterhaltsleistung, die nach § 10 Abs. 1 Nr. 1 EStG erforderliche Zustimmung zum begrenzten Realsplitting zu geben. Der Ersch. zu 1 ist verpflichtet, die Ersch. zu 2 von den ihr entstehenden finanziellen Nachteilen freizustellen.

§ 3 Kindesunterhalt

1. Der Ersch. zu 1 ist verpflichtet, an das Kind K zu Händen der Ersch. zu 2 Kindesunterhalt in Höhe von EUR zu zahlen, und zwar jeweils im Voraus bis zum 1. eines jeden Monats.

2. Die Festsetzung des Unterhalts erfolgt auf der Grundlage des in § 2 Ziff. 2 der Vereinbarung festgestellten anrechenbaren Nettoeinkommens des Ersch. zu 1.

3. Aufgrund des Alters des Kindes erfolgt die Unterhaltsbemessung nach der dritten Altersstufe der Düsseldorfer Tabelle.

4. Die Vereinbarung zur Zahlung von Kindesunterhalt gilt, solange unser Kind K seinen gewöhnlichen Aufenthalt überwiegend im Haushalt der Ersch. zu 2 hat.

5. Sämtliche Kosten im Zusammenhang mit dem Aufenthalt des Kindes in der Internationalen Schule und im Internat trägt der Ersch. zu 1. Er stellt die Ersch. zu 2 im Innenverhältnis von allen Kosten im Zusammenhang mit dem dortigen Aufenthalt des Kindes frei. Zu den vom Ersch. zu 1 zu tragenden Kosten zählen in diesem Zusammenhang auch die Fahrtkosten für die Heimfahrten des Kindes.

§ 4 Vollstreckungsunterwerfung

Wegen der in § 2 und 3 Ziff 1der Vereinbarung eingegangenen Verpflichtung zur Zahlung von Ehegattenunterhalt und Kindesunterhalt unterwerfe ich, der Ersch. zu 1, mich der

sofortigen Zwangsvollstreckung

aus dieser Urkunde in mein Vermögen.

Die Ersch. zu 2 ist berechtigt, sich jederzeit auf einseitigen Antrag auf Kosten des Ersch. zu 1 eine vollstreckbare Ausfertigung dieser Urkunde erteilen zu lassen, ohne dass es hierzu des Nachweises der Fälligkeit oder sonstiger die Vollstreckung begründender Tatsachen bedarf.

§ 5 Elterliche Sorge, schulische Erziehung

1. Wir, die Erschienenen, vereinbaren die Beibehaltung der gemeinsamen elterlichen Sorge für unser Kind K nach Scheidung unserer Ehe.

2. Wir vereinbaren, dass der Ersch. zu 1 für die Zeit des Aufenthaltes unseres Kindes K in der Internationalen Schule in sowie dem angeschlossenen Internat bevollmächtigt wird, alle in diesem Zusammenhang notwendigen Handlungen und Entscheidungen zu treffen, die wir als Inhaber der elterlichen Sorge gemeinsam treffen können oder müssten.

3. Der Ersch. zu 1 wird die Ersch. zu 2 längstens im Abstand von 3 Monaten über die laufenden schulischen Belange unterrichten.

4. Den Erschienenen ist bekannt, dass die vorstehenden Vereinbarungen jederzeit frei widerrufbar sind.

§ 6 Umgang

1. Wir vereinbaren im Einvernehmen mit unserem Sohn K, dass dieser seine Besuche bei den Eltern zum Wochenende, soweit diese erfolgten, im Wechsel bei dem Ersch. zu 1 und der Ersch. zu 2 durchführt.

2. Sollte unser Kind die schulische Laufbahn in der Internationalen Schule in abbrechen, besteht Einverständnis, dass K seinen gewöhnlichen Aufenthalt bei der Ersch. zu 2 nimmt.

§ 7 Hinweise, Durchführung

Der Notar hat die Erschienenen über die Bedeutung, die rechtliche Tragweite, insbesondere die Rechtsfolgen und die Auswirkungen der Unterhaltsvereinbarung und der Vereinbarung zur elterlichen Sorge abschließend noch einmal ausführlich belehrt. Beide Erschienenen sind sich der Tragweite der getroffenen Vereinbarungen bewusst und wünschen gleichwohl die Beurkundung der Vereinbarung auch unter Inkaufnahme möglicher zukünftig daraus erwachsener Nachteile.

(ggf. weitere abschließende Hinweise/Durchführung)

(Urkundsausgang, Unterschriften)

▲

e) Medizinische Eingriffe

55 Hinsichtlich medizinischer Eingriffe ist zu unterscheiden, ob es sich um gravierende, schwerwiegende Untersuchungen[76] oder Eingriffe handelt oder ob lediglich Routine-/Vorsorgeuntersuchungen oder alltägliche medizinische Versorgungen vorgenommen werden. Letzteres bedarf keiner gemeinsamen Entscheidung.

Ebenso wenig ist im Notfall eine gemeinsame Entscheidung notwendig, häufig ohne Gefahr für das Kind auch gar nicht möglich.

76 OLG Naumburg FamRZ 2013, 66; OLG Bamberg FamRZ 2003, 1403.

Hinsichtlich **Schutzimpfungen** ist zu unterscheiden: Bei den schon seit längerer Zeit von der Ständigen Impfkommission empfohlenen Impfungen handelt es sich um Alltagsentscheidungen; Impfungen gegen ungewöhnliche oder solche Erreger, die ausschließlich in anderen Erdteilen als Europa auftreten oder die Behandlung mit noch nicht abschließend erforschten Impfstoffen sind **keine Alltagsentscheidung**. Zu den Alltagsentscheidungen dürfte deshalb die Impfung gegen die „Schweinegrippe" nicht gehören.[77]

Als Teil der elterlichen Sorge kann der Bereich medizinischer Entscheidungen einem Elternteil **zur alleinigen oder auch vorrangigen Entscheidung** zugewiesen werden.[78] 56

Ist einer der Elternteile, etwa durch **medizinische Ausbildung**, besonders geeignet, Fragen medizinischer Eingriffe zum Wohle des Kindes qualifiziert zu entscheiden, können Eltern vereinbaren, dass diesem Elternteil entweder Vorrang oder auch das alleinige Entscheidungsrecht über solche Fragen zustehen soll. Dies kann durchaus bereits während des Zusammenlebens der Eltern sinnvoll sein.

Der Vorrang eines Elternteils könnte wie folgt formuliert werden: 57

6.12

▼

Muster 6.12: Vereinbarung des Vorrangs eines Elternteils bei medizinischer Betreuung

Verhandelt am ___

Zu ___

Vor mir, dem unterzeichnenden Notar im Bezirk des Oberlandesgerichts ___

___

erscheinen

1. Herr ___ geb. am ___, wohnhaft ___

2. Frau ___ geb. ___, geb. am ___, wohnhaft ebenda

ausgewiesen durch ___.

Die Frage des beurkundenden Notars nach einer Vorbefassung im Sinne von § 3 Abs. 1 Nr. 7 BeurkG wurde von den Erschienenen verneint. Der beurkundende Notar erläuterte die vorgenannte Vorschrift.

Die Erschienenen baten den Notar um die Beurkundung eines

77 Anders OLG Frankfurt FamRZ 2011, 47.
78 OLG Bamberg FamRZ 2003, 1403.

Ehevertrages

und erklärten vorab:

§ 1 Ausgangslage

Wir, die Erschienenen zu 1 und 2, sind miteinander verlobt und wollen am die Ehe miteinander schließen.

Ich, der Ersch. zu 1, bin Schreiner von Beruf, ich, die Ersch. zu 2, bin Krankenschwester von Beruf.

Aus unserer Verbindung ist das nunmehr 4 Jahre alte Kind K hervorgegangen. Wir sind aufgrund gemeinsamer Sorgeerklärung beide für unser Kind sorgeberechtigt.

Wir vereinbaren für unsere Ehe, was folgt:

§ 2 Elterliche Sorge, medizinische Eingriffe

1. Wir, die Erschienenen, werden weiterhin die gemeinsame Verantwortung elterlicher Sorge für unser gemeinsames Kind K tragen.

2. Wir vereinbaren, dass die Ersch. zu 2 hinsichtlich medizinischer Eingriffe und stationärer ärztlicher Untersuchungen die Ersch. zu 2 vorrangig die für das Wohl unseres Kindes notwendigen Entscheidungen treffen soll. Die Ersch. zu 2 ist insoweit allein entscheidungsbefugt.

3. Die Regelung zu Zif. 2 betrifft alle Entscheidungen, die über nicht stationäre Untersuchungen und alltägliche medizinische Behandlungen hinausgehen. Alltäglich sind solche medizinischen Behandlungen, die von niedergelassenen Ärzten oder anderem medizinisch vorgebildetem Personal (z.B. Heilpraktiker, Chiropraktiker etc.) angeordnet werden und solche Erkrankungen betreffen, die bei Kindern oder insgesamt in der Bevölkerung nicht selten auftreten.

4. Den Erschienenen ist bekannt, dass die vorstehenden Vereinbarungen jederzeit frei widerrufbar sind.

§ 3 Güterstand

Als Güterstand für unsere Ehe soll die Gütertrennung nach Maßgabe des Bürgerlichen Gesetzbuches gelten. Uns ist bekannt, dass durch die Vereinbarung der Gütertrennung

- keine Haftungsbeschränkung gegenüber Gläubigern eintritt,
- jeder Ehegatte über sein Vermögen frei verfügen kann,
- beim Tode eines von uns beiden das Erb- und Pflichtteilsrecht des Überlebenden am Nachlass des Zuerst versterbenden sich vermindern und das Erb- und Pflichtteilsrecht der Kinder oder sonstiger Abkömmlinge sich erhöhen kann,

- bei Auflösung der Ehe kein Zugewinnausgleich stattfindet,
- die Privilegierung des § 5 ErbStG keine Anwendung findet.

Die Gütertrennung soll derzeit nicht in das Güterrechtsregister eingetragen werden. Jeder von uns beiden ist jedoch berechtigt, den Eintragungsantrag jetzt oder künftig alleine zu stellen.

Nach Belehrung durch den Notar verzichten wir auf die Erstellung eines Vermögensverzeichnisses.

§ 4 Hinweise, Durchführung

Der Notar hat die Erschienenen über die Bedeutung, die rechtliche Tragweite, insbesondere die Rechtsfolgen und die Auswirkungen der Vereinbarung zur elterlichen Sorge, zu medizinischen Eingriffen sowie zur Gütertrennung abschließend noch einmal ausführlich belehrt. Beide Erschienenen sind sich der Tragweite der getroffenen Vereinbarungen bewusst und wünschen gleichwohl die Beurkundung der Vereinbarung auch unter Inkaufnahme möglicher zukünftig daraus erwachsener Nachteile.

(ggf. weitere abschließende Hinweise/Durchführung)

(Urkundsausgang, Unterschriften)

▲

Will man nicht nur den Vorrang sichern, sondern das **alleinige Entscheidungsrecht** über- 58
tragen, so dass auch gegen den Willen des anderen Elternteils bestimmte Untersuchungen oder Behandlungen erfolgen können, ist dies als Vollmacht zu formulieren.

6.13

▼

Muster 6.13: Vereinbarung des alleinigen Bestimmungsrechts eines Elternteils bei medizinischer Betreuung 59

Verhandelt am

Zu

Vor mir, dem unterzeichnenden Notar im Bezirk des Oberlandesgerichts

erscheinen

1. Herr geb. am , wohnhaft
2. Frau geb. , geb. am , wohnhaft ebenda

ausgewiesen durch .

Die Frage des beurkundenden Notars nach einer Vorbefassung im Sinne von § 3 Abs. 1 Nr. 7 BeurkG wurde von den Erschienenen verneint. Der beurkundende Notar erläuterte die vorgenannte Vorschrift.

Die Erschienenen baten den Notar um die Beurkundung eines

Ehevertrages

und erklärten vorab:

§ 1 Ausgangslage

Wir, die Erschienenen zu 1 und 2, sind miteinander verlobt und wollen am die Ehe miteinander schließen.

Ich, der Ersch. zu 1, bin Schreiner von Beruf, ich, die Ersch. zu 2, bin Krankenschwester von Beruf.

Aus unserer Verbindung ist das nunmehr 4 Jahre alte Kind K hervorgegangen. Wir sind aufgrund gemeinsamer Sorgeerklärung beide für unser Kind sorgeberechtigt.

Wir vereinbaren für unsere Ehe, was folgt:

§ 2 Elterliche Sorge, medizinische Eingriffe

1. Wir, die Erschienenen, werden weiterhin die gemeinsame Verantwortung elterlicher Sorge für unser gemeinsames Kind K tragen.

2. Wir vereinbaren, dass hinsichtlich medizinischer Eingriffe und stationärer ärztlicher Untersuchungen die Ersch. zu 2 bevollmächtigt wird, mit Wirkung für beide Erschienenen die für das Wohl unseres Kindes notwendigen Entscheidungen zu treffen. Die Ersch. zu 2 ist insoweit allein entscheidungsbefugt.

3. Die Regelung zu Ziff. 2 betrifft alle Entscheidungen, die über nicht stationäre Untersuchungen und alltägliche medizinische Behandlungen hinausgehen. Alltäglich sind solche medizinischen Behandlungen, die von niedergelassenen Ärzten oder anderem medizinisch vorgebildetem Personal (z.B. Heilpraktiker, Chiropraktiker etc.) angeordnet werden und solche Erkrankungen betreffen, die bei Kindern oder insgesamt in der Bevölkerung nicht selten auftreten.

4. Die Ersch. zu 2 wird den Ersch. zu 1 über alle Entscheidungen im Bereich medizinischer Eingriffe informieren und, soweit dies sachlich sinnvoll und zeitlich möglich ist, beratend beiziehen.

5. Den Erschienenen ist bekannt, dass die vorstehenden Vereinbarungen jederzeit frei widerrufbar sind.

§ 3 Güterstand

Als Güterstand für unsere Ehe soll die Gütertrennung nach Maßgabe des Bürgerlichen Gesetzbuches gelten. Uns ist bekannt, dass durch die Vereinbarung der Gütertrennung

- keine Haftungsbeschränkung gegenüber Gläubigern eintritt,
- jeder Ehegatte über sein Vermögen frei verfügen kann,
- beim Tode eines von uns beiden das Erb- und Pflichtteilsrecht des Überlebenden am Nachlass des Zuerst versterbenden sich vermindern und das Erb- und Pflichtteilsrecht der Kinder oder sonstiger Abkömmlinge sich erhöhen kann,
- bei Auflösung der Ehe kein Zugewinnausgleich stattfindet,
- die Privilegierung des § 5 ErbStG keine Anwendung findet.

Die Gütertrennung soll derzeit nicht in das Güterrechtsregister eingetragen werden. Jeder von uns beiden ist jedoch berechtigt, den Eintragungsantrag jetzt oder künftig alleine zu stellen.

Nach Belehrung durch den Notar verzichten wir auf die Erstellung eines Vermögensverzeichnisses.

§ 4 Hinweise, Durchführung

Der Notar hat die Erschienenen über die Bedeutung, die rechtliche Tragweite, insbesondere die Rechtsfolgen und die Auswirkungen der Vereinbarung zur elterlichen Sorge, zu medizinischen Eingriffen sowie zur Gütertrennung abschließend noch einmal ausführlich belehrt. Beide Erschienenen sind sich der Tragweite der getroffenen Vereinbarungen bewusst und wünschen gleichwohl die Beurkundung der Vereinbarung auch unter Inkaufnahme möglicher zukünftig daraus erwachsener Nachteile.

(ggf. weitere abschließende Hinweise/Durchführung)

(Urkundsausgang, Unterschriften)

▲

f) Umgang mit Dritten

Eltern bestimmen gemeinsam den Umgang des Kindes mit Dritten. 60

Dies betrifft **nicht die Alltagsentscheidungen** während der Inobhutnahme eines Kindes etwa bei voneinander getrenntlebenden Eltern während der jeweiligen Inobhutnahme des Kindes.

Es kann aber Situationen geben, bei denen etwa ein **nicht mit der Familie verbundener Dritter** versucht, sich in eine emotionale Verbindung mit dem Kind zu bringen, die von Eltern als dem Kindeswohl abträglich angesehen wird.

In einem solchen Fall können sich Eltern darauf verständigen, den zu starken Kontakt zu unterbinden.

61 Dies könnte wie folgt formuliert werden:

6.14

▼

Muster 6.14: Vereinbarung zur Verhinderung des Umgangs mit Dritten

Verhandelt am

Zu

Vor mir, dem unterzeichnenden Notar im Bezirk des Oberlandesgerichts

Erscheinen

1. Herr , geb. am , wohnhaft

2. Frau geb. , geb. am , wohnhaft

ausgewiesen durch .

Die Frage des beurkundenden Notars nach einer Vorbefassung im Sinne von § 3 Abs. 1 Nr. 7 BeurkG wurde von den Erschienenen verneint. Der beurkundende Notar erläuterte die vorgenannte Vorschrift.

Die Erschienenen baten den Notar um die Beurkundung einer

Trennungs- und Unterhaltsvereinbarung

und erklärten vorab:

§ 1 Ausgangslage

Wir sind beide von Geburt an deutsche Staatsangehörige und haben am in die Ehe geschlossen. Aus unserer Ehe ist das am geborene, derzeit also 12 Jahre alte Kind K. hervorgegangen. Es behält einvernehmlich seinen Lebensmittelpunkt bei der Kindesmutter. Kinder aus anderen Verbindungen sind nicht vorhanden.

Wir leben seit dem in verschiedenen Wohnungen voneinander getrennt.

In der Nachbarschaft des Ersch. zu 1 wohnt ein früherer gemeinsamer Bekannter der Erschienenen, der wegen Übergriffigkeit gegenüber einem Kind vorverurteilt ist.

Im Hinblick auch hierauf vereinbaren wir, was folgt:

§ 2 Ehegattenunterhalt

1. Der Ersch. zu 1. verpflichtet sich, ab an die Ersch. zu 2 für die Zeit der Trennung einen monatlich, jeweils bis zum 1. eines jeden Monats fälligen Trennungsunterhalt in Höhe von EUR zu zahlen.

2. Bei dieser Vereinbarung gehen die Beteiligten von den folgenden Einkommensverhältnissen aus:

- Einkommen des Ersch. zu 1
- Einkommen der Ersch. zu 2 .

3. Die Vereinbarung zur Zahlung von Trennungsunterhalt ist der Abänderung zugänglich. Die Beteiligten vereinbaren im Falle der Änderung der Einkommens- und Vermögensverhältnisse eine an der getroffenen Vereinbarung orientierte Abänderung. Ergänzend gelten die gesetzlichen Regelungen.

4. Die Ersch. zu 2 verpflichtet sich für die Dauer der Unterhaltsleistung, die nach § 10 Abs. 1 Nr. 1 EStG erforderliche Zustimmung zum begrenzten Realsplitting zu geben. Der Ersch. zu 1 ist verpflichtet, die Ersch. zu 2 von den ihr entstehenden finanziellen Nachteilen freizustellen.

§ 3 Kindesunterhalt

1. Der Ersch. zu 1 ist verpflichtet, an das Kind K zu Händen der Ersch. zu 2 Kindesunterhalt in Höhe von EUR zu zahlen, und zwar jeweils im Voraus bis zum 1. eines jeden Monats.

2. Die Festsetzung des Unterhalts erfolgt auf der Grundlage des in § 2 Ziff. 2 der Vereinbarung festgestellten anrechenbaren Nettoeinkommens des Ersch. zu 1.

3. Aufgrund des Alters des Kindes erfolgt die Unterhaltsbemessung nach der dritten Altersstufe der Düsseldorfer Tabelle.

4. Die Vereinbarung zur Zahlung von Kindesunterhalt gilt, solange unser Kind K seinen gewöhnlichen Aufenthalt überwiegend im Haushalt der Ersch. zu 2 hat.

§ 4 Vollstreckungsunterwerfung

Wegen der in § 2 und 3 Ziff 1 der Vereinbarung eingegangenen Verpflichtung zur Zahlung von Ehegattenunterhalt und Kindesunterhalt unterwerfe ich, der Ersch. zu 1, mich der

sofortigen Zwangsvollstreckung

aus dieser Urkunde in mein Vermögen.

Die Ersch. zu 2 ist berechtigt, sich jederzeit auf einseitigen Antrag auf Kosten des Ersch. zu 1. eine vollstreckbare Ausfertigung dieser Urkunde erteilen zu lassen, ohne dass es hierzu des Nachweises der Fälligkeit oder sonstiger die Vollstreckung begründender Tatsachen bedarf.

§ 5 Elterliche Sorge, Umgang mit Dritten

1. Wir, die Erschienenen, vereinbaren die Beibehaltung der gemeinsamen elterlichen Sorge für unser Kind K nach Scheidung unserer Ehe.

2. Wir vereinbaren, dass wir uns wechselseitig bemühen, jeden Kontakt unseres Kindes zu Herrn ___, wohnhaft ___, zu vermeiden bzw. zu unterbinden.

3. Wir vereinbaren, uns wechselseitig zu informieren, falls es gegen unseren gemeinsamen Willen doch zu einem Kontakt unseres Kindes mit Herrn ___ kommen sollte.

4. Den Erschienenen ist bekannt, dass die vorstehenden Vereinbarungen jederzeit frei widerrufbar sind.

§ 6 Hinweise, Durchführung

Der Notar hat die Erschienenen über die Bedeutung, die rechtliche Tragweite, insbesondere die Rechtsfolgen und die Auswirkungen der Unterhaltsvereinbarung und der Vereinbarung zur elterlichen Sorge abschließend noch einmal ausführlich belehrt. Beide Erschienenen sind sich der Tragweite der getroffenen Vereinbarungen bewusst und wünschen gleichwohl die Beurkundung der Vereinbarung auch unter Inkaufnahme möglicher zukünftig daraus erwachsener Nachteile.

___ (ggf. weitere abschließende Hinweise/Durchführung) ___

(Urkundsausgang, Unterschriften)

▲

62 Eine solche Vereinbarung wird häufig von einem Elternteil gewünscht, um den **Kontakt des Kindes mit dem neuen Partner** des anderen Elternteils zu verhindern.

Begründet wird dies in der Regel damit, dass es dem **Kindeswohl schadet**, wenn das Kind neben der schwierig zu verkraftenden Trennung der Eltern voneinander nun auch noch eine neue „Mutterstelle" oder „Vaterstelle" verkraften solle. Häufig spielen dabei aber eher eigene Probleme in der Bewältigung der Trennung eine Rolle. Natürlich wünschen sich alle Elternteile grundsätzlich eine **faire, vernünftige Trennung** und Scheidung voneinander, wenn dieser Schritt denn unumgänglich ist.

Gehindert werden Eheleute/Eltern daran aber durch die **Spannungen**, die sie miteinander haben und die von den zur Trennung führenden Divergenzen miteinander herrühren. Damit verbunden ist oft ein Gefühl von **Enttäuschung** über den fehlgeschlagenen Lebensplan, in dem eine Trennung voneinander nicht vorgesehen war. Schließlich wiegt in der Trennungssituation selbst der **Verlust** des anderen schwer, der eben nicht mehr mit am Essenstisch sitzt und als Partner für Gespräche oder Erlebnisse zur Verfügung steht.

In solchen Situationen weicht das Bedürfnis nach fairer, vernünftiger Trennung so manches Mal dem Bedürfnis nach **Schuld und Rache**, also nach Schuldzuweisung für die zurecht als schwierig und negativ empfundene persönliche Situation und Rache in Form von Schwierigkeiten, die in scheinbar gleicher Weise dem anderen zugefügt werden soll. 63

Auch wenn solche Gefühle und Gedanken häufig durchaus verständlich sind, ist es doch nicht möglich, in Konsequenz etwa den **Kontakt des Kindes zum neuen Partner** zu verhindern. Kinder müssen die **Realität der Lebensführung** des betreffenden Elternteils kennenlernen und tun dies bereits durch die Aufnahme des Umgangs. Es schadet dem Kindeswohl, diese Erfahrungen im Umgang mit dem jeweils anderen Elternteil nur auf einen bestimmten Teil des Lebens zu beschränken und einen anderen wichtigen Lebensteil, hier den neuen Partner, von dem Kind abzutrennen.

Es kann gleichwohl **Fälle sensibler Situationen** geben, in denen dem Kind beispielsweise durch die Umstände der Trennung der Eltern Zeit eingeräumt werden muss, die Situation zu verkraften.

Dies könnte in geeigneten Fällen im Rahmen einer Gesamtvereinbarung wie folgt formuliert werden: 64

▼ 6.15

Muster 6.15: Vereinbarung zur Regelung des Umgangs mit einem neuen Partner

Verhandelt am

Zu

Vor mir, dem unterzeichnenden Notar im Bezirk des Oberlandesgerichts

erscheinen

1. Herr , geb. am , wohnhaft

2. Frau geb. , geb. am , wohnhaft

ausgewiesen durch .

Die Frage des beurkundenden Notars nach einer Vorbefassung im Sinne von § 3 Abs. 1 Nr. 7 BeurkG wurde von den Erschienenen verneint. Der beurkundende Notar erläuterte die vorgenannte Vorschrift.

Die Erschienenen baten den Notar um die Beurkundung einer

Trennungs- und Unterhaltsvereinbarung

und erklärten vorab:

§ 1 Ausgangslage

Wir sind beide von Geburt an deutsche Staatsangehörige und haben am in die Ehe geschlossen. Aus unserer Ehe ist das am geborene, derzeit also 12 Jahre alte Kind K. hervorgegangen. Es behält einvernehmlich seinen Lebensmittelpunkt bei der Kindesmutter. Kinder aus anderen Verbindungen sind nicht vorhanden.

Wir leben seit dem in verschiedenen Wohnungen voneinander getrennt.

Der Ersch. zu 1 hat eine neue Partnerschaft zu Frau C, wohnhaft , aufgenommen.

Im Hinblick auch hierauf vereinbaren wir, was folgt.

§ 2 Ehegattenunterhalt

1. Der Ersch. zu 1 verpflichtet sich, ab an die Ersch. zu 2 für die Zeit der Trennung einen monatlich, jeweils bis zum 1. eines jeden Monats fälligen Trennungsunterhalt in Höhe von EUR zu zahlen.

2. Bei dieser Vereinbarung gehen die Beteiligten von den folgenden Einkommensverhältnissen aus:

Einkommen des Ersch. zu 1 Einkommen der Ersch. zu 2.

3. Die Vereinbarung zur Zahlung von Trennungsunterhalt ist der Abänderung zugänglich. Die Beteiligten vereinbaren im Falle der Änderung der Einkommens- und Vermögensverhältnisse eine an der getroffenen Vereinbarung orientierte Abänderung. Ergänzend gelten die gesetzlichen Regelungen.

4. Die Ersch. zu 2 verpflichtet sich für die Dauer der Unterhaltsleistung, die nach § 10 Abs. 1 Nr. 1 EStG erforderliche Zustimmung zum begrenzten Realsplitting zu geben. Der Ersch. zu 1 ist verpflichtet, die Ersch. zu 2 von den ihr entstehenden finanziellen Nachteilen freizustellen.

§ 3 Kindesunterhalt

1. Der Ersch. zu 1 ist verpflichtet, an das Kind K zu Händen der Ersch. zu 2 Kindesunterhalt in Höhe von EUR zu zahlen, und zwar jeweils im Voraus bis zum 1. eines jeden Monats.

2. Die Festsetzung des Unterhalts erfolgt auf der Grundlage des in § 2 Ziff. 2 der Vereinbarung festgestellten anrechenbaren Nettoeinkommens des Ersch. zu 1.

3. Aufgrund des Alters des Kindes erfolgt die Unterhaltsbemessung nach der dritten Altersstufe der Düsseldorfer Tabelle.

4. Die Vereinbarung zur Zahlung von Kindesunterhalt gilt, solange unser Kind K seinen gewöhnlichen Aufenthalt überwiegend im Haushalt der Ersch. zu 2 hat.

§ 4 Vollstreckungsunterwerfung

Wegen der in § 2 und 3 Ziff. 1 der Vereinbarung eingegangenen Verpflichtung zur Zahlung von Ehegattenunterhalt und Kindesunterhalt unterwerfe ich, der Ersch. zu 1, mich der

sofortigen Zwangsvollstreckung

aus dieser Urkunde in mein Vermögen.

Die Ersch. zu 2 ist berechtigt, sich jederzeit auf einseitigen Antrag auf Kosten des Ersch. zu 1 eine vollstreckbare Ausfertigung dieser Urkunde erteilen zu lassen, ohne dass es hierzu des Nachweises der Fälligkeit oder sonstiger die Vollstreckung begründender Tatsachen bedarf.

§ 5 Elterliche Sorge, Umgang mit Dritten

1. Wir, die Erschienenen, vereinbaren die Beibehaltung der gemeinsamen elterlichen Sorge für unser Kind K nach Scheidung unserer Ehe.

2. Wir vereinbaren, dass der Ersch. zu 1 in den nächsten 3 Monaten vermeiden wird, dass unser Kind Kontakt zu Frau C erhält, um K zu ermöglichen, die Trennung der Eltern zu verarbeiten. Für die darauffolgenden weiteren 3 Monate vereinbaren wir, dass eine Übernachtung von Frau C in der Wohnung des Ersch. zu 1 während der Anwesenheit unseres Sohnes nicht erfolgt.

3. Wir vereinbaren, uns wechselseitig zu informieren, falls es doch zu einem Kontakt unseres Kindes mit Frau C kommen sollte.

4. Den Erschienenen ist bekannt, dass die vorstehenden Vereinbarungen jederzeit frei widerrufbar sind. Wir behalten uns wechselseitig für diesen Fall vor, gerichtliche Anträge bei dem zuständigen Familiengericht zu stellen.

§ 6 Hinweise, Durchführung

Der Notar hat die Erschienenen über die Bedeutung, die rechtliche Tragweite, insbesondere die Rechtsfolgen und die Auswirkungen der Unterhaltsvereinbarung und der Vereinbarung zur elterlichen Sorge abschließend noch einmal ausführlich belehrt. Beide Erschienenen sind sich der Tragweite der getroffenen Vereinbarungen bewusst und wünschen gleichwohl die Beurkundung der Vereinbarung auch unter Inkaufnahme möglicher zukünftig daraus erwachsener Nachteile.

(ggf. weitere abschließende Hinweise/Durchführung)

(Urkundsausgang, Unterschriften)

▲

g) Anlage und Verwendung von Kindesvermögen

65 Die Anlage und die Verwendung von Kindesvermögen ist eine Angelegenheit von erheblicher Bedeutung, über die Eltern grundsätzlich gemeinsam entscheiden müssen.

Ist aber einer der Elternteile **in Vermögensangelegenheiten ausgesprochen erfahren** und/oder qualifiziert, werden Eltern gern die Angelegenheiten zur Vermögenssorge „in eine Hand" legen wollen. Dies kann natürlich vereinbart werden. Voraussetzung wird in jedem Fall sein, dass keine der Elternteile befürchtet, der jeweils andere würde die Berechtigung zur eigenen Bereicherung missbrauchen. So wird die Übertragung solcher Berechtigung im Wesentlichen während funktionierender Eheführung in Betracht kommen.

66 Die Formulierung kann in geeigneten Fällen wie folgt geschehen:

6.16

▼

Muster 6.16: Vereinbarung über Anlage und Verwendung von Kindesvermögen

Verhandelt am

Zu

Vor mir, dem unterzeichnenden Notar im Bezirk des Oberlandesgerichts

erscheinen

1. Herr geb. am , wohnhaft

2. Frau geb. , geb. am , wohnhaft ebenda

ausgewiesen durch .

Die Frage des beurkundenden Notars nach einer Vorbefassung im Sinne von § 3 Abs. 1 Nr. 7 BeurkG wurde von den Erschienenen verneint. Der beurkundende Notar erläuterte die vorgenannte Vorschrift.

Die Erschienenen baten den Notar um die Beurkundung eines

Ehevertrages

und erklärten vorab:

§ 1 Ausgangslage

Wir, die Erschienenen zu 1 und 2, sind miteinander verlobt und wollen am die Ehe miteinander schließen.

Ich, der Ersch. zu 1, bin Bankkaufmann von Beruf, ich, die Ersch. zu 2, bin Krankenschwester von Beruf.

Aus unserer Verbindung ist das nunmehr 4 Jahre alte Kind K hervorgegangen. Wir sind aufgrund gemeinsamer Sorgeerklärung beide für unser Kind sorgeberechtigt.

Unser Sohn hat durch seinen Großvater väterlicherseits erhebliches Barvermögen geerbt, das zum Teil in Wertpapieren angelegt ist, zum Teil als Barvermögen existiert.

Im Hinblick auch hierauf vereinbaren wir für unsere Ehe, was folgt:

§ 2 Elterliche Sorge, Vermögenssorge

1. Wir, die Erschienenen, werden weiterhin die gemeinsame Verantwortung elterlicher Sorge für unser gemeinsames Kind K tragen.

2. Wir vereinbaren, dass der Ersch. zu 1 allein alle Handlungen vornehmen sowie alle Erklärungen abgeben und Rechtsgeschäfte abschließen kann, mithin alle Maßnahmen vornehmen kann, die sich auf die Vermögensverwaltung unseres Kindes beziehen.

3. Die Vollmacht umfasst nicht die Befugnis, mich aus dabei eingegangenen Verbindlichkeiten rechtsgeschäftlich zu verpflichten.

4. Den Erschienenen ist bekannt, dass die vorstehenden Vereinbarungen jederzeit frei widerrufbar sind.

§ 3 Güterstand

Als Güterstand für unsere Ehe soll die Gütertrennung nach Maßgabe des Bürgerlichen Gesetzbuches gelten. Uns ist bekannt, dass durch die Vereinbarung der Gütertrennung

- keine Haftungsbeschränkung gegenüber Gläubigern eintritt,
- jeder Ehegatte über sein Vermögen frei verfügen kann,
- beim Tode eines von uns beiden das Erb- und Pflichtteilsrecht des Überlebenden am Nachlass des Zuerst versterbenden sich vermindern und das Erb- und Pflichtteilsrecht der Kinder oder sonstiger Abkömmlinge sich erhöhen kann,
- bei Auflösung der Ehe kein Zugewinnausgleich stattfindet,
- die Privilegierung des § 5 ErbStG keine Anwendung findet.

Die Gütertrennung soll derzeit nicht in das Güterrechtsregister eingetragen werden. Jeder von uns beiden ist jedoch berechtigt, den Eintragungsantrag jetzt oder künftig alleine zu stellen.

Nach Belehrung durch den Notar verzichten wir auf die Erstellung eines Vermögensverzeichnisses.

§ 4 Hinweise, Durchführung

Der Notar hat die Erschienenen über die Bedeutung, die rechtliche Tragweite, insbesondere die Rechtsfolgen und die Auswirkungen der Vereinbarung zur elterlichen Sorge, zur

Vermögenssorge sowie zur Gütertrennung abschließend noch einmal ausführlich belehrt. Beide Erschienenen sind sich der Tragweite der getroffenen Vereinbarungen bewusst und wünschen gleichwohl die Beurkundung der Vereinbarung auch unter Inkaufnahme möglicher zukünftig daraus erwachsener Nachteile.

(ggf. weitere abschließende Hinweise/Durchführung)

(Urkundsausgang, Unterschriften)

▲

67 Handelt es sich bei dem Vermögen des Kindes nicht um verschiedenes, etwa verstreut angelegtes Vermögen, sondern um einen **einzigen Vermögenstatbestand**, beispielsweise ein Hausgrundstück, kann die Übertragung der Vermögenssorge auch ausschließlich hierauf bezogen werden.

68 Parallel zum obigen Beispiel wäre dies wie folgt möglich:

6.17

▼

Muster 6.17: Vereinbarung über sachlich beschränkte Vermögenssorge

Verhandelt am

Zu

Vor mir, dem unterzeichnenden Notar im Bezirk des Oberlandesgerichts

erscheinen

1. Herr geb. am , wohnhaft

2. Frau geb. , geb. am , wohnhaft ebenda

ausgewiesen durch .

Die Frage des beurkundenden Notars nach einer Vorbefassung im Sinne von § 3 Abs. 1 Nr. 7 BeurkG wurde von den Erschienenen verneint. Der beurkundende Notar erläuterte die vorgenannte Vorschrift.

Die Erschienenen baten den Notar um die Beurkundung eines

Ehevertrages

und erklärten vorab:

§ 1 Ausgangslage

Wir, die Erschienenen zu 1 und 2, sind miteinander verlobt und wollen am die Ehe miteinander schließen.

Ich, der Ersch. zu 1, bin Bankkaufmann von Beruf, ich, die Ersch. zu 2, bin Krankenschwester von Beruf.

Aus unserer Verbindung ist das nunmehr 4 Jahre alte Kind K hervorgegangen. Wir sind aufgrund gemeinsamer Sorgeerklärung beide für unser Kind sorgeberechtigt.

Unser Sohn hat durch seinen Großvater väterlicherseits ein Hausgrundstück (4-Familie-Haus) in geerbt.

Im Hinblick auch hierauf vereinbaren wir für unsere Ehe, was folgt:

§ 2 Elterliche Sorge, Vermögenssorge

1. Wir, die Erschienenen, werden weiterhin die gemeinsame Verantwortung elterlicher Sorge für unser gemeinsames Kind K tragen.

2. Wir vereinbaren, dass der Ersch. zu 1 allein alle Handlungen vornehmen sowie alle Erklärungen abgeben und Rechtsgeschäfte abschließen kann, mithin alle Maßnahmen vornehmen kann, die sich auf die Verwaltung im Zusammenhang mit dem Hausgrundstück unseres Kindes in und auf die Verwendung der daraus erzielten Einkünfte beziehen.

3. Die Vollmacht umfasst nicht die Befugnis, mich aus dabei eingegangenen Verbindlichkeiten rechtsgeschäftlich zu verpflichten.

4. Den Erschienenen ist bekannt, dass die vorstehenden Vereinbarungen jederzeit frei widerrufbar sind.

§ 3 Güterstand

Als Güterstand für unsere Ehe soll die Gütertrennung nach Maßgabe des Bürgerlichen Gesetzbuches gelten. Uns ist bekannt, dass durch die Vereinbarung der Gütertrennung

- keine Haftungsbeschränkung gegenüber Gläubigern eintritt,
- jeder Ehegatte über sein Vermögen frei verfügen kann,
- beim Tode eines von uns beiden das Erb- und Pflichtteilsrecht des Überlebenden am Nachlass des Zuerst versterbenden sich vermindern und das Erb- und Pflichtteilsrecht der Kinder oder sonstiger Abkömmlinge sich erhöhen kann,
- bei Auflösung der Ehe kein Zugewinnausgleich stattfindet.
- die Privilegierung des § 5 ErbStG keine Anwendung findet.

Die Gütertrennung soll derzeit nicht in das Güterrechtsregister eingetragen werden. Jeder von uns beiden ist jedoch berechtigt, den Eintragungsantrag jetzt oder künftig alleine zu stellen.

Nach Belehrung durch den Notar verzichten wir auf die Erstellung eines Vermögensverzeichnisses.

§ 4 Hinweise, Durchführung

Der Noar hat die Erschienenen über die Bedeutung, die rechtliche Tragweite, insbesondere die Rechtsfolgen und die Auswirkungen der Vereinbarung zur elterlichen Sorge, zur Vermögenssorge sowie zur Gütertrennung abschließend noch einmal ausführlich belehrt. Beide Erschienenen sind sich der Tragweite der getroffenen Vereinbarungen bewusst und wünschen gleichwohl die Beurkundung der Vereinbarung auch unter Inkaufnahme möglicher zukünftig daraus erwachsener Nachteile.

(ggf. weitere abschließende Hinweise/Durchführung)

(Urkundsausgang, Unterschriften)

▲

h) Genehmigungspflichtige Geschäfte nach § 1643 BGB

69 Einige Geschäfte im Bereich der Vermögenssorge bedürfen allerdings nach § 1643 BGB i.V.m. §§ 1821, 1822 BGB der Genehmigung des Familiengerichts.

Um auch diese Geschäfte zunächst in die Alleinverantwortung eines Elternteils zu geben, können die Bereiche im Einzelnen in die Vereinbarung hineinformuliert werden. Dies kann wie folgt geschehen:

6.18

▼

70 **Muster 6.18: Vereinbarung von Vermögenssorge einschließlich genehmigungspflichtiger Geschäfte nach § 1643 BGB**

Verhandelt am

Zu

Vor mir, dem unterzeichnenden Notar im Bezirk des Oberlandesgerichts

erscheinen

1. Herr geb. am , wohnhaft
2. Frau geb. , geb. am , wohnhaft ebenda

ausgewiesen durch .

Die Frage des beurkundenden Notars nach einer Vorbefassung im Sinne von § 3 Abs. 1 Nr. 7 BeurkG wurde von den Erschienenen verneint. Der beurkundende Notar erläuterte die vorgenannte Vorschrift.

Die Erschienenen baten den Notar um die Beurkundung eines

Ehevertrages

und erklärten vorab:

§ 1 Ausgangslage

Wir, die Erschienenen zu 1 und 2, sind miteinander verlobt und wollen am die Ehe miteinander schließen.

Ich, der Ersch. zu 1, bin Bankkaufmann von Beruf, ich, die Ersch. zu 2, bin Krankenschwester von Beruf.

Aus unserer Verbindung ist das nunmehr 4 Jahre alte Kind K hervorgegangen. Wir sind aufgrund gemeinsamer Sorgeerklärung beide für unser Kind sorgeberechtigt.

Unser Sohn hat durch seinen Großvater väterlicherseits erhebliches Barvermögen geerbt, das zum Teil in Wertpapieren angelegt ist, zum Teil als Barvermögen existiert.

Im Hinblick auch hierauf vereinbaren wir für unsere Ehe, was folgt:

§ 2 Elterliche Sorge, Vermögenssorge

1. Wir, die Erschienenen, werden weiterhin die gemeinsame Verantwortung elterlicher Sorge für unser gemeinsames Kind K tragen.

2. Wir vereinbaren, dass der Ersch. zu 1 allein alle Handlungen vornehmen sowie alle Erklärungen abgeben und Rechtsgeschäfte abschließen kann, mithin alle Maßnahmen vornehmen kann, die sich auf die Vermögensverwaltung unseres Kindes beziehen.

3. Die Vollmacht umfasst nicht die Befugnis, mich aus dabei eingegangenen Verbindlichkeiten rechtsgeschäftlich zu verpflichten.

4. Zur umfassenden Bevollmächtigung vereinbaren wir, dass der Ersch. zu 1 auch hinsichtlich der gemäß § 1643 BGB festgelegten Rechtsgeschäfte, die der familiengerichtlichen Genehmigung bedürfen, allein bevollmächtigt wird. Es handelt sich dabei um die folgenden Geschäfte:

Gem. §§ 1643 Abs. 1, 1821 BGB

1. zur Verfügung über ein Grundstück oder über ein Recht an einem Grundstück;

2. zur Verfügung über eine Forderung, die auf Übertragung des Eigentums an einem Grundstück oder auf Begründung oder Übertragung eines Rechts an einem Grundstück oder auf Befreiung eines Grundstücks von einem solchen Recht gerichtet ist;

3. zur Verfügung über ein eingetragenes Schiff oder Schiffsbauwerk oder über eine Forderung, die auf Übertragung des Eigentums an einem eingetragenen Schiff oder Schiffsbauwerk gerichtet ist;

4. zur Eingehung einer Verpflichtung zu einer der in den Nummern 1 bis 3 bezeichneten Verfügungen;

5. zu einem Vertrag, der auf den entgeltlichen Erwerb eines Grundstücks, eines eingetragenen Schiffes oder Schiffsbauwerks oder eines Rechts an einem Grundstück gerichtet ist.

Gem. §§ 1643 Abs. 1, 1822 BGB, soweit ein Vormund der Genehmigung bedürfte:

1. zu einem Rechtsgeschäft, durch das der Mündel zu einer Verfügung über sein Vermögen im Ganzen oder über eine ihm angefallene Erbschaft oder über seinen künftigen gesetzlichen Erbteil oder seinen künftigen Pflichtteil verpflichtet wird, sowie zu einer Verfügung über den Anteil des Mündels an einer Erbschaft,

3. zu einem Vertrag, der auf den entgeltlichen Erwerb oder die Veräußerung eines Erwerbsgeschäfts gerichtet ist, sowie zu einem Gesellschaftsvertrag, der zum Betrieb eines Erwerbsgeschäfts eingegangen wird,

5. zu einem Miet- oder Pachtvertrag oder einem anderen Vertrag, durch den der Mündel zu wiederkehrenden Leistungen verpflichtet wird, wenn das Vertragsverhältnis länger als ein Jahr nach dem Eintritt der Volljährigkeit des Mündels fortdauern soll,

8. zur Aufnahme von Geld auf den Kredit des Mündels,

9. zur Ausstellung einer Schuldverschreibung auf den Inhaber oder zur Eingehung einer Verbindlichkeit aus einem Wechsel oder einem anderen Papier, das durch Indossament übertragen werden kann,

10. zur Übernahme einer fremden Verbindlichkeit, insbesondere zur Eingehung einer Bürgschaft,

11. zur Erteilung einer Prokura.

5. Den Erschienenen ist bekannt, dass die vorstehenden Vereinbarungen jederzeit frei widerrufbar sind.

§ 3 Güterstand

Als Güterstand für unsere Ehe soll die Gütertrennung nach Maßgabe des Bürgerlichen Gesetzbuches gelten. Uns ist bekannt, dass durch die Vereinbarung der Gütertrennung

- keine Haftungsbeschränkung gegenüber Gläubigern eintritt,
- jeder Ehegatte über sein Vermögen frei verfügen kann,
- beim Tode eines von uns beiden das Erb- und Pflichtteilsrecht des Überlebenden am Nachlass des Zuerst versterbenden sich vermindern und das Erb- und Pflichtteilsrecht der Kinder oder sonstiger Abkömmlinge sich erhöhen kann,
- bei Auflösung der Ehe kein Zugewinnausgleich stattfindet,

- die Privilegierung des § 5 ErbStG keine Anwendung findet.

Die Gütertrennung soll derzeit nicht in das Güterrechtsregister eingetragen werden. Jeder von uns beiden ist jedoch berechtigt, den Eintragungsantrag jetzt oder künftig alleine zu stellen.

Nach Belehrung durch den Notar verzichten wir auf die Erstellung eines Vermögensverzeichnisses.

§ 4 Hinweise, Durchführung

Der Notar hat die Erschienenen über die Bedeutung, die rechtliche Tragweite, insbesondere die Rechtsfolgen und die Auswirkungen der Vereinbarung zur elterlichen Sorge, zur Vermögenssorge sowie zur Gütertrennung abschließend noch einmal ausführlich belehrt. Beide Erschienenen sind sich der Tragweite der getroffenen Vereinbarungen bewusst und wünschen gleichwohl die Beurkundung der Vereinbarung auch unter Inkaufnahme möglicher zukünftig daraus erwachsener Nachteile.

(ggf. weitere abschließende Hinweise/Durchführung)

(Urkundsausgang, Unterschriften)

▲

i) Religiöse Kindererziehung

Die religiöse Kindererziehung ist vor allem dann ein Problem, wenn Eheleute verschie- 71
denen Konfessionen angehören und wünschen, dass die eigenen Glaubensregeln, die eigenen ethischen und moralischen Vorstellung, die den eigenen Glauben prägen, an gemeinsame Kinder weiter gegeben wird.

Problemstellungen, die sich daraus ergeben, können nicht nur auf verschiedenen kulturellen Vorstellungen wie etwa muslimischen oder christlich geprägten Vorstellungen beruhen.

Problematisch ist dies häufig schon bei Ehen zwischen Menschen protestantischen und katholischen Glaubens.

Eine Vereinbarung ist naturgemäß jederzeit möglich.

Dies kann zwischen Eltern evangelischen und katholischen Glaubens wie folgt vereinbart werden:

▼ 6.19

Muster 6.19: Vereinbarung zur Erziehung bei Eltern katholischen und evangelischen Glaubens

Wir, (die Eheleute) und , wollen am in heiraten. Wir wollen Kinder haben. Für unsere Kinder legen wir uns in dieser Vereinbarung auf eine kirchlich ausgerichtete und kirchlich begleitete Erziehung fest, über die im Einzelnen der Ehemann bestimmen soll, Herr H.M., Mitglied der römisch-katholischen Kirche.

Die Ehefrau erteilt schon jetzt die dazu erforderlichen Vollmachten und erklärt, dass sie ihren Mann und die Kinder in ihrer religiösen Entwicklung nicht behindern oder stören oder eigene Befugnisse (störend) geltend machen wird. Sie trägt die Vorstellungen ihres Mannes in vollem Umfang mit.

Verhandelt am

Zu

Vor mir, dem unterzeichnenden Notar im Bezirk des Oberlandesgerichts

erscheinen

1. Herr geb. am , wohnhaft

2. Frau geb. , geb. am , wohnhaft ebenda

ausgewiesen durch .

Die Frage des beurkundenden Notars nach einer Vorbefassung im Sinne von § 3 Abs. 1 Nr. 7 BeurkG wurde von den Erschienenen verneint. Der beurkundende Notar erläuterte die vorgenannte Vorschrift.

Die Erschienenen baten den Notar um die Beurkundung eines

Ehevertrages

und erklärten vorab:

§ 1 Ausgangslage

Wir, die Erschienenen zu 1 und 2, sind miteinander verlobt und wollen am die Ehe miteinander schließen.

Ich, der Ersch. zu 1, gehöre der evangelisch-lutherischen Kirchengemeinde in an, ich, die Ersch. zu 2, bin katholischen Glaubens.

Wir wünschen uns, dass aus unserer zukünftigen Ehe Kinder hervorgehen.

Im Hinblick auch hierauf vereinbaren wir für unsere Ehe, was folgt:

§ 2 Elterliche Sorge, religiöse Erziehung

1. Wir, die Erschienenen, werden die gemeinsame Verantwortung elterlicher Sorge für unsere zukünftigen Kinder tragen.

2. Wir vereinbaren für unsere zukünftigen Kinder eine kirchlich ausgerichtete und kirchlich begleitete Erziehung nach den Grundsätzen der römisch-katholischen Kirche. Der Ersch. zu 1 erteilt schon jetzt die dazu erforderlichen Vollmachten und erklärt, dass er die religiöse Entwicklung nicht behindern oder stören wird.

3. Den Erschienenen ist bekannt, dass die vorstehenden Vereinbarungen jederzeit frei widerrufbar sind.

§ 3 Güterstand

Als Güterstand für unsere Ehe soll die Gütertrennung nach Maßgabe des Bürgerlichen Gesetzbuches gelten. Uns ist bekannt, dass durch die Vereinbarung der Gütertrennung

- keine Haftungsbeschränkung gegenüber Gläubigern eintritt,
- jeder Ehegatte über sein Vermögen frei verfügen kann,
- beim Tode eines von uns beiden das Erb- und Pflichtteilsrecht des Überlebenden am Nachlass des Zuerst versterbenden sich vermindern und das Erb- und Pflichtteilsrecht der Kinder oder sonstiger Abkömmlinge sich erhöhen kann,
- bei Auflösung der Ehe kein Zugewinnausgleich stattfindet,
- die Privilegierung des § 5 ErbStG keine Anwendung findet.

Die Gütertrennung soll derzeit nicht in das Güterrechtsregister eingetragen werden. Jeder von uns beiden ist jedoch berechtigt, den Eintragungsantrag jetzt oder künftig alleine zu stellen.

Nach Belehrung durch den Notar verzichten wir auf die Erstellung eines Vermögensverzeichnisses.

§ 4 Hinweise, Durchführung

Der Notar hat die Erschienenen über die Bedeutung, die rechtliche Tragweite, insbesondere die Rechtsfolgen und die Auswirkungen der Vereinbarung zur elterlichen Sorge, zur religiösen Erziehung sowie zur Gütertrennung abschließend noch einmal ausführlich belehrt. Beide Erschienenen sind sich der Tragweite der getroffenen Vereinbarungen bewusst und wünschen gleichwohl die Beurkundung der Vereinbarung auch unter Inkaufnahme möglicher zukünftig daraus erwachsener Nachteile.

(ggf. weitere abschließende Hinweise/Durchführung)

(Urkundsausgang, Unterschriften)

▲

Umgekehrt kann bei Ehen zwischen Personen etwa muslimischen und christlich geprägten Glaubens eine Hinwendung auch auf den im europäischen Kulturkreis weniger verankerten Bereich erfolgen. 72

Eine Vereinbarung könnte wie folgt formuliert werden:

▼

73 **Muster 6.20: Vereinbarung zur Erziehung bei Eltern muslimischen und christlichen Glaubens**

Verhandelt am

Zu

Vor mir, dem unterzeichnenden Notar im Bezirk des Oberlandesgerichts

erscheinen

1. Herr , geb. am , wohnhaft

2. Frau , geb. , geb. am , wohnhaft ebenda

ausgewiesen durch .

Die Frage des beurkundenden Notars nach einer Vorbefassung im Sinne von § 3 Abs. 1 Nr. 7 BeurkG wurde von den Erschienenen verneint. Der beurkundende Notar erläuterte die vorgenannte Vorschrift.

Die Erschienenen baten den Notar um die Beurkundung eines

Ehevertrages

und erklärten vorab:

§ 1 Ausgangslage

Wir, die Erschienenen zu 1 und 2, sind miteinander verlobt und wollen am die Ehe miteinander schließen.

Ich, der Ersch. zu 1, bin muslimischen Glaubens, ich, die Ersch. zu 2, bin Mitglied der römisch-katholischen Kirche.

Wir wünschen uns, dass aus unserer zukünftigen Ehe Kinder hervorgehen

Im Hinblick auch hierauf vereinbaren wir für unsere Ehe, was folgt:

§ 2 Elterliche Sorge, religiöse Erziehung

1. Wir, die Erschienenen, werden die gemeinsame Verantwortung elterlicher Sorge für unsere zukünftigen Kinder tragen.

2. Wir vereinbaren, dass unsere zukünftigen Kinder im muslimischen Glauben erzogen werden sollen. Die Ersch. zu 2 erteilt schon jetzt die dazu erforderlichen Vollmachten und erklärt, dass er die religiöse Entwicklung nicht behindern oder stören wird.

3. Den Erschienenen ist bekannt, dass die vorstehenden Vereinbarungen jederzeit frei widerrufbar sind.

§ 3 Güterstand

Als Güterstand für unsere Ehe soll die Gütertrennung nach Maßgabe des Bürgerlichen Gesetzbuches gelten. Uns ist bekannt, dass durch die Vereinbarung der Gütertrennung

- keine Haftungsbeschränkung gegenüber Gläubigern eintritt,
- jeder Ehegatte über sein Vermögen frei verfügen kann,
- beim Tode eines von uns beiden das Erb- und Pflichtteilsrecht des Überlebenden am Nachlass des Zuerst versterbenden sich vermindern und das Erb- und Pflichtteilsrecht der Kinder oder sonstiger Abkömmlinge sich erhöhen kann,
- bei Auflösung der Ehe kein Zugewinnausgleich stattfindet,
- die Privilegierung des § 5 ErbStG keine Anwendung findet.

Die Gütertrennung soll derzeit nicht in das Güterrechtsregister eingetragen werden. Jeder von uns beiden ist jedoch berechtigt, den Eintragungsantrag jetzt oder künftig alleine zu stellen.

Nach Belehrung durch den Notar verzichten wir auf die Erstellung eines Vermögensverzeichnisses.

§ 4 Hinweise, Durchführung

Der Notar hat die Erschienenen über die Bedeutung, die rechtliche Tragweite, insbesondere die Rechtsfolgen und die Auswirkungen der Vereinbarung zur elterlichen Sorge, zur religiösen Erziehung sowie zur Gütertrennung abschließend noch einmal ausführlich belehrt. Beide Erschienenen sind sich der Tragweite der getroffenen Vereinbarungen bewusst und wünschen gleichwohl die Beurkundung der Vereinbarung auch unter Inkaufnahme möglicher zukünftig daraus erwachsener Nachteile.

(ggf. weitere abschließende Hinweise/Durchführung)

(Urkundsausgang, Unterschriften)

▲

Nicht möglich wäre in diesem Zusammenhang, etwa zu vereinbaren, dass im Falle etwaiger Trennung und Scheidung der Ehe dem Ehemann die alleinige elterliche Sorge übertragen wird. Die Übertragung elterlicher Sorge kann nicht durch privatschriftliche Vereinbarung, sondern ausschließlich durch familiengerichtliche – ggf. auch einvernehmliche – Entscheidung erfolgen. **74**

Die folgende Vereinbarung, angelehnt an den o.g. Fall, wäre daher unwirksam:

75 *Formulierungsbeispiel: Unwirksame Vereinbarung über elterliche Sorge*

Für den Fall, dass aus unserer Ehe Kinder hervorgehen, vereinbaren wir, dass im Falle der Trennung und Scheidung dem Ehemann die alleinige elterliche Sorge übertragen wird. Die Parteien erklären hierzu, dass dies nach ihrer Überzeugung dem Kindeswohl entspricht, da die gemeinsamen Kinder muslimisch erzogen werden sollen.

j) Urlaubs-/Auslandsreisen

76 Urlaubsreisen stellen eine **notwendige Ergänzung des elterlichen Kontaktes** dar.

Gerade im Falle einer Trennung der Eltern voneinander wird immer wieder ein vor allem von demjenigen Elternteil **geplanter Urlaub** mit dem oder den Kindern **problematisiert,** der nicht überwiegend mit den Kindern zusammenlebt. Die Verweigerung einer Ferienregelung stellt eine Einschränkung des Umgangs im Sinne des § 1684 Abs. 4 BGB dar.[79]

Die inhaltliche Gestaltung der Ferienzeit obliegt ebenso wie die Ausgestaltung des periodisch ausgeübten Umgangsrechts dem Umgangsberechtigten für die Zeit, in der sich das Kind bei ihm befindet. Grundsätzlich entscheidet daher dieser Elternteil – ggf. in Abstimmung mit dem Kind – das Ziel und die Ausgestaltung einer Ferienreise. Dies gilt zumindest für Reisen im Rahmen des europäischen Kulturkreises.[80] Bei solchen Reisen handelt es sich eben **nicht um Angelegenheiten von erheblicher Bedeutung**, über die beide Elternteile gemeinsam entscheiden müssen.

77 Dies kann **nicht** grundsätzlich für **alle Reisen in das europäische Ausland** gelten.[81] Es kann auch innerhalb Europas Reisen geben, die mit **Risiken oder Gesundheitsgefahren** verbunden sind. In solchen Fällen handelt es sich um eine Angelegenheit von erheblicher Bedeutung für das Kind, die von beiden Sorgeberechtigten gemeinsam zu entscheiden ist.[82] Dies gilt auch für Reisen in **außereuropäische Länder** und Kulturkreise.[83]

Streiten sich Eltern darüber, ob eine geplante Urlaubsreise sich noch im Rahmen sog. Alltagsentscheidungen hält oder aber die gemeinsame elterliche Sorge berührt, kann der umgangsberechtigte Elternteil bei dem für den **Wohnort des Kindes zuständigen Familiengericht gem. § 1628 BGB** beantragen, ihm die Entscheidungskompetenz über die Streitfrage zu übertragen. Das Familiengericht wird zunächst auf eine Einigung der Sor-

79 OLG Saarbrücken FamFR 2013, 551.

80 BVerfG FamRZ 2010, 109; OLG Frankfurt FamRZ 1999, 8008.

81 So aber *Völker/Clausius,* § 2 83.

82 Vgl. *Horndasch,* in: Scholz/Kleffmann/Motzer E 94.

83 OLG Köln: zweiwöchige Reise mit 3-jährigem Kind nach Ägypten; OLG Naumburg FuR 2000, 235: Flugreise mit 2-jährigem Kind nach Kanada; OLG Hamm FamRZ 2005, 644: Reisen in Länder eines nicht umfassend vertrauten Kulturkreises; anders OLG Karlsruhe: Eine Urlaubsreise des Kindes mit dem mitsorgeberechtigten Vater nach China kann nach den individuellen Verhältnissen der betroffenen Familie eine Angelegenheit des täglichen Lebens sein, so OLG Karlsruhe, FamRZ 2005, 1004: Der Vater hielt sich häufiger in China auf, auch der ältere Bruder des Kindes war einmal längere Zeit in China.

geberechtigten hinwirken, § 156 FamFG,[84] im weiteren Streitfall aber einem Elternteil die Entscheidung über die streitige Frage übertragen.

Eltern können sich über diese Fragen aber naturgemäß verständigen und Vereinbarungen sowohl hinsichtlich einzelner, geplanter Reisen als auch allgemein eine **„Rahmenvereinbarung“** zu solchen Reisen treffen.

Dies könnte in entsprechenden Fällen wie folgt formuliert werden: 78

6.21

▼

Muster 6.21: Rahmenvereinbarung zu Urlaubsreisen

Verhandelt am

Zu

Vor mir, dem unterzeichnenden Notar im Bezirk des Oberlandesgerichts

erscheinen

1. Herr , geb. am , wohnhaft

2. Frau geb. , geb. am , wohnhaft

ausgewiesen durch .

Die Frage des beurkundenden Notars nach einer Vorbefassung im Sinne von § 3 Abs. 1 Nr. 7 BeurkG wurde von den Erschienenen verneint. Der beurkundende Notar erläuterte die vorgenannte Vorschrift.

Die Erschienenen baten den Notar um die Beurkundung einer

Trennungs- und Unterhaltsvereinbarung

und erklärten vorab:

§ 1 Ausgangslage

Wir sind beide von Geburt an deutsche Staatsangehörige und haben am in die Ehe geschlossen. Aus unserer Ehe ist das am geborene, derzeit also 12 Jahre alte Kind K. hervorgegangen. Es behält einvernehmlich seinen Lebensmittelpunkt bei der Kindesmutter. Kinder aus anderen Verbindungen sind nicht vorhanden.

Wir leben seit dem in verschiedenen Wohnungen voneinander getrennt.

84 OLG Zweibrücken FamRZ 2000, 627.

Wir haben gemeinsam lange im Ausland gelebt. Auch unser Sohn verfügt daher über ausreichende Auslandserfahrungen.

Im Hinblick auch hierauf vereinbaren wir, was folgt.

§ 2 Ehegattenunterhalt

1. Der Ersch. zu 1 verpflichtet sich, ab an die Ersch. zu 2 für die Zeit der Trennung einen monatlich, jeweils bis zum 1. eines jeden Monats fälligen Trennungsunterhalt in Höhe von EUR zu zahlen.

2. Bei dieser Vereinbarung gehen die Beteiligten von den folgenden Einkommensverhältnissen aus:

- Einkommen des Ersch. zu 1
- Einkommen der Ersch. zu 2 .

3. Die Vereinbarung zur Zahlung von Trennungsunterhalt ist der Abänderung zugänglich. Die Beteiligten vereinbaren im Falle der Änderung der Einkommens- und Vermögensverhältnisse eine an der getroffenen Vereinbarung orientierte Abänderung. Ergänzend gelten die gesetzlichen Regelungen.

4. Die Ersch. zu 2 verpflichtet sich für die Dauer der Unterhaltsleistung, die nach § 10 Abs. 1 Nr. 1 EStG erforderliche Zustimmung zum begrenzten Realsplitting zu geben. Der Ersch. zu 1 ist verpflichtet, die Ersch. zu 2 von den ihr entstehenden finanziellen Nachteilen freizustellen.

§ 3 Kindesunterhalt

1. Der Ersch. zu 1 ist verpflichtet, an das Kind K zu Händen der Ersch. zu 2 Kindesunterhalt in Höhe von EUR zu zahlen, und zwar jeweils im Voraus bis zum 1. eines jeden Monats.

2. Die Festsetzung des Unterhalts erfolgt auf der Grundlage des in § 2 Zif. 2 der Vereinbarung festgestellten anrechenbaren Nettoeinkommens des Ersch. zu 1.

3. Aufgrund des Alters des Kindes erfolgt die Unterhaltsbemessung nach der dritten Altersstufe der Düsseldorfer Tabelle.

4. Die Vereinbarung zur Zahlung von Kindesunterhalt gilt, solange unser Kind K seinen gewöhnlichen Aufenthalt überwiegend im Haushalt der Ersch. zu 2 hat.

§ 4 Vollstreckungsunterwerfung

Wegen der in § 2 und 3 Zif 1 der Vereinbarung eingegangenen Verpflichtung zur Zahlung von Ehegattenunterhalt und Kindesunterhalt unterwerfe ich, der Ersch. zu 1, mich der

sofortigen Zwangsvollstreckung

aus dieser Urkunde in mein Vermögen.

Die Ersch. zu 2 ist berechtigt, sich jederzeit auf einseitigen Antrag auf Kosten des Ersch. zu 1. eine vollstreckbare Ausfertigung dieser Urkunde erteilen zu lassen, ohne dass es hierzu des Nachweises der Fälligkeit oder sonstiger die Vollstreckung begründender Tatsachen bedarf.

§ 5 Elterliche Sorge, Urlaubsreisen

1. Wir, die Erschienenen, vereinbaren die Beibehaltung der gemeinsamen elterlichen Sorge für unser Kind K nach Scheidung unserer Ehe.

2. Wir vereinbaren, dass jeder der Erschienenen das Recht haben soll, gemeinsam mit dem Kind Auslandsreisen zu selbstständig zu wählenden Urlaubszielen zu unternehmen, soweit sie den üblichen Zeitrahmen der vereinbarten Ferienzeiten nicht überschreiten.

3. Wir vereinbaren, uns gegenseitig von geplanten Auslandsreisen zu informieren.

4. Wir bevollmächtigen wir uns wechselseitig jeweils hinsichtlich aller Handlungen und Maßnahmen, die in Ausübung der elterlichen Sorge für das Kind während der Zeit der Urlaubsreisen notwendig werden.

5. Den Erschienenen ist bekannt, dass die vorstehenden Vereinbarungen jederzeit frei widerrufbar sind.

§ 6 Hinweise, Durchführung

Der Notar hat die Erschienenen über die Bedeutung, die rechtliche Tragweite, insbesondere die Rechtsfolgen und die Auswirkungen der Unterhaltsvereinbarung und der Vereinbarung zur elterlichen Sorge abschließend noch einmal ausführlich belehrt. Beide Erschienenen sind sich der Tragweite der getroffenen Vereinbarungen bewusst und wünschen gleichwohl die Beurkundung der Vereinbarung auch unter Inkaufnahme möglicher zukünftig daraus erwachsener Nachteile.

(ggf. weitere abschließende Hinweise/Durchführung)

(Urkundsausgang, Unterschriften)

▲

Aber auch hinsichtlich einzelner Bereiche oder vorgegebener Zeiten ist eine solche Vereinbarung möglich. Dies kann beispielsweise Reisen in das Heimatland eines der beteiligten Eltern erfassen. In solchen Fällen kann dies wie folgt vereinbart werden: 79

▼ 6.22

Muster 6.22: Vereinbarung zu konkreten Auslandsreisen

Verhandelt am

Zu

Vor mir, dem unterzeichnenden Notar im Bezirk des Oberlandesgerichts

…

erscheinen

1. Herr …, geb. am …, wohnhaft

2. Frau … geb. …, geb. am …, wohnhaft …

ausgewiesen durch ….

Die Frage des beurkundenden Notars nach einer Vorbefassung im Sinne von § 3 Abs. 1 Nr. 7 BeurkG wurde von den Erschienenen verneint. Der beurkundende Notar erläuterte die vorgenannte Vorschrift.

Die Erschienenen baten den Notar um die Beurkundung einer

Trennungs- und Unterhaltsvereinbarung

und erklärten vorab:

§ 1 Ausgangslage

Wir sind beide von Geburt an deutsche Staatsangehörige und haben am … in … die Ehe geschlossen. Aus unserer Ehe ist das am … geborene, derzeit also 12 Jahre alte Kind K. hervorgegangen. Es behält einvernehmlich seinen Lebensmittelpunkt bei der Kindesmutter. Kinder aus anderen Verbindungen sind nicht vorhanden.

Wir leben seit dem … in verschiedenen Wohnungen voneinander getrennt.

Ich, der Ersch. zu 1, stamme aus Kanada, wo die Beteiligten auch gemeinsam vom … bis … (5 Jahre) gelebt haben.

Im Hinblick auch hierauf vereinbaren wir, was folgt.

§ 2 Ehegattenunterhalt

1. Der Ersch. zu 1 verpflichtet sich, ab … an die Ersch. zu 2 für die Zeit der Trennung einen monatlich, jeweils bis zum 1. eines jeden Monats fälligen Trennungsunterhalt in Höhe von … EUR zu zahlen.

2. Bei dieser Vereinbarung gehen die Beteiligten von den folgenden Einkommensverhältnissen aus:

- Einkommen des Ersch. zu 1 …
- Einkommen der Ersch. zu 2 ….

3. Die Vereinbarung zur Zahlung von Trennungsunterhalt ist der Abänderung zugänglich. Die Beteiligten vereinbaren im Falle der Änderung der Einkommens- und Vermögensverhältnisse eine an der getroffenen Vereinbarung orientierte Abänderung. Ergänzend gelten die gesetzlichen Regelungen.

4. Die Ersch. zu 2 verpflichtet sich für die Dauer der Unterhaltsleistung, die nach § 10 Abs. 1 Nr. 1 EStG erforderliche Zustimmung zum begrenzten Realsplitting zu geben. Der Ersch. zu 1 ist verpflichtet, die Ersch. zu 2 von den ihr entstehenden finanziellen Nachteilen freizustellen.

§ 3 Kindesunterhalt

1. Der Ersch. zu 1 ist verpflichtet, an das Kind K zu Händen der Ersch. zu 2 Kindesunterhalt in Höhe von EUR zu zahlen, und zwar jeweils im Voraus bis zum 1. eines jeden Monats.

2. Die Festsetzung des Unterhalts erfolgt auf der Grundlage des in § 2 Ziff. 2 der Vereinbarung festgestellten anrechenbaren Nettoeinkommens des Ersch. zu 1.

3. Aufgrund des Alters des Kindes erfolgt die Unterhaltsbemessung nach der dritten Altersstufe der Düsseldorfer Tabelle.

4. Die Vereinbarung zur Zahlung von Kindesunterhalt gilt, solange unser Kind K seinen gewöhnlichen Aufenthalt überwiegend im Haushalt der Ersch. zu 2 hat.

§ 4 Vollstreckungsunterwerfung

Wegen der in § 2 und 3 Ziff. 1 der Vereinbarung eingegangenen Verpflichtung zur Zahlung von Ehegattenunterhalt und Kindesunterhalt unterwerfe ich, der Ersch. zu 1, mich der

sofortigen Zwangsvollstreckung

aus dieser Urkunde in mein Vermögen.

Die Ersch. zu 2 ist berechtigt, sich jederzeit auf einseitigen Antrag auf Kosten des Ersch. zu 1 eine vollstreckbare Ausfertigung dieser Urkunde erteilen zu lassen, ohne dass es hierzu des Nachweises der Fälligkeit oder sonstiger die Vollstreckung begründender Tatsachen bedarf.

§ 5 Elterliche Sorge, Auslandsreisen

1. Wir, die Erschienenen, vereinbaren die Beibehaltung der gemeinsamen elterlichen Sorge für unser Kind K nach Scheidung unserer Ehe.

2. Wir vereinbaren, dass dem Ersch. zu 1 gestattet ist, gemeinsam mit unserem Sohn Reisen in sein Heimatland Kanada zu unternehmen, soweit sie den üblichen Zeitrahmen der vereinbarten Ferienzeiten nicht überschreiten.

3. Der Ersch. zu 1 wird die Ersch. zu 2 rechtzeitig im Voraus von den geplanten Auslandsreisen informieren.

4. Die Ersch. zu 2 bevollmächtigt den Ersch. zu 1 hinsichtlich aller Handlungen und Maßnahmen, die in Ausübung der elterlichen Sorge für das Kind während der Zeit der zu Ziff. 2 geplanten Reisen notwendig werden.

5. Im Übrigen bleibt es hinsichtlich der Notwendigkeit gemeinsamer Entscheidungen über Angelegenheiten von erheblicher Bedeutung bei den gesetzlichen Regelungen.

6. Den Erschienenen ist bekannt, dass die vorstehenden Vereinbarungen jederzeit frei widerrufbar sind.

§ 6 Hinweise, Durchführung

Der Notar hat die Erschienenen über die Bedeutung, die rechtliche Tragweite, insbesondere die Rechtsfolgen und die Auswirkungen der Unterhaltsvereinbarung und der Vereinbarung zur elterlichen Sorge abschließend noch einmal ausführlich belehrt. Beide Erschienenen sind sich der Tragweite der getroffenen Vereinbarungen bewusst und wünschen gleichwohl die Beurkundung der Vereinbarung auch unter Inkaufnahme möglicher zukünftig daraus erwachsener Nachteile.

(ggf. weitere abschließende Hinweise/Durchführung)

(Urkundsausgang, Unterschriften)

▲

2. Aufteilung mehrerer Teilbereiche

80 Selbstverständlich muss nicht in einer Vereinbarung, ggf. einer Urkunde, ausschließlich ein Teilbereich der elterlichen Sorge geregelt werden.

Es ist genauso gut möglich, mehrere Teilbereiche unter den Eltern aufzuteilen.

6.23 Beispielhaft ist dies wie folgt zu formulieren:

▼

81 **Muster 6.23: Vereinbarung zur Aufteilung mehrerer Teilbereiche elterlicher Sorge**

Verhandelt am

Zu

Vor mir, dem unterzeichnenden Notar im Bezirk des Oberlandesgerichts

erscheinen

1. Herr geb. am , wohnhaft

2. Frau geb. , geb. am , wohnhaft ebenda

ausgewiesen durch .

Die Frage des beurkundenden Notars nach einer Vorbefassung im Sinne von § 3 Abs. 1 Nr. 7 BeurkG wurde von den Erschienenen verneint. Der beurkundende Notar erläuterte die vorgenannte Vorschrift.

Die Erschienenen baten den Notar um die Beurkundung eines

Ehevertrages

und erklärten vorab:

§ 1 Ausgangslage

Wir, die Erschienenen zu 1 und 2, sind miteinander verlobt und wollen am die Ehe miteinander schließen.

Ich, der Ersch. zu 1, bin Gymnasiallehrer, ich, die Ersch. zu 2, bin Ärztin von Beruf.

Aus unserer Verbindung ist das nunmehr 4 Jahre alte Kind K hervorgegangen. Wir sind aufgrund gemeinsamer Sorgeerklärung beide für unser Kind sorgeberechtigt.

Wir vereinbaren für unsere Ehe, was folgt:

§ 2 Elterliche Sorge, Aufteilung von Teilbereichen

1. Wir, die Erschienenen, werden weiterhin die gemeinsame Verantwortung elterlicher Sorge für unser gemeinsames Kind K tragen.

2. Wir vereinbaren, dass hinsichtlich medizinischer Eingriffe und stationärer ärztlicher Untersuchungen die Ersch. zu 2 bevollmächtigt wird, mit Wirkung für beide Erschienenen die für das Wohl unseres Kindes notwendigen Entscheidungen zu treffen. Die Ersch. zu 2 ist insoweit allein entscheidungsbefugt.

3. Die Regelung zu Zif. 2 betrifft alle Entscheidungen, die über nicht stationäre Untersuchungen und alltägliche medizinische Behandlungen hinausgehen. Alltäglich sind solche medizinischen Behandlungen, die von niedergelassenen Ärzten oder anderem medizinisch vorgebildetem Personal (z.B. Heilpraktiker, Chiropraktiker etc) angeordnet werden und solche Erkrankungen betreffen, die bei Kindern oder insgesamt in der Bevölkerung nicht selten auftreten.

4. Die Ersch. zu 2 wird den Ersch. zu 1 über alle Entscheidungen im Bereich medizinischer Eingriffe informieren und, soweit dies sachlich sinnvoll und zeitlich möglich ist, beratend beiziehen.

5. Wir vereinbaren, dass dem Ersch. zu 1 während der Ehe, aber auch nach etwaiger Trennung und Scheidung die alleinigen Entscheidungsbefugnisse in allen Fragen des Kindergartens, der schulischen Ausbildung, der Wahl des Schultyps und der konkreten Wahl der Schule erhalten soll. Der Ersch. zu 1 sichert zu, dass er seine Entscheidungen an der Entwicklung des Kindes und an seinem Wohl ausrichten werde.

6. Den Erschienenen ist bekannt, dass die vorstehenden Vereinbarungen jederzeit frei widerrufbar sind.

§ 3 Güterstand

Als Güterstand für unsere Ehe soll die Gütertrennung nach Maßgabe des Bürgerlichen Gesetzbuches gelten. Uns ist bekannt, dass durch die Vereinbarung der Gütertrennung

- keine Haftungsbeschränkung gegenüber Gläubigern eintritt,
- jeder Ehegatte über sein Vermögen frei verfügen kann,
- beim Tode eines von uns beiden das Erb- und Pflichtteilsrecht des Überlebenden am Nachlass des Zuerst versterbenden sich vermindern und das Erb- und Pflichtteilsrecht der Kinder oder sonstiger Abkömmlinge sich erhöhen kann,
- bei Auflösung der Ehe kein Zugewinnausgleich stattfindet,
- die Privilegierung des § 5 ErbStG keine Anwendung findet.

Die Gütertrennung soll derzeit nicht in das Güterrechtsregister eingetragen werden. Jeder von uns beiden ist jedoch berechtigt, den Eintragungsantrag jetzt oder künftig alleine zu stellen.

Nach Belehrung durch den Notar verzichten wir auf die Erstellung eines Vermögensverzeichnisses.

§ 4 Hinweise, Durchführung

Der Notar hat die Erschienenen über die Bedeutung, die rechtliche Tragweite, insbesondere die Rechtsfolgen und die Auswirkungen der Vereinbarung zur elterlichen Sorge, zur Aufteilung von Teilbereichen elterlicher Sorge sowie zur Gütertrennung abschließend noch einmal ausführlich belehrt. Beide Erschienenen sind sich der Tragweite der getroffenen Vereinbarungen bewusst und wünschen gleichwohl die Beurkundung der Vereinbarung auch unter Inkaufnahme möglicher zukünftig daraus erwachsener Nachteile.

(ggf. weitere abschließende Hinweise/Durchführung)

(Urkundsausgang, Unterschriften)

▲

3. Die Vollmacht zwischen Eltern

82 Da das Sorgerecht höchst persönlich ist, kann es **nicht durch Vereinbarung** an Dritte übertragen werden. Der Sorgeberechtigte kann aber andere mit der Ausübung der Sorge

beauftragen, etwa in Form einer Vollmacht.[85] Eine andere Rechtslage ist nur durch gerichtliche Sorgerechtsänderung erreichbar.

Praxistipp 83

Um die (Teil-)Übertragung der elterlichen Sorge bei großer Ortsverschiedenheit der Eltern zu vermeiden, empfiehlt es sich, die Vollmacht durch notarielle Urkunde anzubieten.

Bei der Beauftragung eines Dritten oder des anderen Elternteils werden zum Teil die Begriffe der **Vollmacht** und der **Ermächtigung** voneinander unterschieden.[86] 84

Eine **Vollmacht** erteilt danach eine sorgeberechtigte Person an einen Dritten, der nicht gleichzeitig Inhaber elterlicher Sorge ist. Eine **Ermächtigung** wird dagegen dem ggf. anderen sorgeberechtigten Elternteil erteilt.

Die Unterscheidung wird damit begründet, dass der **Ermächtigung eine Elternvereinbarung** im Innenverhältnis zugrunde liegt, bei der **Vollmacht** für Dritte jedoch in der Regel ein **Auftrags- oder Geschäftsbesorgungsverhältnis** vorliegt.[87]

Die sprachliche Unterscheidung macht wenig Sinn. In allen Fällen liegt das Rechtsverhältnis je nach konkretem Sachverhalt vor. Es ist daher richtig, einheitlich sowohl die Ermächtigung als auch die Bevollmächtigung **einheitlich mit dem Begriff der Vollmacht** zu bezeichnen.

Grundsätzlich sind Vollmachten – vorbehaltlich spezieller gesetzlicher Bestimmungen – **nicht formbedürftig**. Gleichwohl wird häufig von Dritten eine schriftliche Vollmacht verlangt.[88] Zudem darf sich die Vollmacht lediglich auf **solche Geschäfte** beziehen, die **ihrerseits nicht formbedürftig** sind.[89] Da aber manche – auch überraschende – Rechtshandlungen **formbedürftig** sein können, wie beispielsweise die Ausschlagung einer Erbschaft, §§ 1484 Abs. 2, 1945 Abs. 3 BGB, ist es immer sinnvoll, eine **notarielle Beurkundung** vorzunehmen.

a) Die unbeschränkte Vollmacht

Die Vereinbarung einer unbeschränkten Vollmacht kann nur dann in Betracht kommen, wenn ein besonderer Anlass dazu besteht. 85

Ein besonderer Anlass besteht dann, wenn beispielsweise der andere Elternteil lange Zeit ortsabwesend ist:

Sei es beruflich: 86

- durch Abordnung etwa im Rahmen der Bundeswehr in ein internationales Krisengebiet,
- durch Einsatz im Rahmen von Entwicklungshilfe,

85 Dazu *Horndasch*, Die notarielle Fachprüfung im Familienrecht, § 5 Rn 24.
86 So *Völker/Clausius,* § 1 Rn 20; anders BeckFormB FamR/*Finger,* Form E.I.4 ff.
87 *Völker/Clausius,* § 1 Rn 20.
88 Dazu *Hoffmann,* FamRZ 2011, 1544, 1547; *Völker/Clausius,* § 1 Rn 25.
89 Palandt/*Ellenberger,* § 167 Rn 2 m.w.N.

- durch längeren Auslandsaufenthalt in einer anderen Niederlassung des Arbeitgebers,
- durch Arbeitstätigkeit als Fernfahrer mit Heimfahrten lediglich an den Wochenenden.

87 **Sei es privat:**

- durch Beginn einer mehrmonatig oder gar mehrjährig geplanten Reise mit dem Segelboot,
- durch längere Abwesenheit im Rahmen von Sport- oder Kulturveranstaltungen.

88 **Sei es gesellschaftlich:**

- motiviert durch politische Tätigkeit mit längeren Abwesenheiten.

89 **Sei es gesellschaftlich:**

- bestimmt durch Ableistung einer Freiheitsstrafe.

90 In all diesen Fällen kann durch Vereinbarung dafür gesorgt werden, dass notwendige Entscheidungen im Bereich elterlicher Sorge über Angelegenheiten von erheblicher Bedeutung überhaupt getroffen werden können. Die sonst zumindest eintretende Zeitverzögerung durch das Einholen des notwendigen Einverständnisses es anderen Elternteils kann ggf. auch dem Kindeswohl schaden.

Eine solche Vereinbarung kann in geeigneten Fällen als **Generalvollmacht** formuliert werden, ohne dass auf Einzelheiten betreffend den Bereich der elterlichen Sorge eingegangen wird.

Eine solche Generalvollmacht bedarf naturgemäß **erheblichen Vertrauens**, weil diese dann **alle Bereiche** erfasst, in denen der andere Elternteil überhaupt rechtsgeschäftlich tätig sein kann. Es können dann für den Vollmachtgeber, pointiert formuliert, ebenso Immobilien gekauft wie Schulden aufgehäuft werden.

91 Die Vollmacht bedarf lediglich eines kurzen Textes wie folgt:

6.24

▼

Muster 6.24: Erteilung einer Generalvollmacht

Verhandelt am

Zu

Vor mir, dem unterzeichnenden Notar im Bezirk des Oberlandesgerichts

erscheint

Herr A, geb. am , wohnhaft

ausgewiesen durch .

Die Frage des beurkundenden Notars nach einer Vorbefassung im Sinne von § 3 Abs. 1 Nr. 7 BeurkG wurde von dem Erschienenen verneint. Der beurkundende Notar erläuterte die vorgenannte Vorschrift.

Der Erschienene bat den Notar um die Beurkundung einer

Generalvollmacht

und erklärte zu notariellem Protokoll:

Hierdurch bevollmächtige ich, meine Ehefrau, Frau A, geb. am , wohnhaft ,

mich in allen persönlichen und vermögensrechtlichen Angelegenheiten, soweit dies gesetzlich zulässig ist, gerichtlich und außergerichtlich zu vertreten. Diese Vollmacht kann für einzelne, von dem Bevollmächtigten zu bestimmende Rechtsgeschäfte übertragen werden.

Die Bevollmächtigte ist befugt, Rechtsgeschäfte mit sich im eigenen Namen und als Vertreter Dritter vorzunehmen. Die Vollmacht soll durch meinen Tod nicht erlöschen.

Der Bevollmächtigten ist eine Ausfertigung dieser Urkunde zu erteilen.

Der Notar hat den Erschienenen über die Bedeutung, die rechtliche Tragweite, insbesondere die Rechtsfolgen und die Auswirkungen der Generalvollmacht abschließend noch einmal ausführlich belehrt. Der Erschienene ist sich der Tragweite der Vollmacht bewusst und wünscht gleichwohl die Beurkundung der Vereinbarung auch unter Inkaufnahme möglicher zukünftig daraus erwachsener Nachteile.

(ggf. weitere abschließende Hinweise/Durchführung)

Das Protokoll ist dem Erschienenen vorgelesen, von ihm genehmigt und wie folgt eigenhändig unterschrieben: .

▲

Die Vollmacht kann – ebenfalls als **unbegrenzte Vollmacht** – auf das Kind bezogen werden. Dies ist – in Kurzform – wie folgt zu formulieren: 92

6.25

▼

Muster 6.25: Erteilung einer Vollmacht betreffend ein Kind 93

Verhandelt am

Zu

Vor mir, dem unterzeichnenden Notar im Bezirk des Oberlandesgerichts

erscheint

Herr A, geb. am , wohnhaft

ausgewiesen durch .

Die Frage des beurkundenden Notars nach einer Vorbefassung im Sinne von § 3 Abs. 1 Nr. 7 BeurkG wurde von den Erschienenen verneint. Der beurkundende Notar erläuterte die vorgenannte Vorschrift.

Der Erschienene erklärte zunächst:

Ich bin Vater des am geborenen Kindes K. Meine Ehefrau, Frau , geb. am , wohnhaft (ebenda) und ich üben die elterliche Sorge für unser Kind gemeinsam aus.

Der Erschienene bat den Notar um die Beurkundung einer

Vollmacht

und erklärte zu notariellem Protokoll:

Hierdurch bevollmächtige ich, meine Ehefrau, Frau A, geb. am , wohnhaft ,

unser Kind K, geb. am , wohnhaft ,

in allen persönlichen und vermögensrechtlichen Angelegenheiten, soweit dies gesetzlich zulässig ist, gerichtlich und außergerichtlich zu vertreten. Diese Vollmacht kann für einzelne, von dem Bevollmächtigten zu bestimmende Rechtsgeschäfte übertragen werden.

Die Bevollmächtigte ist befugt, Rechtsgeschäfte mit sich im eigenen Namen und als Vertreter Dritter vorzunehmen. Die Vollmacht soll durch meinen Tod nicht erlöschen.

Der Bevollmächtigten ist eine Ausfertigung dieser Urkunde zu erteilen.

Der Notar hat dem Erschienenen über die Bedeutung, die rechtliche Tragweite, insbesondere die Rechtsfolgen und die Auswirkungen der Vollmacht abschließend noch einmal ausführlich belehrt. Der Erschienene ist sich der Tragweite der Vollmacht bewusst und wünscht gleichwohl die Beurkundung der Vereinbarung auch unter Inkaufnahme möglicher zukünftig daraus erwachsener Nachteile.

Das Protokoll ist dem Erschienenen vorgelesen, von ihm genehmigt und wie folgt eigenhändig unterschrieben:

▲

94 Die Vollmacht kann auch **ausführlich bezeichnen**, was im Einzelnen mit der Bevollmächtigung verbunden ist. Dies **erweitert** aber den Kreis der Möglichkeiten im Rahmen der Bevollmächtigung **nicht**. Es wird lediglich – beispielhaft – aufgeführt, was zu den Angelegenheiten der elterlichen Sorge gehört.

95 Eine solche Vollmacht kann wie folgt formuliert werden:

6.26

▼

Muster 6.26: Erteilung einer Vollmacht betreffend ein Kind, ausführliche Fassung

Verhandelt am

Zu

Vor mir, dem unterzeichnenden Notar im Bezirk des Oberlandesgerichts

erscheint

Herr A, geb. am , wohnhaft

ausgewiesen durch .

Die Frage des beurkundenden Notars nach einer Vorbefassung im Sinne von § 3 Abs. 1 Nr. 7 BeurkG wurde von dem Erschienenen verneint. Der beurkundende Notar erläuterte die vorgenannte Vorschrift.

Der Erschienene erklärte zunächst:

Meine Ehefrau, Frau A, geb. am , wohnhaft , und ich sind seit dem miteinander verheiratete Eheleute.

Aus unserer Ehe ist das am (4 Jahre) geborene Kind K hervorgegangen.

Ich, der Erschienene, plane eine evtl. mehrjährige Weltreise mit meinem Segelboot.

Um zu gewährleisten, dass meine Ehefrau während meiner Abwesenheit allein für unser Kind handeln kann, bestimme ich, was folgt.

Der Erschienene bat den Notar um die Beurkundung einer

Vollmacht

und erklärte zu notariellem Protokoll:

Hierdurch bevollmächtige ich, meine Ehefrau, Frau A, geb. am , wohnhaft ,

unser Kind K, geb. am , wohnhaft ,

in allen persönlichen und vermögensrechtlichen Angelegenheiten, soweit dies gesetzlich zulässig ist, gerichtlich und außergerichtlich zu vertreten.

Zu den persönlichen und vermögensrechtlichen Angelegenheiten gehören insbesondere die folgenden – beispielhaft genannten – Bereiche:

- der Aufenthaltsbestimmung,
- der Kindergartenbesuch bzw. der Besuch der Kindertagesstätte,

- der Schul- und Berufsausbildung einschließlich Wahl der Schulart und Schulwechsel,
- die Wahl der Erziehungsgrundsätze,
- Wechsel des Kindes in ein Heim/Internat,
- medizinische Eingriffe,
- psychotherapeutische Behandlungen,
- Umgang mit Dritten,
- Fragen zum Unterhalt des Kindes,
- Anlage und Verwendung des Kindesvermögens,
- Genehmigungspflichtige Geschäfte nach § 1643 BGB,
- Ausschlagung einer Erbschaft,
- ggf. Anfechtung der Vaterschaft,
- Auslandsaufenthalte/Urlaubsreise des Kindes.

Diese Vollmacht kann für einzelne, von der Bevollmächtigten zu bestimmende Rechtsgeschäfte übertragen werden.

Die Bevollmächtigte ist befugt, Rechtsgeschäfte mit sich im eigenen Namen und als Vertreter Dritter vorzunehmen. Die Vollmacht soll durch meinen Tod nicht erlöschen.

Der Bevollmächtigten ist eine Ausfertigung dieser Urkunde zu erteilen.

Der Notar hat den Erschienenen über die Bedeutung, die rechtliche Tragweite, insbesondere die Rechtsfolgen und die Auswirkungen der Vollmacht abschließend noch einmal ausführlich belehrt. Der Erschienene ist sich der Tragweite der Vollmacht bewusst und wünscht gleichwohl die Beurkundung der Vereinbarung auch unter Inkaufnahme möglicher zukünftig daraus erwachsener Nachteile.

Das Protokoll ist dem Erschienenen vorgelesen, von ihnen genehmigt und wie folgt eigenhändig unterschrieben: .

▲

b) Die zeitlich beschränkte Vollmacht

96 Soll die Vollmacht zeitlich begrenzt werden, weil etwa der Ehemann für eine Zeit als Berufssoldat in das Ausland abkommandiert worden ist oder andere Gründe zeitweiser Abwesenheit vorliegen, kann eine solche grundsätzlich unbeschränkte Vollmacht auch auf einen bestimmten Zeitabschnitt bezogen werden.

97 Dies kann beispielsweise wie folgt formuliert werden:

6.27

▼

Muster 6.27: Zeitlich beschränkte Vollmacht eines Elternteils

Verhandelt am ___

Zu ___

Vor mir, dem unterzeichnenden Notar im Bezirk des Oberlandesgerichts ___

___

erscheint

Herr A, geb. am ___, wohnhaft ___

ausgewiesen durch ___.

Die Frage des beurkundenden Notars nach einer Vorbefassung im Sinne von § 3 Abs. 1 Nr. 7 BeurkG wurde von dem Erschienenen verneint. Der beurkundende Notar erläuterte die vorgenannte Vorschrift.

Der Erschienene erklärte zunächst:

Meine Ehefrau, Frau A, geb. am ___, wohnhaft ___, und ich sind seit dem ___ miteinander verheiratete Eheleute.

Aus unserer Ehe ist das am ___ (4 Jahre) geborene Kind K hervorgegangen.

Ich, der Erschienene, bin Offizier der Bundeswehr und bin ab dem ___ für 12 Monate zu einem Einsatz nach Afghanistan abgeordnet.

Um zu gewährleisten, dass meine Ehefrau während meiner Abwesenheit allein für unser Kind handeln kann, bestimmen wir, was folgt.

Der Erschienene bat den Notar um die Beurkundung einer

Vollmacht

und erklärte zu notariellem Protokoll:

Hierdurch bevollmächtige ich meine Ehefrau, Frau A, geb. am ___, wohnhaft ___,

unser Kind K, geb. am ___, wohnhaft ___,

in allen persönlichen und vermögensrechtlichen Angelegenheiten, soweit dies gesetzlich zulässig ist, gerichtlich und außergerichtlich zu vertreten.

Zu den persönlichen und vermögensrechtlichen Angelegenheiten gehören insbesondere die folgenden – beispielhaft genannten – Bereiche:

- der Aufenthaltsbestimmung,

- des Kindergartenbesuchs bzw. des Besuchs der Kindertagesstätte,
- der Schul- und Berufsausbildung einschließlich Wahl der Schulart und Schulwechsel,
- die Wahl der Erziehungsgrundsätze,
- Wechsel des Kindes in ein Heim/Internat,
- medizinische Eingriffe,
- psychotherapeutische Behandlungen,
- Umgang mit Dritten,
- Fragen zum Unterhalt des Kindes,
- Anlage und Verwendung des Kindesvermögens,
- Genehmigungspflichtige Geschäfte nach § 1643 BGB,
- Ausschlagung einer Erbschaft,
- ggf. Anfechtung der Vaterschaft,
- Auslandsaufenthalte/Urlaubsreise des Kindes.

Diese Vollmacht kann für einzelne, von der Bevollmächtigten zu bestimmende Rechtsgeschäfte übertragen werden.

Die Bevollmächtigte ist befugt, Rechtsgeschäfte mit sich im eigenen Namen und als Vertreter Dritter vorzunehmen. Die Vollmacht soll durch meinen Tod nicht erlöschen.

Die Vollmacht wird zeitlich beschränkt auf die Zeit vom bis zum (13 Monate).

Der Bevollmächtigten ist eine Ausfertigung dieser Urkunde zu erteilen.

Der Notar hat den Erschienenen über die Bedeutung, die rechtliche Tragweite, insbesondere die Rechtsfolgen und die Auswirkungen der Vollmacht abschließend noch einmal ausführlich belehrt. Der Erschienene ist sich der Tragweite der Vollmacht bewusst und wünscht gleichwohl die Beurkundung der Vereinbarung auch unter Inkaufnahme möglicher zukünftig daraus erwachsener Nachteile.

Das Protokoll ist dem Erschienenen vorgelesen, von ihm genehmigt und wie folgt eigenhändig unterschrieben: .

▲

98 Die Begrenzung auf 13 Monate bei Abordnung von 12 Monaten berücksichtigt mögliche Verzögerungen, Zeiten der Rückreise etc.

In Fällen wie dem vorstehend beschriebenen Sachverhalt kann es allerdings über die Regelung hinsichtlich des gemeinsamen Kindes sinnvoll sein, eine **allgemeine**, auf den hier verbleibenden Ehegatten bezogene **unbeschränkte Generalvollmacht** zu erstellen. Diese schließt alle Handlungsmöglichkeiten hinsichtlich des Kindes ein.

▼ 6.28

Muster 6.28: Zeitlich beschränkte Generalvollmacht eines Elternteils 99

Verhandelt am

Zu

Vor mir, dem unterzeichnenden Notar im Bezirk des Oberlandesgerichts

erscheint

Herr A, geb. am , wohnhaft

ausgewiesen durch .

Die Frage des beurkundenden Notars nach einer Vorbefassung im Sinne von § 3 Abs. 1 Nr. 7 BeurkG wurde von dem Erschienenen verneint. Der beurkundende Notar erläuterte die vorgenannte Vorschrift.

Der Erschienene bat den Notar um die Beurkundung einer

Generalvollmacht

und erklärte zu notariellem Protokoll:

Hierdurch bevollmächtige ich, meine Ehefrau, Frau A, geb. am , wohnhaft ,

mich in allen persönlichen und vermögensrechtlichen Angelegenheiten, soweit dies gesetzlich zulässig ist, gerichtlich und außergerichtlich zu vertreten. Diese Vollmacht kann für einzelne, von dem Bevollmächtigten zu bestimmende Rechtsgeschäfte übertragen werden.

Die Bevollmächtigte ist befugt, Rechtsgeschäfte mit sich im eigenen Namen und als Vertreter Dritter vorzunehmen. Die Vollmacht soll durch meinen Tod nicht erlöschen.

Der Bevollmächtigten ist eine Ausfertigung dieser Urkunde zu erteilen.

Die Vollmacht wird zeitlich beschränkt auf die Zeit vom bis zum (13 Monate).

Der Notar hat den Erschienenen über die Bedeutung, die rechtliche Tragweite, insbesondere die Rechtsfolgen und die Auswirkungen der Vollmacht abschließend noch einmal ausführlich belehrt. Der Erschienene ist sich der Tragweite der Vollmacht bewusst und wünscht gleichwohl die Beurkundung der Vereinbarung auch unter Inkaufnahme möglicher zukünftig daraus erwachsener Nachteile.

Das Protokoll ist den Erschienenen vorgelesen, von ihnen genehmigt und wie folgt eigenhändig unterschrieben:

▲

c) Die Vorsorgevollmacht

100 Als Vorsorgegestaltung für das Alter, aber auch für unvorhersehbare Fälle von Krankheit oder Unfall ist in der notariellen Praxis mehr und mehr die Vorsorgevollmacht[90] in den Vordergrund gerückt.

Notarielle Beurkundung ist grundsätzlich bei Vorsorgevollmachten nicht erforderlich. Sie ist aber unbedingt zu empfehlen.[91] Damit wird nicht nur die **Ernsthaftigkeit** betont; es ermöglicht auch **Feststellungen zur Geschäftsfähigkeit** durch eine neutrale, nicht beteiligte Person, den Notar. Im Übrigen ist die intensive **Beratung des Notars** und die flexible Handhabung durch die Möglichkeit der **Erteilung von Ausfertigungen** für sich bereits ein Grund zur Beurkundung der Vorsorgevollmacht.

Eine Vorsorgevollmacht sorgt dann auch dafür, dass im Falle etwa eines Unfalls, der zur – vorübergehend – fehlenden Entscheidungsfähigkeit eines Elternteils führt, Probleme für den anderen Elternteil auftreten.

Eine Vorsorgevollmacht kann – unter Einbeziehung einer sog. Patientenverfügung – den folgenden Wortlaut haben:

6.29

▼

101 **Muster 6.29: Vorsorgevollmacht von Ehegatten**

Verhandelt am

Zu

Vor mir, dem unterzeichnenden Notar im Bezirk des Oberlandesgerichts

mit dem Amtssitz in , erschien heute:

Frau ,

wohnhaft ,

geb. am

Die Erschienene wies sich aus durch Vorlage ihres amtlichen Personalausweises

Nr.:

90 Dazu ausführlich *Kropp,* FPR 2012, 9; *Grziwotz,* INF 2004, 352; *Münch*, Ehebezogene Rechtsgeschäfte, Rn 2095 ff.

91 Dazu ausführlich *Müller/Renner,* Rn 736 f.

Die Frage des beurkundenden Notars nach einer Vorbefassung im Sinne von § 3 Abs. 1 Nr. 7 BeurkG wurde von der Erschienenen verneint. Der beurkundende Notar erläuterte die vorgenannte Vorschrift.

Der beurkundende Notar wies darauf hin, dass die Möglichkeit der Registrierung der nachstehend erteilten Vorsorgevollmacht beim Zentralen Vorsorgeregister der Bundesnotarkammer besteht. Die Erschienene bat, die Registrierung vorzunehmen.

Der Notar führte ein ausführliches Gespräch mit der Erschienenen. Danach bestanden nach Überzeugung des Notars keinerlei Zweifel an der Geschäftsfähigkeit der Erschienenen.

Die Erschienene ersuchte sodann um die Beurkundung einer

Vorsorgevollmacht nebst Patientenverfügung

und erklärte:

1. Ich, Frau   , geb. am   , erteile hiermit meinem Ehemann

Herrn   , wohnhaft   ,

geb. am,

Vollmacht, mich in jeder rechtlich zulässigen Weise zu vertreten, also in Vermögensangelegenheiten und persönlichen Angelegenheiten.

Der Bevollmächtigte ist von den Beschränkungen des § 181 BGB befreit.

Die Vollmacht soll über meinen Tod hinaus gültig sein, bis sie von meinen Erben widerrufen wird.

Die Vollmacht dient der Vermeidung einer Betreuung und geht der Anordnung der Betreuung vor.

Die Vollmacht berechtigt in Vermögensangelegenheiten insbesondere,

- zum Erwerb, zur Verwaltung und zur Veräußerung von beweglichen Sachen, Immobilien und Rechten sowie zur Eingehung von Verbindlichkeiten;
- zur Verwaltung des Vermögens und zur Verfügung über Konten bei Banken und Sparkassen;
- zur Vertretung in allen Vermögens-, Renten-, Versorgungs-, Pflegeversicherungs-, Kranken-, Steuer-, Sozialhilfe- und sonstigen Angelegenheiten;
- zu geschäftsähnlichen Handlungen und zu allen Verfahrenshandlungen;
- zum Abschluss eines Heimvertrages oder einer ähnlichen Vereinbarung;
- zur Vertretung vor allen öffentlichen Registern;

- zur Auflösung eines Mietverhältnisses und zur Auflösung der Wohnung.

Die Vollmacht umfasst auch den gesamten Postbereich einschließlich aller privaten Postunternehmen, insbesondere das Recht zur Entgegennahme, zum Öffnen und Anhalten von Postsendungen (§ 1896 Abs. 4 BGB). Sie berechtigt auch zur Erteilung von Untervollmachten.

Im Innenverhältnis zwischen Vollmachtgeber und Vollmachtnehmer ist die Vollmacht dadurch beschränkt, dass der Vollmachtnehmer davon nur Gebrauch machen soll, wenn der Vollmachtgeber zur Erledigung seiner Angelegenheiten nicht mehr zweifelsfrei in der Lage ist oder der Vollmachtnehmer zur Vornahme des Geschäfts ausdrücklich ermächtigt ist.

2. Ich erteile dem unter Ziffer 1. Genannten Vollmacht in persönlichen Angelegenheiten, insbesondere,

- zur Regelung des Aufenthaltsortes, vor allem bei der Entscheidung über die Unterbringung in einem Pflegeheim, in einer geschlossenen Anstalt oder über die Aufnahme in ein Krankenhaus;
- zur Einwilligung/Zustimmung in eine Untersuchung des Gesundheitszustandes, einer Heilbehandlung oder eines ärztlichen Eingriffs, auch wenn die begründete Gefahr besteht, dass der Vollmachtgeber dabei stirbt oder einen schweren und länger dauernden gesundheitlichen Schaden erleidet. Gleichzeitig sind die Bevollmächtigten berechtigt, ihre Einwilligung zu widerrufen bzw. ihre Einwilligung zu den vorstehenden medizinischen Handlungen nicht zu erteilen (§ 1904 Abs. 1 BGB);
- die Befugnis zur Nichteinwilligung oder dem Widerruf der Einwilligung in eine Untersuchung des Gesundheitszustandes, einer Heilbehandlung oder einen ärztlichen Eingriff, auch dann, wenn die Maßnahme medizinisch angezeigt ist und die begründete Gefahr besteht, dass der Vollmachtgeber aufgrund des Unterbleibens oder des Abbruchs der Maßnahme stirbt oder einen schweren und länger dauernden gesundheitlichen Schaden erleidet (§ 1904Abs. 2 BGB);
- zur Einwilligung/Zustimmung zur Verabreichung von Medikamenten, gleichgültig, ob es sich um lebensgefährdende oder mit schwerwiegenden Nebenwirkungen bzw. Folgen behaftete Maßnahmen handelt oder nicht;
- zur Einwilligung über die Einstellung lebenserhaltender oder lebensverlängernder Maßnahmen oder einen Behandlungsabbruch;
- zur Entscheidung über unterbringungsähnliche Maßnahmen oder eine Unterbringung selbst, die mit Freiheitsentziehung verbunden ist, weil
- aufgrund einer psychischen Krankheit oder geistigen oder seelischen Behinderung des Betreuten die Gefahr besteht, dass er sich selbst tötet oder erheblichen gesundheitlichen Schaden zufügt (§ 1906 Abs. 1 Ziffer 1 BGB), oder

- eine Untersuchung des Gesundheitszustandes, eine Heilbehandlung oder ein ärztlicher Eingriff notwendig ist, ohne die die Unterbringung des Betreuten nicht durchgeführt werden kann und der Betreute aufgrund einerpsychischen Krankheit oder geistigen oder seelischen Behinderung die Notwendigkeit der Unterbringung nicht erkennen oder nicht nach dieser Einsicht handeln kann (§ 1906 Abs. 1 Ziffer 2 BGB);
- zur Einwilligung in ärztliche Zwangsmaßnahmen gem. § 1906 Abs. 1 Ziffern 1 und 2 BGB, auch wenn sie dem natürlichen Willen des Vollmachtgebers widersprechen (§ 1906 Abs. 1 Ziffer 3 BGB und § 1906 Abs. 4 BGB).
- Die Vollmacht gilt auch dann, wenn dem Betreuten, der sich in einer Anstalt, einem Heim oder einer sonstigen Einrichtung aufhält, ohne untergebracht zu sein, durch mechanische Vorrichtungen, Medikamente oder auf andere Weise über einen längeren Zeitraum oder regelmäßig die Freiheit entzogen werden soll (§ 1906 Abs. 2 BGB).
- Die Vollmacht berechtigt und verpflichtet die behandelnden Ärzte, jeden Bevollmächtigten über die Erkrankung und den Zustand aufzuklären und ihnen sämtliche Informationen, insbesondere zur Vornahme der vorstehenden Entscheidungen im gesundheitlichen Bereich zu erteilen.
- Ich entbinde hierfür die Ärzte gegenüber den Bevollmächtigten von der Schweigepflicht und ermächtige die Bevollmächtigten, meine Krankenunterlagen einzusehen.
- Sollte trotz der Vollmachtserteilung zu den Ziffern 1. und 2. dennoch, etwa wegen einer Gesetzesänderung, eine Betreuung erforderlich werden, bestimme ich, dass der Vollmachtnehmer zum Betreuer bestellt werden soll (bei mehreren in der Reihenfolge ihrer Nennung in der Urkunde).

Patientenverfügung

Ich möchte meinen bisherigen Lebensstandard beibehalten. Bei der Zustimmung zu medizinischen Eingriffen verfüge ich,

- dass alle Maßnahmen mit den Ärzten intensiv beraten werden;
- dass lebensverlängernde Maßnahmen nur angewandt werden, wenn gute Aussichten bestehen, dass sich der Zustand verbessert.
- An mir sollen keine lebensverlängernden Maßnahmen vorgenommen werden, wenn medizinisch festgestellt ist,
- dass ich mich im unmittelbaren Sterbeprozess befinde, bei dem jede lebenserhaltende Maßnahme das Sterben oder Leiden ohne Aussicht auf erfolgreiche Behandlung verlängern würde oder,
- dass es zu einem nicht behebbaren Ausfall lebenswichtiger Funktionen meines Körpers kommt, der zum Tode führt.

Ärztliche Begleitung und Behandlung sowie sorgsame Pflege sollen in diesen Fällen auf die Linderung von Schmerzen, Unruhe und Angst gerichtet sein, selbst wenn durch die notwendige Schmerzbehandlung eine Lebensverkürzung nicht auszuschließen ist. Ich möchte in Würde und Frieden sterben können, nach Möglichkeit in Nähe und Kontakt mit meinen Angehörigen und nahestehenden Personen, wenn möglich in meiner vertrauten Umgebung oder einem Hospiz.

Die Bevollmächtigten können gemäß den Bestimmungen in Ziff. 2 dieser Vollmacht in ärztliche Maßnahmen einwilligen oder deren Beendigung bestimmen. Ein Leben ohne Bewusstsein und ohne Aussicht auf Besserung wünsche ich nicht.

Belehrungen

Der beurkundende Notar hat mich darauf hingewiesen,

- dass die Vollmacht nicht nur Vorteile, sondern auch Risiken für mich als Vollmachtgeber enthält. Daher hat der beurkundende Notar mit mir die Risiken und die Reichweite der Vollmacht besprochen und mit mir erörtert, ob nicht einige risikoreiche Geschäfte von der Vollmacht ausgenommen werden oder mehrere Personen als gemeinschaftlich handelnde Bevollmächtigte bestellt werden sollen. Ich bleibe jedoch bei den vorstehenden Regelungen, der Risiken bin ich mir bewusst;
- dass zur Ausübung dieser Vollmacht im Rechtsverkehr eine Ausfertigung der Urkunde vorgelegt werden muss;
- dass von der Vollmacht in den oben aufgeführten Fällen der §§ 1904 und 1906 BGB nur mit Genehmigung des Betreuungsgerichtes Gebrauch gemacht werden kann; es sei denn, dass
- zwischen behandelndem Arzt und Bevollmächtigtem Einvernehmen darüber besteht,
- die zu treffende Entscheidung dem Willen des Vollmachtgebers entspricht (§ 1904 Abs. 4 BGB);
- der Widerruf der Vollmacht bzw. der Verfügung jederzeit formfrei möglich ist,
- dann aber eine Rücknahme der den Bevollmächtigten ausgehändigten Ausfertigungen erforderlich ist.

Dem Betreuungsgericht ist jederzeit auf Verlangen eine einfache oder beglaubigte Abschrift dieser Urkunde zu erteilen.

Die Belehrungen sind von der Erschienenen verstanden worden, was der Notar aufgrund von Rückfragen an die Erschienene festgestellt hat.

Vorstehende Niederschrift wurde der Erschienenen vorgelesen, von ihr genehmigt und eigenhändig, wie folgt unterschrieben:

▲

4. Die Vollmacht betreffend die elterliche Sorge für Dritte

Eine Vollmacht, wie sie für Eltern untereinander vorzuschlagen ist, kann, auch für Teilbereiche, **Dritten** erteilt werden, die beispielsweise das Kind in einem Lebensbereich oder auf Zeit betreuen. 102

Die Vollmacht ist naturgemäß jederzeit – ebenso wie bei Bevollmächtigungen unter Eltern – frei widerruflich.[92]

a) Die unbeschränkte Vollmacht für Dritte

Die Vollmacht bedarf als **Generalvollmacht** lediglich eines kurzen Textes. Bei der Ausstellung einer Generalvollmacht muss aber ein ganz besonderes Vertrauensverhältnis zwischen Vollmachtgeber und Vollmachtnehmer bestehen, da der Vollmachtnehmer zu allen rechtsgeschäftlichen Handlungen mit Wirkung für den Vollmachtgeber in der Lage ist, die dieser vornehmen könnte. 103

▼

Muster 6.30: Erteilung einer Generalvollmacht für Dritte 104

Verhandelt am

Zu

Vor mir, dem unterzeichnenden Notar im Bezirk des Oberlandesgerichts

erscheint

Frau A, geb. am , wohnhaft

ausgewiesen durch .

Die Frage des beurkundenden Notars nach einer Vorbefassung im Sinne von § 3 Abs. 1 Nr. 7 BeurkG wurde von den Erschienenen verneint. Der beurkundende Notar erläuterte die vorgenannte Vorschrift.

Die Erschienene erklärte zunächst:

Ich bin die Mutter des am geborenen Kindes K und allein sorgeberechtigt.

92 *Schwab*, DNotZ, Sonderheft 2001, 9, 37, 38.

Die Erschienene bat den Notar um die Beurkundung einer

Generalvollmacht

und erklärte zu notariellem Protokoll:

Hierdurch bevollmächtige ich, Frau A, wohnhaft , meine Mutter,

Frau B, geb. am , wohnhaft

mich in allen persönlichen und vermögensrechtlichen Angelegenheiten, soweit dies gesetzlich zulässig ist, gerichtlich und außergerichtlich zu vertreten. Diese Vollmacht kann für einzelne, von dem Bevollmächtigten zu bestimmende Rechtsgeschäfte übertragen werden.

Die Bevollmächtigte ist befugt, Rechtsgeschäfte mit sich im eigenen Namen und als Vertreter Dritter vorzunehmen. Die Vollmacht soll durch meinen Tod nicht erlöschen.

Der Bevollmächtigten ist eine Ausfertigung dieser Urkunde zu erteilen.

Der Notar hat die Erschienene über die Bedeutung, die rechtliche Tragweite, insbesondere die Rechtsfolgen und die Auswirkungen der Vollmacht abschließend noch einmal ausführlich belehrt. Die Erschienene ist sich der Tragweite der Vollmacht bewusst und wünscht gleichwohl die Beurkundung der Vereinbarung auch unter Inkaufnahme möglicher zukünftig daraus erwachsener Nachteile.

Das Protokoll ist den Erschienenen vorgelesen, von ihnen genehmigt und wie folgt eigenhändig unterschrieben:

▲

105 Die Vollmacht kann – ebenfalls als unbegrenzte Vollmacht – **auf das Kind bezogen** werden.

6.31 Dies ist – in Kurzform – wie folgt zu formulieren:

▼

Muster 6.31: Erteilung einer Vollmacht für Dritte betreffend ein Kind

Verhandelt am

Zu

Vor mir, dem unterzeichnenden Notar im Bezirk des Oberlandesgerichts

erscheint

Frau A, geb. am , wohnhaft

ausgewiesen durch .

Die Frage des beurkundenden Notars nach einer Vorbefassung im Sinne von § 3 Abs. 1 Nr. 7 BeurkG wurde von den Erschienenen verneint. Der beurkundende Notar erläuterte die vorgenannte Vorschrift.

Die Erschienene erklärte zunächst:

Ich bin die Mutter des am geborenen Kindes K und allein sorgeberechtigt.

Die Erschienene bat den Notar um die Beurkundung einer

Vollmacht

und erklärte zu notariellem Protokoll:

Hierdurch bevollmächtige ich, Frau A, wohnhaft , meine Mutter,

Frau B, geb. am , wohnhaft

mein Kind K, geb. am , wohnhaft ,

in allen persönlichen und vermögensrechtlichen Angelegenheiten, soweit dies gesetzlich zulässig ist, gerichtlich und außergerichtlich zu vertreten. Diese Vollmacht kann für einzelne, von dem Bevollmächtigten zu bestimmende Rechtsgeschäfte übertragen werden.

Die Bevollmächtigte ist befugt, Rechtsgeschäfte mit sich im eigenen Namen und als Vertreter Dritter vorzunehmen. Die Vollmacht soll durch meinen Tod nicht erlöschen.

Der Bevollmächtigten ist eine Ausfertigung dieser Urkunde zu erteilen.

Der Notar hat die Erschienene über die Bedeutung, die rechtliche Tragweite, insbesondere die Rechtsfolgen und die Auswirkungen der Vollmacht abschließend noch einmal ausführlich belehrt. Die Erschienene ist sich der Tragweite der Vollmacht bewusst und wünscht gleichwohl die Beurkundung der Vereinbarung auch unter Inkaufnahme möglicher zukünftig daraus erwachsener Nachteile.

Das Protokoll ist den Erschienenen vorgelesen, von ihnen genehmigt und wie folgt eigenhändig unterschrieben: .

▲

Die Vollmacht kann auch **ausführlich bezeichnen**, was im Einzelnen mit der Bevoll- **106**
mächtigung verbunden ist. Dies **erweitert** aber den Kreis der Möglichkeiten im Rahmen der Bevollmächtigung **nicht**. Es wird lediglich – beispielhaft – aufgeführt, was zu den Angelegenheiten der elterlichen Sorge gehört.

Eine Formulierung kann wie folgt gewählt werden:

▼

107 **Muster 6.32: Erteilung einer Vollmacht für Dritte betreffend ein Kind, ausführliche Fassung**

Verhandelt am

Zu

Vor mir, dem unterzeichnenden Notar im Bezirk des Oberlandesgerichts

erscheint

Frau A, geb. am , wohnhaft

ausgewiesen durch .

Die Frage des beurkundenden Notars nach einer Vorbefassung im Sinne von § 3 Abs. 1 Nr. 7 BeurkG wurde von den Erschienenen verneint. Der beurkundende Notar erläuterte die vorgenannte Vorschrift.

Die Erschienene erklärte zunächst:

Ich bin die Mutter des am geborenen Kindes K und allein sorgeberechtigt.

Die Erschienene bat den Notar um die Beurkundung einer

Vollmacht

und erklärte zu notariellem Protokoll:

Hierdurch bevollmächtige ich, Frau A, wohnhaft , meine Mutter,

Frau B, geb. am , wohnhaft

mein Kind K, geb. am , wohnhaft ,

in allen persönlichen und vermögensrechtlichen Angelegenheiten, soweit dies gesetzlich zulässig ist, gerichtlich und außergerichtlich zu vertreten.

Zu den persönlichen und vermögensrechtlichen Angelegenheiten gehören insbesondere die folgenden – beispielhaft genannten – Bereiche:

- der Aufenthaltsbestimmung,
- des Kindergartenbesuchs bzw. des Besuchs der Kindertagesstätte,
- der Schul- und Berufsausbildung einschließlich Wahl der Schulart und Schulwechsel,
- die Wahl der Erziehungsgrundsätze,

- Wechsel des Kindes in ein Heim/Internat,
- medizinische Eingriffe,
- psychotherapeutische Behandlungen,
- Umgang mit Dritten,
- Fragen zum Unterhalt des Kindes,
- Anlage und Verwendung des Kindesvermögens,
- genehmigungspflichtige Geschäfte nach § 1643 BGB,
- Ausschlagung einer Erbschaft,
- ggf. Anfechtung der Vaterschaft,
- Auslandsaufenthalte/Urlaubsreise des Kindes.

Diese Vollmacht kann für einzelne, von dem Bevollmächtigten zu bestimmende Rechtsgeschäfte übertragen werden.

Die Bevollmächtigte ist befugt, Rechtsgeschäfte mit sich im eigenen Namen und als Vertreter Dritter vorzunehmen. Die Vollmacht soll durch meinen Tod nicht erlöschen.

Der Bevollmächtigten ist eine Ausfertigung dieser Urkunde zu erteilen.

Der Notar hat die Erschienene über die Bedeutung, die rechtliche Tragweite, insbesondere die Rechtsfolgen und die Auswirkungen der Vollmacht abschließend noch einmal ausführlich belehrt. Die Erschienene ist sich der Tragweite der Vollmacht bewusst und wünscht gleichwohl die Beurkundung der Vereinbarung auch unter Inkaufnahme möglicher zukünftig daraus erwachsener Nachteile.

Das Protokoll ist der Erschienenen vorgelesen, von ihr genehmigt und wie folgt eigenhändig unterschrieben: ______.

▲

b) Die zeitlich begrenzte Vollmacht für Dritte

Eine solche Vollmacht für Dritte kann naturgemäß auch zeitlich begrenzt werden. 108

Planen Eheleute beispielsweise einen Segeltörn um die Welt für ein Jahr und soll das gemeinsame Kind nicht mitkommen, können – bei entsprechendem Einverständnis aller Beteiligter und bei Wahrung des Kindeswohls – entsprechende **zeitlich begrenzte Vollmachten** etwa den Großeltern gegeben werden.

Dies könnte bei entsprechenden Umständen wie folgt formuliert werden: 109

6.33

▼

Muster 6.33: Zeitlich begrenzte Vollmacht für Dritte

Verhandelt am

Zu

Vor mir, dem unterzeichnenden Notar im Bezirk des Oberlandesgerichts

erscheinen

1. Herr A., geb. am , wohnhaft

2. Frau A., geb. am , wohnhaft ebenda

ausgewiesen durch .

Die Frage des beurkundenden Notars nach einer Vorbefassung im Sinne von § 3 Abs. 1 Nr. 7 BeurkG wurde von den Erschienenen verneint. Der beurkundende Notar erläuterte die vorgenannte Vorschrift.

Die Erschienenen erklärten zunächst:

Wir sind seit dem miteinander verheiratete Eheleute.

Aus unserer Ehe ist das am (4 Jahre) geborene Kind K hervorgegangen.

Wir, die Erschienenen planen eine 12 Monate dauernde Weltreise mit unserem Segelboot, und zwar vom bis zum .

Während unserer Abwesenheit wird unser Kind von meinen, der Ersch. zu 2 Eltern versorgt und betreut. Um zu gewährleisten, dass in dieser Zeit alles für das Wohl unseres Kindes getan werden kann, beurkunden wir, was folgt.

Die Erschienenen baten den Notar sodann um die Beurkundung einer

Vollmacht

und erklärten zu notariellem Protokoll:

Hierdurch bevollmächtigen wir, die Erschienenen die Eltern der Ersch. zu 2,

Herrn B, geb. am , wohnhaft , sowie

Frau B, geb. am , wohnhaft ebenda,

unser Kind K, geb. am , wohnhaft ,

in allen persönlichen und vermögensrechtlichen Angelegenheiten, soweit dies gesetzlich zulässig ist, gerichtlich und außergerichtlich zu vertreten.

Zu den persönlichen und vermögensrechtlichen Angelegenheiten gehören insbesondere die folgenden – beispielhaft genannten – Bereiche:

- der Aufenthaltsbestimmung,
- des Kindergartenbesuchs bzw. des Besuchs der Kindertagesstätte,
- der Schul- und Berufsausbildung einschließlich Wahl der Schulart und Schulwechsel,
- die Wahl der Erziehungsgrundsätze,
- Wechsel des Kindes in ein Heim/Internat,
- medizinische Eingriffe,
- psychotherapeutische Behandlungen,
- Umgang mit Dritten,
- Fragen zum Unterhalt des Kindes,
- Anlage und Verwendung des Kindesvermögens,
- genehmigungspflichtige Geschäfte nach § 1643 BGB,
- Ausschlagung einer Erbschaft,
- ggf. Anfechtung der Vaterschaft,
- Auslandsaufenthalte/Urlaubsreise des Kindes.

Diese Vollmacht kann für einzelne, von dem Bevollmächtigten zu bestimmende Rechtsgeschäfte übertragen werden.

Die Vollmacht soll durch unseren Tod nicht erlöschen.

Der Bevollmächtigten ist eine Ausfertigung dieser Urkunde zu erteilen.

Die Vollmacht wird zeitlich beschränkt auf die Zeit vom ______ bis zum ______ (13 Monate).

Der Notar hat die Erschienenen über die Bedeutung, die rechtliche Tragweite, insbesondere die Rechtsfolgen und die Auswirkungen der Vollmacht abschließend noch einmal ausführlich belehrt. Die Erschienenen sind sich der Tragweite der Vollmacht bewusst und wünschen gleichwohl die Beurkundung der Vereinbarung auch unter Inkaufnahme möglicher zukünftig daraus erwachsener Nachteile.

Das Protokoll ist den Erschienenen vorgelesen, von ihnen genehmigt und wie folgt eigenhändig unterschrieben: ______.

▲

110 Die zeitliche Ausdehnung auf 13 Monate empfiehlt sich aus Gründen der Vorsicht wegen möglicher Verzögerungen und/oder Verspätungen in der Rückkehr der Eltern.

Im Rahmen von Vollmachten für Dritte **empfiehlt es sich, die Bereiche im Einzelnen** zu nennen, auch wenn es sich um keine inhaltlich begrenzte Vollmacht handelt. Im **Außenverhältnis** wird oft die Nennung des Bereichs, um den es gerade geht, gewünscht. Die Aufzählung in der vorstehenden Urkunde wird zwar ausdrücklich als „beispielhaft" bezeichnet; gleichwohl werden damit die wichtigsten Bereiche der Entscheidungen von erheblicher Bedeutung erfasst, die Eltern sonst gemeinsam treffen müssen.

c) Die inhaltlich begrenzte Vollmacht für Dritte

111 Eine Vollmacht für Dritte kann natürlich auch **inhaltlich begrenzt** werden.

Dies bietet sich in Fällen an, in denen beispielsweise ein Zusammenhang zwischen den Dritten und dem Kind besteht wie etwa bei gemeinsamem Eigentum.

112 Eine Vollmacht kann dann wie folgt erteilt werden:

6.34

▼

Muster 6.34: Inhaltlich begrenzte Vollmacht für Dritte

Verhandelt am

Zu

Vor mir, dem unterzeichnenden Notar im Bezirk des Oberlandesgerichts

erscheinen

1. Herr A, geb. am , wohnhaft

2. Frau A, geb. am , wohnhaft ebenda

ausgewiesen durch .

Die Frage des beurkundenden Notars nach einer Vorbefassung im Sinne von § 3 Abs. 1 Nr. 7 BeurkG wurde von den Erschienenen verneint. Der beurkundende Notar erläuterte die vorgenannte Vorschrift.

Die Erschienenen erklärten zunächst:

Wir sind seit dem miteinander verheiratete Eheleute.

Aus unserer Ehe ist das am (4 Jahre) geborene Kind K hervorgegangen.

Die Eltern der Ersch. zu 2, Eheleute B, wohnhaft in , haben unserem Kind den ½-Anteil eines Mehrfamilienhauses unter der Anschrift im Wege vorweggenommener Erbfolge übertragen.

Um die einheitliche Verwaltung und Betreuung des Objekts zu gewährleisten, beurkunden wir, was folgt.

Die Erschienenen baten den Notar sodann um die Beurkundung einer

Vollmacht

und erklärten zu notariellem Protokoll:

Hierdurch bevollmächtigen wir, die Erschienenen, die Eltern der Ersch. zu 2,

Herrn B, geb. am , wohnhaft , sowie

Frau B , geb. am , wohnhaft ebenda,

unser Kind K, geb. am , wohnhaft ,

in vermögensrechtlichen Angelegenheiten, soweit dies gesetzlich zulässig ist, gerichtlich und außergerichtlich zu vertreten.

Die Vollmacht ist beschränkt auf alle diejenigen vermögensrechtlichen Angelegenheiten, die im Zusammenhang mit dem Mehrfamilienhaus unter der Anschrift stehen.

Die Bevollmächtigten dürfen insbesondere alle Handlungen vornehmen sowie alle Erklärungen abgeben und Rechtsgeschäfte abschließen, mithin alle Maßnahmen vornehmen, die sich auf die Verwaltung im Zusammenhang mit dem Hausgrundstück unseres Kindes in beziehen.

Die Vollmacht umfasst nicht die Befugnis, uns aus dabei eingegangenen Verbindlichkeiten rechtsgeschäftlich zu verpflichten.

Die Vollmacht soll durch unseren Tod nicht erlöschen.

Den Bevollmächtigten ist eine Ausfertigung dieser Urkunde zu erteilen.

Der Notar hat die Erschienenen über die Bedeutung, die rechtliche Tragweite, insbesondere die Rechtsfolgen und die Auswirkungen der Vollmacht abschließend noch einmal ausführlich belehrt. Die Erschienenen sind sich der Tragweite der Vollmacht bewusst und wünschen gleichwohl die Beurkundung der Vereinbarung auch unter Inkaufnahme möglicher zukünftig daraus erwachsener Nachteile.

Das Protokoll ist den Erschienenen vorgelesen, von ihnen genehmigt und wie folgt eigenhändig unterschrieben: .

▲

5. Verbleibensanordnung bei Familienpflege – § 1632 Abs. 4 BGB

a) Grundsätze zum Verbleiben bei Familienpflege

113 Befindet sich ein Kind für längere Zeit oder auf Dauer in einer anderen Familie (auch Familienpflege), so fallen häufig tatsächliche Alltagsfürsorge der Pflegeeltern und elterliche Sorge auseinander. Bei einem länger andauernden Pflegeverhältnis zwischen Kind und Pflegeeltern entsteht eine **gewachsene Bindung, die durch Art. 6 Abs. 1 GG geschützt** wird.[93]

Verlangt nun der Sorgeberechtigte die Rückkehr des Kindes in seinen Haushalt, so ist sowohl dem Elternrecht aus Art. 6 Abs. 2 S. 1 GG als auch der Grundrechtsposition des Kindes aus Art. 2 Abs. 1 i.V.m. Art. 1 Abs. 1 GG Rechnung zu tragen. Schließlich ist auch das Grundrecht der Pflegefamilie aus Art. 6 Abs. 1 GG zu berücksichtigen.[94]

114 Bei den konkreten zu prüfenden **Voraussetzungen einer Verbleibensanordnung** sind insbesondere das **Lebensalter des Kindes**[95] **und Zeitdauer des Aufenthaltes** in der Pflegefamilie zu berücksichtigen,[96] aber auch z.B. ein zu befürchtender „Kulturschock" eines kriegsverletzten afghanischen Mädchens, welches seit drei Jahren in der Pflegefamilie lebt.[97]

Allein der **Wille eines 15-jährigen Jugendlichen**, in der Pflegefamilie zu bleiben, in der er seit vielen Jahren untergebracht war, rechtfertigt es nach Auffassung des **OLG Zweibrücken** allerdings nicht, eine bestehende Verbleibensanordnung aufrecht zu erhalten.[98]

Im Verhältnis zu einem Sorgerechts- oder Aufenthaltsbestimmungsrechtsentzug stellt sich eine **Verbleibensanordnung als mildere Maßnahme** dar und hat somit grundsätzlich Vorrang.[99] Die Verbleibensanordnung setzt voraus, dass das Herausgabeverlangen gegenüber den Pflegepersonen das **Wohl des Kindes im Sinne von § 1666 Abs. 1 BGB gefährdet.**[100]

115 Damit ist über die – spätere – Rückführung des Kindes in den Haushalt der leiblichen Eltern nicht entschieden.

Wenn jedoch bei einer (Rück-)Übertragung der elterlichen Sorge auf einen Elternteil **erhebliche Auseinandersetzungen** zwischen dem Elternteil und der Pflegefamilie mit ne-

93 OLG Hamm FamRZ 2012, 1441; dagegen OLG Saarbrücken FamRZ 2012, 1401.

94 BVerfGFamRZ 2014, 907 mit krit. Anm. *Hammer,* 1006; BVerfGFamRZ 2005, 783 m.w.N.; BGH FamRZ 2014, 543; sehr gut nachvollziehbar die Abwägung des OLG Hamm, Beschl. v. 16.10.2012, FamRZ 2013, 1228 („Überschreiten der Risikogrenze"); *Wanitzek,* FamRZ 2014, 808.

95 OLG Frankfurt/M. FamRZ 2014, 1787; vgl. dazu auch BVerfG FamRZ 2014, 1266 mit krit. Anm. *Keuter,* 1354.

96 OLG Frankfurt am Main FamRZ 2004, 720; OLG Karlsruhe FamRZ 2004, 722.

97 OLG Hamm FamRZ 2004, 1396.

98 Beschl. v. 7.12.2010, FamRZ 2011, 571; vgl. aber dagegen BVerfG FamRZ 2012, 433.

99 KG, FamRZ 2005, 1923.

100 PWW/*Ziegler,* § 1632 Rn 9.

gativen Ausstrahlungen auf das Wohl des Kindes zu befürchten wären, muss ein **Sorgerechtsentzug** erfolgen. Eine Verbleibensanordnung ist dann nicht ausreichend.[101]

Das **OLG Frankfurt/M.** erklärt dazu:[102] 116

Neu gewachsene Bindungen des Kindes zu seinen Pflegeeltern rechtfertigen den Verbleib in der Pflegefamilie nur dann, wenn im Einzelfall mit überwiegender Wahrscheinlichkeit die Trennung und Rückkehr zur leiblichen Mutter zu nachhaltigen psychischen oder physischen Schäden des Kindes führen wird.

Grundsätzlich setzt eine Verbleibensanordnung nach § 1632 Abs. 4 BGB voraus, dass **durch das Herausgabeverlangen das Wohl des Kindes im Sinne von § 1666 Abs. 1 BGB gefährdet** wird. 117

Entscheidend kommt es darauf an, wie stark die Bindungen des Kindes zur Pflegeperson gewachsen sind. Dies hängt auch mit der Frage zusammen, welches Alter das Kind bei Aufnahme in den Familienverbund der Bezugsperson hatte. Gerade die Trennung eines **Kleinkindes von einer Bezugsperson** stellt eine erhebliche psychische Belastung für das Kind dar.[103]

Abzustellen ist allerdings **nicht ausschließlich** auf die Pflegeperson. Die Bezugswelt des Kindes wird auch durch die **Beziehung zu Geschwistern oder Spielkameraden** bestimmt.[104]

Umgekehrt entspricht es dem Kindeswohl, eine Verfestigung des Pflegeverhältnisses zu vermeiden, sofern dies zu einer Entfremdung zwischen Kind und Herkunftsfamilie führt und damit die Rückführung erschwert.[105] Die **Inpflegenahme soll grundsätzlich vorübergehenden Charakter** haben und die Rückführung des Kindes zumindest offen lassen.

Die weitere Offenheit hinsichtlich einer möglichen Rückführung des Kindes führt aber **nicht** dazu, dass eine Verbleibensanordnung **regelmäßig zu befristen** ist. Umgekehrt dürfte es eher sinnvoll sein, eine **unbefristete Verbleibensanordnung** zu treffen.[106] In der Regel wird nicht zu bestimmen sein, wann exakt eine Verbleibensanordnung aufzuheben ist, sei es, dass eine **Rückführung sinnvoll** ist, sei es, dass zum Wohl des Kindes ein **Sorgerechtsentzug nach § 1666 Abs. 1 BGB** erfolgen muss. 118

101 OLG Frankfurt FamRZ 2002, 1277; Aufsätze zum Thema: *Groß*, Die Stellung der Pflegeeltern im Grundgesetz und im Zivilrecht, FPR 2004, 411; *Peschel-Gutzeit*, Schützt die Verbleibensanordnung das Kind wirksam?, FPR 2004, 428; OLG Köln FamRZ 2008, 808; anders in den Fällen KG FamRZ 2008, 810 und OLG Brandenburg FamRZ 2009, 61.

102 Vgl. *v. d. Tann*, Anm. zum Beschl. v. 23.8.2012 – 4 UF 154/10 – BeckRS 2013, 02545 in FamFR 2013, 114.

103 BayObLG FamRZ 1991, 1080.

104 BayObLG FamRZ 1991, 1080; OLG Celle FamRZ 1990, 191; PWW/*Ziegler*, § 1632 Rn 9.

105 OLG Karlsruhe FamRZ 2006, 1501.

106 OLG Brandenburg FamRZ 2009, 61.

119 Daher wird **grundsätzlich eine unbefristete Verbleibensanordnung** geboten sein. Es gilt in jedem Fall aber im Verhältnis zwischen § 1632 Abs. 4 BGB und § 1666 BGB der **Grundsatz der Verhältnismäßigkeit**. Danach ist die Verbleibensanordnung als milderes Mittel vorrangig.[107] Zusätzlich gilt **auch im Rahmen des § 1632 Abs. 4 BGB** der Grundsatz der Verhältnismäßigkeit. Als milderes Mittel kommt danach eine **Besuchsregelung** zwischen den Sorgeberechtigten und der Pflegeperson in Betracht, wenn dies dem Wohle des Kindes entspricht.[108]

Es bleibt aber letztlich: Kann die Gefährdung des Kindes auf Dauer nur dadurch abgewendet werden, dass es **nicht bei seinen Eltern lebt**, ist ein Sorgerechtsentzugsverfahren nach § 1666 durchzuführen.[109]

b) Vereinbarungen zum Verbleiben eines Kindes

120 In vielen Fällen werden leibliche Eltern und Pflegeeltern nicht gemeinsamer Auffassung darüber sein, was dem Kindeswohl dienlich ist.

Leibliche Eltern werden das Kind heraus verlangen, aus Sicht der Pflegeeltern zu seinem seelischen – und eventuell körperlichen – Schaden aus der vertrauten Umgebung heraus zu reißen versuchen.

Sind sich Eltern und Pflegeeltern **über ein Verbleiben des Kindes einig**, können sie eine Vereinbarung über den Verbleib schließen.

121 Dies kann in geeigneten Fällen wie folgt formuliert werden:

6.35

▼

Muster 6.35: Vereinbarung zwischen leiblichen Eltern und Pflegeeltern

Verhandelt am

Zu

Vor mir, dem unterzeichnenden Notar im Bezirk des Oberlandesgerichts

erscheinen

1. Herr A, geb. am , wohnhaft
2. Frau A, geb. am , wohnhaft ebenda
3. Herr B, geb. am , wohnhaft

107 OLG Hamm FamRZ 2010, 2083.
108 BayObLG FamRZ 1984, 817.
109 PWW/*Ziegler*, § 1632 Rn 12.

4. Frau B, geb. am , wohnhaft ebenda

sämtlich ausgewiesen durch .

Die Frage des beurkundenden Notars nach einer Vorbefassung im Sinne von § 3 Abs. 1 Nr. 7 BeurkG wurde von den Erschienenen verneint. Der beurkundende Notar erläuterte die vorgenannte Vorschrift.

Die Erschienenen erklärten zunächst:

Wir, die Ersch. zu 1 und 2, sind seit dem . miteinander verheiratete Eheleute.

Aus unserer Ehe ist das am (4 Jahre) geborene Kind K hervorgegangen.

Wir, die Ersch. zu 3 und 4, sind seit dem miteinander verheiratete Eheleute.

Das Kind K der Ersch. zu 1 und 2 ist den Ersch. zu 3 und 4 am im Alter von 12 Monaten vom Jugendamt in , zur Pflege gegeben worden. Ein Pflegevertrag unbestimmter Dauer ist mit dem Jugendamt geschlossen worden, dem das Aufenthaltsbestimmungsrecht durch Beschluss des Familiengerichts in zu Aktenzeichen übertragen worden war.

Die elterliche Sorge im Übrigen steht den Ersch. zu 1 und 2 zu.

Im Hinblick auf diese Situation vereinbaren wir, was folgt.

Die Erschienenen baten den Notar sodann um die Beurkundung einer

Vereinbarung sowie einer Vollmacht

und erklärten zu notariellem Protokoll:

§ 1 Aufenthalt des Kindes

1. Wir vereinbaren, dass das Kind K, geb. am , wohnhaft , weiterhin in der Obhut der Erschienenen zu 3 und 4 verbleibt. Dies entspricht nach gemeinsamer Auffassung der Erschienenen dem Kindeswohl am besten.

2. Uns ist bekannt, dass dem Jugendamt in das Aufenthaltsbestimmungsrecht zusteht. Die Ersch. zu 1 und 2 erklären dazu, dass sie selbst nichts unternehmen werden, um den Aufenthalt des Kindes K bei den Ersch. zu 3 und 4 zu unterbrechen oder zu beenden.

§ 2 Umgang mit dem Kind

1. Die Beteiligten vereinbaren ein Umgangsrecht des Kindes mit den Ersch. zu 1 und 2.

2. Für die nächsten 6 Monate werden sich die Beteiligten bemühen, einen Aufbau des Kontaktes herbei zu führen. Dazu werden die Ersch. zu 1 und 2 das Kind im Abstand von jeweils 3 Wochen am Samstag in der Zeit von 14 bis 15 Uhr im Hause der Ersch. zu 3 und 4 besuchen.

3. Ein sich nach dieser Zeit anschließender Umgang zwischen dem Kind K und den Ersch. zu 1 und 2 wird nach den dann eingeholten Anregungen des Jugendamtes in geregelt werden.

§ 3 Vollmacht

Hierdurch bevollmächtigen die Erschienenen zu 1 und 2 gemeinsam die Ersch. zu 3 und 4,

Herrn B, geb. am , wohnhaft , sowie

Frau B, geb. am , wohnhaft ebenda,

unser Kind K, geb. am , wohnhaft ebenda,

in allen persönlichen und vermögensrechtlichen Angelegenheiten, soweit dies gesetzlich zulässig ist, gerichtlich und außergerichtlich zu vertreten.

Zu den persönlichen und vermögensrechtlichen Angelegenheiten gehören insbesondere die folgenden – beispielhaft genannten – Bereiche:

- des Kindergartenbesuchs bzw. des Besuchs der Kindertagesstätte,
- der Schul- und Berufsausbildung einschließlich Wahl der Schulart und Schulwechsel,
- der Wahl der Erziehungsgrundsätze,
- medizinische Eingriffe,
- psychotherapeutische Behandlungen,
- Umgang mit Dritten,
- Fragen zum Unterhalt des Kindes,
- Anlage und Verwendung des Kindesvermögens.

Diese Vollmacht kann für einzelne, von dem Bevollmächtigten zu bestimmende Rechtsgeschäfte übertragen werden.

Die Vollmacht umfasst nicht die Befugnis, uns aus dabei eingegangenen Verbindlichkeiten rechtsgeschäftlich zu verpflichten.

Die Vollmacht soll durch unseren Tod nicht erlöschen.

Den Bevollmächtigten ist eine Ausfertigung dieser Urkunde zu erteilen.

§ 4 Belehrungen, Hinweise

Der Notar hat die Erschienenen über die Bedeutung, die rechtliche Tragweite, insbesondere die Rechtsfolgen und die Auswirkungen der Vereinbarung zum Aufenthalt des Kindes und zum Umgang sowie zur erteilten Vollmacht abschließend noch einmal ausführlich belehrt. Der Notar wies auf das Aufenthaltsbestimmungsrecht des Jugendamtes in sowie auf die Widerruflichkeit der Vereinbarung ausdrücklich hin. Die Erschienenen sind sich der Tragweite der Vollmacht bewusst und wünschen gleichwohl die Beurkundung der Vereinbarung auch unter Inkaufnahme möglicher zukünftig daraus erwachsener Nachteile.

Das Protokoll ist den Erschienenen vorgelesen, von ihnen genehmigt und wie folgt eigenhändig unterschrieben: .

▲

6. Verbleibensanordnung zugunsten von Bezugspersonen – § 1682 S. 2 BGB

Unter gleichen Voraussetzungen ist eine Verbleibensanordnung zugunsten der Witwe/ 122
des Witwers eines verstorbenen Elternteiles oder **einer Person, zu der eine sozial-familiäre Beziehung** besteht, möglich.[110] Lebt das Kind längere Zeit in einem Haushalt, so kann es dort nicht herausgenommen werden, wenn das Kindeswohl durch die Wegnahme gefährdet würde, §§ 1682 S. 2, 1685 Abs. 2 BGB.

a) Grundsätze zur Verbleibensanordnung

Eine **Verbleibensanordnung** zugunsten von Bezugspersonen kann sich ebenso an biolo- 123
gische Eltern wenden wie auch an Lebenspartner oder sonst **umgangsberechtigte volljährige Personen im Sinne von § 1685 Abs. 2 BGB**.

Dieser Personenkreis umfasst enge Bezugspersonen des Kindes, wenn diese für das Kind tatsächliche Verantwortung tragen oder auch früher getragen haben, also eine **sozial-familiäre Beziehung zwischen Kind und Bezugsperson** entstanden ist. Dies ist der Fall, wenn die Bezugsperson mit dem Kind längere Zeit in häuslicher Gemeinschaft zusammenlebt oder zusammengelebt hat, § 1685 Abs. 2 S. 2 BGB.

Die Vorschrift des § 1682 BGB soll daher **das Kind schützen**, wenn es mit einem bestimmten Personenkreis zusammenlebt oder zusammengelebt hat, also mit Stiefeltern, Großeltern, volljährigen Geschwistern oder eben Lebensgefährten einer nichtehelichen Lebensgemeinschaft. Fragen des Umgangsrechts spielen im Übrigen in diesem Zusammenhang keine Rolle.[111] Voraussetzung für einen solchen Anspruch ist das **Zusammenleben in häuslicher Gemeinschaft,** also in einem Haushalt.

Eine solche Lebensgemeinschaft mit dem Kind muss längere Zeit gedauert haben. Eine 124
bestimmte Zeitdauer ist dabei nicht erforderlich. Entscheidend ist das subjektive Zeitempfinden des Kindes.[112] Dies bedeutet: Je jünger das Kind ist, umso länger wird ihm

110 Hierzu *Salgo*, Verbleibensanordnung bei Bezugspersonen, FPR 2004, 76.
111 BT-Drucks 13/4899, 104.
112 PWW/*Ziegler*, § 1684 Rn 5; Staudinger/*Coester*, § 1682 Rn 13.

eine Zeitspanne erscheinen und umso länger ist auch die Zeit in Beziehung zur Dauer seines bisherigen Lebens zu setzen.[113]

Es stellt daher wegen des engeren kindlichen Zeitbegriffs und den ganz eigenen kindlichen Zeitvorstellungen einen langen Zeitraum dar, wenn beispielsweise ein **einjähriges Kind seit einem halben Jahr** mit Personen in Lebenspartnerschaft zusammengelebt hat.[114] Entscheidend kommt es darauf an, welche Bindungen sich in dem Zeitraum des Zusammenlebens zwischen Kind und Lebenspartner entwickelt haben.[115]

Das Zusammenleben in häuslicher Gemeinschaft, also in **enger, familiärer oder familienähnlicher Verbundenheit in gemeinsamen Räumen**[116] begründet **von Gesetzes wegen die Vermutung**, dass die betreffende Person in diesem Zeitraum die tatsächliche Verantwortung für das Kind getragen hat.

125 Mitverantwortung, die den Regelfall ausmachen wird, reicht hierfür aus. Nach Auffassung des **BGH** ist von der Übernahme tatsächlicher Verantwortung auch auszugehen, solange keine Umstände ersichtlich sind, die Rückschluss auf das Gegenteil nahe legen. Eine weitere Prüfung muss daher nicht erfolgen.[117]

Dies bedeutet: Aus der **längere Zeit** getragenen Verantwortung oder Mitverantwortung für das Kind ist das **Entstehen einer sozial-familiären Beziehung zu dem Kinde zu folgern**. Damit ist weiter die Schlussfolgerung verbunden, dass die betreffende Person zu einer „engen Bezugsperson“ des Kindes geworden ist.

Weiterer Qualifizierungsmerkmale der Bezugsperson bedarf es nicht.[118] Es muss also **kein besonderes Vertrauensverhältnis** zu dem Kind positiv festgestellt werden. Das schlichte Zusammenleben in der Gegenwart oder in der Vergangenheit mit dem Kind in häuslicher Gemeinschaft reicht aus.

Die Frage des Zeitabstandes bei einem **Zusammenleben in der Vergangenheit** ist eine Frage, die im Rahmen der Prüfung des Kindeswohls zu entscheiden ist.[119]

Schließlich muss das Wohl des Kindes durch eine Wegnahme **im Sinne von § 1666 Abs. 1 BGB gefährdet** sein. Es handelt sich dann um ein **Herausgabeverlangen „zur Unzeit“**, welches sich über die Bedürfnisse des Kindes hinwegsetzt.[120]

126 Grundsätzlich gilt für eine **gerichtlich festgelegte Verbleibensanordnung** allerdings, dass die Gefährdung des Kindes nur **vorübergehender Natur** sein muss und etwa durch

113 PWW/*Ziegler*, § 1632 Rn 7.
114 BayObLG FamRZ 1991, 1080.
115 OLG Karlsruhe FamRZ 2006, 1501; OLG Celle FamRZ 1990, 191.
116 Johannsen/Henrich/*Jaeger*, § 1685 Rn. 3a.
117 BGH FamRZ 2005, 705.
118 BGH FamRZ 2005, 705, 706.
119 BGH FamRZ 2005, 705; dazu auch OLG Koblenz FamRZ 2009, 1229.
120 Vgl. BT-Drucks 13/4899, 104.

vermehrte Kontakte zum sorgeberechtigten Elternteil beseitigt werden kann. Ist dieses Ziel in absehbarer Zeit nicht erreichbar, kommt ausschließlich der vollständige oder teilweise **Entzug der Personensorge** unter den Voraussetzungen des §§ 1666, 1666a BGB in Betracht.[121]

Die **Verbleibensanordnung schränkt die elterliche Sorge** insofern ein, als es das Aufenthaltsbestimmungsrecht betrifft und den Bezugspersonen die in **§ 1688 BGB** genannten Entscheidungsrechte zustehen.

b) Vereinbarung zur Verbleibensanordnung

In regelungsbedürftigen Fällen wird es sinnvoll sein, **nicht nur eine grundsätzliche Ver- 127
einbarung** zum Verbleiben des Kindes zu vereinbaren, sondern auch die Entscheidungsbefugnisse der Pflegeperson zu beschreiben, um nicht in verschiedenen Angelegenheiten doch trotz Vereinbarung zwischen dem Inhaber der elterlichen Sorge und der Bezugsperson das **Familiengericht** nach **§ 1688 Abs. 4 BGB** anrufen müssen.

Die Vorschrift des § 1688 BGB will sicherstellen, dass derjenige, der das Kind zu dessen Wohl **zumindest noch einige gewisse Zeit betreuen** soll, hierfür auch mit den notwendigen **Befugnissen** ausgestattet ist. Diese kann man sinnvoller Weise in einer Vereinbarung einbeziehen.

Vereinbarungen sind unter **verschiedenen Fallkonstellationen** möglich und denkbar. 128

Lebt ein Kind beispielsweise bei voneinander geschiedenen Eltern mit seiner Mutter und dessen **Lebensgefährten jahrelang zusammen** und stirbt die leibliche Mutter, kann sich die Frage stellen, ob das Kind nunmehr auch gegen seinen Willen in den Haushalt des leiblichen Vaters wechseln muss.

Dies wird häufig dem Kindeswohl widersprechen.

Ohne dass in solchen Fällen unbedingt das Familiengericht angerufen werden muss, kann 129
eine Vereinbarung wie folgt geschlossen werden: 6.36

▼

Muster 6.36: Vereinbarung zwischen leiblichen Eltern und Bezugspersonen

Verhandelt am

Zu

Vor mir, dem unterzeichnenden Notar im Bezirk des Oberlandesgerichts

erscheinen

121 Palandt/*Götz* § 1682 Rn 3; PWW/*Ziegler*, § 1682 Rn 8.

1. Herr A, geb. am , wohnhaft

2. Herr B, geb. am , wohnhaft

ausgewiesen durch .

Die Frage des beurkundenden Notars nach einer Vorbefassung im Sinne von § 3 Abs. 1 Nr. 7 BeurkG wurde von den Erschienenen verneint. Der beurkundende Notar erläuterte die vorgenannte Vorschrift.

Die Erschienenen erklärten zunächst:

Ich, der Ersch. zu 1, bin leiblicher Vater des am (10 Jahre) geborenen Kindes K.

Ich, der Ersch. zu 2, habe seit 5 Jahren in Lebenspartnerschaft mit der am verstorbenen Mutter des Kindes K zusammen gelebt. Das Kind hat seinen gewöhnlichen Aufenthalt in dieser Zeit bei meiner verstorbenen Lebensgefährtin und mir gehabt.

In der Zeit des Zusammenlebens hat sich zwischen K und mir ein starkes Vertrauensverhältnis gebildet. K hat den gegenüber dem Ersch. zu 1 intensiv vorgetragenen Wunsch geäußert, weiter mit dem Ersch. zu 2 zusammen zu leben.

Die elterliche Sorge für das Kind K stand beiden leiblichen Eltern gemeinsam zu. Nunmehr ist durch das Ableben der Kindesmutter der Ersch. zu 1 allein sorgeberechtigt.

Im Hinblick auf diese Situation vereinbaren wir, was folgt:

Die Erschienenen baten den Notar sodann um die Beurkundung einer

Vereinbarung sowie einer Vollmacht

und erklärten zu notariellem Protokoll:

§ 1 Aufenthalt des Kindes

Wir vereinbaren, dass das Kind K, geb. am , wohnhaft , weiterhin in der Obhut des Erschienenen zu 2 verbleibt. Dies entspricht nach gemeinsamer Auffassung der Erschienenen dem Kindeswohl am besten.

§ 2 Umgang mit dem Kind

1. Die Beteiligten vereinbaren die Beibehaltung des bisher zwischen dem Ersch. zu 1 und dem Kind K praktizierten Umgangs.

2. Ferienzeiten, Feiertage etc. werden zwischen den Erschienenen unter Einbeziehung der Wünsche des Kindes im Einzelfall abgestimmt.

§ 3 Vollmacht

Hierdurch bevollmächtigt der Esch. zu 1 den Ersch. zu 2,

Herrn B, geb. am ..., wohnhaft

das Kind K, geb. am ..., wohnhaft ebenda,

in allen persönlichen und vermögensrechtlichen Angelegenheiten, soweit dies gesetzlich zulässig ist, gerichtlich und außergerichtlich zu vertreten.

Zu den persönlichen und vermögensrechtlichen Angelegenheiten gehören insbesondere die folgenden – beispielhaft genannten – Bereiche:

- des Kindergartenbesuchs bzw. des Besuchs der Kindertagesstätte,
- desr Schul- und Berufsausbildung einschließlich Wahl der Schulart und Schulwechsel,
- der Wahl der Erziehungsgrundsätze,
- medizinische Eingriffe,
- psychotherapeutische Behandlungen,
- Umgang mit Dritten,
- Fragen zum Unterhalt des Kindes,
- Anlage und Verwendung des Kindesvermögens.

Diese Vollmacht kann für einzelne, von dem Bevollmächtigten zu bestimmende Rechtsgeschäfte übertragen werden.

Die Vollmacht umfasst nicht die Befugnis, uns aus dabei eingegangenen Verbindlichkeiten rechtsgeschäftlich zu verpflichten.

Die Vollmacht soll durch unseren Tod nicht erlöschen.

Den Bevollmächtigten ist eine Ausfertigung dieser Urkunde zu erteilen.

§ 4 Belehrungen, Hinweise

Der Notar hat die Erschienenen über die Bedeutung, die rechtliche Tragweite, insbesondere die Rechtsfolgen und die Auswirkungen der Vereinbarung zum Aufenthalt des Kindes und zum Umgang sowie zur erteilten Vollmacht abschließend noch einmal ausführlich belehrt. Der Notar wies auf das Aufenthaltsbestimmungsrecht des Jugendamtes in ... sowie auf die Widerruflichkeit der Vereinbarung ausdrücklich hin. Die Erschienenen sind sich der Tragweite der Vollmacht bewusst und wünschen gleichwohl die Beurkundung der Vereinbarung auch unter Inkaufnahme möglicher zukünftig daraus erwachsener Nachteile.

Das Protokoll ist den Erschienenen vorgelesen, von ihnen genehmigt und wie folgt eigenhändig unterschrieben: ... .

▲

C. Von der gemeinsamen zur alleinigen elterlichen Sorge

I. Streit um die gemeinsame elterliche Sorge

130 Im Streitfall ist dem Antrag auf Übertragung der alleinigen elterlichen Sorge nach § 1671 Abs. 2 Nr. 2 BGB dann stattzugeben, wenn zu erwarten ist, dass die Aufhebung der gemeinsamen Sorge und die Übertragung auf den Antragsteller **dem Wohl des Kindes am besten entspricht**, das gemeinsame Sorgerecht also ausscheidet.

Das erkennende Gericht hat sodann eine **Kindeswohlprüfung in zwei Stufen** vorzunehmen.

Zunächst ist die Frage der **Aufhebung der gemeinsamen elterlichen Sorge** klären und **sodann die Übertragung** der elterlichen Sorge auf den antragstellenden Ehegatten zu prüfen.[122]

1. Voraussetzungen gemeinsamer Sorge

131 Grundvoraussetzung zur Aufrechterhaltung des gemeinsamen Sorgerechts ist:[123]

- die Kooperationsfähigkeit der Eltern, also die Eignung beider Eltern zur Pflege und Erziehung des Kindes,[124]
- die Kooperationsbereitschaft, d.h. der gemeinsame Wille, die Verantwortung auch nach der Scheidung gemeinsam zu tragen,[125]
- sowie ein fehlendes Gebot im Interesse des Kindeswohls, das Sorgerecht einem Elternteil allein zu übertragen.

132 Im Konfliktfall ist häufig nicht zu entscheiden, ob es den Eltern an der – objektiven – Kooperationsfähigkeit oder der – subjektiven – Kooperationsbereitschaft fehlt. Darauf kommt es letztlich jedoch nicht an.[126]

Kooperationsfähigkeit und Kooperationsbereitschaft setzen eine **bestehende Kommunikationsbasis der Eltern** voraus, die eine Zurückstellung der Partnerprobleme zum Wohle des Kindes beinhaltet.[127]

122 Vgl. Schnitzler/*Knittel,* § 14 Rn 80.

123 Dazu ausführlich *Horndasch,* in: Scholz/Kleffmann/Motzer, Teil E, Rn 100 ff.

124 Daran fehlt es nach Auffassung des OLG Frankfurt, wenn ein Elternteil den anderen in ehrverletzender Weise beschuldigt (hier: Missbrauchsvorwurf), FamRZ 2008, 633; vgl. dazu auch OLG Celle FamRZ 2008, 637.

125 BGH FamRZ 2008, 592; OLG Köln FamRZ 2009, 62; OLG Celle FamRZ 2008, 637; Nach Auffassung des OLG Köln fehlt es an dieser Bereitschaft, wenn ein Elternteil seine Vermögensverhältnisse verschleiert, um sich seiner Unterhaltspflicht gegenüber dem Kind zu entziehen. Das darin zum Ausdruckkommende mangelnde Verantwortungsbewusstsein begründe den Entzug des ihm zustehenden Teil des Sorgerechts, so OLG Köln FamRZ 2008, 636; vgl. auch OLG Bamberg FamRZ 1999, 805; KG FamRZ 1999, 616.

126 Vgl. dazu BGH FamRZ 2008, 592.

127 OLG Köln, Beschl. v. 16.2.2010 – 4 UF 168/09 – BeckRS 2010, 12727; OLG Frankfurt FamRZ 1999, 392; OLG Köln FamRZ 2005, 1275.

Wann dies noch der Fall ist, wird jedoch von der **Rechtsprechung sehr unterschiedlich** beantwortet. Zum Teil wird die Aufrechterhaltung der gemeinsamen elterlichen Sorge außerordentlich hoch angesiedelt und nahezu um jeden Preis beibehalten.[128] Andererseits erscheint es problematisch, z.B. das einseitige „Sabotageverhalten" eines Elternteils dadurch zu belohnen, dass ihm das alleinige Sorgerecht übertragen wird[129] oder grundsätzlich angesichts lediglich aktueller Konflikte das gemeinsame elterliche Sorgerecht aufzulösen.[130]

2. „Eingriffsschwelle" im Sorgerecht

Beispiele für die durchaus sehr **unterschiedlich hohen Eingriffsschwellenfinden** sich **beispielhaft** in einzelnen Entscheidungen wie folgt: 133

a) Spannungen zwischen den Eltern

- Erst wenn die Auffassungen der Eltern über die zukünftige Gestaltung des Lebens der Kinder, etwa bezüglich schulischer Belange, derart auseinandergehen, dass mit einvernehmlichen und dem Interesse der Kinder dienenden Entscheidungen nicht gerechnet werden kann, ist die gemeinsame elterliche Sorge aufzuheben. Hinzu kommt eine weite räumliche Entfernung der Wohnsitze der Eltern (Vater in NRW, Mutter in Wales).[131] 134
- Unterschiedliche Auffassungen der Eltern über Einzelheiten des Umgangsrechts lassen zwar auf unterschiedliche Auffassungen von Erziehung und Betreuung schließen, die jedoch der Ausübung der gemeinsamen Sorge nicht entgegenstehen;[132] verweigert ein Elternteil nachhaltig Umgang des anderen Elternteils mit den Kindern, kommt zunächst die Einrichtung einer Pflegschaft als milderes Mittel gegenüber dem Entzug des gesamten Aufenthaltsbestimmungsrechts in Betracht.[133]
- Spannungen zwischen den Eltern haben nicht zur Folge, dass gemeinsame elterliche Sorge (auch in Teilbereichen) ausgeschlossen ist. Hat sich jedoch in der Vergangenheit gezeigt, dass eine gemeinsame Sorge, in welchem Bereich auch immer, dem Wohl der Kinder abträglich wäre, da die Eltern eine solche Regelung dazu benutzen würden, ihre Streitigkeiten weiter zu Lasten der Kinder auszutragen, ist die gemeinsame elterliche Sorge aufzuheben.[134]

128 Vgl. *Born,* Anm. zu BGH FamRZ 1999, 1646 in FamRZ 2000, 396, 399: Verordnete Harmonie; *Weil,* FamRZ 2002, 188; OLG Köln FamRZ 2005, 2087.

129 Einerseits OLG Karlsruhe FamRZ 2000, 1041 (mit Anm. *Luthin*) und OLG Hamm FamRZ 2001, 182 (gemeinsame elterliche Sorge), andererseits OLG Dresden FamRZ 2000, 109 (alleiniges Sorgerecht).

130 OLG Oldenburg FamRZ 1998, 1464; OLG Bamberg FamRZ 1999, 803 und FamRZ 1999, 1005 f. 1006; OLG Karlsruhe FamRZ 2000, 111, 112.

131 OLG Hamm, 6. Sen., FamRZ 1999, 320.

132 OLG Nürnberg, 10. Sen., EzFamR aktuell 1999, 115.

133 OLG Brandenburg, 2. Sen., FamRZ 2003, 1952.

134 OLG Frankfurt, 1. Sen., FamRZ 2000, 570.

- Eine Abweichung von der gemeinsamen elterliche Sorge ist nur geboten, wenn dies das Kindeswohl erfordert. Hierfür müssen konkrete Anhaltspunkte vorliegen. Allein der Umstand, dass die Eltern selbst aufgrund der Trennung zerstritten sind, reicht nicht aus für die Annahme, die erziehungsfähigen Eltern könnten sich über wesentliche Belange des Kindeswohls nicht einigen. Im Einzelfall kann es erforderlich sein, als minderschweres Mittel das Aufenthaltsbestimmungsrecht als Teil der elterliche Sorge einem der Elternteile zu übertragen.[135]

135 **In anderen Entscheidungen** heißt es dagegen in weniger hoher „Hürde“:

- Es muss gewährleistet sein, dass beide Eltern uneingeschränkt erziehungsgeeignet und gewillt sind, die Verantwortung für die Kinder gemeinsam zu tragen,[136]
- entscheidend gegen eine Aufrechterhaltung der gemeinsamen elterliche Sorge spricht, dass die Mutter, die das Kind betreut und bei der es lebt, sich entschieden gegen die Beibehaltung der gemeinsamen elterliche Sorge der Eltern wendet, obwohl es den Eltern mittlerweile wieder gelingt, sich im Interesse des Kindes zu verständigen und zusammenzuarbeiten,[137]
- wenn die Konflikte der Eltern wesentliche Bereiche der elterliche Sorge – wie das Umgangsrecht und die finanziellen Angelegenheiten – erfassen, sodass ein gedeihliches Zusammenwirken der Eltern zum Wohle des Kindes insgesamt fraglich erscheint, ist die Übertragung der Alleinsorge auf einen Elternteil angezeigt.[138]

b) Geringe Kommunikation, Provokationen

136

- Auch bei erheblichen – eher zunehmenden – Differenzen hinsichtlich ärztlicher Behandlung und Einschulung des Kindes, die auch unter Einschaltung des JA nicht ausgeräumt werden können, lediglich Übertragung der Personensorge auf den Antrag stellenden Elternteil;[139] Reaktionen auf Provokationen des anderen Elternteils in prozesstaktischer Absicht sind unbeachtlich;[140] trotz geringer Kommunikation zwischen den Eltern keine Sorgepflichtregelung, wenn Einigungen der Eltern in Angelegenheiten von erheblicher Bedeutung für das Kind möglich sind.[141]
- Auch wenn Eltern gegenwärtig nicht bereit und nicht in der Lage sind, über die Belange des Kindes sinnvoll miteinander zu sprechen und einvernehmliche Lösungen zu finden, reicht es aus, das Aufenthaltsbestimmungsrecht zu übertragen, wenn in absehbarer Zeit keine sorgerechtsrelevanten Entscheidungen gemeinsam zu treffen sind.[142]

135 OLG Köln, 25. Sen., FamRZ 2000, 1041 (Ls).
136 OLG Dresden, 20. Sen., FamRZ 1999, 324.
137 KG, 19. Sen., FamRZ 1999, 808.
138 OLG Hamburg, 3. Sen., FamRZ 2000, 1042 (Ls).
139 OLG Frankfurt, 2. Familiensen. in Kassel, FamRZ 2002, 1727.
140 OLG Hamm, 8. Sen., FamRZ 2001, 183.
141 OLG Köln, 4. Sen., FamRZ 2003, 1036.
142 OLG Brandenburg, 3. Sen., FamRZ 2002, 567.

- Die gemeinsame elterliche Sorge wird aufgehoben und kann auch auf den die Alleinsorge begehrenden Elternteil übertragen werden, obwohl dieser für die völlige Zerrüttung der sozialen Beziehungen zwischen den Eltern (haupt-)verantwortlich ist.[143]
- Vom gemeinsamen elterlichen Sorgerecht soll nur abgewichen werden, wenn dies für das Kindeswohl unbedingt erforderlich ist. Ein solcher Ausnahmefall liegt nicht allein bei unbeherrschtem Verhalten und mangelnder Kooperationsbereitschaft eines Elternteils vor, wenn die Kinder zu diesem noch eine emotionale Bindung haben.[144]
- Auch erhebliche Kommunikationsschwierigkeiten zwischen den Eltern stehen einem gemeinsamen Sorgerecht nicht entgegen, wenn der Elternteil, bei dem sich die Kinder nicht befinden, zu ihnen eine gute Beziehung hat und regelmäßige Besuchskontakte stattfinden.[145]

In anderen Entscheidungen heißt es dagegen: 137

- Bereits mangelnde Kooperationsbereitschaft der Eltern führt zur Aufhebung der gemeinsamen elterliche Sorge.[146]
- Für das Fortbestehen des gemeinsamen Sorgerechts nach Scheidung ist die Kooperationsfähigkeit und/oder Willigkeit beider Elternteile auch über i.S.d. § 1628 BGB nicht erhebliche Angelegenheiten unverzichtbar, wenn die Verweigerungshaltung eines Elternteils nicht unverständlich ist.[147]
- Desinteresse eines Elternteils am Umgang mit dem Kind und an der Mitwirkung in Erziehungsfragen sprechen gegen die Beibehaltung der gemeinsamen Sorge.[148]

c) Fortwährender Streit

- Den Eltern ist zuzumuten, alle Anstrengungen zu unternehmen, in für das Kind bedeutsamen Angelegenheiten zu einer Einigung zu gelangen. Solange nicht sicher feststeht, dass solche Anstrengungen erfolglos bleiben, entspricht die Aufhebung der gemeinsamen elterlichen Sorge nicht dem Kindeswohl am besten.[149] 138
- Trotz Aussage der Gutachterin, wonach die Eltern in ihrem Verhältnis zueinander vollständig zerstritten und nicht in der Lage seien, aufeinander zuzugehen, kann erwartet werden, dass mit der Zeit eine weitere Versachlichung der Beziehungen der Eltern zueinander eintritt und sie dann in der Lage sein werden, Entscheidungen einvernehmlich zu treffen. Das Wohl des Kindes erfordert, dass beide Seiten sich redlich bemühen, ein Mindestmaß an Kooperation herbeizuführen.[150]

143 BGH FamRZ 2008, 592 m. Anm. *Luthin*, S. 594.
144 OLG Frankfurt, 2. Sen. Kassel, FamRZ 2002, 187.
145 OLG Hamm, 6. Sen., FamRZ 2000, 26.
146 OLG Düsseldorf, 6. Sen., FamRZ 1999, 1157; so auch OLG Saarbrücken FamRZ 2011, 120.
147 OLG Stuttgart, 18. Sen., FamRZ 1999, 1596.
148 OLG Dresden, 10. Sen., FamRZ 2002, 973.
149 OLG München, 26. Sen., FamRZ 1999, 1006.
150 OLG Hamm, 1. Sen., FamRZ 1999, 1159.

- Gründe für die Aufhebung der gemeinsamen elterliche Sorge liegen regelmäßig nur dann vor, wenn entweder dem anderen Elternteil die Erziehungseignung oder -fähigkeit fehlt und wenn zwischen den Eltern so erheblicher Streit besteht, dass eine kooperative Wahrnehmung wichtiger Kindesinteressen ausgeschlossen erscheint.[151]
- Mangelnde Kooperationsbereitschaft und -fähigkeit gebieten nicht zwangsläufig eine Aufhebung des gemeinsamen Sorgerechts. Vielmehr ist zusätzlich zu prüfen, ob dadurch die kindlichen Belange berührt werden.[152]

139 **In anderer Entscheidung** heißt es dagegen:

- Bei ablehnender Haltung eines Elternteils ist nur zu prüfen, ob die Ablehnung auf überkommenen Sorgerechtsvorstellungen oder auf einer, durch tatsächliche Gegebenheiten nicht zu rechtfertigenden Oppositionshaltung beruht und ob deshalb eine andere Beurteilung der ablehnenden Haltung geboten ist.[153]

d) Räumliche Entfernung

140
- Weite räumliche Entfernung der Wohnsitze der Eltern (Württemberg und Ostsachsen) rechtfertigen nicht die Aufhebung der gemeinsamen elterliche Sorge;[154]
- eine größere Entfernung zwischen den Wohnsitzen der Eltern (Nordseeinsel und Ruhrgebiet) allein rechtfertigt nicht die Alleinsorge eines Elternteils;[155]
- eine größere räumliche Entfernung zwischen den Eltern steht der Beibehaltung der gemeinsamen elterlichen Sorge regelmäßig nicht entgegen;[156]
- der Aufenthalt der Eltern in Spanien und in Deutschland steht nicht grundsätzlich der Ausübung der gemeinsamen Sorge entgegen. Es kann nicht ohne Abwägung der konkreten Umstände des Einzelfalles auf die weite Entfernung verwiesen werden.[157]

141 **In anderer Entscheidung** heißt es dagegen:

- Eltern haben in der Vergangenheit Belange der Kinder in deren wohlverstandenem Interesse einvernehmlich geregelt. Wegen der (jetzt) weiten Entfernung – Mutter in Bayern, Vater in Berlin – wird das Abstimmen regelungsbedürftiger Fragen unpraktikabel. Es kann von dem Fortbestehen einer Kompromissbereitschaft nicht mehr ausgegangen werden.[158]
- Lebt ein Elternteil im Ausland und sind Kooperationsbereitschaft und -fähigkeit der Eltern erheblich in Frage gestellt, ist die Übertragung der Alleinsorge gerechtfertigt.[159]

151 OLG Hamm, 7. Sen., FamRZ 1999, 1597.
152 OLG Karlsruhe, 5. Sen., FamRZ 2000, 111.
153 OLG Dresden, 20. Sen., FamRZ 1999,1156.
154 OLG Dresden, 10. Sen., FamRZ 2000, 501.
155 OLG Hamm, 3. Sen., FamRZ 2002, 565.
156 OLG Brandenburg, 2. Sen., FamRZ 2003, 1952.
157 BVerfG, FamRZ 2004, 1015; vgl. auch KG FamRZ 2010, 135.
158 KG, 13. Sen., FF 1999, 59; anders AG Ludwigslust FamRZ 2010, 388.
159 OLG Hamm, 1. Sen., FamRZ 2001, 183; anders AG Offenburg FamRZ 2008, 2055.

e) Straftaten pp.

- Sorgerechtsübertragung bei erheblichem Konfliktpotenzial, tätliche Auseinandersetzungen im Beisein des knapp 3 Jahre alten Kindes, Streit über ärztliche Versorgung, Einschätzung der Erziehungsfähigkeit des jeweils anderen und beim Umgangsrecht führen zu einer mit dem Kindeswohl unvereinbaren Belastung des Kindes;[160] 142
- aus einem einmaligen „Aussetzer" eines Elternteils (hier: Gewalttätigkeit gegenüber dem anderen Elternteil) in der virulenten Trennungsphase lässt sich eine fehlende Erziehungseignung nicht ableiten;[161]
- Tötungsversuch im Beisein des gemeinsamen Kindes ermöglicht keine Aufrechterhaltung der gemeinsamen elterlichen Sorge;[162]
- Vorläufige Aufhebung des Mitsorgerechts des – einschlägig vorbestraften Kindesvaters – bei erneutem dringenden Tatverdachts sexuellen Missbrauchs;[163]
- Allein der Umstand, dass die Verbüßung der Strafhaft zu tatsächlichen Behinderungen bei der Ausübung des Sorgerechts durch den anderen Elternteil führen mag, rechtfertigt keine Entziehung seiner elterlichen Sorge;[164]
- Beibehaltung der gemeinsamen Sorge, obwohl der Vater ein Alkoholproblem hat und für das bei der Mutter lebende Kind keinen Unterhalt zahlt;[165]
- Gewalttätigkeit gerade von Männern gegenüber ihren Ehefrauen wird sehr unterschiedlich judiziert.

So ist beispielsweise das **OLG Köln**[166] ist offensichtlich der Auffassung, dass die **gemeinsame elterliche Sorge ein hohes Gut** darstellt, das nur in Ausnahmefällen zur Disposition steht. 143

Es hat erklärt:

> *1. Keine Aufhebung der gemeinsamen Sorge im Einzelfall, auch wenn das Verhältnis der Eltern aufgrund von unter Alkoholeinfluss begangenen Tätlichkeiten des Vaters gegenüber der Mutter erheblich belastet ist und sachbezogene Gespräche dadurch erschwert werden, aktuell keine Umgangskontakte mit den Kindern stattfinden und die Mutter wegen der Tätlichkeiten in der Vergangenheit den persönlichen Kontakt mit dem Vater ablehnt.*
>
> *2. Insoweit kann zu berücksichtigen sein, dass der Vater sein Verhalten ehrlich bereut und Verantwortung für sein Handeln übernehmen will, in dem er sich einer sechsmonatigen stationären Therapie unterzogen hat.*

160 OLG Düsseldorf, 8. Sen., FamRZ 1999, 1598.

161 OLG Karlsruhe, 5. Sen., FamRZ 2002, 1209; zum Entzug der eS wegen krankheitsbedingt beeinträchtigter Erziehungsfähigkeit vgl. BGH FamRZ 2010, 308.

162 OLG Saarbrücken FamRZ 2010, 385.

163 OLG Brandenburg FamRZ 2010, 221.

164 OLG Naumburg, 2. Sen., FamRZ 2003, 1947.

165 AG Ratzeburg, FamRZ 2000, 505.

166 OLG Köln FamRZ 2015, 2180.

3. Der Mutter kann es in einem solchen Fall zumutbar sein, mit dem Vater für notwendige Ansprachen telefonischen oder schriftlichen Kontakt aufzunehmen.

144 In dem vom OLG Köln entschiedenen Fall hat auch das Vorbringen der Kindesmutter, der Kindesvater halte den **Kontakt zu seinen Kindern nicht aufrecht**, nicht ausgereicht. Das **OLG Köln** hat dazu erklärt:

Erforderlich ist vielmehr eine konkrete und nachhaltige Einigungsunfähigkeit, die sich negativ auf Entwicklung und Wohl des Kindes auswirkt.[167]

145 Das OLG Köln verkennt, wie es ausführt, dabei nicht, dass das Verhältnis der Eltern aufgrund **wiederholter und schwerer Tätlichkeiten** des Antragsgegners gegenüber der Antragstellerin stark belastet ist und sachbezogene Gespräche daher aus Gründen, die allein dem Antragsgegner anzulasten sind, wie es heißt, erschwert werden.
Es heißt weiter:

Es ist jedoch zu berücksichtigen, dass der Antragsgegner seine Verantwortung anerkennt.[168]

146 Seine respektvolle Erziehungskompetenz habe er der Antragstellerin im Übrigen dadurch deutlich zum Ausdruck gebracht, dass er die Mutter für die Zeit seiner sechsmonatigen therapeutischen Maßnahme in einer Klinik mit einer Vollmacht ausgestattet habe.

Auch von einer **Teilübertragung**, nämlich des **Aufenthaltsbestimmungsrechts** (Hilfsantrag der Antragstellerin) hat das OLG Köln abgesehen, weil der Kindesvater den Aufenthalt der Kinder im Haushalt der Mutter nicht in Frage stellt. Dies ist dann allerdings konsequent.

3. Übertragung von Teilen der elterlichen Sorge

147 Nach den zu beachtenden Grundsätzen der **Verhältnismäßigkeit und des geringstmöglichen Eingriffs** kommt häufig die Übertragung eines Teilbereiches der elterlichen Sorge in Betracht.[169]

Streiten Parteien z.B. um den (künftigen) Lebensmittelpunkt des Kindes und ist im Übrigen das Verhältnis der Eltern zueinander nicht zerrüttet, so dass der Streit keine Gefährdung des Kindeswohls bewirkt, genügt es, das Aufenthaltsbestimmungsrecht auf eines der Elternteile zu übertragen.[170]

167 OLG KölnFamRZ 2015, 2180, 2181.
168 OLG Köln FamRZ 2015, 2180, 2181.
169 Vgl. OLG Koblenz FamRZ 2015, 1190.
170 BGH FamRZ 2008, 45.

Das **Bundesverfassungsgericht** hat hierzu deutlich erklärt:

Art. 6 II GG erfordert die Berücksichtigung des Verhältnismäßigkeitsgrundsatzes bei der Entscheidung über einen Antrag auf Übertragung der Alleinsorge. Die Gerichte haben sich deshalb mit Teilentscheidungen als milderes Mittel zu begnügen, wo immer dies dem Kindeswohl Genüge tut.[171]

Praxistipp 148

Im Streitfall ist erheblich mehr erforderlich, als allgemein auf fehlende Kooperationsfähigkeit oder -bereitschaft hinzuweisen.[172] Es ist **konkret am Einzelfall darzulegen,**

- welche konkreten Bemühungen um eine gemeinsame Entscheidung stattgefunden haben,
- inwieweit Bemühungen an der Haltung des anderen Elternteils gescheitert sind und
- inwieweit durch dieses Verhalten das Wohl des Kindes gefährdet bzw. beeinträchtigt wird.

149 Einmaliges Fehlverhalten reicht in der Regel nicht aus, um die Unfähigkeit oder fehlende Bereitschaft des Anderen zur Ausübung der gemeinsamen elterlichen Sorge zu begründen.

Grundsätzlich sind Eltern verpflichtet, die Zusammenarbeit zum Wohle des Kindes aktiv zu suchen.[173]

Die Gleichgültigkeit eines Elternteils spricht aber gegen die Beibehaltung des gemeinsamen Sorgerechts.[174]

Praxistipp 150

Schwerwiegende Verletzungen der Unterhaltspflicht sind ein Indiz für die Gleichgültigkeit eines Elternteils.[175]

4. Alleinsorge des Antragstellers

151 Ist die gemeinsame elterliche Sorge nach Prüfung durch das Gericht nicht aufrecht zu erhalten, ist **in zweiter Stufe** zu prüfen, ob die Übertragung der Alleinsorge auf den antragstellenden Elternteil dem Kindeswohl am besten entspricht.

171 BVerfG, FamRZ 2004, 1015.
172 Vgl. *Horndasch,* in: Scholz/Kleffmann/Motzer, Teil E, Rn 113.
173 OLG Hamm FamRZ 1999, 1154; a.A. Schnitzler/*Knittel,* § 14 Rn 92; *Oelkers,* FPR 1999, 132 ff.
174 *Schwab,* FamRZ 1998, 457 ff., 463.
175 So Schnitzler/*Knittel,* § 14 Rn 93.

Die folgenden Kriterien[176] sind entscheidend, ohne dass eine unterschiedliche Rangfolge besteht[177] oder in manchen Fällen eine klare Abgrenzung der einzelnen Prinzipien möglich wäre:[178]

a) Förderungsprinzip

152 Nach dem Förderungsprinzip ist zu fragen, welcher Elternteil eher in der Lage ist, dem Kind die **Entwicklungsmöglichkeiten zu vermitteln und den Aufbau seiner Persönlichkeit zu fördern**.[179] Hier spielen Erziehungseignung und Erziehungsfähigkeit, also die Persönlichkeit des Elternteils und das Erziehungskonzept eine entscheidende Rolle.[180]

Dabei kann berücksichtigt werden, wer die zeitlich weitergehenden Möglichkeiten zur Betreuung des Kindes hat, um auf dessen Fragen, Wünsche und Nöte eingehen zu können.[181] Dies spielt vor allem **bei jüngerem Alter** des Kindes eine größere Rolle.[182]

b) Bindungen des Kindes (an Eltern und Geschwister)

153 Wesentliches Kriterium für eine Entscheidung zur Übertragung der alleinigen elterlichen Sorge ist die Frage, inwieweit die jeweiligen **Bindungen zu den Elternteilen und ggf. zu den Geschwistern** gewachsen und gefestigt sind.[183]

Dabei wird derjenige, der das Kind bereits einige Zeit allein betreut, regelmäßig die stärkere emotionale Bindung aufweisen können mit der Folge, dass eher diesem Elternteil die Alleinsorge übertragen wird.[184]

Es gilt der Grundsatz, dass das gemeinsame Aufwachsen von Geschwistern für die Entwicklung förderlich ist, ein Auseinanderreißen von Geschwistern deshalb nach Möglichkeit zu vermeiden ist.[185]

176 *Strobach* zitiert hierzu in FPR 2008, 148 *von Boch-Galhau,* Das Kind ist – bei ansonsten ähnlichen Voraussetzungen beider Eltern – bei dem Elternteil am besten aufgehoben, der die Beziehung zum jeweils anderen respektiert und aktiv fördert.", a.a.O. 150 und *Hellinger,* Die Kinder müssen zu dem Elternteil, der in den Kindern den anderen Partner am meisten achtet und liebt.", 151.

177 Ständ. Rspr, vgl. BVerfG FamRZ 1981, 124, 126; OLG Karlsruhe FamRZ 1995, 562, 564; *Oelkers,* FuR 1999, 349; vgl. dazu nunmehr auch *Büte,* FK 2007, 16; *Horndasch*, Verbundverfahren, Rn 242 ff.

178 Zum Zusammenhang von Kontinuitätsgrundsatz und Bindungen des Kindes vgl. BVerfG FamRZ 2009, 189.

179 BGH FamRZ 1990, 392, 394.

180 Staudinger/*Coester,* § 1671 Rn 199 m.w.N.

181 Aber: Kein Primat des beruflich weniger eingespannten Elternteils, vgl. BVerfG FamRZ 1981, 124; BGH FamRZ 1985, 169.

182 BGH FamRZ 1985, 169; 1990, 392; OLG Brandenburg FamRZ 2008, 1474.

183 Den Bindungen des Kindes kommt streitentscheidende Bedeutung zu, wenn Förderprinzip und Kontinuitätsgrundsatz nicht weiterführen, vgl. OLG Hamm FamRZ 1994, 918; KG FamRZ 2010, 1169.

184 OLG Düsseldorf ZfJ 1999, 111; OLG Celle FamRZ 2007, 1838; BVerfG FamRZ 2008, 1737; 2009, 1389 jeweils m.w.N.

185 OLG Celle FamRZ 1992, 465, 467; OLG Düsseldorf FamRZ 1995, 182, 183; OLG Hamm FamRZ 1999, 320, 321.

Anderes gilt nur dann, wenn der Altersunterschied zwischen den Geschwistern erheblich und auch sonst keine besondere Geschwisterbindung vorhanden ist.[186]

Umgekehrt können die Bindungen des Kindes an seine Geschwister so stark wiegen, dass die Übertragung auch auf den deutlich weniger geeigneten Elternteil in Betracht kommt.[187]

c) Kontinuitätsgrundsatz

Eine besondere Bedeutung bei der Entscheidung über die Alleinsorge kommt dem **Kontinuitätsgrundsatz**[188] zu, d.h. der Frage, bei wem die **Stabilität, die Gleichmäßigkeit und Einheitlichkeit der Erziehung am ehesten gewährleistet** ist.[189] 154

Stabilität bedeutet dabei die **Aufrechterhaltung der Betreuungsperson und des sozialen Umfeldes (Kindergarten, Schule, Freunde, Sportverein etc.).**[190] Fallen die Betreuungsperson und das soziale Umfeld, z.B. durch Umzug der Mutter, auseinander, wird allerdings die **Kontinuität der Betreuungsperson schwerer wiegen** als der Umgebungswechsel.[191]

Lebt das Kind bereits bei nur **einem Elternteil** (der getrennt lebenden Eltern), reduziert sich die Kindeswohlprüfung auf die Frage, ob ein **Wechsel des Aufenthaltsortes angezeigt** ist bzw. dem **Kindeswohl am besten** entspricht.[192]

Insgesamt ist nach dem Kontinuitätsgrundsatz ein **abrupter Wechsel** in wichtigen örtlichen Lebensfragen **zu vermeiden.**[193]

Problematisch können diese Grundsätze allerdings im Falle des **einseitigen Entzugs** des Kindes werden. Auf den Grundgedanken der Kontinuität kann sich deshalb nach ständiger Rechtsprechung derjenige **nicht** berufen, dessen Zusammenleben sich auf **rechtswidriger Kindesentziehung** gründet.[194]

Gleichwohl hat das **Bundesverfassungsgericht** festgestellt, dass „die Abwägung aller Umstände des Einzelfalls **nicht an einer Sanktion des Fehlverhaltens** eines Elternteils (etwa der eigenmächtigen Mitnahme des Kindes bei der Trennung), sondern vorrangig am **Kindeswohl** unter besonderer Beachtung des Kontinuitätsgrundsatzes zu orientieren ist".[195] 155

186 OLG Zweibrücken FamRZ 2001, 184; vgl. dazu *Büte,* FK 2007, 16, 18.

187 OLG Bamberg FamRZ 1998, 498, 499.

188 Dieser Grundsatz spielt auch bei zwischenzeitlich entwickelten Bindungen zu Pflegeeltern häufig eine entscheidende Rolle, vgl. OLG Düsseldorf FamRZ 2009, 1756; vgl. auch OLG Hamm FamRZ 2009, 1757: bei ansonsten gleicher Eignung der Eltern kommt dem Kontinuitätsgrundsatz entscheidende Bedeutung zu; vgl. auch OLG Köln FamRZ 2009, 1762.

189 BGH FamRZ 1990, 392, 393; OLG Bamberg FamRZ 1998, 1462; KG FamRZ 2010, 1169.

190 OLG Brandenburg FamRZ 2001, 1021; OLG Frankfurt/Main FamRZ 2009, 1499; zur seelischen Belastung des Umgebungswechsels auch AG Siegen FamRZ 2009, 1501 und AG Oberhausen FamRZ 2009, 1502.

191 OLG Nürnberg FamRZ 1996, 563, 564; OLG Köln FamRZ 1999, 182, 183.

192 OLG Karlsruhe OLGR 2001, 221.

193 *Schwab,* FamRZ 1998, 457, 564; KG FamRZ 2001, 185; OLG Köln FamRZ 2003,1950, 1951.

194 Schnitzler/*Knittel,* § 14 Rn 117 m.w.N.

195 BVerfG v. 27.6.2008, Az. 1 BvR 1265/08, abrufbar unter www.iww.de Abruf-Nr. 093702; vgl. dazu *Büte,* FK 2009, 212.

Der Grundsatz der Kontinuität spielt allerdings dann eine eher untergeordnete Rolle, wenn Kinder bis nachmittags in Kindergarten, Schule und Kindertagesstätte betreut werden und beide Elternteile vollschichtig berufstätig sind.

In solchen Fällen kommen bei der Entscheidung, welchem Elternteil das Sorgerecht oder ein Teil der elterlichen Sorge – etwa das Aufenthaltsbestimmungsrecht – zu übertragen ist, „der Erziehungskompetenz, der Förderkompetenz als Teil der Erziehungskompetenz sowie der Bindungstoleranz entscheidende Bedeutung zu".[196]

d) Kindeswille

156 Der Wille des Kindes **kann** eine entscheidende Rolle bei der Frage der Übertragung der Alleinsorge spielen. Sein Wille ist zu berücksichtigen, soweit dies mit dem Kindeswohl vereinbar ist.[197]

Etwa ab Erreichen des 12. Lebensjahres wird der Entscheidung des Kindes eine entscheidende Bedeutung zugemessen.[198] Dies ist Ausdruck der verfassungsrechtlich zu beachtenden Selbstbestimmung des Kindes.[199]

157 Das Bundesverfassungsgericht hat allerdings noch 2001 die Auffassung vertreten, dass bei einem unter 14 Jahre alten Kind festzustellen ist, ob der Wille „geprägt ist durch (eine) momentane oder manipulierte – möglicherweise durch Geschenke beeinflusste – Einstellung.[200]

158 Der **EuGHMR** hat hierzu ähnlich erklärt, dass auch bei einem über 12 Jahre alten Kind grundsätzlich zu prüfen ist, ob seine Entscheidung nicht auf Einflussnahme zurück zu führen ist.[201]

196 So OLG Köln FamRZ 2009, 1762.

197 BVerfG FamRZ 2009, 1389; vgl. dazu OLG Köln FamRZ 2012, 726.

198 So auch KG FamRZ 2007, 754; ablehnend bei einem 8-jährigen Kind: OLG Brandenburg FamRZ 2011, 121; *Horndasch*, Verbundverfahren, Rn 255; Staudinger/*Coester*, § 1671 Rn 242 m.w.N.

199 Staudinger/*Coester*, § 1671 Rn 241 ff.; *Schwab*, FamRZ 1998, 457, 465; OLG Zweibrücken FamRZ 2001, 176: erst ab dem14. Lj.

200 BVerfG FamRZ 2001, 1057; zur Beachtlichkeit eines von einem 10-jährigen geäußerten Willens vgl. BGH FamRZ 1990, 392; einer 13-jährigen KG FamRZ 2005, 1768 (Übertragung der Alleinsorge auf die Mutter; Kind lehnte jeden Kontakt zum Vater ab); OLG Hamm FamRZ 2005, 746 (für Wechsel in den Haushalt der Kindesmutter; Wille muss beachtet werden, auch wenn er häufiger wechselte); vgl. auch BVerfG FamRZ 2007, 1876; 2008, 845; 2009, 1389; 2009, 1626; OLG Celle FamRZ 2007, 756.

201 EuGHMR FamRZ 2006, 997: „Allein die Weigerung der über 12 Jahre alten Kinder, zum Vater zurückzukehren reicht nicht aus, die elterliche Sorge der Lebensgefährtin der verstorbenen Mutter zu übertragen. Es stellt vielmehr einen Verstoß gegen Art. 8 EMRK dar, wenn in einem solchen Fall ohne Anhörung der Beteiligten und ohne Einschaltung eines psychologischen Sachverständigengutachtens die Entscheidung getroffen wird, weil damit nicht hinreichend nachgeprüft ist, ob die Weigerung der Kinder nicht möglicherweise auf den Einfluss der Lebensgefährtin zurückzuführen ist."; zur notwendigen Einzelfallprüfung vgl. auch EuGHMR FamRZ 2011, 369.

Gerade bei jüngeren Kindern jedoch wird jeweils zu prüfen sein, ob offene und unbeeinflusste Angaben gemacht werden (können).[202] Je jünger Kinder sind, desto mehr wächst die Gefahr, dass ihre Haltung fremdbestimmt ist.[203]

Praxistipp 159

Häufig „gelingt" es Eltern, starke Schuldgefühle zu verursachen, die dem Kind anlässlich einer Anhörung keine andere Wahl lassen, als sich für ihn zu entscheiden. In solchen Fällen ist auf die Einholung eines kinderpsychologischen Sachverständigengutachtens zu drängen auch mit dem Ziel, gem. § 163 FamFG Einvernehmen zwischen den Beteiligten herzustellen.[204]

e) Bindungstoleranz

Die Gewährung und **Förderung des Umgangsrechtes** kann ein entscheidendes Kriterium bei der Zuteilung der elterlichen Sorge sein. 160

Die Beeinflussung des Kindes und die Unterbindung von Umgangsrechtskontakten zum anderen Elternteil stellt regelmäßig eine schwerwiegende Beeinträchtigung des Kindeswohls dar, die auch Auswirkungen auf die Regelung der elterlichen Sorge haben kann.[205] Demnach kann gemäß § 1666 BGB die Zustimmung des Obhutselternteils zur kinderpsychologischen Begutachtung ersetzt werden.

Eine Sorgerechtsentscheidung ist wegen fehlender Erziehungsfähigkeit des betreuenden Elternteils abzuändern, wenn dieser das Kind hartnäckig dem anderen Elternteil entfremdet, beharrlich den Umgang verweigert und den nicht erwiesenen Vorwurf sexuellen Missbrauchs aufrechterhält.[206]

Die **Verhinderung des Umgangs** stellt schlicht eine **Erziehungsungeeignetheit** dar.[207] 161

Diese Kriterien stehen aber letztlich nicht wie Tatbestandsmerkmale kumulativ nebeneinander. Jedes Merkmal kann im Einzelfall mehr oder weniger bedeutsam für die Frage

202 OLG Köln FamRZ 2006, 1625 bei 8-jährigem Kind; OLG München FamRZ 2007, 753; Zu pathologischem Verhalten eines Elternteils vgl. AG DaunFamRZ 2008, 1879.

203 OLG Braunschweig FamRZ 2001, 1637 (zwei 9 und 13 Jahre alte Kinder hatten sich schriftlich von der Mutter losgesagt);vgl. auch AG St. GoarFamRZ 2001, 1722, 1723

204 Vgl. dazu *Horndasch,* in: Horndasch/ViefhuesFamFG, § 163 Rn 4; Keidel/*Engelhardt,* FamFG, § 163 Rn 4; Haußleiter/*Fest,* FamFG § 163 Rn 11 ff.

205 OLG Hamm FamRZ 2007, 757, 759; 2007, 1677; OLG Zweibrücken FamRZ 1999, 521: danach kann gem. § 1666 BGB die Zustimmung des Obhutselternteils zur psychologischen Begutachtung des Kindes ersetzt werden.

206 OLG Celle FamRZ 1998, 1045

207 OLG Köln FamRZ 1998, 1463; OLG Celle FamRZ 2004, 1667; AG Frankfurt FamRZ 2004, 1595.

sein, was dem Wohl des Kindes am besten entspricht.[208] Sie stehen „über den allüberstrahlenden und letztentscheidenden Begriff des Kindeswohls“[209] in innerer Beziehung zueinander und können sich gegenseitig verstärken oder aufheben.[210]

II. Vereinbarung der Eltern

1. Übertragung der alleinigen elterlichen Sorge

162 Im Falle von Trennung und Scheidung wird häufig der Wunsch nach einer **Vereinbarung zum Sorgerecht** geäußert. Dies gilt umso mehr, als die gerichtliche Übertragung der elterlichen Sorge auf einen Elternteil, wie aufgezeigt, nur in Ausnahmefällen erfolgt, in denen es massiv an der Fähigkeit oder Bereitschaft zur Kooperation in Fragen des Kindeswohls fehlt.

Eltern können die Übertragung des alleinigen Sorgerechts auf einen der beiden Elternteile miteinander vereinbaren. Dies wird dann **im gerichtlichen Verfahren umgesetzt**. Die Vereinbarung selbst führt – noch – nicht zu einer sorgerechtlichen Änderung. **Unmittelbare Veränderungen in den Entscheidungsbefugnissen** betreffend das Kind sind lediglich durch **Erteilung von Vollmachten** möglich.

163 Eine Vereinbarung ist nicht notwendig in notarieller Form zu schließen. In der Regel wird man aber **weitere Vereinbarungen** im Rahmen von Trennung und Scheidung schließen, von denen eine der Regelungen mit hoher Wahrscheinlichkeit notarieller Beurkundung bedarf.

164 In **Getrenntlebens- und Scheidungsfolgenvereinbarungen** sind insbesondere Vereinbarungen enthalten über

- den Güterstand,
- den Versorgungsausgleich,
- den Unterhalt während des Getrenntlebens,
- den nachehelichen Unterhalt,
- Krankenversicherung,
- die elterliche Sorge und Umgang mit dem Kind/den Kindern,
- Auseinandersetzung über eheliches Vermögen,
- Haushaltssachen,
- eheliche Wohnung,
- Verbindlichkeiten.

208 BGH FamRZ 2010, 1060; 1990, 392.
209 So OLG Saarbrücken, Beschl. v. 20.1.2011, 6 UF 106/10 mit Hinweis auf BVerfGE 56, 363 (Beschl. v. 24.3.1981); BVerfG FuR 2008, 338.
210 BGH FamRZ 1985, 169.

Auch wenn das Gesetz für Trennungs- und Scheidungsfolgenvereinbarung **keine generelle Beurkundungspflicht** anordnet, gibt es jedoch **Ausnahmen:** 165

- Vereinbarungen über den nachehelichen **Unterhalt** (§ 1585c Abs. 1 S. 2 BGB),
- Vereinbarungen über den **Versorgungsausgleich** (§ 7 VersAusglG),
- Vereinbarungen über **Zugewinnausgleichsregelung** im Hinblick auf ein Scheidungsverfahren (§ 1378 Abs. 3 S. 2 BGB) sowie
- Vereinbarungen über die **Veräußerung von Grundstücken** und Grundstücksteilen im Zusammenhang mit der Ehescheidung (§ 311b BGB).

Die vorbezeichneten Ausnahmen werden in der Praxis dadurch **zur Regel** erhoben, dass die Vereinbarungen einer der vorbezeichneten Ausnahmegegenstände zu der **Beurkundungspflicht aller übrigen Vereinbarungen** in diesem Vertrage führt.[211] 166

Praxistipp 167

Die Beurkundungspflicht entfällt auch nicht dadurch, dass die Parteien die Regelungstatbestände auf **zwei verschiedene Verträge** aufteilen, und diesen Umstand dem Notar zur Vermeidung weiterer Notargebühren verschweigen. In einem derartigen Fall sind beide Verträge nichtig.[212]

Regelungen zum Sorgerecht im Scheidungsfall werden daher eingebettet sein in Vereinbarungen zum nachehelichen Unterhalt, zum Zugewinnausgleich und/oder auch zum Versorgungsausgleich. 168

Wohnen Eltern nach Trennung räumlich weit voneinander getrennt, weil ein Ehepartner in eine entfernt liegende andere Stadt oder gar ins Ausland verzieht, kann es sinnvoll sein, die Übertragung der elterlichen Sorge auf einen Elternteil anzustreben.

Zwar ist gesetzlich jedem Elternteil bei **Gefahr im Verzuge gem. § 1687 Abs. 1 S. 5 BGB i.V.m. § 1629 Abs. 1 S. 4 BGB ein Not- und Alleinvertretungsrecht** eingeräumt, wobei der andere Elternteil dann unverzüglich zu unterrichten ist. Doch hilft dies eben nur in Notfällen und nicht bei der Bewältigung der üblicherweise auftretenden Probleme bei der Betreuung und Erziehung von Kindern. Eine Regelung bei räumlicher Trennung kann beispielsweise wie folgt formuliert werden:

211 BGH FamRZ 2002, 1179.
212 *Bredthauer,* in: Scholz/Kleffmann/Motzer, T 19.

6.37

▼

169 **Muster 6.37: Vereinbarung alleiniger elterlicher Sorge**

Verhandelt am ___

Zu ___

Vor mir, dem unterzeichnenden Notar im Bezirk des Oberlandesgerichts ___ ___

erscheinen

1. Herr ___, geb. am ___, wohnhaft ___
2. Frau ___ geb. ___, geb. am ___, wohnhaft ___

ausgewiesen durch ___.

Die Frage des beurkundenden Notars nach einer Vorbefassung im Sinne von § 3 Abs. 1 Nr. 7 BeurkG wurde von den Erschienenen verneint. Der beurkundende Notar erläuterte die vorgenannte Vorschrift.

Die Erschienenen baten den Notar um die Beurkundung einer

Trennungs- und Unterhaltsvereinbarung

und erklärten vorab:

§ 1 Ausgangslage

Wir sind beide von Geburt an deutsche Staatsangehörige und haben am ___ in ___ die Ehe geschlossen. Aus unserer Ehe ist das am ___ geborene, derzeit also 12 Jahre alte Kind K. hervorgegangen. Es behält einvernehmlich seinen Lebensmittelpunkt bei der Kindesmutter. Kinder aus anderen Verbindungen sind nicht vorhanden.

Wir leben seit dem ___ in verschiedenen Wohnungen voneinander getrennt.

Das Scheidungsverfahren ist anhängig unter dem Aktenzeichen ___ bei dem Amtsgericht – Familiengericht – in ___. Die Zustellung des Scheidungsantrags des Ersch. zu 1 ist am ___ erfolgt.

§ 2 Ehegattenunterhalt

1. Der Ersch. zu 1 verpflichtet sich, ab ___ an die Ersch. zu 2 für die Zeit der Trennung einen monatlich, jeweils bis zum 1. eines jeden Monats fälligen Trennungsunterhalt in Höhe von ___ EUR zu zahlen.

2. Bei dieser Vereinbarung gehen die Beteiligten von den folgenden Einkommensverhältnissen aus:

- Einkommen des Ersch. zu 1 ___
- Einkommen der Ersch. zu 2 ___.

3. Die Vereinbarung zur Zahlung von Trennungsunterhalt ist der Abänderung zugänglich. Die Beteiligten vereinbaren im Falle der Änderung der Einkommens- und Vermögensver-

hältnisse eine an der getroffenen Vereinbarung orientierte Abänderung. Ergänzend gelten die gesetzlichen Regelungen.

4. Die Ersch. zu 2 verpflichtet sich für die Dauer der Unterhaltsleistung, die nach § 10 Abs. 1 Nr. 1 EStG erforderliche Zustimmung zum begrenzten Realsplitting zu geben. Der Ersch. zu 1 ist verpflichtet, die Ersch. zu 2 von den ihr entstehenden finanziellen Nachteilen freizustellen.

§ 3 Kindesunterhalt

1. Der Ersch. zu 1 verpflichtet sich, für das Kind K, geb. am , zu Händen der Ersch. zu 2 einen monatlichen, bis zum 1. eines jeden Monats im Voraus fälligen Kindesunterhalt in Höhe von % des Mindestbedarfs der jeweils gültigen Düsseldorfer Tabelle gemäß der jeweiligen Altersstufe des Kindes zu bezahlen. Hierauf ist die Hälfte des gesetzlichen Kindergeldes, derzeit 95 EUR, bedarfsdeckend anzurechnen, so dass sich ein derzeitiger monatlicher Unterhaltsbetrag in Höhe von EUR ergibt.

2. Die Festsetzung des Unterhalts erfolgt auf der Grundlage des in § 2 Zif. 2 der Vereinbarung festgestellten anrechenbaren Nettoeinkommens des Ersch. zu 1.

§ 4 Vollstreckungsunterwerfung

Wegen der in § 2 und 3 der Vereinbarung eingegangenen Verpflichtung zur Zahlung von Ehegattenunterhalt und Kindesunterhalt unterwerfe ich, der Ersch. zu 1, mich der

sofortigen Zwangsvollstreckung

aus dieser Urkunde in mein Vermögen.

Die Ersch. zu 2 ist berechtigt, sich jederzeit auf einseitigen Antrag auf Kosten des Ersch. zu 1 eine vollstreckbare Ausfertigung dieser Urkunde erteilen zu lassen, ohne dass es hierzu des Nachweises der Fälligkeit oder sonstiger die Vollstreckung begründender Tatsachen bedarf.

§ 5 Elterliche Sorge

1. Wir haben uns darauf verständigt, dass der Ersch. zu 2 nach Scheidung der Ehe die alleinige elterliche Sorge für unser gemeinsames Kind K zustehen soll, da die räumliche Entfernung zwischen dem Ersch. zu 1 und dem Wohnort von K zu groß erscheint, gemeinsame Entscheidungen in angemessener Zeit treffen zu können.

2. Der Ersch. zu 1 wird entsprechende Regelungsanträge der Ersch. zu 2 im laufenden Scheidungsverfahren unterstützen.

§ 6 Hinweise, Durchführung

Der Notar hat die Erschienenen über die Bedeutung, die rechtliche Tragweite, insbesondere die Rechtsfolgen und die Auswirkungen der Unterhaltsvereinbarung sowie der Ver-

einbarung zur elterlichen Sorge abschließend noch einmal ausführlich belehrt und namentlich auf die Widerruflichkeit der Regelung zur elterlichen Sorge hingewiesen. Beide Erschienenen sind sich der Tragweite der getroffenen Vereinbarungen bewusst und wünschen gleichwohl die Beurkundung der Vereinbarung auch unter Inkaufnahme möglicher zukünftig daraus erwachsener Nachteile.

(ggf. weitere abschließende Hinweise/Durchführung)

(Urkundsausgang, Unterschriften)

▲

170 Die Zustimmung eines Elternteils im Verfahren zu Regelungsanträgen der anderen Seite **bindet das Gericht** im Rahmen von § 1671 Abs. 2 BGB.

Andererseits ist die Zustimmung bis zum Abschluss und bis zur endgültigen gerichtlichen Entscheidung **frei widerruflich**.[213]

Dem Familiengericht stehen insoweit weder inhaltliche Kontrollbefugnisse noch ein Auswahlermessen zu, es sei denn, das **Kindeswohl erfordert eine abweichende Regelung**.[214]

Ohne im Übrigen durch vorherige Zustimmung gehindert oder in anderer Form festgelegt worden zu sein, kann der betroffene Elternteil gegen eine Gerichtsentscheidung **Rechtsmittel** einlegen und später Abänderung nach §§ 296 BGB und 166 FamFG beantragen, soweit die Voraussetzungen vorliegen.

Die Beteiligten können im Rahmen ihrer Vereinbarung auch Regelungen treffen, die zwar an der Übertragung der alleinigen elterlichen Sorge auf einen Elternteil nichts ändern, aber von – einbeziehender – Bedeutung sein können. Damit könnte es einem Elternteil erleichtert werden, der Übertragung der alleinigen elterlichen Sorge auf den anderen Elternteil zuzustimmen.

171 Dies könnte wie folgt geschehen:

6.38

▼

Muster 6.38: Vereinbarung alleiniger elterlicher Sorge mit Beteiligung des anderen Elternteils

Verhandelt am

Zu

Vor mir, dem unterzeichnenden Notar im Bezirk des Oberlandesgerichts

erscheinen

213 Vgl. *Schwab,* FamRZ 1998, 457, MüKo BGB/*Finger,* § 1671 Rn 62 f. m.w.N.
214 BeckFormB FamR/*Finger*, Form. E IV. 1 (Anm. 2).

1. Herr , geb. am , wohnhaft

2. Frau geb. , geb. am , wohnhaft

ausgewiesen durch .

Die Frage des beurkundenden Notars nach einer Vorbefassung im Sinne von § 3 Abs. 1 Nr. 7 BeurkG wurde von den Erschienenen verneint. Der beurkundende Notar erläuterte die vorgenannte Vorschrift.

Die Erschienenen baten den Notar um die Beurkundung einer

Trennungs- und Unterhaltsvereinbarung

und erklärten vorab:

§ 1 Ausgangslage

Wir sind beide von Geburt an deutsche Staatsangehörige und haben am in die Ehe geschlossen. Aus unserer Ehe ist das am geborene, derzeit also 12 Jahre alte Kind K. hervorgegangen. Es behält einvernehmlich seinen Lebensmittelpunkt bei der Kindesmutter. Kinder aus anderen Verbindungen sind nicht vorhanden.

Wir leben seit dem in verschiedenen Wohnungen voneinander getrennt.

Das Scheidungsverfahren ist anhängig unter dem Aktenzeichen bei dem Amtsgericht – Familiengericht – in . Die Zustellung des Scheidungsantrags des Ersch. zu 1 ist am erfolgt.

§ 2 Ehegattenunterhalt

1. Der Ersch. zu 1 verpflichtet sich, ab an die Ersch. zu 2 für die Zeit der Trennung einen monatlich, jeweils bis zum 1. eines jeden Monats fälligen Trennungsunterhalt in Höhe von EUR zu zahlen.

2. Bei dieser Vereinbarung gehen die Beteiligten von den folgenden Einkommensverhältnissen aus:

- Einkommen des Ersch. zu 1
- Einkommen der Ersch. zu 2 .

3. Die Vereinbarung zur Zahlung von Trennungsunterhalt ist der Abänderung zugänglich. Die Beteiligten vereinbaren im Falle der Änderung der Einkommens- und Vermögensverhältnisse eine an der getroffenen Vereinbarung orientierte Abänderung. Ergänzend gelten die gesetzlichen Regelungen.

4. Die Ersch. zu 2 verpflichtet sich für die Dauer der Unterhaltsleistung, die nach § 10 Abs. 1 Nr. 1 EStG erforderliche Zustimmung zum begrenzten Realsplitting zu geben.

Der Ersch. zu 1 ist verpflichtet, die Ersch. zu 2 von den ihr entstehenden finanziellen Nachteilen freizustellen.

§ 3 Kindesunterhalt

1. Der Ersch. zu 1 verpflichtet sich, für das Kind K, geb. am …, zu Händen der Ersch. zu 2 einen monatlichen, bis zum 1. eines jeden Monats im Voraus fälligen Kindesunterhalt in Höhe von … % des Mindestbedarfs der jeweils gültigen Düsseldorfer Tabelle gemäß der jeweiligen Altersstufe des Kindes zu bezahlen. Hierauf ist die Hälfte des gesetzlichen Kindergeldes, derzeit 95 EUR, bedarfsdeckend anzurechnen, so dass sich ein derzeitiger monatlicher Unterhaltsbetrag in Höhe von … EUR ergibt.

2. Die Festsetzung des Unterhalts erfolgt auf der Grundlage des in § 2 Ziff. 2 der Vereinbarung festgestellten anrechenbaren Nettoeinkommens des Ersch. zu 1.

§ 4 Vollstreckungsunterwerfung

Wegen der in § 2 und 3 der Vereinbarung eingegangenen Verpflichtung zur Zahlung von Ehegattenunterhalt und Kindesunterhalt unterwerfe ich, der Ersch. zu 1, mich der

sofortigen Zwangsvollstreckung

aus dieser Urkunde in mein Vermögen.

Die Ersch. zu 2 ist berechtigt, sich jederzeit auf einseitigen Antrag auf Kosten des Ersch. zu 1. eine vollstreckbare Ausfertigung dieser Urkunde erteilen zu lassen, ohne dass es hierzu des Nachweises der Fälligkeit oder sonstiger die Vollstreckung begründender Tatsachen bedarf.

§ 5 Elterliche Sorge

1. Wir haben uns darauf verständigt, dass der Ersch. zu 2 nach Scheidung der Ehe die alleinige elterliche Sorge für unser gemeinsames Kind K zustehen soll, da die räumliche Entfernung zwischen dem Ersch. zu 1 und dem Wohnort von K zu groß erscheint, gemeinsame Entscheidungen in angemessener Zeit treffen zu können.

2. Der Ersch. zu 1 wird entsprechende Regelungsanträge der Ersch. zu 2 im laufenden Scheidungsverfahren unterstützen.

3. Die Ersch. zu 2 sichert dem Ersch. zu 1 andererseits zu, ihn bei Fragen von erheblicher Bedeutung für das Kindeswohl zu beteiligen, insbesondere ihn nach seinen Vorstellungen zu fragen und diese in angemessener Form zu berücksichtigen, selbst wenn er nicht sorgeberechtigt ist. Dies betrifft namentlich die folgenden Bereiche:

- Schul- und Berufsausbildung,
- Medizinische Eingriffe, namentlich Operationen sowie
- Reisen des Kindes in das außereuropäische Ausland.

§ 6 Hinweise, Durchführung

Der Notar hat die Erschienenen über die Bedeutung, die rechtliche Tragweite, insbesondere die Rechtsfolgen und die Auswirkungen der Unterhaltsvereinbarung sowie der Vereinbarung zur elterlichen Sorge abschließend noch einmal ausführlich belehrt und namentlich auf die Widerruflichkeit der Regelung zur elterlichen Sorge hingewiesen. Beide Erschienenen sind sich der Tragweite der getroffenen Vereinbarungen bewusst und wünschen gleichwohl die Beurkundung der Vereinbarung auch unter Inkaufnahme möglicher zukünftig daraus erwachsener Nachteile.

(ggf. weitere abschließende Hinweise/Durchführung)

(Urkundsausgang, Unterschriften)

▲

Letztlich wird man fragen können, was die Informations- und Beratungspflicht wert ist, 172
wenn doch die Entscheidungsbefugnis bei einem der beiden Elternteile liegt.

Eine Rolle können Verstöße gegen die Pflicht auch zur Berücksichtigung des Willens des anderen Elternteils im Abänderungsverfahren, §§ 1696 BGB, 166 FamFG spielen. Dabei ginge es aber nicht um das **„Übergehen" des anderen Elternteils**, sondern darum, ob durch das Verhalten des entscheidenden Partners **Beeinträchtigungen des Kindeswohls** eingetreten sind oder für die Zukunft zu befürchten sind.[215]

Die **Alternative** zur Übertragung der alleinigen elterlichen Sorge stellt die Ausstattung des betreuenden Elternteils mit einer – ggf. umfassenden – **Vollmacht** dar. Dies ist aber vor allem in denjenigen Fällen zu empfehlen, in denen es zu einer lediglich zeitlich begrenzten Abwesenheit oder räumlichen Entfernung der Eltern zueinander kommt.

Es bleibt im Übrigen dabei, dass die Regelung bis zur endgültigen gerichtlichen Entscheidung **frei widerruflich** ist.[216]

2. Alleinige elterliche Sorge bei Aufteilung von Kindern

Die Aufteilung von Kindern ist um des Kindeswohls willen in der Regel zu vermeiden. 173

Die **Bindungen an Geschwister**, auch bei Halbgeschwistern, sind häufig für ein Kind von überragender Bedeutung.[217]

Es gilt der Grundsatz, dass das **gemeinsame Aufwachsen von Geschwistern** für die Entwicklung förderlich ist, ein Auseinanderreißen von Geschwistern deshalb nach Möglichkeit zu vermeiden ist.[218]

215 BeckFormB FamR/*Finger*, Form E. IV. 1 (Anm. 3).
216 Vgl. *Schwab,* FamRZ 1998, 457, MüKo BGB/*Finger,* § 1671 Rn 62 f. m.w.N.
217 OLG Hamm FamRZ 1996, 562 f., 563; OLG Brandenburg ZfJ 1999, 28 ff., 31.
218 OLG Celle FamRZ 1992, 465 ff., 467; OLG Düsseldorf FamRZ 1995, 182 f., 183; OLG Hamm FamRZ 1999, 320 f., 321.

Anderes gilt nur dann, wenn der **Altersunterschied zwischen den Geschwistern** derart erheblich ist, dass vom Zusammenleben keine Hilfe bei der Verarbeitung der Trennung der Eltern für das Kind zu erwarten ist und auch sonst eine besondere Geschwisterbindung nicht vorhanden ist.[219]

Umgekehrt können die Bindungen des Kindes an seine Geschwister so stark wiegen, dass die Übertragung auch auf den deutlich weniger geeigneten Elternteil in Betracht kommt.[220]

Vereinbarungen der Eltern zur Aufteilung von Kindern bedürfen daher besonders gründlicher Prüfung und deshalb überzeugender Begründung der Eltern.

174 In geeigneten Fällen, etwa bei großem Altersunterschied der Kinder, kann eine Vereinbarung wie folgt formuliert werden:

6.39

▼

Muster 6.39: Vereinbarung alleiniger elterlicher Sorge bei Aufteilung von Kindern

Verhandelt am …

Zu …

Vor mir, dem unterzeichnenden Notar im Bezirk des Oberlandesgerichts …

…

erscheinen

1. Herr …, geb. am …, wohnhaft …

2. Frau … geb. …, geb. am …, wohnhaft …

ausgewiesen durch ….

Die Frage des beurkundenden Notars nach einer Vorbefassung im Sinne von § 3 Abs. 1 Nr. 7 BeurkG wurde von den Erschienenen verneint. Der beurkundende Notar erläuterte die vorgenannte Vorschrift.

Die Erschienenen baten den Notar um die Beurkundung einer

Trennungs- und Unterhaltsvereinbarung

und erklärten vorab:

§ 1 Ausgangslage

Wir sind beide von Geburt an deutsche Staatsangehörige und haben am … in … die Ehe geschlossen. Aus unserer Ehe sind zwei Kinder hervorgegangen,

219 OLG Zweibrücken FamRZ 2001, 184; vgl. dazu *Büte*, FK 2007, 16 ff., 18.

220 OLG Bamberg FamRZ 1998, 498 f., 499; zur mangelnden Bindungstoleranz vgl. BVerfG FamRZ 2009, 1389.

- K, geb. am ____ (4 Jahre alt) sowie
- M, geb. am ____ (15 Jahre alt).

Wir leben seit dem ____ in verschiedenen Wohnungen voneinander getrennt. Unsere Tochter M hat sich in diesem Zusammenhang entschieden, zukünftig mit dem Ersch. zu 1 zusammen zu leben.

Das Scheidungsverfahren ist anhängig unter dem Aktenzeichen ____ bei dem Amtsgericht – Familiengericht – in ____. Die Zustellung des Scheidungsantrags des Ersch. zu 1 ist am ____ erfolgt.

Da wir über wesentliche Fragen elterlicher Sorge verschiedener Auffassung sind, haben wir entschieden, jeweils gerichtlich das alleinige Sorgerecht für die jeweils mit uns zusammen lebenden Kinder zu beantragen. Überdies wohnen wir räumlich in weit entfernten Städten voneinander getrennt.

Im Hinblick hierauf vereinbaren wir, was folgt.

§ 2 Ehegattenunterhalt

1. Der Ersch. zu 1 verpflichtet sich, ab ____ an die Ersch. zu 2 für die Zeit der Trennung einen monatlich, jeweils bis zum 1. eines jeden Monats fälligen Trennungsunterhalt in Höhe von ____ EUR zu zahlen.

2. Bei dieser Vereinbarung gehen die Beteiligten von den folgenden Einkommensverhältnissen aus:

- Einkommen des Ersch. zu 1 ____
- Einkommen der Ersch. zu 2 ____.

3. Die Vereinbarung zur Zahlung von Trennungsunterhalt ist der Abänderung zugänglich. Die Beteiligten vereinbaren im Falle der Änderung der Einkommens- und Vermögensverhältnisse eine an der getroffenen Vereinbarung orientierte Abänderung. Ergänzend gelten die gesetzlichen Regelungen.

4. Bei der Bestimmung des Trennungsunterhalts ist berücksichtigt, dass die Ersch. zu 2 leistungsunfähig zur Zahlung von Kindesunterhalt ist. Bei der Berechnung des unterhaltsrechtlich relevanten Einkommens des Ersch. zu 1 ist daher der dem Ersch. zu 1 zustehende Kindesunterhalt berücksichtigt.

5. Die Ersch. zu 2 verpflichtet sich für die Dauer der Unterhaltsleistung, die nach § 10 Abs. 1 Nr. 1 EStG erforderliche Zustimmung zum begrenzten Realsplitting zu geben. Der Ersch. zu 1 ist verpflichtet, die Ersch. zu 2 von den ihr entstehenden finanziellen Nachteilen freizustellen.

§ 3 Kindesunterhalt

1. Der Ersch. zu 1 verpflichtet sich, für das Kind K, geb. am ____, zu Händen der Ersch. zu 2 einen monatlichen, bis zum 1. eines jeden Monats im Voraus fälligen Kindesunterhalt in Höhe von ____ % des Mindestbedarfs der jeweils gültigen Düsseldorfer Tabelle gemäß der jeweiligen Altersstufe des Kindes zu bezahlen. Hierauf ist die Hälfte des gesetzlichen Kindergeldes, derzeit 95 EUR, bedarfsdeckend anzurechnen, so dass sich ein derzeitiger monatlicher Unterhaltsbetrag in Höhe von ____ EUR ergibt.

2. Die Festsetzung des Unterhalts erfolgt auf der Grundlage des in § 2 Zif. 2 der Vereinbarung festgestellten anrechenbaren Nettoeinkommens des Ersch. zu 1.

§ 4 Vollstreckungsunterwerfung

Wegen der in § 2 und 3 der Vereinbarung eingegangenen Verpflichtung zur Zahlung von Ehegattenunterhalt und Kindesunterhalt unterwerfe ich, der Ersch. zu 1, mich der

sofortigen Zwangsvollstreckung

aus dieser Urkunde in mein Vermögen.

Die Ersch. zu 2 ist berechtigt, sich jederzeit auf einseitigen Antrag auf Kosten des Ersch. zu 1 eine vollstreckbare Ausfertigung dieser Urkunde erteilen zu lassen, ohne dass es hierzu des Nachweises der Fälligkeit oder sonstiger die Vollstreckung begründender Tatsachen bedarf.

§ 5 Elterliche Sorge

1. Wir haben uns darauf verständigt, dass der Ersch. zu 2 nach Scheidung der Ehe die alleinige elterliche Sorge für unser gemeinsames Kind K und dem Ersch. zu 1 die alleinige elterliche Sorge für unser gemeinsames Kind M zustehen soll

2. Die Erschienenen werden entsprechende gerichtliche Regelungsanträge unterstützen.

3. Die Erschienenen sichern sich jeweils wechselseitig zu, den jeweils anderen Elternteil bei Fragen von erheblicher Bedeutung für das Kindeswohl zu beteiligen, insbesondere nach seinen Vorstellungen zu fragen und diese in angemessener Form zu berücksichtigen, selbst wenn der jeweilige Elternteil nicht sorgeberechtigt ist. Dies betrifft namentlich die folgenden Bereiche:

- Schul- und Berufsausbildung,
- Medizinische Eingriffe, namentlich Operationen sowie
- Reisen der Kinder in das außereuropäische Ausland.

§ 6 Hinweise, Durchführung

Der Notar hat die Erschienenen über die Bedeutung, die rechtliche Tragweite, insbesondere die Rechtsfolgen und die Auswirkungen der Unterhaltsvereinbarung sowie der Ver-

einbarung zur elterlichen Sorge abschließend noch einmal ausführlich belehrt und namentlich auf die Widerruflichkeit der Regelung zur elterlichen Sorge hingewiesen. Beide Erschienenen sind sich der Tragweite der getroffenen Vereinbarungen bewusst und wünschen gleichwohl die Beurkundung der Vereinbarung auch unter Inkaufnahme möglicher zukünftig daraus erwachsener Nachteile.

(ggf. weitere abschließende Hinweise/Durchführung)

(Urkundsausgang, Unterschriften)

▲

3. Übertragung des Aufenthaltsbestimmungsrechts

Das Aufenthaltsbestimmungsrecht steht als Teil der gemeinsamen elterlichen Sorge beiden berechtigten Elternteilen zu. **175**

Dieses Recht betrifft die **Festlegung des Wohnortes** und der Wohnung, aber auch den Aufenthalt bei Dritten, beispielsweise Großeltern, in einem Heim oder Internat.[221]

Von einer – ggf. auch stillschweigenden – **Übereinkunft der Eltern zum Lebensmittelpunkt** des Kindes etwa während des Zusammenlebens der Eltern kann sich ein Elternteil nach Trennung nicht ohne weiteres, es sei denn, ihm ist das Aufenthaltsbestimmungsrecht übertragen worden.

Eine Veränderung des Aufenthalts **gegen den Willen eines berechtigten Elternteils** führt zu einem Rückführungsanspruch gem. § 1632 BGB.[222] Streiten Eltern über den Aufenthalt des Kindes, einigen sich sodann aber vergleichsweise über dessen Verbleib, kann eine Einigung, die den Teilbereich des Aufenthaltsbestimmungsrechts umfasst, wie folgt formuliert werden:

▼ 6.40

Muster 6.40: Übertragung des Aufenthaltsbestimmungsrechts **176**

Verhandelt am

Zu

Vor mir, dem unterzeichnenden Notar im Bezirk des Oberlandesgerichts

erscheinen

1. Herr , geb. am , wohnhaft

2. Frau geb. , geb. am , wohnhaft

221 OLG Frankfurt FamRZ 1996, 1351.

222 OLG Stuttgart FamRZ 1999, 39; Palandt/*Götz*, § 1631 Rn 4.

ausgewiesen durch .

Die Frage des beurkundenden Notars nach einer Vorbefassung im Sinne von § 3 Abs. 1 Nr. 7 BeurkG wurde von den Erschienenen verneint. Der beurkundende Notar erläuterte die vorgenannte Vorschrift.

Die Erschienenen baten den Notar um die Beurkundung einer

Trennungs- und Unterhaltsvereinbarung

und erklärten vorab:

§ 1 Ausgangslage

Wir sind beide von Geburt an deutsche Staatsangehörige und haben am in die Ehe geschlossen. Aus unserer Ehe ist das am geborene, derzeit also 12 Jahre alte Kind K. hervorgegangen. Es behält einvernehmlich seinen Lebensmittelpunkt bei der Kindesmutter. Kinder aus anderen Verbindungen sind nicht vorhanden.

Wir leben seit dem in verschiedenen Wohnungen voneinander getrennt.

Das Scheidungsverfahren ist anhängig unter dem Aktenzeichen bei dem Amtsgericht – Familiengericht – in . Die Zustellung des Scheidungsantrags des Ersch. zu 1 ist am erfolgt.

Weiter ist anhängig der Antrag der Ersch. zu 2 bei dem o.g. Familiengericht unter dem Aktenzeichen auf Übertragung der alleinigen elterlichen Sorge, da wir über den Aufenthalt unseres gemeinsamen Kindes nicht einig waren.

Im Hinblick hierauf vereinbaren wir, was folgt.

§ 2 Ehegattenunterhalt

1. Der Ersch. zu 1 verpflichtet sich, ab an die Ersch. zu 2 für die Zeit der Trennung einen monatlich, jeweils bis zum 1. eines jeden Monats fälligen Trennungsunterhalt in Höhe von EUR zu zahlen.

2. Bei dieser Vereinbarung gehen die Beteiligten von den folgenden Einkommensverhältnissen aus:

- Einkommen des Ersch. zu 1
- Einkommen der Ersch. zu 2 .

3. Die Vereinbarung zur Zahlung von Trennungsunterhalt ist der Abänderung zugänglich. Die Beteiligten vereinbaren im Falle der Änderung der Einkommens- und Vermögensverhältnisse eine an der getroffenen Vereinbarung orientierte Abänderung. Ergänzend gelten die gesetzlichen Regelungen.

4. Die Ersch. zu 2 verpflichtet sich für die Dauer der Unterhaltsleistung, die nach § 10 Abs. 1 Nr. 1 EStG erforderliche Zustimmung zum begrenzten Realsplitting zu geben. Der Ersch. zu 1 ist verpflichtet, die Ersch. zu 2 von den ihr entstehenden finanziellen Nachteilen freizustellen.

§ 3 Kindesunterhalt

1. Der Ersch. zu 1 verpflichtet sich, für das Kind K, geb. am , zu Händen der Ersch. zu 2 einen monatlichen, bis zum 1. eines jeden Monats im Voraus fälligen Kindesunterhalt in Höhe von % des Mindestbedarfs der jeweils gültigen Düsseldorfer Tabelle gemäß der jeweiligen Altersstufe des Kindes zu bezahlen. Hierauf ist die Hälfte des gesetzlichen Kindergeldes, derzeit 95 EUR, bedarfsdeckend anzurechnen, so dass sich ein derzeitiger monatlicher Unterhaltsbetrag in Höhe von EUR ergibt.

2. Die Festsetzung des Unterhalts erfolgt auf der Grundlage des in § 2 Ziff. 2 der Vereinbarung festgestellten anrechenbaren Nettoeinkommens des Ersch. zu 1.

§ 4 Vollstreckungsunterwerfung

Wegen der in § 2 und 3 der Vereinbarung eingegangenen Verpflichtung zur Zahlung von Ehegattenunterhalt und Kindesunterhalt unterwerfe ich, der Ersch. zu 1, mich der

sofortigen Zwangsvollstreckung

aus dieser Urkunde in mein Vermögen.

Die Ersch. zu 2 ist berechtigt, sich jederzeit auf einseitigen Antrag auf Kosten des Ersch. zu 1. eine vollstreckbare Ausfertigung dieser Urkunde erteilen zu lassen, ohne dass es hierzu des Nachweises der Fälligkeit oder sonstiger die Vollstreckung begründender Tatsachen bedarf.

§ 5 Elterliche Sorge, Zuordnung eines Teilbereichs

1. Wir haben uns darauf verständigt, dass es nach Scheidung der Ehe bei der gemeinsamen elterlichen Sorge für unser gemeinsames Kind K verbleiben soll.

2. Der Ersch. zu 2 soll jedoch das Aufenthaltsbestimmungsrecht als Teil der elterlichen Sorge allein zustehen.

3. Der Ersch. zu 1 wird entsprechende Regelungsanträge der Ersch. zu 2 im laufenden Scheidungsverfahren unterstützen und gemeinsam eine Vereinbarung im gerichtlichen Verfahren schließen.

§ 6 Hinweise, Durchführung

Der Notar hat die Erschienenen über die Bedeutung, die rechtliche Tragweite, insbesondere die Rechtsfolgen und die Auswirkungen der Unterhaltsvereinbarung sowie der Vereinbarung zur elterlichen Sorge abschließend noch einmal ausführlich belehrt und namentlich auf die Widerruflichkeit der Regelung zur elterlichen Sorge hingewiesen. Beide Erschienenen sind sich der Tragweite der getroffenen Vereinbarungen bewusst und wünschen gleichwohl die Beurkundung der Vereinbarung auch unter Inkaufnahme möglicher zukünftig daraus erwachsener Nachteile.

(ggf. weitere abschließende Hinweise/Durchführung)

(Urkundsausgang, Unterschriften)

▲

4. Übertragung von Teilbereichen elterlicher Sorge

177 Die Übertragung von Teilbereichen elterlicher Sorge ist vor allem durch Regelung der Beibehaltung der gemeinsamen elterlichen Sorge und der Erteilung von Vollmachten für einzelne Bereiche möglich und auch sinnvoll.

Streiten sich Eltern jedoch – in entsprechenden gerichtlichen Verfahren – über die Frage gemeinsamer elterlicher Sorge, wird geprüft werden müssen, ob insgesamt die elterliche Sorge auf einen der Elternteile zu übertragen ist oder ob es nach dem Grundsatz der Verhältnismäßigkeit nicht naheliegt, lediglich den ggf. einzig betroffenen Bereich zu regeln.

Ebenso wie das Aufenthaltsbestimmungsrecht auf einen der Elternteile übertragen werden kann, ist dies auch mit den weiteren Bereichen elterlicher Sorge möglich.

178 Streiten Eltern beispielsweise über vermögensrechtliche Maßnahmen, ist eine Einigung wie folgt möglich:

6.41

▼

Muster 6.41: Vereinbarung zur Anlage und Verwendung des Kindesvermögens

Verhandelt am

Zu

Vor mir, dem unterzeichnenden Notar im Bezirk des Oberlandesgerichts

erscheinen

1. Herr , geb. am , wohnhaft

2. Frau geb. , geb. am , wohnhaft

ausgewiesen durch .

Die Frage des beurkundenden Notars nach einer Vorbefassung im Sinne von § 3 Abs. 1 Nr. 7 BeurkG wurde von den Erschienenen verneint. Der beurkundende Notar erläuterte die vorgenannte Vorschrift.

Die Erschienenen baten den Notar um die Beurkundung einer

Trennungs- und Unterhaltsvereinbarung

und erklärten vorab:

§ 1 Ausgangslage

Wir sind beide von Geburt an deutsche Staatsangehörige und haben am ___ in ___ die Ehe geschlossen. Aus unserer Ehe ist das am ___ geborene, derzeit also 12 Jahre alte Kind K. hervorgegangen. Es behält einvernehmlich seinen Lebensmittelpunkt bei der Kindesmutter. Kinder aus anderen Verbindungen sind nicht vorhanden.

Wir leben seit dem ___ in verschiedenen Wohnungen voneinander getrennt.

Das Scheidungsverfahren ist anhängig unter dem Aktenzeichen ___ bei dem Amtsgericht – Familiengericht – in ___. Die Zustellung des Scheidungsantrags des Ersch. zu 1 ist am ___ erfolgt.

Weiter ist anhängig der Antrag der Ersch. zu 2 bei dem o.g. Familiengericht unter dem Aktenzeichen ___ auf Übertragung der alleinigen elterlichen Sorge, da wir über Anlage und Verwendung des Kindesvermögens nicht einig waren und unabgesprochene, einseitige Vermögensverfügungen getroffen worden sind.

Im Hinblick hierauf vereinbaren wir, was folgt.

§ 2 Ehegattenunterhalt

1. Der Ersch. zu 1 verpflichtet sich, ab ___ an die Ersch. zu 2 für die Zeit der Trennung einen monatlich, jeweils bis zum 1. eines jeden Monats fälligen Trennungsunterhalt in Höhe von ___ EUR zu zahlen.

2. Bei dieser Vereinbarung gehen die Beteiligten von den folgenden Einkommensverhältnissen aus:

- Einkommen des Ersch. zu 1 ___
- Einkommen der Ersch. zu 2 ___.

3. Die Vereinbarung zur Zahlung von Trennungsunterhalt ist der Abänderung zugänglich. Die Beteiligten vereinbaren im Falle der Änderung der Einkommens- und Vermögensverhältnisse eine an der getroffenen Vereinbarung orientierte Abänderung. Ergänzend gelten die gesetzlichen Regelungen.

4. Die Ersch. zu 2 verpflichtet sich für die Dauer der Unterhaltsleistung, die nach § 10 Abs. 1 Nr. 1 EStG erforderliche Zustimmung zum begrenzten Realsplitting zu geben. Der Ersch. zu 1 ist verpflichtet, die Ersch. zu 2 von den ihr entstehenden finanziellen Nachteilen freizustellen.

§ 3 Kindesunterhalt

1. Der Ersch. zu 1 verpflichtet sich, für das Kind K, geb. am , zu Händen der Ersch. zu 2 einen monatlichen, bis zum 1. eines jeden Monats im Voraus fälligen Kindesunterhalt in Höhe von % des Mindestbedarfs der jeweils gültigen Düsseldorfer Tabelle gemäß der jeweiligen Altersstufe des Kindes zu bezahlen. Hierauf ist die Hälfte des gesetzlichen Kindergeldes, derzeit 95 EUR, bedarfsdeckend anzurechnen, so dass sich ein derzeitiger monatlicher Unterhaltsbetrag in Höhe von EUR ergibt.

2. Die Festsetzung des Unterhalts erfolgt auf der Grundlage des in § 2 Ziff. 2 der Vereinbarung festgestellten anrechenbaren Nettoeinkommens des Ersch. zu 1.

§ 4 Vollstreckungsunterwerfung

Wegen der in § 2 und 3 der Vereinbarung eingegangenen Verpflichtung zur Zahlung von Ehegattenunterhalt und Kindesunterhalt unterwerfe ich, der Ersch. zu 1, mich der

sofortigen Zwangsvollstreckung

aus dieser Urkunde in mein Vermögen.

Die Ersch. zu 2 ist berechtigt, sich jederzeit auf einseitigen Antrag auf Kosten des Ersch. zu 1. eine vollstreckbare Ausfertigung dieser Urkunde erteilen zu lassen, ohne dass es hierzu des Nachweises der Fälligkeit oder sonstiger die Vollstreckung begründender Tatsachen bedarf.

§ 5 Elterliche Sorge, Zuordnung eines Teilbereichs

1. Wir haben uns darauf verständigt, dass es nach Scheidung der Ehe bei der gemeinsamen elterlichen Sorge für unser gemeinsames Kind K verbleiben soll.

2. Der Ersch. zu 2 soll jedoch das Recht zur Anlage und Verwendung des Kindesvermögens als Teil der elterlichen Sorge allein zustehen.

3. Der Ersch. zu 1 wird entsprechende Regelungsanträge der Ersch. zu 2 im laufenden Scheidungsverfahren unterstützen und gemeinsam eine Vereinbarung im gerichtlichen Verfahren schließen.

§ 6 Hinweise, Durchführung

Der Notar hat die Erschienenen über die Bedeutung, die rechtliche Tragweite, insbesondere die Rechtsfolgen und die Auswirkungen der Unterhaltsvereinbarung sowie der Vereinbarung zur elterlichen Sorge abschließend noch einmal ausführlich belehrt und namentlich auf die Widerruflichkeit der Regelung zur elterlichen Sorge hingewiesen. Beide Erschienenen sind sich der Tragweite der getroffenen Vereinbarungen bewusst und wünschen gleichwohl die Beurkundung der Vereinbarung auch unter Inkaufnahme möglicher zukünftig daraus erwachsener Nachteile.

___ (ggf. weitere abschließende Hinweise/Durchführung)

(Urkundsausgang, Unterschriften)

▲

Ebenso ist es möglich, dass mehrere Teilbereiche geregelt und bei den verschiedenen Elternteilen angesiedelt werden. 179

Als Variante kann daher vereinbart werden, dass die Eltern für die angesprochenen **Teilbereiche allein zuständig** sein und Sorgebefugnisse begründen sollen und sich jeweils verpflichten, entsprechende Regelungsanträge abgestimmt bei dem Gericht zu stellen bzw. zu unterstützen.[223]

Auf diese Weise wird grundsätzlich die **gemeinsame elterliche Sorge beibehalten** und jeweils ausgegliederte, alleinige Zuständigkeiten für verschiedene Teile begründet. Möglich ist es aber ebenso, einem der Elternteile die alleinige elterliche Sorge zu übertragen und dem anderen Elternteil in bestimmten Ausschnitten Befugnisse einzuräumen. 180

Dies kann in entsprechenden Fallkonstellationen wie folgt formuliert werden: 181

6.42

▼

Muster 6.42: Vereinbarung elterlicher Sorge mit verschiedenen Teilbereichen

Verhandelt am ___

Zu ___

Vor mir, dem unterzeichnenden Notar im Bezirk des Oberlandesgerichts ___

___

erscheinen

1. Herr ___, geb. am ___, wohnhaft ___

2. Frau ___ geb. ___, geb. am ___, wohnhaft ___

ausgewiesen durch ___.

Die Frage des beurkundenden Notars nach einer Vorbefassung im Sinne von § 3 Abs. 1 Nr. 7 BeurkG wurde von den Erschienenen verneint. Der beurkundende Notar erläuterte die vorgenannte Vorschrift.

Die Erschienenen baten den Notar um die Beurkundung einer

Trennungs- und Unterhaltsvereinbarung

und erklärten vorab:

223 Vgl.BeckFormB FamR/*Finger*, Form. E IV. 3.

§ 1 Ausgangslage

Wir sind beide von Geburt an deutsche Staatsangehörige und haben am ___ in ___ die Ehe geschlossen. Aus unserer Ehe ist das am ___ geborene, derzeit also 12 Jahre alte Kind K. hervorgegangen. Es behält einvernehmlich seinen Lebensmittelpunkt bei der Kindesmutter. Kinder aus anderen Verbindungen sind nicht vorhanden.

Wir leben seit dem ___ in verschiedenen Wohnungen voneinander getrennt.

Das Scheidungsverfahren ist anhängig unter dem Aktenzeichen ___ bei dem Amtsgericht – Familiengericht – in ___. Die Zustellung des Scheidungsantrags des Ersch. zu 1 ist am ___ erfolgt.

Weiter ist anhängig der Antrag der Ersch. zu 2 bei dem o.g. Familiengericht unter dem Aktenzeichen ___. auf Übertragung der alleinigen elterlichen Sorge, da wir über den Aufenthalt des Kindes ebenso wenig einig waren wie über Anlage und Verwendung des Kindesvermögens, da insoweit unabgesprochene, einseitige Vermögensverfügungen getroffen worden sind.

Im Hinblick hierauf vereinbaren wir, was folgt.

§ 2 Ehegattenunterhalt

1. Der Ersch. zu 1 verpflichtet sich, ab ___ an die Ersch. zu 2 für die Zeit der Trennung einen monatlich, jeweils bis zum 1. eines jeden Monats fälligen Trennungsunterhalt in Höhe von ___ EUR zu zahlen.

2. Bei dieser Vereinbarung gehen die Beteiligten von den folgenden Einkommensverhältnissen aus:

- Einkommen des Ersch. zu 1 ___
- Einkommen der Ersch. zu 2 ___.

3. Die Vereinbarung zur Zahlung von Trennungsunterhalt ist der Abänderung zugänglich. Die Beteiligten vereinbaren im Falle der Änderung der Einkommens- und Vermögensverhältnisse eine an der getroffenen Vereinbarung orientierte Abänderung. Ergänzend gelten die gesetzlichen Regelungen.

4. Die Ersch. zu 2 verpflichtet sich für die Dauer der Unterhaltsleistung, die nach § 10 Abs. 1 Nr. 1 EStG erforderliche Zustimmung zum begrenzten Realsplitting zu geben. Der Ersch. zu 1 ist verpflichtet, die Ersch. zu 2 von den ihr entstehenden finanziellen Nachteilen freizustellen.

§ 3 Kindesunterhalt

1. Der Ersch. zu 1 verpflichtet sich, für das Kind K ___, geb. am ___, zu Händen der Ersch. zu 2 einen monatlichen, bis zum 1. eines jeden Monats im Voraus fälligen Kin-

desunterhalt in Höhe von % des Mindestbedarfs der jeweils gültigen Düsseldorfer Tabelle gemäß der jeweiligen Altersstufe des Kindes zu bezahlen. Hierauf ist die Hälfte des gesetzlichen Kindergeldes, derzeit 95 EUR, bedarfsdeckend anzurechnen, so dass sich ein derzeitiger monatlicher Unterhaltsbetrag in Höhe von EUR ergibt.

2. Die Festsetzung des Unterhalts erfolgt auf der Grundlage des in § 2 Ziff. 2 der Vereinbarung festgestellten anrechenbaren Nettoeinkommens des Ersch. zu 1.

§ 4 Vollstreckungsunterwerfung

Wegen der in § 2 und 3 der Vereinbarung eingegangenen Verpflichtung zur Zahlung von Ehegattenunterhalt und Kindesunterhalt unterwerfe ich, der Ersch. zu 1, mich der

sofortigen Zwangsvollstreckung

aus dieser Urkunde in mein Vermögen.

Die Ersch. zu 2 ist berechtigt, sich jederzeit auf einseitigen Antrag auf Kosten des Ersch. zu 1 eine vollstreckbare Ausfertigung dieser Urkunde erteilen zu lassen, ohne dass es hierzu des Nachweises der Fälligkeit oder sonstiger die Vollstreckung begründender Tatsachen bedarf.

§ 5 Elterliche Sorge, Zuordnung von Teilbereichen

1. Wir haben uns darauf verständigt, dass es nach Scheidung der Ehe bei der gemeinsamen elterlichen Sorge für unser gemeinsames Kind K verbleiben soll.

2. Dem Ersch. zu 1 soll jedoch das Recht zur Anlage und Verwendung des Kindesvermögens als Teil der elterlichen Sorge allein zustehen.

3. Der Ersch. zu 2 soll jedoch das Aufenthaltsbestimmungsrecht als Teil der elterlichen Sorge allein zustehen.

4. Die Erschienenen werden entsprechende Regelungsanträge im laufenden Scheidungsverfahren wechselseitig unterstützen und gemeinsam eine Vereinbarung im gerichtlichen Verfahren schließen.

§ 6 Hinweise, Durchführung

Der Notar hat die Erschienenen über die Bedeutung, die rechtliche Tragweite, insbesondere die Rechtsfolgen und die Auswirkungen der Unterhaltsvereinbarung sowie der Vereinbarung zur elterlichen Sorge abschließend noch einmal ausführlich belehrt und namentlich auf die Widerruflichkeit der Regelung zur elterlichen Sorge hingewiesen. Beide Erschienenen sind sich der Tragweite der getroffenen Vereinbarungen bewusst und wünschen gleichwohl die Beurkundung der Vereinbarung auch unter Inkaufnahme möglicher zukünftig daraus erwachsener Nachteile.

(ggf. weitere abschließende Hinweise/Durchführung)

(Urkundsausgang, Unterschriften)

▲

5. Übertragung der alleinigen elterlichen Sorge mit Ausgliederung eines Teilbereichs

182 Möglich ist es aber ebenso, einem der Elternteile die **alleinige elterliche Sorge** zu übertragen und dem **anderen Elternteil in bestimmten Ausschnitten** Befugnisse einzuräumen.

a) Gesonderte Regelung des Aufenthaltsbestimmungsrechts

183 Gerade hinsichtlich des **Aufenthaltsbestimmungsrechts** kann es **Widerstände** desjenigen Elternteils geben, der es grundsätzlich als sinnvoll ansehen würde und deshalb bereit wäre, die elterliche Sorge allein auf den anderen Elternteil zu übertragen.

Derjenige, der sodann nicht Inhaber der elterlichen Sorge ist, wird mindestens subjektiv befürchten, dass der andere Elternteil beispielsweise in eine entfernt liegende Stadt zieht und damit das **Umgangsrecht** zwischen Kind und anderem Elternteil zumindest **erheblich erschwert**.[224]

184 Dies wird – verstärkt – namentlich bei Fällen **gemischt nationaler Herkunft** der Fall sein können, wenn die – objektiv vielleicht unbegründete – Gefahr besteht, dass der andere Elternteil mit dem Kind in sein ursprüngliches Heimatland zurückzieht.[225]

Es kann deshalb in entsprechend gelagerten Fällen sinnvoll sein, grundsätzlich die elterliche Sorge auf einen der Elternteile zu verlagern, gleichzeitig aber das **Aufenthaltsbestimmungsrecht bei beiden Eltern** anzusiedeln, damit einer sonst durchaus möglichen Auswanderung oder einem Fortzug des Ehepartners gemeinsam mit dem Kind begegnet wird.[226]

185 Dies könnte im Rahmen einer Vereinbarung wie folgt formuliert werden:

6.43

▼

Muster 6.43: Vereinbarung alleiniger elterlicher Sorge mit gemeinsamem Aufenthaltsbestimmungsrecht

Verhandelt am

Zu

Vor mir, dem unterzeichnenden Notar im Bezirk des Oberlandesgerichts

224 Vgl. dazu OLG OLG Hamm FF 2011, 416; OLG Köln NJW-RR 2011, 149.
225 OLG Zweibrücken NJW-RR 2004, 1588.
226 *Finger*, FamRZ 2009, 134.

erscheinen

1. Herr , geb. am , wohnhaft

2. Frau , geb. , geb. am , wohnhaft

ausgewiesen durch .

Die Frage des beurkundenden Notars nach einer Vorbefassung im Sinne von § 3 Abs. 1 Nr. 7 BeurkG wurde von den Erschienenen verneint. Der beurkundende Notar erläuterte die vorgenannte Vorschrift.

Die Erschienenen baten den Notar um die Beurkundung einer

Trennungs- und Unterhaltsvereinbarung

und erklärten vorab:

§ 1 Ausgangslage

Wir sind beide deutsche Staatsangehörige und haben am in die Ehe geschlossen.

Ich, die Ersch. zu 2, bin ägyptischer Abstammung.

Aus unserer Ehe ist das am geborene, derzeit also 6 Jahre alte Kind K. hervorgegangen. Es behält einvernehmlich seinen Lebensmittelpunkt bei der Kindesmutter. Kinder aus anderen Verbindungen sind nicht vorhanden.

Wir leben seit dem in verschiedenen Wohnungen voneinander getrennt.

Das Scheidungsverfahren ist anhängig unter dem Aktenzeichen bei dem Amtsgericht – Familiengericht – in . Die Zustellung des Scheidungsantrags des Ersch. zu 1 ist am erfolgt.

§ 2 Ehegattenunterhalt

1. Der Ersch. zu 1 verpflichtet sich, ab an die Ersch. zu 2 für die Zeit der Trennung einen monatlich, jeweils bis zum 1. eines jeden Monats fälligen Trennungsunterhalt in Höhe von EUR zu zahlen.

2. Bei dieser Vereinbarung gehen die Beteiligten von den folgenden Einkommensverhältnissen aus:

- Einkommen des Ersch. zu 1
- Einkommen der Ersch. zu 2 .

3. Die Vereinbarung zur Zahlung von Trennungsunterhalt ist der Abänderung zugänglich. Die Beteiligten vereinbaren im Falle der Änderung der Einkommens- und Vermögensverhältnisse eine an der getroffenen Vereinbarung orientierte Abänderung. Ergänzend gelten die gesetzlichen Regelungen.

4. Die Ersch. zu 2 verpflichtet sich für die Dauer der Unterhaltsleistung, die nach § 10 Abs. 1 Nr. 1 EStG erforderliche Zustimmung zum begrenzten Realsplitting zu geben. Der Ersch. zu 1 ist verpflichtet, die Ersch. zu 2 von den ihr entstehenden finanziellen Nachteilen freizustellen.

§ 3 Kindesunterhalt

1. Der Ersch. zu 1 verpflichtet sich, für das Kind K, geb. am , zu Händen der Ersch. zu 2 einen monatlichen, bis zum 1. eines jeden Monats im Voraus fälligen Kindesunterhalt in Höhe von % des Mindestbedarfs der jeweils gültigen Düsseldorfer Tabelle gemäß der jeweiligen Altersstufe des Kindes zu bezahlen. Hierauf ist die Hälfte des gesetzlichen Kindergeldes, derzeit 95 EUR, bedarfsdeckend anzurechnen, so dass sich ein derzeitiger monatlicher Unterhaltsbetrag in Höhe von EUR ergibt.

2. Die Festsetzung des Unterhalts erfolgt auf der Grundlage des in § 2 Ziff. 2 der Vereinbarung festgestellten anrechenbaren Nettoeinkommens des Ersch. zu 1.

§ 4 Vollstreckungsunterwerfung

Wegen der in § 2 und 3 der Vereinbarung eingegangenen Verpflichtung zur Zahlung von Ehegattenunterhalt und Kindesunterhalt unterwerfe ich, der Ersch. zu 1, mich der

sofortigen Zwangsvollstreckung

aus dieser Urkunde in mein Vermögen.

Die Ersch. zu 2 ist berechtigt, sich jederzeit auf einseitigen Antrag auf Kosten des Ersch. zu 1 eine vollstreckbare Ausfertigung dieser Urkunde erteilen zu lassen, ohne dass es hierzu des Nachweises der Fälligkeit oder sonstiger die Vollstreckung begründender Tatsachen bedarf.

§ 5 Elterliche Sorge

1. Wir haben uns darauf verständigt, dass der Ersch. zu 2 nach Scheidung der Ehe die alleinige elterliche Sorge für unser gemeinsames Kind K zustehen soll, da der Ersch. zu 1 durch seinen Beruf als Montageleiter eines international tätigen Bauunternehmens überwiegend ortsabwesend ist.

2. Die elterliche Sorge soll sich auf alle Angelegenheiten beziehen, nicht jedoch auf das Aufenthaltsbestimmungsrecht als Teil der elterlichen Sorge. Das Aufenthaltsbestimmungsrecht für unser Kind K soll weiterhin beiden Elternteilen gemeinsam zustehen.

3. Die Erschienenen werden entsprechende Regelungsanträge im laufenden Scheidungsverfahren wechselseitig unterstützen.

§ 6 Hinweise, Durchführung

Der Notar hat die Erschienenen über die Bedeutung, die rechtliche Tragweite, insbesondere die Rechtsfolgen und die Auswirkungen der Unterhaltsvereinbarung sowie der Ver-

einbarung zur elterlichen Sorge abschließend noch einmal ausführlich belehrt und namentlich auf die Widerruflichkeit der Regelung zur elterlichen Sorge hingewiesen. Beide Erschienenen sind sich der Tragweite der getroffenen Vereinbarungen bewusst und wünschen gleichwohl die Beurkundung der Vereinbarung auch unter Inkaufnahme möglicher zukünftig daraus erwachsener Nachteile.

(ggf. weitere abschließende Hinweise/Durchführung)

(Urkundsausgang, Unterschriften)

▲

Als Variante ist es natürlich auch möglich, das **Aufenthaltsbestimmungsrecht für das Kind ausschließlich dem Vater** zuzuordnen. 186

Dies würde wie folgt zu formulieren sein:

6.44

▼

Muster 6.44: Vereinbarung alleiniger elterlicher Sorge unter Ausgliederung des Aufenthaltsbestimmungsrechts

Verhandelt am

Zu

Vor mir, dem unterzeichnenden Notar im Bezirk des Oberlandesgerichts

erscheinen

1. Herr , geb. am , wohnhaft

2. Frau , geb. , geb. am , wohnhaft

ausgewiesen durch .

Die Frage des beurkundenden Notars nach einer Vorbefassung im Sinne von § 3 Abs. 1 Nr. 7 BeurkG wurde von den Erschienenen verneint. Der beurkundende Notar erläuterte die vorgenannte Vorschrift.

Die Erschienenen baten den Notar um die Beurkundung einer

Trennungs- und Unterhaltsvereinbarung

und erklärten vorab:

§ 1 Ausgangslage

Wir sind beide deutsche Staatsangehörige und haben am in die Ehe geschlossen.

Ich, die Ersch. zu 2, bin ägyptischer Abstammung.

Aus unserer Ehe ist das am geborene, derzeit also 6 Jahre alte Kind K. hervorgegangen. Es behält einvernehmlich seinen Lebensmittelpunkt bei der Kindesmutter. Kinder aus anderen Verbindungen sind nicht vorhanden.

Wir leben seit dem in verschiedenen Wohnungen voneinander getrennt.

Das Scheidungsverfahren ist anhängig unter dem Aktenzeichen bei dem Amtsgericht – Familiengericht – in . Die Zustellung des Scheidungsantrags des Ersch. zu 1 ist am erfolgt.

§ 2 Ehegattenunterhalt

1. Der Ersch. zu 1 verpflichtet sich, ab an die Ersch. zu 2 für die Zeit der Trennung einen monatlich, jeweils bis zum 1. eines jeden Monats fälligen Trennungsunterhalt in Höhe von EUR zu zahlen.

2. Bei dieser Vereinbarung gehen die Beteiligten von den folgenden Einkommensverhältnissen aus:

- Einkommen des Ersch. zu 1
- Einkommen der Ersch. zu 2 .

3. Die Vereinbarung zur Zahlung von Trennungsunterhalt ist der Abänderung zugänglich. Die Beteiligten vereinbaren im Falle der Änderung der Einkommens- und Vermögensverhältnisse eine an der getroffenen Vereinbarung orientierte Abänderung. Ergänzend gelten die gesetzlichen Regelungen.

4. Die Ersch. zu 2 verpflichtet sich für die Dauer der Unterhaltsleistung, die nach § 10 Abs. 1 Nr. 1 EStG erforderliche Zustimmung zum begrenzten Realsplitting zu geben. Der Ersch. zu 1 ist verpflichtet, die Ersch. zu 2 von den ihr entstehenden finanziellen Nachteilen freizustellen.

§ 3 Kindesunterhalt

1. Der Ersch. zu 1 verpflichtet sich, für das Kind K, geb. am , zu Händen der Ersch. zu 2 einen monatlichen, bis zum 1. eines jeden Monats im Voraus fälligen Kindesunterhalt in Höhe von % des Mindestbedarfs der jeweils gültigen Düsseldorfer Tabelle gemäß der jeweiligen Altersstufe des Kindes zu bezahlen. Hierauf ist die Hälfte des gesetzlichen Kindergeldes, derzeit 95 EUR, bedarfsdeckend anzurechnen, so dass sich ein derzeitiger monatlicher Unterhaltsbetrag in Höhe von EUR ergibt.

2. Die Festsetzung des Unterhalts erfolgt auf der Grundlage des in § 2 Zif. 2 der Vereinbarung festgestellten anrechenbaren Nettoeinkommens des Ersch. zu 1.

§ 4 Vollstreckungsunterwerfung

Wegen der in § 2 und 3 der Vereinbarung eingegangenen Verpflichtung zur Zahlung von Ehegattenunterhalt und Kindesunterhalt unterwerfe ich, der Ersch. zu 1, mich der

sofortigen Zwangsvollstreckung

aus dieser Urkunde in mein Vermögen.

Die Ersch. zu 2 ist berechtigt, sich jederzeit auf einseitigen Antrag auf Kosten des Ersch. zu 1 eine vollstreckbare Ausfertigung dieser Urkunde erteilen zu lassen, ohne dass es hierzu des Nachweises der Fälligkeit oder sonstiger die Vollstreckung begründender Tatsachen bedarf.

§ 5 Elterliche Sorge

1. Wir haben uns darauf verständigt, dass der Ersch. zu 2 nach Scheidung der Ehe die alleinige elterliche Sorge für unser gemeinsames Kind K zustehen soll, da der Ersch. zu 1 durch seinen Beruf als Montageleiter eines international tätigen Bauunternehmens überwiegend ortsabwesend ist.

2. Die elterliche Sorge soll sich auf alle Angelegenheiten beziehen, nicht jedoch auf das Aufenthaltsbestimmungsrecht als Teil der elterlichen Sorge. Das Aufenthaltsbestimmungsrecht für unser Kind K soll ausschließlich dem Ersch. zu 1 zustehen.

3. Die Erschienenen werden entsprechende Regelungsanträge im laufenden Scheidungsverfahren wechselseitig unterstützen.

§ 6 Hinweise, Durchführung

Der Notar hat die Erschienenen über die Bedeutung, die rechtliche Tragweite, insbesondere die Rechtsfolgen und die Auswirkungen der Unterhaltsvereinbarung sowie der Vereinbarung zur elterlichen Sorge abschließend noch einmal ausführlich belehrt und namentlich auf die Widerruflichkeit der Regelung zur elterlichen Sorge hingewiesen. Beide Erschienenen sind sich der Tragweite der getroffenen Vereinbarungen bewusst und wünschen gleichwohl die Beurkundung der Vereinbarung auch unter Inkaufnahme möglicher zukünftig daraus erwachsener Nachteile.

(ggf. weitere abschließende Hinweise/Durchführung)

(Urkundsausgang, Unterschriften)

▲

b) Gesonderte Regelung eines Teilbereichs

Es wird Fallkonstellationen geben, in denen die Eltern grundsätzlich darüber einig sind, die **alleinige elterliche Sorge auf einen Elternteil** zu übertragen. Gleichzeitig könnten solche Eltern aber auch erwägen, einen bestimmten Teilbereich doch bei dem anderen Elternteil anzusiedeln. 187

Ebenso, wie Gründe dafür sprechen können, das Aufenthaltsbestimmungsrecht entweder als gemeinsame Verantwortung oder als alleinige Verantwortung des anderen Elternteils anzusehen, können Gründe auch für eine **entsprechende Regelung in anderen Bereichen** vorhanden sein.

So wird die Ausübung der elterlichen Sorge nicht unbedingt dann erschwert, wenn – der ggf. ortsabwesende – andere Elternteil an der Vermögenssorge, also der **Anlage und Verwendung des Kindesvermögens** beteiligt ist.

In geeigneten Fällen kann die **Beibehaltung der gemeinsamen Vermögenssorge** wie folgt formuliert werden:

6.45 ▼

188 **Muster 6.45: Vereinbarung alleiniger elterlicher Sorge mit Beibehaltung gemeinsamer Vermögenssorge**

Verhandelt am

Zu

Vor mir, dem unterzeichnenden Notar im Bezirk des Oberlandesgerichts

erscheinen

1. Herr A, geb. am , wohnhaft

2. Frau A, geb. , geb. am , wohnhaft

ausgewiesen durch .

Die Frage des beurkundenden Notars nach einer Vorbefassung im Sinne von § 3 Abs. 1 Nr. 7 BeurkG wurde von den Erschienenen verneint. Der beurkundende Notar erläuterte die vorgenannte Vorschrift.

Die Erschienenen baten den Notar um die Beurkundung einer

Trennungs- und Unterhaltsvereinbarung

und erklärten vorab:

§ 1 Ausgangslage

Wir sind beide von Geburt an deutsche Staatsangehörige und haben am in die Ehe geschlossen.

Aus unserer Ehe ist das am geborene, derzeit also 6 Jahre alte Kind K. hervorgegangen. Es behält einvernehmlich seinen Lebensmittelpunkt bei der Kindesmutter. Kinder aus anderen Verbindungen sind nicht vorhanden.

Wir leben seit dem in verschiedenen Wohnungen voneinander getrennt.

Das Scheidungsverfahren ist anhängig unter dem Aktenzeichen bei dem Amtsgericht – Familiengericht – in . Die Zustellung des Scheidungsantrags des Ersch. zu 1 ist am erfolgt.

§ 2 Ehegattenunterhalt

1. Der Ersch. zu 1 verpflichtet sich, ab an die Ersch. zu 2 für die Zeit der Trennung einen monatlich, jeweils bis zum 1. eines jeden Monats fälligen Trennungsunterhalt in Höhe von EUR zu zahlen.

2. Bei dieser Vereinbarung gehen die Beteiligten von den folgenden Einkommensverhältnissen aus:

- Einkommen des Ersch. zu 1
- Einkommen der Ersch. zu 2 .

3. Die Vereinbarung zur Zahlung von Trennungsunterhalt ist der Abänderung zugänglich. Die Beteiligten vereinbaren im Falle der Änderung der Einkommens- und Vermögensverhältnisse eine an der getroffenen Vereinbarung orientierte Abänderung. Ergänzend gelten die gesetzlichen Regelungen.

4. Die Ersch. zu 2 verpflichtet sich für die Dauer der Unterhaltsleistung, die nach § 10 Abs. 1 Nr. 1 EStG erforderliche Zustimmung zum begrenzten Realsplitting zu geben. Der Ersch. zu 1 ist verpflichtet, die Ersch. zu 2 von den ihr entstehenden finanziellen Nachteilen freizustellen.

§ 3 Kindesunterhalt

1. Der Ersch. zu 1 verpflichtet sich, für das Kind K, geb. am , zu Händen der Ersch. zu 2 einen monatlichen, bis zum 1. eines jeden Monats im Voraus fälligen Kindesunterhalt in Höhe von % des Mindestbedarfs der jeweils gültigen Düsseldorfer Tabelle gemäß der jeweiligen Altersstufe des Kindes zu bezahlen. Hierauf ist die Hälfte des gesetzlichen Kindergeldes, derzeit 95 EUR, bedarfsdeckend anzurechnen, so dass sich ein derzeitiger monatlicher Unterhaltsbetrag in Höhe von EUR ergibt.

2. Die Festsetzung des Unterhalts erfolgt auf der Grundlage des in § 2 Zif. 2 der Vereinbarung festgestellten anrechenbaren Nettoeinkommens des Ersch. zu 1.

§ 4 Vollstreckungsunterwerfung

Wegen der in § 2 und 3 der Vereinbarung eingegangenen Verpflichtung zur Zahlung von Ehegattenunterhalt und Kindesunterhalt unterwerfe ich, der Ersch. zu 1, mich der

sofortigen Zwangsvollstreckung

aus dieser Urkunde in mein Vermögen.

Die Ersch. zu 2 ist berechtigt, sich jederzeit auf einseitigen Antrag auf Kosten des Ersch. zu 1 eine vollstreckbare Ausfertigung dieser Urkunde erteilen zu lassen, ohne dass es hierzu des Nachweises der Fälligkeit oder sonstiger die Vollstreckung begründender Tatsachen bedarf.

§ 5 Elterliche Sorge

1. Wir haben uns darauf verständigt, dass der Ersch. zu 2 nach Scheidung der Ehe die alleinige elterliche Sorge für unser gemeinsames Kind K zustehen soll, da der Ersch. zu 1 durch seinen Beruf als Montageleiter eines international tätigen Bauunternehmens überwiegend ortsabwesend ist.

2. Die elterliche Sorge soll sich auf alle Angelegenheiten beziehen, nicht jedoch auf die Vermögenssorge, also die Sorge für die Anlage und Verwendung des Kindesvermögens als Teil der elterlichen Sorge. Das Recht der Vermögenssorge für unser Kind K soll weiterhin beiden Elternteilen gemeinsam zustehen.

3. Die Erschienenen werden entsprechende Regelungsanträge im laufenden Scheidungsverfahren wechselseitig unterstützen.

§ 6 Hinweise, Durchführung

Der Notar hat die Erschienenen über die Bedeutung, die rechtliche Tragweite, insbesondere die Rechtsfolgen und die Auswirkungen der Unterhaltsvereinbarung sowie der Vereinbarung zur elterlichen Sorge abschließend noch einmal ausführlich belehrt und namentlich auf die Widerruflichkeit der Regelung zur elterlichen Sorge hingewiesen. Beide Erschienenen sind sich der Tragweite der getroffenen Vereinbarungen bewusst und wünschen gleichwohl die Beurkundung der Vereinbarung auch unter Inkaufnahme möglicher zukünftig daraus erwachsener Nachteile.

(ggf. weitere abschließende Hinweise/Durchführung)

(Urkundsausgang, Unterschriften)

▲

189 **Alternativ** ist auch die Übertragung der alleinigen elterlichen Sorge mit **Ausgliederung** eines Teils, hier der Vermögenssorge, möglich, die dann bei dem anderen Elternteil angesiedelt wird.

190 Dies kann wie folgt formuliert werden:

6.46

▼

Muster 6.46: Vereinbarung alleiniger elterlicher Sorge unter Ausgliederung der Vermögenssorge

Verhandelt am

Zu

Vor mir, dem unterzeichnenden Notar im Bezirk des Oberlandesgerichts

…

erscheinen

1. Herr A, geb. am …, wohnhaft …

2. Frau A, geb. …, geb. am …, wohnhaft …

ausgewiesen durch ….

Die Frage des beurkundenden Notars nach einer Vorbefassung im Sinne von § 3 Abs. 1 Nr. 7 BeurkG wurde von den Erschienenen verneint. Der beurkundende Notar erläuterte die vorgenannte Vorschrift.

Die Erschienenen baten den Notar um die Beurkundung einer

Trennungs- und Unterhaltsvereinbarung

und erklärten vorab:

§ 1 Ausgangslage

Wir sind beide von Geburt an deutsche Staatsangehörige und haben am … in … die Ehe geschlossen.

Aus unserer Ehe ist das am … geborene, derzeit also 6 Jahre alte Kind K. hervorgegangen. Es behält einvernehmlich seinen Lebensmittelpunkt bei der Kindesmutter. Kinder aus anderen Verbindungen sind nicht vorhanden.

Der Ersch. zu 1 ist von Beruf Bauingenieur und selbstständiger Bauunternehmer.

Die Ersch. zu 2 ist von Beruf Grundschullehrerin.

Wir leben seit dem … in verschiedenen Wohnungen voneinander getrennt.

Der Ersch. zu 1 ist einerseits beruflich häufig ortsabwesend, so dass unser Kind K ganz überwiegend ausschließlich von der Ersch. zu 2 versorgt und betreut wird. Andererseits betreut der Ersch. zu 1 aufgrund seiner beruflichen Qualifikation von Anfang an die Anlage und die Verwendung des Kindesvermögens.

Das Scheidungsverfahren ist anhängig unter dem Aktenzeichen … bei dem Amtsgericht – Familiengericht – in …. Die Zustellung des Scheidungsantrags des Ersch. zu 1 ist am … erfolgt.

Im Hinblick hierauf vereinbaren wir, was folgt.

§ 2 Ehegattenunterhalt

1. Der Ersch. zu 1 verpflichtet sich, ab ____ an die Ersch. zu 2 für die Zeit der Trennung einen monatlich, jeweils bis zum 1. eines jeden Monats fälligen Trennungsunterhalt in Höhe von ____ EUR zu zahlen.

2. Bei dieser Vereinbarung gehen die Beteiligten von den folgenden Einkommensverhältnissen aus:

- Einkommen des Ersch. zu 1 ____
- Einkommen der Ersch. zu 2 ____.

3. Die Vereinbarung zur Zahlung von Trennungsunterhalt ist der Abänderung zugänglich. Die Beteiligten vereinbaren im Falle der Änderung der Einkommens- und Vermögensverhältnisse eine an der getroffenen Vereinbarung orientierte Abänderung. Ergänzend gelten die gesetzlichen Regelungen.

4. Die Ersch. zu 2 verpflichtet sich für die Dauer der Unterhaltsleistung, die nach § 10 Abs. 1 Nr. 1 EStG erforderliche Zustimmung zum begrenzten Realsplitting zu geben. Der Ersch. zu 1 ist verpflichtet, die Ersch. zu 2 von den ihr entstehenden finanziellen Nachteilen freizustellen.

§ 3 Kindesunterhalt

1. Der Ersch. zu 1 verpflichtet sich, für das Kind K, geb. am ____, zu Händen der Ersch. zu 2 einen monatlichen, bis zum 1. eines jeden Monats im Voraus fälligen Kindesunterhalt in Höhe von ____ % des Mindestbedarfs der jeweils gültigen Düsseldorfer Tabelle gemäß der jeweiligen Altersstufe des Kindes zu bezahlen. Hierauf ist die Hälfte des gesetzlichen Kindergeldes, derzeit 95 EUR, bedarfsdeckend anzurechnen, so dass sich ein derzeitiger monatlicher Unterhaltsbetrag in Höhe von ____ EUR ergibt.

2. Die Festsetzung des Unterhalts erfolgt auf der Grundlage des in § 2 Ziff. 2 der Vereinbarung festgestellten anrechenbaren Nettoeinkommens des Ersch. zu 1.

§ 4 Vollstreckungsunterwerfung

Wegen der in § 2 und 3 der Vereinbarung eingegangenen Verpflichtung zur Zahlung von Ehegattenunterhalt und Kindesunterhalt unterwerfe ich, der Ersch. zu 1, mich der

sofortigen Zwangsvollstreckung

aus dieser Urkunde in mein Vermögen.

Die Ersch. zu 2 ist berechtigt, sich jederzeit auf einseitigen Antrag auf Kosten des Ersch. zu 1 eine vollstreckbare Ausfertigung dieser Urkunde erteilen zu lassen, ohne dass es hierzu des Nachweises der Fälligkeit oder sonstiger die Vollstreckung begründender Tatsachen bedarf.

§ 5 Elterliche Sorge

1. Wir haben uns darauf verständigt, dass der Ersch. zu 2 nach Scheidung der Ehe die alleinige elterliche Sorge für unser gemeinsames Kind K zustehen soll, da der Ersch. zu 1 durch seinen Beruf als Bauingenieur und Mitgeschäftsführer eines international tätigen Bauunternehmens überwiegend ortsabwesend ist.

2. Die elterliche Sorge soll sich auf alle Angelegenheiten beziehen, nicht jedoch auf die Vermögenssorge, also die Sorge für die Anlage und Verwendung des Kindesvermögens als Teil der elterlichen Sorge. Das Recht der Vermögenssorge für unser Kind soll ausschließlich dem Ersch. zu 1 zustehen.

3. Die Erschienenen werden entsprechende Regelungsanträge im laufenden Scheidungsverfahren wechselseitig unterstützen.

§ 6 Hinweise, Durchführung

Der Notar hat die Erschienenen über die Bedeutung, die rechtliche Tragweite, insbesondere die Rechtsfolgen und die Auswirkungen der Unterhaltsvereinbarung sowie der Vereinbarung zur elterlichen Sorge abschließend noch einmal ausführlich belehrt und namentlich auf die Widerruflichkeit der Regelung zur elterlichen Sorge hingewiesen. Beide Erschienenen sind sich der Tragweite der getroffenen Vereinbarungen bewusst und wünschen gleichwohl die Beurkundung der Vereinbarung auch unter Inkaufnahme möglicher zukünftig daraus erwachsener Nachteile.

(ggf. weitere abschließende Hinweise/Durchführung)

(Urkundsausgang, Unterschriften)

▲

6. Verlagerung des Bestimmungsrechts auf das Kind

Ein Kind, welches das **14. Lebensjahr vollendet** hat, ist **verfahrensfähig** in solchen Verfahren, die seine Person betreffen. 191

Davon sind **Verfahren zur elterlichen Sorge** nach § 1671 BGB umfasst. Dem Kind steht ein **Widerspruchsrecht** nach § 1671 Abs. 2 Nr. 1 BGB zu.[227]

In denjenigen Verfahren, in denen das mindestens 14 Jahre alte Kind beteiligt ist oder beteiligt sein will, bedarf es für Verfahrenshandlungen deshalb keines gesetzlichen Vertreters.

Das Kind kann also **selbst Vergleiche schließen** und beispielsweise auch einem **Rechtsanwalt** Verfahrensvollmacht erteilen.[228]

227 Horndasch/Viefhues/*Reinken,* § 9 Rn 10; Musielak/*Borth,* § 9 Rn 2.

228 *Völker/Clausius,* § 1 Rn 422; Horndasch/Viefhues/*Reinken,* § 9 Rn 12; Keidel/*Zimmenmann,* § 9 Rn 16.

In der Sache selbst kann der Wille des Kindes eine entscheidende Rolle bei der Frage elterlicher Sorge spielen.[229] Etwa ab Erreichen des 12. Lebensjahres wird der **Entscheidung des Kindes eine wesentliche Bedeutung** zugemessen.[230] Dies ist berechtigter Ausdruck der verfassungsrechtlich zu beachtenden Selbstbestimmung des Kindes.[231]

192 Das **Bundesverfassungsgericht** hat allerdings noch 2001 die Auffassung vertreten, dass dann, wenn das Kind jünger als 14 Jahre ist, der Wille nicht „geprägt sein darf durch (eine) momentane oder manipulierte – möglicherweise durch Geschenke beeinflusste – Einstellung.[232]

Gerade bei **jüngeren Kindern** jedoch wird jeweils zu prüfen sein, ob offene und unbeeinflusste Angaben gemacht werden (können).[233] Je jünger Kinder sind, desto mehr wächst die Gefahr, dass ihre Haltung fremdbestimmt ist.[234]

Ist das Kind jedoch in seiner persönlichen Entwicklung so weit, hinsichtlich der elterlichen Sorge seinen eigenen Wunsch und Willen formen und für sich kritisch überprüfen zu können, mag es Streitfälle geben, in denen die Eltern es letztlich im laufenden gerichtlichen Verfahren dem **Willen des Kindes überlassen**, wie verfahren werden soll.

193 Die kann im Rahmen einer Vereinbarung wie folgt formuliert werden:

6.47

▼

Muster 6.47: Vereinbarung der Bestimmung elterlicher Sorge durch das Kind

Verhandelt am

Zu

Vor mir, dem unterzeichnenden Notar im Bezirk des Oberlandesgerichts

229 BVerfG FamRZ 2009, 1389.

230 *Horndasch*, Verbundverfahren, Rn 255; Staudinger/*Coester,* § 1671 Rn 242 m.w.N.

231 Staudinger/*Coester*, § 1671 Rn 241 ff.; *Schwab*, FamRZ 1998, 457, 465; OLG Zweibrücken FamRZ 2001, 176: erst ab dem14. Lj.

232 BVerfG FamRZ 2001, 1057; zur Beachtlichkeit eines von einem 10-jährigen geäußerten Willens vgl. BGH FamRZ 1990, 392; einer 13-jährigen KG FamRZ 2005, 1768 (Übertragung der Alleinsorge auf die Mutter; Kind lehnte jeden Kontakt zum Vater ab); OLG Hamm FamRZ 2005, 746 (für Wechsel in den Haushalt der Kindesmutter; Wille muss beachtet werden, auch wenn er häufiger wechselte); OLG Brandenburg v. 1.10.2009 – 9 UF 21/09, juris: dem begründeten Willen eines 14-jährigen kommt ausschlaggebende Bedeutung zu; OLG Brandenburg v. 1.10.2009 – 9 UF 71/09, juris: der deutlich geäußerte Wille eines 5-jährigen wird berücksichtigt; aber vgl. auch OLG Brandenburg FamRZ 2010, 1923: Der geäußerte Wille des fast 15-jährigen Sohnes ist unbeachtlich, weil er die mütterliche Haltung ausdrückt.

233 Zu pathologischem Verhalten eines Elternteils vgl. AG Daun FamRZ 2008, 1879.

234 OLG Braunschweig FamRZ 2001, 1637 (zwei 9 und 13 Jahre alte Kinder hatten sich schriftlich von der Mutter losgesagt);vgl. auch FamG St. Goar FamRZ 2001, 1722 f., 1723.

erscheinen

1. Herr ____, geb. am ____, wohnhaft ____

2. Frau ____ geb. ____, geb. am ____, wohnhaft ____

ausgewiesen durch ____.

Die Frage des beurkundenden Notars nach einer Vorbefassung im Sinne von § 3 Abs. 1 Nr. 7 BeurkG wurde von den Erschienenen verneint. Der beurkundende Notar erläuterte die vorgenannte Vorschrift.

Die Erschienenen baten den Notar um die Beurkundung einer

Trennungs- und Unterhaltsvereinbarung

und erklärten vorab:

§ 1 Ausgangslage

Wir sind beide von Geburt an deutsche Staatsangehörige und haben am ____ in ____ die Ehe geschlossen. Aus unserer Ehe ist das am ____ geborene, derzeit also 14 Jahre alte Kind K. hervorgegangen. Es behält einvernehmlich seinen Lebensmittelpunkt bei der Kindesmutter. Kinder aus anderen Verbindungen sind nicht vorhanden.

Wir leben seit dem ____ in verschiedenen Wohnungen voneinander getrennt.

Das Scheidungsverfahren ist anhängig unter dem Aktenzeichen ____ bei dem Amtsgericht – Familiengericht – in ____. Die Zustellung des Scheidungsantrags des Ersch. zu 1 ist am ____ erfolgt.

Weiter ist anhängig der Antrag der Ersch. zu 2 bei dem o.g. Familiengericht unter dem Aktenzeichen ____ auf Übertragung der alleinigen elterlichen Sorge, da wir uns über die Beibehaltung der gemeinsamen elterlichen Sorge wegen bestehender unterschiedlicher Auffassungen in verschiedenen Bereichen nicht einig sind.

Im Hinblick hierauf vereinbaren wir, was folgt.

§ 2 Ehegattenunterhalt

1. Der Ersch. zu 1 verpflichtet sich, ab ____ an die Ersch. zu 2 für die Zeit der Trennung einen monatlich, jeweils bis zum 1. eines jeden Monats fälligen Trennungsunterhalt in Höhe von ____ EUR zu zahlen.

2. Bei dieser Vereinbarung gehen die Beteiligten von den folgenden Einkommensverhältnissen aus:

- Einkommen des Ersch. zu 1 ____
- Einkommen der Ersch. zu 2 ____.

3. Die Vereinbarung zur Zahlung von Trennungsunterhalt ist der Abänderung zugänglich. Die Beteiligten vereinbaren im Falle der Änderung der Einkommens- und Vermögensverhältnisse eine an der getroffenen Vereinbarung orientierte Abänderung. Ergänzend gelten die gesetzlichen Regelungen.

4. Die Ersch. zu 2 verpflichtet sich für die Dauer der Unterhaltsleistung, die nach § 10 Abs. 1 Nr. 1 EStG erforderliche Zustimmung zum begrenzten Realsplitting zu geben. Der Ersch. zu 1 ist verpflichtet, die Ersch. zu 2 von den ihr entstehenden finanziellen Nachteilen freizustellen.

§ 3 Kindesunterhalt

1. Der Ersch. zu 1 verpflichtet sich, für das Kind K, geb. am ___, zu Händen der Ersch. zu 2 einen monatlichen, bis zum 1. eines jeden Monats im Voraus fälligen Kindesunterhalt in Höhe von ___ % des Mindestbedarfs der jeweils gültigen Düsseldorfer Tabelle gemäß der jeweiligen Altersstufe des Kindes zu bezahlen. Hierauf ist die Hälfte des gesetzlichen Kindergeldes, derzeit 95 EUR, bedarfsdeckend anzurechnen, so dass sich ein derzeitiger monatlicher Unterhaltsbetrag in Höhe von ___ EUR ergibt.

2. Die Festsetzung des Unterhalts erfolgt auf der Grundlage des in § 2 Ziff. 2 der Vereinbarung festgestellten anrechenbaren Nettoeinkommens des Ersch. zu 1.

§ 4 Vollstreckungsunterwerfung

Wegen der in § 2 und 3 der Vereinbarung eingegangenen Verpflichtung zur Zahlung von Ehegattenunterhalt und Kindesunterhalt unterwerfe ich, der Ersch. zu 1, mich der

sofortigen Zwangsvollstreckung

aus dieser Urkunde in mein Vermögen.

Die Ersch. zu 2 ist berechtigt, sich jederzeit auf einseitigen Antrag auf Kosten des Ersch. zu 1 eine vollstreckbare Ausfertigung dieser Urkunde erteilen zu lassen, ohne dass es hierzu des Nachweises der Fälligkeit oder sonstiger die Vollstreckung begründender Tatsachen bedarf.

§ 5 Elterliche Sorge

1. Wir haben uns darauf verständigt, die Frage der Beibehaltung der gemeinsamen elterlichen Sorge oder alternativ die Übertragung der elterlichen Sorge auf die Ersch. zu 2 von unserem Kind entschieden werden soll.

2. Da wir jeweils unterschiedlicher Auffassung über die insoweit bestehende Auffassung unseres Kindes sind, werden wir das Ergebnis der für den ___ anberaumten Anhörung unseres Kindes vor dem Amtsgereicht – Familiengericht in ___ akzeptieren.

3. Der Ersch. zu 1 wird sodann entweder eine entsprechende Zustimmungserklärung zur Übertragung der elterlichen Sorge auf die Ersch. zu 2 abgeben oder aber die Ersch. zu 2 wird den Antrag auf Übertragung der alleinigen elterlichen Sorge zurücknehmen.

§ 6 Hinweise, Durchführung

Der Notar hat die Erschienenen über die Bedeutung, die rechtliche Tragweite, insbesondere die Rechtsfolgen und die Auswirkungen der Unterhaltsvereinbarung sowie der Vereinbarung zur elterlichen Sorge abschließend noch einmal ausführlich belehrt und namentlich auf die Widerruflichkeit der Regelung zur elterlichen Sorge hingewiesen. Beide Erschienenen sind sich der Tragweite der getroffenen Vereinbarungen bewusst und wünschen gleichwohl die Beurkundung der Vereinbarung auch unter Inkaufnahme möglicher zukünftig daraus erwachsener Nachteile.

(ggf. weitere abschließende Hinweise/Durchführung)

(Urkundsausgang, Unterschriften)

▲

D. Von der alleinigen zur gemeinsamen elterlichen Sorge

I. Gemeinsame elterliche Sorge als gesetzliche Folge

1. Die Folgen vor- oder nachgeburtlicher Eheschließung

a) Grundsätze

Die gemeinsame Sorge wächst den Eltern **aufgrund vor- oder nachgeburtlicher Eheschließung** gemeinsam zu (§ 1626a Abs. 1 Nr. 2 BGB).[235] Eine gemäß § 1626a BGB bestehende Alleinsorge der Mutter verwandelt sich von Gesetzes wegen in einer gemeinsame Sorge der Eltern.[236] Gleiches gilt für eine gemäß § 1672 BGB dem Vater übertragene Alleinsorge.[237] 194

Voraussetzung ist allerdings, dass **Mutterschaft und Vaterschaft feststehen**. Ohne Vaterschaftsfeststellung ändert sich an der Alleinsorge der Mutter auch durch Heirat der biologischen Eltern zunächst nichts. Wird die Vaterschaft später festgestellt, wirkt sie auf den Zeitpunkt der Eheschließung zurück.

War jedoch der Mutter zu diesem Zeitpunkt bereits die Personen- oder Vermögenssorge **nach § 1666 BGB teilweise entzogen**, so wächst die elterliche Sorge dem Vater nur in dem Umfang zu, wie sie der Mutter selbst zustand.[238] Das Familiengericht kann jedoch

235 OLG Düsseldorf FamRZ 2010, 385.
236 Johannsen/Henrich/*Jaeger*, § 1626a Rn 8.
237 Staudinger/*Coester*, § 1626a Rn 19.
238 BGH FamRZ 2005, 1469; FamRZ 2010, 1242.

dem Vater die elterliche Sorge gem. **§§ 1696, 1680 Abs. 3 i.V.m. Abs. 2 S. 2 BGB** in vollem Umfang übertragen, wenn dies **dem Wohle des Kindes entspricht**.[239]

Entsprechendes gilt, wenn der Mutter vor Eheschließung das Sorgerecht gem. § 1666 BGB vollständig entzogen war.[240]

§ 1626b Abs. 3 BGB gilt im Falle der Heirat nicht, weshalb der Vater das gemeinsame Sorgerecht auch dann erlangt, wenn es zuvor gem. § 1671 BGB der Mutter übertragen worden war.[241]

195 *Praxistipp*

Zu einer für das Verfahren beantragten **Verfahrenskostenhilfe**: Nach Auffassung des **OLG Celle** handelt es sich in diesem Bereich nicht um eine „schwierige Rechtsfrage“ i.S.d. § 114 ZPO.[242]

b) Vereinbarung gemeinsamer elterlicher Sorge

196 Grundsätzlich ist im Falle bevorstehender oder bereits erfolgter Eheschließung nicht erforderlich, Vereinbarungen betreffend die elterliche Sorge für vorehelich geborene gemeinsame Kinder zu schließen.

Ist jedoch einem Elternteil die elterliche Sorge zum Teil entzogen gewesen, kann die Aufnahme dieses Problems in eine sonstige Vereinbarung sinnvoll sein.

197 Dies könnte in entsprechenden Fällen wie folgt formuliert werden:

6.48

▼

Muster 6.48: Vereinbarung gemeinsamer elterlicher Sorge bei Teilentzug

Verhandelt am

Zu

Vor mir, dem unterzeichnenden Notar im Bezirk des Oberlandesgerichts

erscheinen

1. Herr Claus A, geb. am , wohnhaft

2. Frau Birgitta B, geb. am , wohnhaft ebenda

ausgewiesen durch .

239 BGH FamRZ 2005, 1469, 1470; OLG Nürnberg, FamRZ 2000, 1035.

240 BGH FamRZ 2005, 1469, 1470; OLG Nürnberg, FamRZ 2000, 1035; Staudinger/*Coester*, § 1626a Rn 26.

241 OLG Düsseldorf FamRZ 2010, 385; PWW/*Ziegler*, § 1626a Rn 4.

242 OLG Celle, 15.8.2014 – 10 WF 42/14 -, juris.

Die Frage des beurkundenden Notars nach einer Vorbefassung im Sinne von § 3 Abs. 1 Nr. 7 BeurkG wurde von den Erschienenen verneint. Der beurkundende Notar erläuterte die vorgenannte Vorschrift.

Die Erschienenen baten den Notar um die Beurkundung eines

Ehevertrages

und erklärten vorab:

§ 1 Ausgangslage

Wir, die Erschienenen zu 1 und 2, sind miteinander verlobt und wollen am die Ehe miteinander schließen.

Der Ersch. zu 1 ist von Beruf Bankkaufmann,

die Ersch. zu 2 ist von Beruf Hotelfachfrau.

Aus unserer Verbindung ist das nunmehr 4 Jahre alte Kind K hervorgegangen. Eine Sorgeerklärung ist nicht erfolgt.

Mir, der Ersch. zu 2, ist durch Beschluss des Amtsgerichts – Familiengericht – in vom die Vermögenssorge für unser Kind entzogen worden.

Durch unsere Eheschließung erlangt der Ersch. zu 1 die elterliche Sorge lediglich im Umfang der elterlichen Sorge der Ersch. zu 2.

Im Hinblick hierauf vereinbaren wir für unsere Ehe, was folgt.

§ 2 Elterliche Sorge

1. Wir, die Erschienenen, werden bei dem Amtsgericht – Familiengericht in darum ersuchen, dem Ersch. zu 1 das vollständige Sorgerecht zu übertragen, da der Ersch. zu 1 durch seinen Beruf in der Lage ist, die Vermögenssorge für unser Kind zu übernehmen.

2. Die Ersch. zu 2 wird entsprechende Regelungsanträge des Ersch. zu 1 unterstützen.

§ 3 Güterstand

Als Güterstand für unsere Ehe soll die Gütertrennung nach Maßgabe des Bürgerlichen Gesetzbuches gelten. Uns ist bekannt, dass durch die Vereinbarung der Gütertrennung

- keine Haftungsbeschränkung gegenüber Gläubigern eintritt,
- jeder Ehegatte über sein Vermögen frei verfügen kann,
- beim Tode eines von uns beiden das Erb- und Pflichtteilsrecht des Überlebenden am Nachlass des Zuerst versterbenden sich vermindern und das Erb- und Pflichtteilsrecht der Kinder oder sonstiger Abkömmlinge sich erhöhen kann,

- bei Auflösung der Ehe kein Zugewinnausgleich stattfindet,
- die Privilegierung des § 5 ErbStG keine Anwendung findet.

Die Gütertrennung soll derzeit nicht in das Güterrechtsregister eingetragen werden. Jeder von uns beiden ist jedoch berechtigt, den Eintragungsantrag jetzt oder künftig alleine zu stellen.

Nach Belehrung durch den Notar verzichten wir auf die Erstellung eines Vermögensverzeichnisses.

§ 4 Hinweise, Durchführung

Der Notar hat die Erschienenen über die Bedeutung, die rechtliche Tragweite, insbesondere die Rechtsfolgen und die Auswirkungen der Vereinbarung zur elterlichen Sorge sowie zur Gütertrennung abschließend noch einmal ausführlich belehrt. Beide Erschienenen sind sich der Tragweite der getroffenen Vereinbarungen bewusst und wünschen gleichwohl die Beurkundung der Vereinbarung auch unter Inkaufnahme möglicher zukünftig daraus erwachsener Nachteile.

(ggf. weitere abschließende Hinweise/Durchführung)

(Urkundsausgang, Unterschriften)

▲

2. Die gesetzlichen Folgen der Insemination

a) Grundsätze

aa) Die Ersatzmutterschaft

198 Mutter eines Kindes ist die Frau, die es geboren hat, § 1591 BGB.

Diese Regelung, eingeführt durch das **Kindschaftsrechtsreformgesetz mit Wirkung zum 1.7.1998**, war notwendig geworden durch die Fortschritte der Fortpflanzungsmedizin, insbesondere angesichts von **Ei- bzw. Embryonenspenden**, die zu einem Auseinanderfallen der genetischen und der gebärenden Mutter führen können.

Eine **Anfechtungsmöglichkeit** für den Fall, dass die gebärende Frau nicht die genetische Mutter ist, **sieht das Gesetz nicht vor.** Mit dieser relativ rigiden Regelung wollte der Gesetzgeber den Fällen der **sog. Ersatzmutterschaft** (auch zivilrechtlich) begegnen.[243]

199 **Zur Erläuterung**: Gemäß § 13a AdVermiG[244] ist eine **Ersatzmutter** eine Frau, die aufgrund einer **Vereinbarung** bereit ist, sich entweder **(1)** einer künstlichen oder natürlichen

243 Kritisch MüKom/*Seidel*, § 1591 Rn 19 ff.; Staudinger/*Rauscher*, § 1591 Rn 9 ff.
244 BGBl 2001, 2950.

Befruchtung zu unterziehen oder **(2)** einen nicht von ihr stammenden Embryo auf sich übertragen zu lassen oder sonst auszutragen.[245]

Für beide Alternativen muss die Ersatzmutter jeweils bereit sein, das Kind nach der Geburt Dritten zur Annahme als Kind oder zur sonstigen Aufnahme auf Dauer zu überlassen.[246]

Während die **erste Alternative** (die künstliche oder natürliche Befruchtung einer Eizelle der Ersatzmutter selbst) hinsichtlich der Mutterschaft keine besonderen Probleme aufweist (genetische Mutter und gebärende Mutter sind identisch), führt die **zweite Alternative** (fremder Embryo wird auf Ersatzmutter übertragen) zu einem Auseinanderfallen der genetischen und der gebärenden Mutter.[247]

Im Übrigen ergeben sich auch abstammungsrechtliche Fragen bei einer **Eispende**, bei der die Eizelle einer fremden Frau zumeist extrakorporal befruchtet wird und der Wunschmutter eingesetzt wird.[248]

> *Hinweis* 200
>
> Die **Ersatzmutter*vermittlung*** ist strafbar gem. §§ 13c, 14b AdVermiG.

Derjenige, der an einer Ersatzmutterschaft oder an einer Eispende mitwirkt, in der Regel 201
also der Arzt, macht sich nach Maßgabe des **§ 1 EschG**[249] **strafbar**.

Die **Wunschmutter und die Ersatzmutter** selbst sind hingegen **nicht strafbar**, § 1 Abs. 3 EschG.[250]

> *Praxistipp* 202
>
> Ist nicht auszuschließen, dass Wunsch- und Ersatzmutter entsprechende Handlungen im **Ausland** vornehmen lassen. Allerdings sind die **rechtsgeschäftlichen Vereinbarungen zwischen Ersatzmutter und Wunschmutter sittenwidrig**, § 138 Abs. 1 BGB.[251]

Der genetischen (Wunsch)Mutter bleibt in Fällen der Ersatzmutterschaft zur Begründung 203
eines Verwandtschaftsverhältnisses nur die Möglichkeit, **das Kind zu adoptieren**.[252]

245 Zum Begriff des Embryos vgl. § 8 Abs. 1 EschG: „Als Embryo im Sinne des Gesetzes gilt bereits die befruchtete, entwicklungsfähige menschliche Eizelle vom Zeitpunkt der Kernverschmelzung an, ferner jede einem Embryo entnommene totipotente Zelle, die sich bei Vorliegen der dafür erforderlichen weiteren Voraussetzungen zu teilen und zu einem Individuum zu entwickeln vermag."

246 Staudinger/*Rauscher*, § 1591 Rn 3; Dauner-Lieb/Gutzeit/*Klebeck*, vor § 1591 Rn 9.

247 Vgl. dazu AmtsG Konstanz FamRZ 2016, 248.

248 Zur insoweit nicht einheitlichen Terminologie vgl. *Schlegel*, FuR 1996, 116.

249 Gesetz zum Schutz von Embryonen (Embryonenschutzgesetz – EschG); Vollzitat: „Embryonenschutzgesetz vom 13.12.1990 (BGBl I, 2746), das durch Artikel 22 des Gesetzes vom 23.10.2001 (BGBl I, 2702) geändert worden ist".

250 Zur Strafbarkeit vgl. *Coester-Waltjen*, FamRZ 1992, 369.

251 Palandt/*Götz*, vor § 1591 Rn 20; Dauner-Lieb/Gutzeit/*Klebeck*, vor § 1591 Rn 10; *Coester-Waltjen*, FamRZ 1992, 371.

252 Vgl. aber § 1741 I 2 BGB.

Betreffend die Mutterschaft scheitert ein **Statusverfahren** nach § 640 Abs. 2 Nr. 1 ZPO zur Feststellung der genetischen Abstammung daran, dass es nach der klaren Regelung des § 1591 BGB insoweit nicht um die Feststellung eines Eltern-Kind-Verhältnisses ginge.[253]

Steht demgegenüber nicht die genetische Abstammung, sondern die **Geburt als solche im Streit**, so kann die Mutterschaft grundsätzlich im **Verfahren betr. Abstammungssachen gem. § 169 Nr. 1 FamFG** geklärt werden.[254] Angesprochen sind etwa die Fälle der Kindesverwechslung,[255] der Kindesunterschiebung oder des Kindesraubs.[256] Allerdings ist hier vor allem im Falle der im Nachhinein entdeckten Verwechslung auch ein **personenstandsrechtliches Berichtigungsverfahren** möglich, § 47 PStG.

bb) Homologe und heterologe Insemination

204 Als Insemination bezeichnet man die **künstliche Samenübertragung**. Bei **homologer Insemination** stammt der **Spendersamen vom Partner**. Zum Teil wird dabei unterschieden zwischen **Eheleuten und Lebenspartnern**. Bei Letzteren wird die Samenspende auch als **„quasi homologe Insemination“** bezeichnet.[257]

Die Unterscheidung macht wenig Sinn, handelt es sich doch um den gleichen Vorgang mit dem einzigen **Unterschied**, dass im letzteren Fall die künftigen Eltern nicht miteinander verheiratet sind.

205 Die **Rechtsfolge** ist allerdings **unterschiedlich**: Im Falle homologer Insemination sind die Eheleute kraft Gesetzes Beide Träger elterlicher Sorge. Sind die Beteiligten nicht miteinander verheiratet, ist zunächst allein die Kindesmutter sorgeberechtigt. Die gemeinsame elterliche Sorge kann dann durch Vaterschaftsanerkennung erfolgen, der die Kindesmutter zustimmen muss und sodann durch die Vereinbarung – oder gerichtliche Herbeiführung – gemeinsamer elterlicher Sorge nach § 1626a BGB.

In beiden Fällen sind die **Rechte** des Kindes (z.B. Unterhalt) und die **Ansprüche** (z.B. Erbansprüche) **gleich**, da das Kind biologisch vom Vater stammt.

206 Bei der **heterologen Insemination** stammt der Spendersamen von einem Dritten, also gerade nicht vom Ehemann oder Partner. Diese Lösung wird von Paaren in solchen Fällen gewählt, in denen der Samen des Partners nicht in der Lage ist, zu einer Befruchtung der Eizelle der Frau zu führen.

Sind die Partner einer heterologen Insemination miteinander verheiratet, ist die **Anfechtung der Vaterschaft** durch den Mann oder die Mutter **ausgeschlossen,** wenn das Kind

253 Staudinger/*Rauscher,* § 1591 Rn 17.
254 Dauner-Lieb/Gutzeit/*Klebeck,* § 1591 Rn 3; Horndasch/Viefhues/*Horndasch,* § 169 Rn 3.
255 OLG Bremen FamRZ 1995, 1291.
256 Vgl. Erman/*Holzhauer,* § 1591 Rn 5.
257 So *Bredthauer,* in: Scholz/Kleffmann/Motzer T 141.

mit Einwilligung des Mannes und der Mutter durch künstliche Befruchtung mittels Samenspende eines Dritten gezeugt worden ist.

Verboten ist die heterologe Insemination nicht. Lediglich ist gem. § 1 Abs. 1. Ziff. 7 des Gesetzes zum Schutz von Embryonen vom 30.12.1990[258] verboten, bei einer Frau, welche bereit ist, ihr Kind nach der Geburt Dritten auf Dauer zu überlassen (Ersatzmutter), eine **künstliche Befruchtung durchzuführen** oder auf sie einen **menschlichen Embryo zu übertragen**.

Auch der **56. Deutsche Juristentag** hat die **Durchführung einer heterologen Insemination für zulässig** erachtet, wenn das Einverständnis in notarieller Beurkundung erfolgt.[259] 207
Und im Übrigen zeigt auch die Vorschrift des **§ 1600 Abs. 5 BGB** die Zulässigkeit der heterologen Insemination. Danach ist in solchen Fällen lediglich die Anfechtung der Vaterschaft durch den Mann oder die Mutter ausgeschlossen, wenn das Kind mit Einwilligung des Mannes und der Mutter durch künstliche Befruchtung mittels Samenspender eines Dritten gezeugt wurde.

Da das von einer Ehefrau geborene Kind nach dem Gesetz grundsätzlich als ehelich gilt, bestehen auch die **Unterhaltspflichten des Ehemannes**. Diese jedenfalls **vertraglich übernommene Unterhaltspflicht** des Ehemannes endet anders als die gesetzliche Unterhaltspflicht nicht, wenn in einem Statusverfahren die Nichtehelichkeit des Kindes rechtskräftig festgestellt worden ist.[260]

Die **Zustimmung** des Ehemannes oder Partners zur heterologen Insemination ist bis zur **Durchführung der Insemination** im Übrigen frei widerruflich.[261]

Wird im Übrigen der **Samenspender als Vater festgestellt**, schuldet er dem Kind Unterhalt. Dem kann er nur im Innenverhältnis durch entsprechende **Vereinbarung einer Freistellung**, die er mit den Wunscheltern schließen muss, entgegenwirken. Möglich wäre allerdings auch eine Freistellungserklärung im Innenverhältnis als Vereinbarung mit dem Arzt selbst. Der Arzt selbst wird jedoch selten eine solche Kostenübernahme akzeptieren. 208

In Fällen **heterologer Insemination** ist die **notarielle Beurkundung erforderlich**.[262] Dies ist erforderlich, weil die Rechtsprechung an dem Nachweis der Belehrungen über die Rechtsfolgen einer Insemination hohe Anforderungen stellt. Durch **privatschriftliche Vereinbarungen** wird das ebenso **wenig gesichert** wie etwa durch Beglaubigung der Unterschrift durch den Notar.

Es ist daher nicht lediglich eine notarielle Beglaubigung erforderlich, sondern notarielle Beurkundung mit entsprechender Belehrung des Notars.

258 BGBl 1990 I 2746.
259 NJW 1986, 3069.
260 BGH DNotZ 1996, 778 f.
261 BGH FamRZ 1995, 861.
262 So auch der Vorschlag des 56. Deutschen Juristentags, NJW 1986, 3069.

b) Vereinbarungen zur heterologen Insemination

209 Die Vereinbarung einer heterologen Insemination führt bei nicht miteinander verheirateten Partnern nicht zu gemeinsamer elterlicher Sorge. Dort entstehen – aufgrund vertraglicher Vereinbarung – Unterhaltsansprüche und sonstige, übernommene Verantwortlichkeiten.

210 Eine solche Vereinbarung wird wie folgt zu formulieren sein:

6.49

▼

Muster 6.49: Vereinbarung heterologer Insemination unverheirateter Partner

Verhandelt am

Zu

Vor mir, dem unterzeichnenden Notar im Bezirk des Oberlandesgerichts

erscheinen

1. Herr A, geb. am , wohnhaft
2. Frau B, geb. am , wohnhaft ebenda

ausgewiesen durch .

Die Frage des beurkundenden Notars nach einer Vorbefassung im Sinne von § 3 Abs. 1 Nr. 7 BeurkG wurde von den Erschienenen verneint. Der beurkundende Notar erläuterte die vorgenannte Vorschrift.

Die Erschienenen baten den Notar um die Beurkundung einer

Vereinbarung über eine heterologe Insemination

und erklärten vorab:

§ 1 Ausgangslage

Wir sind beide von Geburt an deutsche Staatsangehörige und leben seit (vor 5 Jahren) in nichtehelicher Lebensgemeinschaft zusammen. Aus unserer Verbindung sind Kinder nicht hervorgegangen, da ich, der Ersch. zu 1, zeugungsunfähig bin, wie fachärztlich festgestellt wurde.

Wir planen die Durchführung einer heterologen Insemination.

Im Hinblick auf diese Ausgangssituation vereinbaren die Beteiligten was folgt.

§ 2 Einwilligung zur Insemination

1. Ich, der Ersch. zu 1, willige in eine heterologe Insemination, also einer künstlichen Befruchtung der Ersch. zu 2 mit Hilfe von Fremdsperma, ein und werde nach meinen Mög-

lichkeiten daran mitwirken, dass es durch die künstliche Befruchtung zu einer Schwangerschaft der Ersch. zu 2 kommt.

2. Den Erschienen ist bekannt, dass die Einwilligung des Ersch. zu 1 bis zur Durchführung der zur Schwangerschaft führenden künstlichen Befruchtung frei widerruflich ist. Im Anschluss ist eine einseitige Loslösung von den damit übernommenen Verpflichtungen nicht mehr möglich.

§ 3 Übernahme der Elternschaft

Der Ersch. zu 1 erklärt seine Bereitschaft zur Übernahme der Elternschaft ausdrücklich. Er verpflichtet sich zur Übernahme der Verantwortung gegenüber dem Kind und der Ersch. zu 2 sowohl in persönlicher als auch in unterhaltsrechtlicher Hinsicht und wird hierfür wie ein rechtlicher Vater einstehen.

§ 4 Kindesunterhalt

Für den Fall, dass die heterologe Insemination erfolgreich sein wird, vereinbaren wir für den Fall der Geburt des Kindes bereits vorab:

1. Der Ersch. zu 1 verpflichtet sich, für das derzeit noch nicht geborene Kind der Ersch. zu 2 einen monatlichen, monatlich im Voraus bis zum 1. eines jeden Monats fälligen Kindesunterhalt in Höhe von % des Mindestbedarfs der jeweils gültigen Düsseldorfer Tabelle gemäß der jeweiligen Altersstufe des Kindes zu bezahlen. Hierauf ist die Hälfte des gesetzlichen Kindergeldes, derzeit 95 EUR bedarfsdeckend anzurechnen, so dass sich ein monatlicher Unterhaltsbetrag in Höhe von EUR ergibt.

2. Die Festsetzung des Unterhalts erfolgt auf der Grundlage eines anrechenbaren Nettoeinkommens des Ersch. zu 1 in Höhe von derzeit .

3. Der Ersch. zu 1 verpflichtet sich, den Samenspender von Unterhaltsansprüchen freizuhalten.

§ 5 Vollstreckungsunterwerfung

Wegen der in § 3 der Vereinbarung eingegangenen Verpflichtung zur Zahlung von Kindesunterhalt unterwerfe ich, der Ersch. zu 1, mich der

sofortigen Zwangsvollstreckung

aus dieser Urkunde in mein Vermögen.

Die Ersch. zu 2 ist berechtigt, sich jederzeit auf einseitigen Antrag auf Kosten des Ersch. zu 1 eine vollstreckbare Ausfertigung dieser Urkunde erteilen zu lassen, ohne dass es hierzu des Nachweises der Fälligkeit oder sonstiger die Vollstreckung begründender Tatsachen bedarf.

§ 6 Hinweise, Durchführung

Der Notar hat die Erschienenen über die Bedeutung, die rechtliche Tragweite, insbesondere die Rechtsfolgen und die Auswirkungen der Vereinbarung zur heterologen Insemination, den sich daraus ergebenden rechtlichen Folgen und Verpflichtungen insbesondere aus vertraglicher, unterhaltsrechtlicher Vereinbarung abschließend noch einmal ausführlich belehrt. Beide Erschienenen sind sich der Tragweite der getroffenen Vereinbarungen bewusst und wünschen gleichwohl die Beurkundung der Vereinbarung auch unter Inkaufnahme möglicher zukünftig daraus erwachsener Nachteile.

(ggf. weitere abschließende Hinweise/Durchführung)

(Urkundsausgang, Unterschriften)

▲

Anders ist die Situation bei miteinander verheirateten Wunscheltern.

Das während bestehender Ehe geborene Kind gilt als eheliches Kind, der Ehemann gilt als Vater, § 1592 Nr. 1 BGB.

Eine Vereinbarung der Eheleute im Hinblick auf Unterhaltspflichten etc. könnte – notariell – wie folgt formuliert werden:

6.50

▼

211 **Muster 6.50: Vereinbarung heterologer Insemination von Eheleuten**

Verhandelt am

Zu

Vor mir, dem unterzeichnenden Notar im Bezirk des Oberlandesgerichts

erscheinen

1. Herr A, geb. am , wohnhaft

2. Frau A, geb. , geb. am , wohnhaft ebenda

ausgewiesen durch .

Die Frage des beurkundenden Notars nach einer Vorbefassung im Sinne von § 3 Abs. 1 Nr. 7 BeurkG wurde von den Erschienenen verneint. Der beurkundende Notar erläuterte die vorgenannte Vorschrift.

Die Erschienenen baten den Notar um die Beurkundung einer

Vereinbarung über eine heterologe Insemination

und erklärten vorab:

§ 1 Ausgangslage

Wir sind beide von Geburt an deutsche Staatsangehörige und sind seit dem (vor 5 Jahren) miteinander verheiratete Eheleute. Aus unserer Ehe sind Kinder nicht hervorgegangen, da ich, der Ersch. zu 1, zeugungsunfähig bin, wie fachärztlich festgestellt wurde.

Wir planen die Durchführung einer heterologen Insemination.

Im Hinblick auf diese Ausgangssituation vereinbaren die Beteiligten was folgt.

§ 2 Einwilligung zur Insemination

1. Ich, der Ersch. zu 1, willige in eine heterologe Insemination, also einer künstlichen Befruchtung der Ersch. zu 2 mit Hilfe von Fremdsperma, ein und werde nach meinen Möglichkeiten daran mitwirken, dass es durch die künstliche Befruchtung zu einer Schwangerschaft der Ersch. zu 2 kommt.

2. Den Erschienen ist bekannt, dass die Einwilligung des Ersch. zu 1 bis zur Durchführung der zur Schwangerschaft führenden künstlichen Befruchtung frei widerruflich ist. Im Anschluss ist eine einseitige Loslösung von den damit übernommenen Verpflichtungen nicht mehr möglich.

§ 3 Kindesunterhalt

Für den Fall, dass die heterologe Insemination erfolgreich sein wird, vereinbaren wir für den Fall der Geburt des Kindes bereits vorab:

1. Der Ersch. zu 1 verpflichtet sich, für das derzeit noch nicht geborene Kind der Ersch. zu 2 einen monatlichen, monatlich im Voraus bis zum 1. eines jeden Monats fälligen Kindesunterhalt in Höhe von % des Mindestbedarfs der jeweils gültigen Düsseldorfer Tabelle gemäß der jeweiligen Altersstufe des Kindes zu bezahlen. Hierauf ist die Hälfte des gesetzlichen Kindergeldes, derzeit 95 EUR bedarfsdeckend anzurechnen, so dass sich ein monatlicher Unterhaltsbetrag in Höhe von EUR ergibt.

2. Die Festsetzung des Unterhalts erfolgt auf der Grundlage eines anrechenbaren Nettoeinkommens des Ersch. zu 1 in Höhe von derzeit

3. Der Ersch. zu 1 verpflichtet sich, den Samenspender von Unterhaltsansprüchen freizuhalten.

§ 4 Vollstreckungsunterwerfung

Wegen der in § 3 der Vereinbarung eingegangenen Verpflichtung zur Zahlung von Kindesunterhalt unterwerfe ich, der Ersch. zu 1, mich der

sofortigen Zwangsvollstreckung

aus dieser Urkunde in mein Vermögen.

Die Ersch. zu 2 ist berechtigt, sich jederzeit auf einseitigen Antrag auf Kosten des Ersch. zu 1. eine vollstreckbare Ausfertigung dieser Urkunde erteilen zu lassen, ohne dass es hierzu des Nachweises der Fälligkeit oder sonstiger die Vollstreckung begründender Tatsachen bedarf.

§ 5 Hinweise, Durchführung

Der Notar hat die Erschienenen über die Bedeutung, die rechtliche Tragweite, insbesondere die Rechtsfolgen und die Auswirkungen der Vereinbarung zur heterologen Insemination, den sich daraus ergebenden rechtlichen Folgen und Verpflichtungen insbesondere aus vertraglicher, unterhaltsrechtlicher Vereinbarung abschließend noch einmal ausführlich belehrt und über erbrechtliche Konsequenzen aufgeklärt. Beide Erschienenen sind sich der Tragweite der getroffenen Vereinbarungen bewusst und wünschen gleichwohl die Beurkundung der Vereinbarung auch unter Inkaufnahme möglicher zukünftig daraus erwachsener Nachteile.

(ggf. weitere abschließende Hinweise/Durchführung)

(Urkundsausgang, Unterschriften)

▲

II. Gemeinsame elterliche Sorge durch freiwillige Vereinbarung

1. Grundsätze zur Sorgeerklärung, § 1626a Abs. 1 Nr. 1 BGB

212 Sind die Eltern bei der Geburt des Kindes nicht miteinander verheiratet, so können sie durch **Sorgeerklärung** die gemeinsame elterliche Sorge herbeiführen (§ 1626a Abs. 1 Nr. 1 BGB).[263]

Die übereinstimmende Sorgeerklärung hat **unmittelbar rechtsgestaltende Wirkung** ohne präventive staatliche Kontrolle.

Solange der andere Elternteil seine Sorgeerklärung **noch nicht wirksam** abgegeben hat, kann die entsprechende – erste – Sorgeerklärung vom jeweiligen Elternteil **widerrufen** werden, allerdings in derselben Form, die für eine Sorgeerklärung selbst erforderlich ist.[264]

263 Text einer notariellen Urkunde vgl. auch: *Bredthauer,* in: Scholz/Kleffmann/Motzer, Teil T Rn 95.
264 BGH FamRZ 2004, 802, 803.

Die Sorgeerklärung kann **weder** unter **Bedingungen** noch **befristet** abgegeben werden, § 1626b Abs. 1 BGB.

Es handelt sich um **höchstpersönliche Willenserklärungen** der Eltern, § 1626c Abs. 1 BGB, die der öffentlichen Beurkundung bedürfen, § 1626d abs. 1 BGB.

Zuständig hierfür sind **Notare gem. § 20 Abs. 1 BNotO** sowie **Jugendämter gem. § 59 Abs. 1 Nr. 8 SGB VIII.**

Praxistipp 213

Die notarielle Beurkundung kann auch gemäß § 127a BGB durch Vergleich zu gerichtlichem Protokoll ersetzt werden. Wegen der nicht unerheblichen notariellen Gebühren nach §§ 36 KostO müssen Beteiligte im Übrigen in der anwaltlichen Beratung auf die kostenfreie Beurkundung bei dem Jugendamt hingewiesen werden, falls die gerichtliche Protokollierung nicht in Betracht kommt.

Die Abgabe einer gerichtlich protokollierten, formwirksamen Sorgeerklärung setzt nicht 214 voraus, dass die elterliche Sorge Gegenstand des gerichtlichen Verfahrens ist. Ausreichend ist, dass „der Vergleichsgegenstand nur **mittelbar mit dem Verfahrensgegenstand in Verbindung** steht".[265]

Demnach können Sorgeerklärungen der Eltern z.B. auch in Umgangsrechtsverfahren, Auskunftsverfahren gemäß § 1686 BGB, Herausgabeverfahren gemäß § 1632 BGB und in Verfahren gemäß § 1666 BGB wirksam zu gerichtlichem Protokoll abgegeben werden.

Durch die Formbedürftigkeit soll gewährleistet werden, dass die Eltern, insbesondere die zuvor allein sorgeberechtigte Mutter, ausreichend über die **Folgen der Sorgeerklärung ausreichend belehrt** werden.

Wird die **Form nicht** eingehalten, sind die Erklärungen der Eltern **unwirksam**, § 1626e BGB.[266]

2. Vereinbarungen zur Sorgeerklärung

Eine solche Sorgeerklärung kann natürlich eingebettet werden in weitere Vereinbarungen 215 betreffend das Kind, namentlich in Unterhaltsvereinbarungen.

Die Formulierung könnte wie folgt lauten:

265 BGH NJW 1999, 2806.
266 OLG Düsseldorf FamRZ 2008, 1552.

6.51

▼

Muster 6.51: Vereinbarung gemeinsamer elterlicher Sorge

Verhandelt am

Zu

Vor mir, dem unterzeichnenden Notar im Bezirk des Oberlandesgerichts

erscheinen

1. Herr A, geb. am , wohnhaft

2. Frau B, geb. am , wohnhaft ebenda

ausgewiesen durch .

Die Frage des beurkundenden Notars nach einer Vorbefassung im Sinne von § 3 Abs. 1 Nr. 7 BeurkG wurde von den Erschienenen verneint. Der beurkundende Notar erläuterte die vorgenannte Vorschrift.

Die Erschienenen baten den Notar um die Beurkundung einer

Vereinbarung über elterliche Sorge und Unterhalt

und erklärten vorab:

§ 1 Ausgangslage

Wir sind beide von Geburt an deutsche Staatsangehörige und leben seit dem (vor 5 Jahren) in nichtehelicher Lebensgemeinschaft zusammen. Aus unserer Verbindung ist das am geborene Kind K hervorgegangen.

Ich, der Ersch. zu 1, habe mit Zustimmung der Ersch. zu 2 am bei Notar zur UR.Nr. die Vaterschaft für das gemeinsame Kind A, geb. am , anerkannt.

Im Hinblick hierauf vereinbaren wir, was folgt.

§ 2 Elterliche Sorge

Wir erklären, dass wir die elterliche Sorge für das Kind K, geb. am , gemeinsam übernehmen wollen.

§ 3 Kindesunterhalt

1. Der Ersch. zu 1 verpflichtet sich, für das Kind K, geb. am , zu Händen der Ersch. zu 2 einen monatlichen, bis zum 1. eines jeden Monats im Voraus fälligen Kindesunterhalt in Höhe von % des Mindestbedarfs der jeweils gültigen Düsseldorfer Tabelle gemäß

der jeweiligen Altersstufe des Kindes zu bezahlen. Hierauf ist die Hälfte des gesetzlichen Kindergeldes, derzeit 95 EUR, bedarfsdeckend anzurechnen, so dass sich ein derzeitiger monatlicher Unterhaltsbetrag in Höhe von EUR ergibt.

2. Die Festsetzung des Unterhalts erfolgt auf der Grundlage eines anrechenbaren Nettoeinkommens des Ersch. zu 1 in Höhe von EUR.

§ 4 Vollstreckungsunterwerfung

Wegen der in § 3 der Vereinbarung eingegangenen Verpflichtung zur Zahlung von Kindesunterhalt unterwerfe ich, der Ersch. zu 1, mich der

sofortigen Zwangsvollstreckung

aus dieser Urkunde in mein Vermögen.

Die Ersch. zu 2 ist berechtigt, sich jederzeit auf einseitigen Antrag auf Kosten des Ersch. zu 1. eine vollstreckbare Ausfertigung dieser Urkunde erteilen zu lassen, ohne dass es hierzu des Nachweises der Fälligkeit oder sonstiger die Vollstreckung begründender Tatsachen bedarf.

§ 5 Hinweise, Durchführung

Der Notar hat die Erschienenen über die Bedeutung, die rechtliche Tragweite der Vereinbarungen, insbesondere die Rechtsfolgen und die Auswirkungen der Sorgeerklärung sowie der Unterhaltsvereinbarung abschließend noch einmal ausführlich belehrt.

Der Notar hat darauf hingewiesen, dass eine Sorgeerklärung unter einer Bedingung oder einer Zeitbestimmung unwirksam ist und die gemeinsame Sorge nur in Ausnahmefällen auf Antrag bei nicht nur vorübergehender Trennung aufgehoben werden kann. Wir sind darüber belehrt, dass wir durch die Sorgeerklärung die Pflicht und das Recht haben, für die minderjährigen Kinder zu sorgen und die elterliche Sorge die Sorge für die Person der Kinder (Personensorge) und das Vermögen der Kinder (Vermögenssorge) umfasst.

Beide Erschienenen sind sich der Tragweite der getroffenen Vereinbarungen bewusst und wünschen gleichwohl die Beurkundung der Vereinbarung auch unter Inkaufnahme möglicher zukünftig daraus erwachsener Nachteile.

(ggf. weitere abschließende Hinweise/Durchführung)

(Urkundsausgang, Unterschriften)

▲

Die Belehrung muss wegen der weitreichenden Folgen der Sorgeerklärung wie vorste- **216**
hend in § 5 sehr ausführlich und dezidiert gestaltet sein.

In vielen Fällen wird die Anerkennung der Vaterschaft – noch – nicht erfolgt sein, weshalb in der notariellen Urkunde die Vaterschaftsanerkennung, die Zustimmung der Kindesmutter und die Erklärung über die gemeinsame elterliche Sorge gleichzeitig geregelt werden kann.

6.52

Die Formulierung kann wie folgt gewählt werden:

▼

217 **Muster 6.52: Vereinbarung gemeinsamer elterlicher Sorge mit Vaterschaftsanerkennung**

Verhandelt am

Zu

Vor mir, dem unterzeichnenden Notar im Bezirk des Oberlandesgerichts

erscheinen

1. Herr A, geb. am , wohnhaft

2. Frau B, geb. am , wohnhaft ebenda

ausgewiesen durch .

Die Frage des beurkundenden Notars nach einer Vorbefassung im Sinne von § 3 Abs. 1 Nr. 7 BeurkG wurde von den Erschienenen verneint. Der beurkundende Notar erläuterte die vorgenannte Vorschrift.

Die Erschienenen baten den Notar um die Beurkundung einer

Vereinbarung über Vaterschaftsanerkennung, elterliche Sorge und Unterhalt

und erklärten vorab:

§ 1 Ausgangslage

Wir sind beide von Geburt an deutsche Staatsangehörige und leben seit dem (vor 5 Jahren) in nichtehelicher Lebensgemeinschaft zusammen. Aus unserer Verbindung ist das am geborene Kind K hervorgegangen.

Im Hinblick hierauf vereinbaren wir, was folgt.

§ 2 Vaterschaftsanerkennung

1. Ich, der Ersch. zu1, erkenne an, der Vater des von der Ersch. zu 2 am geborenen Kinde K zu sein. Die Geburt des Kindes ist bei dem Standesamt in Register Nr. verzeichnet.

2. Der Notar hat mich über die Auswirkungen dieser Anerkennung ausführlich belehrt.

3. Als Mutter meines vorgenannten Kindes stimme ich, die Ersch. zu 2, hiermit dieser Anerkennung der Vaterschaft zu.

4. Der Notar hat mich über die Auswirkungen dieser Zustimmung ausführlich belehrt.

§ 3 Elterliche Sorge

Wir, die Erschienenen, erklären, dass wir die elterliche Sorge für das Kind K, geb. am ___, gemeinsam übernehmen wollen.

§ 4 Kindesunterhalt

1. Der Ersch. zu 1 verpflichtet sich, für das Kind K, geb. am ___, zu Händen der Ersch. zu 2 einen monatlichen, bis zum 1. eines jeden Monats im Voraus fälligen Kindesunterhalt in Höhe von ___ % des Mindestbedarfs der jeweils gültigen Düsseldorfer Tabelle gemäß der jeweiligen Altersstufe des Kindes zu bezahlen. Hierauf ist die Hälfte des gesetzlichen Kindergeldes, derzeit 95 EUR, bedarfsdeckend anzurechnen, so dass sich ein derzeitiger monatlicher Unterhaltsbetrag in Höhe von ___ EUR ergibt.

2. Die Festsetzung des Unterhalts erfolgt auf der Grundlage eines anrechenbaren Nettoeinkommens des Ersch. zu 1 in Höhe von ___ EUR.

§ 5 Vollstreckungsunterwerfung

Wegen der in § 4 der Vereinbarung eingegangenen Verpflichtung zur Zahlung von Kindesunterhalt unterwerfe ich, der Ersch. zu 1, mich der

sofortigen Zwangsvollstreckung

aus dieser Urkunde in mein Vermögen.

Die Ersch. zu 2 ist berechtigt, sich jederzeit auf einseitigen Antrag auf Kosten des Ersch. zu 1 eine vollstreckbare Ausfertigung dieser Urkunde erteilen zu lassen, ohne dass es hierzu des Nachweises der Fälligkeit oder sonstiger die Vollstreckung begründender Tatsachen bedarf.

§ 6 Hinweise, Durchführung

Der Notar hat die Erschienenen über die Bedeutung, die rechtliche Tragweite der Vereinbarungen, insbesondere die Rechtsfolgen und die Auswirkungen der Vaterschaftsanerkennung, der Sorgeerklärung und der Unterhaltsvereinbarung abschließend noch einmal ausführlich belehrt.

Der Notar hat darauf hingewiesen, dass eine Sorgeerklärung unter einer Bedingung oder einer Zeitbestimmung unwirksam ist und die gemeinsame Sorge nur in Ausnahmefällen auf Antrag bei nicht nur vorübergehender Trennung aufgehoben werden kann. Wir sind darüber belehrt, dass wir durch die Sorgeerklärung die Pflicht und das Recht haben, für die minderjährigen Kinder zu sorgen und die elterliche Sorge die Sorge für die Person der Kinder (Personensorge) und das Vermögen der Kinder (Vermögenssorge) umfasst.

Beide Erschienenen sind sich der Tragweite der getroffenen Vereinbarungen bewusst und wünschen gleichwohl die Beurkundung der Vereinbarung auch unter Inkaufnahme möglicher zukünftig daraus erwachsener Nachteile.

(ggf. weitere abschließende Hinweise/Durchführung)

(Urkundsausgang, Unterschriften)

▲

218 Eine gemeinsame Sorgeerklärung ist selbst dann möglich, wenn beispielsweise die Mutter noch anderweitig verheiratet ist. Die Sorgeerklärung, verbunden mit der Vaterschaftsanerkennung unter Zustimmung der noch verheirateten Mutter, § 1599 Abs. 2 BGB, kann dann wie folgt formuliert werden:

6.53

▼

219 **Muster 6.53: Vereinbarung gemeinsamer elterlicher Sorge mit Vaterschaftsanerkennung bei anderweitig bestehender Ehe**

Verhandelt am

Zu

Vor mir, dem unterzeichnenden Notar im Bezirk des Oberlandesgerichts

erscheinen

1. Herr A, geb. am , wohnhaft

2. Frau B, geb. am , wohnhaft ebenda

ausgewiesen durch .

Die Frage des beurkundenden Notars nach einer Vorbefassung im Sinne von § 3 Abs. 1 Nr. 7 BeurkG wurde von den Erschienenen verneint. Der beurkundende Notar erläuterte die vorgenannte Vorschrift.

Die Erschienenen baten den Notar um die Beurkundung einer

Vereinbarung über Vaterschaftsanerkennung, elterliche Sorge und Unterhalt

und erklärten vorab:

§ 1 Ausgangslage

Wir sind beide von Geburt an deutsche Staatsangehörige und leben seit dem (vor 1 Jahr) in nichtehelicher Lebensgemeinschaft zusammen. Aus unserer Verbindung ist das am geborene Kind K hervorgegangen.

Ich, die Ersch. zu 2, bin noch anderweitig verheiratet mit Herrn B, geb. am …, wohnhaft ….

Das Scheidungsverfahren ist anhängig bei dem Amtsgericht – Familiengericht – in … unter dem Az. ….

Die Ersch. zu 2 hat das Kind K nach Anhängigkeit des Scheidungsantrags geboren, nämlich am ….

Im Hinblick hierauf vereinbaren wir, was folgt.

§ 2 Vaterschaftsanerkennung

1. Ich, der Ersch. zu1, erkenne an, der Vater des von der Ersch. zu 2 am … geborenen Kinde K zu sein. Die Geburt des Kindes ist bei dem Standesamt in … Register Nr. … verzeichnet.

2. Der Notar hat mich über die Auswirkungen dieser Anerkennung ausführlich belehrt.

3. Als Mutter stimmt hiermit die Erschienene zu 1 dieser Vaterschaftsanerkennung zu.

4. Die Zustimmung des Mannes, der im Zeitpunkt der Geburt mit der Mutter des Kindes verheiratet gewesen ist, soll außerhalb dieser Urkunde erteilt werden.

§ 3 Elterliche Sorge

Wir, die Erschienenen, erklären, dass wir die elterliche Sorge für das Kind K, geb. am …, gemeinsam übernehmen wollen.

§ 4 Kindesunterhalt

1. Der Ersch. zu 1 verpflichtet sich, für das Kind K, geb. am …, zu Händen der Ersch. zu 2 einen monatlichen, bis zum 1. eines jeden Monats im Voraus fälligen Kindesunterhalt in Höhe von … % des Mindestbedarfs der jeweils gültigen Düsseldorfer Tabelle gemäß der jeweiligen Altersstufe des Kindes zu bezahlen. Hierauf ist die Hälfte des gesetzlichen Kindergeldes, derzeit 95 EUR, bedarfsdeckend anzurechnen, so dass sich ein derzeitiger monatlicher Unterhaltsbetrag in Höhe von … EUR ergibt.

2. Die Festsetzung des Unterhalts erfolgt auf der Grundlage eines anrechenbaren Nettoeinkommens des Ersch. zu 1 in Höhe von … EUR.

§ 5 Vollstreckungsunterwerfung

Wegen der in § 4 der Vereinbarung eingegangenen Verpflichtung zur Zahlung von Kindesunterhalt unterwerfe ich, der Ersch. zu 1, mich der

sofortigen Zwangsvollstreckung

aus dieser Urkunde in mein Vermögen.

Die Ersch. zu 2 ist berechtigt, sich jederzeit auf einseitigen Antrag auf Kosten des Ersch. zu 1 eine vollstreckbare Ausfertigung dieser Urkunde erteilen zu lassen, ohne dass es hierzu des Nachweises der Fälligkeit oder sonstiger die Vollstreckung begründender Tatsachen bedarf.

§ 6 Hinweise, Durchführung

Der Notar hat die Erschienenen über die Bedeutung, die rechtliche Tragweite der Vereinbarungen, insbesondere die Rechtsfolgen der Sorgeerklärung und der Unterhaltsvereinbarung abschließend noch einmal ausführlich belehrt.

Der Notar hat uns weiter über die Auswirkungen des Vaterschaftsanerkenntnisses eingehend belehrt. Uns ist bekannt, dass die Anerkennung der Vaterschaft frühestens mit Rechtskraft des dem Scheidungsantrag statt gebenden Beschlusses wirksam wird.

Der Notar hat darauf hingewiesen, dass eine Sorgeerklärung unter einer Bedingung oder einer Zeitbestimmung unwirksam ist und die gemeinsame Sorge nur in Ausnahmefällen auf Antrag bei nicht nur vorübergehender Trennung aufgehoben werden kann. Wir sind darüber belehrt, dass wir durch die Sorgeerklärung die Pflicht und das Recht haben, für die minderjährigen Kinder zu sorgen und die elterliche Sorge die Sorge für die Person der Kinder (Personensorge) und das Vermögen der Kinder (Vermögenssorge) umfasst.

Beide Erschienenen sind sich der Tragweite der getroffenen Vereinbarungen bewusst und wünschen gleichwohl die Beurkundung der Vereinbarung auch unter Inkaufnahme möglicher zukünftig daraus erwachsener Nachteile.

(ggf. weitere abschließende Hinweise/Durchführung)

(Urkundsausgang, Unterschriften)

▲

220 In geeigneten Fällen, in denen zwischen den Beteiligten keine Spannungen herrschen, könnte die **Zustimmung** des noch mit der Kindesmutter verheirateten Mannes im Rahmen der Urkunde erfolgen.

Dies wäre wie folgt zu formulieren:

6.54

▼

Muster 6.54: Vereinbarung gemeinsamer elterlicher Sorge mit Vaterschaftsanerkennung und Zustimmung bei anderweitig bestehender Ehe

Verhandelt am

Zu

Vor mir, dem unterzeichnenden Notar im Bezirk des Oberlandesgerichts

erscheinen

1. Herr A, geb. am , wohnhaft

2. Frau B, geb. , geb. am , wohnhaft ebenda

3. Herr B, geb. am , wohnhaft

ausgewiesen durch .

Die Frage des beurkundenden Notars nach einer Vorbefassung im Sinne von § 3 Abs. 1 Nr. 7 BeurkG wurde von den Erschienenen verneint. Der beurkundende Notar erläuterte die vorgenannte Vorschrift.

Die Erschienenen baten den Notar um die Beurkundung einer

Vereinbarung über Vaterschaftsanerkennung, elterliche Sorge und Unterhalt

und erklärten vorab:

§ 1 Ausgangslage

Wir sind sämtlich von Geburt an deutsche Staatsangehörige.

Wir, die Ersch. zu 1 und 2, leben seit dem (vor 1 Jahr) in nichtehelicher Lebensgemeinschaft zusammen. Aus unserer Verbindung ist das am geborene Kind K hervorgegangen.

Ich, die Ersch. zu 2, bin noch verheiratet mit Herrn B, dem Ersch. zu 3.

Das Scheidungsverfahren ist anhängig bei dem Amtsgericht – Familiengericht – in unter dem Az.

Die Ersch. zu 2 hat das Kind K nach Anhängigkeit des Scheidungsantrags geboren, nämlich am

Im Hinblick hierauf vereinbaren wir, was folgt.

§ 2 Vaterschaftsanerkennung, Zustimmung

1. Ich, der Ersch. zu 1, erkenne an, der Vater des von der Ersch. zu 2 am geborenen Kindes K zu sein. Die Geburt des Kindes ist bei dem Standesamt in Register Nr. verzeichnet.

2. Der Notar hat mich über die Auswirkungen dieser Anerkennung ausführlich belehrt.

3. Als Mutter stimmt hiermit die Erschienene zu 1 dieser Vaterschaftsanerkennung zu.

4. Ich, der Ersch. zu 3, stimme hiermit als Ehemann, der im Zeitpunkt der Geburt mit der Mutter des Kindes verheiratet war, der vorbezeichneten Anerkennung der Vaterschaft zu.

§ 3 Elterliche Sorge

Wir, die Erschienenen zu 1 und 2, erklären, dass wir die elterliche Sorge für das Kind K, geb. am …, gemeinsam übernehmen wollen.

§ 4 Kindesunterhalt

1. Der Ersch. zu 1 verpflichtet sich, für das Kind K, geb. am …, zu Händen der Ersch. zu 2 einen monatlichen, bis zum 1. eines jeden Monats im Voraus fälligen Kindesunterhalt in Höhe von … % des Mindestbedarfs der jeweils gültigen Düsseldorfer Tabelle gemäß der jeweiligen Altersstufe des Kindes zu bezahlen. Hierauf ist die Hälfte des gesetzlichen Kindergeldes, derzeit 95 EUR, bedarfsdeckend anzurechnen, so dass sich ein derzeitiger monatlicher Unterhaltsbetrag in Höhe von … EUR ergibt.

2. Die Festsetzung des Unterhalts erfolgt auf der Grundlage eines anrechenbaren Nettoeinkommens des Ersch. zu 1 in Höhe von … EUR.

§ 5 Vollstreckungsunterwerfung

Wegen der in § 4 der Vereinbarung eingegangenen Verpflichtung zur Zahlung von Kindesunterhalt unterwerfe ich, der Ersch. zu 1, mich der

sofortigen Zwangsvollstreckung

aus dieser Urkunde in mein Vermögen.

Die Ersch. zu 2 ist berechtigt, sich jederzeit auf einseitigen Antrag auf Kosten des Ersch. zu 1 eine vollstreckbare Ausfertigung dieser Urkunde erteilen zu lassen, ohne dass es hierzu des Nachweises der Fälligkeit oder sonstiger die Vollstreckung begründender Tatsachen bedarf.

§ 6 Hinweise, Durchführung

Der Notar hat die Erschienenen über die Bedeutung, die rechtliche Tragweite der Vereinbarungen, insbesondere die Rechtsfolgen der Sorgeerklärung und der Unterhaltsvereinbarung abschließend noch einmal ausführlich belehrt.

Der Notar hat weiter über die Auswirkungen des Vaterschaftsanerkenntnisses eingehend belehrt. Den Erschienenen ist bekannt, dass die Anerkennung der Vaterschaft frühestens mit Rechtskraft des dem Scheidungsantrag statt gebenden Beschlusses wirksam wird.

Der Notar hat darauf hingewiesen, dass eine Sorgeerklärung unter einer Bedingung oder einer Zeitbestimmung unwirksam ist und die gemeinsame Sorge nur in Ausnahmefällen auf Antrag bei nicht nur vorübergehender Trennung aufgehoben werden kann. Die Erschienenen zu 1 und 2 sind darüber belehrt, dass sie durch die Sorgeerklärung die Pflicht und das Recht haben, für die minderjährigen Kinder zu sorgen und die elterliche Sorge die Sorge für die Person der Kinder (Personensorge) und das Vermögen der Kinder (Vermögenssorge) umfasst.

Sämtliche Erschienenen sind sich der Tragweite der getroffenen Vereinbarungen bewusst und wünschen gleichwohl die Beurkundung der Vereinbarung auch unter Inkaufnahme möglicher zukünftig daraus erwachsener Nachteile.

(ggf. weitere abschließende Hinweise/Durchführung)

(Urkundsausgang, Unterschriften)

▲

3. Ausgliederung von Teilbereichen

In vielen Fällen wird sich vor allem die Kindesmutter dagegen schützen wollen, dass ihre **gemeinsame Lebensführung mit dem Kind infrage** gestellt wird. 221

Sind Eheleute miteinander verheiratet, bietet sich regelmäßig einem Ehepartner diese Möglichkeit des Schutzes nicht. Beide Eheleute werden durch Eheschließung **gemeinsam sorgeberechtigt** für vorgeburtlich oder während bestehender Ehe geborene gemeinsame Kinder. Dies gilt in vollem Umfang nicht nur für während der Ehe geborene gemeinsame Kinder, sondern auch für den Fall, dass gemeinsame Kinder vor Eheschließung geboren werden.

Anders ist die Situation naturgemäß bei einem **gerichtlichen (Teil-)Entzug** der elterlichen 222
Sorge etwa nach **§ 1666 BGB** wegen Gefährdung des Kindeswohls. Dann steht die elterliche Sorge dem Vater **nur in dem Umfang** zu, wie sie der Mutter selbst zustand.[267]

Das Familiengericht kann jedoch die elterliche Sorge dem Vater in vollem Umfang übertragen, wenn dies dem **Wohle des Kindes** entspricht.[268]

In denjenigen Fällen, in denen Eltern nicht miteinander verheiratet sind, kann es sinnvoll 223
sein, sich Gedanken über eine mögliche **Ausgestaltung einzelner Bereiche** zu machen. Dies wird in erster Linie das Aufenthaltsbestimmungsrecht betreffen, daneben aber beispielsweise auch das Recht der Vermögenssorge, Fragen von Ausbildung oder medizinischer Betreuung.

Grundsätzlich ist jedoch eine Sorgeerklärung unter einer **Bedingung oder Zeitbestim-** 224
mung unwirksam, § 1626b Abs. 1 BGB.[269] Auch Sorgeerklärungen, die sich nur auf einen Teil der elterlichen Sorge beziehen, sind nicht zulässig. Zulässig ist aber eine **Ausgestaltung** der elterlichen Sorge **nach Vereinbarung der gemeinsamen elterlichen Sorge insgesamt.**

267 BGH FamRZ 2005, 1469.
268 OLG Nürnberg, FamRZ 2000, 1035.
269 Palandt/*Götz*, § 1626b Rn 1.

6.55

Eine entsprechende Vereinbarung könnte wie folgt formuliert werden:

▼

225 **Muster 6.55: Vereinbarung gemeinsamer elterlicher Sorge gem. § 1626a BGB unter Ausgliederung von Teilbereichen**

Verhandelt am

Zu

Vor mir, dem unterzeichnenden Notar im Bezirk des Oberlandesgerichts

erscheinen

1. Herr A, geb. am , wohnhaft

2. Frau B, geb. am , wohnhaft ebenda

ausgewiesen durch .

Die Frage des beurkundenden Notars nach einer Vorbefassung im Sinne von § 3 Abs. 1 Nr. 7 BeurkG wurde von den Erschienenen verneint. Der beurkundende Notar erläuterte die vorgenannte Vorschrift.

Die Erschienenen baten den Notar um die Beurkundung einer

Vereinbarung über elterliche Sorge und Unterhalt

und erklärten vorab:

§ 1 Ausgangslage

Wir sind beide von Geburt an deutsche Staatsangehörige und leben seit dem (vor 5 Jahren) in nichtehelicher Lebensgemeinschaft zusammen. Aus unserer Verbindung ist das am geborene Kind K hervorgegangen.

Der Ersch. zu 1 ist von Beruf Schreiner,

die Ersch. zu 2 ist von Beruf Krankenschwester.

Ich, der Ersch. zu 1, habe mit Zustimmung der Ersch. zu 2 am bei Notar zur UR.Nr. die Vaterschaft für das gemeinsame Kind A, geb. am , anerkannt.

Im Hinblick hierauf vereinbaren wir, was folgt.

§ 2 Elterliche Sorge

1. Wir erklären, dass wir die elterliche Sorge für das Kind K, geb. am …, gemeinsam übernehmen wollen.

2. Wir vereinbaren jedoch, dass ich, die Ersch. zu 2, über Fragen medizinischer Eingriffe und stationärer Untersuchungen unseres Kindes ausschließlich bestimmen soll.

3. Der Notar wies darauf hin, dass Sorgeerklärungen, die sich nur auf einen Teil der elterlichen Sorge beziehen, unzulässig sind. Die Erschienenen erklären dazu, dass die Bestimmung in Zif. 2 der Vereinbarung einer Ausgestaltung der Familiensituation dient.

§ 3 Kindesunterhalt

1. Der Ersch. zu 1 verpflichtet sich, für das Kind K, geb. am …, zu Händen der Ersch. zu 2 einen monatlichen, bis zum 1. eines jeden Monats im Voraus fälligen Kindesunterhalt in Höhe von … % des Mindestbedarfs der jeweils gültigen Düsseldorfer Tabelle gemäß der jeweiligen Altersstufe des Kindes zu bezahlen. Hierauf ist die Hälfte des gesetzlichen Kindergeldes, derzeit 95 EUR, bedarfsdeckend anzurechnen, so dass sich ein derzeitiger monatlicher Unterhaltsbetrag in Höhe von … EUR ergibt.

2. Die Festsetzung des Unterhalts erfolgt auf der Grundlage eines anrechenbaren Nettoeinkommens des Ersch. zu 1 in Höhe von … EUR.

§ 4 Vollstreckungsunterwerfung

Wegen der in § 3 der Vereinbarung eingegangenen Verpflichtung zur Zahlung von Kindesunterhalt unterwerfe ich, der Ersch. zu 1, mich der

sofortigen Zwangsvollstreckung

aus dieser Urkunde in mein Vermögen.

Die Ersch. zu 2 ist berechtigt, sich jederzeit auf einseitigen Antrag auf Kosten des Ersch. zu 1. eine vollstreckbare Ausfertigung dieser Urkunde erteilen zu lassen, ohne dass es hierzu des Nachweises der Fälligkeit oder sonstiger die Vollstreckung begründender Tatsachen bedarf.

§ 5 Hinweise, Durchführung

Der Notar hat die Erschienenen über die Bedeutung, die rechtliche Tragweite der Vereinbarungen, insbesondere die Rechtsfolgen und die Auswirkungen der Sorgeerklärung sowie der Unterhaltsvereinbarung abschließend noch einmal ausführlich belehrt.

Der Notar hat darauf hingewiesen, dass eine Sorgeerklärung unter einer Bedingung oder einer Zeitbestimmung unwirksam ist und die gemeinsame Sorge nur in Ausnahmefällen auf Antrag bei nicht nur vorübergehender Trennung aufgehoben werden kann. Wir sind darüber belehrt, dass wir durch die Sorgeerklärung die Pflicht und das Recht haben, für die minderjährigen Kinder zu sorgen und die elterliche Sorge die Sorge für die Person der Kinder (Personensorge) und das Vermögen der Kinder (Vermögenssorge) umfasst.

Beide Erschienenen sind sich der Tragweite der getroffenen Vereinbarungen bewusst und wünschen gleichwohl die Beurkundung der Vereinbarung auch unter Inkaufnahme möglicher zukünftig daraus erwachsener Nachteile.

(ggf. weitere abschließende Hinweise/Durchführung)

(Urkundsausgang, Unterschriften)

▲

III. Gemeinsame elterliche Sorge gegen den Willen eines Elternteils

1. Elterliche Sorge des nichtehelichen Vaters, § 1626a Abs. 1 Nr. 3 BGB

226 Ausgangsfall der Sorgerechtsregelung der Kinder nicht miteinander verheirateter Eltern ist die elterliche (Allein)Sorge der Mutter (§ 1626a Abs. 2 BGB), die früher gegen ihren Willen nicht in eine gemeinsame elterliche Sorge mit dem leiblichen Vater zu ändern war.

a) Grundsätze zur Anordnung elterlicher Sorge des nichtehelichen Vaters

227 Nach Auffassung des **BVerfG** im Beschluss v. 29.1.2003 war dies verfassungsgemäß.[270] Die gegen den Willen des betroffenen Elternteils erzwungene gemeinsame Sorge sei **regelmäßig mit mehr Nachteilen** als Vorteilen für das Kind verbunden, so dass in diesen Fällen keine Vermutung für eine Kindeswohldienlichkeit bestehe.[271]

Allerdings hat der **EuGHMR** mit Urt. v. 3.12.2009[272] entschieden, dass die Unmöglichkeit der Teilhabe des leiblichen Vaters an der elterlichen Sorge gegen den Willen der Kindesmutter in diesen Fällen eine Verletzung von Art. 14 EMRK (Diskriminierungsverbot) i.V.m. Art. 8 EMRK (Anspruch auf Achtung des Familienlebens) darstellt. Der Gerichtshof teilte die Einschätzung des Bundesverfassungsgerichts[273] nicht, wonach ein gemeinsames Sorgerecht gegen den Willen der Kindesmutter grundsätzlich dem Wohl des Kindes zuwider laufe.

228 Das **BVerfG** hat sodann mit Beschl. v. 21.7.2010[274] erklärt, dass der generelle Ausschluss des Kindesvaters von der Sorgetragung ohne Zustimmung der Mutter das Elternrecht aus Art. 6 II GG verletze. Es müsse gerichtlich überprüfbar sein, ob es aus Gründen des Kindeswohls angezeigt ist, ihm zusammen mit der Kindesmutter die Sorge für sein Kind ein-

270 BVerfG FamRZ 2003, 285, 1447; BGH FamRZ 2008, 251 m. Anm. *Luthin,* 258 und *Kemper,* 707; OLG Thüringen FamRZ 2010, 384.

271 BVerfG FamRZ 2003, 285289.

272 FamRZ 2010, 103.

273 FamRZ 2003, 1447.

274 FamRZ 2010, 1403 mit Anm. *Luthin,* 1410; vgl. auch *Büte,* FK 2010, 178.

zuräumen oder ihm anstelle der Kindesmutter die Alleinsorge für das Kind zu übertragen. § 1626a Abs. 1 Nr. 1 und § 1672 Abs. 1 BGB in der Fassung des KindRG v. 16.12.1997 seien mit Art. 6 II GG unvereinbar. Die Vorschriften würden aber nicht für nichtig erklärt, sondern seien zu ergänzen.

Bis zum Inkrafttreten einer gesetzlichen Neuregelung war, so das BVerfG, § 1626a BGB mit der Maßgabe anzuwenden, dass das Familiengericht den Eltern auf Antrag eines Elternteils[275] die elterliche Sorge oder einen Teil der elterlichen Sorge gemeinsam überträgt, **soweit zu erwarten ist, dass dies dem Kindeswohl entspricht**.[276]

Nachdem der Gesetzgeber aufgefordert war, insoweit das Recht der elterlichen Sorge nichtverheirateter Eltern neu zu regeln, wurde von vornherein das Modell der sog. große Lösung,[277] also der **Begründung der gemeinsamen elterlichen Sorge kraft Gesetzes in allen Fällen**, verworfen.[278]

Seither sind **verschiedene Modelle** entwickelt worden, wie eine gesetzliche Möglichkeit des Kindesvaters beschaffen sein kann, auch gegen den Willen der Kindesmutter Träger elterlicher Sorge zu werden.

Die **Bundesregierung** hat sich sodann mit § 1626a BGB für eine **vereinfachte Lösung** 229
entschieden. Danach gilt:

- Der Vater kann wählen, ob er nach Abgabe einer Sorgeerklärung das Sorgerecht direkt beim Familiengericht beantragt oder sich (zunächst) an das Jugendamt wendet.
- Im gerichtlichen Verfahren erhält die Mutter eine Frist zur Stellungnahme **von ca. 4 Wochen, (die nicht vor Ablauf von 6 Wochen nach Geburt des Kindes enden darf)**, innerhalb derer sie zum Antrag des Vaters Stellung nehmen muss.
- Das Familiengericht entscheidet in einem beschleunigten schriftlichen Verfahren ohne persönliche Anhörung.
- Das Familiengericht spricht auch dem Vater das Sorgerecht zu, wenn die Übertragung dem Kindeswohl nicht widerspricht (negative Kindeswohlprüfung, „Beweislastumkehr“), auch dann, wenn die Mutter nicht widersprochen, also gar nicht Stellung genommen hat.

Der Ausgangspunkt der Wahlmöglichkeit zwischen Jugendamt und Familiengericht ent- 230
spricht der im Sorgerecht und Umgangsrecht durchgängig gegebenen Möglichkeit, bei Problemen entweder die Vermittlung durch das Jugendamt zu suchen oder aber das Familiengericht anzurufen.

275 Zur – im konkreten Fall abgelehnten – Übertragung der (Mit-)Sorge vgl. OLG Brandenburg FamRZ 2011, 305.
276 FamRZ 2010, 1410; vgl. auch BVerfG FamRZ 2004, 354, 1015; BGH FamRZ 2008, 592.
277 So *Löhnig*, FamRZ 2010, 338, 340.
278 Dafür: *Löhnig*, FamRZ 2010, 338, 340; *Scherpe*, Anm. zu Urteil d. EuGHMR v. 3.12.2009 FamRZ 2010, 108 mit Hinweis auf eine entspr. Regelung in anderen europäischen Ländern; vgl. auch *Völker/Clausius*, § 1 Rn 28 f., 44 m.w.N.

Das Verfahren zur Übertragung der gemeinsamen elterlichen Sorge gegen den Willen der Kindesmutter ist in **§ 155a FamFG** geregelt.

Die Kindesmutter hat nach einem Antrag des Kindesvaters auf Übertragung der gemeinsamen elterlichen Sorge bei nicht miteinander verheirateten Eltern gem. § 1626a in einer zu bestimmenden Frist zum Antrag **Stellung** zu nehmen, **Abs. 2**.

Die Entscheidung über die beantragte gemeinsame elterliche Sorge ergeht sodann **ohne mündliche Verhandlung**, ohne Anhörung des Jugendamtes und ohne persönliche Anhörung der Kindeseltern im schriftlichen Verfahren, **Abs. 3**.

Werden dem Familiengericht **Gründe** bekannt, die der gemeinsamen elterlichen Sorge entgegenstehen könnten, findet binnen eines Monats eine Erörterung vor dem Gericht statt, **Abs. 4**.

Bei beschränkt geschäftsfähigen Elternteilen können Erklärungen des gesetzlichen Vertreters auch im Termin zur Niederschrift des Gerichts erfolgen, **Abs. 5**.

231 **Das beschleunigte formelle Verfahren** ist problematisch:

Bestimmte Kindschaftssachen unterliegen dem Vorrang- und Beschleunigungsgebot gem. § 155 Abs. 1 FamFG. In Frage des Aufenthalts des Kindes, des Umgangs, der Herausgabe oder des Verfahrens wegen Gefährdung des Kindeswohls sind die Verfahren nicht in der Reihenfolge ihres Eingangs bei dem Familiengericht, sondern vorrangig und beschleunigt durchzuführen.[279] Die **erhebliche Ausweitung der beschleunigt und vorrangig zu entscheidenden Verfahren** führt zu einer problematischen Verzögerung in den weiteren Entscheidungsbereichen des Familienrechts.

Im Gegensatz zu den sonstigen beschleunigt und vorrangig zu führenden Verfahren sieht § 155a FamFG **keine Erörterung, keine Anhörung, keine mündliche Verhandlung** vor. Das Gericht **entscheidet daher nach Aktenlage** und deshalb auf der Grundlage des vorliegenden Antrags und der eventuell innerhalb der gesetzten Frist abgegebenen schriftlichen Stellungnahme des anderen Elternteils. Die Erörterung in einem Termin (§ 155 Abs. 2 S. 1 FamFG) wird daher nach § 155a FamFG auf die Ebene der **Beschwerde vor dem Oberlandesgericht** gehoben, falls eine der Beteiligten mit der gerichtlichen Entscheidung nicht einverstanden ist.

232 Der Kindesmutter wird nach Abs. 2 S. 2 **eine vom Gericht zu bestimmende Frist gesetzt**, die nicht vor Ablauf von 6 Wochen nach Geburt des Kindes enden darf. Diese Gründe sind schriftlich vorzutragen, da eine mündliche Erörterung im Verfahren nicht vorgesehen ist.

Die Frist von 6 Wochen soll dem Schutz der Mutter unmittelbar nach Geburt des Kindes Rechnung tragen und ihr eine Karenzzeit zur Rückäußerung einräumen.[280] Die vom Gericht zu setzende Frist muss allerdings angemessen sein und demgemäß **mindestens**

279 So auch der Bundesrat, Stellungnahme Drucks 465/12 vom 21.9.2012, 4.
280 Vgl. Begründung zum Referentenentwurf, 27.

4 Wochen betragen. Sie sollte in der Regel **nicht innerhalb** der gesetzlichen Frist des Mutterschutzes von **8 Wochen nach Geburt des Kindes** enden, da der Sinn des Mutterschutzes, Belastungen von der Mutter fernzuhalten und um des Kindeswohls willen das Zusammenwachsen der Mutter-Kind-Beziehung zu fördern, unterlaufen würde. Verfassungsrechtlich unbedenklich (Art. 6 Abs. 2 GG) erscheint eine Frist nur dann, wenn sie nach Ablauf des Mutterschutzes beginnt.

Abs. 3 sieht eine – problematische – Vereinfachung des Verfahrens vor, die zur Entschei- **233**
dung ohne Beteiligung des Jugendamtes, **ohne Anhörung der Betroffenen** und ohne weitere Pflicht zur Nachforschung seitens des Gerichts führt. Damit wird aber auch auf die Möglichkeit verzichtet, durch das Gericht und/oder das Jugendamt zu einer vermittelnden Lösung zu kommen. Streitige Verfahren werden vollständig auf die **Ebene der Beschwerdeinstanz** gehoben.

Sind durch Antrag und Stellungnahme **Gründe sichtbar, die der gemeinsamen elterli-** **234**
chen Sorge entgegenstehen können, wird ein Erörterungstermin anberaumt, Abs. 4. Das Verfahren entspricht dann dem Vorgehen nach § 155 Abs. 2. Der Termin findet dann innerhalb eines Monats nach Bekanntwerden der Gründe gem. Abs. 4 S. 1 statt. Die Stellungnahmefrist für die Mutter ist in jedem Falle abzuwarten. Dem Gericht können nicht nur durch die Antragstellung und die Rückäußerung der Mutter solche Gründe bekannt werden. Möglich ist auch, dass dem Gericht aus anderem Zusammenhang, aus lokaler oder persönlicher Kenntnis solche Gründe bekannt sind oder werden. Zu eigenen Nachforschungen ist das Gericht jedoch nicht verpflichtet.[281]

Ein zu stellender **Antrag** auf Übertragung der gemeinsamen elterlichen Sorge lautet im Übrigen wie folgt:

Formulierungsbeispiel: **235**

In der Kindschaftssache

betreffend das minderjährige Kind A.M.

wird beantragt,

die elterliche Sorge für das am … geborene Kind den Eltern gemeinsam zu übertragen.

Die **gemeinsame elterliche Sorge** wird vom Familiengericht daher dann angeordnet, **wenn**

- die Kindesmutter dem Antrag **zustimmt,**
- die Kindesmutter dem Antrag **nicht widerspricht**, insbesondere also gar nicht Stellung nimmt,

281 OLG Brandenburg FamRZ 2016, 240.

- die Kindesmutter in ihrer Stellungnahme Gründe vorträgt, die **keine Bedeutung** für die Kindeswohlprüfung darstellen[282] oder
- dem Familiengericht auch **sonst Gründe nicht** ersichtlich sind, die der Übertragung der gemeinsamen elterlichen Sorge entgegenstehen können, § 1626a Abs. 2 S. 2 BGB.[283]

236 *Praxistipp*

Sofern die Kindesmutter darlegen will, dass die Übertragung dem Kindeswohl widerspricht (§ 1626a Abs. 2 S.1 BGB), ist differenzierter Tatsachenvortrag erforderlich. Dieser muss das Kindeswohl berühren.

237 **Nicht ausreichend** ist folgende Argumentation:[284]

- Der Wunsch der Mutter, auch zukünftig allein entscheiden zu wollen, weil sie sich mit dem Kindesvater nicht gut verstehe.
- Das gemeinsame Sorgerecht sei nicht notwendig, weil vorläufig keine wichtigen Entscheidungen zu treffen seien.
- Sie (vielleicht) auswandern/in eine entfernte Stadt ziehen wolle, was sie bei gemeinsamer elterlicher Sorge nicht ohne weiteres könne.

238 **Notwendig** ist die Schilderung konkreter Schwierigkeiten und/oder unüberbrückbarer und dem Kindeswohl schädlicher Konflikte, die eine alleinige elterliche Sorge rechtfertigen. Es ist daher erheblich mehr erforderlich, als allgemein auf fehlende Kooperationsfähigkeit oder -bereitschaft hinzuweisen.[285]

Es ist **konkret am Einzelfall** darzulegen,

- bei welchem Anlass und auf welche Weise Bemühungen um gemeinsame Kooperation stattgefunden haben;
- dass und inwieweit Bemühungen an der Verweigerungshaltung des anderen Elternteils gescheitert sind;
- inwieweit durch die mangelnde Einigungsfähigkeit die Entwicklung und das Wohl des Kindes beeinträchtigt sind.

239 **Ausreichend** ist allerdings auch eine **unüberbrückbare, für jeden Dritten nachvollziehbare Abneigung der Kindesmutter** gegenüber dem Kindesvater etwa in Fällen, in denen die biologische Vaterschaft auf Vergewaltigung der Mutter beruht. Ausreichend ist in diesem Zusammenhang aber auch strafbares Verhalten gegenüber Dritten nament-

282 BT-Drucks 17/11048, 24.

283 Zu den Kriterien ausführlich OLG Koblenz FamRZ 2014, 319.

284 Vgl. *Büte,* FuR 2013, 311, 312.

285 OLG Brandenburg FamRZ 2015, 1203; OLG Stuttgart FamRZ 2015, 674; OLG Koblenz FamRZ 2014, 1855; OLG Nürnberg FamRZ 2014, 571; PWW/*Ziegler,* § 1626a Rn 7.

lich der Kindesmutter nahestehenden Dritten, die zu einer berechtigt fehlenden Kooperationsbereitschaft und Kooperationsfähigkeit der Kindesmutter führen.

Auch erhebliche Kommunikationsstörungen rechtfertigen die Ablehnung gemeinsamer elterlicher Sorge.[286]

Die Rechtsprechung fordert insgesamt ein **Mindestmaß an Übereinstimmung zwischen den leiblichen Eltern**insbesondere, so das **OLG Frankfurt/M.**, bei den **wesentlichen Erziehungsfragen**, die sich am Kindeswohl auszurichten hat.[287] Dies erfordert nach einem Beschluss des **OLG Stuttgart**[288] auch eine **grundsätzliche Konsensfähigkeit und Konsensbereitschaft**. Von einer solchen könne kaum ausgegangen werden,

> *wenn mehrfach eine Einigung über eine Umgangsregelung nicht ohne gerichtliche Entscheidung möglich ist.*[289]

Auch das **OLG Karlsruhe** widerspricht der gemeinsamen elterlichen Sorge, wenn anhand konkreter Fragen festgestellt werden kann, dass **240**

> *Bemühungen um eine gemeinsame Elternentscheidung stattgefunden haben und erfolglos geblieben sind und in Zukunft mit hoher Wahrscheinlichkeit erfolglos bleiben werden.*[290]

„Schwerwiegende und nachhaltige Störungen“[291] auf der Kommunikationsebene, so **241**
das **Kammergericht**, verhindern ebenso die Einrichtung einer gemeinsamen elterlichen Sorge. Dies würde das Kind stark belasten, so das Gericht in seiner Entscheidung vom 15.4.2014. Die extrem hohe Zahl seiner der vom Vater angestrengten Gerichtsverfahren und der Eindruck eines „Stalking“, so das Gericht, seien u.a. Indiz für eine solche Störung.

Nach dem Beschluss des **OLG Koblenz**[292] würde eine gemeinsame elterliche Sorge der nicht miteinander verheirateten Eltern dem Kindeswohl widersprechen, weil der Vater, der zu keinem Zeitpunkt mit Mutter oder Kind zusammengelebt hatte, **keine Bindungen** zu dem Kind habe. Dies zeige sich an seinen mehrfachen Äußerungen, dass er das Kind zur Adoption freigeben möchte, daran, dass er seit mehr als einem Jahr die Umgangstermine nicht wahrgenommen habe, und an seiner Auffassung, das Kind bedürfe aufgrund seines jungen Alters seiner persönlichen Zuwendung nicht.

286 OLG Schleswig FamRZ 2014, 1374; KG FamRZ 2014, 1375; OLG Frankfurt/M. FamRZ 2014, 1120: verweigerte Abänderung.
287 OLG Frankfurt/M. FamRZ 2014, 1120.
288 OLG Stuttgart FamRZ 2015, 674.
289 OLG Stuttgart FamRZ 2015, 674.
290 OLG Karlsruhe FamRZ 2014, 490; so auch OLG Frankfurt NJW 2014, 2201.
291 KG FamRZ 23014, 1375.
292 OLG Koblenz FamRZ 2014, 1855.

Fehlt es an Kindeswohl relevanten Einwendungen, soll das Gericht **ohne persönliche Anhörung** der Eltern und ohne Anhörung des Jugendamtes entscheiden.[293]

Unabhängig davon ist das Gericht jedoch verpflichtet, im Falle des Vorliegens der Voraussetzungen ein Kind nach § 159 FamFG anzuhören.[294]

242 Im Übrigen kann nach dem Wortlaut des Gesetzes („Antrag eines Elternteils") **auch die Mutter** einen nicht zur Abgabe einer Sorgeerklärung bereiten Kindesvater zur gemeinsamen elterlichen Sorge verpflichten lassen. Der Gesetzgeber meint hierzu, es könne bei einem unwilligen Vater Verantwortungsbereitschaft im Ansatz vorhanden sein und sich entwickeln, was das Familiengericht im Rahmen der Kindeswohlprüfung zu entscheiden habe.[295]

Letztlich wird aber gelten müssen: Verbleiben **Zweifel**, ob die gemeinsame elterliche Sorge dem Kindeswohl entspricht, kann diese nicht angeordnet werden. Zweifel führen dazu, dass die Übertragung der gemeinsamen **elterlichen Sorge im Widerspruch zum Kindeswohl** steht.[296]

b) Vereinbarung zur elterlichen Sorge des nichtehelichen Vaters

aa) Vollständige gemeinsame elterliche Sorge

243 Die Grundsituation in Fällen gerichtlicher Entscheidung nach § 1626a Abs. 1 Nr. 3 BGB ist davon geprägt, dass die Kindesmutter ein gemeinsames Sorgerecht mit dem Kindesvater nicht wünscht.

Um einer Entscheidung des Familiengerichts zuvor zu kommen, kann es in Fällen, in denen die gemeinsame Übertragung der elterlichen Sorge zu erwarten ist, sinnvoll sein, eine notarielle Vereinbarung zu schließen, in der auch unterhaltsrechtliche Fragen – zur Zufriedenheit der Kindesmutter – gelöst werden.

244 Eine solche – dann freiwillige – Vereinbarung könnte wie folgt formuliert werden:

6.56

▼

Muster 6.56: Vereinbarung gemeinsamer elterlicher Sorge nach § 1626a BGB i.V.m. Unterhaltsvereinbarung

Verhandelt am

Zu

Vor mir, dem unterzeichnenden Notar im Bezirk des Oberlandesgerichts

293 BT-Drucks 17/12098, 4; OLG München FamRZ 2016, 245: Im Wege einstweiliger Anordnung nur in Extremfällen.

294 BT-Drucks 17/11048, 33.

295 BT-Drucks 17/11048, 21.

296 So auch OLG Stuttgart FamRZ 2014, 674; OLG Frankfurt FamRZ 2014, 1120; ausführlich dazu *Jokisch,* FuR 2016, 33, 34.

…

erscheinen

1. Herr A, geb. am …, wohnhaft …

2. Frau B, geb. am …, wohnhaft

ausgewiesen durch … .

Die Frage des beurkundenden Notars nach einer Vorbefassung im Sinne von § 3 Abs. 1 Nr. 7 BeurkG wurde von den Erschienenen verneint. Der beurkundende Notar erläuterte die vorgenannte Vorschrift.

Die Erschienenen baten den Notar um die Beurkundung einer

Vereinbarung über elterliche Sorge und Unterhalt

und erklärten vorab:

§ 1 Ausgangslage

Wir sind beide von Geburt an deutsche Staatsangehörige und haben vom … bis zum … in Lebenspartnerschaft zusammengelebt. Aus unserer Verbindung ist das am … geborene Kind K hervorgegangen.

Ich, der Ersch. zu 1, habe mit Zustimmung der Ersch. zu 2 am … bei Notar … zur UR.Nr. … die Vaterschaft für das gemeinsame Kind A, geb. am …, anerkannt.

Im Hinblick hierauf vereinbaren wir, was folgt.

§ 2 Elterliche Sorge

Wir erklären, dass wir die elterliche Sorge für das Kind K, geb. am …, gemeinsam übernehmen wollen.

§ 3 Kindesunterhalt

1. Der Ersch. zu 1 verpflichtet sich, für das Kind K, geb. am …, zu Händen der Ersch. zu 2 einen monatlichen, bis zum 1. eines jeden Monats im Voraus fälligen Kindesunterhalt in Höhe von … % des Mindestbedarfs der jeweils gültigen Düsseldorfer Tabelle gemäß der jeweiligen Altersstufe des Kindes zu bezahlen. Hierauf ist die Hälfte des gesetzlichen Kindergeldes, derzeit 95 EUR, bedarfsdeckend anzurechnen, so dass sich ein derzeitiger monatlicher Unterhaltsbetrag in Höhe von … EUR ergibt.

2. Die Festsetzung des Unterhalts erfolgt auf der Grundlage eines anrechenbaren Nettoeinkommens des Ersch. zu 1 in Höhe von … EUR.

§ 4 Vollstreckungsunterwerfung

Wegen der in § 3 der Vereinbarung eingegangenen Verpflichtung zur Zahlung von Kindesunterhalt unterwerfe ich, der Ersch. zu 1, mich der

sofortigen Zwangsvollstreckung

aus dieser Urkunde in mein Vermögen.

Die Ersch. zu 2 ist berechtigt, sich jederzeit auf einseitigen Antrag auf Kosten des Ersch. zu 1 eine vollstreckbare Ausfertigung dieser Urkunde erteilen zu lassen, ohne dass es hierzu des Nachweises der Fälligkeit oder sonstiger die Vollstreckung begründender Tatsachen bedarf.

§ 5 Hinweise, Durchführung

Der Notar hat die Erschienenen über die Bedeutung, die rechtliche Tragweite der Vereinbarungen, insbesondere die Rechtsfolgen und die Auswirkungen der Sorgeerklärung sowie der Unterhaltsvereinbarung abschließend noch einmal ausführlich belehrt.

Der Notar hat darauf hingewiesen, dass eine Sorgeerklärung unter einer Bedingung oder einer Zeitbestimmung unwirksam ist und die gemeinsame Sorge nur in Ausnahmefällen auf Antrag bei nicht nur vorübergehender Trennung aufgehoben werden kann. Wir sind darüber belehrt, dass wir durch die Sorgeerklärung die Pflicht und das Recht haben, für die minderjährigen Kinder zu sorgen und die elterliche Sorge die Sorge für die Person der Kinder (Personensorge) und das Vermögen der Kinder (Vermögenssorge) umfasst.

Beide Erschienenen sind sich der Tragweite der getroffenen Vereinbarungen bewusst und wünschen gleichwohl die Beurkundung der Vereinbarung auch unter Inkaufnahme möglicher zukünftig daraus erwachsener Nachteile.

(ggf. weitere abschließende Hinweise/Durchführung)

(Urkundsausgang, Unterschriften)

▲

bb) Teilausgliederung

245 Es wird in Fällen gegen den Wunsch der Kindesmutter, aus ihrer Sicht ihr aufgenötigter gemeinsamer elterlicher Sorge naheliegen, den Versuch zu unternehmen, eine Ausgestaltung zu vereinbaren, die der Kindesmutter Freiraum in der Bewältigung des Alltags lässt. Dies kann in geeigneten Fällen durch ein grundsätzliches Einverständnis mit der Einrichtung gemeinsamer elterlicher Sorge im Verbund mit einer Ausgestaltung geschehen.[297] Auch wenn Teilübertragungen elterlicher Sorge nicht zulässig sind, ist die Ausgestaltung möglich.

297 Zum Teilverbleib bei der Kindesmutter vgl. OLG OLG Nürnberg FamRZ 2014, 571: Gesundheitsfürsorge; OLG Brandenburg FamRZ 2014, 1122: Vermögenssorge.

Dies könnte wie folgt formuliert werden: 246

6.57

▼

Muster 6.57: Vereinbarung gemeinsamer elterlicher Sorge nach § 1626a BGB i.V.m. der Ausgestaltung in Teilbereichen

Verhandelt am

Zu

Vor mir, dem unterzeichnenden Notar im Bezirk des Oberlandesgerichts

erscheinen

1. Herr A, geb. am , wohnhaft

2. Frau B, geb. am , wohnhaft ebenda

ausgewiesen durch .

Die Frage des beurkundenden Notars nach einer Vorbefassung im Sinne von § 3 Abs. 1 Nr. 7 BeurkG wurde von den Erschienenen verneint. Der beurkundende Notar erläuterte die vorgenannte Vorschrift.

Die Erschienenen baten den Notar um die Beurkundung einer

Vereinbarung über elterliche Sorge und Unterhalt

und erklärten vorab:

§ 1 Ausgangslage

Wir sind beide von Geburt an deutsche Staatsangehörige und leben seit dem (vor 5 Jahren) in nichtehelicher Lebensgemeinschaft zusammen. Aus unserer Verbindung ist das am geborene Kind K hervorgegangen.

Der Ersch. zu 1 ist von Beruf Schreiner,

die Ersch. zu 2 ist von Beruf Krankenschwester.

Ich, der Ersch. zu 1, habe mit Zustimmung der Ersch. zu 2 am bei Notar zur UR.Nr. die Vaterschaft für das gemeinsame Kind A, geb. am , anerkannt.

Im Hinblick hierauf vereinbaren wir, was folgt.

§ 2 Elterliche Sorge

1. Wir erklären, dass wir die elterliche Sorge für das Kind K, geb. am , gemeinsam übernehmen wollen.

2. Wir vereinbaren jedoch, dass ich, die Ersch. zu 2, über Fragen medizinischer Eingriffe und stationärer Untersuchungen unseres Kindes ausschließlich bestimmen soll.

3. Der Notar wies darauf hin, dass Sorgeerklärungen, die sich nur auf einen Teil der elterlichen Sorge beziehen, unzulässig sind. Die Erschienenen erklären dazu, dass die Bestimmung in Zif. 2 der Vereinbarung einer Ausgestaltung der Familiensituation dient.

§ 3 Kindesunterhalt

1. Der Ersch. zu 1 verpflichtet sich, für das Kind K, geb. am   , zu Händen der Ersch. zu 2 einen monatlichen, bis zum 1. eines jeden Monats im Voraus fälligen Kindesunterhalt in Höhe von   % des Mindestbedarfs der jeweils gültigen Düsseldorfer Tabelle gemäß der jeweiligen Altersstufe des Kindes zu bezahlen. Hierauf ist die Hälfte des gesetzlichen Kindergeldes, derzeit 95 EUR, bedarfsdeckend anzurechnen, so dass sich ein derzeitiger monatlicher Unterhaltsbetrag in Höhe von   EUR ergibt.

2. Die Festsetzung des Unterhalts erfolgt auf der Grundlage eines anrechenbaren Nettoeinkommens des Ersch. zu 1 in Höhe von   EUR.

§ 4 Vollstreckungsunterwerfung

Wegen der in § 3 der Vereinbarung eingegangenen Verpflichtung zur Zahlung von Kindesunterhalt unterwerfe ich, der Ersch. zu 1, mich der

sofortigen Zwangsvollstreckung

aus dieser Urkunde in mein Vermögen.

Die Ersch. zu 2 ist berechtigt, sich jederzeit auf einseitigen Antrag auf Kosten des Ersch. zu 1 eine vollstreckbare Ausfertigung dieser Urkunde erteilen zu lassen, ohne dass es hierzu des Nachweises der Fälligkeit oder sonstiger die Vollstreckung begründender Tatsachen bedarf.

§ 5 Hinweise, Durchführung

Der Notar hat die Erschienenen über die Bedeutung, die rechtliche Tragweite der Vereinbarungen, insbesondere die Rechtsfolgen und die Auswirkungen der Sorgeerklärung sowie der Unterhaltsvereinbarung abschließend noch einmal ausführlich belehrt.

Der Notar hat darauf hingewiesen, dass eine Sorgeerklärung unter einer Bedingung oder einer Zeitbestimmung unwirksam ist und die gemeinsame Sorge nur in Ausnahmefällen auf Antrag bei nicht nur vorübergehender Trennung aufgehoben werden kann. Wir sind darüber belehrt, dass wir durch die Sorgeerklärung die Pflicht und das Recht haben, für die minderjährigen Kinder zu sorgen und die elterliche Sorge die Sorge für die Person der Kinder (Personensorge) und das Vermögen der Kinder (Vermögenssorge) umfasst.

Beide Erschienenen sind sich der Tragweite der getroffenen Vereinbarungen bewusst und wünschen gleichwohl die Beurkundung der Vereinbarung auch unter Inkaufnahme möglicher zukünftig daraus erwachsener Nachteile.

(ggf. weitere abschließende Hinweise/Durchführung)

(Urkundsausgang, Unterschriften)

▲

E. Elterliche Sorge im Trennungsfall

I. Grundsätze zur elterlichen Sorge bei Trennung, § 1671 Abs. 1 BGB

Mit **Trennung der Eltern** besteht zwar grundsätzlich die **gemeinsame Elternverantwortung** fort, doch hat derjenige, der mit dem Kind zusammenlebt, die ausschließliche Entscheidungsbefugnis in allen Angelegenheiten, die nicht von erheblicher Bedeutung für das Kind sind. In allen anderen Fällen wird von den Eltern die Herbeiführung eines Einvernehmens verlangt, vgl. § 1687 I 1 BGB.[298] **247**

Angelegenheiten von erheblicher Bedeutung sind beispielhaft: **248**

- Aufenthalt: Internatsunterbringung, freiheitsentziehende Unterbringung, Begründung eines Pflegeverhältnisses
- Ausbildung: Wahl von Schulart und Schule, Schulwechsel, Ausbildungsstätte etc., auch mehrwöchige Schulfahrten[299]
- Gesundheit: Einwilligung in Operationen (außer in Not- und Eilfällen), Behandlung mit erheblichem Risiko, längerfristige Behandlungen (z.B. kieferorthopädische oder psychotherapeutische Behandlung,[300] aber auch Impfungen[301]
- Namensfragen: insbes. Familien- und Vornamensgebung
- Religion: Grundentscheidung der Bekenntniswahl, Taufe, Kirchenaustritt, Beschneidung (nach jüdischem oder muslimischen Ritual)

298 In der Praxis eine „Alleinsorge mit einer Mitbestimmung des anderen Elternteils in wichtigen Angelegenheiten", so *Schwab,* in FamRZ 1998, 457, 458.

299 Vgl. Schnitzler/*Knittel,* Familienrech, § 14 Rn 58; nicht jedoch Nachhilfeunterricht, auch wenn sie nicht unerhebliche Kosten verursacht, so OLG Düsseldorf v. 8.7.2005, 3 UF 21/05, n.v., Abruf-Nr. 060421 unter www.iww.de; vgl. *Soyka,* FK 2006, 44 und OLG Naumburg FamRZ 2006, 1058.

300 OLG Hamm FamRZ 2000, 26, 27.

301 KG FamRZ 2006, 142.

- Reisen: mit Risiken oder Gesundheitsgefahren verbundenen Reisen in entlegene Gebiete oder in weiter entferntes Ausland[302]
- Umgang: Grundentscheidung des Umgangs, § 1632 Abs. 2 BGB[303]
- Vermögenssorge: Anlage oder Verwendung von Kindesvermögen.[304]

1. Regelung bei bestehender Ehe

249 Miteinander verheiratete Eltern sind **gemeinsam sorgeberechtigt**, es sei denn, einem Elternteil ist das Sorgerecht ganz oder teilweise entzogen worden.

Wird im Scheidungsverfahren kein Antrag auf Übertragung der elterlichen Sorge gestellt, **verbleibt** es beim gemeinsamen Sorgerecht der Kindeseltern in der Ausgestaltung nach Trennung der Parteien. Dies ist statistisch bereits der Regelfall.[305]

Das **Beibehalten des gemeinsamen Sorgerechts** kann selbstverständlich zwischen Eltern auch **ausdrücklich vereinbart** werden, z.B. im Rahmen einer Vereinbarung, mit der Eltern für den Aufenthalt der Kinder das sog. Wechselmodell festlegen.[306]

a) Einvernehmliche Alleinsorge

250 Wünscht ein Elternteil für den Fall der Scheidung die Übertragung der elterlichen Sorge auf sich allein, so ist im Verbundverfahren ein Antrag nach § 1671 Abs. 1 BGB zu stellen. Ist dem Scheidungsantrag stattzugeben, ist gleichzeitig über die Folgesache einheitlich durch Beschluss zu entscheiden.

251 *Praxistipp*

Einem Elternteil, dem die elterliche Sorge bereits entzogen ist, steht nicht das Recht zu, die Übertragung der elterlichen Sorge nach § 1671 BGB zu beantragen. Dies gilt auch im Falle der Zustimmung aller Beteiligten (§ 1671 Abs. 2 Nr. 1 BGB) zu einer Sorgerechtsregelung.

302 OLG Köln: zweiwöchige Reise mit 3-jährigem Kind nach Ägypten; OLG Naumburg FuR 2000, 235 Flugreise mit 2-jährigem Kind nach Kanada; OLG Hamm FamRZ 2005, 644: Reisen in Länder eines nicht umfassend vertrauten Kulturkreises; anders OLG Karlsruhe: eine Urlaubsreise des Kindes mit dem mitsorgeberechtigten Vater kann nach den individuellen Verhältnissen der betroffenen Familie eine Angelegenheit des täglichen Lebens sein, so OLG Karlsruhe FamRZ 2005, 1004; der Vater hielt sich häufiger in China auf, auch der ältere Bruder des Kindes war einmal längere Zeit in China

303 Im Gegensatz zu täglichen Einzelentscheidungen (Kontakt zu Nachbarn, Freunden).

304 Im Gegensatz zur Verwendung von Taschengeld und sonstigen Geldgeschenken.

305 Vgl. *Motzer,* FamRZ 2004, 1145, 1155 (rd. 75 % aller Fälle); dies war vor der Kindschaftsrechtsreform vom 1.7.1998 völlig anders. *Kloster-Harz* meint dazu, die Reform habe bewirkt, dass Eltern ein neues Verantwortungsbewusstsein für die Situation ihres Kindes im Trennungs- und Scheidungsprozess entwickelt haben, vgl. FUR 2008, 129 ff., 131.

306 Zur Genehmigungsfähigkeit einer solchen Vereinbarung vgl. OLG Dresden FamRZ 2005, 125.

Stimmt der andere Elternteil der Übertragung **der alleinigen elterlichen Sorge zu**, ist dem Antrag gem. § 1671 Abs. 1 Nr. 1 BGB stattzugeben, es sei denn, das über 14 Jahre alte Kind widerspricht der Übertragung.[307] 252

Ausschlaggebend ist in allen sonstigen Fällen – ohne weitere Sachprüfung des Gerichts – der gemeinsame Elternwille.[308]

Der Widerspruch des über 14 Jahre alten Kindes führt allerdings nicht per se zu einer Verhinderung der Übertragung des Sorgerechts. Vielmehr hebt der Widerspruch die **Bindungswirkung des Elternwillens** für das Gericht auf. Es ist in diesen Fällen zu einer vollen Kindeswohlprüfung verpflichtet.[309]

b) Streit um Alleinsorge

Im Streitfall ist dem Antrag gem. § 1671 Abs. 1 Nr. 2 BGB dann stattzugeben, wenn zu erwarten ist,[310] dass die Aufhebung der gemeinsamen Sorge und die Übertragung auf den Antragsteller dem Wohle des Kindes am besten entspricht, das gemeinsame Sorgerecht also ausscheidet. 253

> *Formulierungsbeispiel* 254
>
> Der **Antrag** lautet wie folgt:
>
> In der Folgesache elterliche Sorge
>
> (volles Rubrum)
>
> wird für den Fall der rechtskräftigen Scheidung beantragt,
>
> das Sorgerecht für das gemeinsame Kind der Parteien …., geb. am….
>
> auf die Antragstellerin zu übertragen.

Das erkennende Gericht hat sodann eine Kindeswohlprüfung in zwei Stufen vorzunehmen. Zunächst ist die Frage der Aufhebung der gemeinsamen elterlichen Sorge klären und sodann die Übertragung der elterlichen Sorge auf den antragstellenden Ehegatten zu prüfen.[311] 255

aa) Aufhebung der gemeinsamen elterlichen Sorge

Nach Neuregelung des § 1671 BGB im Rahmen des zum 1.7.1998 in Kraft getretenen Kindschaftsrechtsreformgesetzes war zunächst der Schluss gezogen worden, es handele es handele sich bei der gemeinsamen Sorge um die **gesetzliche Regel**. Die Alleinsorge sei die Ausnahme, die noch dazu als begründungsbedürftiger Eingriff in das Sorgerecht konstruiert sei.[312] 256

307 BGH DA 2000, 704; vgl. dazu auch *Büte,* FK 2007, 16.
308 Anders nur bei Kindeswohlgefährdung, OLG Rostock FamRZ 1999, 1599.
309 Vgl. Gerhard/*Oelkers*, 4. Kapitel Rn 134; *Grün*, Rn 68.
310 Dazu OLG Stuttgart FamRZ 2014, 1715; OLG Celle FamRZ 2014, 857.
311 Vgl. Schnitzler/*Knittel,* § 14 Rn 80.
312 So *Schwab,* FamRZ 1998, 457, 462.

Der BGH hat jedoch bereits 1999 klargestellt,[313] dass die Neuregelung **kein Regel-Ausnahme-Verhältnis** darstellt dahingehend, dass ein Vorrang der gemeinsamen elterlichen Sorge bestehe und die Alleinsorge eines Elternteils nur in Ausnahmefällen als ultima ratio in Betracht komme.[314] Ebenso wenig bestehe eine gesetzliche Vermutung dafür, dass die gemeinsame elterliche Sorge im Zweifel die für das Kind beste Form der Wahrnehmung elterlicher Verantwortung sei. Funktioniere die gemeinsame elterliche Sorge nicht und seien die Eltern nicht zu gemeinsamen Entscheidungen im Interesse des Kindes fähig, müsse der Alleinsorge der Vorzug gegeben werden.[315]

257 Der **Vorzug der gemeinsamen elterlichen Sorge** besteht unzweifelhaft darin, dass das Kind die – für seine Entwicklung wichtigen – Bindungen an seine von Geburt an vorhandenen und mit ihm verbundenen sog. primären Bezugspersonen besser aufrecht erhalten kann.[316]

258 **Grundvoraussetzung** zur Aufrechterhaltung des gemeinsamen Sorgerechts ist jedoch:

- die **Kooperationsfähigkeit** der Eltern, also die Eignung beider Eltern zur Pflege und Erziehung des Kindes,[317]
- die **Kooperationsbereitschaft**, d.h. der gemeinsame Wille, die Verantwortung auch nach der Scheidung gemeinsam zu tragen,[318]
- sowie ein fehlendes Gebot im Interesse des Kindeswohls, das Sorgerecht einem Elternteil allein zu übertragen.

259 **Räumliche Nähe** ist dagegen kein Kriterium für die gemeinsame Ausübung der Elternverantwortung. Auch wenn eine größere Entfernung die Zusammenarbeit erschwert, bestehen angesichts der modernen Kommunikationsformen keine Bedenken gegen die Bei-

313 BGH FamRZ 1999, 1646; BGH FF 1999, 184; so auch BGH FamRZ 2008, 592 mit Anm. *Luthin*.

314 Gleichwohl hat der BGH bei Uneinigkeit der Eltern über die religiöse Erziehung (Vater: dem Islam zugehörig, Mutter: katholisch) und „tiefer Zerstrittenheit" das gemeinsame Sorgerecht nicht aufgehoben, sondern es bei einer Teilübertragung des Sorgerechts belassen, BGH FamRZ 2005, 1167; kritisch dazu *Weychardt*, FamRZ 2005, 1534: bei extremer Kulturverschiedenheit (ist) ein gemeinsames Sorgerecht sinnlos; vgl. dazu auch OLG Frankfurt FamRZ 1994, 920; die Zugehörigkeit der Mutter zu den „Zeugen Jehovas" rechtfertigt nach Auffassung des AG Helmstedt allerdings nicht die Sorgerechtsübertragung auf den Vater, vgl. AG Helmstedt FamRZ 2008, 632 mit Anm. *Weychardt*.

315 BGH FamRZ 1999, 1646; so auch BVerfG Beschl. v. 18.12.2003 FF 2004, 77; BGH FamRZ 2008, 592 m. Anm. *Luthin* FamRZ 2008, 594, OLG Hamm FamRZ 2012, 235.

316 So Gerhard/*Oelkers*, 4. Kapitel Rn 138; Johannsen/Henrich/*Jaeger*, § 1671 Rn 34; OLG Celle, Beschl. v. 7.6.2004, Az. 19 UF 16/04.

317 Daran fehlt es nach Auffassung des OLG Frankfurt, wenn ein Elternteil den anderen in ehrverletzender Weise beschuldigt (hier: Missbrauchsvorwurf), FamRZ 2008, 633; vgl. dazu auch OLG Celle FamRZ 2008, 637.

318 Nach Auffassung des OLG Köln fehlt es an dieser Bereitschaft, wenn ein Elternteil seine Vermögensverhältnisse verschleiert, um sich seiner Unterhaltspflicht gegenüber dem Kind zu entziehen. Das darin zum Ausdruckkommende mangelnde Verantwortungsbewusstsein begründe den Entzug des ihm zustehenden Teil des Sorgerechts, so OLG Köln FamRZ 2008, 636; zur elterlichen Pflicht zur Konsensbildung vgl. OLG Brandenburg FamRZ 2010, 1257.

behaltung des gemeinsamen Sorgerechts.[319] Ein Umzug innerhalb Deutschlands sollte daher kein Grund für die Übertragung der alleinigen elterlichen Sorge sein.[320]

Anderes sollte gelten, wenn der nicht mit dem Kind zusammenlebende Elternteil in das Ausland verzieht. Die Erreichbarkeit kann – selbst im Rahmen der Europäischen Union – durch nationale Gegebenheiten oder Ereignisse stark eingeschränkt sein.

Die Aufrechterhaltung der gemeinsamen elterlichen Sorge ist ersichtlich aber nur dann möglich, wenn **Eltern in der Lage** sind, sich über die **Angelegenheiten des Kindes zu verständigen.**

So hat das **OLG Celle**[321] zu recht aufgrund der **religiös motivierten Verweigerung** jeglicher direkter Kommunikation mit dem Vater durch die zum Islam übergetretene Mutter die gemeinsame Sorge aufgehoben und das Sorgerecht auf den Vater allein übertragen. 260

Im **Konfliktfall** ist häufig nicht zu entscheiden, ob es den Eltern an der – objektiven – Kooperationsfähigkeit oder der – subjektiven – Kooperationsbereitschaft fehlt. Fehlt den Eltern über die Kooperationsfähigkeit hinaus allerdings die Erziehungsfähigkeit, ist nicht auf Antrag, sondern von Amts wegen einzuschreiten, wenn andernfalls das Wohl des Kindes gefährdet wäre.

Kooperationsfähigkeit und -bereitschaft setzen eine **bestehende Kommunikationsbasis** der Eltern voraus, die eine Zurückstellung der Partnerprobleme zum Wohle des Kindes beinhaltet.[322]

Wann dies noch der Fall ist, wird jedoch von der Rechtsprechung sehr unterschiedlich beantwortet. Zum Teil wird die Aufrechterhaltung der gemeinsamen elterlichen Sorge außerordentlich hoch angesiedelt und nahezu um jeden Preis beibehalten.[323] Andererseits erscheint es problematisch, das einseitige „Sabotageverhalten" eines Elternteils dadurch zu belohnen, dass ihm das alleinige Sorgerecht übertragen wird[324] oder grundsätzlich angesichts aktueller Konflikte das gemeinsame elterliche Sorgerecht aufzulösen.[325]

319 So schon OLG Celle DAVorm 1995, 866, 867; OLG Naumburg FamRZ 2002, 564; OLG Hamm FamRZ 2002, 565 (dort: Wangerode/Ruhrgebiet); OLG Köln FamRZ 2003, 1036.

320 So jedoch KG FF 1999, 59 (Berlin/Bayern).

321 OLG Celle FamRZ 2004, 1667; ähnlich OLG Hamm OLGR 2006, 14: Eltern missbrauchen ihr Sorgerecht und gefährden das Kindeswohl, wenn sie ihre Kinder nicht zur Schule schicken. Dies gilt auch dann, wenn sie aus religiösen Gründen einen Schulbesuch ablehnen und die Kinder zuhause unterrichten; vgl. auch OLG Brandenburg FamRB 2006, 10.

322 OLG Frankfurt FamRZ 1999, 392; OLG Köln FamRZ 2005, 1275; vgl. anschaulich zu fehlender Kommunikationsfähigkeit OLG Hamm FamRZ 2010, 1258.

323 Vgl. *Born*, Anm. zu BGH FamRZ 1999, 1646 in FamRZ 2000, 396, 399; *Weil*, FamRZ 2002, 188; OLG Köln FamRZ 2005, 2087.

324 Einerseits OLG Karlsruhe FamRZ 2000, 1041 (mit Anm. *Luthin*) und OLG Hamm FamRZ 2001, 182 (gemeinsame elterliche Sorge), andererseits OLG Dresden FamRZ 2000, 109 (alleiniges Sorgerecht).

325 OLG Oldenburg FamRZ 1998, 1464; OLG Bamberg FamRZ 1999, 803 und FamRZ 1999, 1005, 1006; OLG Karlsruhe FamRZ 2000, 111, 112.

261 So hat das **OLG Düsseldorf**[326] erklärt: Das alleinige Sorgerecht ist trotz abweichender Empfehlung eines gerichtlichen Gutachters dem Vater zu übertragen, wenn die Parteien selbst in Bagatellpunkten zu einer einvernehmlichen Regelung nicht in der Lage sind, die Mutter ihre Funktion als betreuender Elternteil dazu missbraucht hat, die Kinder von ihrem Vater zu entfremden, diesem in bevormundender Weise einen unbefangenen und reibungslosen Umgangskontakt unmöglich macht und schließlich nach Zustellung der erstinstanzlichen Entscheidung in die Niederlande ausreist.

Allgemein sollte zur **Aufrechterhaltung gemeinsamer elterlicher Sorge ausreichen**, dass Parteien unabhängig von ggf. aktuellen trennungsbedingten Spannungen grundsätzlich willens und in der Lage sind, einvernehmliche Lösungen zu finden und in Erziehungsfragen keine unauflösbaren Meinungsverschiedenheiten bestehen.[327]

262 *Praxistipp*

Im Streitfall ist erheblich mehr erforderlich, als allgemein auf fehlende Kooperationsfähigkeit oder -bereitschaft hinzuweisen. Es ist konkret am Einzelfall darzulegen,

- bei welchem Anlass und auf welche Weise Bemühungen um die gemeinsame Elternentscheidung stattgefunden haben;
- dass und inwieweit Bemühungen an der Verweigerungshaltung des anderen Elternteils gescheitert sind;
- inwieweit durch die mangelnde Einigungsfähigkeit die Entwicklung und das Wohl des Kindes beeinträchtigt sind.

263 *Weiterer Hinweis*

Einmaliges Fehlverhalten reicht in der Regel nicht aus, um die Unfähigkeit oder fehlende Bereitschaft des Anderen zur Ausübung der gemeinsamen elterlichen Sorge zu begründen.[328]

264 Grundsätzlich sind Eltern verpflichtet, die Zusammenarbeit zum Wohle des Kindes zu suchen.[329] Die Gleichgültigkeit eines Elternteils spricht allerdings gegen die Beibehaltung des gemeinsamen Sorgerechts.[330]

Die **„Eingriffsschwelle"** des **§ 1671 Abs. 1 Ziff. 2 BGB** wird von den Obergerichten sehr unterschiedlich gesehen.

326 OLG Düsseldorf FamRZ 2005, 2087 = FuR 2005, 563.

327 OLG Hamm FamRZ 1999, 1600.

328 OLG Karlsruhe FamRZ 2002, 1209.

329 OLG Hamm FamRZ 1999, 1154 a.A. Schnitzler/*Knittel,* § 14 Rn 92; *Oelkers,* FPR 1999, 132 ff., 136.

330 *Schwab,* FamRZ FamRZ 1998, 457, 463.

Beispiele für die durchaus sehr unterschiedlich hohe Eingriffsschwelle finden sich in einzelnen Entscheidungen wie folgt.

(1) Spannungen zwischen den Eltern

- Erst wenn die Auffassungen der Eltern über die zukünftige Gestaltung des Lebens der Kinder, etwa bezüglich schulischer Belange, derart auseinander gehen, dass mit einvernehmlichen und dem Interesse der Kinder dienenden Entscheidungen nicht gerechnet werden kann, ist die gemeinsame elterliche Sorge aufzuheben. Hinzu kommt eine weite räumliche Entfernung der Wohnsitze der Eltern (Vater in NRW, Mutter in Wales).[331] **265**
- Nicht jedwede Spannungen zwischen den Eltern haben die Folge, dass gemeinsame elterliche Sorge (auch in Teilbereichen) ausgeschlossen ist. Hat sich jedoch in der Vergangenheit gezeigt, dass eine gemeinsame Sorge, in welchem Bereich auch immer, dem Wohl der Kinder abträglich wäre, da die Eltern eine solche Regelung dazu benutzen würden, ihre Streitigkeiten weiter zu Lasten der Kinder auszutragen, ist die gemeinsame elterliche Sorge aufzuheben.[332]

In anderen Entscheidungen heißt es dagegen in weniger hoher „Hürde“: **266**

- Es muss gewährleistet sein, dass beide Eltern uneingeschränkt erziehungsgeeignet und gewillt sind, die Verantwortung für die Kinder gemeinsam zu tragen.[333]
- Uneinigkeit über die Frage, ob das Kind eine Klasse freiwillig wiederholen soll oder ob es im Laufe eines Schuljahres freiwillig in die nächst niedrigere Klasse überwechseln soll, zeigt fehlende Einigungsfähigkeit und führt zur Übertragung der alleinigen elterliche Sorge hinsichtlich schulischer Belange.[334]
- Entscheidend gegen eine Aufrechterhaltung der gemeinsamen elterliche Sorge spricht, dass die Mutter, die das Kind betreut und bei der es lebt, sich entschieden gegen die Beibehaltung der gemeinsamen elterliche Sorge der Eltern wendet, obwohl es den Eltern mittlerweile wieder gelingt, sich im Interesse des Kindes zu verständigen und zusammenzuarbeiten.[335]

(2) Geringe Kommunikation, Provokationen

Auch bei erheblichen – eher zunehmenden – Differenzen hinsichtlich ärztlicher Behandlung und Einschulung des Kindes, die auch unter Einschaltung des JA nicht ausgeräumt werden können, lediglich Übertragung der Personensorge auf den Antrag stellenden Elternteil;[336] Reaktionen auf Provokationen des anderen Elternteils in prozesstaktischer Absicht **267**

331 OLG Hamm, 6. Sen., FamRZ 1999, 320.
332 OLG Frankfurt, 1. Sen., FamRZ 2000, 570.
333 OLG Dresden, 20. Sen., FamRZ 1999, 324.
334 OLG Nürnberg, 11. Sen., FamRZ 1999, 673.
335 KG, 19. Sen., FamRZ 1999, 808.
336 OLG Frankfurt, 2. Familiensenat in Kassel, FamRZ 2002, 1727.

sind unbeachtlich;[337] trotz geringer Kommunikation zwischen den Eltern keine Sorgepflichtregelung, wenn Einigung der Eltern in Angelegenheiten von erheblicher Bedeutung für das Kind möglich sind;[338] auch wenn Eltern gegenwärtig nicht bereit und nicht in der Lage sind, über die Belange des Kindes sinnvoll miteinander zu sprechen und einvernehmliche Lösungen zu finden, reicht es aus, das Aufenthaltsbestimmungsrecht zu übertragen, wenn in absehbarer Zeit keine sorgerechtsrelevanten Entscheidungen gemeinsam zu treffen sind.[339] Die gemeinsame elterliche Sorge wird aufgehoben und kann auch auf den die Alleinsorge begehrenden Elternteil übertragen werden, obwohl dieser für die völlige Zerrüttung der sozialen Beziehungen zwischen den Eltern (haupt-)verantwortlich ist.[340]

Vom gemeinsamen elterlichen Sorgerecht soll nur abgewichen werden, wenn dies für das Kindeswohl unbedingt erforderlich ist. Ein solcher Ausnahmefall liegt nicht alleine bei unbeherrschtem Verhalten und mangelnder Kooperationsbereitschaft eines Elternteils vor, wenn die Kinder zu diesem noch eine emotionale Bindung haben.[341]

268 **In anderen Entscheidungen** heißt es dagegen:

- Bereits mangelnde Kooperationsbereitschaft der Eltern führt zur Aufhebung der gemeinsamen elterlichen Sorge.[342]
- Desinteresse eines Elternteils am Umgang mit dem Kind und an der Mitwirkung in Erziehungsfragen sprechen gegen die Beibehaltung der gemeinsamen Sorge.[343]

(3) Fortwährender Streit

269
- Trotz Aussage der Gutachterin, wonach die Eltern in ihrem Verhältnis zueinander vollständig zerstritten und nicht in der Lage seien, aufeinander zuzugehen, kann erwartet werden, dass mit der Zeit eine weitere Versachlichung der Beziehungen der Eltern zueinander eintritt und sie dann in der Lage sein werden, Entscheidungen einvernehmlich zu treffen. Das Wohl des Kindes erfordert, dass beide Seiten sich redlich bemühen, ein Mindestmaß an Kooperation herbeizuführen.[344]

270 **In anderer Entscheidung** heißt es dagegen:

- Bei ablehnender Haltung eines Elternteils ist nur zu prüfen, ob die Ablehnung auf überkommenen Sorgerechtsvorstellungen oder auf einer, durch tatsächliche Gege-

337 OLG Hamm, 8. Sen., FamRZ 2001, 183.
338 OLG Köln, 4. Sen., FamRZ 2003, 1036.
339 OLG Brandenburg, 3. Sen., FamRZ 2002, 567.
340 BGH FamRZ 2008, 592 m. Anm. *Luthin,* 594.
341 OLG Frankfurt, 2. Sen. Kassel, FamRZ 2002, 187; ähnlich OLG Brandenburg FamRZ 2015, 859; OLG Brandenburg FamRZ 2014, 1856; OLG Frankfurt FamRZ 2014, 2201.
342 OLG Düsseldorf, 6. Sen., FamRZ 1999, 1157.
343 OLG Dresden, 10. Sen., FamRZ 2002, 973.
344 OLG Hamm, 1. Sen., FamRZ 1999, 1159; ähnlich OLG Brandenburg FamRZ 2015, 760; OLG Naumburg FamRZ 2015, 763; OLG Nürnberg FamRZ 2014, 571; dazu *Clausius,* FF 2014, 201.

benheiten nicht zu rechtfertigenden Oppositionshaltung beruht und ob deshalb eine andere Beurteilung der ablehnenden Haltung geboten ist.[345]

(4) Räumliche Entfernung

- Weite räumliche Entfernung der Wohnsitze der Eltern (Württemberg und Ostsachsen) rechtfertigen nicht die Aufhebung der gemeinsamen elterlichen Sorge;[346] eine größere Entfernung zwischen den Wohnsitzen der Eltern (Nordseeinsel und Ruhrgebiet) allein rechtfertigt nicht die Alleinsorge eines Elternteils;[347] eine größere räumliche Entfernung zwischen den Eltern steht der Beibehaltung der gemeinsamen elterlichen Sorge regelmäßig nicht entgegen;[348] der Aufenthalt der Eltern in Spanien und in Deutschland steht nicht grundsätzlich der Ausübung der gemeinsamen Sorge entgegen. Es kann nicht ohne Abwägung der konkreten Umstände des Einzelfalles auf die weite Entfernung verwiesen werden.[349] 271

In anderer Entscheidung heißt es dagegen: 272

- Eltern haben in der Vergangenheit Belange der Kinder in deren wohlverstandenem Interesse einvernehmlich geregelt. Wegen der (jetzt) weiten Entfernung – Mutter in Bayern, Vater in Berlin – wird das Abstimmen regelungsbedürftiger Fragen unpraktikabel. Es kann von dem Fortbestehen einer Kompromissbereitschaft nicht mehr ausgegangen werden.[350]

(5) Straftaten, Drogenkonsum, fehlende Erziehungseignung

- Einem gemeinsamen Sorgerecht stehen Bedenken des Vaters gegen die erzieherische Eignung der Mutter aufgrund von ihr begangener Vermögensstraftaten nicht entgegen.[351] 273
- Sorgerechtsübertragung bei erheblichem Konfliktpotenzial, tätliche Auseinandersetzungen im Beisein des knapp 3 Jahre alten Kindes, Streit über ärztliche Versorgung, Einschätzung der Erziehungsfähigkeit des jeweils anderen[352] und beim Umgangsrecht führen zu einer mit dem Kindeswohl unvereinbaren Belastung des Kindes;[353] aus einem einmaligen „Aussetzer" eines Elternteils (hier: Gewalttätigkeit

345 OLG Dresden, 20. Sen., FamRZ 1999,1156.
346 OLG Dresden, 10. Sen., FamRZ 2000, 501.
347 OLG Hamm, 3. Sen., FamRZ 2002, 565.
348 OLG Brandenburg, 2. Sen., FamRZ 2003, 1952.
349 BVerfG, FamRZ 2004, 1015; vgl. auch KG FamRZ 2010, 135.
350 KG, 13. Sen., FF 1999, 59; anders AG Ludwigslust FamRZ 2010, 388.
351 OLG Hamm, 10. Sen., FamRZ 1999, 1597.
352 Zu sehr unterschiedlichen Lebens- und Erziehungswelten vgl. OLG Karlsruhe Beschl. v. 2.4.2015 – 18 UF 253/14, JurionRS 2015, 13945.
353 OLG Düsseldorf, 8. Sen., FamRZ 1999, 1598.

gegenüber dem anderen Elternteil) in der virulenten Trennungsphase lässt sich eine fehlende Erziehungseignung nicht ableiten.[354]

274 **In anderer Entscheidung** heißt es hingegen:

- Unzuverlässigkeit ist nicht hinnehmbar. Das OLG Brandenburg sah u.a. darin, dass die Mutter Umgangskontakte nicht regelmäßig wahrnahm, den Vater zeitweise nicht über ihre aktuelle Anschrift und Telefonnummer informierte, zu einem Jugendamtstermin nicht erschien und an zwei Anhörungsterminen des Gerichts nicht teilnahm, eine Unzuverlässigkeit, aufgrund derer das Sorgerecht vorrangig dem Vater zu übertragen sei.[355]

bb) Übertragung von Teilbereichen

275 Nach den zu beachtenden Grundsätzen der Verhältnismäßigkeit und des geringstmöglichen Eingriffs kommt häufig die Übertragung eines Teilbereiches der elterlichen Sorge in Betracht. Streiten Parteien z.B. um den (künftigen) Lebensmittelpunkt des Kindes und ist im Übrigen das Verhältnis der Eltern zueinander nicht zerrüttet, so dass der Streit keine Gefährdung des Kindeswohls bewirkt, genügt es, das Aufenthaltsbestimmungsrecht auf eines der Elternteile zu übertragen.[356]

276 Zum Umzug im Inland und ins Ausland gilt:

Wenn ein Elternteil mit den gemeinsamen Kindern umzieht und damit für den anderen Elternteil Einschränkungen des Umgangs verbunden sind, so ist dies nach einem Beschluss des OLG Nürnberg[357] hinzunehmen, wenn beachtenswerte, im vorliegenden Fall berufliche Gründe für den Umzug sprechen.

Im Falle des Umzugs ins Ausland übertrug das KG[358] das Aufenthaltsbestimmungsrecht auf die Mutter, die mit dem Kind zu ihrem jetzigen Ehemann nach Südfrankreich ziehen wollte.

cc) Alleinsorge des Antragstellers

277 Ist die gemeinsame elterliche Sorge nach Prüfung durch das Gericht nicht aufrecht zu erhalten, ist in zweiter Stufe zu prüfen, ob die Übertragung der Alleinsorge auf den antragstellenden Elternteil dem Kindeswohl am besten entspricht.

354 OLG Karlsruhe, 5. Sen., FamRZ 2002, 1209; zum Entzug der elterlichen Sorge wegen krankheitsbedingt beeinträchtigter Erziehungsfähigkeit vgl. BGH FamRZ 2010, 308.

355 OLG Brandenburg v. 13.10.2009 – II – 4 UF 122/09, juris.

356 BGH FamRZ 2008, 45; FamRZ 2012, 99.

357 FamRZ 2010, 135.

358 KG FamRZ 2010, 135 unter Berücksichtigung der Gesichtspunkte Erziehungseignung, Förderkompetenz, Bindungstoleranz der Eltern sowie Bindungen des Kindes, Kontinuität und Kindeswille. Das Gericht stützte sich dabei, nach Ausführungen zu den Kriterien familienpsychologischer Begutachtung, auf ein psychologisches Sachverständigengutachten.

Die **folgenden Kriterien**[359] sind dazu zu prüfen, ohne dass eine unterschiedliche Rangfolge besteht:[360]

- Förderungsprinzip
- Bindungen des Kindes (an Eltern und Geschwister)
- Kontinuitätsgrundsatz
- Kindeswille
- Schließlich ist die Bindungstoleranz des jeweiligen Elternteils zu beachten.

Nach dem **Förderungsprinzip** ist zu fragen, welcher Elternteil eher in der Lage ist, dem Kind die **Entwicklungsmöglichkeiten zu vermitteln** und den Aufbau seiner Persönlichkeit zu fördern.[361] Hier spielen Erziehungseignung und -fähigkeit, also die Persönlichkeit des Elternteils und das Erziehungskonzept eine entscheidende Rolle. 278

So entspricht z.B. die persönliche Betreuung eher als die Fremdbetreuung dem Kindeswohl. Die Bereitschaft, sich unter Zurückstellung eigener Belange der Erziehung des Kindes anzunehmen, ist insofern von größerer Bedeutung als die wirtschaftlichen Rahmenbedingungen. Letzteres spielt nur dann eine Rolle, wenn wirtschaftliche Mindeststandards nicht gewahrt sind.[362]

§ 1671 Abs. 2 BGB a.F. beschrieb ausdrücklich, dass die **Bindungen des Kindes** an seine Eltern und Geschwister besonders zu berücksichtigen waren. Auch wenn die jetzige gesetzliche Regelung keine einzelnen Kriterien zur Entscheidung über die Alleinsorge mehr aufweist, ist wesentliches Kriterium für eine Entscheidung, inwieweit die jeweiligen Bindungen zu den Elternteilen und ggf. zu den Geschwistern gewachsen und gefestigt sind.[363]

Eine besondere Bedeutung bei der Entscheidung über die Alleinsorge kommt dem **Kontinuitätsgrundsatz**[364] zu, d.h. der Frage, bei wem die Stabilität, die Gleichmäßigkeit und Einheitlichkeit der Erziehung am ehesten gewährleistet ist.[365] 279

359 *Strobach* zitiert hierzu in FPR 2008, 148, *von Boch-Galhau*, Das Kind ist – bei ansonsten ähnlichen Voraussetzungen beider Eltern – bei dem Elternteil am besten aufgehoben, der die Beziehung zum jeweils anderen respektiert und aktiv fördert, 150 FPR 2008, 150 und *Hellinger,* Die Kinder müssen zu dem Elternteil, der in den Kindern den anderen Partner am meisten achtet und liebt, 151.
FPR 2008, 151.

360 Ständ. Rspr, vgl. BVerfG FamRZ 1981, 124, 126; OLG Karlsruhe FamRZ 1995, 562, 564; *Oelkers*, FuR 1999, 349; vgl. aber die differenzierenden, 10 Punkte umfassenden Kriterien in *Duderstadt*, Elterliche Sorge und Umgangsrecht, 36 ff.; dazu auch *Büte,* FK 2007, 16; *Horndasch*, Verbundverfahren, Rn 242 ff.

361 BGH FamRZ 1990, 392, 394.

362 OLG Bamberg FamRZ 1985, 1175, 1178.

363 Den Bindungen des Kindes kommt streitentscheidende Bedeutung zu, wenn Förderprinzip und Kontinuitätsgrundsatz nicht weiterführen, vgl. OLG Hamm FamRZ 1994, 918; vgl. auch OLG Köln FamRZ 2010, 139.

364 Dieser Grundsatz spielt auch bei zwischenzeitlich entwickelten Bindungen zu Pflegeeltern häufig eine entscheidende Rolle, vgl. OLG Düsseldorf FamRZ 2009, 1756; vgl. auch OLG Hamm FamRZ 2009, 1757: bei ansonsten gleicher Eignung der Eltern kommt dem Kontinuitätsgrundsatz entscheidende Bedeutung zu; vgl. auch OLG Köln FamRZ 2009, 1762.

365 BGH FamRZ 1990, 392, 393; OLG Bamberg FamRZ 1998, 1462; KG FamRZ 2010, 1169.

Stabilität bedeutet dabei die Aufrechterhaltung der Betreuungsperson und des sozialen Umfeldes (Kindergarten, Schule, Freunde, Sportverein etc.).[366] Fallen die Betreuungsperson und das soziale Umfeld, z.B. durch Umzug der Mutter, auseinander, wird allerdings die Kontinuität der Betreuungsperson schwerer wiegen als der Umgebungswechsel.[367]

Der **Wille des Kindes** kann eine entscheidende Rolle bei der Frage der Übertragung der Alleinsorge spielen.[368] Etwa ab Erreichen des 12. Lebensjahres wird der Entscheidung des Kindes eine entscheidende Bedeutung zugemessen.[369] Dies ist Ausdruck der verfassungsrechtlich zu beachtenden Selbstbestimmung des Kindes.[370]

Das Bundesverfassungsgericht hat allerdings noch 2001 die Auffassung vertreten, dass dann, wenn das Kind jünger als 14 Jahre ist, der Wille nicht „geprägt sein darf durch (eine) momentane oder manipulierte – möglicherweise durch Geschenke beeinflusste – Einstellung.[371]

Der EuGH hat hierzu ähnlich erklärt, dass auch bei einem über 12 Jahre alten Kind grundsätzlich zu prüfen ist, ob seine Entscheidung nicht auf Einflussnahme zurück zu führen ist:

280 *Allein die Weigerung der über 12 Jahre alten Kinder, zum Vater zurückzukehren reicht nicht aus, die elterliche Sorge der Lebensgefährtin der verstorbenen Mutter zu übertragen. Es stellt vielmehr einen Verstoß gegen Art. 8 EMRK dar, wenn in einem solchen Fall ohne Anhörung der Beteiligten und ohne Einschaltung eines psychologischen Sachverständigengutachtens die Entscheidung getroffen wird, weil damit nicht hinreichend nachgeprüft ist, ob die Weigerung der Kinder nicht möglicherweise auf den Einfluss der Lebensgefährtin zurückzuführen ist.*[372]

366 OLG Brandenburg FamRZ 2001, 1021; OLG Frankfurt/Main FamRZ 2009, 1499; zur seelischen Belastung des Umgebungswechsels auch AG Siegen FamRZ 2009, 1501 und AG Oberhausen FamRZ 2009, 1502.

367 OLG Nürnberg FamRZ 1996, 563, 564; OLG Köln FamRZ 1999, 182, 183.

368 BVerfG FamRZ 2009, 1389.

369 Dazu KG FamRZ 2015, 765; AmtsG Hannover FamRZ 2014, 1654; OLG Celle FamRZ 2014, 857; *Horndasch*, Verbundverfahren Scheidung, Rn 255; Staudinger/*Coester*, § 1671 Rn 242 m.w.N.

370 Staudinger/*Coester*, § 1671 Rn 241 ff.; *Schwab*, FamRZ 1998, 457, 465; OLG Zweibrücken FamRZ 2001, 176: erst ab dem14. Lj.

371 BVerfG FamRZ 2001, 1057; zur Beachtlichkeit eines von einem 10-jährigen geäußerten Willens vgl. BGH FamRZ 1990, 392; einer 13-jährigen KG FamRZ 2005, 1768 (Übertragung der Alleinsorge auf die Mutter; Kind lehnte jeden Kontakt zum Vater ab); OLG Hamm FamRZ 2005, 746 (für Wechsel in den Haushalt der Kindesmutter; Wille muss beachtet werden, auch wenn er häufiger wechselte); OLG Brandenburg v. 1.10.2009 – 9 UF 21/09, juris: dem begründeten Willen eines 14-jährigen kommt ausschlaggebende Bedeutung zu; OLG Brandenburg v. 1.10.2009 – 9 UF 71/09, juris: der deutlich geäußerte Wille eines 5-jährigen wird berücksichtigt; aber vgl. auch OLG Brandenburg FamRZ 2010, 1923: Der geäußerte Wille des fast 15-jährigen Sohnes ist unbeachtlich, weil er die mütterliche Haltung ausdrückt.

372 EuGHMR FamRZ 2006, 997.

Gerade bei jüngeren Kindern jedoch wird jeweils zu prüfen sein, ob offene und unbeeinflusste Angaben gemacht werden (können).[373] Je jünger Kinder sind, desto mehr wächst die Gefahr, dass ihre Haltung fremdbestimmt ist.[374] 281

Praxistipp 282

Häufig „gelingt" es Eltern, starke Schuldgefühle zu verursachen, die dem Kind anlässlich einer Anhörung keine andere Wahl lassen, als sich für ihn zu entscheiden. In solchen Fällen ist auf die Einholung eines kinderpsychologischen Sachverständigengutachtens zu drängen.

Sind gleichmäßige Bindungen und Neigungen des Kindes vorhanden, kann auch der Wunsch, mit den Geschwisterkindern zusammen bei einem Elternteil leben zu wollen, entscheidend sein.[375] 283

Die **Gewährung und Förderung des Umgangsrechtes** (Bindungstoleranz) ist ein entscheidendes Kriterium bei der Zuteilung der elterlichen Sorge.

Die Beeinflussung des Kindes und die Unterbindung von Umgangsrechtskontakten zum anderen Elternteil stellt regelmäßig eine schwerwiegende Beeinträchtigung des Kindeswohls dar, die auch Auswirkungen auf die Regelung der elterlichen Sorge haben kann.[376]

Die Verhinderung des Umgangs stellt schlicht eine Erziehungsungeeignetheit dar.[377]

Nachgewiesene Bindungsintoleranz führt gegebenenfalls zu einer (sehr schnellen) Abänderung einer Sorgerechtsentscheidung.[378] Längere Umgangsvereitelung kann auch dazu führen, dass als Teil der elterlichen Sorge das Aufenthaltsbestimmungsrecht entzogen und auf einen Dritten (Jugendamt, Umgangspfleger) übertragen wird.[379]

Diese Kriterien stehen aber letztlich **nicht wie Tatbestandsmerkmale kumulativ** nebeneinander. Jedes Merkmal kann im Einzelfall mehr oder weniger bedeutsam für die Frage sein, was dem Wohl des Kindes am besten entspricht.[380] Sie stehen „über den all-

373 Zu pathologischem Verhalten eines Elternteils vgl. AmtsG Daun FamRZ 2008, 1879.

374 OLG Braunschweig FamRZ 2001, 1637 (zwei 9 und 13 Jahre alte Kinder hatten sich schriftlich von der Mutter losgesagt); vgl. auch FamG St. Goar FamRZ 2001, 1722, 1723.

375 OLG Hamm FamRZ 1997, 957.

376 OLG Hamm FamRZ 2007, 757, 759; OLG Hamm FamRZ 2007, 2007, 1677; OLG Zweibrücken FamRZ 1999, 521:danach kann gem. § 1666 BGB die Zustimmung des Obhutselternteils zur Psychologischen Begutachtung des Kindes ersetzt werden.

377 OLG Köln FamRZ 1998, 1463; OLG Celle FamRZ 2004, 1667; AG Frankfurt FamRZ 2004, 1595.

378 OLG Frankfurt FamRZ 1999, 612; OLG Dresden FamRZ 2003, 397.

379 OLG Frankfurt FamRZ 2004, 1311.

380 BGH FamRZ 2010, 1060; 1990, 392.

überstrahlenden und letztentscheidenden Begriff des Kindeswohls“[381] in innerer Beziehung zueinander und können sich gegenseitig verstärken oder aufheben.[382]

2. Regelung bei nichtehelichen Lebensverhältnissen, § 1671 Abs. 2 BGB

284 Die Vorschrift zur Übertragung der Alleinsorge bei getrenntlebenden Eltern, § 1671 BGB, gilt **unabhängig davon, ob die Eltern verheiratet sind oder nicht**.

Wesentlicher Anknüpfungspunkt ist allein die vollzogene **dauerhafte Trennung**.[383]

Die **Neuregelung des § 1671 BGB** vom 19.5.2013[384] und die Aufhebung des § 1672 BGB führte dazu, dass § 1671 Abs. 2 BGB auch den Fall erfasst, dass die Mutter nach § 1626a Abs. 3 BGB alleinsorgeberechtigt ist und der bislang nicht mit sorgeberechtigte Vater die Übertragung der elterlichen Sorge in ihrer Gesamtheit oder in Teilbereichen beantragt.

§ 1671 Abs. 2 BGB ist dabei **spiegelbildlich** zu § 1671 Abs. 1 BGB aufgebaut.

285 Auf den Antrag des nicht nur vorübergehend getrenntlebenden Kindesvaters, der bisher nicht Mitinhaber der gemeinsamen Sorge ist, gibt es drei Möglichkeiten des Ablaufs.

(1) Stimmt die Mutter zu (negative Kindeswohlprüfung), erfolgt die Übertragung der Alleinsorge auf den Antragsteller nach negativer Kindeswohlprüfung.

(2) Stimmt die Mutter zu und **widerspricht das über 14 Jahre alte Kind**, wird gerichtlich die Beachtlichkeit des kindlichen Widerspruchs geprüft und eine dem Kindeswohl orientierte Entscheidung getroffen.

(3) Stimmt die Mutter nicht zu, ist zu prüfen, ob zum einen die gemeinsame Sorge nicht in Betracht kommt und zum anderen, ob die Übertragung der Sorge allein auf den Vater dem Kindeswohl am besten entspricht, § 1671 Abs. 2 S. 2 Nr. 2 BGB. Liegen die Voraussetzungen vor, wird die Alleinsorge auf den Antragsteller übertragen.

286 Allerdings besteht auch die Möglichkeit, ebenso wie bei § 1671 Abs. 1 BGB, die elterliche Sorge entweder in ihrer **Gesamtheit oder aber lediglich in einem Teilbereich** zu übertragen.

Dabei kommt – entsprechend § 1671 Abs. 1 – eine **teilweise Übertragung** dann in Betracht, wenn ausschließlich in bestimmten Teilbereichen eine Einigung nicht zu erzielen ist.[385]

Für den Fall, dass einem Elternteil die elterliche Sorge in einem Teilbereich übertragen ist, entscheidet dieser zukünftig in diesem Bereich allein. Im Gegensatz zu einer Entschei-

381 So OLG Saarbrücken, Beschluss v. 20.1.2011, 6 UF 106/10 mit Hinweis auf BVerfGE 56, 363 (Beschl. v. 24.3.1981); BVerfG FuR 2008, 338.

382 BGH FamRZ 1985, 169.

383 *Schwab*, FamRZ 1998, 457.

384 BGBl 2013 I 795.

385 OLG Saarbrücken FamRZ 2001, 184; *Völker/Clausius*, § 1 Rn 313.

dung nach § 1628 BGB, die lediglich Einzelfallentscheidungen betrifft, ist ein **„Einzel*bereich*"** ausschließlich über **§ 1671 BGB** zu lösen.

II. Vereinbarungen zur elterlichen Sorge bei Trennung

In Verfahren nach § 1671 BGB wird in jeder Phase der gerichtlichen Auseinandersetzung **287**
überlegt werden, ob, und wenn ja, in welcher Form eine gütliche Vereinbarung getroffen werden kann, um den Streit zu beenden.

1. Vereinbarungen bei Ehescheidung

Sind Eltern miteinander verheiratet, stellt sich für denjenigen Ehegatten, der sich gegen **288**
die Übertragung der alleinigen elterlichen Sorge auf den anderen Elternteil wehrt, die Frage nach einer verträglichen Lösung.

Diese kann in dem Angebot bestehen, den anderen Ehegatten **unter Beibehaltung der gemeinsamen elterlichen Sorge durch Vollmacht** zu ermächtigen, Angelegenheiten von erheblicher Bedeutung in bestimmten Bereichen allein zu entscheiden.

Streiten Eltern etwa ausschließlich über die Frage der sinnvollen medizinischen Behandlung eines chronisch kranken Kindes, kann es sinnvoll sein, eine Vereinbarung zu treffen, die beispielsweise der betreuenden Kindesmutter die Möglichkeit eigener Entscheidung im alleinigen Einvernehmen mit den behandelnden Ärzten zu treffen.

Eine solche **Vollmacht** kann – evtl. auch unter Einbeziehung weiterer zu lösender Pro- **289**
bleme von Trennung und Scheidung – wie folgt formuliert werden:

▼ 6.58

Muster 6.58: Vereinbarung von Vollmacht unter Beibehaltung gemeinsamer elterlicher Sorge

Verhandelt am

Zu

Vor mir, dem unterzeichnenden Notar im Bezirk des Oberlandesgerichts

erscheint

Herr A, geb. am , wohnhaft

ausgewiesen durch .

Die Frage des beurkundenden Notars nach einer Vorbefassung im Sinne von § 3 Abs. 1 Nr. 7 BeurkG wurde von den Erschienenen verneint. Der beurkundende Notar erläuterte die vorgenannte Vorschrift.

Der Erschienene erklärte zunächst:

Ich bin Vater des am _____ geborenen Kindes K Meine Ehefrau, Frau _____, geb. am _____, wohnhaft _____ (ebenda) und ich üben die elterliche Sorge für unser Kind gemeinsam aus.

Der Erschienene bat den Notar um die Beurkundung einer

Vollmacht im gesundheitlichen Bereich

und erklärte zu notariellem Protokoll:

Hierdurch bevollmächtige ich, meine Ehefrau, Frau A, geb. am _____, wohnhaft _____,

unser Kind K, geb. am _____, wohnhaft _____, in allen persönlichen Angelegenheiten, die den Bereich der

medizinischen Untersuchungen, Behandlungen und medizinische Eingriffe

betreffen, soweit dies gesetzlich zulässig ist, gerichtlich und außergerichtlich zu vertreten.

Die Bevollmächtigte ist befugt, Rechtsgeschäfte mit sich im eigenen Namen und als Vertreter Dritter vorzunehmen. Die Vollmacht soll durch meinen Tod nicht erlöschen.

Der Bevollmächtigten ist eine Ausfertigung dieser Urkunde zu erteilen.

Der Notar hat den Erschienenen über die Bedeutung, die rechtliche Tragweite, insbesondere die Rechtsfolgen und die Auswirkungen der Vollmacht abschließend noch einmal ausführlich belehrt. Der Erschienene ist sich der Tragweite der Vollmacht bewusst und wünscht gleichwohl die Beurkundung der Vereinbarung auch unter Inkaufnahme möglicher zukünftig daraus erwachsener Nachteile.

Das Protokoll ist dem Erschienenen vorgelesen, von ihm genehmigt und wie folgt eigenhändig unterschrieben: _____

▲

290 Statt durch Vollmacht kann natürlich auch zur Vermeidung des kompletten Verlustes der elterlichen Sorge versucht werden, eine **Einigung zur Übertragung von Teilbereichen** herbeizuführen.

Bei Fragen des Aufenthalts oder Umzugs des Ehegatten, der das Kind betreut, bietet sich die Übertragung des **Aufenthaltsbestimmungsrechts** wie folgt an:

6.59

▼

Muster 6.59: Vereinbarung der Übertragung des Aufenthaltsbestimmungsrechts unter Beibehaltung gemeinsamer elterlicher Sorge

Verhandelt am

Zu

Vor mir, dem unterzeichnenden Notar im Bezirk des Oberlandesgerichts

erscheinen

1. Herr A, geb. am , wohnhaft

2. Frau A, geb. , geb. am , wohnhaft

ausgewiesen durch .

Die Frage des beurkundenden Notars nach einer Vorbefassung im Sinne von § 3 Abs. 1 Nr. 7 BeurkG wurde von den Erschienenen verneint. Der beurkundende Notar erläuterte die vorgenannte Vorschrift.

Die Erschienenen baten den Notar um die Beurkundung einer

Vereinbarung über elterliche Sorge

und erklärten vorab:

§ 1 Ausgangslage

Wir, die Erschienenen zu 1 und 2, sind Beide von Geburt an deutsche Staatsangehörige und haben am vor dem Standesbeamten in die Ehe miteinander geschlossen.

Wir leben seit dem voneinander getrennt.

Das Scheidungsverfahren ist seit dem bei dem Amtsgericht in – Familiengericht – anhängig.

Aus unserer Ehe ist das nunmehr 4 Jahre alte Kind K hervorgegangen.

Die Ersch. zu 2 plant den Umzug nach gemeinsam mit unserem Kind K.

Im Hinblick hierauf vereinbaren wir, was folgt:

§ 2 Elterliche Sorge, Aufenthaltsbestimmung

1. Wir, die Erschienenen, werden weiterhin die gemeinsame Verantwortung elterlicher Sorge für unser gemeinsames Kind K tragen.

2. Wir vereinbaren, dass der Ersch. zu 2 nach Scheidung der Ehe das alleinige Aufenthaltsbestimmungsrecht für unser Kind K, geb. am , zustehen soll. Der Ersch. zu 1 wird entsprechende Regelungsanträge der Ersch. zu 2 unterstützen.

3. Den Erschienenen ist bekannt, dass die vorstehenden Vereinbarungen jederzeit frei widerrufbar sind.

§ 3 Hinweise, Durchführung

Der Notar hat die Erschienenen über die Bedeutung, die rechtliche Tragweite, insbesondere die Rechtsfolgen und die Auswirkungen der Vereinbarung zur elterlichen Sorge und Aufenthaltsbestimmung abschließend noch einmal ausführlich belehrt. Beide Erschienenen sind sich der Tragweite der getroffenen Vereinbarungen bewusst und wünschen gleichwohl die Beurkundung der Vereinbarung auch unter Inkaufnahme möglicher zukünftig daraus erwachsener Nachteile.

(ggf. weitere abschließende Hinweise/Durchführung)

(Urkundsausgang, Unterschriften)

▲

291 Eine solche Vereinbarung, **isoliert betreffend die elterliche Sorge**, wäre auch **formfrei** möglich. Da sie jederzeit widerrufbar ist, wird nur dann eine für beide Beteiligte sichere Situation eintreten, wenn die Vereinbarung **im gerichtlichen Verfahren** geschlossen wird.

Regelmäßig werden solche Vereinbarungen aber in notarieller Form gefasst, weil hinsichtlich aus der Ehe hervorgehender Kinder häufig der Kindesunterhalt und/oder nachehelicher Unterhalt geregelt wird.

Kindesunterhalt wird notariell – oder durch Jugendamtsurkunde – geregelt, weil damit die jederzeitige Möglichkeit der Vollstreckung und damit der Existenzsicherung des Kindes besteht.

Nachehelicher Unterhalt bedarf vor Rechtskraft einer Scheidung zwingend der notariellen Beurkundung, § 1585c BGB.

2. Vereinbarungen bei Trennung nicht miteinander verheirateter Eltern

292 Auch bei Trennung nicht miteinander verheiratete Eheleute werden im Falle von Streitigkeiten nach § 1671 Abs. 2 BGB versuchen, Lösungen zu finden.

Diese Lösungen können darin bestehen, doch von der alleinigen elterlichen Sorge zur **gemeinsamen elterlichen Sorge nach § 1626a BGB** zu gelangen und damit die Durchführung des Verfahrens nach § 1671 Abs. 2 BGB zu verhindern. Dieses birgt ja für die Kindesmutter die Gefahr, dass der **Kindesvater allein sorgeberechtigt** wird.

Stimmt die Kindesmutter einer Übertragung der elterlichen Sorge nach § 1671 Abs. 2 Nr. 1 BGB nicht zu, ist allerdings nach § 1671 Abs. 2 Nr. 2 BGB zunächst zu prüfen, ob eine **gemeinsame elterliche Sorge** in Betracht kommt. Nur dann, wenn dies ausscheidet, ist eine Übertragung auf den Kindesvater vorzunehmen.[386]

Bei dieser Prüfung gelten **spiegelbildlich dieselben Voraussetzungen** wie sie für die **Aufhebung** der gemeinsamen elterlicher Sorge nach § 1671 Abs. 1 Nr. 2 gelten.[387]

Ist die Kindesmutter unsicher, ob im familiengerichtlichen Verfahren nicht doch eine Übertragung der elterlichen Sorge auf den Kindesvater erfolgt, könnte es sinnvoll sein, sich – freiwillig – auf die gemeinsame elterliche Sorge einzulassen.

Dann müsste eine gemeinsame Sorgeerklärung erfolgen.

Diese ist wie folgt zu formulieren: 293

▼ 6.60

Muster 6.60: Vereinbarung gemeinsamer elterlicher Sorge

Verhandelt am …

Zu …

Vor mir, dem unterzeichnenden Notar im Bezirk des Oberlandesgerichts …

…

erscheinen

1. Herr A, geb. am …, wohnhaft …
2. Frau B, geb. am …, wohnhaft …

ausgewiesen durch ….

Die Frage des beurkundenden Notars nach einer Vorbefassung im Sinne von § 3 Abs. 1 Nr. 7 BeurkG wurde von den Erschienenen verneint. Der beurkundende Notar erläuterte die vorgenannte Vorschrift.

Die Erschienenen baten den Notar um die Beurkundung einer

Vereinbarung über elterliche Sorge und Unterhalt

und erklärten vorab:

386 BVerfG FamRZ 2010, 1403.
387 PWW/*Ziegler*, § 1671 Rn 66.

§ 1 Ausgangslage

Wir sind beide von Geburt an deutsche Staatsangehörige und lebten bis zum … (vor 2 Monaten) … in nichtehelicher Lebensgemeinschaft zusammen. Aus unserer Verbindung ist das am … geborene Kind K hervorgegangen.

Ich, der Ersch. zu 1, habe mit Zustimmung der Ersch. zu 2 am … bei Notar … zur UR.Nr. … die Vaterschaft für das gemeinsame Kind K, geb. am …, anerkannt.

Im Hinblick hierauf vereinbaren wir, was folgt.

§ 2 Elterliche Sorge

Wir erklären, dass wir die elterliche Sorge für das Kind K, geb. am …, gemeinsam übernehmen wollen.

§ 3 Kindesunterhalt

1. Der Ersch. zu 1 verpflichtet sich, für das Kind K, geb. am …, zu Händen der Ersch. zu 2 einen monatlichen, bis zum 1. eines jeden Monats im Voraus fälligen Kindesunterhalt in Höhe von … % des Mindestbedarfs der jeweils gültigen Düsseldorfer Tabelle gemäß der jeweiligen Altersstufe des Kindes zu bezahlen. Hierauf ist die Hälfte des gesetzlichen Kindergeldes, derzeit 95 EUR, bedarfsdeckend anzurechnen, so dass sich ein derzeitiger monatlicher Unterhaltsbetrag in Höhe von … EUR ergibt.

2. Die Festsetzung des Unterhalts erfolgt auf der Grundlage eines anrechenbaren Nettoeinkommens des Ersch. zu 1 in Höhe von … EUR.

§ 4 Vollstreckungsunterwerfung

Wegen der in § 3 der Vereinbarung eingegangenen Verpflichtung zur Zahlung von Kindesunterhalt unterwerfe ich, der Ersch. zu 1, mich der

sofortigen Zwangsvollstreckung

aus dieser Urkunde in mein Vermögen.

Die Ersch. zu 2 ist berechtigt, sich jederzeit auf einseitigen Antrag auf Kosten des Ersch. zu 1 eine vollstreckbare Ausfertigung dieser Urkunde erteilen zu lassen, ohne dass es hierzu des Nachweises der Fälligkeit oder sonstiger die Vollstreckung begründender Tatsachen bedarf.

§ 5 Hinweise, Durchführung

Der Notar hat die Erschienenen über die Bedeutung, die rechtliche Tragweite der Vereinbarungen, insbesondere die Rechtsfolgen und die Auswirkungen der Sorgeerklärung sowie der Unterhaltsvereinbarung abschließend noch einmal ausführlich belehrt.

Der Notar hat darauf hingewiesen, dass eine Sorgeerklärung unter einer Bedingung oder einer Zeitbestimmung unwirksam ist und die gemeinsame Sorge nur in Ausnahmefällen auf Antrag bei nicht nur vorübergehender Trennung aufgehoben werden kann. Wir sind darüber belehrt, dass wir durch die Sorgeerklärung die Pflicht und das Recht haben, für die minderjährigen Kinder zu sorgen und die elterliche Sorge die Sorge für die Person der Kinder (Personensorge) und das Vermögen der Kinder (Vermögenssorge) umfasst.

Beide Erschienenen sind sich der Tragweite der getroffenen Vereinbarungen bewusst und wünschen gleichwohl die Beurkundung der Vereinbarung auch unter Inkaufnahme möglicher zukünftig daraus erwachsener Nachteile.

(ggf. weitere abschließende Hinweise/Durchführung)

(Urkundsausgang, Unterschriften)

▲

Schließlich könnten sich die Betroffenen darauf verständigen, die gemeinsame elterliche 294
Sorge zu erklären, dann aber – ggf. streitintensive – Bereiche zuzuordnen.

Grundsätzlich ist jedoch eine Sorgeerklärung unter einer **Bedingung oder Zeitbestimmung unwirksam**, § 1626b Abs. 1 BGB.[388]

Auch Sorgeerklärungen, die sich nur auf einen Teil der elterlichen Sorge beziehen, sind nicht zulässig.

Zulässig ist aber eine **Ausgestaltung** der elterlichen Sorge **nach Vereinbarung der gemeinsamen elterlichen Sorge insgesamt.**

Eine entsprechende Vereinbarung könnte wie folgt formuliert werden: 295

6.61

▼

Muster 6.61: Vereinbarung gemeinsamer elterlicher Sorge gem. § 1626a BGB unter Zuordnung eines Teilbereiches

Verhandelt am

Zu

Vor mir, dem unterzeichnenden Notar im Bezirk des Oberlandesgerichts

erscheinen

1. Herr A, geb. am , wohnhaft

2. Frau B, geb. am , wohnhaft

388 Palandt/*Götz*, § 1626b Rn 1.

ausgewiesen durch ___.

Die Frage des beurkundenden Notars nach einer Vorbefassung im Sinne von § 3 Abs. 1 Nr. 7 BeurkG wurde von den Erschienenen verneint. Der beurkundende Notar erläuterte die vorgenannte Vorschrift.

Die Erschienenen baten den Notar um die Beurkundung einer

Vereinbarung über elterliche Sorge und Unterhalt

und erklärten vorab:

§ 1 Ausgangslage

Wir sind beide von Geburt an deutsche Staatsangehörige und lebten bis zum ___ (vor 2 Monaten) ___ in nichtehelicher Lebensgemeinschaft zusammen. Aus unserer Verbindung ist das am ___ geborene Kind K hervorgegangen.

Ich, der Ersch. zu 1, habe mit Zustimmung der Ersch. zu 2 am ___ bei Notar ___ zur UR.Nr. ___ die Vaterschaft für das gemeinsame Kind A, geb. am ___, anerkannt.

Der Ersch. zu 1 ist von Beruf Schreiner,

die Ersch. zu 2 ist von Beruf Krankenschwester.

Ich, der Ersch. zu 1, habe mit Zustimmung der Ersch. zu 2 am ___ bei Notar ___ zur UR.Nr. ___ die Vaterschaft für das gemeinsame Kind A, geb. am ___, anerkannt.

Im Hinblick hierauf vereinbaren wir, was folgt.

§ 2 Elterliche Sorge

1. Wir erklären, dass wir die elterliche Sorge für das Kind K, geb. am ___, gemeinsam übernehmen wollen.

2. Wir vereinbaren jedoch, dass ich, die Ersch. zu 2, über Fragen medizinischer Eingriffe und stationärer Untersuchungen unseres Kindes ausschließlich bestimmen soll.

3. Der Notar wies darauf hin, dass Sorgeerklärungen, die sich nur auf einen Teil der elterlichen Sorge beziehen, unzulässig sind. Die Erschienenen erklären dazu, dass die Bestimmung in Zif. 2 der Vereinbarung einer Ausgestaltung der tatsächlich gelebten Situation dient.

§ 3 Kindesunterhalt

1. Der Ersch. zu 1 verpflichtet sich, für das Kind K, geb. am ___, zu Händen der Ersch. zu 2 einen monatlichen, bis zum 1. eines jeden Monats im Voraus fälligen Kindesunterhalt in Höhe von ___ % des Mindestbedarfs der jeweils gültigen Düsseldorfer

Tabelle gemäß der jeweiligen Altersstufe des Kindes zu bezahlen. Hierauf ist die Hälfte des gesetzlichen Kindergeldes, derzeit 95 EUR, bedarfsdeckend anzurechnen, so dass sich ein derzeitiger monatlicher Unterhaltsbetrag in Höhe von EUR ergibt.

2. Die Festsetzung des Unterhalts erfolgt auf der Grundlage eines anrechenbaren Nettoeinkommens des Ersch. zu 1 in Höhe von EUR.

§ 4 Vollstreckungsunterwerfung

Wegen der in § 3 der Vereinbarung eingegangenen Verpflichtung zur Zahlung von Kindesunterhalt unterwerfe ich, der Ersch. zu 1, mich der

sofortigen Zwangsvollstreckung

aus dieser Urkunde in mein Vermögen.

Die Ersch. zu 2 ist berechtigt, sich jederzeit auf einseitigen Antrag auf Kosten des Ersch. zu 1 eine vollstreckbare Ausfertigung dieser Urkunde erteilen zu lassen, ohne dass es hierzu des Nachweises der Fälligkeit oder sonstiger die Vollstreckung begründender Tatsachen bedarf.

§ 5 Hinweise, Durchführung

Der Notar hat die Erschienenen über die Bedeutung, die rechtliche Tragweite der Vereinbarungen, insbesondere die Rechtsfolgen und die Auswirkungen der Sorgeerklärung sowie der Unterhaltsvereinbarung abschließend noch einmal ausführlich belehrt.

Der Notar hat darauf hingewiesen, dass eine Sorgeerklärung unter einer Bedingung oder einer Zeitbestimmung unwirksam ist und die gemeinsame Sorge nur in Ausnahmefällen auf Antrag bei nicht nur vorübergehender Trennung aufgehoben werden kann. Wir sind darüber belehrt, dass wir durch die Sorgeerklärung die Pflicht und das Recht haben, für die minderjährigen Kinder zu sorgen und die elterliche Sorge die Sorge für die Person der Kinder (Personensorge) und das Vermögen der Kinder (Vermögenssorge) umfasst.

Beide Erschienenen sind sich der Tragweite der getroffenen Vereinbarungen bewusst und wünschen gleichwohl die Beurkundung der Vereinbarung auch unter Inkaufnahme möglicher zukünftig daraus erwachsener Nachteile.

(ggf. weitere abschließende Hinweise/Durchführung)

(Urkundsausgang, Unterschriften)

▲

Ist **aus Sicht der Kindesmutter unvermeidbar**, dass es zu einer Übertragung der elterlichen Sorge nach § 1671 Abs. 2 Nr. 2 auf den Kindesvater kommt, ist zu erwägen, einer Vereinbarung zuzustimmen, in der die Übertragung geregelt wird, aber der Kindesmutter noch **Einflussmöglichkeiten verbleiben**. 296

Umgekehrt kann es auch für den **Kindesvater** sinnvoll sein, die Unsicherheit über die Erfolgsaussichten seines gerichtlichen Antrags dadurch zu vermeiden, dass er der Kindesmutter gegen Übertragung der elterlichen Sorge eine **Informations- und Rückspracherecht** einräumt.

Aus der Sicht beider Beteiligten, kann daher eine wie folgt formulierte Vereinbarung sinnvoll sein.

6.62

▼

297 **Muster 6.62: Vereinbarung der Übertragung alleiniger elterlicher Sorge von der Mutter auf den Vater mit Beteiligung**

Verhandelt am

Zu

Vor mir, dem unterzeichnenden Notar im Bezirk des Oberlandesgerichts

erscheinen

1. Herr A, geb. am , wohnhaft
2. Frau B, geb. am , wohnhaft

ausgewiesen durch .

Die Frage des beurkundenden Notars nach einer Vorbefassung im Sinne von § 3 Abs. 1 Nr. 7 BeurkG wurde von den Erschienenen verneint. Der beurkundende Notar erläuterte die vorgenannte Vorschrift.

Die Erschienenen baten den Notar um die Beurkundung einer

Vereinbarung über elterliche Sorge und Unterhalt

und erklärten vorab:

§ 1 Ausgangslage

Wir sind beide von Geburt an deutsche Staatsangehörige und lebten bis zum (vor 2 Monaten) in nichtehelicher Lebensgemeinschaft zusammen. Aus unserer Verbindung ist das am geborene Kind K hervorgegangen.

Ich, der Ersch. zu 1, habe mit Zustimmung der Ersch. zu 2 am bei Notar zur UR.Nr. die Vaterschaft für das gemeinsame Kind K, geb. am , anerkannt.

Eine Sorgeerklärung nach § 1626a BGB haben wir nicht abgegeben. Daher ist die Ersch. zu 2 hinsichtlich unseres Kindes K allein sorgeberechtigt.

Vor dem Amtsgereicht – Familiengericht – in … ist seit dem … ein sorgerechtliches Verfahren nach § 1671 Abs. 2 BGB mit dem Ziel der alleinigen elterlichen Sorge des Ersch. zu 1.

Die Ersch. zu 2 sieht sich wegen langfristiger Erkrankung außerstande, die Verantwortung der elterlichen Sorge für K zu tragen.

Im Hinblick hierauf vereinbaren wir, was folgt.

§ 2 Elterliche Sorge

1. Wir haben uns darauf verständigt, dass dem Ersch. zu 1 die alleinige elterliche Sorge für unser gemeinsames Kind K zustehen soll.

2. Die Ersch. zu 2 wird entsprechende Regelungsanträge des Ersch. zu 1 im laufenden Sorgerechtsverfahren unterstützen.

3. Der Ersch. zu 1 sichert der Ersch. zu 2 andererseits zu, sie bei Fragen von erheblicher Bedeutung für das Kindeswohl zu beteiligen, insbesondere sie nach ihren Vorstellungen zu fragen und diese in angemessener Form zu berücksichtigen, selbst wenn sie nicht sorgeberechtigt ist. Dies betrifft namentlich die folgenden Bereiche:

- Schul- und Berufsausbildung,
- Medizinische Eingriffe, namentlich Operationen sowie
- Reisen des Kindes in das außereuropäische Ausland.

§ 3 Kindesunterhalt

1. Die Ersch. zu 2 verpflichtet sich, für das Kind K, geb. am …, zu Händen des Ersch. zu 1 einen monatlichen, bis zum 1. eines jeden Monats im Voraus fälligen Kindesunterhalt in Höhe von … % des Mindestbedarfs der jeweils gültigen Düsseldorfer Tabelle gemäß der jeweiligen Altersstufe des Kindes zu bezahlen. Hierauf ist die Hälfte des gesetzlichen Kindergeldes, derzeit 95 EUR, bedarfsdeckend anzurechnen, so dass sich ein derzeitiger monatlicher Unterhaltsbetrag in Höhe von … EUR ergibt.

2. Die Festsetzung des Unterhalts erfolgt auf der Grundlage eines anrechenbaren Nettoeinkommens der Ersch. zu 2 in Höhe von … EUR.

§ 4 Vollstreckungsunterwerfung

Wegen der in § 3 der Vereinbarung eingegangenen Verpflichtung zur Zahlung von Ehegattenunterhalt und Kindesunterhalt unterwerfe ich, die Ersch. zu 2, mich der

sofortigen Zwangsvollstreckung

aus dieser Urkunde in mein Vermögen.

Der Ersch. zu 1 ist berechtigt, sich jederzeit auf einseitigen Antrag auf Kosten der Ersch. zu 2 eine vollstreckbare Ausfertigung dieser Urkunde erteilen zu lassen, ohne dass es hierzu des Nachweises der Fälligkeit oder sonstiger die Vollstreckung begründender Tatsachen bedarf.

§ 5 Hinweise, Durchführung

Der Notar hat die Erschienenen über die Bedeutung, die rechtliche Tragweite, insbesondere die Rechtsfolgen und die Auswirkungen der Unterhaltsvereinbarung sowie der Vereinbarung zur elterlichen Sorge abschließend noch einmal ausführlich belehrt und namentlich auf die Widerruflichkeit der Regelung zur elterlichen Sorge hingewiesen. Beide Erschienenen sind sich der Tragweite der getroffenen Vereinbarungen bewusst und wünschen gleichwohl die Beurkundung der Vereinbarung auch unter Inkaufnahme möglicher zukünftig daraus erwachsener Nachteile.

(ggf. weitere abschließende Hinweise/Durchführung)

(Urkundsausgang, Unterschriften)

▲

F. Elterliche Sorge des Lebenspartners, § 9 LPartG

I. Grundsätze

298 Dem Lebenspartner, also Personen gleichen Geschlechts, die eine **„Eingetragene Lebenspartnerschaft"** nach § 1 LPartG begründet haben, wird eine Mitentscheidungsbefugnis **in allen Angelegenheiten des täglichen Lebens** des Kindes eingeräumt. Es wird auf die Formulierung des § 1687 BGB Bezug genommen. Die Regelung wird **auf Elternteile beschränkt, die Alleininhaber der elterlichen Sorge** sind. In diesen Fällen wird erwartet, dass im Rahmen der Lebenspartnerschaft eine **neue soziale Familie** entsteht. Sorgerechtliche Befugnisse des nicht mit dem Kind zusammenlebenden anderen (nicht sorgeberechtigten) Elternteils, die in Konkurrenz zu den Befugnissen des Lebenspartners treten könnten, bestehen nicht.

Da die elterliche Sorge die Vertretung des Kindes umfasst (§ 1629 Abs. 1 S. 1 BGB) steht dem Lebenspartner im Rahmen seines „kleinen Sorgerechtes" auch ein Vertretungsrecht für das Kind zu. Um mögliche Interessenkollisionen zu vermeiden, ordnet § 9 Abs. 1 S. 1 LPartG die entsprechende Anwendung von § 1629 Abs. 2 S. 1 BGB an. Nach § 9 Abs. 3 LPartG kann das Familiengericht die Befugnisse nach Abs. 1 **einschränken oder ausschließen**, wenn dies **zum Wohle des Kindes erforderlich** ist.

Bei Gefahr im Verzug ist der Lebenspartner dazu berechtigt, alle Rechtshandlungen vorzunehmen, die zum Wohl des Kindes notwendig sind. Der sorgeberechtigte Elternteil ist unverzüglich zu unterrichten (§ 9 Abs. 2 LPartG).

Nach § 9 Abs. 4 LPartG **enden** die Sorgerechtsbefugnisse des Lebenspartners, wenn die Lebenspartner **nicht nur vorübergehend getrennt** leben. Das kleine Sorgerecht soll die tatsächliche Übernahme von Aufgaben der Pflege und Erziehung für das Kind rechtlich schützen und absichern. Dies endet, wenn die Lebenspartner nicht nur vorübergehend getrennt leben.

> *Praxistipp* 299
>
> zu sog. Stiefeltern: Nach § 1687b BGB hat der mit dem allein sorgeberechtigten Elternteil neu verheiratete Ehegatte die gleichen sorgerechtlichen Befugnisse wie der Lebenspartner.

II. Vereinbarungen im Rahmen der Lebenspartnerschaft

Der allein sorgeberechtigte Elternteil kann naturgemäß Verantwortlichkeiten im Rahmen 300
seiner elterlichen Sorge durch Vollmacht auf den Lebenspartner übertragen.

Er kann aber dadurch nicht – über den Umweg der Vollmacht – zu einer **gemeinsamen elterlichen Sorge** kommen.

Anders ist dies lediglich in Fällen, in denen etwa eine **ausländische Gerichtsentscheidung die Feststellung der rechtlichen Verwandtschaft enthält**, die nach der Rechtsprechung des BGH sodann über die bloße Registrierung hinaus der **Anerkennung zugänglich** ist.

Im Falle der Leihmutterschaft hinsichtlich zweier männlicher Personen in Lebenspartner- 301
schaft mit Hilfe der Verwendung von Sperma eine der beiden beteiligten Männer gilt Folgendes:

Eine **gemeinsame Elternschaft** von **zwei die Vaterschaft anerkennenden Männern** ist **im deutschen Recht** ebenso wenig vorgesehen wie eine kraft Gesetzes erfolgende Zuordnung des Kindes zur Lebenspartnerin oder zum Lebenspartner eines Elternteils.[389]

Weiterer Elternteil wäre nach deutschem Recht gem. § 1591 BGB die **Leihmutter** als diejenige Frau, die das Kind geboren hat. Da das deutsche Recht eine **Mutterschaftsanfechtung nicht** kennt, könnte das von einer Leihmutter geborene Kind selbst der genetischen Mutter **nur im Weg der Adoption** rechtlich zugeordnet werden.[390]

Nur in **Ausnahmefällen** kann eine Elternschaft gleichgeschlechtlicher Personen kraft Abstammung bestehen.[391] Ansonsten kann eine gemeinsame Elternschaft allein durch Adoption begründet werden, die nach derzeitiger Rechtslage nur als **Stiefkind- oder Sukzessivadoption** möglich ist, § 9 Abs. 7 LPartG.[392]

389 BVerfG FamRZ 2013, 521; EGMR FamRZ 2014, 97.
390 *Dethloff,* JZ 2014, 922, 923 f.; *Helms,* StAZ 2013, 114; *Diel*, 137.
391 Vgl. BVerfG FamRZ 2008, 1593; OLG Köln FamRZ 2010, 741 zur Transsexualität.
392 BVerfG FamRZ 2013, 521.

302 In **ausländischen Gerichtsentscheidungen** kann aber durchaus die Feststellung der rechtlichen Verwandtschaft enthalten sein.

Wird nach **ausländischem Recht durch ein dortiges Gericht** festgestellt, dass zwischen dem Kind und den Wunscheltern (in der Entscheidung zwei Männer) ein „rechtliches Eltern-Kind-Verhältnis“ besteht, so gilt nach Auffassung des BGH: Nach der „Gesamtschau aller Umstände“ widerspricht dies den **wesentlichen Grundsätzen deutschen Rechts nicht** in einem solchen Maße, dass dies im Ergebnis als untragbar erscheint.

Auch Grundrechte oder Menschenrechte der Leihmutter und des Kindes, so der BGH, verbieten nicht grundsätzlich die Anerkennung. Vielmehr spräche das **Kindeswohl eher für als gegen eine Anerkennung**.[393]

Nach derzeitigem **deutschem Recht** ist jedenfalls eine solche Lösung **nicht möglich**. Es könnte dann lediglich mit Vollmachten gearbeitet werden, etwa wie folgt. Die Vollmacht kann in diesen Fällen durchaus als **Generalvollmacht** betreffend das Kind ausgestaltet sein.

303 Die Formulierung könnte wie folgt lauten:

6.63

▼

Muster 6.63: Generalvollmacht betreffend das Kind für Lebenspartner

Verhandelt am

Zu

Vor mir, dem unterzeichnenden Notar im Bezirk des Oberlandesgerichts

erscheint

Frau A, geb. am , wohnhaft

ausgewiesen durch .

Die Frage des beurkundenden Notars nach einer Vorbefassung im Sinne von § 3 Abs. 1 Nr. 7 BeurkG wurde von den Erschienenen verneint. Der beurkundende Notar erläuterte die vorgenannte Vorschrift.

Die Erschienene erklärte zunächst:

Ich bin die Mutter des am geborenen Kindes K und allein sorgeberechtigt.

Die Erschienene bat den Notar um die Beurkundung einer

Vollmacht

und erklärte zu notariellem Protokoll:

393 BVerfG FamRZ 2013, 521, 523.

Hierdurch bevollmächtige ich, Frau A, wohnhaft , meine Lebenspartnerin,

Frau B, geb. am , wohnhaft

mein Kind K, geb. am , wohnhaft ,

in allen persönlichen und vermögensrechtlichen Angelegenheiten, soweit dies gesetzlich zulässig ist, gerichtlich und außergerichtlich zu vertreten. Diese Vollmacht kann für einzelne, von dem Bevollmächtigten zu bestimmende Rechtsgeschäfte übertragen werden.

Die Bevollmächtigte ist befugt, Rechtsgeschäfte mit sich im eigenen Namen und als Vertreter Dritter vorzunehmen. Die Vollmacht soll durch meinen Tod nicht erlöschen.

Der Bevollmächtigten ist eine Ausfertigung dieser Urkunde zu erteilen.

Der Notar hat die Erschienene über die Bedeutung, die rechtliche Tragweite, insbesondere die Rechtsfolgen und die Auswirkungen der Vollmacht abschließend noch einmal ausführlich belehrt. Die Erschienene ist sich der Tragweite der Vollmacht bewusst und wünscht gleichwohl die Beurkundung der Vereinbarung auch unter Inkaufnahme möglicher zukünftig daraus erwachsener Nachteile.

Das Protokoll ist der Erschienenen vorgelesen, von ihr genehmigt und wie folgt eigenhändig unterschrieben: .

▲

G. Abänderung der elterlichen Sorge

I. Grundsätze

Das Familiengericht muss eine Anordnung ändern, wenn dies aus **triftigen, das Kindeswohl berührenden Gründen** angezeigt ist, § 1696 Abs. 1 BGB.[394] 304

Bei der Änderung ist ein **strenger Prüfungsmaßstab** anzulegen.[395] Die Vorteile der Neuregelung müssen bei fehlendem Einvernehmen der Eltern zugleich die damit verbundenen Nachteile unter dem Gesichtspunkt der Erziehungskontinuität überwiegen.[396]

Eine bloße Gesetzesänderung reicht dafür nicht aus.[397]

Wird ein Abänderungsverfahren mit dem Ziel der gemeinsamen elterlichen Sorge betrieben, ist ein strenger Maßstab anzuwenden. Die Erziehungskontinuität ist zu wahren. **Eine einmal erfolgte Zuordnung** der elterlichen Sorge darf **nicht beliebig aufgerollt** werden. Sind die

394 OLG Celle FamRZ 2012, 798.
395 OLG Dresden FamRZ 2010, 1992.
396 So OLG Düsseldorf FamRZ 2000, 1596; OLG Schleswig FamRZ 2000, 1595; OLG Thüringen FamRZ 2001, 436; OLG Karlsruhe FamRZ 2000, 1595.
397 OLG Karlsruhe FamRZ 2000, 1605.

Eltern über die Herstellung der gemeinsamen Sorge uneinig, reicht allein ein Konsens der Eltern über Entscheidungen von erheblicher Bedeutung für das Kind nicht aus.[398]

Ein **Abänderungsgrund** besteht zum Beispiel, wenn bei der Auswanderung eines Elternteils die Voraussetzungen der früheren Entscheidung und die Bejahung der gemeinsamen elterlichen Sorge durch Wegfall der Kooperationsbereitschaft entfallen sind.[399]

In einem Abänderungsverfahren ist das **Gericht an einen übereinstimmenden Elternvorschlag gebunden**, außer ein über 14 Jahre altes Kind widerspricht dem oder es liegen konkrete Anhaltspunkte für eine Gefährdung des Kindeswohls vor.[400]

Im Verfahren nach § 1696 BGB ist der **Erlass einer vorläufigen Anordnung** möglich, wenn ein sofortiges Einschreiten ohne abschließende Klärung zur Vermeidung der Kindeswohlbeeinträchtigung dringend geboten ist und es zudem aufgrund glaubhaft gemachter Tatsachen wahrscheinlich ist, dass die Hauptsacheentscheidung in die gleiche Richtung geht.[401]

II. Vereinbarung über eine Abänderung

305 Beteiligte Eltern können sich im Rahmen der Auseinandersetzungen über eine Neuordnung im Rahmen der elterlichen Sorge **in jeder Richtung verständigen** und einvernehmliche Entscheidungen herbeiführen.

So könnte bei beispielsweise bei erheblicher **Gefahr der Abänderung** der bisherigen alleinigen elterlichen Sorge eines Elternteils zu alleiniger elterlicher Sorge des anderen Elternteils eine Vereinbarung schließen, die ein gewisses **Mitspracherecht erhält**.

306 Dies könnte wie folgt formuliert werden:

6.64

▼

Muster 6.64: Vereinbarung der Abänderung, § 1696 BGB mit Beteiligung

Verhandelt am

Zu

Vor mir, dem unterzeichnenden Notar im Bezirk des Oberlandesgerichts

erscheinen

1. Herr A, geb. am , wohnhaft

398 OLG Braunschweig FamRZ 2002, 121.
399 OLG Nürnberg FamRZ 2000, 1603.
400 OLG Dresden FamRZ 2002, 632; OLG Brandenburg FamRZ 2002, 1210.
401 OLG Bamberg FamRZ 2001, 1310.

2. Frau B, geb. am …, wohnhaft …

ausgewiesen durch ….

Die Frage des beurkundenden Notars nach einer Vorbefassung im Sinne von § 3 Abs. 1 Nr. 7 BeurkG wurde von den Erschienenen verneint. Der beurkundende Notar erläuterte die vorgenannte Vorschrift.

Die Erschienenen baten den Notar um die Beurkundung einer

Vereinbarung über elterliche Sorge und Unterhalt

und erklärten vorab:

§ 1 Ausgangslage

Wir sind beide von Geburt an deutsche Staatsangehörige und lebten bis zum … (vor 2 Jahren) … in nichtehelicher Lebensgemeinschaft zusammen. Aus unserer Verbindung ist das am … geborene Kind K hervorgegangen.

Ich, der Ersch. zu 1, habe mit Zustimmung der Ersch. zu 2 am … bei Notar … zur UR.Nr. … die Vaterschaft für das gemeinsame Kind K, geb. am …, anerkannt.

Eine Sorgeerklärung nach § 1626a BGB haben wir nicht abgegeben. Daher ist die Ersch. zu 2 hinsichtlich unseres Kindes K allein sorgeberechtigt.

Vor dem Amtsgereicht – Familiengericht – in … ist seit dem … ein sorgerechtliches Verfahren, Abänderungsverfahren nach § 1696 BGB, mit dem Ziel der alleinigen elterlichen Sorge des Ersch. zu 1 anhängig.

Die Ersch. zu 2 sieht sich wegen langfristiger Erkrankung außerstande, die Verantwortung der elterlichen Sorge für K zu tragen.

Im Hinblick hierauf vereinbaren wir, was folgt.

§ 2 Elterliche Sorge

1. Wir haben uns darauf verständigt, dass dem Ersch. zu 1 die alleinige elterliche Sorge für unser gemeinsames Kind K zustehen soll.

2. Die Ersch. zu 2 wird entsprechende Regelungsanträge des Ersch. zu 1 im laufenden Sorgerechtsverfahren unterstützen.

3. Der Ersch. zu 1 sichert der Ersch. zu 2 andererseits zu, sie bei Fragen von erheblicher Bedeutung für das Kindeswohl zu beteiligen, insbesondere sie nach ihren Vorstellungen zu fragen und diese in angemessener Form zu berücksichtigen, selbst wenn sie nicht sorgeberechtigt ist. Dies betrifft namentlich die folgenden Bereiche:

- Schul- und Berufsausbildung,
- Medizinische Eingriffe, namentlich Operationen sowie
- Reisen des Kindes in das außereuropäische Ausland.

§ 3 Kindesunterhalt

1. Die Ersch. zu 2 verpflichtet sich, für das Kind K, geb. am , zu Händen des Ersch. zu 1 einen monatlichen, bis zum 1. eines jeden Monats im Voraus fälligen Kindesunterhalt in Höhe von % des Mindestbedarfs der jeweils gültigen Düsseldorfer Tabelle gemäß der jeweiligen Altersstufe des Kindes zu bezahlen. Hierauf ist die Hälfte des gesetzlichen Kindergeldes, derzeit 95 EUR, bedarfsdeckend anzurechnen, so dass sich ein derzeitiger monatlicher Unterhaltsbetrag in Höhe von EUR ergibt.

2. Die Festsetzung des Unterhalts erfolgt auf der Grundlage eines anrechenbaren Nettoeinkommens der Ersch. zu 2 in Höhe von EUR.

§ 4 Vollstreckungsunterwerfung

Wegen der in § 3 der Vereinbarung eingegangenen Verpflichtung zur Zahlung von Ehegattenunterhalt und Kindesunterhalt unterwerfe ich, die Ersch. zu 2, mich der

sofortigen Zwangsvollstreckung

aus dieser Urkunde in mein Vermögen.

Der Ersch. zu 1 ist berechtigt, sich jederzeit auf einseitigen Antrag auf Kosten der Ersch. zu 2 eine vollstreckbare Ausfertigung dieser Urkunde erteilen zu lassen, ohne dass es hierzu des Nachweises der Fälligkeit oder sonstiger die Vollstreckung begründender Tatsachen bedarf.

§ 5 Hinweise, Durchführung

Der Notar hat die Erschienenen über die Bedeutung, die rechtliche Tragweite, insbesondere die Rechtsfolgen und die Auswirkungen der Unterhaltsvereinbarung sowie der Vereinbarung zur elterlichen Sorge abschließend noch einmal ausführlich belehrt und namentlich auf die Widerruflichkeit der Regelung zur elterlichen Sorge hingewiesen. Beide Erschienenen sind sich der Tragweite der getroffenen Vereinbarungen bewusst und wünschen gleichwohl die Beurkundung der Vereinbarung auch unter Inkaufnahme möglicher zukünftig daraus erwachsener Nachteile.

(ggf. weitere abschließende Hinweise/Durchführung)

(Urkundsausgang, Unterschriften)

▲

H. Ruhen der elterlichen Sorge, § 1674 BGB

I. Grundsätze

Voraussetzung für ein Ruhen der elterlichen Sorge ist die **längere tatsächliche Verhinderung der Ausübung der elterlichen Sorge** oder ihrer Bestandteile, z.B. der Personensorge, jedoch mit der Aussicht, dass die elterliche Sorge wieder ausgeübt werden kann. 307

Die Fälle sind beispielsweise

- Strafhaft ohne laufenden Kontakt[402]
- Ausnahmsweise Untersuchungshaft[403]
- Auswanderung[404]
- Kriegsgefangenschaft
- Unbekannter Aufenthalt, z.B. infolge Verschwindens[405]
- Körperliche oder geistige Erkrankung[406]

Die Folgen ergeben sich aus **§§ 1675, 1678 BGB**. Solange die elterliche Sorge ruht, ist ein Elternteil nicht berechtigt, sie auszuüben. Ist ein Elternteil verhindert, übt der andere Teil die elterliche Sorge allein aus. Ist nur derjenige Elternteil sorgeberechtigt, dessen Sorge ruht, ist die Vormundschaft anzuordnen.[407]

Kein tatsächliches Ausübungshindernis besteht in folgenden Fällen: 308

- bloße physische Abwesenheit[408]
- Verbüßung einer Strafhaft, wenn der inhaftierte Elternteil mit dem Aufenthalt des Kindes beim anderen Elternteil einverstanden ist und auch sonst keine Anhaltspunkte ersichtlich sind; denn der Strafvollzug bietet Möglichkeiten zur Kontaktpflege zwischen Eltern und Kind[409]
- In der Regel reicht die Anordnung von Untersuchungshaft nicht aus; Ausnahme: besonders schwerwiegende Delikte[410]
- Längerer Auslandsaufenthalt[411]

402 OLG Dresden FamRZ 2003, 1038; BGH FamRZ 2005, 29; OLG Brandenburg FamRZ 2009, 1683; OLG Koblenz FamRZ2012, 726.

403 OLG Köln FamRZ 1978, 623; von Bedeutung ist die Art des Strafvorwurfs, z.B. Giftmordverdacht, BayObLG FamRZ 1965, 283; Strafverfahren wegen Mordes an der Kindesmutter, OLG Hamm FamRZ 1996, 1029.

404 BayObLG JW 34, 1369, während es bei sonstigen Auslandsaufenthalten auf die Verbindungsmöglichkeiten ankommt, so OLG Frankfurt FamRZ 1954, 21.

405 OLG Naumburg FamRZ 2002, 258.

406 BayObLG FamRZ 1981, 595.

407 Vgl. Palandt/*Götz*, § 1674 Rn 5.

408 MüKo/*Finger*, § 1674 Rn 4.

409 OLG Naumburg FamRZ 2003, 1947; OLG Frankfurt OLGR 2002, 6.

410 OLG Köln FamRZ 1978, 623.

411 BGH FamRZ 2005, 29.

- Erfüllt sein können die Voraussetzungen des § 1674 BGB beim türkischen Kind, das in Deutschland lebt, dessen gesetzlicher Vertreter sich in der Osttürkei ohne Telefonverbindung aufhält, und zwar selbst dann, wenn sich das Kind in der Obhut eines älteren, aber nicht zur gesetzlichen Vertretung befugten Bruders befindet[412]
- Es reicht nicht aus, dass sich das Kind in Adoptionspflege befindet.[413]
- Einjähriger Irak-Einsatz eines US-Soldaten.[414]

Gemäß § 1674 Abs. 2 BGB kann das Sorgerecht wieder aufleben, wenn das Gericht feststellt, dass die tatsächliche Verhinderung der Ausübung des Sorgerechts nicht mehr besteht. Insoweit muss das Familiengericht bei Wegfall der Voraussetzungen des Abs. 1 von sich aus die Feststellung nach Abs. 2 treffen.[415]

II. Vereinbarungen zum Ruhen elterlicher Sorge

309 Ist **zweifelhaft,** ob tatsächlich das Ruhen der elterlichen Sorge anzunehmen ist, bietet sich an, eine Vereinbarung zu treffen, die der **gegebenen Situation Rechnung trägt und so wenig einschneidend wie möglich** ist.

So kann zweifelhaft sein, ob im Falle einer Inhaftierung des Kindesvaters und einer inneren Abwendung der Kindesmutter das Ruhen der elterlichen Sorge anzunehmen ist.

In solchen Fällen kann der Kindesmutter angeboten werden, zeitlich auf die Zeit der – mutmaßlichen – Inhaftierung bezogen eine Vollmacht auszustellen.

310 Dies kann wie folgt formuliert werden:

6.65

▼

Muster 6.65: Vereinbarung zeitlich befristeter Vollmacht bei Gefahr ruhender elterlicher Sorge

Verhandelt am

Zu

Vor mir, dem unterzeichnenden Notar im Bezirk des Oberlandesgerichts

erscheint

Herr A, geb. am , wohnhaft

ausgewiesen durch .

412 OLG Köln DAVorm 1991, 506; vgl. auch OLG Köln FamRZ 1992, 1093.
413 BayObLG FamRZ 1988, 867.
414 OLG Nürnberg FamRZ 2006, 878.
415 MüKo/*Finger,* § 1674 Rn 15.

Die Frage des beurkundenden Notars nach einer Vorbefassung im Sinne von § 3 Abs. 1 Nr. 7 BeurkG wurde von dem Erschienenen verneint. Der beurkundende Notar erläuterte die vorgenannte Vorschrift.

Der Erschienene erklärt zunächst:

Meine Ehefrau, Frau A, geb. am , wohnhaft , und ich sind seit dem miteinander verheiratete Eheleute.

Aus unserer Ehe ist das am (4 Jahre) geborene Kind K hervorgegangen.

Ich, der Erschienene, bin wegen begangener Vermögensdelikte zu einer Freiheitsstrafe von 3 Jahren und 6 Monaten verurteilt worden. Ich werde die Freiheitsstrafe am antreten.

Um zu gewährleisten, dass meine Ehefrau während meiner Inhaftierung allein für unser Kind handeln kann, bestimmen wir, was folgt.

Der Erschienene bat den Notar um die Beurkundung einer

Vollmacht

und erklärte zu notariellem Protokoll:

Hierdurch bevollmächtige ich meine Ehefrau, Frau A, geb. am , wohnhaft ,

unser Kind K, geb. am , wohnhaft ,

in allen persönlichen und vermögensrechtlichen Angelegenheiten, soweit dies gesetzlich zulässig ist, gerichtlich und außergerichtlich zu vertreten.

Zu den persönlichen und vermögensrechtlichen Angelegenheiten gehören insbesondere die folgenden – beispielhaft genannten – Bereiche:

- der Aufenthaltsbestimmung,
- des Kindergartenbesuchs bzw. des Besuchs der Kindertagesstätte,
- der Schul- und Berufsausbildung einschließlich Wahl der Schulart und Schulwechsel,
- die Wahl der Erziehungsgrundsätze,
- Wechsel des Kindes in ein Heim/Internat,
- medizinische Eingriffe,
- psychotherapeutische Behandlungen,
- Umgang mit Dritten,
- Fragen zum Unterhalt des Kindes,

- Anlage und Verwendung des Kindesvermögens,
- genehmigungspflichtige Geschäfte nach § 1643 BGB,
- Ausschlagung einer Erbschaft,
- ggf. Anfechtung der Vaterschaft,
- Auslandsaufenthalte/Urlaubsreise des Kindes.

Diese Vollmacht kann für einzelne, von dem Bevollmächtigten zu bestimmende Rechtsgeschäfte übertragen werden.

Die Bevollmächtigte ist befugt, Rechtsgeschäfte mit sich im eigenen Namen und als Vertreter Dritter vorzunehmen. Die Vollmacht soll durch meinen Tod nicht erlöschen.

Die Vollmacht wird zeitlich beschränkt auf die Zeit vom ______ bis zum ______ (13 Monate).

Der Bevollmächtigten ist eine Ausfertigung dieser Urkunde zu erteilen.

Der Notar hat den Erschienenen über die Bedeutung, die rechtliche Tragweite, insbesondere die Rechtsfolgen und die Auswirkungen der Vollmacht abschließend noch einmal ausführlich belehrt. Der Erschienene ist sich der Tragweite der Vollmacht bewusst und wünscht gleichwohl die Beurkundung der Vereinbarung auch unter Inkaufnahme möglicher zukünftig daraus erwachsener Nachteile.

Das Protokoll ist dem Erschienenen vorgelesen, von ihm genehmigt und wie folgt eigenhändig unterschrieben: ______.

▲

311 In Fällen wie dem vorstehend beschriebenen Sachverhalt kann es allerdings über die Regelung hinsichtlich des gemeinsamen Kindes sinnvoll sein, eine **allgemeine**, auf den hier verbleibenden Ehegatten bezogene **unbeschränkte Generalvollmacht** zu erstellen. Diese schließt alle Handlungsmöglichkeiten hinsichtlich des Kindes ein.

6.66

▼

312 **Muster 6.66: Vereinbarung zeitlich befristeter Generalvollmacht bei Gefahr ruhender elterlicher Sorge**

Verhandelt am ______

Zu ______

Vor mir, dem unterzeichnenden Notar im Bezirk des Oberlandesgerichts ______

______

erscheint

Herr A, geb. am , wohnhaft

ausgewiesen durch .

Die Frage des beurkundenden Notars nach einer Vorbefassung im Sinne von § 3 Abs. 1 Nr. 7 BeurkG wurde von dem Erschienenen verneint. Der beurkundende Notar erläuterte die vorgenannte Vorschrift.

Der Erschienene bat den Notar um die Beurkundung einer

Generalvollmacht

und erklärte zu notariellem Protokoll:

Hierdurch bevollmächtige ich, meine Ehefrau, Frau A, geb. am , wohnhaft ,

mich in allen persönlichen und vermögensrechtlichen Angelegenheiten, soweit dies gesetzlich zulässig ist, gerichtlich und außergerichtlich zu vertreten. Diese Vollmacht kann für einzelne, von dem Bevollmächtigten zu bestimmende Rechtsgeschäfte übertragen werden.

Die Bevollmächtigte ist befugt, Rechtsgeschäfte mit sich im eigenen Namen und als Vertreter Dritter vorzunehmen. Die Vollmacht soll durch meinen Tod nicht erlöschen.

Der Bevollmächtigten ist eine Ausfertigung dieser Urkunde zu erteilen.

Die Vollmacht wird zeitlich beschränkt auf die Zeit vom bis zum (3 Jahre 6 Monate).

Der Notar hat den Erschienenen über die Bedeutung, die rechtliche Tragweite, insbesondere die Rechtsfolgen und die Auswirkungen der Vollmacht abschließend noch einmal ausführlich belehrt. Der Erschienene ist sich der Tragweite der Vollmacht bewusst und wünscht gleichwohl die Beurkundung der Vereinbarung auch unter Inkaufnahme möglicher zukünftig daraus erwachsener Nachteile.

Das Protokoll ist dem Erschienenen vorgelesen, von ihm genehmigt und wie folgt eigenhändig unterschrieben:

▲

I. Tod eines Sorgeberechtigten

„Ein allgemeines Übel ist der Tod“ hat Goethe einmal zu Recht gesagt. Ein besonderes 313
Übel gerade für Familienrechtler wäre es aber, mit der Möglichkeit des Todes nicht zu rechnen.

Dies betrifft viele Bereiche des Familienrechts, namentlich im Todesfall während eines Scheidungsverfahrens.

Für den Bereich des Sorgerechts sind die Folgen jedoch übersichtlich.

I. Gemeinsame elterliche Sorge

1. Grundsätze

314 Die gemeinsame elterliche Sorge besteht unabhängig davon, ob Eheleute **noch miteinander verheiratet** sind oder nicht mehr und gemeinsam oder getrennt voneinander leben, es sei denn, abweichendes wird bei dem Familiengericht beantragt und durchgesetzt.

Stirbt einer der (ehemaligen) Ehegatten, geht die alleinige elterliche Sorge auf den überlebenden Elternteil über, **§ 1680 Abs. 1 BGB**. Eine Sachprüfung erfolgt entsprechend § 1678 Abs. 1 Hs. 1 BGB nicht.

2. Mögliche Vereinbarungen

315 Eine Vereinbarung der Eltern hinsichtlich der elterlichen Sorge, die sich auf die Situation des Ablebens eines der Eheleute bezieht, ist daher **nicht erforderlich**.

In **Ausnahmefällen**, in denen ein beispielsweise ein Ehegatte durch dauerhafte Erkrankung an der Wahrnehmung der elterlichen Sorge gehindert ist, könnte es für den Fall des Ablebens des anderen Ehegatten Probleme in der elterlichen Verantwortung geben. Grundsätzlich verbleibt es ja bei der elterlichen Sorge des überlebenden Ehegatten, der von sich aus etwas unternehmen müsste, um sich Hilfe zu holen, also etwa Verbindung mit dem zuständigen Jugendamt aufnehmen.

Hier könnten die Eltern vorab vereinbaren, dass im gegebenen Fall etwa ein **Vormund für das Kind** bestellt wird.

Eine **Bestimmung des Vormunds** ist in den Fällen **alleiniger elterlicher Sorge** möglich. Es können auch bestimmte Personen oder Personengruppen (z.B. „alle Verwandte") von der Vormundschaft ausgeschlossen werden, § 1782 BGB.[416] Benennungen können auch befristet oder unter Bedingungen gestellt werden.[417]

6.67 Dies könnte beispielsweise im Rahmen eines Testamentes wie folgt formuliert werden:

▼

316 **Muster 6.67: Testament mit Regelung der elterlichen Sorge**

Verhandelt am

Zu

Vor mir, dem unterzeichnenden Notar im Bezirk des Oberlandesgerichts

416 Palandt/*Brudermüller*, § 1782 Rn 1.

417 *Sarres,* FuR 2012, 124; Bamberger/Roth/*Bettin*, § 1776 Rn 2.

erscheinen

1. Herr A, geb. am , wohnhaft

2. Frau A, geb. , geb. am , wohnhaft ebenda

ausgewiesen durch .

Die Frage des beurkundenden Notars nach einer Vorbefassung im Sinne von § 3 Abs. 1 Nr. 7 BeurkG wurde von den Erschienenen verneint. Der beurkundende Notar erläuterte die vorgenannte Vorschrift.

Der Notar überzeugte sich zunächst durch ausführliche Unterhaltung von der vollen Geschäfts- und Testierfähigkeit der Erschienenen.

Die Erschienenen baten darum, von der Hinzuziehung von Zeugen abzusehen, baten den Notar sodann um die Beurkundung eines

Testaments

sowie einer ehevertraglichen Vereinbarung

und erklärten ihm ihren letzten Willen wie folgt:

§ 1 Ausgangslage

Wir, die Erschienenen zu 1 und 2, sind Beide von Geburt an deutsche Staatsangehörige und haben am vor dem Standesbeamten in die Ehe miteinander geschlossen.

Aus unserer Ehe ist das nunmehr 4 Jahre alte Kind K hervorgegangen.

Die Ersch. zu 2 ist dauerhaft erkrankt.

Im Hinblick auf diese Situation vereinbaren wir, was folgt.

§ 2 Elterliche Sorge

1. Wir, die Erschienenen, werden weiterhin die gemeinsame Verantwortung elterlicher Sorge für unser Kind K tragen.

2. Wir vereinbaren, dass für den Fall des Ablebens des Ersch. zu 1 während der Zeit der Minderjährigkeit unseres Kindes K für das Kind ein Vormund bestellt wird, da die Ersch. zu 2 sich außerstande sieht, die Verantwortung der alleinigen elterlichen Sorge zu tragen.

3. Wir wünschen, dass der Bruder der Ersch. zu 2, Herr , wohnhaft , die Vormundschaft übernimmt. Er hat sich hierzu bereits bereit erklärt. Sollte dies nicht möglich sein, wird das Jugendamt gebeten, im Einvernehmen mit der Ersch. zu 2 einen geeigneten Vormund zu wählen.

§ 3 Letztwillige Verfügung

1. Wir setzen uns hiermit gegenseitig zu Erben ein. Der Längstlebende soll also Alleinerbe des Erstversterbenden sein.

2. Der Längstlebende von uns soll über das Vermögen des Erstversterbenden wie über eigenes Vermögen frei verfügen können.

3. Für den Fall, dass der Überlebende eine anderweitige Verfügung nicht mehr trifft, sind Erben nach dem Letztversterbenden unsere dann lebenden gemeinsamen Kinder zu gleichen Teilen. Sie sollen also Schlusserben des zuletzt Versterbenden sein.

4. Ersatzerben sind deren Abkömmlinge stammweise zu gleichen Teilen. Mangels Ersatzerben soll Anwachsung eintreten.

5. Sollte eines unserer Kinder aus dem Nachlass des Erstversterbenden bereits den Pflichtteil verlangen, so soll es aus dem Nachlass des Letztversterbenden unter Anrechnung sämtlicher bisheriger Zuwendungen auch höchstens den Pflichtteil erhalten.

6. Mehr wollen wir heute nicht bestimmen.

7. Wir bitten, uns eine Abschrift dieses Testaments zu übersenden. Der Notar ist berechtigt, eine offene Abschrift zu seinen Akten zu nehmen.

§ 4 Hinweise, Durchführung

Der Notar hat die Erschienenen über die Bedeutung, die rechtliche Tragweite, insbesondere die Rechtsfolgen und die Auswirkungen der Vereinbarung zur elterlichen Sorge und zur letztwilligen Verfügung abschließend noch einmal ausführlich belehrt. Beide Erschienenen sind sich der Tragweite der getroffenen Vereinbarungen bewusst und wünschen gleichwohl die Beurkundung der Vereinbarung auch unter Inkaufnahme möglicher zukünftig daraus erwachsener Nachteile.

(ggf. weitere abschließende Hinweise/Durchführung)

(Urkundsausgang, Unterschriften)

▲

II. Alleinige elterliche Sorge des verstorbenen Elternteils

1. Grundsätze

317 Bei alleiniger elterlicher Sorge des verstorbenen Elternteils richtet sich das Verfahren nach dem **Anlass**, auf den sich die Alleinsorge gründet.

Beruht die Übertragung der Alleinsorge auf einer Entscheidung nach **§ 1671 Abs. 1 BGB**, also darauf, dass die **Alleinsorge** dem Kindeswohl am besten entsprach, ist die **Übertra-**

gung auf den Überlebenden vorzunehmen, wenn dies dem **Kindeswohl nicht widerspricht**.[418] Es handelt sich demnach um keinen hohen Prüfungsmaßstab. Dies wird damit begründet, dass der Elternteil, dem abgeleitet die elterliche Sorge übertragen werden soll, **bereits zuvor** einmal Inhaber der elterlichen Sorge war.[419] Anderenfalls ist ein **Vormund** zu bestellen.[420]

Stand der **Kindesmutter die elterliche Sorge allein** zu, weil sie (1) weder mit dem Kindes- 318
vater verheiratet war noch (2) eine gemeinsame Sorgeerklärung abgegeben hatte oder sie (3) vom Familiengericht auch dem Vater zugesprochen worden war, **§ 1626a BGB**, und auch die elterliche Sorge **stets allein ausgeübt** hatte, ist zu prüfen, ob die Übertragung der elterlichen Sorge auf den überlebenden Kindesvater **dem Kindeswohl dient**. Es müssen also **überwiegende Vorteile für das Kind** erkennbar sein.[421] Dies ist notwendig, weil es – bisher – an einer vertrauensvollen Bindung zwischen Vater und Kind fehlt. Er muss als **kindesfern und desinteressiert** gelten, so dass sein Einrücken in das Sorgerecht **positiv legitimiert** werden muss.[422]

Hat er die **Sorge tatsächlich längere Zeit** (mit) ausgeübt, sind die Prüfungsvoraussetzungen zu erleichtern, also zu klären, ob die Übertragung dem **Kindeswohl nicht widerspricht**.[423]

Ist ein **Vormund** zu bestellen, wird die Prüfung seiner **Eignung** nach mehreren Eignungs- 319
merkmalen erfolgen:[424]

- Persönliche Verhältnisse
- Vermögenslage, wirtschaftliche Zuverlässigkeit
- Berufliche Umstände
- Familiäre Belastungen
- Gesundheit
- Mutmaßlicher Wille der Eltern
- Naher Verwandter als möglicher Vormund
- Fähigkeit zur Interessenvertretung des Kindes.

Die **Vormundschaft** ist innerhalb des Familienrechts die **auf Dauer eingerichtete Für-** 320
sorge für die Person und das Vermögen des Mündels.

Sie grenzt sich sachlich ab von

- der **Betreuung** (§§ 1896–1908k BGB) als rechtliche Unterstützung des Betreuten in Bezug auf einen festgelegten Aufgabenkreis;

418 Dazu ausführlich *Heiß/Castellanos*, Rn 252 ff.
419 BT-Drucks 13/4899, 102.
420 BayObLGFuR 2000, 19; AG Leverkusen FamRZ 2004, 1127.
421 OLG Karlsruhe FamRZ 2003, 1768.
422 *Horndasch,* in: Scholz/Kleffmann/Motzer, Teil E, Rn 52; hierzu kritisch: *Coester,* FPR 2005, 60.
423 BVerfG FamRZ 2008, 2185; OLG Nürnberg FamRZ 2010, 995; PWW/*Ziegler,* § 1680 Rn 4.
424 So *Sarres,* FuR 2012, 124.

- der **Pflegschaft** (§§ 1909–1921 BGB) als Hilfe für einzelne Angelegenheiten in besonderen Fällen der Verhinderung des Betroffenen oder seiner gesetzlichen Vertreter;
- der **Beistandschaft** des Jugendamtes (§§ 1712–1717 BGB) als besonders ausgestaltete Form der Pflegschaft für Kinder für einen gesetzliche bestimmten Aufgabenkreis, nämlich zur Feststellung der Vaterschaft und zur Geltendmachung von Unterhaltsansprüchen (§ 1712 Abs. 1 Nr. 1 u. 2 BGB).

321 Die **Vormundschaft** ist seit dem Inkrafttreten des BtrG am 1.1.1992 **auf Minderjährige** (vgl. §§ 2 BetrG i.V.m. 1773 Abs. 1 BGB) **beschränkt**. Damit endet die Vormundschaft per Gesetz beim Eintritt der Volljährigkeit. Für die rechtliche Unterstützung volljähriger Personen sind die Bestimmungen über die rechtliche Betreuung anzuwenden. Soweit das Fürsorgebedürfnis beim Eintritt der Volljährigkeit weiter besteht, ist eine Betreuung anzuordnen.

322 Allgemeine **Voraussetzung** für die Anordnung einer Vormundschaft ist das **Bestehen eines Fürsorgebedürfnisses.** Dieses besteht, wenn

- keine elterliche Sorge besteht (Doppelwaisen), §§ 1773 Abs. 1 Alt. 1, 1626, 1629 BGB;
- die Eltern oder ein Elternteil weder Personen- noch Vermögenssorge ausüben können, z.B. weil ihnen das Sorgerecht entzogen wurde (§ 1666 BGB) oder weil der allein sorgeberechtigte Elternteil verstirbt und das Gericht dem anderen Elternteil das Sorgerecht nicht überträgt.

323 Grundsätzlich übt das **Familiengericht die Aufsicht** über den Vormund aus. Die Aufsicht bezieht sich **insbesondere** auf die Anlegung und Verwaltung des Vermögens des Mündels durch den Vormund, wozu das Gesetz umfangreiche Regeln getroffen hat. Schwerpunkte sind

die **Überwachung** der ordnungsgemäßen Vertretung (vgl. §§ 1795 und 1796 BGB);

die **Kontrolle** der Vermögensverwaltung (§§ 1802, 1840, 1841, 1843 BGB) und insbesondere genehmigungsbedürftiger Geschäfte des Vormundes (§§ 1802, 1807, 1821, 1822 BGB).

324 Das Familiengericht kann den Vormund durch **Zwangsmaßnahmen** nach § 1837 Abs. 2 BGB zur Befolgung seiner Pflichten anhalten und ihm Gebote und Verbote erteilen (§ 1837 Abs. 1 BGB).

Der Vormund **haftet** dem Mündel für schuldhafte Vermögensschädigungen nach § 1833 Abs. 1 BGB. Für Amtspflichtverletzungen des Rechtspflegers kommt die Haftung nach § 839, Art. 34 GG in Betracht.[425]

325 Die **Beendigung der Vormundschaft** tritt in folgenden Fällen ein:

- Tod des Mündels, § 1884 BGB,
- Volljährigkeit des Mündels, §§ 2, 1773 BGB,
- Eintritt oder Wiedereintritt der elterlichen Sorge, z.B. bei Annahme als Kind (§ 1754 BGB) oder bei Beendigung des Ruhens der elterlichen Sorge (§ 1674 Abs. 2 BGB).

425 Vgl. Dauner/*Lieb*, § 839 Rn 1 ff.

In diesen Fällen **endet die Vormundschaft kraft Gesetzes**, eine weitere Anordnung des Familiengerichtes ist nicht erforderlich.

2. Vereinbarungen bei alleiniger elterlicher Sorge

Angesichts alleiniger elterlicher Sorge stellt sich betroffenen Elternteilen immer die Frage, was denn geschehen soll, wenn man selbst während der Unselbstständigkeit des Kindes, vor allem während seiner Minderjährigkeit mit der Verantwortung für die Sorge geschehen soll. 326

Häufig ist es gerade nicht gewünscht, das der andere leibliche Elternteil sodann die alleinige elterliche Sorge übertragen bekommen soll.

Letztlich verhindern kann man dies nicht, wenn der überlebende Elternteil geeignet ist, die Verantwortung für das Kind zu übernehmen.

Man könnte aber naturgemäß Einfluss nehmen, indem man zum einen 327

- darlegt, warum man selbst den anderen leiblichen Elternteil für ungeeignet hält und
- mit positiver Begründung erläutert, warum welcher Vormund geeignet ist, die elterliche Verantwortung wahrzunehmen.

Dies könnte man beispielsweise in den Rahmen einer letztwilligen Verfügung einpassen und wie folgt formulieren: 328

6.68

▼

Muster 6.68: Testament mit Bestimmung eines Vormunds

Verhandelt am

Zu

Vor mir, dem unterzeichnenden Notar im Bezirk des Oberlandesgerichts

erscheint

Frau A, geb. am , wohnhaft

ausgewiesen durch .

Die Frage des beurkundenden Notars nach einer Vorbefassung im Sinne von § 3 Abs. 1 Nr. 7 BeurkG wurde von der Erschienenen verneint. Der beurkundende Notar erläuterte die vorgenannte Vorschrift.

Der Notar überzeugte sich zunächst durch ausführliche Unterhaltung von der vollen Geschäfts- und Testierfähigkeit der Erschienenen.

Die Erschienene bat darum, von der Hinzuziehung von Zeugen abzusehen, bat den Notar sodann um die Beurkundung eines

Testaments

sowie einer sorgerechtlichen Bestimmung

und erklärte ihm ihren letzten Willen wie folgt:

§ 1 Ausgangslage

Ich bin die allein sorgeberechtigte Mutter des Kindes K, geb. am ___ (4 Jahre).

Der Kindesvater hat keinerlei Kontakt zu dem Kind, da er Alkoholiker ist. Er ist arbeitslos, zahlt keinerlei Unterhalt für das Kind und hat mehrfach erklärt, K sei ihm gleichgültig.

Zudem lebt er in ___, also rd. 500 km vom Wohnort von K entfernt.

Im Hinblick auf diese Situation bestimme ich, was folgt.

§ 2 Elterliche Sorge

1. Für den Fall meines Ablebens während der Zeit der Minderjährigkeit meines Kindes K wünsche ich, dass für das Kind ein Vormund bestellt wird, da der Kindesvater außerstande ist, die Verantwortung der alleinigen elterlichen Sorge zu tragen.

2. Ich wünsche, dass mein Bruder, Herr ___, wohnhaft ___, die Vormundschaft übernimmt. Er hat sich hierzu bereits bereit erklärt. Sollte dies nicht möglich sein, wird das Jugendamt gebeten, einen geeigneten Vormund zu wählen.

§ 3 Letztwillige Verfügung

1. Für den Fall meines Ablebens setze ich als Erben meine dann lebenden leiblichen oder Adoptivkinder zu gleichen Teilen ein.

2. Ersatzerben sind deren Abkömmlinge stammweise zu gleichen Teilen. Mangels Ersatzerben soll Anwachsung eintreten.

3. Mehr will ich heute nicht bestimmen.

4. Ich bitte, mir eine Abschrift dieses Testaments zu übersenden. Der Notar ist berechtigt, eine offene Abschrift zu seinen Akten zu nehmen.

§ 4 Hinweise, Durchführung

Der Notar hat die Erschienene über die Bedeutung, die rechtliche Tragweite, insbesondere die Rechtsfolgen und die Auswirkungen der Bestimmung zur elterlichen Sorge und zur letztwilligen Verfügung abschließend noch einmal ausführlich belehrt. Die Erschienene ist sich der Tragweite der getroffenen Vereinbarungen bewusst.

(ggf. weitere abschließende Hinweise/Durchführung)

(Urkundsausgang, Unterschriften)

▲

Letztlich wird es Fälle geben können, in den – jedenfalls derzeit – ein geeigneter Vormund nicht zur Verfügung steht, der allein sorgeberechtigte Elternteil aber nicht wünscht, dass ein ganz bestimmter Vormund oder ein Vormund aus einem bestimmten Personenkreis zum Vormund bestimmt wird. 329

Dies kann parallel zur obigen Fallkonstellation wie folgt formuliert werden: 330

6.69

▼

Muster 6.69: Testament mit Ausschluss bestimmter Vormundschaft

Verhandelt am

Zu

Vor mir, dem unterzeichnenden Notar im Bezirk des Oberlandesgerichts

erscheint

Frau A, geb. am , wohnhaft

ausgewiesen durch .

Die Frage des beurkundenden Notars nach einer Vorbefassung im Sinne von § 3 Abs. 1 Nr. 7 BeurkG wurde von der Erschienenen verneint. Der beurkundende Notar erläuterte die vorgenannte Vorschrift.

Der Notar überzeugte sich zunächst durch ausführliche Unterhaltung von der vollen Geschäfts- und Testierfähigkeit der Erschienenen.

Die Erschienene bat darum, von der Hinzuziehung von Zeugen abzusehen, bat den Notar sodann um die Beurkundung eines

Testaments

und erklärte ihm ihren letzten Willen wie folgt:

§ 1 Ausgangslage

Ich bin die allein sorgeberechtigte Mutter des Kindes K, geb. am (4 Jahre).

Der Kindesvater hat keinerlei Kontakt zu dem Kind, da er Alkoholiker ist. Er ist arbeitslos, zahlt keinerlei Unterhalt für das Kind und hat mehrfach erklärt, K sei ihm gleichgültig.

Zudem lebt er in , also rd. 500 km vom Wohnort von K entfernt.

Meine Eltern haben sich überdies aufgrund meiner Schwangerschaft von mir losgesagt. Seitdem besteht zwischen meinen Eltern und mir kein Kontakt. Sie lehnen es auch ab, Kontakt zu ihrem Enkelkind aufzunehmen und bezeichnen das Kind wegen meiner fehlenden Eheschließung als „Bastard“.

Im Hinblick auf diese Situation bestimme ich, was folgt.

§ 2 Elterliche Sorge

1. Für den Fall meines Ablebens während der Zeit der Minderjährigkeit meines Kindes K wünsche ich, dass für das Kind ein Vormund bestellt wird, da der Kindesvater außerstande ist, die Verantwortung der alleinigen elterlichen Sorge zu tragen.

2. Ich wünsche, dass auf keinen Fall einer meiner Eltern zum Vormund für mein Kind bestimmt wird, da sie sich durch ihr jahrelanges, andauerndes Verhalten als völlig ungeeignet zur Übernahme dieses Amtes erwiesen haben.

3. Das zuständige Jugendamt wird gebeten, einen geeigneten Vormund außerhalb des Kreises meiner Eltern für mein Kind zu bestimmen.

§ 3 Letztwillige Verfügung

1. Für den Fall meines Ablebens setze ich als Erben meine dann lebenden leiblichen oder Adoptivkinder zu gleichen Teilen ein.

2. Ersatzerben sind deren Abkömmlinge stammweise zu gleichen Teilen. Mangels Ersatzerben soll Anwachsung eintreten.

3. Mehr will ich heute nicht bestimmen.

4. Ich bitte, mir eine Abschrift dieses Testaments zu übersenden. Der Notar ist berechtigt, eine offene Abschrift zu seinen Akten zu nehmen.

§ 4 Hinweise, Durchführung

Der Notar hat die Erschienene über die Bedeutung, die rechtliche Tragweite, insbesondere die Rechtsfolgen und die Auswirkungen der Bestimmung zur elterlichen Sorge und zur letztwilligen Verfügung abschließend noch einmal ausführlich belehrt. Die Erschienene ist sich der Tragweite der getroffenen Vereinbarungen bewusst.

(ggf. weitere abschließende Hinweise/Durchführung)

(Urkundsausgang, Unterschriften)

▲

§ 7 Umgangsrecht

A. Rechtsnatur des Umgangsrechts

I. Umgang im Interesse des Kindes

1. Grundsätze

Zu Unrecht wurde – und wird landläufig noch heute – das **Umgangsrecht als Einbahnstraße** im Sinne eines Rechtsanspruches ausschließlich des nicht mit dem Kind zusammenlebenden Elternteils angesehen.[1] Die zentrale Vorschrift des § 1684 I BGB (seit 1.7.1998 in Kraft) beschreibt jedoch drei Bereiche: 1

- das **Recht des Kindes** auf Umgang mit jedem Elternteil;
- die **Pflicht der Eltern** zum Umgang mit ihrem Kind;
- das **Recht der Eltern** auf Umgang mit dem Kind.

Der mit Änderung im Kindschaftsrechtsreformgesetz von 1998 vorgenommene **Perspektivwechsel** ist von erheblicher Bedeutung.[2] Elterninteressen werden zurückgestellt (an die dritte Stelle), **Kindesinteressen in den Mittelpunkt** gerückt (an die erste Stelle), Elternpflichten in den Blickpunkt gestellt (an die zweite Stelle).[3] Dies hat bereits zu Entscheidungen geführt, nach denen das Kind sein Recht auf Umgang verbinden konnte mit einer Ordnungsgeldandrohung gegen den umgangsunwilligen Elternteil.[4] 2

Das **OLG Brandenburg** hat hierzu ausdrücklich festgestellt, dass das Kind gem. § 1684 Abs. 1 BGB ein subjektives Recht auf Umgang mit dem nicht mit ihm zusammenlebenden Elternteil hat.[5] Dieser sei verpflichtet, den Umgang wahrzunehmen. Die gerichtliche Regelung des Umgangs gegen den Willen dieses Elternteils und die Androhung eines Ordnungsgeldes verstießen nicht gegen die Verfassung.[6]

Das **OLG München**[7] stimmte der Ansicht zu, dass ein Umgang nach dem Wortlaut von § 1684 Abs. 1 BGB auch gegen den Willen des betreffenden Elternteils angeordnet und mit Zwangsmitteln durchgesetzt werden kann. Bei der Gestaltung der Besuche müsse dessen Belangen aber ebenfalls Rechnung getragen werden. So seien durch Arztattest nach-

1 Ausführlich dazu *Horndasch*, Verbundverfahren Scheidung Rn 282 ff.

2 Der Perspektivwechsel hat u.a. auch dazu geführt, dass gem. § 1685 Abs. 2 BGB n.F. auch ein Umgangsrecht zu solchen engen Bezugspersonen besteht, die längere Zeit Verantwortung für das Kind tragen oder getragen bzw. mit ihm zusammengelebt haben, vgl. BGH FamRZ 2005, 705; *Büte* FK 2005, 133.

3 Vgl. dazu BVerfG FamRZ 2005, 173 (einstw. Anordnung betr. das Umgangsrecht des nichtehelichen Vaters).

4 OLG Celle MDR 2001, 395; OLG Köln FamRZ 2001, 1023; vgl. auch BVerfG FamRZ 2002, 534.

5 OLG Brandenburg FamRZ 2005, 293.

6 OLG Brandenburg FamRZ 2005, 293.

7 OLG München FamRZ 2005, 2010.

gewiesene gesundheitliche Probleme des betagten Vaters ein Grund, dem Kind die gewünschten Übernachtungsbesuche bei ihm zu versagen.

3 Der **BGH**[8] weist auf den **Charakter des Umgangs als Pflichtrecht** hin, welches nicht der vertraglichen Disposition der Eltern unterliegt. Daher kann auf das Besuchsrecht nicht verzichtet werden.

Das Recht auf Umgang mit seinen Eltern steht dem Kind als **höchstpersönliches Recht** zu und kann deshalb auch nur von ihm geltend gemacht werden. Die Umgangspflicht des Vaters kann daher nicht von der Kindesmutter eingeklagt werden, sondern ausschließlich durch das Kind selbst, vertreten durch den sorgeberechtigten Elternteil oder, im Fall eines Interessenkonflikts, durch einen Verfahrenspfleger.[9] Wird die umgangsrechtliche Entscheidung eines Gerichts nicht respektiert, besteht gem. §§ 88 ff. FamFG die Möglichkeit, die Umgangsregelung auch mit **Zwangsmitteln** durchzusetzen. In diesem Zusammenhang gibt es eine Fülle von Entscheidungen, die sich mit den Möglichkeiten und Grenzen der Vollstreckung gegen Elternteile richten, die eine festgelegte Umgangsregelung betr. ihr Kind nicht akzeptieren wollen.[10]

4 Ein Beispielsbereich ist der immer wieder vorgebrachte **angebliche entgegenstehende Wille des Kindes**. Hier hat das **OLG Frankfurt** in einem Ordnungsgeldverfahren gegen eine Mutter erklärt:[11]

> *Auf ein fehlendes Verschulden wegen eines entgegenstehenden Willens des Kindes kann sich der zur Herausgabe des Kindes verpflichtete Elternteil nur berufen, wenn er darlegt, dass der Widerstand des Kindes auch mit dem Alter des Kindes angemessenen erzieherischen Mitteln nicht zu überwinden war. An diese Darlegung sind hohe Anforderungen zu stellen.*

5 *Praxistipp*

In solchen Fällen sollte eine geeignete Dokumentation der gleichwohl durchgeführten Bemühungen erfolgen, notfalls unter Beteiligung des Jugendamts, Eltern haben Anspruch auf Beratung und Unterstützung bei der Ausübung des Umgangsrechts, § 18 Abs. 3 S. 3 SGB VIII.

6 Zu einer Vollstreckung bedarf es einer vollstreckungsfähigen Verfügung (z.B. einer Endentscheidung eines isolierten Verfahrens) und eines schuldhaften Verhaltens des sorgeberechtigten Elternteils, die bei Weigerung des Kindes, den Umgang auszuüben, nicht ohne

8 BGH FamRZ 2005, 1471.

9 Vgl. BVerfG FamRZ 2008, 845; BGH FamRZ 2008, 1334.

10 Vgl. die umfangreichen Rechtsprechungshinweise in *Büte*, Umgangsrecht, Rn 117 ff.

11 FamFR 2013, 113.

weiteres entfällt.[12] Sodann kann unmittelbar, auch ohne vorherige Androhung, Ordnungsgeld angeordnet werden.[13] Die Notwendigkeit der Androhung entfällt, da der Herausgabebeschluss bereits einen entsprechenden Hinweis enthält, § 89 Abs. 2 FamFG.[14]

Anschließend ist die Verhängung von **Zwangsgeld die Zwangshaft** möglich.[15]

Auch kann bei einer Herausgabeanordnung **gegen den Elternteil Gewalt** angewendet 7
werden, § 90 FamFG.[16] Gegen ein Kind ist die Anwendung von Gewalt zur Durchsetzung des Umgangsrechts jedoch ausgeschlossen, § 90 Abs. 2 S. 1 FamFG.

In den Fällen, in denen alle angewendeten Zwangsmaßnahmen „versagen" und auch die Mithilfe des Jugendamtes nach § 18 SGB VIII oder des Familiengerichtes nach § 1631 Abs. 3 BGB nicht weiterhilft, kommt der Entzug des Aufenthaltsbestimmungsrechts oder sogar der vollständige Entzug der elterlichen Sorge in Betracht.[17] Die Verweigerung des Umgangs kann im Übrigen auch zur Schadenersatzpflicht führen, etwa bei sodann nicht angetretener Urlaubsreise.[18]

Das **OLG Karlsruhe**[19] und wohl auch der **BGH**[20] neigen in diesem Zusammenhang zu 8
der Auffassung, das **Umgangsrecht sei ein absolutes Recht i.S.d. § 823 BGB**. Der BGH begründet dies damit, das Umgangsrecht bestehe nicht nur gegenüber den Sorgeberechtigten, sondern gegenüber jedem, in dessen Obhut sich das Kind befinde.[21]

Er hat dies im konkreten Fall jedoch dahinstehen lassen und die Schadenersatzpflicht auf die Grundsätze der positiven Forderungsverletzung nach § 280 BGB gestützt. Das Umgangsrecht begründe zwischen dem Umgangsberechtigten und dem Umgangspflichtigen ein **gesetzliches Rechtsverhältnis familienrechtlicher Art** mit der Folge, dass der Pflichtige darlegen und beweisen muss, dass er die Pflichtverletzung nicht zu vertreten hat, § 280 S. 2 BGB.

> *Praxistipp* 9
>
> Die Verletzung des Umgangsrechts kann auch den Straftatbestand des § 235 StGB erfüllen, und zwar nicht nur, wenn ein Dritter das Kind während eines Aufenthalts beim

12 Vgl. OLG Karlsruhe FamRZ 1998, 637; 2002, 976; OLG Celle FamRZ 1999, 173; OLG Brandenburg FamRZ 2002, 1125 (zum Verschulden bei „Parental Alienation Syndrome").
13 Vgl. Horndasch/Viefhues/*Gottwald*, FamFG, § 89 Rn 3.
14 Horndasch/Viefhues/*Gottwald* § 89 Rn 5.
15 Die zuvor nicht angedroht werden muss, vgl. OLG Frankfurt FamRZ 2002, 1585.
16 *Büte*, Umgangsrecht Rn 127.
17 OLG Hamm FamRZ 1992, 466 m.w.N.
18 OLG Frankfurt v. 29.4.2005, 1 UF 64/05, n.v. (Abruf-Nr. 052537 unter www.iww.de); vgl. auch *Büte,* FK 2005, 165.
19 In FamRZ 2002, 1056.
20 BGH FamRZ 2002, 1099.
21 Zum Umgangsrecht des biologischen Vaters trotz Fehlens einer sozial-familiären Beziehung vgl. EuGHMR FamFR 2011, 71.

Umgangsberechtigten entzieht, sondern auch, wenn der Sorgeberechtigte das Kind dem umgangsberechtigten Elternteil entzieht.[22]

2. Vereinbarungen zum Umgang

a) Isolierte Umgangsvereinbarung

10 Vereinbarungen zum Umgang sind für sich nicht formbedürftig. Sie werden in den überwiegenden Fällen zwischen den Eltern abgesprochen und in der Praxis sich verändernden Bedingungen angepasst.

Es ist in Fällen bestehender Spannungen und schwieriger Kommunikation aber sinnvoll, **nicht nur grundsätzlich** den Umgang des Kindes mit dem nicht überwiegend mit ihm zusammenlebenden Elternteil zu regeln. Es ist auch sinnvoll, dies so konkret wie möglich zu tun.

11 *Finger* schlägt eine ausführlich und in Einzelpunkten dezidiert ausgearbeitete Vereinbarung wie folgt gefasst vor.[23]

▼

Muster 7.1: Ausführliche Vereinbarung des Umgangs

Wir, die Eheleute Maria und Klaus M., sind uns darüber einig, dass wir nach der Trennung und einer späteren Scheidung die gemeinsame elterliche Sorge für unsere beiden Kinder Kevin, geb. (7 Jahre), und Zoe, geb. (4 Jahre), beibehalten und in gegenseitiger Verantwortung ausüben wollen. Der Lebensmittelpunkt der Kinder liegt im beiderseitigen Einverständnis bei der Mutter. Als „Umgangsregelung" vereinbaren wir:

§ 1 Übliche Umgangszeiten; Handy

Wir, die Eheleute Maria und Klaus M. sind uns einig, dass unsere beiden Kinder Kevin und Zoe, die sonst bei der Mutter leben, alle zwei Wochen übers Wochenende beim Vater sind und dort bleiben sollen, erstes Wochenende am ( ) von bis . Die Besuche beginnen freitags um 18.00 Uhr und dauern bis sonntags 16.30 Uhr, während der Wintermonate, also von Oktober bis einschl. März, von freitags 16.30 Uhr bis sonntags 16.30 Uhr. Für seine Besuche bestimmt der Vater alltägliche Angelegenheiten für die Kinder allein (oder: andere Regelung, etwa Ausnahmen). Ohne Rücksprache mit der Mutter trifft er keine weitergehenden Entscheidungen und bespricht im Übrigen alle wesentlichen Erziehungsfragen wie sonst mit ihr; sämtliche Maßnahmen, die er für das Kind für richtig gehalten hat, teilt er ihr nach Besuchsende kurz mit. Ausfallende Besuchszeiten werden nachgeholt (wird ausgeführt – oder auch gerade nicht).

22 BGH FamRZ 1999, 651.

23 Nach BeckFormFamR/*Finger*, Form E. V. 1.

Während der Besuche wird die Mutter keinen telefonischen Kontakt zu ihren Kindern haben (oder Ausnahmen). Wenn sie mit ihnen in Verbindung treten will, wird sie den Vater anrufen. Insbesondere wird sie den Kindern auch kein Handy mitgeben oder sie über E-Mail anschreiben oder anzuschreiben versuchen (gilt entsprechend für den Vater zu den sonstigen Zeiten, zu denen die Kinder nicht bei ihm sind – im Übrigen sollten sich die Eltern für sie ebenfalls durch besondere Absprachen festlegen).

Besondere Geschenke wird der Vater den Kindern nicht machen. Einzelheiten wird er mit der Mutter abstimmen (oder Ausnahmen; möglich ist auch, eine Wertgrenze festzulegen, die vielleicht 50 EUR nicht überschreiten sollte). Der Vater ist verpflichtet, in seiner neuen Wohnung in für die Kinder ein eigenes Zimmer einzurichten, für sie bereitzuhalten und mit den notwendigen Möbeln und sonstigen Gegenständen auszustatten. Für die Kinder hat er in ausreichendem Maße Spielzeug anzuschaffen und dafür zu sorgen, dass wichtige Ersatzkleidung verfügbar ist. Andererseits verpflichtet sich die Mutter, den Kindern alle Dinge mitzugeben, auf die sie während der Besuchszeiten beim Vater angewiesen sind, also Ersatzkleidung, Hefte und Bücher für die Schule, Medikamente u.Ä., vgl. im Übrigen § 4.

§ 2 Ferienzeiten

Für die Ferienzeiten, denn auch Zoe kommt bald in die Schule, vereinbaren wir Folgendes:

a) In den (Land/Länder) Sommerferien verbringen die Kinder Kevin und Zoe in geraden Jahren die erste, in ungeraden Jahren die zweite Hälfte (die ersten zwei Wochen/die letzten zwei Wochen o.Ä.) der Ferien bei einem, im nächsten Jahr dann beim anderen Elternteil/beim Vater, der mit ihnen nach seiner Wahl in Urlaub fahren kann. Urlaubsziel und Urlaubsanschrift (Telefonnummer etc.) haben die Eltern sich spätestens zwei Wochen vor der geplanten Abreise gegenseitig mitzuteilen. Im Übrigen hat der Vater der Mutter gegenüber bis zum 31.3. des laufenden Jahres zu erklären, ob er von seinen Befugnissen, die Ferien mit den Kindern zu verbringen, Gebrauch machen will oder nicht (und für welche Zeiten). Sämtliche Kosten für die Kinder während des Urlaubs trägt der Vater; er ist nicht berechtigt, vom sonstigen Kindesunterhalt, den er der Mutter leistet, Abzüge anzubringen. Für den eigenen Urlaub und den Unterhalt der Kinder muss die Mutter mit den sonstigen Zahlungen auskommen; weitere Forderungen kann sie nur stellen, wenn dies sonst rechtlich begründet oder mit dem Vater abgesprochen ist.

b) Für die Osterferien eines jeden Jahres vereinbaren wir ,

- für Pfingsten ,
- für die Herbstferien
- und für die Weihnachtsferien (jeweils Besuchszeiten mit dem Vater). Diese Vereinbarung über die Ferien, die die Kinder mit dem Vater verleben, beginnt mit den Sommerferien im Jahre . Für das laufende Jahr legen sich die Eltern wie folgt fest:

Vom 1.7. bis zum 3.8. sind die Kinder beim Vater, der mit ihnen in Ferien fahren kann, für die restliche Ferienzeit bei der Mutter. Für die Kosten gilt a.). Besuchstermine in den Ferien fallen ebenso aus wie Besuche unmittelbar vor oder nach der Ferienzeit (Beispiel:); sie werden auch nicht nachgeholt.

c) Im Übrigen vereinbaren die Eltern, dass jeder von ihnen einmal im Jahr nach vorheriger Absprache (drei Monate zuvor) drei Wochen ohne die Kinder in Urlaub fahren kann, wobei sich der andere Elternteil verpflichtet, in dieser Zeit Kevin und Zoe zu sich zu nehmen und für sie zu sorgen.

§ 3 Feiertage

Für die Feiertage (folgt Aufzählung) vereinbaren die Eltern zusätzlich (folgt: Regelung). Besondere Geschenke (insbesondere Tiere, Handy u.Ä., folgen weitere Beispiele, insbes. mit Auswirkungen auf die alltägliche Lebensführung beim anderen Elternteil) anlässlich der Feiertage (Geburtstage; Weihnachten u.Ä.) sprechen sie untereinander ab, insbesondere, wenn so der andere Elternteil Auswirkungen für seine Lebensführung zu tragen hätte.

§ 4 Äußerer Ablauf

Zu den vereinbarten Besuchszeiten holt Herr M. die Kinder bei seiner Frau in (oder andere Regelung) ab und bringt sie nach Ablauf dorthin pünktlich zurück. In seinem Kraftfahrzeug wird Herr M. passende Kindersitze einbauen, die den üblichen Sicherheitsstandards entsprechen. Die Mutter hat die Kinder jeweils bereitzuhalten und auf die Besuche vorzubereiten; sie gibt ihnen insbesondere mit (folgt Aufzählung wichtiger persönlicher Ausstattungen, Medikamente, Sportgeräte u.Ä.). Können die vorgesehenen Umgangszeiten ausnahmsweise nicht eingehalten werden, hat jeder Elternteil den anderen unverzüglich zu informieren. Sind die Kinder bereits beim Vater und ist er etwa in Folge besonderer beruflicher Beanspruchung nicht in der Lage, sie weiterhin in der vorgesehenen Form zu betreuen, muss er sie ohne Verzögerungen zur Mutter zurückbringen oder hat dafür zu sorgen, dass dies geschieht. Voraussichtliche Verspätungen beim Abholen oder Zurückbringen der Kinder muss er möglichst umgehend mitteilen.

§ 5 Wohlverhalten

Beide Elternteile werden alles unterlassen, was den jeweils anderen in den Augen der Kinder herabsetzen könnte. Insbesondere werden sie die Trennung und Scheidung nicht erwähnen oder Einzelheiten über sie mit den Kindern erörtern oder die Anwaltskorrespondenz vorlegen und mit (oder ohne sie) durchlesen/vorlesen. Über die weitere Entwicklung unterrichten sie sich nur gegenseitig und werden nicht etwa mit den Kindern die Dinge vorbereiten. Auch später werden sich nicht über ihre Gespräche untereinander mit ihnen reden. Im Übrigen werden sie sich über

- die Vorbereitung der Besuche und das Verhalten der Kinder,
- den Ablauf der Besuche und

- die Rückkehr vom anderen Elternteil und das Verhalten der Kinder nach den Besuchen jeweils

unterrichten und Einzelheiten im Interesse der Kinder besprechen (aber über diese Gespräche den Kindern später keine Mitteilung machen).

§ 6 Anwesenheit anderer Personen

Frau M. ist einverstanden, dass der Vater während der Besuchszeiten seine Eltern in Y. (seinen Bruder, seine Schwester, X.) besucht und die Kinder dorthin mitnimmt. Herr M. sichert andererseits zu, sich auch dann selbst um die Kinder zu kümmern und die (notwendige) Betreuung nicht diesen oder anderen Personen zu überlassen. Frau Z., die neue Lebenspartnerin von Herrn M., ist bei den Besuchen der Kinder beim Vater nicht zugegen (übernachtet in dieser Zeit nicht in der Wohnung von Herrn M.; fährt nicht mit Herrn M. und den Kindern gemeinsam in Urlaub u.Ä. – oder anders: sie kann das alles, und nach einer längeren Zeit sollte ihre Anwesenheit bei den Aufenthalten der Kinder beim Vater keine Rolle mehr spielen bzw. selbstverständlich sein).

§ 7 Streitigkeiten

Bei Unstimmigkeiten beim Umgang verpflichten sich die Eltern, vor Einleitung eines (weiteren) Gerichtsverfahrens Beratung und Hilfe durch (das Jugendamt, die Erziehungsberatung u.Ä.) in Anspruch zu nehmen.

▲

Üblicher dürfte es sein, lediglich konkret die Umgangszeiten festzulegen, wobei unterschiedlich ist, welchen Umfang der Besuchskontakt erreichen soll. 12

Die **in früheren Zeiten** übliche Regelung lautete:

- Jedes 2. Wochenende Sa 9 Uhr bis So 19 Uhr,
- alle 2. Hohen Festtage (Weihnachten, Ostern, Pfingsten),
- 2–3 Wochen in den Sommerferien.

Solche Regelungen sind **nicht mehr haltbar**. Zum einen ist die **Notwendigkeit stärkeren Kontaktes des Kindes** zu dem mit ihm überwiegend nicht zusammenlebenden Elternteil zur Gewährleistung des Kindeswohls im Laufe der Zeit immer deutlicher geworden. Zum anderen ist die statische Regelung nicht kindgemäß. Jüngere Kinder bedürfen eines kürzeren Abstandes zwischen den einzelnen Besuchszeiten, hingegen zeitlich nicht so umfangreiche Kontakte an einem Stück.

Dies bedeutet zunächst, dass eine Umgangsregelung grundsätzlich **zeitlich umfangreich** gestaltet werden muss.

b) Umgang und Unterhalt

Bettet man dies in eine Vereinbarung gleichzeitig etwa zum Kindesunterhalt ein, kann dies wie folgt formuliert werden: 13

7.2

▼

Muster 7.2: Vereinbarung von Unterhalt und Umgang

Verhandelt am

zu

vor mir, dem unterzeichnenden Notar im Bezirk des Oberlandesgerichts

erscheinen

1. Herr , geb. am , wohnhaft
2. Frau geb. , geb. am , wohnhaft

ausgewiesen durch .

Die Frage des beurkundenden Notars nach einer Vorbefassung im Sinne von § 3 Abs. 1 Nr. 7 BeurkG wurde von den Erschienenen verneint. Der beurkundende Notar erläuterte die vorgenannte Vorschrift.

Die Erschienenen baten den Notar um die Beurkundung einer

Trennungs- und Unterhaltsvereinbarung

und erklärten vorab:

§ 1 Ausgangslage

Wir sind beide von Geburt an deutsche Staatsangehörige und haben am in die Ehe geschlossen. Aus unserer Ehe ist das am geborene, derzeit also 10 Jahre alte Kind K. hervorgegangen. Es behält einvernehmlich seinen Lebensmittelpunkt bei der Kindesmutter. Kinder aus anderen Verbindungen sind nicht vorhanden.

Wir leben seit dem in verschiedenen Wohnungen voneinander getrennt.

§ 2 Ehegattenunterhalt

1. Der Ersch. zu 1 verpflichtet sich, ab an die Ersch. zu 2 für die Zeit der Trennung einen monatlich, jeweils bis zum 1. eines jeden Monats fälligen Trennungsunterhalt in Höhe von EUR zu zahlen.

2. Bei dieser Vereinbarung gehen die Beteiligten von den folgenden Einkommensverhältnissen aus:

- Einkommen des Ersch. zu 1
- Einkommen der Ersch. zu 2 .

3. Die Vereinbarung zur Zahlung von Trennungsunterhalt ist der Abänderung zugänglich. Die Beteiligten vereinbaren im Falle der Änderung der Einkommens- und Vermögensverhältnisse eine an der getroffenen Vereinbarung orientierte Abänderung. Ergänzend gelten die gesetzlichen Regelungen.

4. Die Ersch. zu 2 verpflichtet sich für die Dauer der Unterhaltsleistung, die nach § 10 Abs. 1 Nr. 1 EStG erforderliche Zustimmung zum begrenzten Realsplitting zu geben. Der Ersch. zu 1 ist verpflichtet, die Ersch. zu 2 von den ihr entstehenden finanziellen Nachteilen freizustellen.

§ 3 Kindesunterhalt

1. Der Ersch. zu 1 verpflichtet sich, für das Kind K ___, geb. am ___, zu Händen der Ersch. zu 2 einen monatlichen, bis zum 1. eines jeden Monats im Voraus fälligen Kindesunterhalt in Höhe von ___ % des Mindestbedarfs der jeweils gültigen Düsseldorfer Tabelle gemäß der jeweiligen Altersstufe des Kindes zu bezahlen. Hierauf ist die Hälfte des gesetzlichen Kindergeldes, derzeit 95 EUR, bedarfsdeckend anzurechnen, so dass sich ein derzeitiger monatlicher Unterhaltsbetrag in Höhe von ___ EUR ergibt.

2. Die Festsetzung des Unterhalts erfolgt auf der Grundlage des in § 2 Ziff. 2 der Vereinbarung festgestellten anrechenbaren Nettoeinkommens des Ersch. zu 1.

§ 4 Vollstreckungsunterwerfung

Wegen der in § 2 und 3 der Vereinbarung eingegangenen Verpflichtung zur Zahlung von Ehegattenunterhalt und Kindesunterhalt unterwerfe ich, der Ersch. zu 1, mich der

sofortigen Zwangsvollstreckung

aus dieser Urkunde in mein Vermögen.

Die Ersch. zu 2 ist berechtigt, sich jederzeit auf einseitigen Antrag auf Kosten des Ersch. zu 1 eine vollstreckbare Ausfertigung dieser Urkunde erteilen zu lassen, ohne dass es hierzu des Nachweises der Fälligkeit oder sonstiger die Vollstreckung begründender Tatsachen bedarf.

§ 5 Umgangsvereinbarung

Wir vereinbaren den Umgang des Ersch. zu 1 mit K wie folgt:

1. Jeweils Donnerstagnachmittags bis Freitagmorgens zum Beginn der Schule sowie alle 14 Tage von Donnerstagnachmittags bis zum Beginn der Schule am darauffolgenden Montagmorgen.

2. Während der Sommerferien über einen zusammenhängenden Zeitraum von 3 Wochen in der ersten Ferienhälfte.

3. In jedem ungeraden Jahr von Beginn der Osterferien bis Ostermontag 10.00 Uhr und in jedem geraden Jahr von Ostermontag 10.00 Uhr bis zum Beginn der Schule.

4. Während der Herbstferien über einen zusammenhängenden Zeitraum von 1 Woche in der ersten Ferienhälfte.

5. Von Beginn der Weihnachtsferien bis 25.12. 10.00 Uhr sowie zusätzlich in jedem ungeraden Jahr ab 1.1. bis zum Beginn der Schule; in jedem geraden Jahr ab 31.12. 12.00 Uhr bis zum Beginn der Schule.

§ 6 Hinweise, Durchführung

Der Notar hat die Erschienenen über die Bedeutung, die rechtliche Tragweite, insbesondere die Rechtsfolgen und die Auswirkungen der Unterhaltsvereinbarung und der Umgangsregelung abschließend noch einmal ausführlich belehrt. Beide Erschienenen sind sich der Tragweite der getroffenen Vereinbarungen bewusst und wünschen gleichwohl die Beurkundung der Vereinbarung auch unter Inkaufnahme möglicher zukünftig daraus erwachsener Nachteile.

(ggf. weitere abschließende Hinweise/Durchführung)

(Urkundsausgang, Unterschriften)

▲

14 **Umgangsvereinbarungen** stehen **nicht am Ende einer „Vereinbarungskette“** um die Folgen einer Trennung und Scheidung. Sie müssen eher im Anbeginn der Trennung getroffen werden, weil die Frage des Kontakts zwischen demjenigen Elternteil, der nicht mehr täglich mit dem Kind zusammenlebt nicht aufgeschoben werden kann.

Häufig wird man sich auch über die Frage der **elterlichen Sorge** grundsätzlich, und sei es vorläufig, einigen können, ebenso aber auch neben der Frage des **Kindesunterhalts** über die Höhe des ggf. zu zahlenden **Trennungsunterhalts**.

15 Über **naheheliche Unterhaltsansprüche** gibt es regelmäßig die **umfangreicheren Streitigkeiten.** Trennungsunterhalt ist unverzichtbar und muss schließlich auch im Falle einer Vereinbarung in etwa in Höhe des gesetzlich der berechtigten Person zustehenden Unterhalts gezahlt werden.

Für die Frage des **nachehelichen Unterhalts** stellt sich schon das Problem der **Anspruchsgrundlage** und nach bestimmten **Parametern** wie desjenigen der ehebedingten Nachteile und der Länge der Ehezeit. Hierüber können Auffassungen im konkreten Einzelfall erheblich voneinander abweichen. Deshalb wird eine Einigung betreffend Umgang in der Regel keine Vereinbarung beinhalten, die hinsichtlich Ehegattenunterhalt über die Zeit der Trennung hinausreicht. Im Muster ist deshalb gerade bei Einigungen über Fragen des Umgangs **lediglich die Vereinbarung von Trennungsunterhalt** und nicht nachehelicher Unterhalt enthalten.

16 Im Zusammenhang mit einer Vereinbarung zum **Umgang** wird im Übrigen häufig eine Regelung zur **elterlichen Sorge** getroffen und sei es nur, um für den mit dem Kind nicht

zusammenlebenden Elternteil eine gewisse Sicherheit der Fortsetzung gemeinsamer elterlicher Sorge zu schaffen.

c) Umgang und elterliche Sorge

In Fällen mit erheblichem Spannungspotential und eventuell auch während der Ehe bereits deutlich gewordenen unterschiedlichen Erziehungsgrundsätzen könnte eine ausführliche Vereinbarung wie folgt formuliert werden. 17

▼

Muster 7.3: Ausführliche Vereinbarung gemeinsamer elterlicher Sorge und Umgang

Verhandelt am

zu

vor mir, dem unterzeichnenden Notar im Bezirk des Oberlandesgerichts

erscheinen

1. Herr , geb. am , wohnhaft
2. Frau geb. , wohnhaft

ausgewiesen durch .

Die Frage des beurkundenden Notars nach einer Vorbefassung im Sinne von § 3 Abs. 1 Nr. 7 BeurkG wurde von den Erschienenen verneint. Der beurkundende Notar erläuterte die vorgenannte Vorschrift.

Die Erschienenen baten den Notar um die Beurkundung einer

Trennungs- und Unterhaltsvereinbarung

und erklärten vorab:

§ 1 Ausgangslage

Wir sind beide von Geburt an deutsche Staatsangehörige und haben am in die Ehe geschlossen. Aus unserer Ehe ist das am geborene, derzeit also 12 Jahre alte Kind K. hervorgegangen. Es behält einvernehmlich seinen Lebensmittelpunkt bei der Kindesmutter. Kinder aus anderen Verbindungen sind nicht vorhanden.

Wir leben seit dem in verschiedenen Wohnungen voneinander getrennt.

§ 2 Ehegattenunterhalt

1. Der Ersch. zu 1 verpflichtet sich, ab an die Ersch. zu 2 für die Zeit der Trennung einen monatlich, jeweils bis zum 1. eines jeden Monats fälligen Trennungsunterhalt in Höhe von EUR zu zahlen.

2. Bei dieser Vereinbarung gehen die Beteiligten von den folgenden Einkommensverhältnissen aus:

- Einkommen des Ersch. zu 1
- Einkommen der Ersch. zu 2 .

3. Die Vereinbarung zur Zahlung von Trennungsunterhalt ist der Abänderung zugänglich. Die Beteiligten vereinbaren im Falle der Änderung der Einkommens- und Vermögensverhältnisse eine an der getroffenen Vereinbarung orientierte Abänderung. Ergänzend gelten die gesetzlichen Regelungen.

4. Die Ersch. zu 2 verpflichtet sich für die Dauer der Unterhaltsleistung, die nach § 10 Abs. 1 Nr. 1 EStG erforderliche Zustimmung zum begrenzten Realsplitting zu geben. Der Ersch. zu 1 ist verpflichtet, die Ersch. zu 2 von den ihr entstehenden finanziellen Nachteilen freizustellen.

§ 3 Kindesunterhalt

1. Der Ersch. zu 1 ist verpflichtet, an das Kind K zu Händen der Ersch. zu 2 Kindesunterhalt in Höhe von EUR zu zahlen, und zwar jeweils im Voraus bis zum 1. eines jeden Monats.

2. Die Festsetzung des Unterhalts erfolgt auf der Grundlage des in § 2 Zif. 2 der Vereinbarung festgestellten anrechenbaren Nettoeinkommens des Ersch. zu 1.

3. Aufgrund des Alters des Kindes erfolgt die Unterhaltsbemessung nach der dritten Altersstufe der Düsseldorfer Tabelle.

§ 4 Vollstreckungsunterwerfung

Wegen der in § 2 und 3 der Vereinbarung eingegangenen Verpflichtung zur Zahlung von Ehegattenunterhalt und Kindesunterhalt unterwerfe ich, der Ersch. zu 1, mich der

sofortigen Zwangsvollstreckung

aus dieser Urkunde in mein Vermögen.

Die Ersch. zu 2 ist berechtigt, sich jederzeit auf einseitigen Antrag auf Kosten des Ersch. zu 1 eine vollstreckbare Ausfertigung dieser Urkunde erteilen zu lassen, ohne dass es hierzu des Nachweises der Fälligkeit oder sonstiger die Vollstreckung begründender Tatsachen bedarf.

§ 5 Elterliche Sorge, Erziehungsgrundsätze

1. Wir, die Erschienenen, vereinbaren die Beibehaltung der gemeinsamen elterlichen Sorge für unser Kind K nach Scheidung unserer Ehe.

2. In der Pflege, der Betreuung und weiteren Erziehung unseres Kindes K werden wir weiterhin nach Erziehungsgrundsätzen handeln, wonach eine gewaltfreie Erziehung ohne körperliche Bestrafungen, ohne seelische Verletzungen und/oder andere entwürdigende Maßnahmen erfolgt. Wir werden das mit höherem Alter unseres Kindes verbundene größere Maß an Selbstständigkeit und Eigenverantwortlichkeit berücksichtigen.

3. Für den Fall des Verstoßes gegen die vorbenannten Grundsätze behalten sich die Erschienenen angemessene gerichtliche Anträge vor, um das Kindeswohl zu gewährleisten. Um eine streitige gerichtliche Entscheidung möglichst zu vermeiden, vereinbaren wir bei Meinungsverschiedenheiten betr. die elterliche Sorge oder Umgangsfragen hinsichtlich unseres Kindes K die Inanspruchnahme einer Mediation vor Anrufung des Familiengerichts. Für den Fall, dass wir uns über die Person des Mediators/Mediatorin nicht einigen können, wird das zuständige Jugendamt um eine entsprechende Bestimmung gebeten.

4. Den Erschienenen ist bekannt, dass die vorstehenden Vereinbarungen jederzeit frei widerrufbar sind.

§ 6 Umgang

Wir vereinbaren den Umgang des Ersch. zu 1 mit K wie folgt:

1. Jeweils Donnerstagnachmittags bis Freitagmorgens zum Beginn der Schule sowie alle 14 Tage von Donnerstagnachmittags bis zum Beginn der Schule am darauffolgenden Montagmorgen.

2. Während der Sommerferien über einen zusammenhängenden Zeitraum von 3 Wochen in der ersten Ferienhälfte.

3. In jedem ungeraden Jahr von Beginn der Osterferien bis Ostermontag 10.00 Uhr und in jedem geraden Jahr von Ostermontag 10.00 Uhr bis zum Beginn der Schule.

4. Während der Herbstferien über einen zusammenhängenden Zeitraum von 1 Woche in der ersten Ferienhälfte.

5. Von Beginn der Weihnachtsferien bis 25.12. 10.00 Uhr sowie zusätzlich in jedem ungeraden Jahr ab 1.1. bis zum Beginn der Schule; in jedem geraden Jahr ab 31.12. 12.00 Uhr bis zum Beginn der Schule.

§ 7 Hinweise, Durchführung

Der Notar hat die Erschienenen über die Bedeutung, die rechtliche Tragweite, insbesondere die Rechtsfolgen und die Auswirkungen der Unterhaltsvereinbarung und der Vereinbarung zur elterlichen Sorge und den Umgang abschließend noch einmal ausführlich belehrt. Beide Erschienenen sind sich der Tragweite der getroffenen Vereinbarungen bewusst und wünschen gleichwohl die Beurkundung der Vereinbarung auch unter Inkaufnahme möglicher zukünftig daraus erwachsener Nachteile.

(ggf. weitere abschließende Hinweise/Durchführung)

(Urkundsausgang, Unterschriften)

▲

II. Erzwungener Umgang der Eltern

1. Grundsätze

18 Die „Durchsetzungsspirale“ zum Umgang gilt selbstverständlich nicht nur bei Anordnungen betr. das Recht des Erwachsenen auf Umgang mit dem Kind, sondern ebenso auch für das **Recht des Kindes auf Umgang** mit dem nicht mit ihm zusammenlebenden Elternteil.

Das **Bundesverfassungsgericht** hat allerdings am 1.4.2008[24] im Hinblick auf die Pflicht der Eltern zum Umgang mit ihrem Kind erklärt, dass ein Umgang mit dem Kind, der **nur mit Zwangsmitteln** gegen seinen umgangsunwilligen Elternteil durchgesetzt werden kann, in der Regel nicht dem Kindeswohl dient. Der durch die Zwangsmittelandrohung bewirkte Eingriff in das Grundrecht des Elternteils auf Schutz der Persönlichkeit ist danach nicht gerechtfertigt, es sei denn, es gibt im Einzelfall hinreichende Anhaltspunkte, die darauf schließen lassen, dass ein erzwungener Umgang dem Kindeswohl dienen wird.

Die Entscheidung des Bundesverfassungsgerichts ist aber nicht dahingehend missverstehen, dass die Zwangsmittelandrohung gegen umgangsunwillige Eltern grundsätzlich unmöglich geworden ist. Es ist im Ergebnis schlicht nach dem Alter und dem psychischen Zustand des betroffenen Kindes zu differenzieren.[25]

Umgang muss dem Kindeswohl dienen.[26] Es geht, anders als etwa bei der Frage begleiteten Umgangs oder des Umgangsausschlusses, nicht um die Abwägung einer Gefährdung des Kindeswohls. Grundsätzlich gilt, dass der Umgang des Kindes seinem Wohl dienlich, ja „für seine Entwicklung von herausragender Bedeutung“ ist.[27] Vom Umgang ausübenden Elternteil wird ein verantwortungsvoller, dem Kindeswohl dienender Umgang gefordert.

19 Wird ein Elternteil jedoch durch den **Druck**, der auf ihn ausgeübt wird, zum Umgang gezwungen, steht dies nicht nur seinem Willen entgegen. Der Widerwille, der mit der ablehnenden Haltung gegenüber dem Kind verbunden ist, kann bei erzwungenem Umgang

24 Az. 1 BvR 1620/04.
25 Zur Entscheidung des BVerfG vgl. *Horndasch,* ZFE 2008, 204.
26 Vgl. dazu die Entscheidung des AG Celle vom 2.9.2009, FamRZ 2010, 1681.
27 BVerfG v. 1.4.2008, Rn 85.

nicht ohne Auswirkungen auf das Kind bleiben. Das Kind erfährt nicht die mit dem Umgang bezweckte elterliche Zuwendung, sondern muss Ablehnung spüren, und zwar nicht von irgendeinem Dritten, sondern gerade von seinem Elternteil.

Dies birgt die Gefahr, so das Bundesverfassungsgericht, dass das **Selbstwertgefühl des Kindes** Schaden nimmt, da es nicht verstehen kann, dass sein Elternteil nichts von ihm wissen will und sich abweisend verhält. Das Kind sucht die Schuld bei sich. Damit wird nicht das Wohl des Kindes gefördert, sondern ihm geschadet.[28] Die Wirkung, die mit dem kindlichen Umgangsrecht verbunden sein soll, verkehrt sich in ihr Gegenteil.[29]

Anderes muss allerdings in **zwei unterschiedlichen Fallgestaltungen** gelten: 20

- Wenn das betroffene Kind bereits eine **stabile Persönlichkeitsentwicklung** durchlaufen hat, kann eine reale Chance bestehen, dass das Kind in der Lage ist, durch sein eigenes unbefangenes, freundliches Verhalten den Widerstand des den Kontakt zu ihm meidenden Elternteils aufzulösen. Damit kann ein zunächst erzwungener Umgang doch dem Kindeswohl dienen.
- Regt sich im Jugend- oder jungen Erwachsenenalter der Wunsch danach, seinen anderen Elternteil kennenzulernen, geht es ihm meist um ein – vielleicht nur einmaliges – **Zusammentreffen**. Dann kann die Erfüllung dieses Wunsches gewichtiger sein als die möglicherweise damit verbundene Erfahrung, dass dieser Elternteil nichts von ihm wissen will.[30]

Wann solche Fälle vorliegen, wird aber nur im Einzelfall und in der Regel ausschließlich durch – ggf. ergänzende – Einholung eines Sachverständigengutachtens zu beantworten sein. 21

Praxistipp 22

In der Praxis wird zukünftig in solchen Fällen zu beachten sein, dass frühzeitig versucht wird, durch einzuholende Sachverständigengutachten neben der Frage, ob der Umgang dem Kindeswohl dient, auch die Frage beantwortet zu bekommen, ob bei einer etwaigen, notwendigen Vollstreckung Belange des Kindeswohls berührt sind.

2. Vereinbarungen zum unerwünschten Umgang

Geht es darum, dass das Kind seinen „Erzeuger" schlicht kennenlernen möchte, könnte man sich darauf verständigen, ein Treffen zu vereinbaren und die Entbindung von der Verpflichtung ggf. weiterer „erzwungener" Umgangskontakte festzustellen. 23

Dies kann **formfrei formuliert** werden. 24

28 BVerfG a.a.O. Rn 83.

29 Zum Erleben betroffener Kinder und ihre Entwicklung vgl. *Friedrich/Reinhold/Kindler,* in: Klinkhammer/Klotmann/Prinz, 32 ff.

30 BVerfG a.a.O. Rn 90.

7.4

▼

Muster 7.4: Vereinbarung über ein Treffen bei unerwünschtem Umgang

Vereinbarung

Frau A, geb. ___, geb. am ___, wohnhaft ___

und

Herr B, geb. am ___, wohnhaft ___,

schließen die folgende Vereinbarung und erklären zunächst.

§ 1 Ausgangslage

Die Beteiligten sind die Eltern des am ___ (5 Jahre) geborenen Kindes K.

Frau A steht die alleinige elterliche Sorge zu.

Herr B hat das Kind bisher nicht gesehen und lehnt grundsätzlich einen Kontakt zu dem Kind ab.

§ 2 Umgang

Die Beteiligten vereinbaren, dass

(1) ein gemeinsames Treffen zwischen Frau A, dem Kind und Herrn B am ___ in den Räumen von Frau A stattfindet, das zeitlich begrenzt wird auf 1 Stunde;

(2) Herr B nicht durch ein gerichtliches Verfahren ein erzwungener Umgang aufgegeben werden soll.

§ 3 Hinweise

Die Beteiligten wissen, dass die Vereinbarung frei widerrufbar ist. Sie soll gleichwohl nach dem Willen der Beteiligten in der vereinbarten Form durchgeführt werden.

(Ort, Unterschriften)

▲

III. Das Wechselmodell

1. Grundsätze

25 Das Alternativmodell zum Lebensmittelpunkt und zum überwiegenden Zusammenleben mit einem Elternteil bildet das sog. **Wechselmodell**.[31]

31 Vgl. insgesamt die Stellungnahme der Kinderrechtekommission des DFGT zum Wechselmodell im deutschen Familienrecht, FF 2014, 352.

Die Eltern teilen sich die Betreuungszeiten für das Kind, indem z.B. ein wöchentlich wechselnder Aufenthalt bei den jeweiligen Elternteilen praktiziert wird. Um ein Wechselmodell anzunehmen, bedarf es allerdings **nicht der exakten hälftigen Aufteilung** der Betreuungszeiten.[32]

Auch bei einer Aufteilung während der Woche in 3 Tagen bzw. 4 Tagen bei dem jeweils anderen Elternteil muss noch vom Wechselmodell gesprochen werden.[33] Die Grenze wird man bei einer Betreuung von ⅓ zu ⅔ sprechen müssen. In solchen Fällen handelt es sich, so der BGH, um „großzügigen Besuchskontakt".[34]

Der **BGH** erklärt: 26

> *Übernimmt ein Elternteil den größeren Anteil der Betreuung, so ist der andere Elternteil allein barunterhaltspflichtig. Der Unterhaltsanspruch richtet sich dann allein nach dessen Einkommen.*

Der BGH verlangt – zu Unrecht – eine exakt gleiche zeitliche Aufteilung, um von einem Wechselmodell ausgehen zu können.

Das OLG Düsseldorf[35] hat erklärt, für eine überwiegende Betreuung genüge, 27

> *dass der Anteil eines Elternteils an der Betreuung den Anteil des anderen geringfügig übersteigt.*

> *Praxistipp* 28
>
> Die Einordnung hat erhebliche Auswirkungen auf die Berechnung des Kindesunterhalts. Liegt die Betreuung schwerpunktmäßig bei einem Elternteil, befindet sich das Kind in seiner Obhut mit der Folge, dass der Barbedarf des Kindes allein am Einkommen des anderen Elternteils auszurichten und von diesem zu zahlen ist.[36]

Es ist **streitig**, ob ein Wechselmodell grundsätzlich mit dem Kindeswohl vereinbar ist. 29
Abschließende **entwicklungspsychologische Erkenntnisse** über die Auswirkungen des Wechselmodells auf das Kindeswohl liegen nicht vor.[37]

Es ist anerkannt, dass mit dem regelmäßigen Wechsel des Kindes zwischen zwei Haushalten Vorteile für das Kind und für die Eltern verbunden sind. Die enge Eltern-Kind-Beziehung zwischen dem Kind und beiden Elternteilen wird aufrechterhalten. Das Kind erlebt den Alltag mit beiden Eltern. Beide Elternteile bleiben in der Verantwortung für ihre

32 OLG München FamRZ 2008, 1103.

33 So *Horndasch* ZFE 2007, 329; anders ständ. Rspr. vgl. BGH FamRZ 2014, 917, 918; OLG Düsseldorf FamRZ 2001, 1235.

34 BGH 2006, 1015 m. Anm. *Luthin*; zu Wechselmodell und Kindesunterhalt vgl. *Spangenberg* FamRZ 2014, 88.

35 OLG Düsseldorf FamRZ 2001, 1235.

36 BGH FamRZ 2007, 707; vgl. dazu auch *Soyka,* FK 2007, 145.

37 Vgl. Überblick bei *Kostka,* FPR 2006, 271; *Fichtner/Salzgeber,* FPR 2006, 278.

Kinder und werden durch das Wechselmodell von der Mehrfachbelastung, die bei einem allein erziehenden Elternteil besteht, entlastet.

30 Gleichwohl stehen diesen Vorteilen auch **Gefahren und Nachteile** gegenüber. Mit dem regelmäßigen Wechsel sind Belastungen für das Kind verbunden, die ein hohes Maß an Kooperation, Kommunikation und Kompromissbereitschaft der Eltern und auch der Kinder erfordern.

Im Schrifttum und in der Rechtsprechung besteht daher Einigkeit darüber, dass das Wechselmodell nur dann eine Alternative darstellt, **wenn die Eltern in der Lage sind, ihre Konflikte einzudämmen**, sie beide, so das **OLG Koblenz** in einem Beschl. v. 12.1.2010, „hochmotiviert und an den Bedürfnissen des Kindes ausgerichtet“ sind,[38] sie kontinuierlich kommunizieren und kooperieren können.[39] Unverzichtbare Voraussetzung, so heißt es richtig in vielen Entscheidungen weiter, ist ein Konsens zur Durchführung der wechselseitigen Betreuung und ein gemeinsamer Kooperationswille.[40] Der **Wille zur Kooperation** um des Kindeswohls willen ist allerdings nicht gleichzusetzen mit dem Willen zur Praxis des Wechselmodells. Richtig ist sicher, dass die Einrichtung eines Wechselmodells gegen den erheblichen Widerstand eines Elternteils in der Regel nicht infrage kommen kann.[41] Sind die übereinstimmenden Voraussetzungen nicht gegeben, kann es, worauf *Soyka* richtig hinweist, zu Erziehungsdefiziten kommen, die „zu einer erheblichen Beeinträchtigung des Kindeswohls“ führen.[42]

31 Bei fehlendem Willen eines Elternteils ist aber nicht grundsätzlich festzustellen, dass eine **Einrichtung oder eine Fortsetzung des Wechselmodells** nicht infrage kommt.[43] Es ist nach den Gründen und Auswirkungen des fehlenden Willens zu differenzieren sowie danach, ob es um die erstmalige Einrichtung oder die Fortsetzung des Wechselmodells geht.

Hohe Ansprüche werden zu Recht an die Übereinstimmung der Eltern, an deren Kommunikationsfähigkeit und Kooperationsbereitschaft gestellt, wenn es um die „erstmalige“ Umgangsregelung nach Trennung der Eltern geht. Spannungen und nicht aufgearbeitete Probleme zwischen den Eltern, unterschiedliche Erziehungsvorstellungen und fehlende Kooperationsbereitschaft im Wechselmodell verhindern eine solche Betreuungsmöglichkeit.

32 Geht es aber um die **Fortsetzung** eines seit längerer Zeit gut funktionierenden Wechselmodells, das, wie das **OLG Düsseldorf** feststellt,[44] dem Wohl des Kindes am besten entspricht, ist zu prüfen, worauf die nunmehrige Ablehnung des Wechselmodells beruht. Die

38 OLG Koblenz FamRZ 2010, 738.

39 *Motzer,* FamRB 2010, 138.

40 OLG Stuttgart FamRZ 2007, 1266; OLG München FamRZ 2007, 723; OLG Dresden FamRZ 2005, 125; *Schwab,* FamRZ 1998, 457; *Kostka,* FPR 2006, 271; *Fichtner/Salzgeber,* FPR 2006, 278.

41 Vgl. OLG Dresden FamRZ 2005, 125; *Gutjahr,* FPR 2006, 301, 302.

42 *Soyka,* FuR 2011, 416.

43 OLG Saarbrücken FamRZ 2012, 646.

44 OLG Düsseldorf FamRZ 2001, 1235.

Auswirkungen der Ablehnung durch einen Elternteil auf die Kooperationsfähigkeit und Kooperationsbereitschaft gegenüber dem anderen und damit auf das Kindeswohl sind besonders zu untersuchen.[45] Sind Fähigkeit und Bereitschaft der Eltern zur Kooperation noch vorhanden, lediglich z.B. der Wunsch nach mehr Freizeit für sich allein die Triebfeder jetziger Ablehnung, kann ein funktionierendes Wechselmodell nicht – zum Schaden des Kindeswohls – abgeschafft werden. Die Verantwortung für das Kindeswohl ist vorrangige Pflicht.

Dem entspricht im Übrigen die Regelung des § 166 FamFG. Haben Eltern vergleichsweise ein Wechselmodell vereinbart, das gerichtlich gebilligt wird, weil es dem Kindeswohl nicht widerspricht (§ 156 Abs. 2 S. 2 FamFG),[46] kann eine **Aufhebung nur unter den Voraussetzungen des § 1696 BGB** erfolgen. Dies bedeutet, dass ausschließlich triftige, das Wohl des Kindes nachhaltig berührende Gründe[47] dazu führen können, ein einmal gefundenes, dem Kindeswohl dienendes Umgangsmodell aufzuheben. Der bloße Wunsch eines Elternteils auf Neuregelung für die Zukunft allein reicht für eine Änderung nach § 1696 BGB nicht aus.[48]

Soweit das OLG Düsseldorf in seiner Entscheidung vom 14.3.2011 darauf verweist, das Wechselmodell sei im Gesetz nicht vorgesehen,[49] so ist dem entgegen zu halten, dass es **kein Modell** gibt, das der Gesetzgeber vorschreibt.[50] Lediglich bei fehlender Konsensfähigkeit ist in einzelnen Angelegenheiten (§ 1628 BGB) oder grundsätzlich (§ 1671 BGB) die Alleinentscheidungsbefugnis zu übertragen. Das Hindernis für die Beibehaltung und/oder Einrichtung des Wechselmodells stellt einzig das Kindeswohl dar.

Fazit: 33

Regelmäßig wird bei fehlendem Willen eines Elternteils eine Betreuung des Kindes im sog. Wechselmodell nicht eingerichtet werden können, weil das Wechselmodell ein besonders hohes Maß an Kooperation, Kommunikation und Kompromissbereitschaft voraussetzt. Der Widerstand eines Elternteils zeigt i.d.R. ein fehlendes Maß solcher Eigenschaften.

Haben Eltern **längere Zeit ein Wechselmodell erfolgreich praktiziert** und ist festzustel- 34
len, dass dieses Modell dem Wohl des Kindes am besten dient, gilt dies nur dann, wenn eine genaue Betrachtung der Gründe für die nunmehrige Ablehnung des Modells zeigen, dass es nicht weiter dasjenige ist, was dem Wohl des Kindes eben „am besten entspricht".

45 Vgl. dazu OLG Celle FamRZ 2008, 2053.

46 Keidel/*Engelhardt*, § 156 Rn 11.

47 OLG Rostock, FamRZ 2007, 1352; BGH NJW-RR 1986, 1130; Horndasch/Viefhues/*Horndasch*, FamFG, § 166 Rn 4; Johannsen/Henrich/*Büte*, § 1696 BGB Rn 2.

48 So auch Johannsen/Henrich/*Büte,* § 1696 Rn 21.

49 OLG Düsseldorf FamRZ 2001, 1235.

50 OLG Stuttgart FamRZ 2007, 1266; *Wanitzek,* FamRZ 2009, 1274.

Die Entscheidung des OLG Düsseldorf ist nach dem dort gegebenen Sachverhalt[51] richtig. Einen allumfassenden Grundsatz daraus herzuleiten, wäre aber nicht richtig, weil „allüberstrahlend“[52] gilt, dass das **Wohl des Kindes** alleinige Richtschnur jeder Entscheidung sein muss.

Scheitert das Wechselmodell, ist bei einem der Elternteile ein Lebensmittelpunkt/Schwerpunkt des Zusammenlebens herbeizuführen, um (weiteren) Schaden von den Kindern abzuwenden.

35 Gleichwohl wird es in vielen Fällen erforderlich sein, **ein über das übliche Maß weit hinaus gehendes Umgangsrecht mit dem anderen Elternteil** zu vereinbaren, wie es beispielsweise das **OLG Koblenz**[53] wie folgt angeordnet hat:

> *Jeweils Donnerstagnachmittags bis Freitagmorgens zum Beginn des Kindergartens beziehungsweise der Schule sowie alle 14 Tage von Donnertagnachmittags bis zum Beginn des Kindergartens beziehungsweise der Schule am darauffolgenden Montagmorgen .... Während der Sommerferien über einen zusammenhängenden Zeitraum von 3 Wochen in der ersten Ferienhälfte. In jedem ungeraden Jahr über die Osterfeiertage von Donnerstagnachmittag bis Ostermontag 10.00 Uhr und in jedem geraden Jahr von Ostermontag 10.00 Uhr bis zum Beginn des Kindergartens am darauffolgenden Dienstag; soweit die Kinder eingeschult sind, in jedem ungeraden Jahr von Beginn der Osterferien bis Ostermontag 10.00 Uhr und in jedem geraden Jahr von Ostermontag 10.00 Uhr bis zum Beginn der Schule. Soweit die Kinder eingeschult sind, während der Herbstferien über einen zusammenhängenden Zeitraum von 1 Woche in der ersten Ferienhälfte. Von Beginn der Weihnachtsferien bis 25.12. 10.00 Uhr sowie zusätzlich in jedem ungeraden Jahr ab 1.1. Bis zum Beginn des Kindergartens beziehungsweise der Schule; in jedem geraden Jahr ab 31.12. 12.00 Uhr bis zum Beginn des Kindergartens beziehungsweise der Schule.*

2. Vereinbarung zum Wechselmodell

36 Über die Praktizierung des Wechselmodells kann naturgemäß eine – formfrei möglich – Vereinbarung getroffen werden.

Finger schlägt in diesem Zusammenhang einen Obhutswechsel alle 3 bzw. 4 Tage vor wie folgt:[54]

51 „Nicht aufgearbeitete Konflikte der Eltern“, OLG Düsseldorf FamRZ 2001, 1235.

52 OLG Saarbrücken MDR 2011, 429 mit Hinweis auf BVerfGE 56, 363 (Beschl. v. 24.3.1981); BVerfG FuR 2008, 338.

53 OLG Koblenz, Beschl. v. 12.1.2010, Az. 11 UF 251/09.

54 BeckFormFamR/*Finger,* Form E. III. 5.

▼

Muster 7.5: Wechselmodell

Wir, die Eheleute Christa und Manfred H., haben am … 1989 die Ehe geschlossen, aus der die beiden Kinder Carolina, 7 Jahre alt, und Peter, 12 Jahre, hervorgegangen sind. Seit … (Trennung vor acht Monaten) leben wir getrennt in eigenen Wohnungen. Wir haben beide neue Partner. Für unsere Kinder und für uns vereinbaren wir:

- Auch nach der Trennung und einer anschließenden Scheidung unserer Ehe wollen wir die elterliche Sorge für Carolina, geb. …, und Peter, geb. …, weiterhin gemeinsam ausüben. Bei unseren Entscheidungen für unsere Kinder werden wir uns allein am Kindeswohl ausrichten. Sämtliche Einzelheiten für sie werden wir im gegenseitigen Einvernehmen regeln.
- Für die Schulferien der Kinder werden wir jeweils im Jahreswechsel besondere Abreden treffen, um möglichst gleiche Zeiten für jeden Elternteil festzulegen, die er dann mit den Kindern zusammen sein und verbringen kann (vgl. sonst Form.E. V.). In gleicher Form werden wir uns über die Verteilung der Feiertage übers Jahr (Ostern, Pfingsten, Weihnachten, Silvester und Neujahr; Eltern- und Kindergeburtstage; Geburtstage von Großeltern, Jubiläumsfeiern u.Ä.) verständigen.
- Im Übrigen sind wir uns darüber einig, dass Carolina und Peter in einer Woche jeweils montags bis mittwochs abends beim Vater, danach bis sonntagabends/montagvormittags bei der Mutter sind, während sie in der nächsten Woche montags bis donnerstags zu den genannten Zeiten bei der Mutter, danach bis sonntags abends/ bis montags vormittags beim Vater sein und leben sollen. Übergabezeiten und sonstige Einzelheiten der Besuche/Aufenthaltszeiten werden wir von Fall zu Fall festlegen.
- Für die Kosten der Krankenversicherung und des Horts für beide Kinder kommt Herr H. auf. Das gesetzliche Kindergeld, das (noch) die Mutter erhält, soll zwischen den Eltern geteilt bzw. beim Unterhalt verrechnet werden. Kindesunterhalt leistet Herr H. nach seinen Einkünften (… EUR) nach der Düsseldorfer Tabelle aus Gruppe …, allerdings nur in Höhe von … EUR (insgesamt mehr als die Hälfte des Tabellensatzes, weil die Kinder eben auch längere Zeiten bei ihm leben und von ihm versorgt werden). Von weitergehenden Unterhaltsansprüchen der Kinder stellt er Frau H. frei.

▲

In der Regel wird jedoch ein **wöchentlicher Wechsel angemessener** sein. 37

Eingebettet werden kann die **Vereinbarung eines Wechselmodells aber auch in die Unterhaltsvereinbarung**, die auch beim Wechselmodell regelmäßig notwendig, mindestens sinnvoll sein wird.

7.6

▼

38 **Muster 7.6: Vereinbarung von Wechselmodell und Unterhalt**

Verhandelt am ___

zu ___

vor mir, dem unterzeichnenden Notar im Bezirk des Oberlandesgerichts ___

___

erscheinen

1. Herr ___, geb. am ___, wohnhaft ___

2. Frau ___ geb. ___, geb. am ___, wohnhaft ___

ausgewiesen durch ___.

Die Frage des beurkundenden Notars nach einer Vorbefassung im Sinne von § 3 Abs. 1 Nr. 7 BeurkG wurde von den Erschienenen verneint. Der beurkundende Notar erläuterte die vorgenannte Vorschrift.

Die Erschienenen baten den Notar um die Beurkundung einer

Trennungs- und Unterhaltsvereinbarung

sowie Vereinbarung eines Wechselmodells

und erklärten vorab:

§ 1 Ausgangslage

Wir sind beide von Geburt an deutsche Staatsangehörige und haben am ___ in ___ die Ehe geschlossen. Aus unserer Ehe sind die am ___ geborene, derzeit also 7 Jahre alte K. sowie der am ___ geborene, also 12 Jahre alte L. hervorgegangen. Kinder aus anderen Verbindungen sind nicht vorhanden.

Wir leben seit dem ___ in verschiedenen Wohnungen voneinander getrennt.

§ 2 Vereinbarung des Wechselmodells

1. Auch nach der Trennung und einer anschließenden Scheidung unserer Ehe wollen wir die elterliche Sorge für K., geb. ___, und L., geb. ___, weiterhin gemeinsam ausüben. Bei unseren Entscheidungen für unsere Kinder werden wir uns allein am Kindeswohl ausrichten. Sämtliche Einzelheiten für sie werden wir im gegenseitigen Einvernehmen regeln.

2. Für die Schulferien der Kinder werden wir jeweils im Jahreswechsel besondere Abreden treffen, um möglichst gleiche Zeiten für jeden Elternteil festzulegen, die er dann mit den Kindern zusammen sein und verbringen kann. In gleicher Form werden wir uns über die Vertei-

lung der Feiertage übers Jahr (Ostern, Pfingsten, Weihnachten, Silvester und Neujahr; Eltern- und Kindergeburtstage; Geburtstage von Großeltern, Jubiläumsfeiern u.Ä.) verständigen.

3. Im Übrigen sind wir uns darüber einig, dass die Kinder in diesem Kalenderjahr jeweils in den ungeraden Wochen des Jahres die Zeit von Montagmorgen bis zum folgenden Montagmorgen vom Vater, sowie in den geraden Wochen des Jahres von der Mutter betreut werden. Im folgenden Kalenderjahr werden die Kinder die geraden Wochen beim Kindesvater und die ungeraden Wochen bei der Kindesmutter verbringen. Übergabezeiten und sonstige Einzelheiten der Aufenthaltszeiten werden wir von Fall zu Fall festlegen.

§ 3 Kindesunterhalt

1. Wir vereinbaren im Hinblick auf die Einrichtung des Wechselmodells unter Berücksichtigung des oben festgestellten Einkommens, dass der Ersch. zu 1 zur Ausgleichung gegenseitiger Ansprüche wegen wechselnder Betreuung der Kinder eine monatliche Ausgleichszahlung für Kindesunterhalt in Höhe von EUR vornimmt, jeweils im Voraus bis zum 1. eines Monats zu zahlen.

2. Von weitergehenden Unterhaltsansprüchen hinsichtlich der Kinder stellen wir uns wechselseitig frei.

§ 4 Vollstreckungsunterwerfung

Wegen der in § 3 der Vereinbarung eingegangenen Verpflichtung zur Zahlung von Kindesunterhalt unterwerfe ich, der Ersch. zu 1, mich der

sofortigen Zwangsvollstreckung

aus dieser Urkunde in mein Vermögen.

Die Ersch. zu 2 ist berechtigt, sich jederzeit auf einseitigen Antrag auf Kosten des Ersch. zu 1 eine vollstreckbare Ausfertigung dieser Urkunde erteilen zu lassen, ohne dass es hierzu des Nachweises der Fälligkeit oder sonstiger die Vollstreckung begründender Tatsachen bedarf.

§ 5 Hinweise, Durchführung

Der Notar hat die Erschienenen über die Bedeutung, die rechtliche Tragweite, insbesondere die Rechtsfolgen und die Auswirkungen der Unterhaltsvereinbarung und der Vereinbarung zum Wechselmodell abschließend noch einmal ausführlich belehrt. Beide Erschienenen sind sich der Tragweite der getroffenen Vereinbarungen bewusst und wünschen gleichwohl die Beurkundung der Vereinbarung auch unter Inkaufnahme möglicher zukünftig daraus erwachsener Nachteile.

(ggf. weitere abschließende Hinweise/Durchführung)

(Urkundsausgang, Unterschriften)

▲

B. Besondere Umgangssituationen und ihr Streitpotential

39 *Wenn Du um etwas streitest, streite so, dass Du nicht das versehrst, worum ihr streitet*

heißt es.[55] Dieser kluge Satz wird immer wieder missachtet, wenn es um den Umgang eines Kindes mit seinem nicht mit ihm zusammen lebenden Elternteil geht.

Dabei soll Umgang dem Kindeswohl dienen, ihm nicht abträglich sein. Streit der Eltern um die Ausgestaltung des Umgangs mit dem Kind bewirkt das Gegenteil. **Streitbereite Eltern** werden vor allem in besonderen Umgangssituationen Möglichkeiten sehen, unterschiedliche Auffassungen zu kultivieren und Gegensätze zuzuspitzen. Um das Kind unter den Auswirkungen solcher „Streitkultur" nicht leiden zu lassen, ist es notwendig, in **familiengerichtlichen Beschlüssen** (§ 38 FamFG), in **außergerichtlichen**[56] und **gerichtlich gebilligten Vereinbarungen** (§ 156 Abs. 2 FamFG) die besonderen Umgangssituationen möglichst vollständig zu erfassen und sie – konkret ausgestaltet – in eine Regelung einzubeziehen.

I. Streit um konkrete Ausgestaltung des Umgangs

1. Grundsätze

40 Generell stellen **Konflikte** zwischen Mutter und Vater einen **entscheidenden Risikofaktor für die Entwicklung eines Kindes** dar.[57] Dies gilt für zusammenlebende Familien ebenso wie für Trennungsfamilien. Mit der Trennung der Eltern ist aber regelmäßig ein – nicht zu bewältigender – Konflikt zwischen den Eltern verbunden, der zwar mit dem Kind nicht zusammenhängt, aber häufig genug über das Kind ausgetragen wird oder mindestens auf ihn ausstrahlt. **Elterliche Konflikte werden fortgesetzt** und leider häufig über Fragen des Umgangs ausgetragen.[58]

Dies zu verhindern ist eigentlich eine wesentliche Aufgabe der Eltern in der Verantwortung für das Kind. Manchen Eltern fehlt allerdings gerade in der Situation nach Trennung/ Scheidung schlicht die **Kompetenz, die Empathie oder das Engagement**, sich gegenseitig in der Erziehung und Entwicklung der Kinder ergänzen und unterstützen zu können.[59] Manche Eltern arbeiten darüber hinaus **bewusst oder unbewusst gezielt** gegeneinander und damit gegen das Kindeswohl.

55 *Leopold Schefer*, Laienbrevier, Mai, XXII.

56 BGH FamRZ 2005, 1471: Eine Vereinbarung der Eltern erhält erst durch die familiengerichtliche Bestätigung eine das Umgangsrecht konkretisierende konstitutive Wirkung.

57 *Niesel*, Erleben und Bewältigung elterlicher Konflikte durch Kinder, in: Familiendynamik: Systemische Praxis und Forschung Bd. 20, 1995, 155.

58 *Völker/Clausius*, FamRMandat – Sorge- und Umgangsrecht, 6. Aufl., 2014, § 2 Rn 16: Eltern fallen „in ein pubertäres Stadium" zurück.

59 Dazu ausf. *Fthenakis*, Begleiteter Umgang von Kindern, München, 2008, 73 ff.

Die Möglichkeiten des Streits zu Lasten des Kindes werden umso größer sein, **je weniger konkret das Umgangsrecht** des Kindes mit dem mit ihm nicht zusammenlebenden Elternteil ausgestaltet und vereinbart ist. Umgekehrt wird aber auch eine sehr dezidiert gestaltete Umgangsregelung nicht verhindern können, dass Streit um den Einzelfall entbrennt. So hatte das **OLG Brandenburg**[60] eine alle denkbare Einzelheiten umfassende Regelung zwischen streitenden Eltern getroffen, die sogar „Umfang zu besonderen Anlässen, nämlich Geburtstag der Kinder, Geburtstag des Vaters und wichtige Ereignisse für die Kinder, an denen üblicherweise die Eltern teilnehmen, wie z.B. musikalische Aufführungen, Schulfeiern, Sportwettkämpfe" einbezog. Bei diesen Ereignissen sei der Vater zur Umgangsausübung berechtigt. Eine vom Vater gewünschte weitere Ausdehnung auf zusätzliche „besondere Ereignisse" lehnte das OLG Brandenburg sodann allerdings mit der – resignierenden – Begründung ab, dies hätte „voraussichtlich nur zu erneuten Auseinandersetzungen geführt".[61]

Die Frage, wie **weit die konkrete Ausgestaltung** des Umgangs reichen sollte, wird aber 41
unabhängig davon bereits vom Alter des Kindes abhängig sein. So wird eine **Laissez-Faire-Haltung**, das Kind entscheiden zu lassen, wann und ob es den mit ihm nicht zusammenlebenden Elternteil sehen will, bei einem **16-jährigen Kind** möglich sein, nicht aber im Alter **von 6 Jahren**. So wird umgekehrt eine exakte Bestimmung der Umgangszeiten für ein ganzes Kalenderjahr[62] bei Sechsjährigen angemessen sein, nicht aber bei Sechzehnjährigen.

Es wird daher letztlich im Einzelfall zu bedenken sein, wie mit besonderen Anlässen und Ereignissen zu verfahren ist, um dem möglichen Streitpotential zu begegnen.

2. Vereinbarungen zum Umgang im Einzelnen

Für ein kleines Kind sollte die Umgangsvereinbarung alles enthalten, was zur Durchfüh- 42
rung ungestörten Umgangs erforderlich ist, ohne dass das Kind noch zusätzlich eigene Entscheidungen treffen muss oder unsicher ist, wann oder in welcher Weise der Umgang stattfindet.

Eine Vereinbarung für ein jüngeres Kind könnte daher wie folgt ausgestaltet sein. 43

7.7

▼

Muster 7.7: Umgangsvereinbarung für ein junges Kind

Verhandelt am

Zu

Vor mir, dem unterzeichnenden Notar im Bezirk des Oberlandesgerichts

60 FamRB 2007, 40 m. Anm. *Giers.*

61 *Giers*, Anm. zu OLG Brandenburg FamRB 2007, 40.

62 Vgl. den Umgangskalender unter www.famrb.de/Muster und Formulare.

erscheinen

1. Herr …, geb. am …, wohnhaft …

2. Frau … geb. …, geb. am …, wohnhaft …

ausgewiesen durch ….

Die Frage des beurkundenden Notars nach einer Vorbefassung im Sinne von § 3 Abs. 1 Nr. 7 BeurkG wurde von den Erschienenen verneint. Der beurkundende Notar erläuterte die vorgenannte Vorschrift.

Die Erschienenen baten den Notar um die Beurkundung einer

Trennungs- und Unterhaltsvereinbarung

sowie Umgangsvereinbarung

und erklärten vorab:

§ 1 Ausgangslage

Wir sind beide von Geburt an deutsche Staatsangehörige und haben am … in … die Ehe geschlossen. Aus unserer Ehe ist das am … geborene, derzeit also 6 Jahre alte Kind K. hervorgegangen. Es behält einvernehmlich seinen Lebensmittelpunkt bei der Kindesmutter. Kinder aus anderen Verbindungen sind nicht vorhanden.

Wir leben seit dem … in verschiedenen Wohnungen voneinander getrennt.

§ 2 Ehegattenunterhalt

1. Der Ersch. zu 1 verpflichtet sich, ab … an die Ersch. zu 2 für die Zeit der Trennung einen monatlich, jeweils bis zum 1. eines jeden Monats fälligen Trennungsunterhalt in Höhe von … EUR zu zahlen.

2. Bei dieser Vereinbarung gehen die Beteiligten von den folgenden Einkommensverhältnissen aus:

- Einkommen des Ersch. zu 1 …
- Einkommen der Ersch. zu 2 ….

3. Die Vereinbarung zur Zahlung von Trennungsunterhalt ist der Abänderung zugänglich. Die Beteiligten vereinbaren im Falle der Änderung der Einkommens- und Vermögensverhältnisse eine an der getroffenen Vereinbarung orientierte Abänderung. Ergänzend gelten die gesetzlichen Regelungen.

4. Die Ersch. zu 2 verpflichtet sich für die Dauer der Unterhaltsleistung, die nach § 10 Abs. 1 Nr. 1 EStG erforderliche Zustimmung zum begrenzten Realsplitting zu geben.

Der Ersch. zu 1 ist verpflichtet, die Ersch. zu 2 von den ihr entstehenden finanziellen Nachteilen freizustellen.

§ 3 Kindesunterhalt

1. Der Ersch. zu 1 ist verpflichtet, an das Kind K zu Händen der Ersch. zu 2 Kindesunterhalt in Höhe von EUR zu zahlen, und zwar jeweils im Voraus bis zum 1. eines jeden Monats.

2. Die Festsetzung des Unterhalts erfolgt auf der Grundlage des in § 2 Zif. 2 der Vereinbarung festgestellten anrechenbaren Nettoeinkommens des Ersch. zu 1.

3. Aufgrund des Alters des Kindes erfolgt die Unterhaltsbemessung nach der zweiten Altersstufe der Düsseldorfer Tabelle.

§ 4 Vollstreckungsunterwerfung

Wegen der in § 2 und 3 der Vereinbarung eingegangenen Verpflichtung zur Zahlung von Ehegattenunterhalt und Kindesunterhalt unterwerfe ich, der Ersch. zu 1, mich der

sofortigen Zwangsvollstreckung

aus dieser Urkunde in mein Vermögen.

Die Ersch. zu 2 ist berechtigt, sich jederzeit auf einseitigen Antrag auf Kosten des Ersch. zu 1 eine vollstreckbare Ausfertigung dieser Urkunde erteilen zu lassen, ohne dass es hierzu des Nachweises der Fälligkeit oder sonstiger die Vollstreckung begründender Tatsachen bedarf.

§ 5 Elterliche Sorge

1. Wir, die Erschienenen, vereinbaren die Beibehaltung der gemeinsamen elterlichen Sorge für unser Kind K nach Scheidung unserer Ehe.

2. Den Erschienenen ist bekannt, dass die vorstehende Vereinbarung jederzeit frei widerrufbar ist.

§ 6 Umgang

Wir vereinbaren den Umgang des Ersch. zu 1 mit K wie folgt:

1. Jeweils alle 14 Tage Freitagmittag mit Ende des Schulunterrichts bis Freitagabend 18 Uhr sowie im Wechsel alle 14 Tage von Samstagmorgen 9 Uhr bis Sonntagabend 18 Uhr.

2. Während der Sommerferien über einen zusammenhängenden Zeitraum von 2 Wochen in der ersten Ferienhälfte.

3. In jedem ungeraden Jahr von Beginn der Osterferien bis Ostermontag 10.00 Uhr und in jedem geraden Jahr von Ostermontag 10.00 Uhr bis zum Beginn der Schule.

4. Während der Herbstferien über einen zusammenhängenden Zeitraum von 1 Woche in der ersten Ferienhälfte.

5. Von Beginn der Weihnachtsferien bis 25.12. 10.00 Uhr sowie zusätzlich in jedem ungeraden Jahr ab 1.1. bis zum Beginn der Schule; in jedem geraden Jahr ab 31.12. 12.00 Uhr bis zum Beginn der Schule.

6. Der Ersch. zu 1 holt das Kind jeweils von der Schule oder seinem Aufenthaltsort ab und bringt es zurück zur Ersch. zu 2.

§ 7 Hinweise, Durchführung

Der Notar hat die Erschienenen über die Bedeutung, die rechtliche Tragweite, insbesondere die Rechtsfolgen und die Auswirkungen der Unterhaltsvereinbarung und der Vereinbarung zur elterlichen Sorge und den Umgang abschließend noch einmal ausführlich belehrt. Beide Erschienenen sind sich der Tragweite der getroffenen Vereinbarungen bewusst und wünschen gleichwohl die Beurkundung der Vereinbarung auch unter Inkaufnahme möglicher zukünftig daraus erwachsener Nachteile.

(ggf. weitere abschließende Hinweise/Durchführung)

(Urkundsausgang, Unterschriften)

▲

II. Streit um Zeiteinteilung und Ausgestaltung

1. Grundsätze

44 **„Freizeit-Papa, Alltags-Mama“** sind die gängigen Klagen, wenn es um die Ausgestaltung des elterlichen Umgangsrechts geht. Umgekehrt wird der Vorwurf erhoben, der den Umgang ausübende Elternteil **kümmere sich** während dieser Zeit **nicht um das Kind** („es sitzt vor dem Fernseher/wird zu Oma abgeschoben“).[63]

Grundsätzlich trifft der Umgangsberechtigte, während das Kind sich bei ihm befindet, die **Alltagsentscheidungen,** also alle Entscheidungen, die nicht von erheblicher Bedeutung sind. Er entscheidet deshalb auch darüber, wo sich das Kind aufhält,[64] mit wem es Kontakt hat etc.

Die Möglichkeit des anderen Elternteils, an den **Besuchen teilzunehmen**, wird von der Rechtsprechung ebenso zurückhaltend angenommen[65] wie der **Ausschlusses bestimmten Kontaktes** („nicht mit seiner Freundin“) nur ausnahmsweise und ggf. vorübergehend

63 *Kindler/Fichtner,* FPR 2008, 139.
64 OLG Frankfurt FamRZ 1999, 1008.
65 OLG Brandenburg FamRZ 2002, 414.

angeordnet wird.[66] Selbst der Umgang mit einem Säugling ist nur ausnahmsweise und vorübergehend in der Wohnung des anderen Elternteils auszuüben.[67]

„Alle 14 Tage sind viel zu wenig" und umgekehrt „das Kind wird hin und her gerissen" sind die gängigen Klagen, wenn es um die **zeitliche Einteilung** geht.

Eltern stellen dabei häufig nicht das Wohl des Kindes in den Mittelpunkt ihrer Überlegungen, sondern agieren aufgrund ihrer Spannungen gegenüber dem anderen Elternteil. Dies verbietet eigentlich die **„Wohlverhaltensvorschrift"**[68] des § 1684 Abs. 2 BGB. Sie **verpflichtet** beide Elternteile, alles zu unterlassen, was das Verhältnis des Kindes zum jeweils anderen beeinträchtigt bzw. den Umgang oder die Erziehung **erschwert**.[69] Diese **Loyalitätspflicht** endet für manche Mütter und Väter dort, wo die – nicht aufgearbeiteten – Spannungen zum anderen Elternteil beginnen. 45

Zum zeitlichen Umfang des Umgangs zwischen dem Kind und dem mit ihm nicht zusammen lebenden Elternteil hat sich in Deutschland die Regelung „alle 14 Tage das Wochenende"[70] als **durchschnittlich üblich** und angemessen durchgesetzt.

Solche – starren – Regelungen werden seit langem von Kinderpsychologen als **nicht allgemein kindgerecht** abgelehnt und sind angesichts der Betonung einer Ausrichtung ausschließlich am individuell zu bestimmenden Kindeswohl nicht mehr anwendbar.[71]

Die **Häufigkeit und die Zeitdauer** des Kontakts sind zunächst abhängig vom Grad der Bindung des Kindes, sodann aber stark altersabhängig.[72] 46

Je jünger ein Kind ist, desto kürzer müssen die Zeitabstände der einzelnen Kontakte sein (Häufigkeit).[73] Dafür bedarf es bei kleinen Kindern keiner so langen Zeitdauer wie bei älteren Kindern, die im Rahmen des Kontaktes eher selbstbestimmte, vom Elternteil unabhängige Freizeittätigkeiten ausüben. Allgemein gilt dazu, dass **jüngere Kinder eher eine regelmäßige und periodische Umgangsregelung** anstelle in höherem Alter selbstständig vereinbarter, flexibler Besuchskontakte benötigen.[74]

66 Anders bei Kampfhund in der väterlichen Wohnung, vgl. KG FamRZ 2003, 112; *van Els,* FamRZ 2003, 946.

67 OLG Bamberg FamRZ 1984, 507; AG Eschwege FamRZ 2001, 1162.

68 So Palandt/*Götz,* § 1684 Rn 5.

69 OLG Hamm FamRZ 2007, 757; OLG Köln FamRZ 2009, 1762.

70 OLG Frankfurt FamRZ 2002, 978; OLG Brandenburg FamRZ 2002, 974: zwei Wochenenden reichen; ein zusätzlicher Nachmittag pro Woche kommt nicht in Betracht; zum Wechselmodell vgl. OLG Dresden FamRZ 2005, 125f.; skeptisch dazu OLG München FamRZ 2002, 1210.

71 Zum zusätzlichen Umgang über die Wochenendumgänge hinaus vgl. OLG Hamm Beschl. v. 22.1.2014 – 8 UF 82/13, JurionRS 2014, 12017.

72 AG Kerpen FamRZ 1994, 1486; OLG Frankfurt FamRZ 2002, 978.

73 OLG Oldenburg FamRZ 2001, 1164; AG Saarbrücken FamRZ 2003, 1200.

74 OLG Oldenburg a.a.O.

Dies bedeutet nicht, dass der Umgang mit Kinder in jüngerem Alter an jedem Wochenende stattfinden kann. Es muss beiden Elternteilen ermöglicht werden, Freizeitaktivitäten mit dem Kind zu erleben.[75]

Bei jüngeren Kindern ist jedoch dem **kindlichen Zeitempfinden Rechnung zu tragen** und ggf. ein **zusätzlicher Umgang** in derjenigen Woche, in der sonst kein Umgang stattfindet, z.B. von Freitagmittag bis Samstagmorgen zu gewähren.[76] Besteht zwischen den Wohnungen der Eltern nur eine geringe räumliche Entfernung, bieten sich stattdessen auch **Nachmittagsbesuche** an.[77]

2. Vereinbarungen zur Zeiteinteilung und Ausgestaltung

47 Es ist nicht nur sinnvoll, sondern in nahezu allen Fällen des Umgangs erforderlich, eine Rahmenvereinbarung zu schließen.[78] Damit wird Streitpotential vermieden, das ausschließlich zu Lasten des Kindeswohls entstehen kann.

Berücksichtigt man das kindliche Zeitempfinden bei jüngeren Kindern, könnte eine Vereinbarung eingebettet in unterhaltsrechtliche Vereinbarung sowie der Absichtserklärung zur elterlichen Sorge wie folgt formuliert werden.

7.8

▼

48 **Muster 7.8: Vereinbarung zu Zeiteinteilung und Ausgestaltung des Umgangs bei jüngeren Kindern**

Verhandelt am

Zu

Vor mir, dem unterzeichnenden Notar im Bezirk des Oberlandesgerichts

erscheinen

1. Herr , geb. am , wohnhaft

2. Frau geb. , geb. am , wohnhaft

ausgewiesen durch .

Die Frage des beurkundenden Notars nach einer Vorbefassung im Sinne von § 3 Abs. 1 Nr. 7 BeurkG wurde von den Erschienenen verneint. Der beurkundende Notar erläuterte die vorgenannte Vorschrift.

75 OLG Zweibrücken FamRZ 1997, 45.

76 OLG Brandenburg FamRZ 2003, 111 „innerhalb der Woche“.

77 *Völker/Clausius,* § 2 Rn 54.

78 Dazu *Horndasch*, Die notarielle Fachprüfung im Familienrecht, § 5 Rn 6.

Die Erschienenen baten den Notar um die Beurkundung einer

Trennungs- und Unterhaltsvereinbarung

und erklärten vorab:

§ 1 Ausgangslage

Wir sind beide von Geburt an deutsche Staatsangehörige und haben am in die Ehe geschlossen. Aus unserer Ehe ist das am geborene, derzeit also 7 Jahre alte Kind K. hervorgegangen. Es behält einvernehmlich seinen Lebensmittelpunkt bei der Kindesmutter. Kinder aus anderen Verbindungen sind nicht vorhanden.

Wir leben seit dem in verschiedenen Wohnungen voneinander getrennt.

§ 2 Ehegattenunterhalt

1. Der Ersch. zu 1 verpflichtet sich, ab an die Ersch. zu 2 für die Zeit der Trennung einen monatlich, jeweils bis zum 1. eines jeden Monats fälligen Trennungsunterhalt in Höhe von EUR zu zahlen.

2. Bei dieser Vereinbarung gehen die Beteiligten von den folgenden Einkommensverhältnissen aus:

- Einkommen des Ersch. zu 1
- Einkommen der Ersch. zu 2 .

3. Die Vereinbarung zur Zahlung von Trennungsunterhalt ist der Abänderung zugänglich. Die Beteiligten vereinbaren im Falle der Änderung der Einkommens- und Vermögensverhältnisse eine an der getroffenen Vereinbarung orientierte Abänderung. Ergänzend gelten die gesetzlichen Regelungen.

4. Die Ersch. zu 2 verpflichtet sich für die Dauer der Unterhaltsleistung, die nach § 10 Abs. 1 Nr. 1 EStG erforderliche Zustimmung zum begrenzten Realsplitting zu geben. Der Ersch. zu 1 ist verpflichtet, die Ersch. zu 2 von den ihr entstehenden finanziellen Nachteilen freizustellen.

§ 3 Kindesunterhalt

1. Der Ersch. zu 1 ist verpflichtet, an das Kind K zu Händen der Ersch. zu 2 Kindesunterhalt in Höhe von EUR zu zahlen, und zwar jeweils im Voraus bis zum 1. eines jeden Monats.

2. Die Festsetzung des Unterhalts erfolgt auf der Grundlage des in § 2 Ziff. 2 der Vereinbarung festgestellten anrechenbaren Nettoeinkommens des Ersch. zu 1.

3. Aufgrund des Alters des Kindes erfolgt die Unterhaltsbemessung nach der zweiten Altersstufe der Düsseldorfer Tabelle.

§ 4 Vollstreckungsunterwerfung

Wegen der in § 2 und 3 der Vereinbarung eingegangenen Verpflichtung zur Zahlung von Ehegattenunterhalt und Kindesunterhalt unterwerfe ich, der Ersch. zu 1, mich der

sofortigen Zwangsvollstreckung

aus dieser Urkunde in mein Vermögen.

Die Ersch. zu 2 ist berechtigt, sich jederzeit auf einseitigen Antrag auf Kosten des Ersch. zu 1 eine vollstreckbare Ausfertigung dieser Urkunde erteilen zu lassen, ohne dass es hierzu des Nachweises der Fälligkeit oder sonstiger die Vollstreckung begründender Tatsachen bedarf.

§ 5 Elterliche Sorge

1. Wir, die Erschienenen, vereinbaren die Beibehaltung der gemeinsamen elterlichen Sorge für unser Kind K nach Scheidung unserer Ehe.

2. Den Erschienenen ist bekannt, dass die vorstehende Vereinbarung jederzeit widerrufbar ist.

§ 6 Umgang

Wir vereinbaren den Umgang des Ersch. zu 1 mit K wie folgt:

1. Jeweils alle 14 Tage freitagnachmittags von 15 Uhr bis 18 Uhr sowie in der darauf folgenden Woche alle 14 Tage von Samstag 9 Uhr bis Sonntag 18 Uhr.

2. Während der Sommerferien über einen zusammenhängenden Zeitraum von 2 Wochen in der ersten Ferienhälfte.

3. In jedem ungeraden Jahr von Beginn der Osterferien bis Ostermontag 10.00 Uhr und in jedem geraden Jahr von Ostermontag 10.00 Uhr bis zum Beginn der Schule.

4. Während der Herbstferien über einen zusammenhängenden Zeitraum von 1 Woche in der ersten Ferienhälfte.

5. Von Beginn der Weihnachtsferien bis 25.12. 10.00 Uhr sowie zusätzlich in jedem ungeraden Jahr ab 1.1. bis zum Beginn der Schule; in jedem geraden Jahr ab 31.12. 12.00 Uhr bis zum Beginn der Schule.

6. In Ausgestaltung der Umgangsvereinbarung sagt der Ersch. zu 1 die durchgehende persönliche Betreuung von K zu.

7. Die Erschienenen sind darüber einig, dass sie das positive Bild, dass das Kind von jedem seiner beiden Eltern hat, aufrecht zu erhalten ist. Sie werden ihr Verhalten zum Wohle des Kindes hiernach ausrichten.

§ 7 Hinweise, Durchführung

Der Notar hat die Erschienenen über die Bedeutung, die rechtliche Tragweite, insbesondere die Rechtsfolgen und die Auswirkungen der Unterhaltsvereinbarung und der Vereinbarung zur elterlichen Sorge und den Umgang abschließend noch einmal ausführlich belehrt. Beide Erschienenen sind sich der Tragweite der getroffenen Vereinbarungen bewusst und wünschen gleichwohl die Beurkundung der Vereinbarung auch unter Inkaufnahme möglicher zukünftig daraus erwachsener Nachteile.

(ggf. weitere abschließende Hinweise/Durchführung)

(Urkundsausgang, Unterschriften)

▲

Sind **Kinder wesentlich älter**, entfällt eine grundsätzliche Rahmenvereinbarung zwischen Eltern hinsichtlich des Umgangs nicht. 49

Wohlverhaltensklauseln werden dann aber bestimmender werden. Den konkreten Umgang bestimmt das Kind selbst. Gleichwohl wird sich der umgangsberechtigte Elternteil jeweils auf die vereinbarten Kontakte einstellen, so dass auch vom Kind zu erwarten ist, dass es Änderungen in der konkret vereinbarten Umgangssituation mitteilt. Vom anderen Elternteil ist in dieser Frage Unterstützung notwendig.

Eine Vereinbarung könnte wie folgt formuliert werden. 50

7.9

▼

Muster 7.9: Vereinbarung zu Zeiteinteilung und Ausgestaltung des Umgangs bei älteren Kindern

Verhandelt am

Zu

Vor mir, dem unterzeichnenden Notar im Bezirk des Oberlandesgerichts

erscheinen

1. Herr , geb. am , wohnhaft

2. Frau geb. , geb. am , wohnhaft

ausgewiesen durch .

Die Frage des beurkundenden Notars nach einer Vorbefassung im Sinne von § 3 Abs. 1 Nr. 7 BeurkG wurde von den Erschienenen verneint. Der beurkundende Notar erläuterte die vorgenannte Vorschrift.

Die Erschienenen baten den Notar um die Beurkundung einer

Trennungs- und Unterhaltsvereinbarung

und erklärten vorab:

§ 1 Ausgangslage

Wir sind beide von Geburt an deutsche Staatsangehörige und haben am ___ in ___ die Ehe geschlossen. Aus unserer Ehe ist das am ___ geborene, derzeit also 15 Jahre alte Kind K. hervorgegangen. Es behält einvernehmlich seinen Lebensmittelpunkt bei der Kindesmutter. Kinder aus anderen Verbindungen sind nicht vorhanden.

Wir leben seit dem ___ in verschiedenen Wohnungen voneinander getrennt.

§ 2 Ehegattenunterhalt

1. Der Ersch. zu 1 verpflichtet sich, ab ___ an die Ersch. zu 2 für die Zeit der Trennung einen monatlich, jeweils bis zum 1. eines jeden Monats fälligen Trennungsunterhalt in Höhe von ___ EUR zu zahlen.

2. Bei dieser Vereinbarung gehen die Beteiligten von den folgenden Einkommensverhältnissen aus:

- Einkommen des Ersch. zu 1 ___
- Einkommen der Ersch. zu 2 ___.

3. Die Vereinbarung zur Zahlung von Trennungsunterhalt ist der Abänderung zugänglich. Die Beteiligten vereinbaren im Falle der Änderung der Einkommens- und Vermögensverhältnisse eine an der getroffenen Vereinbarung orientierte Abänderung. Ergänzend gelten die gesetzlichen Regelungen.

4. Die Ersch. zu 2 verpflichtet sich für die Dauer der Unterhaltsleistung, die nach § 10 Abs. 1 Nr. 1 EStG erforderliche Zustimmung zum begrenzten Realsplitting zu geben. Der Ersch. zu 1 ist verpflichtet, die Ersch. zu 2 von den ihr entstehenden finanziellen Nachteilen freizustellen.

§ 3 Kindesunterhalt

1. Der Ersch. zu 1 ist verpflichtet, an das Kind K zu Händen der Ersch. zu 2 Kindesunterhalt in Höhe von ___ EUR zu zahlen, und zwar jeweils im Voraus bis zum 1. eines jeden Monats.

2. Die Festsetzung des Unterhalts erfolgt auf der Grundlage des in § 2 Zif. 2 der Vereinbarung festgestellten anrechenbaren Nettoeinkommens des Ersch. zu 1.

3. Aufgrund des Alters des Kindes erfolgt die Unterhaltsbemessung nach der dritten Altersstufe der Düsseldorfer Tabelle.

§ 4 Vollstreckungsunterwerfung

Wegen der in § 2 und 3 der Vereinbarung eingegangenen Verpflichtung zur Zahlung von Ehegattenunterhalt und Kindesunterhalt unterwerfe ich, der Ersch. zu 1, mich der

sofortigen Zwangsvollstreckung

aus dieser Urkunde in mein Vermögen.

Die Ersch. zu 2 ist berechtigt, sich jederzeit auf einseitigen Antrag auf Kosten des Ersch. zu 1 eine vollstreckbare Ausfertigung dieser Urkunde erteilen zu lassen, ohne dass es hierzu des Nachweises der Fälligkeit oder sonstiger die Vollstreckung begründender Tatsachen bedarf.

§ 5 Elterliche Sorge

1. Wir, die Erschienenen, vereinbaren die Beibehaltung der gemeinsamen elterlichen Sorge für unser Kind K nach Scheidung unserer Ehe.

2. Den Erschienenen ist bekannt, dass die vorstehende Vereinbarung jederzeit widerrufbar ist.

§ 6 Umgang

Wir vereinbaren den Umgang des Ersch. zu 1 mit K wie folgt:

1. Jeweils alle 14 Tage von Freitagnachmittags bis zum Beginn der Schule am darauffolgenden Montagmorgen.

2. Während der Sommerferien über einen zusammenhängenden Zeitraum von 3 Wochen in der ersten Ferienhälfte.

3. In jedem ungeraden Jahr von Beginn der Osterferien bis Ostermontag 10.00 Uhr und in jedem geraden Jahr von Ostermontag 10.00 Uhr bis zum Beginn der Schule.

4. Während der Herbstferien über einen zusammenhängenden Zeitraum von 1 Woche in der ersten Ferienhälfte.

5. Von Beginn der Weihnachtsferien bis 25.12. 10.00 Uhr sowie zusätzlich in jedem ungeraden Jahr ab 1.1. bis zum Beginn der Schule; in jedem geraden Jahr ab 31.12. 12.00 Uhr bis zum Beginn der Schule.

6. Die Erschienenen erklären, dass die Umgangsvereinbarung mit K einverständlich besprochen worden ist. Die Ersch. zu 2 wird das Kind zur Einhaltung der Umgangstermine anhalten und sich um Verlässlichkeit des Kindes bemühen, soweit ihr das möglich ist. Dies betrifft auch etwaige von K gewünschte Änderungen im Einzelfall, die mit dem Ersch. zu 1 so zeitnah als möglich zu besprechen sind.

7. Die Erschienenen sind darüber einig, dass sie das positive Bild, dass das Kind von jedem seiner beiden Eltern hat, aufrecht zu erhalten ist. Sie werden ihr Verhalten zum Wohle des Kindes hiernach ausrichten.

§ 7 Hinweise, Durchführung

Der Notar hat die Erschienenen über die Bedeutung, die rechtliche Tragweite, insbesondere die Rechtsfolgen und die Auswirkungen der Unterhaltsvereinbarung und der Vereinbarung zur elterlichen Sorge und den Umgang abschließend noch einmal ausführlich belehrt. Beide Erschienenen sind sich der Tragweite der getroffenen Vereinbarungen bewusst und wünschen gleichwohl die Beurkundung der Vereinbarung auch unter Inkaufnahme möglicher zukünftig daraus erwachsener Nachteile.

(ggf. weitere abschließende Hinweise/Durchführung)

(Urkundsausgang, Unterschriften)

▲

51 Die **Wohlverhaltensvorschrift** des § 6 Ziff. 7 der vorstehenden Vereinbarung ist durchaus auch bei einem älteren Kind sinnvoll. Namentlich während der Zeit der Pubertät ist es wichtig, jede zusätzliche Verunsicherung des Kindes zu vermeiden.

III. Streit um besondere Situationen

52 **Auch streitenden Eltern** gelingt es häufig, sei es mit Hilfe des Jugendamts oder des Familiengerichts, eine **Vereinbarung über den regelmäßigen Umgang** zwischen dem Kind und dem nicht mit ihm zusammenlebenden Elternteil zu schließen. **Anderes** gilt hinsichtlich besonderer Situationen, die über den „Regelkontakt" hinausgehen wie Ferienregelungen, Festtage, Geburtstage etc. Der Streit beginnt häufig bereits bei der Frage der Übernachtung anlässlich des vereinbarten Umgangs.

1. Übernachtungen

a) Grundsätze

53 Die Häufigkeit des Kontakts des Kindes mit dem nicht mit ihm zusammen lebenden Elternteil ist eine notwendige, aber **nicht ausreichende Bedingung** für eine bleibend enge Beziehung zwischen dem Kind und dem betreffenden Elternteil.[79]

Von großer Bedeutung für die Beziehung und damit für das Wohl des Kindes ist, was **inhaltlich geschieht**, was also der Elternteil und das Kind miteinander (er)leben, welche Erfahrungen und Bedürfnisse sie austauschen können und wie umfassend die Le-

79 *Fthenakis*, a.a.O., 14.

benswelt des Kindes in die Gemeinsamkeit mit dem Elternteil einbezogen ist. Dies gilt in jedem Alter des Kindes.[80]

54 Zur **Lebenswelt eines Kindes** gehört aber nicht nur der Tag, sondern **auch die Nacht**, das Erlebnis des Einschlafens, des Aufwachens am Morgen oder auch der Unterbrechung des Schlafes in der Nacht. Diese Lebenswelt des Kindes vollständig von einem Elternteil loszulösen, **schränkt den Umgang** von Kind und Elternteil ganz wesentlich ein. Hierfür bedarf es einer **besonderen Rechtfertigung**. Das Wohl des Kindes muss durch eine Übernachtung gefährdet sein. Eine solche Kindeswohlgefährdung ist – naturgemäß – für jedes Alter festzustellen.[81]

Übernachtungen sind daher völlig unabhängig vom Alter des Kindes in den Umgang einzubeziehen. Selbst ein noch von der Mutter gestilltes Kind wird in der Regel beim Vater übernachten können, wenn die Milch abzupumpen ist.[82] Gestaffelte Umgangsregelungen, die das Alter des Kindes zum Gegenstand haben (Übernachtungen „ab dem 4. Lebensjahr"[83]), sind abzulehnen.

Auch Überlegungen dahingehend, zu prüfen, ob es sich bei der Wohnung des betreffenden Elternteils um **„eine für das Kind vertraute Umgebung"**[84] handelt, sind unangebracht. Das Kind hält sich **während des Tages** ebenfalls in dieser Umgebung auf, so dass **keine Änderung für die Nachtzeit** eintritt. Die Wohnung ist für das Kind durch das Tageserlebnis mit dem Elternteil verbunden und dadurch bereits positiv belegt. Das Herausreißen für die Nacht, das im Gegensatz zu seiner sonstigen Lebenserfahrung steht, führt dagegen zu einer Einordnung außerhalb einer „normalen" Lebensführung und wirkt trennend statt stärkend und entspannend.

55 Ebenso wenig sind die **Größe der Wohnung**, ja auch das – aktuell noch fehlende – Kinderbett ein ausreichender Grund, die Umgangskontakte einzuschränken.[85] Kinder müssen die **Realität der Lebensführung des betreffenden Elternteils** kennenlernen und tun dies bereits durch die Aufnahme des Umgangs. Es schadet dem Kindeswohl, diese Erfahrungen im Umgang mit dem jeweils anderen Elternteil nur auf einen bestimmten Teil des Lebens zu beschränken und einen anderen wichtigen Lebensteil, die Übernachtung von dem Kind abzutrennen.

56 Besteht eine **große Entfernung** zwischen dem Wohnort des Kindes und des umgangsberechtigten Elternteils, sind an die Voraussetzungen zur Verweigerung von Übernach-

80 OLG Celle FamRZ 1998, 973.
81 BVerfG FamRZ 2005, 871; 2007, 105; OLG Zweibrücken FamRZ 2009, 134; OLG Brandenburg FamRZ 2010, 1352; OLG Saarbrücken NJW 2013, 1459.
82 OLG Brandenburg FamRZ 2010, 1352; *Völker/Clausius,* § 2 Rn 75.
83 Vgl. dazu OLG Saarbrücken FamFR 3013, 551.
84 OLG Hamm FamRZ 1990, 654.
85 KG FamRZ 2011, 825; a.A. *Ritter,* FamRZ 2011, 1408.

tungen des Kindes **besonders hohe Anforderungen** zu stellen, da die Einschränkung faktisch zu einer Verweigerung des Umgangs führen kann. Größere Entfernungen an einem Tag mit zwei Strecken zurück zu legen, kann für sich bereits eine Überforderung des Kindes sein, so dass dann ggf. der Umgang überhaupt nicht möglich sein wird. Diesen faktischen Umgangsausschluss durch Verweigerung von Übernachtungen anzuordnen, verbietet sich aus dem grundrechtlich gem. Art. 6 Abs. 2 GG geschützten Recht des Kindes auf Umgang mit beiden Elternteilen.[86] Ausnahmen können nur bei Vorliegen von konkreten, sehr gewichtigen Gründen in Betracht kommen, die das Wohl des Kindes nachhaltig berühren.[87]

b) Vereinbarungen zu Übernachtungen

57 Es sind naturgemäß Situationen denkbar, in denen dem Kind durch fehlende Vertrautheit erst noch die Möglichkeit wachsender Sicherheit im Umgang mit der neuen Lebenssituation des getrenntlebenden Elternteils gegeben werden muss.

58 Dies könnte im Rahmen einer Vereinbarung wie folgt berücksichtigt werden.

7.10

▼

Muster 7.10: Vereinbarung zu Übernachtungen des Kindes

Verhandelt am

Zu

Vor mir, dem unterzeichnenden Notar im Bezirk des Oberlandesgerichts

erscheinen

1. Herr , geb. am , wohnhaft

2. Frau geb. , geb. am , wohnhaft

ausgewiesen durch .

Die Frage des beurkundenden Notars nach einer Vorbefassung im Sinne von § 3 Abs. 1 Nr. 7 BeurkG wurde von den Erschienenen verneint. Der beurkundende Notar erläuterte die vorgenannte Vorschrift.

Die Erschienenen baten den Notar um die Beurkundung einer

86 BVerfG Beschl. v. 5.12.2008, FamRZ 2009, 399; vgl. auch *Büte,* FK 2009, 212

87 So hat das OLG Oldenburg einen begleiteten Umgang bejaht und den Ausschluss des Umgangsrechts in einem Fall aufgehoben, in welchem der Kindesvater das Kind durch im Kleinkindalter zugefügte Misshandlungen zu einem schweren Pflegefall hat werden lassen, FamRZ 2005, 925; vgl. auch BVerfG FamRZ 2013, 433; OLG Braunschweig FamRZ 1999, 185; KG FamRZ 2000, 49; OLG Nürnberg FamRZ 2008, 715.

Trennungs- und Unterhaltsvereinbarung

und erklärten vorab:

§ 1 Ausgangslage

Wir sind beide von Geburt an deutsche Staatsangehörige und haben am ___ in ___ die Ehe geschlossen. Aus unserer Ehe ist das am ___ geborene, derzeit also 7 Jahre alte Kind K. hervorgegangen. Es behält einvernehmlich seinen Lebensmittelpunkt bei der Kindesmutter. Kinder aus anderen Verbindungen sind nicht vorhanden.

Wir leben seit dem ___ in verschiedenen Wohnungen voneinander getrennt.

§ 2 Ehegattenunterhalt

1. Der Ersch. zu 1 verpflichtet sich, ab ___ an die Ersch. zu 2 für die Zeit der Trennung einen monatlich, jeweils bis zum 1. eines jeden Monats fälligen Trennungsunterhalt in Höhe von ___ EUR zu zahlen.

2. Bei dieser Vereinbarung gehen die Beteiligten von den folgenden Einkommensverhältnissen aus:

- Einkommen des Ersch. zu 1 ___
- Einkommen der Ersch. zu 2 ___.

3. Die Vereinbarung zur Zahlung von Trennungsunterhalt ist der Abänderung zugänglich. Die Beteiligten vereinbaren im Falle der Änderung der Einkommens- und Vermögensverhältnisse eine an der getroffenen Vereinbarung orientierte Abänderung. Ergänzend gelten die gesetzlichen Regelungen.

4. Die Ersch. zu 2 verpflichtet sich für die Dauer der Unterhaltsleistung, die nach § 10 Abs. 1 Nr. 1 EStG erforderliche Zustimmung zum begrenzten Realsplitting zu geben. Der Ersch. zu 1 ist verpflichtet, die Ersch. zu 2 von den ihr entstehenden finanziellen Nachteilen freizustellen.

§ 3 Kindesunterhalt

1. Der Ersch. zu 1 ist verpflichtet, an das Kind K zu Händen der Ersch. zu 2 Kindesunterhalt in Höhe von ___ EUR zu zahlen, und zwar jeweils im Voraus bis zum 1. eines jeden Monats.

2. Die Festsetzung des Unterhalts erfolgt auf der Grundlage des in § 2 Ziff. 2 der Vereinbarung festgestellten anrechenbaren Nettoeinkommens des Ersch. zu 1.

3. Aufgrund des Alters des Kindes erfolgt die Unterhaltsbemessung nach der zweiten Altersstufe der Düsseldorfer Tabelle.

§ 4 Vollstreckungsunterwerfung

Wegen der in § 2 und 3 der Vereinbarung eingegangenen Verpflichtung zur Zahlung von Ehegattenunterhalt und Kindesunterhalt unterwerfe ich, der Ersch. zu 1, mich der

sofortigen Zwangsvollstreckung

aus dieser Urkunde in mein Vermögen.

Die Ersch. zu 2 ist berechtigt, sich jederzeit auf einseitigen Antrag auf Kosten des Ersch. zu 1 eine vollstreckbare Ausfertigung dieser Urkunde erteilen zu lassen, ohne dass es hierzu des Nachweises der Fälligkeit oder sonstiger die Vollstreckung begründender Tatsachen bedarf.

§ 5 Elterliche Sorge

1. Wir, die Erschienenen, vereinbaren die Beibehaltung der gemeinsamen elterlichen Sorge für unser Kind K nach Scheidung unserer Ehe.

2. Den Erschienenen ist bekannt, dass die vorstehende Vereinbarung jederzeit widerrufbar ist.

§ 6 Umgang, Übernachtung

Wir vereinbaren den Umgang des Ersch. zu 1 mit K wie folgt:

1. Jeweils alle 14 Tage freitagnachmittags von 15 Uhr bis 18 Uhr sowie in der darauf folgenden Woche alle 14 Tage von Samstag 9 Uhr bis Sonntag 18 Uhr, beginnend mit dem ersten Wochenende des Monats ___, 20___, mithin in rd. zwei Monaten.

2. Da unser Kind K aufgrund der Umstände der Trennung den Ersch. zu 1 seit zwei Monaten nicht gesehen hat, vereinbaren wir die folgende Umgangsregelung ohne Übernachtung bis zum ersten Wochenende des Monats ___, 20___ (wie oben): beginnend am folgenden Wochenende, den ___, 20___, sodann jeweils alle 14 Tage freitagnachmittags von 15 Uhr bis 18 Uhr sowie in der darauf folgenden Woche alle 14 Tage von Sonntag 9 Uhr bis 18 Uhr.

3. Eine Regelung für Ferienzeiten, Feier- und Festtage werden wir später gesondert treffen.

4. Die Erschienenen sind darüber einig, dass sie das positive Bild, dass das Kind von jedem seiner beiden Eltern hat, aufrecht zu erhalten ist. Sie werden ihr Verhalten zum Wohle des Kindes hiernach ausrichten.

§ 7 Hinweise, Durchführung

Der Notar hat die Erschienenen über die Bedeutung, die rechtliche Tragweite, insbesondere die Rechtsfolgen und die Auswirkungen der Unterhaltsvereinbarung und der Vereinbarung zur elterlichen Sorge und den Umgang abschließend noch einmal ausführlich belehrt. Beide Erschienenen sind sich der Tragweite der getroffenen Vereinbarungen bewusst und wünschen gleichwohl die Beurkundung der Vereinbarung auch unter Inkaufnahme möglicher zukünftig daraus erwachsener Nachteile.

(ggf. weitere abschließende Hinweise/Durchführung)

(Urkundsausgang, Unterschriften)

▲

2. Ferienregelungen

a) Grundsätze

Ebenso umstritten wie Übernachtungen des Kindes sind die **Ferienaufenthalte des Kindes** mit dem mit ihm nicht zusammenlebenden Elternteil. 59

Der Ferienumgang ist für das Kind jedoch **in gleicher Weise wichtig** wie es Übernachtungen bei dem jeweils anderen Elternteil sind. Im Ferienumgang erlebt das Kind den sonst mit ihm nicht zusammenlebenden Elternteil eine Zeit lang ohne Unterbrechung und damit – trotz Ferien – in **normalisierter, in jedem Fall in vertiefter Weise.**[88]

Ferienumgang ist ebenso **Teil des gesamten Umgangsrechts** des Kindes mit jedem Elternteil wie es das Recht auf Übernachtung darstellt. Ferienregelungen sind daher völlig unabhängig vom Alter des Kindes gerichtlich festzulegen, wenn sich Eltern hierüber nicht einigen können. Die **Verweigerung einer Ferienregelung** stellt eine **Einschränkung des Umgangs im Sinne des § 1684 Abs. 4 BGB** dar.[89] Eine solche Beschränkung oder ein solcher Ausschluss des Umgangsrechts unterliegt strengen Voraussetzungen. Die Einschränkung muss **zum Wohl des Kindes erforderlich** sein.[90]

Gerade bei **spannungsgeladenen Familiensituationen** und Streit zwischen den Eltern 60
wird es jedoch **sinnvoll** sein, auch gerichtlich im Vorfeld von Ferienaufenthalten längerfristige Aufenthalte im Haushalt des mit dem Kind sonst nicht zusammenlebenden Elternteils anzuordnen. Durch solche Aufenthalte im Vorfeld von Ferien wird dem Kind die notwendige Zeit eingeräumt, um sich an die verlängerten Kontakte zu gewöhnen.[91]

Verweigert der andere Elternteil die **Vorbereitung des Kindes** durch längerfristige Auf- 61
enthalte im Haushalt des anderen, so darf dies nicht dazu führen, den für das Kindeswohl wichtigen Ferienumgang mit der Begründung zu verweigern, für einen längeren Ferienaufenthalt sei das Vertrauen zwischen dem anderen Elternteil und dem Kind nicht genügend angewachsen.

88 BVerfG FamRZ 2005, 871.
89 OLG Saarbrücken FamFR 2013, 551.
90 Palandt/*Götz*, § 1684 Rn 24 m.w.N.
91 *Völker/Clausius*, § 2 Rn 81.

62 Im Umfang spricht nichts dagegen, die **Ferienaufenthalte bei jedem Elternteil zu teilen**. Dies bedeutet, dass bei einem schulpflichtigem Kind mindestens **eine Woche im Frühjahr und im Herbst, drei Wochen im Sommer** und ein Teil der Winterferien bei demjenigen Elternteil verbracht werden, der mit dem Kind sonst nicht zusammenlebt.

Es kommt im Rahmen des Ferienumgangs **nicht** darauf an, ob der betreffende Elternteil mit dem Kind **tatsächlich verreist**. Auch die längere Gemeinsamkeit in den Ferien, die im Hause des anderen Elternteils verbracht werden, dient der Festigung der Bindung zwischen Kind und Eltern, dient der Entspannung aller Beteiligten und trägt damit zur Entlastung des Kindes bei.[92]

63 **Abweichungen von der grundsätzlichen Teilung** der Ferien zwischen den Eltern können im Einzelfall gerechtfertigt sein. Eine Abweichung ist aber nicht schon dann gerechtfertigt, wenn ein Elternteil nicht in demjenigen Umfang Urlaub hat, wie die Hälfte der jeweiligen (Schul-)Ferien des Kindes ausmacht.

Sind beide Elternteile berufstätig, wird ihnen ein ähnlicher oder in gleicher Weise umfangreicher Urlaub zustehen, sodass die Situation für beide Elternteile ähnlich oder gleich ist. Ist nur der umgangsberechtigte Elternteil (voll) berufstätig, gehört es zur Lebensrealität dazu, wenn das Kind die berufliche Abwesenheit des betreffenden Elternteils erlebt. Dies gilt zumindest dann, wenn für eine Betreuung des Kindes, soweit erforderlich, gesorgt ist.

Fallen die periodischen **Umgangszeiten in die Ferienzeiten**, entfallen diese automatisch, weil sie von der Ferienregelung überlagert werden.

64 Die **inhaltliche Gestaltung der Ferienzeit** obliegt ebenso wie die Ausgestaltung des periodisch ausgeübten Umgangsrechts dem Umgangsberechtigten für die Zeit, in der sich das Kind bei ihm befindet. Grundsätzlich entscheidet daher dieser Elternteil – ggf. in Abstimmung mit dem Kind – das Ziel und die Ausgestaltung einer Ferienreise. Dies gilt zumindest für Reisen im Rahmen des europäischen Kulturkreises.[93]

Dies kann **nicht** grundsätzlich für **alle Reisen in das europäische Ausland** gelten.[94] Es kann auch innerhalb Europas Reisen geben, die mit **Risiken oder Gesundheitsgefahren** verbunden sind. In solchen Fällen handelt es sich um eine Angelegenheit von erheblicher Bedeutung für das Kind, die von beiden Sorgeberechtigten gemeinsam zu entscheiden ist.[95]

Dies gilt auch für Reisen in außereuropäische Länder und Kulturkreise.[96]

92 BVerfG FamRZ 2004, 1166.

93 BVerfG FamRZ 2010, 109; OLG Frankfurt FamRZ 1999, 8008.

94 So aber *Völker/Clausius*, § 2 Rn 83.

95 Vgl. *Horndasch*, in: Scholz/Kleffmann/Motzer E 94.

96 OLG Köln: zweiwöchige Reise mit 3-jährigem Kind nach Ägypten; OLG Naumburg FuR 2000, 235: Flugreise mit 2-jährigem Kind nach Kanada; OLG Hamm FamRZ 2005, 644: Reisen in Länder eines nicht umfassend vertrauten Kulturkreises; anders OLG Karlsruhe: Eine Urlaubsreise des Kindes mit dem mitsorgeberechtigten Vater nach China kann nach den individuellen Verhältnissen der betroffenen Familie eine Angelegenheit des täglichen Lebens sein, so OLG Karlsruhe, FamRZ 2005, 1004: Der Vater hielt sich häufiger in China auf, auch der ältere Bruder des Kindes war einmal längere Zeit in China.

Davon unabhängig besteht die Verpflichtung des Umgangsberechtigten, den anderen Elternteil im Vorfeld **von den Plänen zu informieren**.

Streiten sich Eltern darüber, ob eine geplante Urlaubsreise sich noch im Rahmen sog. Alltagsentscheidungen hält oder aber die gemeinsame elterliche Sorge berührt, kann der umgangsberechtigte Elternteil bei dem für den Wohnort des Kindes zuständigen Familiengericht gem. **§ 1628 BGB** beantragen, ihm die Entscheidungskompetenz über die Streitfrage zu übertragen. Das Familiengericht wird zunächst auf eine Einigung der Sorgeberechtigten hinwirken, § 156 FamFG,[97] im weiteren Streitfall aber einem Elternteil die Entscheidung über die streitige Frage übertragen.

Das **Erfordernis der Zustimmung** des ggf. mitsorgeberechtigten anderen Elternteils bezieht sich im Übrigen auch auf eine Urlaubsreise des Umgangsberechtigten ggf. in sein entfernt liegendes **Heimatland.**[98]

Bei **Entführungsgefahr** kann es im Einzelnen geboten sein, den Umgang auf bestimmte 65
Orte oder Gebiete zu beschränken.[99] Allerdings rechtfertigt die nur abstrakte Möglichkeit, dass ein Kindesvater das Kind nach einer Umgangsausübung nicht an die Kindesmutter zurückgibt, eine räumliche Beschränkung des Umgangsrechts nicht.[100]

b) Vereinbarungen zu Ferienregelungen

Ist Kindern ein außereuropäischer Bereich vertraut und wird in der Zukunft häufiger die 66
Möglichkeit bestehen, dass der getrenntlebende Elternteil mit dem Kind dort seinen Urlaub verbringen will, kann dies ausdrücklich in eine Vereinbarung aufgenommen werden.

Dies ist wie folgt zu formulieren: 67

7.11

▼

Muster 7.11: Vereinbarung außereuropäischer Ferien des Kindes

Verhandelt am

Zu

Vor mir, dem unterzeichnenden Notar im Bezirk des Oberlandesgerichts

erscheinen

97 OLG Zweibrücken FamRZ 2000, 627.

98 AG Detmold FamRZ 2000, 1605; OLG Hamburg FamRZ 2012, 562: Urlaubsreise der mit den Kindern (16 und 6 Jahre alt) zusammenlebenden Kindesmutter kasachischer Abstammung nach Kasachstan.

99 OLG Köln FamRZ 2002, 238 (Entführungsgefahr in den Irak); OLG München FamRZ 1993, 94 (USA); vgl. dagegen OLG Frankfurt FamRZ 1999, 1004.

100 BVerfG FamRZ 2010, 109; vgl. aber auch die im Ergebnis andere Entscheidung des OLG Hamm FamRZ 2010, 1574.

1. Herr ____, geb. am ____, wohnhaft ____

2. Frau ____ geb. ____, geb. am ____, wohnhaft ____

ausgewiesen durch ____.

Die Frage des beurkundenden Notars nach einer Vorbefassung im Sinne von § 3 Abs. 1 Nr. 7 BeurkG wurde von den Erschienenen verneint. Der beurkundende Notar erläuterte die vorgenannte Vorschrift.

Die Erschienenen baten den Notar um die Beurkundung einer

Trennungs- und Unterhaltsvereinbarung

und erklärten vorab:

§ 1 Ausgangslage

Wir sind beide von Geburt an deutsche Staatsangehörige und haben am ____ (vor 9 Jahren) in ____ die Ehe geschlossen. Aus unserer Ehe ist das am ____ geborene, derzeit also 7 Jahre alte Kind K. hervorgegangen. Es behält einvernehmlich seinen Lebensmittelpunkt bei der Kindesmutter. Kinder aus anderen Verbindungen sind nicht vorhanden.

Die Erschienenen haben während der Ehezeit bis zum ____, also vor rd. zwei Jahren, aus beruflichen Gründen in den USA bzw. Kanada gelebt.

Wir leben seit dem ____ in verschiedenen Wohnungen voneinander getrennt.

§ 2 Ehegattenunterhalt

1. Der Ersch. zu 1 verpflichtet sich, ab ____ an die Ersch. zu 2 für die Zeit der Trennung einen monatlich, jeweils bis zum 1. eines jeden Monats fälligen Trennungsunterhalt in Höhe von ____ EUR zu zahlen.

2. Bei dieser Vereinbarung gehen die Beteiligten von den folgenden Einkommensverhältnissen aus:

- Einkommen des Ersch. zu 1 ____
- Einkommen der Ersch. zu 2 ____.

3. Die Vereinbarung zur Zahlung von Trennungsunterhalt ist der Abänderung zugänglich. Die Beteiligten vereinbaren im Falle der Änderung der Einkommens- und Vermögensverhältnisse eine an der getroffenen Vereinbarung orientierte Abänderung. Ergänzend gelten die gesetzlichen Regelungen.

4. Die Ersch. zu 2 verpflichtet sich für die Dauer der Unterhaltsleistung, die nach § 10 Abs. 1 Nr. 1 EStG erforderliche Zustimmung zum begrenzten Realsplitting zu geben. Der Ersch. zu 1 ist verpflichtet, die Ersch. zu 2 von den ihr entstehenden finanziellen Nachteilen freizustellen.

§ 3 Kindesunterhalt

1. Der Ersch. zu 1 ist verpflichtet, an das Kind K zu Händen der Ersch. zu 2 Kindesunterhalt in Höhe von EUR zu zahlen, und zwar jeweils im Voraus bis zum 1. eines jeden Monats.

2. Die Festsetzung des Unterhalts erfolgt auf der Grundlage des in § 2 Ziff. 2 der Vereinbarung festgestellten anrechenbaren Nettoeinkommens des Ersch. zu 1.

3. Aufgrund des Alters des Kindes erfolgt die Unterhaltsbemessung nach der zweiten Altersstufe der Düsseldorfer Tabelle.

§ 4 Vollstreckungsunterwerfung

Wegen der in § 2 und 3 der Vereinbarung eingegangenen Verpflichtung zur Zahlung von Ehegattenunterhalt und Kindesunterhalt unterwerfe ich, der Ersch. zu 1, mich der

sofortigen Zwangsvollstreckung

aus dieser Urkunde in mein Vermögen.

Die Ersch. zu 2 ist berechtigt, sich jederzeit auf einseitigen Antrag auf Kosten des Ersch. zu 1 eine vollstreckbare Ausfertigung dieser Urkunde erteilen zu lassen, ohne dass es hierzu des Nachweises der Fälligkeit oder sonstiger die Vollstreckung begründender Tatsachen bedarf.

§ 5 Elterliche Sorge

1. Wir, die Erschienenen, vereinbaren die Beibehaltung der gemeinsamen elterlichen Sorge für unser Kind K nach Scheidung unserer Ehe.

2. Den Erschienenen ist bekannt, dass die vorstehende Vereinbarung jederzeit widerrufbar ist.

§ 6 Umgang, Ferienregelung

Wir vereinbaren den Umgang des Ersch. zu 1 mit K wie folgt:

1. Jeweils alle 14 Tage freitagnachmittags von 15 Uhr bis 18 Uhr sowie in der darauf folgenden Woche alle 14 Tage von Samstag 9 Uhr bis Sonntag 18 Uhr.

2. Während der Sommerferien über einen zusammenhängenden Zeitraum von 3 Wochen in der ersten Ferienhälfte.

3. Während der Oster- und Herbstferien über einen zusammenhängenden Zeitraum von 1 Woche in der ersten Ferienhälfte.

4. Eine Regelung für Feier- und Festtage werden wir später gesondert treffen.

5. Die Erschienenen sind darüber einig, dass Ferienreisen mit dem gemeinsamen Kind K in den nordamerikanischen Kontinent keiner gemeinsamen Entscheidung bedürfen. Sie werden sich wechselseitig über Ferienpläne informieren, soweit sie auch das gemeinsame Kind K betreffen.

6. Die Erschienenen sind darüber einig, dass sie das positive Bild, dass das Kind von jedem seiner beiden Eltern hat, aufrecht zu erhalten ist. Sie werden ihr Verhalten zum Wohle des Kindes hiernach ausrichten.

§ 7 Hinweise, Durchführung

Der Notar hat die Erschienenen über die Bedeutung, die rechtliche Tragweite, insbesondere die Rechtsfolgen und die Auswirkungen der Unterhaltsvereinbarung und der Vereinbarung zur elterlichen Sorge und den Umgang abschließend noch einmal ausführlich belehrt. Beide Erschienenen sind sich der Tragweite der getroffenen Vereinbarungen bewusst und wünschen gleichwohl die Beurkundung der Vereinbarung auch unter Inkaufnahme möglicher zukünftig daraus erwachsener Nachteile.

(ggf. weitere abschließende Hinweise/Durchführung)

(Urkundsausgang, Unterschriften)

▲

68 **Schwieriger** ist die Situation bei **gemischt-nationalen Ehen**, bei denen nach den Regeln im Heimatland des getrenntlebenden Elternteils eine Zuordnung des Kindes zum Vater erfolgt, ohne dass der Kindesmutter dann die Möglichkeit gegeben wäre, im Falle der Verbringung des Kindes in dieses Land eine Rückführung zu erreichen.

Dies betrifft alle diejenigen Länder, die dem **Haager Übereinkommen vom 25.10.1980** über die zivilrechtlichen Aspekte internationaler Kindesentführung **(HKÜ)**[101] und dem **Haager Übereinkommen vom 19.10.1996** über die Zuständigkeit, das anzuwendende Recht, die Anerkennung, Vollstreckung und Zusammenarbeit bezüglich der elterlichen Verantwortung und Maßnahmen zum Schutz von Kindern **(KSÜ)**[102] nicht beigetreten sind.

Rechtssicher kann man nicht vereinbaren, dass **„jemand etwas nicht tut"**, also den Umgang nicht dazu benutzt, das Kind zu entführen und in ein Nichtbeitrittsland zu verbringen.

Es könnte versucht werden, in Fällen beispielsweise **ägyptischer Staatsangehörigkeit** des Kindesvaters, „Drohpotential" in eine Vereinbarung zu setzen, um den anderen Elternteil zu korrektem Verhalten zum Wohle des Kindes zu veranlassen.

69 Dies könnte wie folgt formuliert werden.

101 Dazu *Finger,* FamFR 2012, 316; *Völker,* FamRZ 2010, 157; *Oelkers/Kraeft,* FuR 2002, 299, 355.
102 *Schulz,* FamRZ 2011, 156; *Coester,* FF 2011, 285; *Finger,* MDR 2011, 1395.

7.12

▼

Muster 7.12: Vereinbarung bei befürchteter Entführung des Kindes

Verhandelt am ___

Zu ___

Vor mir, dem unterzeichnenden Notar im Bezirk des Oberlandesgerichts ___

___

erscheinen

1. Herr Mohamad A., geb. am ___, wohnhaft ___

2. Frau Imke B., geb. ___, geb. am ___, wohnhaft ___

ausgewiesen durch ___.

Die Frage des beurkundenden Notars nach einer Vorbefassung im Sinne von § 3 Abs. 1 Nr. 7 BeurkG wurde von den Erschienenen verneint. Der beurkundende Notar erläuterte die vorgenannte Vorschrift.

Die Erschienenen baten den Notar um die Beurkundung einer

Umgangs- und Unterhaltsvereinbarung

und erklärten vorab:

§ 1 Ausgangslage

Ich, der Ersch. zu 1, bin von Geburt ägyptischer Staatsangehöriger,

ich, die Ersch. zu 2, bin von Geburt deutsche Staatsangehörige.

Aus unserer Verbindung ist das am ___ geborene, mithin derzeit 4 Jahre alte Kind K hervorgegangen.

Eine Sorgeerklärung ist nicht erfolgt. Ich, der Ersch. zu 1, habe mit Zustimmung der Ersch. zu 2 am ___ bei Notar ___ zur UR.Nr. ___ die Vaterschaft für das gemeinsame Kind K, geb. am ___, anerkannt.

Wir haben in nichtehelicher Lebensgemeinschaft zusammengelebt und leben seit dem ___ in verschiedenen Wohnungen voneinander getrennt.

§ 2 Kindesunterhalt

1. Der Ersch. zu 1 ist verpflichtet, an das Kind K zu Händen der Ersch. zu 2 Kindesunterhalt in Höhe von ___ EUR zu zahlen, und zwar jeweils im Voraus bis zum 1. eines jeden Monats.

2. Die Festsetzung des Unterhalts erfolgt auf der Grundlage eines anrechenbaren Nettoeinkommens des Ersch. zu 1 in Höhe von EUR.

3. Aufgrund des Alters des Kindes erfolgt die Unterhaltsbemessung nach der ersten Altersstufe der Düsseldorfer Tabelle.

§ 3 Vollstreckungsunterwerfung

Wegen der in § 2 der Vereinbarung eingegangenen Verpflichtung zur Zahlung von Kindesunterhalt unterwerfe ich, der Ersch. zu 1, mich der

sofortigen Zwangsvollstreckung

aus dieser Urkunde in mein Vermögen.

Die Ersch. zu 2 ist berechtigt, sich jederzeit auf einseitigen Antrag auf Kosten des Ersch. zu 1 eine vollstreckbare Ausfertigung dieser Urkunde erteilen zu lassen, ohne dass es hierzu des Nachweises der Fälligkeit oder sonstiger die Vollstreckung begründender Tatsachen bedarf.

§ 4 Umgang

Wir vereinbaren den Umgang des Ersch. zu 1 mit K wie folgt:

1. Jeweils alle 14 Tage freitagnachmittags von 15 Uhr bis 18 Uhr sowie in der darauf folgenden Woche alle 14 Tage von Samstag 9 Uhr bis Sonntag 18 Uhr.

2. Während der Sommerferien über einen zusammenhängenden Zeitraum von 1 Woche in der ersten Ferienhälfte.

3. Eine Regelung für weitergehende Ferienregelungen, für Feier- und Festtage werden wir später gesondert treffen.

4. Die Erschienenen sind darüber einig, dass Ferienreisen des Ersch. zu 1 mit dem gemeinsamen Kind K in das Ausland grundsätzlich des zuvor einzuholenden Einverständnisses der Ersch. zu 2 bedarf.

5. Für den Fall eines Verstoßes des Ersch. zu 1 gegen die Vereinbarung gem. Zif. 4 behält sich die Ersch. zu 2 vor, zukünftig ausschließlich begleiteten Umgang zwischen dem Kindesvater und K zuzulassen. Der Ersch. zu 1 erklärt, die getroffene Vereinbarung in jedem Fall einzuhalten.

§ 5 Hinweise, Durchführung

Der Notar hat die Erschienenen über die Bedeutung, die rechtliche Tragweite, insbesondere die Rechtsfolgen und die Auswirkungen der Unterhaltsvereinbarung und der Vereinbarung zur elterlichen Sorge und den Umgang abschließend noch einmal ausführlich belehrt. Beide Erschienenen sind sich der Tragweite der getroffenen Vereinbarungen bewusst und wünschen gleichwohl die Beurkundung der Vereinbarung auch unter Inkaufnahme möglicher zukünftig daraus erwachsener Nachteile.

(ggf. weitere abschließende Hinweise/Durchführung)

(Urkundsausgang, Unterschriften)

▲

3. Feier- und Festtage, Brückentage

a) Grundsätze

Feier- und Festtage sind von der Ferienregelung nicht erfasst. Fallen Feiertage wie z.B. der Tag der Deutschen Einheit (3.10.) in eine Ferienzeit, wird der **Feiertag von der Ferienregelung überlagert**. Es besteht kein Anspruch des anderen Elternteils, das Kind für diesen Tag zu sich zu nehmen.[103] 70

Feier- und Festtage ermöglichen grundsätzlich schon dem Namen nach besondere Feiern und Feste, die regelmäßig auch **mit weiteren Familienmitgliedern** zumindest des entsprechenden Elternteils abgehalten werden. Auch solche Feiern und Feste gehören zum regelmäßigen Umgang und sind nur dann von der Umgangsmöglichkeit ausgeschlossen, wenn hierfür besondere Gründe vorliegen, die eine Einschränkung rechtfertigen.

Feier- und Festtage sind zunächst die in Deutschland staatlich angesetzten christlichen Feiertage, nämlich Ostern, Pfingsten und Weihnachten sowie die Geburtstage von Eltern und Kindern und das Silvester-/Neujahrsfest. Hinzu kommen auch regionale Festtage wie z.B. Fasching[104] und nur regional, nicht in allen Bundesländern geregelte zusätzliche Feiertage (z.B. Fronleichnam).

Unabhängig von der religiösen Überzeugung des Umgangsberechtigten bzw. des Kindes sind die genannten Feier- und Festtage vollständig zu beachten.[105] Weitere Feier- bzw. Festtage können hinzukommen bei **Gläubigen anderer Religionen**.[106] 71

Nach früher überwiegender Auffassung wurden hinsichtlich Ostern, Pfingsten und Weihnachten (dort inkl. Heiligabend) die jeweils **ersten Feiertage** bei demjenigen Elternteil verbracht, bei dem das Kind überwiegend lebt und nur der jeweils zweite Feiertag bei dem umgangsberechtigten Elternteil verbracht, beginnend am Morgen des Feiertages.[107]

103 Zur Überlagerung der periodisch stattfindenden Umgangstermine durch eine Ferienregelung vgl. OLG Saarbrücken, Beschl. v. 4.1.2011, FamRZ 2011, 824, 825 m.w.N.

104 Kritisch OLG Stuttgart FamRZ 2000, 56.

105 A.A. AG Göttingen FamRZ 2003, 112.

106 Z.B. Opferfest im Islam, Jom Kippur im jüdischen Glauben.

107 OLG Brandenburg FamRZ 2002, 974.

Sinnvoll und angemessen ist jedoch, Kindern **Feiertage bei beiden Elternteilen** in gleicher Weise zu ermöglichen und einen **jährlichen Wechsel dieser Feiertage** anzuordnen.[108] Der jährliche Wechsel namentlich hinsichtlich der Feiertage betreffend Ostern, Pfingsten und Weihnachten entspricht der gemeinsamen Umgangsverantwortung der Eltern.

72 Gleiches gilt auch hinsichtlich der **Geburtstage des Kindes**. Es ist nicht erkennbar, warum ein Geburtstag jeweils im Haushalt des überwiegend betreuenden Elternteils gefeiert werden muss. Auch hier ist der **jährliche Wechsel** vorzunehmen.

73 Ähnlich ist mit sog. **Brückentagen** zu verfahren. Fällt beispielsweise ein Feiertag auf einen Donnerstag und handelt es sich bei dem darauf folgenden Wochenende um ein regelmäßiges Umgangswochenende bei dem sonst nicht betreuenden Elternteil, wird sinnvoll sein, den Umgang von **Donnerstagmorgen bis Montagmorgen** anzuordnen, falls er nicht von Eltern freiwillig vereinbart wird. Dabei ist darauf zu achten, dass solche **Brückentage in gleichem Umfang von beiden Elternteilen** wahrgenommen werden können. Ggf. ist über ein Kalenderjahr hinaus ein zweites Kalenderjahr hinzuzunehmen, um die Anzahl der Brückentage und der entsprechenden Regelungen in gleicher Weise auf beide Eltern aufzuteilen.

74 **Einmalige Feiern**, also Einschulung, Kommunion oder Konfirmation etc., festliche Anlässe, die ausschließlich das Kind betreffen, sind vom **Obhutselternteil auszurichten** und auch bei diesem zu feiern.

Richtig ist aber auch die Erwägung, u.U. dem Umgangsberechtigten die Möglichkeit einzuräumen, **an diesem Tag eine kurze Zeit mit dem Kind** zu verbringen, um ihn nicht von vornherein auszuschließen.[109] **Bei erheblichem Streitpotenzial** zwischen den Eltern wird hiervon aber nur zurückhaltend Gebrauch gemacht werden können, um den Tag für das Kind nicht mit Spannung zu belasten. Einmalige Feste des Umgangsberechtigten bzw. des Obhutselternteils wie Jubiläum etc. sind gemeinsam mit dem Kind zu feiern.

b) Vereinbarungen zu Feier- und Festtagen, Brückentagen

75 Vereinbarungen zu Feier- und Festtagen, auch zu Brückentagen, werden in der Regel zu Beginn einer Trennung und Scheidung **nicht** berücksichtigt. Anderes wird dann gelten, wenn solche Tage bei grundsätzlicher Einigung über den Umgang mit dem Kind **unmittelbar bevorstehen.**

Wird beispielsweise das **Weihnachtsfest** bevorstehen, so wird man die Frage des Weihnachtsfestes in eine Vereinbarung einbeziehen.

76 So könnte der Wechsel hinsichtlich der **Weihnachtsfeiertage und der Weihnachtsferien** wie folgt festgelegt werden:[110]

108 OLG Saarbrücken, Beschl. v. 22.2.2011, Az. 6 UF 265/10 n.v.
109 So *Völker/Clausius* § 2 Rn 88.
110 Ähnlich OLG Hamm, Beschl. v. 22.1.2014, Az. 8 UF 82/13; Jurion RS 2014, 12017.

7.13

▼

Muster 7.13: Vereinbarung zu Weihnachtsfeiertagen und Ferienregelung

Verhandelt am

Zu

Vor mir, dem unterzeichnenden Notar im Bezirk des Oberlandesgerichts

erscheinen

1. Herr , geb. am , wohnhaft
2. Frau geb. , geb. am , wohnhaft

ausgewiesen durch .

Die Frage des beurkundenden Notars nach einer Vorbefassung im Sinne von § 3 Abs. 1 Nr. 7 BeurkG wurde von den Erschienenen verneint. Der beurkundende Notar erläuterte die vorgenannte Vorschrift.

Die Erschienenen baten den Notar um die Beurkundung einer

Trennungs- und Unterhaltsvereinbarung

und erklärten vorab:

§ 1 Ausgangslage

Wir sind beide von Geburt an deutsche Staatsangehörige und haben am (vor 9 Jahren) in die Ehe geschlossen. Aus unserer Ehe ist das am geborene, derzeit also 7 Jahre alte Kind K. hervorgegangen. Es behält einvernehmlich seinen Lebensmittelpunkt bei der Kindesmutter. Kinder aus anderen Verbindungen sind nicht vorhanden.

Wir leben seit dem in verschiedenen Wohnungen voneinander getrennt.

§ 2 Ehegattenunterhalt

1. Der Ersch. zu 1 verpflichtet sich, ab an die Ersch. zu 2 für die Zeit der Trennung einen monatlich, jeweils bis zum 1. eines jeden Monats fälligen Trennungsunterhalt in Höhe von EUR zu zahlen.

2. Bei dieser Vereinbarung gehen die Beteiligten von den folgenden Einkommensverhältnissen aus:

- Einkommen des Ersch. zu 1
- Einkommen der Ersch. zu 2 .

3. Die Vereinbarung zur Zahlung von Trennungsunterhalt ist der Abänderung zugänglich. Die Beteiligten vereinbaren im Falle der Änderung der Einkommens- und Vermögensverhältnisse eine an der getroffenen Vereinbarung orientierte Abänderung. Ergänzend gelten die gesetzlichen Regelungen.

4. Die Ersch. zu 2 verpflichtet sich für die Dauer der Unterhaltsleistung, die nach § 10 Abs. 1 Nr. 1 EStG erforderliche Zustimmung zum begrenzten Realsplitting zu geben. Der Ersch. zu 1 ist verpflichtet, die Ersch. zu 2 von den ihr entstehenden finanziellen Nachteilen freizustellen.

§ 3 Kindesunterhalt

1. Der Ersch. zu 1 ist verpflichtet, an das Kind K zu Händen der Ersch. zu 2 Kindesunterhalt in Höhe von   EUR zu zahlen, und zwar jeweils im Voraus bis zum 1. eines jeden Monats.

2. Die Festsetzung des Unterhalts erfolgt auf der Grundlage des in § 2 Zif. 2 der Vereinbarung festgestellten anrechenbaren Nettoeinkommens des Ersch. zu 1.

3. Aufgrund des Alters des Kindes erfolgt die Unterhaltsbemessung nach der zweiten Altersstufe der Düsseldorfer Tabelle.

§ 4 Vollstreckungsunterwerfung

Wegen der in § 2 und 3 der Vereinbarung eingegangenen Verpflichtung zur Zahlung von Ehegattenunterhalt und Kindesunterhalt unterwerfe ich, der Ersch. zu 1, mich der

sofortigen Zwangsvollstreckung

aus dieser Urkunde in mein Vermögen.

Die Ersch. zu 2 ist berechtigt, sich jederzeit auf einseitigen Antrag auf Kosten des Ersch. zu 1 eine vollstreckbare Ausfertigung dieser Urkunde erteilen zu lassen, ohne dass es hierzu des Nachweises der Fälligkeit oder sonstiger die Vollstreckung begründender Tatsachen bedarf.

§ 5 Elterliche Sorge

1. Wir, die Erschienenen, vereinbaren die Beibehaltung der gemeinsamen elterlichen Sorge für unser Kind K nach Scheidung unserer Ehe.

2. Den Erschienenen ist bekannt, dass die vorstehende Vereinbarung jederzeit widerrufbar ist.

§ 6 Umgang, Ferien- und Feiertagsregelung

Wir vereinbaren den Umgang des Ersch. zu 1 mit K wie folgt:

1. Jeweils alle 14 Tage freitagnachmittags von 15 Uhr bis 18 Uhr sowie in der darauf folgenden Woche alle 14 Tage von Samstag 9 Uhr bis Sonntag 18 Uhr.

2. Während der Sommerferien über einen zusammenhängenden Zeitraum von 3 Wochen in der ersten Ferienhälfte.

3. Während der Oster- und Herbstferien über einen zusammenhängenden Zeitraum von 1 Woche in der ersten Ferienhälfte.

4. Hinsichtlich der Weihnachtsfeiertage und der Weihnachtsferien soll folgendes gelten:

(1) In der Ferienzeit bis zum 24.12., 10:00 Uhr, sind die Kinder bei der Ersch. zu 2;

(2) in den Weihnachtsferien, die in geraden Kalenderjahren beginnen (erstmals 2016), hat der Ersch. zu 1 Umgang mit den Kindern in der Zeit vom 24.12., 10:00 Uhr, bis 25.12., 18:00 Uhr und vom 01.01., 12:00 Uhr bis 18:00 Uhr des Tages vor dem Beginn der Schule;

(3) in den Weihnachtsferien, die in den ungeraden Kalenderjahren beginnen (erstmalig 2017), hat der Ersch. zu 1 Umgang vom 25.12., 18:00 Uhr bis 01.01., 12:00 Uhr. Der Ersch. zu 1 holt das Kind zu Beginn der festgelegten Umgangskontakte an der Wohnung der Ersch. zu 2 ab und bringt sie zum Ende der Umgangskontakte zur Wohnung der Ersch. zu 2 zurück.

5. Die Erschienenen sind darüber einig, dass sie das positive Bild, dass das Kind von jedem seiner beiden Eltern hat, aufrecht zu erhalten ist. Sie werden ihr Verhalten zum Wohle des Kindes hiernach ausrichten.

§ 7 Hinweise, Durchführung

Der Notar hat die Erschienenen über die Bedeutung, die rechtliche Tragweite, insbesondere die Rechtsfolgen und die Auswirkungen der Unterhaltsvereinbarung und der Vereinbarung zur elterlichen Sorge und den Umgang abschließend noch einmal ausführlich belehrt. Beide Erschienenen sind sich der Tragweite der getroffenen Vereinbarungen bewusst und wünschen gleichwohl die Beurkundung der Vereinbarung auch unter Inkaufnahme möglicher zukünftig daraus erwachsener Nachteile.

(ggf. weitere abschließende Hinweise/Durchführung)

(Urkundsausgang, Unterschriften)

▲

Will man insgesamt **Ferien, Fest- und Feiertage sowie Brückentage** festlegen, kann man dies wie folgt konkretisieren: **77**

7.14

▼

Muster 7.14: Vereinbarung über Ferien, Festtage, Feiertage und Brückentage

Verhandelt am

Zu

Vor mir, dem unterzeichnenden Notar im Bezirk des Oberlandesgerichts

erscheinen

1. Herr , geb. am , wohnhaft
2. Frau geb. , geb. am , wohnhaft

ausgewiesen durch .

Die Frage des beurkundenden Notars nach einer Vorbefassung im Sinne von § 3 Abs. 1 Nr. 7 BeurkG wurde von den Erschienenen verneint. Der beurkundende Notar erläuterte die vorgenannte Vorschrift.

Die Erschienenen baten den Notar um die Beurkundung einer

Trennungs- und Unterhaltsvereinbarung

und erklärten vorab:

§ 1 Ausgangslage

Wir sind beide von Geburt an deutsche Staatsangehörige und haben am (vor 9 Jahren) in die Ehe geschlossen. Aus unserer Ehe ist das am geborene, derzeit also 7 Jahre alte Kind K. hervorgegangen. Es behält einvernehmlich seinen Lebensmittelpunkt bei der Kindesmutter. Kinder aus anderen Verbindungen sind nicht vorhanden.

Wir leben seit dem in verschiedenen Wohnungen voneinander getrennt.

§ 2 Ehegattenunterhalt

1. Der Ersch. zu 1 verpflichtet sich, ab an die Ersch. zu 2 für die Zeit der Trennung einen monatlich, jeweils bis zum 1. eines jeden Monats fälligen Trennungsunterhalt in Höhe von EUR zu zahlen.

2. Bei dieser Vereinbarung gehen die Beteiligten von den folgenden Einkommensverhältnissen aus:

- Einkommen des Ersch. zu 1
- Einkommen der Ersch. zu 2 .

3. Die Vereinbarung zur Zahlung von Trennungsunterhalt ist der Abänderung zugänglich. Die Beteiligten vereinbaren im Falle der Änderung der Einkommens- und Vermögensverhältnisse eine an der getroffenen Vereinbarung orientierte Abänderung. Ergänzend gelten die gesetzlichen Regelungen.

4. Die Ersch. zu 2 verpflichtet sich für die Dauer der Unterhaltsleistung, die nach § 10 Abs. 1 Nr. 1 EStG erforderliche Zustimmung zum begrenzten Realsplitting zu geben. Der Ersch. zu 1 ist verpflichtet, die Ersch. zu 2 von den ihr entstehenden finanziellen Nachteilen freizustellen.

§ 3 Kindesunterhalt

1. Der Ersch. zu 1 ist verpflichtet, an das Kind K zu Händen der Ersch. zu 2 Kindesunterhalt in Höhe von EUR zu zahlen, und zwar jeweils im Voraus bis zum 1. eines jeden Monats.

2. Die Festsetzung des Unterhalts erfolgt auf der Grundlage des in § 2 Zif. 2 der Vereinbarung festgestellten anrechenbaren Nettoeinkommens des Ersch. zu 1.

3. Aufgrund des Alters des Kindes erfolgt die Unterhaltsbemessung nach der zweiten Altersstufe der Düsseldorfer Tabelle.

§ 4 Vollstreckungsunterwerfung

Wegen der in § 2 und 3 der Vereinbarung eingegangenen Verpflichtung zur Zahlung von Ehegattenunterhalt und Kindesunterhalt unterwerfe ich, der Ersch. zu 1, mich der

sofortigen Zwangsvollstreckung

aus dieser Urkunde in mein Vermögen.

Die Ersch. zu 2 ist berechtigt, sich jederzeit auf einseitigen Antrag auf Kosten des Ersch. zu 1 eine vollstreckbare Ausfertigung dieser Urkunde erteilen zu lassen, ohne dass es hierzu des Nachweises der Fälligkeit oder sonstiger die Vollstreckung begründender Tatsachen bedarf.

§ 5 Elterliche Sorge

1. Wir, die Erschienenen, vereinbaren die Beibehaltung der gemeinsamen elterlichen Sorge für unser Kind K nach Scheidung unserer Ehe.

2. Den Erschienenen ist bekannt, dass die vorstehende Vereinbarung jederzeit widerrufbar ist.

§ 6 Umgang, Brückentage, Ferien- und Feiertagsregelung

Wir vereinbaren den Umgang des Ersch. zu 1 mit K wie folgt:

1. Jeweils alle 14 Tage freitagnachmittags von 15 Uhr bis 18 Uhr sowie in der darauf folgenden Woche alle 14 Tage von Samstag 9 Uhr bis Sonntag 18 Uhr.

2. Während der Sommerferien über einen zusammenhängenden Zeitraum von 3 Wochen in der ersten Ferienhälfte.

3. Während der Herbstferien über einen zusammenhängenden Zeitraum von 1 Woche in der ersten Ferienhälfte.

4. Hinsichtlich der Weihnachtsfeiertage und der Weihnachtsferien soll folgendes gelten:

(1) In der Ferienzeit bis zum 24.12., 10:00 Uhr, sind die Kinder bei der Ersch. zu 2;

(2) in den Weihnachtsferien, die in geraden Kalenderjahren beginnen (erstmals 2016), hat der Ersch. zu 1 Umgang mit den Kindern in der Zeit vom 24.12., 10:00 Uhr, bis 25.12., 18:00 Uhr und vom 01.01., 12:00 Uhr bis 18:00 Uhr des Tages vor dem Beginn der Schule;

(3) in den Weihnachtsferien, die in den ungeraden Kalenderjahren beginnen (erstmalig 2017), hat der Ersch. zu 1 Umgang vom 25.12., 18:00 Uhr bis 01.01., 12:00 Uhr.

5. Während der Osterferien über einen zusammenhängenden Zeitraum von 1 Woche, wobei in den Osterferien, die in geraden Kalenderjahren beginnen (erstmals 2016) die Woche am Ostersonntag 18 Uhr endet. In ungeraden Kalenderjahren ist die Woche so festzulegen,, dass K das Osterfest zumindest bis einschließlich Ostersonntag bei der Ersch. zu 2 verbringt, d.h. von Ostermontag 9 Uhr eine Woche, falls die verbleibende Ferienzeit dies zulässt, ansonsten 1 Woche vor dem Osterfest. Im letzteren Fall ist der Ersch. zu 1 berechtigt, das Kind zusätzlich Ostermontag von 9 Uhr bis 18 Uhr zu sich zu nehmen.

6. Das Pfingstfest wird K in geraden Kalenderjahren (erstmals 2016) bei dem Ersch. zu 1, in ungeraden Kalenderjahren (erstmals 2017) bei der Ersch. zu 2 verbringen.

7. Die Brückentage werden zu Beginn eines Kalenderjahres in der Weise aufgeteilt, dass K diese im Wechsel bei dem Ersch. zu 1 und der Ersch. zu 2 verbringt. Die Aufteilung im Wechsel wird in den folgenden Kalenderjahren fortgeführt.

8. Der Ersch. zu 1 holt das Kind zu Beginn der festgelegten Umgangskontakte an der Wohnung der Ersch. zu 2 ab und bringt sie zum Ende der Umgangskontakte zur Wohnung der Ersch. zu 2 zurück.

9. Die Erschienenen sind darüber einig, dass sie das positive Bild, dass das Kind von jedem seiner beiden Eltern hat, aufrecht zu erhalten ist. Sie werden ihr Verhalten zum Wohle des Kindes hiernach ausrichten.

§ 7 Hinweise, Durchführung

Der Notar hat die Erschienenen über die Bedeutung, die rechtliche Tragweite, insbesondere die Rechtsfolgen und die Auswirkungen der Unterhaltsvereinbarung und der Vereinbarung zur elterlichen Sorge und den Umgang abschließend noch einmal ausführlich belehrt. Beide Erschienenen sind sich der Tragweite der getroffenen Vereinbarungen bewusst und wünschen gleichwohl die Beurkundung der Vereinbarung auch unter Inkaufnahme möglicher zukünftig daraus erwachsener Nachteile.

(ggf. weitere abschließende Hinweise/Durchführung)

(Urkundsausgang, Unterschriften)

▲

4. Ausgefallener Umgang

a) Grundsätze

Vereinbarter oder angeordneter Umgang kann und wird aus den verschiedensten Gründen ausfallen. Dazu gilt: Fallen **Feier- und Festtage** in den zeitlichen **Rahmen einer Ferienregelung**, so sind diese **vom Ferienumgang überlagert**. Der Ferienumgang findet auch an den Feier- und Festtagen statt Ist es allerdings in gleicher Weise möglich, Ferienaufenthalt und Festtag voneinander zu trennen, wird dies vorrangig sein. 78

> *Beispiel* 79
>
> Fällt der Geburtstag eines Kindes in die zweiwöchigen Herbstferien und ist in dem betreffenden Jahr der Geburtstag bei dem betreuenden Elternteil zu feiern, so steht dem Umgangsberechtigten in diesen Herbstferien lediglich die andere Woche für den Ferienumgang zur Verfügung.

Dies gilt **unabhängig von der eigenen Urlaubsplanung** des Umgangsberechtigten und unabhängig davon, ob beispielsweise gerade in der entsprechenden Woche dem Umgangsberechtigten ein Urlaub möglich ist. 80

Einmalige Feste des Kindes überlagern eine Ferienregelung. Dies bedeutet, dass ein Ferienaufenthalt mit dem Umgangsberechtigten außerhalb eines solchen Festtages zu legen ist. Der Festtag ist vorrangig.

Eine **Erkrankung des Kindes**, die den Umgang ausschließt, führt zu einem Recht auf Nachholung des Umgangs. Dies gilt nicht, wenn – z.B. bei länger andauernder Krankheit – die zusätzlichen Besuche zu einer Überforderung des Kindes führen.[111]

Hinsichtlich periodischer Umgangstermine sollte im Streitfalle gerichtlich durch eine „Nachholungsregelung“ Vorsorge getroffen werden.[112]

b) Vereinbarungen zu ausgefallenem Umgang

Eine „Nachholungsregelung“ soll in der Regel den Sinn haben, den Umgang mit dem Kind nicht dadurch zu behindern, dass aus Gründen kaum nachprüfbarer Erkrankung des Kindes, dessentwegen man ja nicht unter allen Umständen einen Arzt aufsucht, Umgangstermine häufiger abgesagt werden. 81

Ist aber ohnehin der persönliche Kontakt zwischen dem nicht überwiegend mit dem Kind zusammenlebenden Elternteil und dem Kind einmal pro Woche vorgesehen, wird eine Nachholungsregelung wenig Sinn machen.

111 OLG Saarbrücken FF 2012, 170.
112 OLG Saarbrücken FamRZ 2011, 824; *Büte,* FuR 2012, 348.

Anders muss dies im Hinblick auf Ferien- und Feiertagsregelungen gesehen werden. Man wird zwar auch wenig dagegen ausrichten können, dass ausgerechnet Heiligabend oder Ostersonntag das Kind krank ist. Eine Nachholungsregelung dergestalt, dass eben im darauffolgenden Jahr die „Nachholung“ erfolgt, ist sinnvoll und verhindert Vermeidungsstrategien des anderen Elternteils, der vielleicht bei konkret bevorstehendem Fest oder Urlaub die Vereinbarung bereut.

82 Eine entsprechende Regelung zu ausgefallenem Umgang kann wie folgt formuliert werden:

7.15

▼

Muster 7.15: Vereinbarung zu ausgefallenem Umgang

Verhandelt am

Zu

Vor mir, dem unterzeichnenden Notar im Bezirk des Oberlandesgerichts

Erscheinen

1. Herr , geb. am , wohnhaft

2. Frau geb. , geb. am , wohnhaft

ausgewiesen durch .

Die Frage des beurkundenden Notars nach einer Vorbefassung im Sinne von § 3 Abs. 1 Nr. 7 BeurkG wurde von den Erschienenen verneint. Der beurkundende Notar erläuterte die vorgenannte Vorschrift.

Die Erschienenen baten den Notar um die Beurkundung einer

Trennungs- und Unterhaltsvereinbarung

und erklärten vorab:

§ 1 Ausgangslage

Wir sind beide von Geburt an deutsche Staatsangehörige und haben am (vor 9 Jahren) in die Ehe geschlossen. Aus unserer Ehe ist das am geborene, derzeit also 7 Jahre alte Kind K. hervorgegangen. Es behält einvernehmlich seinen Lebensmittelpunkt bei der Kindesmutter. Kinder aus anderen Verbindungen sind nicht vorhanden.

Wir leben seit dem in verschiedenen Wohnungen voneinander getrennt.

§ 2 Ehegattenunterhalt

1. Der Ersch. zu 1 verpflichtet sich, ab an die Ersch. zu 2 für die Zeit der Trennung einen monatlich, jeweils bis zum 1. eines jeden Monats fälligen Trennungsunterhalt in Höhe von EUR zu zahlen.

2. Bei dieser Vereinbarung gehen die Beteiligten von den folgenden Einkommensverhältnissen aus:

- Einkommen des Ersch. zu 1
- Einkommen der Ersch. zu 2 .

3. Die Vereinbarung zur Zahlung von Trennungsunterhalt ist der Abänderung zugänglich. Die Beteiligten vereinbaren im Falle der Änderung der Einkommens- und Vermögensverhältnisse eine an der getroffenen Vereinbarung orientierte Abänderung. Ergänzend gelten die gesetzlichen Regelungen.

4. Die Ersch. zu 2 verpflichtet sich für die Dauer der Unterhaltsleistung, die nach § 10 Abs. 1 Nr. 1 EStG erforderliche Zustimmung zum begrenzten Realsplitting zu geben. Der Ersch. zu 1 ist verpflichtet, die Ersch. zu 2 von den ihr entstehenden finanziellen Nachteilen freizustellen.

§ 3 Kindesunterhalt

1. Der Ersch. zu 1 ist verpflichtet, an das Kind K zu Händen der Ersch. zu 2 Kindesunterhalt in Höhe von EUR zu zahlen, und zwar jeweils im Voraus bis zum 1. eines jeden Monats.

2. Die Festsetzung des Unterhalts erfolgt auf der Grundlage des in § 2 Ziff. 2 der Vereinbarung festgestellten anrechenbaren Nettoeinkommens des Ersch. zu 1.

3. Aufgrund des Alters des Kindes erfolgt die Unterhaltsbemessung nach der zweiten Altersstufe der Düsseldorfer Tabelle.

§ 4 Vollstreckungsunterwerfung

Wegen der in § 2 und 3 der Vereinbarung eingegangenen Verpflichtung zur Zahlung von Ehegattenunterhalt und Kindesunterhalt unterwerfe ich, der Ersch. zu 1, mich der

sofortigen Zwangsvollstreckung

aus dieser Urkunde in mein Vermögen.

Die Ersch. zu 2 ist berechtigt, sich jederzeit auf einseitigen Antrag auf Kosten des Ersch. zu 1 eine vollstreckbare Ausfertigung dieser Urkunde erteilen zu lassen, ohne dass es hierzu des Nachweises der Fälligkeit oder sonstiger die Vollstreckung begründender Tatsachen bedarf.

§ 5 Elterliche Sorge

1. Wir, die Erschienenen, vereinbaren die Beibehaltung der gemeinsamen elterlichen Sorge für unser Kind K nach Scheidung unserer Ehe.

2. Den Erschienenen ist bekannt, dass die vorstehende Vereinbarung jederzeit widerrufbar ist.

§ 6 Umgang, Brückentage, Ferien- und Feiertagsregelung

Wir vereinbaren den Umgang des Ersch. zu 1 mit K wie folgt:

1. Jeweils alle 14 Tage freitagnachmittags von 15 Uhr bis 18 Uhr sowie in der darauf folgenden Woche alle 14 Tage von Samstag 9 Uhr bis Sonntag 18 Uhr.

2. Während der Sommerferien über einen zusammenhängenden Zeitraum von 3 Wochen in der ersten Ferienhälfte.

3. Während der Herbstferien über einen zusammenhängenden Zeitraum von 1 Woche in der ersten Ferienhälfte.

4. Hinsichtlich der Weihnachtsfeiertage und der Weihnachtsferien soll Folgendes gelten:

(1) In der Ferienzeit bis zum 24.12., 10:00 Uhr, sind die Kinder bei der Ersch. zu 2;

(2) in den Weihnachtsferien, die in geraden Kalenderjahren beginnen (erstmals 2016), hat der Ersch. zu 1 Umgang mit den Kindern in der Zeit vom 24.12., 10:00 Uhr, bis 25.12., 18:00 Uhr und vom 01.01., 12:00 Uhr bis 18:00 Uhr des Tages vor dem Beginn der Schule;

(3) in den Weihnachtsferien, die in den ungeraden Kalenderjahren beginnen (erstmalig 2017), hat der Ersch. zu 1 Umgang vom 25.12., 18:00 Uhr bis 01.01., 12:00 Uhr.

5. Während der Osterferien über einen zusammenhängenden Zeitraum von 1 Woche, wobei in den Osterferien, die in geraden Kalenderjahren beginnen (erstmals 2016) die Woche am Ostersonntag 18 Uhr endet. In ungeraden Kalenderjahren ist die Woche so festzulegen, dass K das Osterfest zumindest bis einschließlich Ostersonntag bei der Ersch. zu 2 verbringt, d.h. von Ostermontag 9 Uhr eine Woche, falls die verbleibende Ferienzeit dies zulässt, ansonsten 1 Woche vor dem Osterfest. Im letzteren Fall ist der Ersch. zu 1 berechtigt, das Kind zusätzlich Ostermontag von 9 Uhr bis 18 Uhr zu sich zu nehmen.

6. Das Pfingstfest wird K in geraden Kalenderjahren (erstmals 2016) bei dem Ersch. zu 1, in ungeraden Kalenderjahren (erstmals 2017) bei der Ersch. zu 2 verbringen.

7. Die Brückentage werden zu Beginn eines Kalenderjahres in der Weise aufgeteilt, dass K diese im Wechsel bei dem Ersch. zu 1 und der Ersch. zu 2 verbringt. Die Aufteilung im Wechsel wird in den folgenden Kalenderjahren fortgeführt.

8. Der Ersch. zu 1 holt das Kind zu Beginn der festgelegten Umgangskontakte an der Wohnung der Ersch. zu 2 ab und bringt sie zum Ende der Umgangskontakte zur Wohnung der Ersch. zu 2 zurück.

9. Ausfallender Umgang ist unverzüglich bei Eintritt oder voraussichtlichem Eintritt des Grundes glaubhaft mitzuteilen. Ausgefallener Umgang zu Zif. 1 ist nicht nachzuholen. Ausgefallener Umgang zu Zif 2 bis 7 ist nachzuholen. Ausgefallener Umgang zu Festtagen wird durch Tausch für das folgende Kalenderjahr nachgeholt, so dass im Ergebnis der andere Elternteil 2 Kalenderjahre hintereinander mit dem Kind verbringt.

10. Die Erschienenen sind darüber einig, dass sie das positive Bild, dass das Kind von jedem seiner beiden Eltern hat, aufrecht zu erhalten ist. Sie werden ihr Verhalten zum Wohle des Kindes hiernach ausrichten.

§ 7 Hinweise, Durchführung

Der Notar hat die Erschienenen über die Bedeutung, die rechtliche Tragweite, insbesondere die Rechtsfolgen und die Auswirkungen der Unterhaltsvereinbarung und der Vereinbarung zur elterlichen Sorge und den Umgang abschließend noch einmal ausführlich belehrt. Beide Erschienenen sind sich der Tragweite der getroffenen Vereinbarungen bewusst und wünschen gleichwohl die Beurkundung der Vereinbarung auch unter Inkaufnahme möglicher zukünftig daraus erwachsener Nachteile.

(ggf. weitere abschließende Hinweise/Durchführung)

(Urkundsausgang, Unterschriften)

▲

IV. Das Ende des Streits

1. Die einheitliche und konkrete Regelung

a) Grundsätze

Die **Möglichkeiten des Streits** von Eltern zu Lasten des Kindes sind zwar niemals vollständig auszuschließen, wohl aber zu **minimieren**. 83

Dazu ist es erforderlich, **Umgangsregelungen konkret auszugestalten**.[113] Gerade bei streitenden Eltern reicht es nicht aus, eine Umgangsregelung zu treffen, die lediglich allgemeine Grundsätze festlegt und Einzelheiten der Gestaltung den Eltern in eigener Verantwortung überlässt.[114]

113 OLG Oldenburg FamRZ 2010, 44; *Spangenberg*, FamRZ 2011, 1704.
114 OLG Brandenburg FamRB 2007, 40.

Zudem liegt dann **keine abschließende Entscheidung**, sondern nur ein unzulässige Teilentscheidung vor, wenn ein Umgang nicht **konkret, vollständig und vollstreckbar nach Art, Ort und Zeit des Umgangs** geregelt wird.[115]

Eine Umgangsregelung muss deshalb **„den Umgang nach Tagen, Uhrzeit, Ort, Häufigkeit, Abholung und ggf. weiterer konkreter Modalitäten präzise“**[116] regeln, um vollstreckungsfähig zu sein.[117]

Sinnvoll ist es, gerade bei streitenden Eltern und spannungsgeladenen Situationen die Umgangsregelungen **so präzise wie möglich** zu regeln, auch wenn dies manchmal kurzsichtig (Wohnortwechsel), manchmal lückenhaft (Übergabeperson wird krank) oder auch gegen das Kindeswohl gerichtet sein kann (Kind möchte dem Vater sein Zimmer zeigen; Übergabe ist an der Wohnungstür bestimmt).[118]

Die Zeit, die vorzugeben ist, muss sich an einer **exakten Uhrzeit** ablesen lassen. Der Ort ist konkret zu beschreiben (z.B. an der Wohnungstür) und die Häufigkeit ist exakt zu bestimmen. Formulierungen wie „zweimal monatlich“ genügen nicht, da die Anzahl der Wochen nicht durch zwei teilbar ist, in sieben von 12 Monaten nicht einmal die Anzahl der Tage durch zwei teilbar sind.

b) Vereinbarungen zu einheitlicher und konkreter Regelung

84 Eine einheitliche und konkrete Regelung, die die wichtigsten Bereiche umfasst, könnte wie folgt formuliert werden.

7.16

▼

Muster 7.16: Vereinbarung einheitlicher und konkreter Umgangsregelung

Verhandelt am …

Zu …

Vor mir, dem unterzeichnenden Notar im Bezirk des Oberlandesgerichts …

…

Erscheinen

1. Herr …, geb. am …, wohnhaft …

2. Frau … geb. …, geb. am …, wohnhaft …

ausgewiesen durch ….

115 OLG Saarbrücken, FamRZ 2014, 402.
116 So OLG Köln FamRZ 2011, 827.
117 BGH FamRZ 1994, 158.
118 Dazu ausführlich *Spangenberg*, FamRZ 2011, 1704.

Die Frage des beurkundenden Notars nach einer Vorbefassung im Sinne von § 3 Abs. 1 Nr. 7 BeurkG wurde von den Erschienenen verneint. Der beurkundende Notar erläuterte die vorgenannte Vorschrift.

Die Erschienenen baten den Notar um die Beurkundung einer

Trennungs- und Unterhaltsvereinbarung

und erklärten vorab:

§ 1 Ausgangslage

Wir sind beide von Geburt an deutsche Staatsangehörige und haben am ___ (vor 9 Jahren) in ___ die Ehe geschlossen. Aus unserer Ehe ist das am ___ geborene, derzeit also 7 Jahre alte Kind K. hervorgegangen. Es behält einvernehmlich seinen Lebensmittelpunkt bei der Kindesmutter. Kinder aus anderen Verbindungen sind nicht vorhanden.

Wir leben seit dem ___ in verschiedenen Wohnungen voneinander getrennt.

Die Erschienenen haben während der Ehezeit von ___ bis zum ___, also rd. drei Jahren, aus beruflichen Gründen in den USA bzw. Kanada gelebt.

Der Ersch. zu 1 hatte zum gemeinsamen Kind K aus Gründen der Trennung nunmehr 2 Monate keinen persönlichen Kontakt.

Im Hinblick auf diese Gesamtsituation vereinbaren wir, was folgt.

§ 2 Ehegattenunterhalt

1. Der Ersch. zu 1 verpflichtet sich, ab ___ an die Ersch. zu 2 für die Zeit der Trennung einen monatlich, jeweils bis zum 1. eines jeden Monats fälligen Trennungsunterhalt in Höhe von ___ EUR zu zahlen.

2. Bei dieser Vereinbarung gehen die Beteiligten von den folgenden Einkommensverhältnissen aus:

- Einkommen des Ersch. zu 1 ___
- Einkommen der Ersch. zu 2 ___.

3. Die Vereinbarung zur Zahlung von Trennungsunterhalt ist der Abänderung zugänglich. Die Beteiligten vereinbaren im Falle der Änderung der Einkommens- und Vermögensverhältnisse eine an der getroffenen Vereinbarung orientierte Abänderung. Ergänzend gelten die gesetzlichen Regelungen.

4. Die Ersch. zu 2 verpflichtet sich für die Dauer der Unterhaltsleistung, die nach § 10 Abs. 1 Nr. 1 EStG erforderliche Zustimmung zum begrenzten Realsplitting zu geben. Der Ersch. zu 1 ist verpflichtet, die Ersch. zu 2 von den ihr entstehenden finanziellen Nachteilen freizustellen.

§ 3 Kindesunterhalt

1. Der Ersch. zu 1 ist verpflichtet, an das Kind K zu Händen der Ersch. zu 2 Kindesunterhalt in Höhe von EUR zu zahlen, und zwar jeweils im Voraus bis zum 1. eines jeden Monats.

2. Die Festsetzung des Unterhalts erfolgt auf der Grundlage des in § 2 Ziff. 2 der Vereinbarung festgestellten anrechenbaren Nettoeinkommens des Ersch. zu 1.

3. Aufgrund des Alters des Kindes erfolgt die Unterhaltsbemessung nach der zweiten Altersstufe der Düsseldorfer Tabelle.

§ 4 Vollstreckungsunterwerfung

Wegen der in § 2 und 3 der Vereinbarung eingegangenen Verpflichtung zur Zahlung von Ehegattenunterhalt und Kindesunterhalt unterwerfe ich, der Ersch. zu 1, mich der

sofortigen Zwangsvollstreckung

aus dieser Urkunde in mein Vermögen.

Die Ersch. zu 2 ist berechtigt, sich jederzeit auf einseitigen Antrag auf Kosten des Ersch. zu 1 eine vollstreckbare Ausfertigung dieser Urkunde erteilen zu lassen, ohne dass es hierzu des Nachweises der Fälligkeit oder sonstiger die Vollstreckung begründender Tatsachen bedarf.

§ 5 Elterliche Sorge

1. Wir, die Erschienenen, vereinbaren die Beibehaltung der gemeinsamen elterlichen Sorge für unser Kind K nach Scheidung unserer Ehe.

2. Den Erschienenen ist bekannt, dass die vorstehende Vereinbarung jederzeit widerrufbar ist.

§ 6 Umgang, Übernachtung, Brückentage, Ferien- und Feiertagsregelung

Wir vereinbaren den Umgang des Ersch. zu 1 mit K wie folgt:

1. Jeweils alle 14 Tage freitagnachmittags von 15 Uhr bis 18 Uhr sowie in der darauf folgenden Woche alle 14 Tage von Samstag 9 Uhr bis Sonntag 18 Uhr, beginnend mit dem ersten Wochenende des Monats , 20 , mithin in rd. zwei Monaten.

2. Da unser Kind K aufgrund der Umstände der Trennung den Ersch. zu 1 seit zwei Monaten nicht gesehen hat, vereinbaren wir die folgende Umgangsregelung ohne Übernachtung bis zum ersten Wochenende des Monats , 20 (wie oben): beginnend am folgenden Wochenende, den , 20 , sodann jeweils alle 14 Tage freitagnachmittags von 15 Uhr bis 18 Uhr sowie in der darauf folgenden Woche alle 14 Tage von Sonntag 9 Uhr bis 18 Uhr.

3. Während der Sommerferien über einen zusammenhängenden Zeitraum von 3 Wochen in der ersten Ferienhälfte.

4. Während der Herbstferien über einen zusammenhängenden Zeitraum von 1 Woche in der ersten Ferienhälfte.

5. Hinsichtlich der Weihnachtsfeiertage und der Weihnachtsferien soll Folgendes gelten:

(1) In der Ferienzeit bis zum 24.12., 10:00 Uhr, sind die Kinder bei der Ersch. zu 2;

(2) in den Weihnachtsferien, die in geraden Kalenderjahren beginnen (erstmals 2016), hat der Ersch. zu 1 Umgang mit den Kindern in der Zeit vom 24.12., 10:00 Uhr, bis 25.12., 18:00 Uhr und vom 01.01., 12:00 Uhr bis 18:00 Uhr des Tages vor dem Beginn der Schule;

(3) in den Weihnachtsferien, die in den ungeraden Kalenderjahren beginnen (erstmalig 2017), hat der Ersch. zu 1 Umgang vom 25.12., 18:00 Uhr bis 01.01., 12:00 Uhr.

6. Während der Osterferien über einen zusammenhängenden Zeitraum von 1 Woche, wobei in den Osterferien, die in geraden Kalenderjahren beginnen (erstmals 2016) die Woche am Ostersonntag 18 Uhr endet. In ungeraden Kalenderjahren ist die Woche so festzulegen, dass K das Osterfest zumindest bis einschließlich Ostersonntag bei der Ersch. zu 2 verbringt, d.h. von Ostermontag 9 Uhr eine Woche, falls die verbleibende Ferienzeit dies zulässt, ansonsten 1 Woche vor dem Osterfest. Im letzteren Fall ist der Ersch. zu 1 berechtigt, das Kind zusätzlich Ostermontag von 9 Uhr bis 18 Uhr zu sich zu nehmen.

7. Das Pfingstfest wird K in geraden Kalenderjahren (erstmals 2016) bei dem Ersch. zu 1, in ungeraden Kalenderjahren (erstmals 2017) bei der Ersch. zu 2 verbringen.

8. Für Reisen in den Ferienzeiten gilt:

(1) Reiseziele innerhalb der Staaten der Europäischen Union (EU) bedürfen nicht der gemeinsamen Entscheidung; dasselbe gilt für die Länder USA, Kanada und Island;

(2) Alle etwaigen sonstigen Reiseziele bedürfen einverständlicher Entscheidung der Erschienenen.

(3) Über Pläne zu entsprechenden Reisen ist der andere Elternteil so früh wie möglich vorab in Kenntnis zu setzen.

9. Die Brückentage werden zu Beginn eines Kalenderjahres in der Weise aufgeteilt, dass K diese im Wechsel bei dem Ersch. zu 1 und der Ersch. zu 2 verbringt. Die Aufteilung im Wechsel wird in den folgenden Kalenderjahren fortgeführt.

10. Der Ersch. zu 1 holt das Kind zu Beginn der festgelegten Umgangskontakte an der Wohnung der Ersch. zu 2 ab und bringt sie zum Ende der Umgangskontakte zur Wohnung der Ersch. zu 2 zurück.

11. Ausfallender Umgang ist unverzüglich bei Eintritt oder voraussichtlichem Eintritt des Grundes glaubhaft mitzuteilen. Ausgefallener Umgang zu Zif. 1 ist nicht nachzuholen.

Ausgefallener Umgang zu Zif 2 bis 7 ist nachzuholen. Ausgefallener Umgang zu Festtagen wird durch Tausch für das folgende Kalenderjahr nachgeholt, so dass im Ergebnis der andere Elternteil 2 Kalenderjahre hintereinander mit dem Kind verbringt.

12. Die Erschienenen sind darüber einig, dass sie das positive Bild, dass das Kind von jedem seiner beiden Eltern hat, aufrecht zu erhalten ist. Sie werden ihr Verhalten zum Wohle des Kindes hiernach ausrichten.

§ 7 Hinweise, Durchführung

Der Notar hat die Erschienenen über die Bedeutung, die rechtliche Tragweite, insbesondere die Rechtsfolgen und die Auswirkungen der Unterhaltsvereinbarung und der Vereinbarung zur elterlichen Sorge und den Umgang abschließend noch einmal ausführlich belehrt. Beide Erschienenen sind sich der Tragweite der getroffenen Vereinbarungen bewusst und wünschen gleichwohl die Beurkundung der Vereinbarung auch unter Inkaufnahme möglicher zukünftig daraus erwachsener Nachteile.

(ggf. weitere abschließende Hinweise/Durchführung)

(Urkundsausgang, Unterschriften)

▲

2. Das Kind wird älter

a) Grundsätze

85 In höherem Alter des Kindes ist darüber hinaus mehr und mehr **sein eigener Wille** zu berücksichtigen.

Ab wann insgesamt gegen den erklärten Kindeswillen ein Umgang mit dem Umgangsberechtigten nicht angeordnet werden kann, wird **im Einzelfall zu entscheiden** sein und hängt mit der unterschiedlichen Persönlichkeitsentwicklung von Kindern zusammen.

Ein **achtjähriges Kind**[119] wird das Umgangsrecht nicht bestimmen können. Der Wille eines fast **14-jährigen Kindes**[120] wird aber für die Frage der Umgangsregelung entscheidend sein können. Zumindest gegen den Willen eines 15-jährigen oder älteren Kindes[121] darf ein Umgang nicht angeordnet werden. Ab diesem Alter bestimmt das Kind unabhängig vom Grad seiner persönlichen Reifung seinen Umgang stets selbst.

86 Bei ablehnenden Kindeswillen **vor Vollendung des 15. Lebensjahres** kann es unter Umständen angemessen sein, die Gründe der ablehnenden Haltung des Kindes zu prüfen.[122]

119 OLG Brandenburg FamRZ 2010, 1923.
120 OLG Saarbrücken, FamRZ 2011, 122.
121 OLG Köln FamRZ 2010, 997; KG FamRZ 2011, 122.
122 BVerfG FamRZ 2005, 1057; *Röchling*, FPR 2008, 481.

Allgemein wird trotz unterschiedlicher Reifebildung eines Kindes aber angenommen werden müssen, dass eine **sachgerechte Willensbildung des Kindes mindestens ab dessen 12. Lebensjahr zu bejahen** ist.[123] Dies ist auch Ausdruck der verfassungsrechtlich zu beachtenden Selbstbestimmung des Kindes.[124]

Im Falle einer **Prüfung des ablehnenden Willens**[125] wird entscheidend sein,[126] ob die Einstellung des Kindes auf subjektiv beachtlichen, verständlichen Beweggründen beruht.[127] Dies ist im Einzelfall auf der Grundlage der Persönlichkeits-/Reifeentwicklung des Kindes zu beurteilen.[128]

Der geäußerte Wille muss in **jüngerem Alter** ja nicht zwingend dem wahren Willen des Kindes entsprechen.[129] Der Wille des Kindes, so das Bundesverfassungsgericht, darf nicht „geprägt sein durch (eine) **momentane oder manipulierte** – möglicherweise durch Geschenke beeinflusste – Einstellung.[130]

Im Zweifel wird hierzu ein **Sachverständigengutachten** eingeholt werden müssen. Dies gilt umso mehr, als das Familiengericht nach § 163 Abs. 2 FamFG anordnen kann, dass der Sachverständige in Verfahren, die die Person des Kindes betreffen, also auch in Umgangsverfahren, auf die Herstellung des Einvernehmens zwischen den Beteiligten hinwirken soll.[131] **87**

Letztlich gilt: Wann immer im Rahmen der Einzelfallprüfung nach dem Alter des Kindes dessen eigene Entscheidung zum Umgang als vorrangig angesehen wird, endet zumindest dort der Streit der Eltern um den Umgang mit dem Kind.

b) Vereinbarungen bei höherem Alter des Kindes

Ist das Kind bei Trennung der Eltern schon so alt, dass es seinen Umgangskontakt selbst bestimmt, wird es sinnvoll sein, nur noch Rahmenvereinbarungen zum Umgang zu schlie- **88**

123 Vgl. dazu BVerfG FamRZ 2008, 1737 m. Anm. *Völker,* FamRB 2008, 334 (11-jähriges Kind); OLG Bremen MDR 2013, 1357 (13-jähriges Kind); siehe auch *Horndasch,* FPR 2012, 208.

124 Staudinger/*Coester,* § 1584 Rn 241 ff.; *Schwab,* FamRZ 1998, 457, 465; OLG Zweibrücken FamRZ 2001, 186: „Durchschnittstypus für die kindliche Selbstbestimmungsfähigkeit (ist) erst die 14-Jahresgrenze".

125 Vgl. den Fall EuGHMR FamRZ 2006, 997: Weigerung des 12-jährigen Kindes aufgrund möglichen Einflusses der Lebensgefährtin der verstorbenen Kindesmutter, nach deren Tod zum Vater zu ziehen.

126 OLG Saarbrücken OLGR 2005, 616.

127 Ebenso OLG Köln FamRZ 2005, 2011.

128 OLG Naumburg FamRZ 2005, 1771.

129 OLG Hamburg FamRZ 1996, 422.

130 BVerfG FamRZ 2001, 1057; zur Beachtlichkeit eines von einem 10-jährigen geäußerten Willens vgl. BGH FamRZ 1990, 392; einer 13-jährigen: KG FamRZ 2005, 1768 (Übertragung der Alleinsorge auf die Mutter; Kind lehnte jeden Kontakt zum Vater ab); OLG Hamm FamRZ 2005, 746 (für Wechsel in den Haushalt der Kindesmutter; Wille muss beachtet werden, auch wenn er häufiger wechselte); OLG Brandenburg v. 1.10.2009 – 9 UF 21/09, juris: dem begründeten Willen eines 14-jährigen kommt ausschlaggebende Bedeutung zu; OLG Brandenburg v. 1.10.2009 – 9 UF 71/09, juris: der deutlich geäußerte Wille eines 5-jährigen wird berücksichtigt; aber vgl. auch OLG Brandenburg FamRZ 2010, 1923: Der geäußerte Wille des fast 15-jährigen Sohnes ist unbeachtlich, weil er die mütterliche Haltung ausdrückt.

131 *Salzgeber,* FamRZ 2008, 656; *Horndasch,* in: Viefhues/Horndasch § 163 Rn 5.

ßen. Ein solcher Rahmen sollte die Umgangskontakte, ach Urlaub etc ermöglichen ohne dass der andere Elternteil hier Streitsituationen hervorruft.

89 Eine Vereinbarung könnte wie folgt formuliert werden:

7.17

▼

Muster 7.17: Vereinbarung über Umgang mit älterem Kind

Verhandelt am

Zu

Vor mir, dem unterzeichnenden Notar im Bezirk des Oberlandesgerichts

Erschienen

1. Herr , geb. am , wohnhaft

2. Frau geb. , geb. am , wohnhaft

ausgewiesen durch .

Die Frage des beurkundenden Notars nach einer Vorbefassung im Sinne von § 3 Abs. 1 Nr. 7 BeurkG wurde von den Erschienenen verneint. Der beurkundende Notar erläuterte die vorgenannte Vorschrift.

Die Erschienenen baten den Notar um die Beurkundung einer

Trennungs- und Unterhaltsvereinbarung

und erklärten vorab:

§ 1 Ausgangslage

Wir sind beide von Geburt an deutsche Staatsangehörige und haben am (vor 17 Jahren) in die Ehe geschlossen. Aus unserer Ehe ist das am geborene, derzeit also 15 Jahre alte Kind K. hervorgegangen. Es behält einvernehmlich seinen Lebensmittelpunkt bei der Kindesmutter. Kinder aus anderen Verbindungen sind nicht vorhanden.

Wir leben seit dem in verschiedenen Wohnungen voneinander getrennt.

Im Hinblick auf diese Gesamtsituation vereinbaren wir, was folgt.

§ 2 Ehegattenunterhalt

1. Der Ersch. zu 1 verpflichtet sich, ab an die Ersch. zu 2 für die Zeit der Trennung einen monatlich, jeweils bis zum 1. eines jeden Monats fälligen Trennungsunterhalt in Höhe von EUR zu zahlen.

2. Bei dieser Vereinbarung gehen die Beteiligten von den folgenden Einkommensverhältnissen aus:

- Einkommen des Ersch. zu 1
- Einkommen der Ersch. zu 2 .

3. Die Vereinbarung zur Zahlung von Trennungsunterhalt ist der Abänderung zugänglich. Die Beteiligten vereinbaren im Falle der Änderung der Einkommens- und Vermögensverhältnisse eine an der getroffenen Vereinbarung orientierte Abänderung. Ergänzend gelten die gesetzlichen Regelungen.

4. Die Ersch. zu 2 verpflichtet sich für die Dauer der Unterhaltsleistung, die nach § 10 Abs. 1 Nr. 1 EStG erforderliche Zustimmung zum begrenzten Realsplitting zu geben. Der Ersch. zu 1 ist verpflichtet, die Ersch. zu 2 von den ihr entstehenden finanziellen Nachteilen freizustellen.

§ 3 Kindesunterhalt

1. Der Ersch. zu 1 ist verpflichtet, an das Kind K zu Händen der Ersch. zu 2 Kindesunterhalt in Höhe von EUR zu zahlen, und zwar jeweils im Voraus bis zum 1. eines jeden Monats.

2. Die Festsetzung des Unterhalts erfolgt auf der Grundlage des in § 2 Ziff. 2 der Vereinbarung festgestellten anrechenbaren Nettoeinkommens des Ersch. zu 1.

3. Aufgrund des Alters des Kindes erfolgt die Unterhaltsbemessung nach der dritten Altersstufe der Düsseldorfer Tabelle.

§ 4 Vollstreckungsunterwerfung

Wegen der in § 2 und 3 der Vereinbarung eingegangenen Verpflichtung zur Zahlung von Ehegattenunterhalt und Kindesunterhalt unterwerfe ich, der Ersch. zu 1, mich der

sofortigen Zwangsvollstreckung

aus dieser Urkunde in mein Vermögen.

Die Ersch. zu 2 ist berechtigt, sich jederzeit auf einseitigen Antrag auf Kosten des Ersch. zu 1 eine vollstreckbare Ausfertigung dieser Urkunde erteilen zu lassen, ohne dass es hierzu des Nachweises der Fälligkeit oder sonstiger die Vollstreckung begründender Tatsachen bedarf.

§ 5 Elterliche Sorge

1. Wir, die Erschienenen, vereinbaren die Beibehaltung der gemeinsamen elterlichen Sorge für unser Kind K nach Scheidung unserer Ehe.

2. Den Erschienenen ist bekannt, dass die vorstehende Vereinbarung jederzeit widerrufbar ist. Auf ein etwaiges Widerspruchsrecht des Kindes wurden die Erschienenen hingewiesen.

§ 6 Umgang

Wir vereinbaren den Umgang des Ersch. zu 1 mit K wie folgt:

1. Jeweils alle 14 Tage von Freitagmittag nach Ende des Schulunterrichts bis Montagmorgen mit Beginn des Schulunterrichts.

2. Während der Sommerferien über einen zusammenhängenden Zeitraum von 3 Wochen in der ersten Ferienhälfte.

3. Während der Oster- und Herbstferien über einen zusammenhängenden Zeitraum von einer Woche in der ersten Ferienhälfte.

4. Wir sind darüber einig, dass K den vorbezeichneten Kontakt, den Umfang und die Ausgestaltung selbstständig und in Absprache mit dem Ersch. zu 1 bestimmt. Die Ersch. zu 2 verpflichtet sich, den Kontakt zu Ziff. 1 bis 3 zu fördern und alles zu unterlassen, was den Kontakt zwischen K und dem Ersch. zu 1 erschweren könnte.

5. Der Ersch. zu 1 respektiert den Lebensmittelpunkt von K bei der Ersch. zu 2 und wird alles unterlassen, was die Lebenssituation von K infrage stellen könnte. K steht es nach übereinstimmender Auffassung der Erschienenen dagegen frei, Kontakt zum Ersch. zu 1 auch außerhalb der Zeiten gemäß Ziff. 1 bis 3 zu aufzunehmen.

§ 7 Hinweise, Durchführung

Der Notar hat die Erschienenen über die Bedeutung, die rechtliche Tragweite, insbesondere die Rechtsfolgen und die Auswirkungen der Unterhaltsvereinbarung und der Vereinbarung zur elterlichen Sorge und den Umgang abschließend noch einmal ausführlich belehrt. Beide Erschienenen sind sich der Tragweite der getroffenen Vereinbarungen bewusst und wünschen gleichwohl die Beurkundung der Vereinbarung auch unter Inkaufnahme möglicher zukünftig daraus erwachsener Nachteile.

(ggf. weitere abschließende Hinweise/Durchführung)

(Urkundsausgang, Unterschriften)

▲

90 Der Umgangskontakt in § 6 Ziff. 1 ist **14-tägig ausgestaltet**, weil zum einen das Kind in einem Alter ist, in dem es nicht erforderlich ist, die Zeiten zwischen den Kontakten kürzer zu halten. Zum anderen besteht für K nach § 6 Ziff. 5 der Vereinbarung die Möglichkeit, auch **außerhalb der vereinbarten Zeiten Kontakt** zum Kindesvater aufzunehmen, so dass hier keine Problematik abreißender Verbindung zu Lasten des Kindeswohls zwischen Vater und Kind besteht.

V. Die Kosten des Umgangs

1. Grundsätze

91 Die Kosten des Umgangs des barunterhaltspflichtigen Elternteils mit seinem Kind können nach der Rechtsprechung des BGH im Ausnahmefall zur **Erhöhung des Selbstbehalts** oder zu einer entsprechenden **Minderung des unterhaltsrechtlich relevanten Einkommens** führen, wenn dem Unterhaltspflichtigen das anteilige Kindergeld ganz oder teilweise nicht zugutekommt und er die Kosten nicht aus den Mitteln bestreiten kann, die ihm über den Selbstbehalt hinaus verbleiben.[132]

Auch bei engen finanziellen Verhältnissen kann der Umgangsberechtigte in der Regel nicht verlangen, dass sich der betreuende Elternteil an den Kosten des Umgangs durch Abholen oder Zurückbringen der Kinder beteiligt.[133]

Können aber die Kosten **vom betreuenden Elternteil ohne weiteres** aufgebracht werden, während sie für den **Berechtigten nicht tragbar** sind, kann eine Mitwirkung am Transport der Kinder geboten sein.[134]

92 Hat der sorgeberechtigte Elternteil durch seinen **Umzug eine erhebliche räumliche Distanz** zu den Kindern geschaffen, hat er auch die Pflicht, sich an dem zeitlichen und organisatorischen Aufwand bei der Ausübung des Umgangsrechts zu beteiligen.[135]

93 Für weit über das übliche Maß hinaus gehenden Umgang hat der **BGH** erklärt:[136]

Nimmt der barunterhaltspflichtige Elternteil ein weit über das übliche Maß hinaus gehendes Umgangsrecht wahr, kann der Tatrichter die in diesem Zusammenhang getätigten **außergewöhnlich hohen Aufwendungen**, die als reiner Mehraufwand für die Ausübung des erweiterten Umgangsrechts dem Anspruch des Kindes auf Zahlung von Unterhalt nicht als bedarfsdeckend entgegengehalten werden können (vor allem Fahrt- und Unterbringungskosten), zum Anlass dafür nehmen, den Barunterhaltsbedarf des Kindes unter Herabstufung um eine oder mehrere Einkommensgruppen der Düsseldorfer Tabelle zu bestimmen.

2. Vereinbarungen zu Kosten des Umgangs

94 Ist zweifelhaft, wie die Rechtsprechung in einem konkreten Fall judizieren würde, liegt es nahe, eine Vereinbarung über die Kosten des Umgangs zu schließen.

95 Dies kann in geeigneten Fällen wie folgt geschehen.

132 BGH v. 23.2.2005 XII ZR 56/02, FK 2005, 73; OLG Bremen, Beschl. v. 23.10.2007, BeckRS 2008, 00683.
133 OLG Hamm v. 27.6.2003, 11 WF 66/03, n.v., Abruf-Nr. 032609 unter www.iww.de.
134 Vgl. dazu *Stake,* FK 2004, 14.
135 BVerfG FamRZ 2002, 809; OLG Schleswig FamRZ 2006, 881.
136 BGH FamRZ 2014, 917.

7.18

▼

Muster 7.18: Vereinbarung über Kosten des Umgangs

Verhandelt am

Zu

Vor mir, dem unterzeichnenden Notar im Bezirk des Oberlandesgerichts

erscheinen

1. Herr , geb. am , wohnhaft

2. Frau geb., geb. am , wohnhaft

ausgewiesen durch .

Die Frage des beurkundenden Notars nach einer Vorbefassung im Sinne von § 3 Abs. 1 Nr. 7 BeurkG wurde von den Erschienenen verneint. Der beurkundende Notar erläuterte die vorgenannte Vorschrift.

Die Erschienenen baten den Notar um die Beurkundung einer

Trennungs- und Unterhaltsvereinbarung

und erklärten vorab:

§ 1 Ausgangslage

Wir sind beide von Geburt an deutsche Staatsangehörige und haben am (vor 10 Jahren) in die Ehe geschlossen. Aus unserer Ehe ist das am geborene, derzeit also 8 Jahre alte Kind K. hervorgegangen. Es behält einvernehmlich seinen Lebensmittelpunkt bei der Kindesmutter. Kinder aus anderen Verbindungen sind nicht vorhanden.

Wir leben seit dem in verschiedenen Wohnungen voneinander getrennt.

Der Ersch. zu 1 lebt nunmehr rd. 200 km von der Ersch. zu 1 und dem gemeinsamen Kind K entfernt.

Im Hinblick auf diese Gesamtsituation vereinbaren wir, was folgt.

§ 2 Ehegattenunterhalt

1. Der Ersch. zu 1 verpflichtet sich, ab an die Ersch. zu 2 für die Zeit der Trennung einen monatlich, jeweils bis zum 1. eines jeden Monats fälligen Trennungsunterhalt in Höhe von EUR zu zahlen.

2. Bei dieser Vereinbarung gehen die Beteiligten von den folgenden Einkommensverhältnissen aus:

- Einkommen des Ersch. zu 1
- Einkommen der Ersch. zu 2 .

3. Die Vereinbarung zur Zahlung von Trennungsunterhalt ist der Abänderung zugänglich. Die Beteiligten vereinbaren im Falle der Änderung der Einkommens- und Vermögensverhältnisse eine an der getroffenen Vereinbarung orientierte Abänderung. Ergänzend gelten die gesetzlichen Regelungen.

4. Die Ersch. zu 2 verpflichtet sich für die Dauer der Unterhaltsleistung, die nach § 10 Abs. 1 Nr. 1 EStG erforderliche Zustimmung zum begrenzten Realsplitting zu geben. Der Ersch. zu 1 ist verpflichtet, die Ersch. zu 2 von den ihr entstehenden finanziellen Nachteilen freizustellen.

§ 3 Kindesunterhalt

1. Der Ersch. zu 1 ist verpflichtet, an das Kind K zu Händen der Ersch. zu 2 Kindesunterhalt in Höhe von EUR zu zahlen, und zwar jeweils im Voraus bis zum 1. eines jeden Monats.

2. Die Festsetzung des Unterhalts erfolgt auf der Grundlage des in § 2 Ziff. 2 der Vereinbarung festgestellten anrechenbaren Nettoeinkommens des Ersch. zu 1.

3. Aufgrund des Alters des Kindes erfolgt die Unterhaltsbemessung nach der zweiten Altersstufe sowie wegen der erhöhten Kosten des Umgangs aufgrund der räumlichen Entfernung nach der um eine Stufe herabgesetzten Einkommensstufe der Düsseldorfer Tabelle.

§ 4 Vollstreckungsunterwerfung

Wegen der in § 2 und 3 der Vereinbarung eingegangenen Verpflichtung zur Zahlung von Ehegattenunterhalt und Kindesunterhalt unterwerfe ich, der Ersch. zu 1, mich der

sofortigen Zwangsvollstreckung

aus dieser Urkunde in mein Vermögen.

Die Ersch. zu 2 ist berechtigt, sich jederzeit auf einseitigen Antrag auf Kosten des Ersch. zu 1 eine vollstreckbare Ausfertigung dieser Urkunde erteilen zu lassen, ohne dass es hierzu des Nachweises der Fälligkeit oder sonstiger die Vollstreckung begründender Tatsachen bedarf.

§ 5 Elterliche Sorge

1. Wir, die Erschienenen, vereinbaren die Beibehaltung der gemeinsamen elterlichen Sorge für unser Kind K nach Scheidung unserer Ehe.

2. Den Erschienenen ist bekannt, dass die vorstehende Vereinbarung jederzeit widerrufbar ist.

§ 6 Umgang

Wir vereinbaren den Umgang des Ersch. zu 1 mit K wie folgt:

1. Jeweils alle 3 Wochen von Freitagabend 17 Uhr bis Sonntagabend 18 Uhr

2. Während der Sommerferien über einen zusammenhängenden Zeitraum von 3 Wochen in der ersten Ferienhälfte.

3. Während der Oster- und Herbstferien über einen zusammenhängenden Zeitraum von einer Woche in der ersten Ferienhälfte.

4. Hinsichtlich der Weihnachtsfeiertage und der Weihnachtsferien soll Folgendes gelten:

(1) In der Ferienzeit bis zum 24.12., 10:00 Uhr, sind die Kinder bei der Ersch. zu 2;

(2) in den Weihnachtsferien, die in geraden Kalenderjahren beginnen (erstmals 2016), hat der Ersch. zu 1 Umgang mit den Kindern in der Zeit vom 24.12., 10:00 Uhr, bis 25.12., 18:00 Uhr und vom 01.01., 12:00 Uhr bis 18:00 Uhr des Tages vor dem Beginn der Schule;

(3) in den Weihnachtsferien, die in den ungeraden Kalenderjahren beginnen (erstmalig 2017), hat der Ersch. zu 1 Umgang vom 25.12., 18:00 Uhr bis 01.01., 12:00 Uhr.

5. Der Ersch. zu 1 holt das Kind zu Beginn der festgelegten Umgangskontakte an der Wohnung der Ersch. zu 2 ab und bringt sie zum Ende der Umgangskontakte zur Wohnung der Ersch. zu 2 zurück.

6. Ausfallender Umgang ist unverzüglich bei Eintritt oder voraussichtlichem Eintritt des Grundes glaubhaft mitzuteilen. Ausgefallener Umgang ist nach Absprache nachzuholen.

7. Die Erschienenen sind darüber einig, dass sie das positive Bild, dass das Kind von jedem seiner beiden Eltern hat, aufrecht zu erhalten ist. Sie werden ihr Verhalten zum Wohle des Kindes hiernach ausrichten.

§ 7 Hinweise, Durchführung

Der Notar hat die Erschienenen über die Bedeutung, die rechtliche Tragweite, insbesondere die Rechtsfolgen und die Auswirkungen der Unterhaltsvereinbarung und der Vereinbarung zur elterlichen Sorge und den Umgang abschließend noch einmal ausführlich belehrt. Beide Erschienenen sind sich der Tragweite der getroffenen Vereinbarungen bewusst und wünschen gleichwohl die Beurkundung der Vereinbarung auch unter Inkaufnahme möglicher zukünftig daraus erwachsener Nachteile.

(ggf. weitere abschließende Hinweise/Durchführung)

(Urkundsausgang, Unterschriften)

▲

C. Beschränkungen des Umgangs

Soweit es das **Wohl des Kindes** gem. § 1697a BGB erfordert, sind **Beschränkungen des Umgangs** zu prüfen.[137] Umgang dient grundsätzlich dem Wohl des Kindes. Er kann deshalb nur bei ernsthaften Gefahren für das Kindeswohl ausgesetzt bzw. ausgeschlossen werden.[138] 96

Als geringerer Eingriff nach dem Grundsatz der Verhältnismäßigkeit ist zuvor der **Umgang mit Hilfe eines „mitwirkungsbereiten Dritten"** (§ 1684 Abs. 4 S. 2 BGB) zu prüfen.[139] Dritter kann auch ein zu bestellender Verfahrenspfleger sein.[140] Der **vollständige Ausschluss des Umgangs** kommt dagegen nur in begründeten Ausnahmefällen und in der Regel auch nur befristet in Betracht.[141] „Befristet" bedeutet, dass die Aussetzung des Umgangs eine feste zeitliche Begrenzung enthalten muss und möglichst nur auf kurze Zeit angeordnet werden soll.[142]

Das **Bundesverfassungsgericht** hat dazu erklärt,[143] das Umgangsrecht eines Elternteils stehe ebenso wie die elterliche Sorge des anderen Elternteils unter dem **Schutz des Art. 6 Abs. 2 S. 1 GG**. Beide Rechtspositionen erwachsen danach aus dem natürlichen Elternrecht und der damit verbundenen Elternverantwortung und müssen von den Eltern im Verhältnis zueinander respektiert werden. Das Bundesverfassungsgericht erklärt weiter: Der Elternteil, bei dem sich das Kind gewöhnlich aufhält, muss demgemäß grundsätzlich den persönlichen **Umgang des Kindes mit dem anderen Elternteil ermöglichen**.[144] Können sich die Eltern über die Ausübung des Umgangsrechts nicht einigen, haben die Gerichte eine Entscheidung zu treffen, die sowohl die **beiderseitigen Grundrechtspositionen der Eltern als auch das Wohl des Kindes** und dessen Individualität als Grundrechtsträger berücksichtigt.[145] Die Gerichte müssen sich im Einzelfall um eine **Konkordanz der verschiedenen Grundrechte** bemühen.[146] 97

Eine Einschränkung oder ein Ausschluss des Umgangsrechts ist nur veranlasst, wenn nach den Umständen des Einzelfalls der Schutz des Kindes dies erfordert, um eine Gefährdung seiner seelischen oder körperlichen Entwicklung abzuwehren.[147]

137 Vgl. dazu ausf. *Horndasch,* ZFE 2008, 369.
138 OLG Jena FuR 2000, 121; OLG Brandenburg FamRZ 2002, 414, 415.
139 OLG Brandenburg FuR 1999, 245; OLG Köln FuR 2000, 238.
140 OLG Köln FamRZ 2000, 1109.
141 OLG Schleswig FamRZ 2000, 48; OLG Hamm FamRZ 2000, 1108; OLG München FamRZ 2003, 551; BVerfG FamRZ 2005, 1057; *Büte,* FK 2005, 152.
142 OLG Brandenburg FamRZ 2010, 1357.
143 Vgl. BVerfG FamRZ 2008, 494.
144 BVerfG FamRZ 1971, 421; 1983, 872.
145 BVerfG FamRZ 1983, 872.
146 BVerfG FamRZ 1993, 662 f.; dazu auch BVerfG FamRZ 2010, 1622; 2007, 105 m.w.N.
147 BVerfG FamRZ 1971, 421.

I. Der begleitete Umgang

1. Grundsätze

98 Begleiteter Umgang gem. § 1684 Abs. 4 S. 2 BGB stellt eine **erhebliche Belastung und Beeinträchtigung** für den umgangsberechtigten Elternteil ebenso wie, in geringerem Maße, auch für das Kind dar und ist deshalb bereits auf „schwerwiegende Fälle“[148] zu beschränken.[149]

99 Die folgenden Fallgestaltungen sind zu unterscheiden:[150]

- **Belastungen zwischen Kind und umgangsberechtigtem Elternteil**: Zu diesen Fällen zählen fehlender oder seit langem unterbrochener Kontakt,[151] starke Konflikte zwischen Kind und umgangsberechtigtem Elternteil, Gefahren psychischer Misshandlung, Vernachlässigung oder sexuellem Missbrauch des Kindes durch den umgangsberechtigten Elternteil.[152]
- **Probleme beim umgangsberechtigten Elternteil**: Hierzu zählen Probleme der Erziehungsfähigkeit und -bereitschaft, Prostitution, Suchterkrankungen oder Inhaftierung.
- **Probleme bei der Durchführung des Umgangs**: starke psychische Belastung des Kindes durch den Umgang und Probleme bei der Gewährleistung der Versorgung oder der Sicherheit des Kindes.[153]
- **Gefahr der Kindesentführung**: Anstalten des umgangsberechtigten Elternteils, das Besuchsrecht zur Verschleppung des Kindes zu nutzen.[154]

100 Grundsätzlich ist nach dem **Gebot der Verhältnismäßigkeit** zu prüfen, ob ein jeweils milderes Mittel ausreicht, um eine Kindeswohlgefährdung zu verhindern. So ist bei beantragtem Ausschluss des Umgangsrechts zu prüfen, ob ein begleiteter Umgang ausreicht, die Gefährdung des Kindes auszuschließen. Das Bundesverfassungsgericht hat deutlich erklärt, dass das Grundrecht des Vaters aus Art. 6 Abs. 2 GG i.V.m. dem Verhältnismäßigkeitsgrundsatz verletzt sei, wenn das Gericht einen vollständigen Umgangsausschluss aussprechen würde, ohne die Möglichkeit eines begleiteten Umgangs in Betracht zu ziehen.[155]

148 BVerfG FamRZ 2008, 494; anders *Luthin*, der den begleiteten Umgang nicht auf schwerwiegende Fälle beschränkt sehen möchte, vgl. *Luthin,* in: FS Schwab, 2005, 808, 816 und *Luthin,* FamRZ 2008, 495.

149 OLG München FamRZ 2003, 551; zur Einteilung in drei Gruppen in Betracht kommender Fälle vgl. *Fthenakis,*Vorläufige deutsche Standards zum begleiteten Umgang, München, 2001.

150 So *Duderstadt,* 101.

151 OLG Brandenburg FamRZ 2014, 1124: Anbahnung durch schriftlichen Kontakt ist sinnvoll.

152 OLG Schleswig FamRZ 2015, 62 wegen Besitzes kinderpornographischer Schriften.

153 Vgl. OLG Brandenburg FamRZ 2010, 1925: Anordnung eines erheblich eingeschränkten Umgangs von 2 Stunden im Vierteljahr.

154 OLG Köln FamRZ 2002, 238 (Irak); OLG München FamRZ 1993, 94 (USA); vgl. dagegen OLG Frankfurt FamRZ 1999, 1004.

155 BVerfG FamRZ 2005, 1057.

Grundsätzlich sind **vier Formen des begleiteten Umgangs** je nach zugrunde liegender Konfliktlage zu unterscheiden: 101

- **Betreute Umgangsanbahnung**: Sie dient dazu, bei lange unterbrochenem Kontakt zwischen Kind und Umgangsberechtigtem diesen wiederherzustellen oder gar erstmals anzubahnen.[156]
- **Betreute Übergabe**: Diese stellt ein sinnvolles Mittel in Übergabesituationen dar, in denen es zu eskalierendem Streit und dadurch bedingten psychischen Belastungen des Kindes kommt, aber auch bei wechselseitigen Vorwürfen der Nichteinhaltung der vereinbarten Umgangskontakte bzw. Umgangszeiten.
- **Betreuter Umgang**: Dieser kommt in Betracht bei eingeschränkter Fähigkeit des Umgangsberechtigten zum belastungsfreien Umgang mit dem Kind, bei Beeinflussung des Kindes gegen den betreuenden Elternteil, bei psychischen Erkrankungen oder Suchterkrankungen oder bei der Gefahr des Kindesentzuges.[157] Durch Schutzmaßnahmen für das Kind, z.B. bei Suchterkrankungen kann der vollständige, dem Kind schadende Ausschluss des Umgangs vermieden werden durch Umgang unter Betreuung des Kinderschutzbundes und Auferlegung monatlicher ärztlicher Befunde betr. die Alkoholproblematik.[158]
- Kontrollierter Umgang: Dieser stellt die geeignete Maßnahme beim nachgewiesenen oder begründeten Verdacht auf eine Kindesgefährdung dar, der nur durch die ständige Anwesenheit begegnet werden kann, z.B. bei dem Verdacht des sexuellen Missbrauchs.[159]

Lehnt der betroffene Elternteil allerdings in Fällen, in denen nur ein begleiteter Umgang infrage kommt, einen solchen ab, so ist sein Antrag auf Regelung des Umgangs mit seinem Kind ohne weitere Anordnungen abzuweisen.[160]

2. Vereinbarungen zum begleiteten Umgang

Häufig verhindert **eskalierender Streit der Eltern**, dass das **Kindeswohl gewahrt** bleibt. 102
Haben die Spannungen ein Maß erreicht, bei dem ein Elternteil den unbegleiteten Umgang des anderen Beteiligten ablehnt, wird dieser sein vermeintliches „Recht" durchzusetzen versuchen. Beides, sowohl die Verweigerung ungestörten Umgangs als auch der Versuch zwangsweiser Durchsetzung des Umgangs können, ja werden in der Regel, **dem Kindeswohl erheblich schaden.** Um dies zu verhindern, ist es notwendig, den Versuch zu unternehmen, sich auch in der **Streitfrage „begleiteter Umgang"** zu einigen. Für

156 OLG Frankfurt FamRZ 2002, 1585; OLG Braunschweig FamRZ 2002, 118.
157 OLG München FamRZ 1998, 976.
158 OLG Koblenz v. 24.5.2006, n.v., abzurufen unter www.iww.de, Abruf-Nr. 063552; vgl. dazu *Büte*, FK 2007, 13.
159 OLG Celle FamRZ 1998, 973; OLG München FamRZ 1999, 674.
160 BGH FamRZ 1994, 158, 2005, 1471; OLG Karlsruhe FamRZ 2006, 1867.

das betroffene Kind ist der Satz der Eltern **„Wir haben uns geeinigt“** geradezu der **Schlüsselsatz zur Vermeidung seelischer Wunden des Kindes**.

Wird in Streitfällen nicht eindeutig sein, ob nach ständiger obergerichtlicher Rechtsprechung begleiteter Umgang angeordnet wird, sollte eine Einigung der Eltern möglich sein.

103 Diese kann in entsprechender Fallgestaltung wie folgt formuliert werden:

7.19

▼

Muster 7.19: Vereinbarung begleiteten Umgangs

Verhandelt am

Zu

Vor mir, dem unterzeichnenden Notar im Bezirk des Oberlandesgerichts

erscheinen

1. Herr , geb. am , wohnhaft

2. Frau , geb. ,, geb. am , wohnhaft

ausgewiesen durch .

Die Frage des beurkundenden Notars nach einer Vorbefassung im Sinne von § 3 Abs. 1 Nr. 7 BeurkG wurde von den Erschienenen verneint. Der beurkundende Notar erläuterte die vorgenannte Vorschrift.

Die Erschienenen baten den Notar um die Beurkundung einer

Trennungs- und Unterhaltsvereinbarung

und erklärten vorab:

§ 1 Ausgangslage

Wir sind beide von Geburt an deutsche Staatsangehörige und haben am in die Ehe geschlossen. Aus unserer Ehe ist das am geborene, derzeit also 4 Jahre alte Kind K. hervorgegangen. Es behält einvernehmlich seinen Lebensmittelpunkt bei der Kindesmutter. Kinder aus anderen Verbindungen sind nicht vorhanden.

Wir leben seit dem in verschiedenen Wohnungen voneinander getrennt.

Ich, der Ersch. zu 1, habe wegen eines einjährigen Auslandsaufenthaltes an einem der Ersch. zu 2 nicht bekannten Ort unser Kind K seit (13 Monate) nicht gesehen.

Im Hinblick auf diese Situation vereinbaren wir, was folgt.

§ 2 Ehegattenunterhalt

1. Der Ersch. zu 1 verpflichtet sich, ab an die Ersch. zu 2 für die Zeit der Trennung einen monatlich, jeweils bis zum 1. eines jeden Monats fälligen Trennungsunterhalt in Höhe von EUR zu zahlen.

2. Bei dieser Vereinbarung gehen die Beteiligten von den folgenden Einkommensverhältnissen aus:

- Einkommen des Ersch. zu 1
- Einkommen der Ersch. zu 2 .

3. Die Vereinbarung zur Zahlung von Trennungsunterhalt ist der Abänderung zugänglich. Die Beteiligten vereinbaren im Falle der Änderung der Einkommens- und Vermögensverhältnisse eine an der getroffenen Vereinbarung orientierte Abänderung. Ergänzend gelten die gesetzlichen Regelungen.

4. Die Ersch. zu 2 verpflichtet sich für die Dauer der Unterhaltsleistung, die nach § 10 Abs. 1 Nr. 1 EStG erforderliche Zustimmung zum begrenzten Realsplitting zu geben. Der Ersch. zu 1 ist verpflichtet, die Ersch. zu 2 von den ihr entstehenden finanziellen Nachteilen freizustellen.

§ 3 Kindesunterhalt

1. Der Ersch. zu 1 ist verpflichtet, an das Kind K zu Händen der Ersch. zu 2 Kindesunterhalt in Höhe von EUR zu zahlen, und zwar jeweils im Voraus bis zum 1. eines jeden Monats.

2. Die Festsetzung des Unterhalts erfolgt auf der Grundlage des in § 2 Ziff. 2 der Vereinbarung festgestellten anrechenbaren Nettoeinkommens des Ersch. zu 1.

3. Aufgrund des Alters des Kindes erfolgt die Unterhaltsbemessung nach der ersten Altersstufe der Düsseldorfer Tabelle.

§ 4 Vollstreckungsunterwerfung

Wegen der in § 2 und 3 der Vereinbarung eingegangenen Verpflichtung zur Zahlung von Ehegattenunterhalt und Kindesunterhalt unterwerfe ich, der Ersch. zu 1, mich der

sofortigen Zwangsvollstreckung

aus dieser Urkunde in mein Vermögen.

Die Ersch. zu 2 ist berechtigt, sich jederzeit auf einseitigen Antrag auf Kosten des Ersch. zu 1 eine vollstreckbare Ausfertigung dieser Urkunde erteilen zu lassen, ohne dass es hierzu des Nachweises der Fälligkeit oder sonstiger die Vollstreckung begründender Tatsachen bedarf.

§ 5 Elterliche Sorge

1. Wir, die Erschienenen, vereinbaren die Beibehaltung der gemeinsamen elterlichen Sorge für unser Kind K nach Scheidung unserer Ehe.

2. Den Erschienenen ist bekannt, dass die vorstehende Vereinbarung jederzeit widerrufbar ist.

§ 6 Umgang

Wir vereinbaren den Umgang des Ersch. zu 1 mit K wie folgt:

1. Zunächst jeweils alle 14 Tage Samstagnachmittags von 15 Uhr bis 17 Uhr, beginnend mit dem , mithin in rd. zwei Wochen in den Räumen der Patentante von K, Frau , wohnhaft , in deren Anwesenheit. Diese hat sich zum begleiteten Umgang bereit erklärt.

2. Ab dem , mithin in rund 3 Monaten, wird der Umgang unbegleitet im gleichen Zeitraum fortgesetzt, und zwar in der Wohnung des Ersch. zu 1.

3. Ab dem , mithin in rund 6 Monaten, soll der Umgang wie folgt festgelegt werden: Jeweils alle 14 Tage freitagnachmittags von 15 Uhr bis 18 Uhr sowie in der darauf folgenden Woche alle 14 Tage von Samstag 9 Uhr bis Sonntag 18 Uhr.

4. Der Ersch. zu 1 holt das Kind zu Beginn der festgelegten Umgangskontakte zu Zif. 2 und 3 an der Wohnung der Ersch. zu 2 ab und bringt sie zum Ende der Umgangskontakte zur Wohnung der Ersch. zu 2 zurück.

5. Eine Regelung für Ferienzeiten, Feier- und Festtage werden wir später gesondert treffen.

6. Die Erschienenen sind darüber einig, dass sie das positive Bild, dass das Kind von jedem seiner beiden Eltern hat, aufrecht zu erhalten ist. Sie werden ihr Verhalten zum Wohle des Kindes hiernach ausrichten.

7. Die Erschienenen behalten sich vor, eine gerichtliche Entscheidung über den Umgang herbei zu führen, falls die Vereinbarung zu Ziff. 1 bis 3 nicht eingehalten wird.

§ 7 Hinweise, Durchführung

Der Notar hat die Erschienenen über die Bedeutung, die rechtliche Tragweite, insbesondere die Rechtsfolgen und die Auswirkungen der Unterhaltsvereinbarung und der Vereinbarung zur elterlichen Sorge und den Umgang abschließend noch einmal ausführlich belehrt. Beide Erschienenen sind sich der Tragweite der getroffenen Vereinbarungen bewusst und wünschen gleichwohl die Beurkundung der Vereinbarung auch unter Inkaufnahme möglicher zukünftig daraus erwachsener Nachteile.

ggf. weitere abschließende Hinweise/Durchführung)

(Urkundsausgang, Unterschriften)

▲

II. Aussetzung und Ausschluss des Umgangs

1. Grundsätze

Nach § 1684 Abs. 4 S. 1 BGB kann das Familiengericht das Umgangsrecht einschränken oder ausschließen, soweit dies zum Wohle des Kindes erforderlich ist. Auf längere Zeit kommt eine Aussetzung oder ein **Ausschluss als äußerste Maßnahme**[161] nur in Betracht, wenn anderenfalls das Kindeswohl gefährdet wäre, § 1684 Abs. 4 S. 2 BGB. 104

§ 1684 Abs. 4 S. 1 BGB entspricht dem Maßstab des § 1696 I BGB. Das Gericht hat die familiäre Situation gem. § 26 FamFG umfassend aufzuklären und ggf. mit gutachterlicher Hilfe die Möglichkeiten für das Kind **möglichst konfliktfreier Anbahnung bzw. Aufrechterhaltung von Kontakten** zu prüfen. Liegen Gründe vor, die befürchten lassen, dass sich das Kind ohne Einschränkung oder Ausschluss des Umgangs nachteilig entwickeln könnte, ist unter Beachtung des Gebotes eines geringstmöglichen Eingriffs zu prüfen, welche Maßnahmen notwendig sind.[162]

Das **Bundesverfassungsgericht** setzt die Prüfungsmaßstäbe sehr hoch an. In einem Beschl. v. 5.12.2008[163] hat es erklärt: 105

> *Der **materiell-rechtliche Gehalt von Art. 6 Abs. 2 GG** in Verbindung mit dem Verhältnismäßigkeitsgrundsatz gebietet es, **vor Ausschluss des Umgangs** eine Einschränkung des Umgangs (begleiteter Umgang oder Einrichtung einer Umgangspflegschaft) zu prüfen.*

Der **verfahrensrechtliche Gehalt von Art. 6 Abs. 2 GG** erfordert u.a., dass die Gerichte sich eine zuverlässige Grundlage für eine am Kindeswohl orientierte Entscheidung über das Umgangsrecht verschaffen.[164]

Es muss sich um **konkrete, sehr gewichtige Gründe** handeln, die das Wohl des Kindes nachhaltig berühren.[165] 106

Einem **Inhaftierten** darf der Umgang mit dem Kind nur ausnahmsweise versagt werden. So liegt es nicht, wenn der Inhaftierte intensive Resozialisierungsbemühungen entfaltet hat und deshalb regelmäßig eine seelische oder körperliche Gefährdung des Kindes nicht angenommen werden kann. Zudem ist es Aufgabe des Staates, so das Bundesverfassungs-

161 So OLG Köln FamRZ 2005, 1770.

162 KG FamRZ 1989, 656, 659; OLG Hamburg FamRZ 1991, 471; BVerfG FamRZ 2004, 1166.

163 Az. I BvR 746/08, abrufbar unter www.iww.de, Abruf-Nr. 091566; vgl. auch *Büte,* FK 2009, 212, 214.

164 Hier: fehlende Einholung eines Sachverständigengutachtens, Unterlassen einer erneuten richterlichen Kindesanhörung, fehlende Anhörung der Eltern zur Möglichkeit eines – ggf. begleiteten – Umgangs in der Beschwerdeinstanz.

165 So hat das OLG Oldenburg einen begleiteten Umgang bejaht und den Ausschluss des Umgangsrechts in einem Fall aufgehoben, in welchem der Kindesvater das Kind durch im Kleinkindalter zugefügte Misshandlungen zu einem schweren Pflegefall hat werden lassen, FamRZ 2005, 925 ff.

gericht, die Voraussetzungen für einen kindeswohlgerechten Umgang ohne Verletzung öffentlicher Sicherheitsinteressen zu schaffen.[166]

Allein wegen des Alters des Kindes ist ein Ausschluss nicht möglich. Das Umgangsrecht auch mit einem Säugling besteht uneingeschränkt.[167] Auf diese Weise wird der Gefahr einer dauerhaften Entfremdung vorgebeugt.[168]

Alle konkreten, in Betracht kommenden Fallkonstellationen sind jeweils darauf zu prüfen, ob ein geringerer Eingriff ausreicht.[169]

107 *Beispiele:*

- Entführungsgefahr

Im Einzelfall kann es geboten sein, den **Umgang auf bestimmte Orte oder Gebiete** zu beschränken. Strittig ist, ob zur Vermeidung eines völligen Ausschlusses des Umgangsrechts verlangt werden kann, dass der Reisepass eines ausländischen Elternteils hinterlegt wird.[170]

Das Bundesverfassungsgericht hat zur Entführungsgefahr entschieden, dass die nur abstrakte Möglichkeit, dass ein Kindesvater das Kind nach einer Umgangsausübung nicht an die Kindesmutter zurückgibt, eine räumliche Beschränkung des Umgangsrechts nicht rechtfertigt.[171]

- sexueller Missbrauch

Der **geäußerte Verdacht sexuellen Missbrauch** führt zunächst nicht zu einem Ausschluss des Umgangsrechts.[172] Ein solcher Verdacht kann sich sehr schnell einstellen (oder auch produzieren lassen). Ist der Verdacht jedoch dringend oder zugestanden, ist das Umgangsrecht selbstverständlich auszuschließen[173] oder auszusetzen.[174]

Ob der Verdacht sexuellen Missbrauchs einen völligen Abbruch der Umgangskontakte rechtfertigt, hängt von der **Intensität des Tatverdachts** ab.[175]

166 BVerfG Beschl. v. 13.11.2007 ZFE 2008, 109; vgl. auch OLG Brandenburg FamRZ 2003, 1405; OLG Hamm FamRZ 1980, 481.
167 OLG Celle FamRZ 1998, 973 f.
168 OLG Karlsruhe FamRZ 1992, 58 f.
169 BVerfG FamRZ 2005, 1057 f.
170 So OLG München FamRZ 1998, 976 f; a.A. OLG Karlsruhe FamRZ 1996, 424 m.w.N.; zum Streitstand vgl. Staudinger/*Peschel-Gutzeit* § 1634 Rn 303.
171 BVerfG, Beschl. v. 6 11.2009, FamRZ 2010, 109; vgl. aber auch die im Ergebnis andere Entscheidung des OLG Hamm, FamRZ 2010, 1574; OLG Bremen FamRZ 2013, 1238.
172 OLG Stuttgart FamRZ 1994, 718; OLG Hamm NJW-RR 1995, 201.
173 OLG Bamberg FamRZ 1994, 719.
174 OLG Celle FamRZ 1998, 973; vgl. auch OLG Karlsruhe FamRZ 2013, 1237.
175 OLG Oldenburg FamRZ 2006, 882.

Ist der Kindesvater pädophiler Neigungen verdächtig, ist zu prüfen, ob begleiteter Umgang ausreichen könnte, um die Gefährdung zu verhindern.[176] An die Prüfung sind nach Auffassung des Bundesverfassungsgerichts strenge Maßstäbe anzulegen.[177]

In einer neueren Entscheidung vom 29.11.2007 hat das Bundesverfassungsgericht den Prüfungsmaßstab weiter konkretisiert und verschärft. Es erklärt:

„Wird die Einschränkung (im konkreten Fall: begleiteter Umgang) oder der Ausschluss des Umgangsrechts auf pädophile Neigungen des umgangsberechtigten Elternteils gestützt, so setzt dies die Feststellung dieser Neigungen **und** eine daraus resultierende konkrete Gefährdung des Kindes voraus."[178]

Bei pädophilen Neigungen des Vaters in Verbindung mit einer bei ihm diagnostizierten Persönlichkeitsstörung, so das OLG Düsseldorf, kommt auch ein begleiteter Umgang nicht in Betracht.[179]

■ Widerstand des Kindes/der Mutter/der Eltern

Die Umgangsbefugnis kann – befristet – ausgesetzt werden, wenn das **Kind erkennbar erheblichen Widerstand leistet** und die Gefahr besteht, dass das Kind durch Besuchskontakte einer von ihm nicht zu bewältigenden Konfliktsituation ausgesetzt wird.[180] Häufig genug überträgt sich die ablehnende Haltung des mit dem Kind zusammen lebenden Elternteils jedoch auf das Kind.

Dies hat das Bundesverfassungsgericht zu der Einschätzung bewogen, die Verweigerungshaltung (hier: der Mutter) sei es, die das Kindeswohl gefährden könne.[181] Die ablehnende Haltung der Mutter[182] und die damit einher gehende Übertragung auf das Kind vermögen einen Umgangsausschluss nicht zu tragen.[183]

Bei ablehnendem Kindeswillen verlangt das **Bundesverfassungsgericht**[184] die Prüfung der Gründe der ablehnenden Haltung des Kindes.[185] Das Umgangsrecht des nicht sorgeberechtigten Elternteils stehe ebenso wie die elterliche Sorge unter dem Schutz des Art. 6 Abs. 2 S. 1 GG. Der Wille des Kindes sei zu berücksichtigen, soweit das mit

176 So OLG Hamm FamRZ 1993, 1233.

177 BVerfG FamRZ 2005, 1816 f; vgl. dazu die Anm. *Motzer,* FamRZ 2005, 1971 f.; vgl. auch BVerfG FamRZ 2005, 1057; ausführlich dazu *Motzer*, FamRZ 2006, 73 ff., 79.

178 BVerfG FamRZ 2008, 494; vgl. auch BVerfG FamRZ 2005, 1816 f.; den begleiteten Umgang bejaht *Luthin* bereits bei Vorliegen pädophiler Neigungen auch ohne Nachweis konkreter Gefährdung, vgl. *Luthin,* in: FS Schwab, 2005, 808, 816 und *Luthin,* FamRZ 2008, 495.

179 FamRZ 2009, 1685.

180 OLG Hamm FamRZ 1996, 361; OLG Bamberg FamRZ 1998, 969, 971; OLG Celle FamRZ 1998, 971, 972 und OLG Celle FamRZ 1998, 973 f.

181 BVerfG FamRZ 2004, 1166.

182 Vgl. dazu OLG Schleswig FamRB 2009, 41.

183 So BVerfG zu OLG Rostock FamRZ 2004, 968.

184 BVerfG FamRZ 2005, 1057

185 Dazu auch *Röchling,* FPR 2008, 481.

seinem Wohl vereinbar sei.[186] Voraussetzung hierfür sei, dass das Kind in dem gerichtlichen Verfahren die Möglichkeit erhalte, seine persönlichen Beziehungen zu den Eltern erkennbar werden zu lassen.

108 Andererseits sehen Gerichte häufig ohne Mitarbeit des mit dem Kind zusammen lebenden Elternteils keine Möglichkeit, den Umgang zwischen dem Kind und dem berechtigten Elternteil herbeizuführen.[187]

Nach Ansicht des **OLG Saarbrücken**[188] ist bei Ablehnung des Kontaktes durch das Kind entscheidend, ob dessen Einstellung auf subjektiv beachtlichen oder verständlichen Beweggründen beruht.[189] Soll ein der Ausübung des Umgangsrechts entgegenstehender Kindeswille Beachtung finden, müsse daher in jedem Einzelfall geprüft werden, ob die Entwicklung der Persönlichkeit des Kindes so weit fortgeschritten ist, dass eine dem Willen des Kindes zuwiderlaufende Ausübung des Umgangsrechts eine Gefährdung seiner Entwicklung bedeuten könnte. Im entschiedenen Fall eines zehnjährigen Jungen wurde dies vom Gericht verneint.[190]

109 Allerdings kann nach Auffassung des **OLG Karlsruhe** ein Elternteil auch durch Zwang dazu angehalten werden, einen dem Umgang mit dem anderen Elternteil entgegenstehenden Willen eines Kindes durch erzieherische Maßnahmen zu beeinflussen.[191]

Das **OLG Karlsruhe** sieht diese Grenze bei 9–10 Jahren erreicht.[192] Dies gelte jedoch nur dann, wenn zum einen aufgrund des Alters des Kindes davon auszugehen sei, dass der Widerstand nicht nur vorgegeben sei. Zum anderen dürfe die Verweigerung nicht darauf zurückzuführen sein, dass der Umgangsverpflichtete seiner aus § 1684 II BGB ergebenden Verpflichtung, erzieherisch auf das Kind zum Abbau des Widerstandes einzuwirken, nicht nachgekommen sei.[193] Von der Anwendung von Zwang gegenüber dem Kind ist jedoch abzusehen.[194] Zutreffend hält das OLG Karlsruhe im entschiedenen Fall die **Kindesmutter jedoch für verpflichtet**, auf die Kinder so einzuwirken, dass diese den Umgang ausüben.[195]

186 Vgl. dazu auch OLG Nürnberg FamRZ 2009, 1687.

187 OLG Karlsruhe FamRZ 2002, 624; AG Lahr FamRZ 2003, 1861; vgl. zum Problemkreis *Klenner*, FamRZ 1995, 1529.

188 OLG Saarbrücken OLGR 2005, 616.

189 Ebenso OLG Köln FamRZ 2005, 2011.

190 S.a. OLG Naumburg FamRZ 2005, 1771: keine Abänderung der Umgangsregelung bei vorübergehender Weigerungshaltung des vierjährigen Kindes; so auch BVerfG FamRZ 2005, 1057: allein der geäußerte – ablehnende – Wille eines achteinhalbjährigen Kindes reicht nicht aus, den persönlichen Umgang auch nur befristet auszuschließen.

191 OLG Karlsruhe FamRZ 2005, 295.

192 OLG Karlsruhe FamRZ 2002, 624; ebenso OLG Hamm FPR 2008, 644.

193 OLG Karlsruhe FamRZ 2005, 1698.

194 AG Frankfurt/M. FamRZ 2005, 295.

195 Zum partiellen Entzug der elterlichen Sorge bei verfestigtem Widerstand der mit dem Kind zusammenlebenden Mutter vgl. OLG Brandenburg FamRZ 2009, 1688.

Über den Wortlaut des § 1684 Abs. 2 BGB hinaus wird eine aktive Förderung der Umgangskontakte verlangt. Der Sorgeberechtigte muss bei der Erfüllung seiner Erziehungsaufgaben so auf das Kind einwirken, dass es psychische Widerstände abbaut und eine positive Einstellung gewinnt.[196] Das Kind darf den Umgang nicht als belastend empfinden.[197] Bei Kindern bis zu 10 Jahren geht die Rechtsprechung davon aus, dass dies in der Regel auch gelingt.[198] **Prüfstein** für eine Aussetzung oder einen Ausschluss des Umgangsrechts bleibt das **Kindeswohl.**[199] Kontakt zu dem mit dem Kind nicht zusammen lebenden Elternteil dient grundsätzlich dem Kindeswohl. Ein völliger Ausschluss – auch auf Zeit – ist nur dann gerechtfertigt, wenn das Kind infolge des Umgangs körperlich oder seelisch konkret gefährdet ist und der Gefährdung nicht durch eine bloße Einschränkung des Umgangsrechts oder dessen sachgerechte Ausgestaltung begegnet werden kann.[200] **110**

Der Einzelfall ist im Hinblick hierauf konkret zu prüfen.[201]

2. Vereinbarungen zum Ausschluss des Umgangs

Es wird wenige Fälle geben, in denen bei gewolltem oder gerichtlich bereits beantragtem Ausschluss des Umgangskontaktes eine Einigung der Eltern möglich ist. **111**

Die günstigste „Einigungsprognose" ist wohl in solchen Fällen zu sehen, in denen sich die beteiligten Eltern auf einen **begleiteten Umgang statt auf eine Aussetzung** des Umgangs einigen.

Eine Aussetzung wird man regelmäßig nur in denjenigen Fällen als Vereinbarung treffen können, in denen das Kind selbst Probleme hat, die es zunächst zu prüfen und zu behandeln gilt.

In entsprechenden Fallgestaltungen könnte dies wie folgt formuliert werden: **112**

196 *Büte,* FK 2005, 165 f.

197 OLG Celle FamRZ 1998, 971; OLG Celle FamRZ 1999, 173.

198 OLG Hamm FamRZ 1996, 363; *Büte,* Umgangsrecht, Rn 153; AG Essen FamRZ 2004, 52.

199 Für den Ausschuss bei politisch-religiösen Fragen vgl. OLG Köln FamRZ 2013, 1238 (Verbreitung islamistischer Drohvideos im Internet).

200 So OLG Hamm FamRZ 1994, 58.

201 In diesem Zusammenhang ist auch die Dauer des Ausschlusses konkret festzulegen, so BVerf'G FamRZ 2005, 1815.

7.20

▼

Muster 7.20: Vereinbarung befristeter Aussetzung des Umgangs

Verhandelt am ___

Zu ___

Vor mir, dem unterzeichnenden Notar im Bezirk des Oberlandesgerichts ___

___

erscheinen

1. Herr ___, geb. am ___, wohnhaft ___

2. Frau ___, geb. ___, geb. am ___, wohnhaft ___

ausgewiesen durch ___.

Die Frage des beurkundenden Notars nach einer Vorbefassung im Sinne von § 3 Abs. 1 Nr. 7 BeurkG wurde von den Erschienenen verneint. Der beurkundende Notar erläuterte die vorgenannte Vorschrift.

Die Erschienenen baten den Notar um die Beurkundung einer

Trennungs- und Unterhaltsvereinbarung

und erklärten vorab:

§ 1 Ausgangslage

Wir sind beide von Geburt an deutsche Staatsangehörige und haben am ___ in ___ die Ehe geschlossen. Aus unserer Ehe ist das am ___ geborene, derzeit also 12 Jahre alte Kind K. hervorgegangen. Es behält einvernehmlich seinen Lebensmittelpunkt bei der Kindesmutter. Kinder aus anderen Verbindungen sind nicht vorhanden.

Wir leben seit dem ___ in verschiedenen Wohnungen voneinander getrennt.

Ich, der Ersch. zu 1, habe wegen eines einjährigen Auslandsaufenthaltes an einem der Ersch. zu 2 nicht bekannten Ort unser Kind K seit ___ (13 Monate) nicht gesehen.

In der Zeit des Auslandsaufenthalts des Ersch. zu 1 hatte K einen Suizidversuch unternommen und wurde für 3 Monate stationär behandelt. Die ambulante psychotherapeutische Behandlung hält noch an.

K lehnt derzeit jeden Kontakt zum Ersch. zu 1 ab.

Im Hinblick auf diese Situation vereinbaren wir, was folgt.

§ 2 Ehegattenunterhalt

1. Der Ersch. zu 1 verpflichtet sich, ab ___ an die Ersch. zu 2 für die Zeit der Trennung einen monatlich, jeweils bis zum 1. eines jeden Monats fälligen Trennungsunterhalt in Höhe von ___ EUR zu zahlen.

2. Bei dieser Vereinbarung gehen die Beteiligten von den folgenden Einkommensverhältnissen aus:

- Einkommen des Ersch. zu 1
- Einkommen der Ersch. zu 2 .

3. Die Vereinbarung zur Zahlung von Trennungsunterhalt ist der Abänderung zugänglich. Die Beteiligten vereinbaren im Falle der Änderung der Einkommens- und Vermögensverhältnisse eine an der getroffenen Vereinbarung orientierte Abänderung. Ergänzend gelten die gesetzlichen Regelungen.

4. Die Ersch. zu 2 verpflichtet sich für die Dauer der Unterhaltsleistung, die nach § 10 Abs. 1 Nr. 1 EStG erforderliche Zustimmung zum begrenzten Realsplitting zu geben. Der Ersch. zu 1 ist verpflichtet, die Ersch. zu 2 von den ihr entstehenden finanziellen Nachteilen freizustellen.

§ 3 Kindesunterhalt

1. Der Ersch. zu 1 ist verpflichtet, an das Kind K zu Händen der Ersch. zu 2 Kindesunterhalt in Höhe von EUR zu zahlen, und zwar jeweils im Voraus bis zum 1. eines jeden Monats.

2. Die Festsetzung des Unterhalts erfolgt auf der Grundlage des in § 2 Ziff. 2 der Vereinbarung festgestellten anrechenbaren Nettoeinkommens des Ersch. zu 1.

3. Aufgrund des Alters des Kindes erfolgt die Unterhaltsbemessung nach der dritten Altersstufe der Düsseldorfer Tabelle.

§ 4 Vollstreckungsunterwerfung

Wegen der in § 2 und 3 der Vereinbarung eingegangenen Verpflichtung zur Zahlung von Ehegattenunterhalt und Kindesunterhalt unterwerfe ich, der Ersch. zu 1, mich der

sofortigen Zwangsvollstreckung

aus dieser Urkunde in mein Vermögen.

Die Ersch. zu 2 ist berechtigt, sich jederzeit auf einseitigen Antrag auf Kosten des Ersch. zu 1 eine vollstreckbare Ausfertigung dieser Urkunde erteilen zu lassen, ohne dass es hierzu des Nachweises der Fälligkeit oder sonstiger die Vollstreckung begründender Tatsachen bedarf.

§ 5 Elterliche Sorge

1. Wir, die Erschienenen, vereinbaren die Beibehaltung der gemeinsamen elterlichen Sorge für unser Kind K nach Scheidung unserer Ehe.

2. Den Erschienenen ist bekannt, dass die vorstehende Vereinbarung jederzeit widerrufbar ist.

§ 6 Umgang

Zum Umgang des Ersch. zu 1 mit K vereinbaren wir:

1. Der Umgang wird aus Gründen medizinischer Behandlung und persönlicher Ablehnung durch K für zunächst 6 Monate ausgesetzt.

2. Die Ersch. zu 2 bemüht sich darum, auf K im Sinne der Wiederaufnahme persönlichen Kontaktes zu dem Ersch. zu 1 einzuwirken. Die Beteiligten werden die Situation nach Ablauf von 6 Monaten miteinander erörtern und eine Folgeentscheidung zum Umgang unter Berücksichtigung des Kindeswohls treffen. Sie werden dabei den Willen des Kindes angemessen berücksichtigen.

3. Die Ersch. zu 2 wird dem Ersch. zu 1 im Abstand von 2 Monaten Auskunft über das Befinden und die gesundheitliche Entwicklung von K Auskunft erteilen.

4. Die Erschienenen behalten sich vor, eine gerichtliche Entscheidung über den Umgang herbei zu führen, falls die Vereinbarung zu Ziff. 1 bis 3 nicht eingehalten wird.

§ 7 Hinweise, Durchführung

Der Notar hat die Erschienenen über die Bedeutung, die rechtliche Tragweite, insbesondere die Rechtsfolgen und die Auswirkungen der Unterhaltsvereinbarung und der Vereinbarung zur elterlichen Sorge und den Umgang abschließend noch einmal ausführlich belehrt. Beide Erschienenen sind sich der Tragweite der getroffenen Vereinbarungen bewusst und wünschen gleichwohl die Beurkundung der Vereinbarung auch unter Inkaufnahme möglicher zukünftig daraus erwachsener Nachteile.

(ggf. weitere abschließende Hinweise/Durchführung)

(Urkundsausgang, Unterschriften)

▲

D. Die Vollstreckung vereinbarten Umgangs

I. Grundsätze

113 Bei Verhinderung eines angeordneten Umgangs ist die **Vollstreckung gem. §§ 88 ff. FamFG** mit der Folge der Verhängung eines Ordnungsgeldes möglich.

Dies bedeutet gleichzeitig, dass **nur gerichtliche Entscheidungen vollstreckbar** sind. Im Verbundverfahren ist dies der Fall.

Hinweis

Vereinbarungen der Beteiligten sind vollstreckbar, wenn sie vom Gericht „genehmigt" werden, § 156 FamFG.[202]

Die Vollstreckung eines Umgangstitels nach § 89 Abs. 1 FamFG durch Festsetzung eines Ordnungsmittels gegen den betreuenden Elternteil setzt eine hinreichend bestimmte und konkrete Regelung des Umgangsrechts voraus. **114**

Dafür ist eine genaue und erschöpfende **Bestimmung über Art, Ort und Zeit** des Umgangs erforderlich. Nicht erforderlich sind nach Auffassung des **BGH** hingegen detailliert bezeichnete Verpflichtungen des betreuenden Elternteils, etwa zum Bereithalten und Abholen des Kindes.[203] Damit hat der **BGH** mit der Entscheidung vom 1.2.2012 die **Anforderungen** an die Bestimmtheit von Umgangsregelungen **erheblich gesenkt**. Nach der zuvor überwiegenden Auffassung[204] musste eine vollstreckbare Umgangsregelung neben den Umgangszeiten auch aussprechen, dass der Umgangselternteil verpflichtet ist, das Kind abzuholen und zurückzubringen und dass der betreuende Elternteil das Kind zu den festgelegten Zeiten an seiner Wohnung zu übergeben habe. Dagegen hatten es einige Oberlandesgerichte ausreichen lassen, wenn die Verpflichtung des Umgangselternteils geregelt war, das Kind an der Wohnung des betreuenden Elternteils abzuholen, weil sich daraus zwingend die Pflicht des betreuenden Elternteils ergebe, das Kind an der Wohnung zu übergeben.[205]

Ein Ordnungsgeld ist für den Fall des Verstoßes gegen die Umgangsrechtsregelung seit Einführung des FamFG nicht mehr zunächst anzudrohen.[206] Da der Beschluss bereits einen entsprechenden Hinweis enthält, § 89 Abs. 2 FamFG, ist unmittelbar Ordnungsgeld festzusetzen.[207]

In der Regel **wird eingewendet** werden, dass ein **schuldhafter Verstoß nicht vorliegt** **115**
(z.B. Kind war erkrankt, war spielen und nicht aufzufinden etc.). Der Einwand, man könne ein Kind nicht gegen dessen Willen an den Umgangsberechtigten herausgeben, wird danach zu beurteilen sein, wie sich die konkrete Situation darstellt. Bleibt als ein-

202 OLG Köln FamRZ 1998, 961; OLG Hamm FamRZ 1999, 1095; AG Saarbrücken FamRZ 2003, 1200; dazu *Horndasch,* in: Horndasch/Viefhues § 156 Rn 3 ff.

203 BGH FamRZ 2012, 533 m. Anm. *Hammer,* 535.

204 OLG Bamberg FamRZ 1995, 428; OLG Koblenz FamRZ 2007, 1682; OLG Saarbrücken FamRZ 2007, 2095; Palandt/*Götz,* § 1684 Rn 52.

205 OLG Frankfurt FamRZ 1996, 876; OLG Karlsruhe FamRZ 2005, 1698; noch weitergehend Johannsen/Henrich/*Büte*, § 89 Rn 4; allg. kritisch zum Bestimmtheitserfordernis *Spangenberg/Spangenberg,* FamRZ 2011, 1704.

206 OLG Brandenburg FamRZ 2001, 36, 37; OLG Rostock FamRZ 2002, 967; die Androhung ist nach h.M. mit der einfachen Beschwerde anfechtbar, vgl. OLG Stuttgart FamRZ 1999, 1094; Schnitzler/*Rakete-Dombek* § 15 Rn 128; a.A. OLG Karlsruhe FamRZ 1996, 1226 (unanfechtbar).

207 So auch OLG Brandenburg FamRZ 2007, 230.

zige Alternative, **„mit Brachialgewalt ein schreiendes Kind“** herauszuzwingen, wird die Verhängung eines Zwangsgeldes ausscheiden.[208] Dies verbietet bereits § 90 Abs. 2 FamFG.[209]

Auch wenn die Ordnungsgeldfestsetzung grundsätzlich eine schuldhafte, d.h. vorsätzliche oder fahrlässige Zuwiderhandlung oder Unterlassung erfordert, liegt doch eine Unterlassung bereits dann vor, wenn der Obhutselternteil mehrfach den Umgang mit dem gemeinsamen Kind ohne triftigen Grund nicht gewährt hat.[210]

Die Verhängung eines Ordnungsgeldes bzw. die Haftanordnung nach vorheriger Androhung ist Beugemittel, keine Strafe. Die Maßnahme kann daher bei jeder einzelnen Zuwiderhandlung wiederholt werden.[211] Für den Vollzug der Haft gelten im Übrigen die Vorschriften der §§ 901, 904 – 906, 909 Abs. 1 u. 2, 910, 913 ZPO entsprechend. Die Beschwerde gegen die Ordnungshaft hat keine aufschiebende Wirkung.

Wenn gegen die Ordnungshaft eingewendet wird, dadurch sei zu dessen Schaden auch das Kind betroffen, so greift dies nicht weit genug. Die dagegen gerichtete Auffassung, das habe nicht das Gericht, sondern der betroffene Elternteil zu vertreten,[212] führt allerdings auch nicht weiter. Schließlich kann es nicht um Schuldzuweisungen, sondern allein um das **Kindeswohl** gehen. Es wird aber **langfristig dem Kindeswohl dienen**, mit allen zu Gebote stehenden Mitteln die Verhaltensweisen von Erwachsenen zugunsten ihrer Kinder durchzusetzen, die für sein seelisches Wohl unerlässlich sind.

II. Vereinbarungen zur Vollstreckung des Umgangs

116 Es kann in vielen Fällen zweifelhaft sein, ob aus einer gerichtlich genehmigten Vereinbarung oder auch einer gerichtlich angeordneten Umgangsregelung ohne weiteres vollstreckt werden kann.

Dies betrifft namentlich das **Alter des Kindes**, das dazu führen kann, dass ein früher ohne Berücksichtigung des Kindeswillens vorgenommene Regelung nunmehr nicht mehr ohne weiteres vollstreckbar erscheint. Wenn das Kind älter geworden ist, könnte zwischenzeitlich der ggf. ablehnende Wille des Kindes entscheidend sein.

117 Da diese Frage im Einzelfall zu entscheiden sein wird, kann in Zweifelsfällen eine Vereinbarung über die Frage der Vollstreckung sinnvoll sein. Diese könnte ggf. wie folgt formuliert werden:

208 BezG Frankfurt/Oder FamRZ 1994, 58; OLG Brandenburg FamRZ 1996, 1092.
209 Vgl. aber OLG Frankfurt FamRZ 2002, 1585.
210 OLG Brandenburg FamRZ 2007, 230.
211 OLG Nürnberg FuR 1997, 307.
212 So *Spangenberg,* FamRZ 2007, 13, 15.

▼

Muster 7.21: Vereinbarung über die Vollstreckung des vereinbarten Umgangs

Verhandelt am ___

Zu ___

Vor mir, dem unterzeichnenden Notar im Bezirk des Oberlandesgerichts ___

___

erscheinen

1. Herr ___, geb. am ___, wohnhaft ___

2. Frau ___ geb. ___, geb. am ___, wohnhaft ___

ausgewiesen durch ___.

Die Frage des beurkundenden Notars nach einer Vorbefassung im Sinne von § 3 Abs. 1 Nr. 7 BeurkG wurde von den Erschienenen verneint. Der beurkundende Notar erläuterte die vorgenannte Vorschrift.

Die Erschienenen baten den Notar um die Beurkundung einer

Trennungs- und Unterhaltsvereinbarung

und erklärten vorab:

§ 1 Ausgangslage

Wir sind beide von Geburt an deutsche Staatsangehörige und haben am ___ in ___ die Ehe geschlossen. Aus unserer Ehe ist das am ___ geborene, derzeit also 11 Jahre alte Kind K. hervorgegangen. Es behält einvernehmlich seinen Lebensmittelpunkt bei der Kindesmutter. Kinder aus anderen Verbindungen sind nicht vorhanden.

Wir leben seit dem ___ in verschiedenen Wohnungen voneinander getrennt.

Wir haben am ___ vor dem Amtsgericht – Familiengericht – in ___ zum Az. ___/___ ein Umgangsverfahren geführt und uns vergleichsweise über Umfang und Ausgestaltung des Umgangs zwischen dem Erschienenen zu 1 und K geeinigt.

Der gerichtliche Vergleich ist der Urkunde als Anlage beigefügt.

K weigert sich derzeit, den Umgang mit dem Ersch. zu 1 auszuüben.

Im Hinblick auf diese Situation vereinbaren wir, was folgt.

§ 2 Kindesunterhalt

1. Der Ersch. zu 1 verpflichtet sich, für das Kind K , geb. am , zu Händen der Ersch. zu 2 einen monatlichen, bis zum 1. eines jeden Monats im Voraus fälligen Kindesunterhalt in Höhe von % des Mindestbedarfs der jeweils gültigen Düsseldorfer Tabelle gemäß der jeweiligen Altersstufe des Kindes zu bezahlen. Hierauf ist die Hälfte des gesetzlichen Kindergeldes, derzeit 95 EUR, bedarfsdeckend anzurechnen, so dass sich ein derzeitiger monatlicher Unterhaltsbetrag in Höhe von EUR ergibt.

2. Die Festsetzung des Unterhalts erfolgt auf der Grundlage eines anrechenbaren Nettoeinkommens des Ersch. zu 1 in Höhe von EUR.

§ 3 Vollstreckungsunterwerfung

Wegen der in § 2 der Vereinbarung eingegangenen Verpflichtung zur Zahlung von Kindesunterhalt unterwerfe ich, der Ersch. zu 1, mich der

sofortigen Zwangsvollstreckung

aus dieser Urkunde in mein Vermögen.

Die Ersch. zu 2 ist berechtigt, sich jederzeit auf einseitigen Antrag auf Kosten des Ersch. zu 1 eine vollstreckbare Ausfertigung dieser Urkunde erteilen zu lassen, ohne dass es hierzu des Nachweises der Fälligkeit oder sonstiger die Vollstreckung begründender Tatsachen bedarf.

§ 4 Elterliche Sorge

1. Wir, die Erschienenen, vereinbaren die Beibehaltung der gemeinsamen elterlichen Sorge für unser Kind K nach Scheidung unserer Ehe.

2. Den Erschienenen ist bekannt, dass die vorstehende Vereinbarung jederzeit widerrufbar ist.

§ 5 Vollstreckung der Umgangsvereinbarung

Wir vereinbaren den Umgang des Ersch. zu 1 mit K wie folgt:

1. Es verbleibt grundsätzlich bei der Umgangsregelung gemäß der im gerichtlichen Verfahren des Amtsgerichts – Familiengericht – Az. / vom erfolgten Vereinbarung.

2. Im Hinblick auf das nunmehr höhere Alter unseres Kindes vereinbaren wir, dass eine Vollstreckung des gerichtlichen Titels zum Umgang unterbleibt.

3. Die Ersch. zu 2 wird alles ihr Mögliche unternehmen, um auf K im Sinne der Wiederaufnahme des persönlichen Kontaktes hinzuwirken.

4. Die Erschienenen sind darüber einig, dass sie das positive Bild, dass das Kind von jedem seiner beiden Eltern hat, aufrecht zu erhalten ist. Sie werden ihr Verhalten zum Wohle des Kindes hiernach ausrichten.

5. Die Erschienenen behalten sich vor, gemäß § 166 Abs. 1 FamFG eine gerichtliche Entscheidung über den Umgang herbei zu führen.

§ 6 Hinweise, Durchführung

Der Notar hat die Erschienenen über die Bedeutung, die rechtliche Tragweite, insbesondere die Rechtsfolgen und die Auswirkungen der Unterhaltsvereinbarung und der Vereinbarung zur elterlichen Sorge und den Umgang abschließend noch einmal ausführlich belehrt. Beide Erschienenen sind sich der Tragweite der getroffenen Vereinbarungen bewusst und wünschen gleichwohl die Beurkundung der Vereinbarung auch unter Inkaufnahme möglicher zukünftig daraus erwachsener Nachteile.

(ggf. weitere abschließende Hinweise/Durchführung)

(Urkundsausgang, Unterschriften)

▲

E. Der Auskunftsanspruch, § 1686 BGB

Der Auskunftsanspruch nach § 1686 BGB hat zunächst den **Zweck einer Ergänzung zur Umgangsverantwortung**, vor allem bei kleineren Kindern, die nicht oder nicht ausreichend selbst über sich Auskunft geben können, aber auch für Informationen über das Kind, das diese nicht selbst geben kann (z.B. über behandlungsbedürftige Krankheiten). 118

Die **zweite Funktion** besteht im **Ersatz** (zum Umgang), wesentlich z.B. bei großer räumlicher Entfernung zwischen dem Kind und dem betroffenen Elternteil, aber auch bei Ausschluss oder Einschränkung des Umgangsrechts.

Der Auskunftsanspruch steht aber insgesamt als selbstständiges Recht neben dem Umgangsrecht und kann demgemäß selbstständig geltend gemacht werden.

I. Grundsätze

Zur Auskunft berechtigt ist jeder Elternteil unabhängig von Sorgerecht und Umgangsrecht. 119

Auskunftspflichtig ist der andere Elternteil, nicht das Kind. Lebt es bei einer dritten Person, besteht dieser gegenüber der Auskunftsanspruch entsprechend § 1686 BGB.[213]

213 Bamberger/Roth/*Veit*, § 1686 Rn 2; a.A. Palandt/*Götz*, § 1686 Rn 3.

Ein **berechtigtes Interesse** liegt regelmäßig vor, wenn der die Auskunft begehrende Elternteil **keine andere Möglichkeit** hat, sich über die Entwicklung des Kindes zu unterrichten. Kann die Information unschwer beim nächsten Umgang mit dem Kind eingeholt werden, besteht darüber hinaus kein Auskunftsrecht.[214]

Umgekehrt entfällt der Anspruch nicht dadurch, dass sich der betreffende Elternteil bisher/früher nicht um das Kind gekümmert hat.

120 Das berechtigte Interesse fehlt jedoch, wenn mit der Auskunft **Zwecke** verfolgt werden, die **mit dem Wohl des Kindes nicht vereinbar** sind (z.B. Herstellung eines abträglichen Kontakts) oder wenn das Auskunftsrecht zur Überwachung des anderen Elternteils missbraucht werden soll.[215]

Es wird nach § 1686 BGB Auskunft über die persönlichen Verhältnisse geschuldet. Dies sind alle Umstände, die für das Befinden und die Entwicklung des Kindes von wesentlicher Bedeutung sind.[216]

121 **Mindestens ein „überschlägiger Eindruck"** von der derzeitigen Situation des Kindes wird geschuldet.[217] Dazu gehören Auskünfte über die schulische Entwicklung (unter Beifügung von Zeugniskopien), ggf. Angaben über die berufliche Situation und allgemeine Angaben sowohl über die persönliche Situation als auch über die persönlichen Interessen des Kindes.[218]

Zudem besteht ein Anspruch auf die **Übersendung zweier neuerer Lichtbilder** im Falle fehlenden persönlichen Kontakts.[219] Es besteht aber kein Anspruch darauf, dass bei überlassenen Bildern das Kind den wesentlichen Teil des Fotos ausfüllt. Das Kind kann auch in einer Gruppe gezeigt werden.[220]

122 Die Auskunftspflicht bezieht sich auch auf den **Gesundheitszustand des Kindes.**[221] Die Übersendung von Belegen, Arztberichten etc. wird jedoch nicht geschuldet.[222]

Im Einzelnen hängen **Inhalt und Umfang**[223] von den Gegebenheiten ab, also vom **Alter** des Kindes, vom **Umfang des eigenen Kontakts**, aber auch davon, inwieweit der Minderjäh-

214 OLG Brandenburg FamRZ 2008, 638.
215 KG FamRZ 1980, 399; OLG Zweibrücken FamRZ 1990, 779; OLG Köln FamRZ 1997, 111.
216 OLG Naumburg FamRZ 2001, 513; Dauner/Lieb/*Peschel-Gutzeit,* § 1686 Rn 8.
217 OLG Koblenz FamRZ 2002, 980.
218 BayObLG FamRZ 1996, 813; OLG Köln FamRZ 1997, 111.
219 OLG Köln FamRZ 1997, 111; LG Karlsruhe FamRZ 1983, 1169; AG Norderstedt FamRZ 1990, 1150.
220 OLG Frankfurt FamRZ 2012, 888.
221 OLG Zweibrücken FamRZ 1990, 779; BayObLG 1996, 813.
222 OLG Zweibrücken FamRZ 1990, 779.
223 OLG Brandenburg FamRZ 2008, 638; bei angespannten Verhältnissen kann sich der Bericht „auf das Mindestmaß" beschränken, a.a.O., 639.

rige bereits selbst darüber entscheiden kann und darf, welche Informationen über ihn gegeben werden.[224] Anspruch auf Überlassung einer **Telefonnummer** besteht **nicht**.[225]

Der Auskunftsanspruch bezieht sich **nicht auf die vermögensrechtliche Situation** des Kin- 123
des. Insoweit besteht ein Auskunftsanspruch im Rahmen des § 1605 BGB. Dass sich aus der Auskunft unterhaltsrelevante Informationen ergeben könnten, steht dem nicht entgegen.[226]

Die Auskunft wird im **regelmäßigen Abständen**, etwa **sechs Monaten**, geschuldet.[227] Ist die Beziehung zwischen den Eltern besonders konfliktbelastet, kann allerdings der Zeitraum länger sein.[228]

Besteht ein besonderes Auskunftsbedürfnis, etwa bei akuter Erkrankung, kann sofortige Auskunft verlangt werden.[229]

II. Vereinbarungen zur Auskunft

Um langfristig Streit hinsichtlich des dem nicht mit dem Kind überwiegend zusammen 124
lebenden Elternteil zu ersparen, erscheint es in manchen Fällen sinnvoll, eine Rahmenvereinbarung zu treffen, durch die das Auskunftsrecht geregelt ist.

Dies könnte wie folgt formuliert werden: 125

7.22

▼

Muster 7.22: Vereinbarung zur Auskunft

Verhandelt am

Zu

Vor mir, dem unterzeichnenden Notar im Bezirk des Oberlandesgerichts

erscheinen

1. Herr , geb. am , wohnhaft

2. Frau , geb. , geb. am , wohnhaft

ausgewiesen durch .

224 OLG Hamm FamRZ 1995, 1288; AG Hamburg FamRZ 1990, 1382.
225 OLG Düsseldorf FamRZ 1997, 46.
226 BayObLG FamRZ 1993, 1487.
227 BayObLG FamRZ 1996, 813; OLG Köln FamRZ 1997, 111; a.A. OLG Brandenburg FamRZ 2008, 638:"…quartalsmäßige Information".
228 BayObLG FamRZ 1996, 813.
229 Dauner/Lieb/*Peschel-Gutzeit,* § 1686 Rn 11.

Die Frage des beurkundenden Notars nach einer Vorbefassung im Sinne von § 3 Abs. 1 Nr. 7 BeurkG wurde von den Erschienenen verneint. Der beurkundende Notar erläuterte die vorgenannte Vorschrift.

Die Erschienenen baten den Notar um die Beurkundung einer

Trennungs- und Unterhaltsvereinbarung

und erklärten vorab:

§ 1 Ausgangslage

Wir sind beide von Geburt an deutsche Staatsangehörige und haben am in die Ehe geschlossen. Aus unserer Ehe ist das am geborene, derzeit also 11 Jahre alte Kind K. hervorgegangen. Es behält einvernehmlich seinen Lebensmittelpunkt bei der Kindesmutter. Kinder aus anderen Verbindungen sind nicht vorhanden.

Wir leben seit dem in verschiedenen Wohnungen voneinander getrennt.

Ich, der Ersch. zu 1, lebe nunmehr aufgrund beruflicher Veränderung in Paris/Frankreich, so dass der Umgang mit unserem Kind nur eingeschränkt möglich ist.

Im Hinblick auf diese Situation vereinbaren wir, was folgt.

§ 2 Kindesunterhalt

1. Der Ersch. zu 1 verpflichtet sich, für das Kind K , geb. am , zu Händen der Ersch. zu 2 einen monatlichen, bis zum 1. eines jeden Monats im Voraus fälligen Kindesunterhalt in Höhe von % des Mindestbedarfs der jeweils gültigen Düsseldorfer Tabelle gemäß der jeweiligen Altersstufe des Kindes zu bezahlen. Hierauf ist die Hälfte des gesetzlichen Kindergeldes, derzeit 95 EUR, bedarfsdeckend anzurechnen, so dass sich ein derzeitiger monatlicher Unterhaltsbetrag in Höhe von EUR ergibt.

2. Die Festsetzung des Unterhalts erfolgt auf der Grundlage eines anrechenbaren Nettoeinkommens des Ersch. zu 1 in Höhe von EUR.

§ 3 Vollstreckungsunterwerfung

Wegen der in § 2 der Vereinbarung eingegangenen Verpflichtung zur Zahlung von Kindesunterhalt unterwerfe ich, der Ersch. zu 1, mich der

sofortigen Zwangsvollstreckung

aus dieser Urkunde in mein Vermögen.

Die Ersch. zu 2 ist berechtigt, sich jederzeit auf einseitigen Antrag auf Kosten des Ersch. zu 1 eine vollstreckbare Ausfertigung dieser Urkunde erteilen zu lassen, ohne dass es hierzu des Nachweises der Fälligkeit oder sonstiger die Vollstreckung begründender Tatsachen bedarf.

§ 4 Elterliche Sorge

1. Wir, die Erschienenen, vereinbaren vorerst die Beibehaltung der gemeinsamen elterlichen Sorge für unser Kind K nach Scheidung unserer Ehe.

2. Der Ersch. zu 1 hat der Ersch. zu 2 in diesem Zusammenhang bereits gesondert eine umfassende Vollmacht betreffend Angelegenheiten von erheblicher Bedeutung für unser Kind erteilt.

3. Den Erschienenen ist bekannt, dass die vorstehende Vereinbarung jederzeit widerrufbar ist.

§ 5 Umgang und Auskunft

Wir vereinbaren den Umgang des Ersch. zu 1 mit K wie folgt:

1. Der Umgang zwischen dem Ersch. zu 1 und K wird im Einzelfall einvernehmlich geregelt werden. Die Erschienenen sind darüber einig, dass die grundsätzliche Aufrechterhaltung des Umgangs zwischen dem Ersch. zu 1 und K für die Wahrung des Kindeswohls erforderlich ist.

2. Die Ersch. zu 2 wird dem Ersch. zu 1 regelmäßig, vorläufig alle 3 Monate, Auskunft über die Entwicklung von K erteilen. Zum schulischen Bereich werden dem Ersch. zu 1 in Kopie die jeweiligen Schulzeugnisse übersendet. Über wichtige Veränderungen wird die Ersch. zu 2 den Ersch. zu 1 unterrichten, soweit K dies im ausreichenden Maße nicht selbst möglich ist.

3. Die Erschienenen sind darüber einig, dass sie das positive Bild, dass das Kind von jedem seiner beiden Eltern hat, aufrecht zu erhalten ist. Sie werden ihr Verhalten zum Wohle des Kindes hiernach ausrichten.

4. Die Erschienenen behalten sich vor, gemäß § 166 Abs. 1 FamFG eine gerichtliche Entscheidung über den Umgang herbei zu führen.

§ 6 Hinweise, Durchführung

Der Notar hat die Erschienenen über die Bedeutung, die rechtliche Tragweite, insbesondere die Rechtsfolgen und die Auswirkungen der Unterhaltsvereinbarung und der Vereinbarung zur elterlichen Sorge und den Umgang abschließend noch einmal ausführlich belehrt. Beide Erschienenen sind sich der Tragweite der getroffenen Vereinbarungen bewusst und wünschen gleichwohl die Beurkundung der Vereinbarung auch unter Inkaufnahme möglicher zukünftig daraus erwachsener Nachteile.

(ggf. weitere abschließende Hinweise/Durchführung)

(Urkundsausgang, Unterschriften)

▲

F. Umgangsrecht enger Bezugspersonen, § 1685 BGB

I. Grundsätze

126 Die Neufassung des Gesetzes vom 23.4.2004 verzichtet auf die bisher abschließende Aufzählung der außer den Eltern umgangsberechtigten Dritten.

Wenn sie in Abs. 1 die **Großeltern und Geschwister** als Umgangsberechtigte hervorhebt, so bedeutet das lediglich, dass dieser Gruppe von Verwandten ein Recht auf Umgang auch dann zustehen kann, wenn sie keine engen Bezugspersonen des Kindes sind oder waren und wenn sie mit dem Kind zu keinem Zeitpunkt in häuslicher Gemeinschaft zusammengelebt haben.

Umgekehrt brauchen die Umgangsberechtigten gem. Abs. 2 mit dem Kind **überhaupt nicht verwandt** zu sein, müssen dafür aber enge Bezugspersonen sein und in einer sozial-familiären Beziehung zu dem Kind gestanden haben.

127 Voraussetzung für ein Umgangsrecht nach dieser Vorschrift ist die **Kindeswohldienlichkeit**.[230] Das Umgangsrecht muss sich positiv auf das Kind auswirken. Es ist Sache des/der Antragsteller, diese Voraussetzungen darzulegen und zu beweisen. Wenngleich beispielsweise die Umgangskontakte der Großeltern grundsätzlich dem Wohl des Kindes förderlich sein dürften, kann dies nicht angenommen werden, wenn das Verhältnis der Eltern zu den Großeltern massiv gestört ist.[231] Für die Kinder kann es nicht förderlich sein, diesem Konflikt ausgesetzt zu werden.

Gemäß § 1685 As. 2 BGB muss die Bezugsperson mit dem Kind **längere Zeit in häuslicher Gemeinschaft zusammengelebt** haben. Eine vorübergehende Beziehung mit nur sporadischen Kontakten zu dem Kind reicht nicht aus.[232]

128 *Hinweis*

Der Gesetzgeber hat offen gelassen, welche Zeitspanne die Person mit dem Kind in häuslicher Gemeinschaft zusammen gelebt haben muss. Abzustellen ist auf das Alter des Kindes und das Zeitempfinden in der jeweiligen Altersstufe. In der Regel wird man ab 6 Monaten von einer längeren Zeit ausgehen können.[233]

129 Zu den **Kosten des Umgangs** fehlt eine gesetzliche Regelung, die allerdings wünschenswert wäre.

Zur Klärung dieser Frage sind deshalb die Regelungen des Unterhaltsrechts heranzuziehen: Die rechtlichen Eltern schulden ihren Kindern auch für die Zeit des Umgangs nach §§ 1685, 1686a BGB angemessenen Unterhalt, § 1360 BGB bzw. §§ 1601, 1606, 1610

230 So Palandt/*Götz* § 1685 Rn 3.
231 OLG Naumburg ZFE 2008, 114; vgl. auch OLG Dresden FamRZ 2005, 1275; OLG Hamm FamRZ 2005, 2012.
232 OLG Düsseldorf FamRZ 2004, 290.
233 Vgl. *Büte,* FK 2005, 133.

BGB. Der Umgangsberechtigte genießt sein Umgangsrecht also insoweit kostenfrei. Er hat lediglich seinen eigenen umgangsbedingten Mehraufwand zu tragen.

Diese Grundsätze gelten, soweit nichts anderes zwischen den Beteiligten vereinbart wird, auch für Reisekosten.[234]

II. Vereinbarung zum Umgangsrecht enger Bezugspersonen

Ein solches Umgangsrecht enger Bezugspersonen kann selbstverständlich miteinander 130
vereinbart werden.

Dies bedarf keiner notariellen Vereinbarung.

Die Formulierung in geeigneten Fällen ist wie folgt möglich: 131

▼

Muster 7.23: Vereinbarung zum Umgang enger Bezugspersonen

Umgangsvereinbarung

Zwischen

Frau A, geb. am ___, wohnhaft ___

und

Herrn B, geb. am ___, wohnhaft ___

wird Folgendes vereinbart.

§ 1 Ausgangslage

Ich, Frau A, bin Mutter des am ___ geborenen, mithin derzeit 10 Jahre alten Kindes K;

Das Kind lebt seit seiner Geburt mit mir zusammen. Der Vater des Kindes ist vorverstorben.

Wir haben in den letzten rd. 4 Jahren in nichtehelicher Gemeinschaft zusammengelebt, leben aber nunmehr seit ___ voneinander getrennt.

Zwischen K und Herrn B besteht ein enges Vertrauensverhältnis.

Im Hinblick auf diese Situation vereinbaren wir, was folgt.

§ 2 Umgangsrecht

Wir vereinbaren den Umgang von Herrn B mit K wie folgt:

1. Jeweils alle 3 Wochen von Freitagabend 17 Uhr bis Sonntagabend 18 Uhr

234 So zu recht *Löhnig*, FamRZ 2013, 1866, 1868.

2. Während der Sommerferien über einen zusammenhängenden Zeitraum von 2 Wochen in der ersten Ferienhälfte.

3. Während der Oster- oder Herbstferien nach Absprache zu Beginn eines Kalenderjahres über einen zusammenhängenden Zeitraum von 1 Woche in der ersten Ferienhälfte.

4. Während der Weihnachtsfeiertage am 2. Weihnachtstag von 9 Uhr bis 19 Uhr.

5. Herr B holt das Kind zu Beginn der festgelegten Umgangskontakte an der Wohnung der Ersch. zu 2 ab und bringt sie zum Ende der Umgangskontakte zur Wohnung der Frau A zurück.

§ 3 Vorbehalt gerichtlicher Entscheidung

1. Die Beteiligten behalten sich vor, eine gerichtliche Entscheidung über die Frage des Umgangs herbeizuführen, falls Belange des Kindewohls dies erfordern.

2. Vor Antragstellung bei dem Amtsgericht – Familiengericht – verpflichten wir uns, die Vermittlung des zuständigen Jugendamtes zur Herbeiführung einer dem Kindeswohl entsprechenden Vereinbarung in Anspruch zu nehmen.

(Ort, Datum)

Unterschriften

▲

Es kann in manchen Fällen **Auseinandersetzungen** mit bestimmten Personen gegeben haben, die dazu führen, dass **Auflagen zum Umgang** vereinbart werden.

132 In zutreffenden Fällen kann dies wie folgt formuliert werden:

▼

Muster 7.24: Vereinbarung zum Umgang enger Bezugspersonen mit Auflagen

Umgangsvereinbarung

Zwischen

Frau A, geb. am , wohnhaft

und

Herrn B, geb. am , wohnhaft

wird Folgendes vereinbart.

§ 1 Ausgangslage

Ich, Frau A, bin Mutter des am geborenen, mithin derzeit 10 Jahre alten Kindes K;

Das Kind lebt seit seiner Geburt mit mir zusammen. Der Vater des Kindes ist vorverstorben.

Wir haben in den letzten rd. 4 Jahren in nichtehelicher Gemeinschaft zusammengelebt, leben aber nunmehr seit voneinander getrennt.

Zwischen K und Herrn B besteht ein enges Vertrauensverhältnis.

Zwischen den Eltern des verstorbenen Kindesvaters und dem Kind besteht keinerlei Vertrauensverhältnis, da die Eltern das Kind in jungem Alter geschlagen und unter Anwendung überkommener Erziehungsvorstellungen seelisch schlecht behandelt haben.

Im Hinblick auf diese Situation vereinbaren wir, was folgt.

§ 2 Umgangsrecht

Wir vereinbaren den Umgang von Herrn B mit K wie folgt:

1. Jeweils alle 3 Wochen von Freitagabend 17 Uhr bis Sonntagabend 18 Uhr

2. Während der Sommerferien über einen zusammenhängenden Zeitraum von 2 Wochen in der ersten Ferienhälfte.

3. Während der Oster- oder Herbstferien nach Absprache zu Beginn eines Kalenderjahres über einen zusammenhängenden Zeitraum von 1 Woche in der ersten Ferienhälfte.

4. Während der Weihnachtsfeiertage am 2. Weihnachtstag von 9 Uhr bis 19 Uhr.

5. Herr B holt das Kind zu Beginn der festgelegten Umgangskontakte an der Wohnung der Ersch. zu 2 ab und bringt sie zum Ende der Umgangskontakte zur Wohnung der Frau A zurück.

6. Herr B verpflichtet sich, den Umgang persönlich auszuüben und eine Kontaktaufnahme der Eltern des Kindesvaters zu K nicht zuzulassen.

§ 3 Vorbehalt gerichtlicher Entscheidung

1. Die Beteiligten behalten sich vor, eine gerichtliche Entscheidung über die Frage des Umgangs herbeizuführen, falls Belange des Kindewohls dies erfordern. Dies wäre nach übereinstimmender Auffassung der Beteiligten insbesondere der Fall, wenn Herr B eine Kontaktaufnahme der Eltern des Kindesvaters zu K zulassen würde.

2. Vor Antragstellung bei dem Amtsgericht – Familiengericht – verpflichten wir uns, die Vermittlung des zuständigen Jugendamtes zur Herbeiführung einer dem Kindeswohl entsprechenden Vereinbarung in Anspruch zu nehmen.

(Ort, Datum)

Unterschriften

▲

G. Umgangs- und Auskunftsrecht biologischer Väter, § 1686a BGB

I. Grundsätze

133 § 1685 BGB ist anders als § 1684 BGB („Das Kind hat das Recht ...“) **von der Position anderer Bezugspersonen** („Großeltern und Geschwister haben ein Recht ...“) her konzipiert. Ob dies konzeptionell sinnvoll ist, kann man unterschiedlich bewerten. Es gilt aber natürlich, dass auch § 1685 BGB **„aus dem Blickwinkel des Kindes und seines Wohls“[235] auszulegen** ist.

Nach § 1685 S. 2 BGB gilt dies für enge Bezugspersonen, wenn diese **für das Kind tatsächlich Verantwortung** tragen oder getragen haben (sozial-familiäre Beziehung). Voraussetzung für die Gewährung des Umgangsrechts des biologischen Vaters war somit stets, dass **bereits eine sozial-familiäre Beziehung zum Kind besteht**.

Gab es keine Beziehung oder konnte der Vater eine Beziehung **nicht** aufbauen, blieb ihm der Kontakt verwehrt. Nach den beiden in der Begründung des Entwurfs[236] genannten **Entscheidungen des Europäischen Gerichtshofs für Menschenrechte** war dies zu ändern. Nach den Entscheidungen des EGMR war nicht mit Art. 8 EMRK zu vereinbaren, dass der biologische Vater, der keine enge Bezugsperson des Kindes ist, auch dann kategorisch und ohne Prüfung des Kindeswohls vom Umgang mit seinem Kind ausgeschlossen ist, wenn ihm der Zustand, dass eine sozial-familiäre Beziehung nicht aufgebaut wurde, nicht zuzurechnen ist.

134 Die mit § 1686a BGB eingeführte Ergänzung zu §§ 1685 und 1686 BGB enthält vier Voraussetzungen:[237]

- Eine Regelung erfolgt nur für Fälle, in denen das Kind **bereits einen rechtlichen Vater** hat (§ 1592 Nr. 1 oder Nr. 2 BGB oder § 1593 BGB).
- Der Anspruchsteller muss wirklich der **biologische Vater** sein.
- Der Anspruchsteller muss durch sein Verhalten gezeigt haben, „dass er für das Kind **tatsächliche Verantwortung tragen** will“.
- Der konkrete Umgang muss **dem Kindeswohl dienen**.

135 Die erste Voraussetzung versteht sich von selbst.

Die **zweite Voraussetzung**, der Anspruchsteller muss wirklich der **biologische Vater sein, soll als Vorfrage** und nicht mit Durchführung einer förmlichen Beweisaufnahme geklärt werden (§ 167a FamFG). Eine Beweisaufnahme ist lediglich unter den Voraussetzungen von § 30 Abs. 3 FamFG durchzuführen (Bestreiten durch einen Beteiligten). Dann erwächst das Ergebnis auch nicht in Rechtskraft.

235 Johannsen/Heinrich/*Jaeger*, Familienrecht, § 1685 Rn 1.
236 BT-Drucks 15/2253, 6 f.
237 Vgl. dazu *Kloster-Harz,* FamFR 2013, 337.

Die Prüfungsreihenfolge, ob also evtl. zuvor die Voraussetzungen zu (3) und/oder (4) geklärt werden, obliegt dem erkennenden Gericht. Ich könnte mir vorstellen, dass zur Vermeidung erheblicher Kosten durch Gutachten die Neigung bestehen wird, gerade die Voraussetzung zu (4) zunächst zu prüfen/zu verneinen.

Die **dritte Voraussetzung**, dass der Anspruchsteller durch sein **Verhalten** gezeigt haben soll, dass er für das Kind tatsächlich Verantwortung tragen will, ist besonders problematisch. In der Begründung des Entwurfes[238] werden beispielhaft Kriterien genannt wie als letztes Beispiel die Frage, „ob er (der Anspruchsteller) die Bereitschaft geäußert hat, Verantwortung für das Kind zu übernehmen" (was man ziemlich einfach bejahen kann). In der Begründung heißt es weiter dazu, dass die Gerichte dies zu prüfen hätten und diese Voraussetzung dem Umstand geschuldet sei, „dass Rechte anderer Betroffener von nicht minderem Rang gleichermaßen auf dem Spiel stehen".[239]

Dieses Interesse wird an anderer Stelle der Begründung als **„qualifiziertes Interesse an** 136
dem Kind" oder als „ernst zu nehmendes Interesse an dem Kind" bezeichnet. Gleichwohl scheint diese Voraussetzung in der Begründung nicht zu ernst genommen zu werden, weil es z.B. in der Begründung auf S. 14 unten etwas verkürzt heißt, dass der Antragsteller „aufgrund der biologischen Elternschaft zunächst grundsätzlich ein Recht auf Umgang mit seinem Kind hat, wenn dies dem Kindeswohl dient".

Es ist natürlich auch zu fragen, ob nicht doch eine ernsthafte Gefahr besteht, dass ein Umgangs- oder Auskunftsbegehren nur um die Feststellung der Vaterschaft willen geltend gemacht wird. Dies soll in Fällen künstlicher Befruchtung die **eidesstattliche Versicherung der Beiwohnung** verhindern. Eine eidesstattliche Versicherung wird letztlich aber nicht in der Lage sein, den **Missbrauch tatsächlich auszuschließen.**

Schließlich muss als **vierte Voraussetzung** der Umgang dem **Kindeswohl dienen**, eine 137
weit auslegungsfähige Regelung, bei der vom Standpunkt „Umgang mit leiblichen Eltern dient immer dem Kindeswohl" bis hin zu „Bis auf Ausnahmen ist der leibliche Vater Störer der eigentlichen Familie" alles möglich ist.

Die Konzeption ist insgesamt eine **Wertungsentscheidung**. Immanent gesehen ist aber vor allem die Voraussetzung, der Antragsteller müsse durch sein Verhalten gezeigt haben, dass er für das Kind tatsächlich Verantwortung tragen will, ziemlich problematisch, einmal ganz abgesehen von der Bewertung des Begriffs der „Kindeswohldienlichkeit". Es sind viele **problematische Szenarien** vorstellbar, angefangen vom „verziehenen" One-Night-Stand in ansonsten guter Familiensituation bis zur verheimlichten Affäre, die nun offenbar wird.

Verfahrensrechtlich ist die Vorschrift des **§ 167a FamFG** eingeführt. Sie regelt die Zulässigkeit eines Antrags des leiblichen, nicht rechtlichen Vaters nach § 1686a BGB sowie

238 BT-Drucks 15/2253, 14, erster Absatz.
239 BT-Drucks 15/2253, 13 unten der Begründung.

die Duldungspflicht von Untersuchungen zur Feststellung der leiblichen Vaterschaft im Zusammenhang mit einem Umgangs- oder Auskunftsrecht gemäß § 1686a BGB.

Anträge auf Erteilung eines Umgangs- oder Auskunftsrechts sind nur dann zulässig, wenn der Antragsteller **an Eides statt erklärt**, der Mutter während der Empfängniszeit beigewohnt zu haben, Abs. 1.

Soweit es zusätzlich zur Feststellung der Vaterschaft erforderlich ist, hat jede Person die dafür notwendige Untersuchung, namentlich die Entnahme einer Blutprobe, zu dulden, Abs. 2. Diese Duldungspflicht ist auch mit Zwangsmitteln durchsetzbar, Abs. 3.

138 Der **Schutz der bestehenden Familiensituation** hat grundsätzlich **Vorrang** vor dem Interesse jedes Dritten, zu erfahren, wer tatsächlich leiblicher Vater eines Kindes ist. Dies gilt nicht, wenn ein Dritter der Kindesmutter während der Empfängniszeit beigewohnt hat und deshalb davon ausgeht, leiblicher Vater des Kindes zu sein. Da eine solche Beiwohnung nicht nachweisbar sein wird, ist die strafbewehrte eidesstattliche Versicherung notwendige Zulässigkeitsvoraussetzung für die Einleitung eines Verfahrens zur Feststellung zunächst der eigenen Vaterschaft.

139 Es **genügt es nicht, lediglich allgemein zu behaupten**, man habe der Kindesmutter während der Empfängniszeit beigewohnt. Mutter, Kind und (rechtlicher) Vater haben Anspruch auf Schutz vor Umgangs- und Auskunftsverfahren **„ins Blaue hinein“**.[240] Erforderlich ist die konkrete Erläuterung des Zeitpunktes der ggf. jeweiligen Beiwohnung während der Empfängniszeit, die Darlegung des Ortes und der Umstände der Beiwohnung.[241] Dadurch wird vermieden, dass die Geltendmachung des Anspruchs durch den Anspruchsteller auf Motiven beruht, die dem Kindeswohl zu schaden geeignet sind, etwa der Schaffung von Unfrieden innerhalb der bestehenden (sozialen) Familie.

Gleichzeitig wird durch die notwendige, **mit konkretem Sachverhalt versehene eidesstattliche Versicherung** verhindert, dass ein Mann, der durch künstliche Befruchtung mittels heterologer Samenspende biologischer Vater geworden ist, ein Umgangs- oder Auskunftsrecht begehren kann.

140 Der **Anspruch des leiblichen Vaters** nach § 1686a BGB **auf Umgang mit seinem Kind** und auf Auskunft über dessen persönliche Verhältnisse setzt u.a. voraus, dass die biologische Vaterschaft feststeht. Ist dies nicht der Fall, ist eine Abstammungsuntersuchung zur Klärung der Vaterschaft erforderlich. Um zu verhindern, dass die Mutter des Kindes oder eine sonstige Person den Umgangs- und Auskunftsanspruch durch Verweigerung der Untersuchung vereitelt, normiert Abs. 2 die Verpflichtung zur Untersuchung. § 167a Abs. 2 FamFG entspricht dem Wortlaut der Parallelvorschrift zur Feststellung der Abstammung, § 178 Abs. 1 FamFG.

240 BT-Drucks 15/2253, 14, 20.
241 Horndasch/Viefhues/*Horndasch*, FamFG, § 176a Rn 4.

Die Untersuchung muss geeignet sein, die Abstammung festzustellen. § 167a Abs. 2 nennt beispielhaft die Entnahme von Blutproben. Gerade die Blutprobe ist Voraussetzung für alle anerkannten wissenschaftlichen Methoden zur Feststellung der Vaterschaft und deshalb zu Recht in der Vorschrift genannt.[242]

Die Untersuchung muss auch zumutbar sein. Hieran fehlt es nur dann, wenn erhebliche physische oder psychische Schäden des Betroffen zu erwarten sind.[243]

II. Vereinbarungen zum Umgang biologischer Väter

Um Streitfälle namentlich zum **Schutz der bestehenden Familiensituation** zu vermeiden, sollte man sich in geeigneten Fällen bemühen, eine Einigung über die Frage des Umgangs oder der Auskunft herbeizuführen. **141**

Liegt nahe, dass auch gerichtlich ein solcher Umgang angeordnet würde, sollte versucht werden, durch eine – verträgliche – Einigung möglichst wenig Spannungen entstehen zu lassen.

Dies könnte in geeigneten Fällen wie folgt formuliert werden: **142**

7.25

▼

Muster 7.25: Vereinbarung zum Umgang biologischer Väter

Verhandelt am

Zu

Vor mir, dem unterzeichnenden Notar im Bezirk des Oberlandesgerichts

erscheinen

1. Herr A, geb. am , wohnhaft
2. Frau B geb. , geb. am , wohnhaft

ausgewiesen durch .

Die Frage des beurkundenden Notars nach einer Vorbefassung im Sinne von § 3 Abs. 1 Nr. 7 BeurkG wurde von den Erschienenen verneint. Der beurkundende Notar erläuterte die vorgenannte Vorschrift.

Die Erschienenen baten den Notar um die Beurkundung einer

242 Zu den Einzelheiten der Analyseverfahren vgl. Horndasch/Viefhues/*Horndasch*, FamFG, § 178 Rn 8 f.
243 OLG Jena FamRZ 2007, 1676; vgl. ausf. Horndasch/Viefhues/*Horndasch*, FamFG, § 178 Rn 6.

Unterhalts- und Umgangsvereinbarung

und erklärten vorab:

§ 1 Ausgangslage

Wir sind beide von Geburt an deutsche Staatsangehörige.

Ich, die Ersch. zu 1, habe am … in … mit Herrn B die Ehe geschlossen. Während der Ehezeit ist das am … geborene, derzeit also 8 Jahre alte Kind K geboren worden. Leiblicher Vater von K ist nicht mein Ehemann, sondern der Ersch. zu 1.

Ich, der Ersch. zu 1, habe mit Zustimmung der Ersch. zu 2 am … bei Notar … zur UR.Nr. … die Vaterschaft für das gemeinsame Kind K, geb. am …, anerkannt.

K lebt im Familienverbund mit der Ersch. zu 2 und ihrem Ehemann zusammen, gemeinsam mit ihren Kindern L und P, mithin den Halbgeschwistern von K.

Die Familien der Erschienenen sind seit mehr als 10 Jahren eng miteinander befreundet gewesen. Dadurch hat sich ein enger, vertrauensvoller Kontakt zwischen dem Ersch. zu 1 und K ergeben. Nachdem nunmehr dem Ehemann der Ersch. zu 1 die Frage der Vaterschaft betr. K bekannt geworden ist, ist das Verhältnis der Familien zunächst distanzierter geworden, nicht aber zerstört.

Ich, der Ersch. zu 1, wünsche daher ein Umgangsrecht mit meinem leiblichen Kind.

Im Hinblick auf diese Situation vereinbaren wir, was folgt.

§ 2 Kindesunterhalt

1. Der Ersch. zu 1 verpflichtet sich, für das Kind K., geb. am …, zu Händen der Ersch. zu 2 einen monatlichen, bis zum 1. eines jeden Monats im Voraus fälligen Kindesunterhalt in Höhe von … % des Mindestbedarfs der jeweils gültigen Düsseldorfer Tabelle gemäß der jeweiligen Altersstufe des Kindes zu bezahlen. Hierauf ist die Hälfte des gesetzlichen Kindergeldes, derzeit 95 EUR, bedarfsdeckend anzurechnen, so dass sich ein derzeitiger monatlicher Unterhaltsbetrag in Höhe von … EUR ergibt.

2. Die Festsetzung des Unterhalts erfolgt auf der Grundlage eines anrechenbaren Nettoeinkommens des Ersch. zu 1 in Höhe von … EUR.

§ 3 Vollstreckungsunterwerfung

Wegen der in § 2 der Vereinbarung eingegangenen Verpflichtung zur Zahlung von Kindesunterhalt unterwerfe ich, der Ersch. zu 1, mich der

sofortigen Zwangsvollstreckung

aus dieser Urkunde in mein Vermögen.

Die Ersch. zu 2 ist berechtigt, sich jederzeit auf einseitigen Antrag auf Kosten des Ersch. zu 1 eine vollstreckbare Ausfertigung dieser Urkunde erteilen zu lassen, ohne dass es hierzu des Nachweises der Fälligkeit oder sonstiger die Vollstreckung begründender Tatsachen bedarf.

§ 4 Umgang

Wir vereinbaren den Umgang des Ersch. zu 1 mit K wie folgt:

1. Einmal monatlich jeweils am 1. Sonntag eines jeden Monats in der Zeit von 10 Uhr bis 18 Uhr.

2. Der Ersch. zu 1 holt das Kind zu Beginn der festgelegten Umgangskontakte an der Wohnung der Ersch. zu 2 ab und bringt sie zum Ende der Umgangskontakte zur Wohnung der Frau B zurück.

3. Die Erschienenen behalten sich vor, gemäß § 166 Abs. 1 FamFG eine gerichtliche Entscheidung über den Umgang herbeizuführen.

§ 5 Hinweise, Durchführung

Der Notar hat die Erschienenen über die Bedeutung, die rechtliche Tragweite, insbesondere die Rechtsfolgen und die Auswirkungen der Unterhaltsvereinbarung und der Vereinbarung zum Umgang abschließend noch einmal ausführlich belehrt. Beide Erschienenen sind sich der Tragweite der getroffenen Vereinbarungen bewusst und wünschen gleichwohl die Beurkundung der Vereinbarung auch unter Inkaufnahme möglicher zukünftig daraus erwachsener Nachteile.

(ggf. weitere abschließende Hinweise/Durchführung)

(Urkundsausgang, Unterschriften)

▲

Die Kindesmutter, die im Familienverband lebt, wird ein **Interesse** daran haben, den **Umgang zu vermeiden.** 143

Eine Möglichkeit könnte sein, sich für einige Jahre über **periodische Auskunftserteilung** zu einigen und sodann bei höherem Alter und größerer Selbstständigkeit des Kindes diesem selbst zu überlassen, ob persönlicher Kontakt entstehen soll.

Dies könnte wie folgt formuliert werden, wobei sich die notarielle Beurkundung in solchen Fällen anbietet, in den beispielsweise der Kindesunterhalt geregelt werden soll. 144

7.26

▼

Muster 7.26: Vereinbarung zum Ausschluss des Umgangs biologischer Väter

Verhandelt am

Zu

Vor mir, dem unterzeichnenden Notar im Bezirk des Oberlandesgerichts

erscheinen

1. Herr A, geb. am , wohnhaft

2. Frau B geb. , geb. am , wohnhaft

ausgewiesen durch .

Die Frage des beurkundenden Notars nach einer Vorbefassung im Sinne von § 3 Abs. 1 Nr. 7 BeurkG wurde von den Erschienenen verneint. Der beurkundende Notar erläuterte die vorgenannte Vorschrift.

Die Erschienenen baten den Notar um die Beurkundung einer

Unterhalts- und Umgangsvereinbarung

und erklärten vorab:

§ 1 Ausgangslage

Wir sind beide von Geburt an deutsche Staatsangehörige.

Ich, die Ersch. zu 1, habe am in mit Herrn B die Ehe geschlossen. Während der Ehezeit ist das am geborene, derzeit also 1 Jahr alte Kind K. geboren worden. Leiblicher Vater von K ist nicht mein Ehemann, sondern der Ersch. zu 1.

Ich, der Ersch. zu 1, habe mit Zustimmung der Ersch. zu 2 am bei Notar zur UR.Nr. die Vaterschaft für das gemeinsame Kind K, geb. am , anerkannt.

K lebt im Familienverbund mit der Ersch. zu 2 und ihrem Ehemann zusammen, gemeinsam mit ihren Kindern L und P, mithin den Halbgeschwistern von K.

Ich, der Ersch. zu 1, wünsche ein Auskunfts- bzw. Umgangsrecht mit meinem leiblichen Kind.

Im Hinblick auf diese Situation vereinbaren wir, was folgt.

§ 2 Kindesunterhalt

1. Der Ersch. zu 1 verpflichtet sich, für das Kind K, geb. am , zu Händen der Ersch. zu 2 einen monatlichen, bis zum 1. eines jeden Monats im Voraus fälligen Kindesunterhalt in Höhe von % des Mindestbedarfs der jeweils gültigen Düsseldorfer Tabelle gemäß der jeweiligen Altersstufe des Kindes zu bezahlen. Hierauf ist die Hälfte

des gesetzlichen Kindergeldes, derzeit 95 EUR, bedarfsdeckend anzurechnen, so dass sich ein derzeitiger monatlicher Unterhaltsbetrag in Höhe von EUR ergibt.

2. Die Festsetzung des Unterhalts erfolgt auf der Grundlage eines anrechenbaren Nettoeinkommens des Ersch. zu 1 in Höhe von EUR.

§ 3 Vollstreckungsunterwerfung

Wegen der in § 2 der Vereinbarung eingegangenen Verpflichtung zur Zahlung von Kindesunterhalt unterwerfe ich, der Ersch. zu 1, mich der

sofortigen Zwangsvollstreckung

aus dieser Urkunde in mein Vermögen.

Die Ersch. zu 2 ist berechtigt, sich jederzeit auf einseitigen Antrag auf Kosten des Ersch. zu 1 eine vollstreckbare Ausfertigung dieser Urkunde erteilen zu lassen, ohne dass es hierzu des Nachweises der Fälligkeit oder sonstiger die Vollstreckung begründender Tatsachen bedarf.

§ 4 Umgang und Auskunft

Wir vereinbaren hinsichtlich des Umgangs und der Auskunft des Ersch. zu 1 mit K:

1. Die Ersch. zu 2 wird dem Ersch. zu 1 regelmäßig, vorläufig alle 3 Monate, Auskunft über die Entwicklung von K erteilen. Über wichtige Veränderungen wird die Ersch. zu 2 den Ersch. zu 1 unterrichten.

2. Ein Umgang zwischen dem Ersch. zu 1 und K wird im Hinblick auf das junge Alter des Kindes vorläufig nicht vereinbart. Die Beteiligten vereinbaren, dass mit Eintritt des Schulalters des Kindes über die Frage eines Umgangs erneut beraten wird.

3. Die Erschienenen behalten sich vor, gemäß § 166 Abs. 1 FamFG eine gerichtliche Entscheidung über den Umgang herbei zu führen.

§ 5 Hinweise, Durchführung

Der Notar hat die Erschienenen über die Bedeutung, die rechtliche Tragweite, insbesondere die Rechtsfolgen und die Auswirkungen der Unterhaltsvereinbarung und der Vereinbarung zum Umgang Umgang abschließend noch einmal ausführlich belehrt. Beide Erschienenen sind sich der Tragweite der getroffenen Vereinbarungen bewusst und wünschen gleichwohl die Beurkundung der Vereinbarung auch unter Inkaufnahme möglicher zukünftig daraus erwachsener Nachteile.

(ggf. weitere abschließende Hinweise/Durchführung)

(Urkundsausgang, Unterschriften)

▲

H. Die Vormundschaft – §§ 1773 ff. BGB

I. Grundsätze

145 Die Vormundschaft ist innerhalb des Familienrechts die **auf Dauer eingerichtete Fürsorge** für die Person und das Vermögen des Mündels.

Sie grenzt sich sachlich ab von

- der Betreuung (§§ 1896–1908 k BGB) als rechtliche Unterstützung des Betreuten in Bezug auf einen festgelegten Aufgabenkreis;
- der Pflegschaft (§§ 1909–1921 BGB) als Hilfe für einzelne Angelegenheiten in besonderen Fällen der Verhinderung des Betroffenen oder seiner gesetzlichen Vertreter;
- der Beistandschaft des Jugendamtes (§§ 1712–1717 BGB) als besonders ausgestaltete Form der Pflegschaft für Kinder für einen gesetzliche bestimmten Aufgabenkreis, nämlich zur Feststellung der Vaterschaft und zur Geltendmachung von Unterhaltsansprüchen (§ 1712 Abs. 1 Nr. 1 u. 2 BGB).

146 Die Vormundschaft ist seit dem Inkrafttreten des Betreuungsgesetzes am 1. 1. 1992 auf **Minderjährige** (vgl. §§ 2 BetrG i.V.m. 1773 Abs. 1 BGB) beschränkt. Damit endet die Vormundschaft per Gesetz beim Eintritt der Volljährigkeit. Für die rechtliche Unterstützung volljähriger Personen sind die Bestimmungen über die rechtliche Betreuung anzuwenden. Soweit das Fürsorgebedürfnis beim Eintritt der Volljährigkeit weiterbesteht, ist eine Betreuung anzuordnen.

147 Allgemeine Voraussetzung für die Anordnung einer Vormundschaft ist das Bestehen eines **Fürsorgebedürfnisses**. Dieses besteht, wenn

- keine elterliche Sorge besteht (Doppelwaisen), §§ 1773 Abs. 1 Alt. 1, 1626, 1629 BGB;
- die Eltern oder ein Elternteil weder Personen- noch Vermögenssorge ausüben können, z.B. weil ihnen das Sorgerecht entzogen wurde (§ 1666 BGB) oder weil der allein sorgeberechtigte Elternteil verstirbt und das Gericht dem anderen Elternteil das Sorgerecht nicht überträgt.

148 Grundsätzlich übt das **Familiengericht die Aufsicht über den Vormund** aus. Die **Aufsicht** bezieht sich insbesondere auf die **Anlegung und Verwaltung des Vermögens** des Mündels durch den Vormund, wozu das Gesetz umfangreiche Regeln getroffen hat. Schwerpunkte sind

- die Überwachung der ordnungsgemäßen Vertretung (vgl. §§ 1795 und 1796 BGB);
- die Kontrolle der Vermögensverwaltung (§§ 1802, 1840, 1841, 1843 BGB) und insbesondere genehmigungsbedürftiger Geschäfte des Vormundes (§§ 1802, 1807, 1821, 1822 BGB).

Das Familiengerecht kann den Vormund durch **Zwangsmaßnahmen** nach § 1837 Abs. 2 BGB zur Befolgung seiner Pflichten anhalten und ihm Gebote und Verbote erteilen (§ 1837 Abs. 1 BGB). **149**

Der Vormund haftet dem Mündel für **schuldhafte Vermögensschädigungen** nach § 1833 Abs. 1 BGB. Für Amtspflichtverletzungen des Rechtspflegers kommt die Haftung nach § 839, Art. 34 GG in Betracht.[244]

Die **Beendigung der Vormundschaft** tritt in folgenden Fällen ein: **150**

- Tod des Mündels, § 1884 BGB,
- Volljährigkeit des Mündels, §§ 2, 1773 BGB,
- Eintritt oder Wiedereintritt der elterlichen Sorge, z.B. bei Annahme als Kind (§ 1754 BGB) oder bei Beendigung des Ruhens der elterlichen Sorge (§ 1674 Abs. 2 BGB).

In diesen Fällen endet die Vormundschaft kraft Gesetzes, eine weitere Anordnung des Familiengerichtes ist nicht erforderlich.

II. Vereinbarungen zur Vormundschaft

Ist ein **Vormund** zu bestellen, wird die Prüfung seiner **Eignung** nach mehreren Eignungsmerkmalen erfolgen:[245] **151**

- Persönliche Verhältnisse,
- Vermögenslage, wirtschaftliche Zuverlässigkeit,
- Berufliche Umstände,
- Familiäre Belastungen,
- Gesundheit,
- Mutmaßlicher Wille der Eltern,
- Naher Verwandter als möglicher Vormund,
- Fähigkeit zur Interessenvertretung des Kindes.

Eine **Bestimmung des Vormunds** ist in den Fällen alleiniger elterlicher Sorge möglich. **152**
Es können auch bestimmte Personen oder Personengruppen (z.B. „alle Verwandte") von der Vormundschaft ausgeschlossen werden, § 1782 BGB.[246] Benennungen können auch befristet oder unter Bedingungen gestellt werden.[247]

Dies kann entweder einseitig schriftlich durch den Sorgeberechtigten oder auch durch Vereinbarung mit der zur Vormundschaft bereiten Person bestimmt werden.

Dies kann wie folgt formuliert werden: **153**

244 Vgl. *Dauner-Lieb*, § 839 Rn 1 ff.
245 So *Sarres*, FuR 2012, 124.
246 Palandt/*Brudermüller*, BGB, § 1782 Rn 1.
247 *Sarres*, FuR 2012, 124; Bamberger/Roth/*Bettin*, BGB, § 1776 Rn 2.

7.27

▼

Muster 7.27: Vereinbarung zur Übernahme der Vormundschaft

Vereinbarung

zwischen

Frau A, geb. am , wohnhaft

und

Frau B, geb. A, geb. am , wohnhaft

zur Übernahme der Vormundschaft.

§ 1 Ausgangslage

Wir sind leibliche Schwestern. Ich, Frau A, bin Mutter des am geborenen, derzeit also 7 Jahre alten Kindes K.

Der Vater von K ist vorverstorben. Ich, Frau A, bin daher hinsichtlich K allein sorgeberechtigt.

Uns verbindet ein liebevolles Vertrauensverhältnis zueinander.

Da wir nahe beieinander wohnen, hat K. bisher auch sehr viel Kontakt mit seiner Tante, Frau B. Beide verbindet ebenfalls ein liebevolles Vertrauensverhältnis.

Im Hinblick auf diese Ausgangssituation vereinbaren wir, was folgt.

§ 2 Übernahme der Vormundschaft im Todesfall

1. Für den Fall, dass ich, Frau A, vor Erreichen der Volljährigkeit von K versterben sollte, wünsche ich, dass meiner Schwester, Frau B., die Vormundschaft für K übertragen wird.

2. Ich, Frau B, erkläre ausdrücklich meine Bereitschaft, im Falle des Vorversterbens meiner Schwester gem. Ziff. 1 die Vormundschaft für K. zu übernehmen und ihn ggf. in den Familienverbund mit meinem Ehemann aufzunehmen.

3. Ich, Frau A, erkläre darüber hinaus ausdrücklich, dass ich dann, wenn die Übernahme der Vormundschaft durch meine Schwester etwa aufgrund von Krankheit oder Tod nicht möglich ist, ein Vormund durch das zuständige Jugendamt zu bestimmen ist. Ich schließe allerdings für diesen Fall meinen Bruder, Herrn A., aus dem Kreis eines möglichen Vormunds aus, da dieser zum einen einen von unseren Vorstellungen abweichenden, sehr repressiven Erziehungsstil auch seinen eigenen Kindern gegenüber anwendet und unser Verhältnis aufgrund bestimmter Vorkommnisse zerrüttet ist.

(Ort, Datum)

Unterschriften

▲

I. Annahme als Kind – § 1741 ff. BGB

I. Grundsätze zur Adoption

Die **Annahme als Kind** geschieht durch **gerichtlichen Ausspruch** (sog. Dekretsystem), dieser Ausspruch und alle weiteren Entscheidungen im Zusammenhang sind dem Familiengericht übertragen (§ 1752 BGB), es ist Richterentscheidung (§§ 186, 187 FamFG). 154

Vor der Annahme eines Minderjährigen als Kind hat das Familiengericht eine gutachterliche **Stellungnahme der Adoptionsvermittlungsstelle** (bzw. des Jugendamtes) über die Eignung des Kindes und der Familie des Anzunehmenden einzuholen (§ 189 FamFG), im Übrigen sind die Anhörungsvorschriften zu beachten.

Für die rechtsanwaltliche Praxis ist die Annahme eines Kindes regelmäßig schon deswegen ohne große Bedeutung, da die Mehrzahl der Annahmen sog. **„Stiefelternadoptionen"** und (zu einem geringen Anteil) Verwandtenadoptionen sind. „Klassische" Fremdadoptionen machen weniger als die Hälfte aus; diesen steht ungefähr die 6-fache Zahl an geprüften Adoptionsbewerbern gegenüber. 155

Die Voraussetzungen sind in **§ 1741 BGB** benannt, wegen der geschilderten Rechtstatsächlichkeit werden die materiellen Voraussetzungen nicht zum Problem, formelle Voraussetzungen nennt das Gesetz nur wenige (§§ 1743, 1744, 1752 BGB). 156

Schwerpunkt der rechtlichen Probleme sind die **Einwilligungen, bzw. ihre Ersetzungen**. Es müssen die leiblichen Eltern einwilligen, auch dann, wenn ihnen etwa nach § 1666 BGB das Sorgerecht entzogen wurde.

Die in § 1748 BGB genannten **vier Ersetzungsgründe** für die Einwilligung eines Elternteils haben eine gewisse Nähe zu § 1666 BGB. Dort findet bei Vorliegen der Kindeswohlgefährdung nur ein Eingriff in die elterliche Sorge (u.U. der vollständige Entzug) statt.

Deswegen muss in den Fällen des § 1748 BGB ein **elterliches Fehlverhalten** vorliegen, dessen Auswirkungen auf die Entwicklung des Kindes nicht mehr mit den Mitteln des § 1666 BGB begegnet werden kann.

Wenn z.B. das **Aufwachsen des Kindes in einer Pflegefamilie** gesichert ist (etwa dadurch, dass den Eltern gemäß § 1666 BGB die elterliche Sorge entzogen wurde), kann die **Ersetzung der Einwilligung** nicht darauf gestützt werden dass allein der Status eines angenommenen Kindes erheblich günstiger sei, als der eines Pflegekindes.[248] 157

Mit der Einwilligung der Eltern ruht die elterliche Sorge und das Umgangsrecht, regelmäßig wird das Jugendamt Vormund, der Annehmende ist, wenn sich das Kind in seiner Obhut befindet, ab diesem Moment zum Unterhalt verpflichtet (§ 1751 Abs. 4 BGB). 158

248 So BGH FamRZ 1997, 85; BVerfG FuR 2002, 187.

159 Im Übrigen treten die **Wirkungen der Annahme als Kind erst nach Beschluss des Familiengerichtes** ein.

Diese sind seit dem 1.1.1977 auf die volle Integration des Minderjährigen in die neue Verwandtschaft abgestellt, das **adoptierte Kind erlangt (§ 1754 BGB) die rechtliche Stellung eines ehelichen Kindes**. Das Verwandtschaftsverhältnis des Kindes zu seinen ursprünglichen Verwandten erlischt grundsätzlich (§ 1755 BGB).

Die Aufhebung der Adoption (§ 1759 ff. BGB) spielt in der Praxis kaum eine Rolle. Das Annahmeverhältnis kann **nur in den Fällen der §§ 1760, 1763 BGB aufgehoben** werden. Hat also der „Stiefvater" das Kind adoptiert, kann bei Scheitern der Ehe eine Aufhebung der Adoption nicht erfolgen.

II. Vereinbarungen zur Adoption

160 Eine Adoption gegen den Willen der leiblichen Eltern ist danach schwierig zu erreichen. Es sollte daher unbedingt versucht werden, eine Einigung über die Adoption herbeizuführen, sofern dies möglich ist.

161 Dies kann wie folgt formuliert werden:

7.28

▼

Muster 7.28: Vereinbarung zur Adoption

Verhandelt am

Zu

Vor mir, dem unterzeichnenden Notar im Bezirk des Oberlandesgerichts

erscheinen

1. Herr A, geb. am , wohnhaft
2. Frau A geb. , geb. am , wohnhaft ebenda
3. Herr B, geb. am , wohnhaft
4. Frau B, geb. , geb. am , wohnhaft ebenda

ausgewiesen durch .

Die Frage des beurkundenden Notars nach einer Vorbefassung im Sinne von § 3 Abs. 1 Nr. 7 BeurkG wurde von den Erschienenen verneint. Der beurkundende Notar erläuterte die vorgenannte Vorschrift.

Die Erschienenen baten den Notar um die Beurkundung einer

Adoptionsvereinbarung

und erklärten vorab:

§ 1 Ausgangslage

Wir sind sämtlich von Geburt an deutsche Staatsangehörige.

Wir, die Ersch. zu 3 und 4, sind die leiblichen Eltern des am ___ geborenen, mithin derzeit 7 Jahre alten Kindes K. Uns wurde am ___, mithin vor 5 Jahren, durch Beschluss des Amtsgerichts – Familiengerichts in ___, Az ___/11 SO, gem. § 1666 BGB die elterliche Sorge für das Kind entzogen.

Wir, die Ersch. zu 1 und 2, sind aufgrund der Entscheidung des Jugendamtes in ___, seit dem ___, mithin seit 5 Jahren, die Pflegeeltern von K.

Das Kind lebt seitdem im Familienverband der Ersch. zu 1 und 2 mit deren weiteren leiblichen Kinder T und S.

Im Hinblick auf diese Situation vereinbaren wir, was folgt.

§ 2 Adoption von K

1. Wir, die Erschienenen, werden bei dem zuständigen Amtsgericht – Familiengericht – in ___ die Adoption des am ___ geborenen Kindes K. durch die Ersch. zu 1 und 2 beantragen.

2. Wir, die Ersch. zu 3 und 4, stimmen als leibliche Eltern der Adoption ausdrücklich zu, da wir seit der Entscheidung des Amtsgerichts vor rund 5 Jahren zur elterlichen Sorge keinerlei Kontakt zu K haben und deshalb kein Eltern-Kind-Verhältnis mehr besteht.

§ 3 Unterhaltsverzicht

Wir, die Erschienenen, verzichten vorsichtshalber wechselseitig auf jedwede Inanspruchnahme wegen etwaiger Unterhaltsansprüche oder etwaige Ansprüche sonstiger Art im Hinblick auf das Kind und nehmen den Verzicht gegenseitig an.

§ 4 Wirkungen der Adoption

1. Uns ist bekannt, dass die Wirkungen der Adoption erst mit Beschluss des Amtsgerichts eintreten.

2. Den Ersch. zu 1 und 2 ist weiter bekannt, dass ein adoptiertes Kind die Rechtsstellung eines ehelichen Kindes erlangt.

3. Den Ersch. zu 3 und 4 ist weiter bekannt, dass ihr Verwandtschaftsverhältnis zu K mit der Durchführung der Adoption erlischt.

§ 5 Hinweise, Durchführung

Der Notar hat die Erschienenen über die Bedeutung, die rechtliche Tragweite, insbesondere die Rechtsfolgen und die Auswirkungen der Adoptionsvereinbarung abschließend noch einmal ausführlich belehrt. Sämtliche Erschienenen sind sich der Tragweite der getroffenen Vereinbarungen bewusst und wünschen gleichwohl die Beurkundung der Vereinbarung auch unter Inkaufnahme möglicher zukünftig daraus erwachsener Nachteile.

(ggf. weitere abschließende Hinweise/Durchführung)

(Urkundsausgang, Unterschriften)

▲

§ 8 Das Kind und die Ehewohnung

A. Ehewohnung beim Getrenntleben

Leben Ehegatten voneinander getrennt oder wünscht einer der Ehegatten, voneinander getrennt zu leben, richtet sich die Frage einer etwaigen **Wohnungszuweisung nach § 1361b BGB**. Danach kann ein Ehegatte verlangen, dass ihm der andere die Ehewohnung oder einen Teil zur alleinigen Benutzung überlässt, soweit dies auch unter Berücksichtigung der Belange des anderen Ehegatten notwendig ist, um eine unbillige Härte zu vermeiden. 1

Nach § 1361b Abs. 1 S. 2 BGB ist eine **unbillige Härte** auch dann gegeben, wenn das **Wohl von den im Haushalt lebenden Kindern** beeinträchtigt ist.

I. Grundsätze

Eine Ehewohnung nach § 1361b BGB umfasst alle Räume, die die **Ehegatten zum Wohnen benutzten** oder gemeinsam bewohnt haben oder die dafür nach den Umständen bestimmt waren.[1] 2

Auch beim **Auszug eines Ehegatten**, etwa wegen ehelicher Konflikte, bleibt die Wohnung grundsätzlich **Ehewohnung**.[2]

Hat allerdings ein Ehegatte die Wohnung dadurch verlassen, dass Ehegatten sich **über die alleinige Weiterbenutzung durch den anderen Ehegatten einig** sind, verliert die Wohnung den Charakter als Ehewohnung.[3]

Nach **§ 1361b Abs. 4 BGB** wird **„unwiderleglich vermutet"**, dass der ausziehende Ehegatte nicht mehr in die Ehewohnung zurückkehren will, wenn er die gegenteilige Absicht nicht binnen sechs Monaten nach Auszug erklärt.

Der **Begriff der unbilligen Härte**, die nach der Vorschrift des § 1361b BGB für eine Zuweisung der Ehewohnung verlangt wird, ist von dem früher verwendeten Begriff der **„schweren Härte"** zu unterscheiden. Wenn die „unbillige Härte" auch eine Abmilderung der Eingriffsschwelle darstellt, ist doch erforderlich, dass ein **Zusammenleben** der Ehegatten innerhalb der ehelichen Wohnung **unzumutbar** ist.[4] 3

1 BGH FamRZ 1990, 987; OLG Hamm FamRZ 2015, 1196.

2 OLG Jena FamRZ 2004, 877; OLG Karlsruhe FamRZ 1999, 1087.

3 BGH FamRZ 2013, 1280; OLG München FamRZ 2007, 836; Johannsen/Henrich/*Götz,* § 1361b Rn 11; Palandt/*Brudermüller,* § 1361b Rn 6.

4 OLG Köln FamRZ 2011, 118; *Götz/Brudermüller,* Rn 179.

Unzumutbarkeit liegt dann vor, wenn **Spannungen** vorhanden sind, die über den in der Trennungssituation typischen Umfang hinausgehen[5] und nicht bloß Belästigungen oder **Spannungen geringerer Art** darstellen, die typisch zum Erscheinungsbild einer in Trennung befindlichen Ehe gehören.[6]

4 In diesem Zusammenhang ist **vorrangig das Kindeswohl** zu berücksichtigen. Sofern Kinder Gewalt zwischen Erwachsenen erleben, führt dies regelmäßig zu seelischen Schäden.[7] Nach ständiger Rechtsprechung ist das Kindeswohl nicht erst dann beeinträchtigt, wenn von einem Ehegatten physische oder psychische Gewalt gegen das Kind selbst vorliegt. Das Kindeswohl ist bei **„erheblichen Belastungen des Kindes“** beeinträchtigt.[8]

5 Allerdings ist die **dingliche Rechtsposition** bei der Prüfung der unzumutbaren Härte besonders zu berücksichtigen, § 1361b Abs. 1 S. 3 BGB. Ist der Ehegatte, der die Zuweisung beantragt, alleiniger Eigentümer der Wohnung, ist die Härteschwelle herabgesetzt; umgekehrt ist sie heraufgesetzt, wenn derjenige Ehegatte, der ausziehen soll, alleiniger Eigentümer der Wohnung ist.

Diese Betrachtung der dinglichen Rechtsposition **tritt bei der Beeinträchtigung des Kindeswohls allerdings zurück**.[9]

6 Für den Fall der Wohnungszuweisung ist in diesem Zusammenhang im Übrigen auch eine **Befristung möglich**, namentlich bei der Zuweisung an den Nicht-Eigentümer.[10]

II. Vereinbarungen zur Ehewohnung beim Getrenntleben

7 Wie bei nahezu allen Streitfragen im Familienrecht, ist es sinnvoll, sich über strittige Punkte vor allem dann zu einigen, **wenn nicht ganz sicher erscheint**, wie das Gericht im Falle einer dort ausgetragenen Auseinandersetzung entscheiden würde.

In geeigneten Fällen sollte daher eine Einigung wie folgt formuliert werden, wobei **üblicherweise die notarielle Form**, die isoliert nicht erforderlich ist, deshalb gewählt wird, weil die Einigung regelmäßig im Zusammenhang mit beurkundungsbedürftigen Vereinbarungen steht.

5 OLG Hamm FamRZ 2015, 1196.
6 OLG Naumburg FamRZ 2006, 1207.
7 *Giers,* NZFam 2014, 496.
8 OLG Stuttgart FamRZ 2015, 1189; OLG Brandenburg FamRZ 2010, 1983.
9 OLG Stuttgart FamRZ 2004, 876.
10 *Büte,* Rund ums Kind, 82.

▼

Muster 8.1: Vereinbarung zur Ehewohnung bei Getrenntleben 8

Verhandelt am

Zu

Vor mir, dem unterzeichnenden Notar im Bezirk des Oberlandesgerichts

erscheinen

1. Herr , geb. am , wohnhaft

2. Frau geb. , geb. am , wohnhaft

ausgewiesen durch .

Die Frage des beurkundenden Notars nach einer Vorbefassung im Sinne von § 3 Abs. 1 Nr. 7 BeurkG wurde von den Erschienenen verneint. Der beurkundende Notar erläuterte die vorgenannte Vorschrift.

Die Erschienenen baten den Notar um die Beurkundung einer

Trennungs- und Unterhaltsvereinbarung

sowie Vereinbarung über Ehewohnung

und erklärten vorab:

§ 1 Ausgangslage

Wir sind beide von Geburt an deutsche Staatsangehörige und haben am in die Ehe geschlossen. Aus unserer Ehe ist das am geborene, derzeit also 16 Jahre alte Kind K. hervorgegangen. Es behält einvernehmlich seinen Lebensmittelpunkt bei der Kindesmutter. Kinder aus anderen Verbindungen sind nicht vorhanden.

Wir leben seit dem , mithin seit 4 Wochen, in verschiedenen Wohnungen voneinander getrennt.

§ 2 Ehegattenunterhalt

1. Der Ersch. zu 1 verpflichtet sich, ab an die Ersch. zu 2 für die Zeit der Trennung einen monatlich, jeweils bis zum 1. eines jeden Monats fälligen Trennungsunterhalt in Höhe von EUR zu zahlen.

2. Bei dieser Vereinbarung gehen die Beteiligten von den folgenden Einkommensverhältnissen aus:

- Einkommen des Ersch. zu 1

- Einkommen der Ersch. zu 2 unter Zurechnung eines trennungsbedingten Wohnvorteils in Höhe von ___ EUR ___.

3. Die Vereinbarung zur Zahlung von Trennungsunterhalt ist der Abänderung zugänglich. Die Beteiligten vereinbaren im Falle der Änderung der Einkommens- und Vermögensverhältnisse eine an der getroffenen Vereinbarung orientierte Abänderung. Ergänzend gelten die gesetzlichen Regelungen.

4. Die Ersch. zu 2 verpflichtet sich für die Dauer der Unterhaltsleistung, die nach § 10 Abs. 1 Nr. 1 EStG erforderliche Zustimmung zum begrenzten Realsplitting zu geben. Der Ersch. zu 1 ist verpflichtet, die Ersch. zu 2 von den ihr entstehenden finanziellen Nachteilen freizustellen.

§ 3 Kindesunterhalt

1. Der Ersch. zu 1 verpflichtet sich, für das Kind K, geb. am ___, zu Händen der Ersch. zu 2 einen monatlichen, bis zum 1. eines jeden Monats im Voraus fälligen Kindesunterhalt in Höhe von ___ % des Mindestbedarfs der jeweils gültigen Düsseldorfer Tabelle gemäß der jeweiligen Altersstufe des Kindes zu bezahlen. Hierauf ist die Hälfte des gesetzlichen Kindergeldes, derzeit 95 EUR, bedarfsdeckend anzurechnen, so dass sich ein derzeitiger monatlicher Unterhaltsbetrag in Höhe von ___ EUR ergibt.

2. Die Festsetzung des Unterhalts erfolgt auf der Grundlage des in § 2 Ziff. 2 der Vereinbarung festgestellten anrechenbaren Nettoeinkommens des Ersch. zu 1.

§ 4 Vollstreckungsunterwerfung

Wegen der in § 2 und 3 der Vereinbarung eingegangenen Verpflichtung zur Zahlung von Ehegattenunterhalt und Kindesunterhalt unterwerfe ich, der Ersch. zu 1, mich der

sofortigen Zwangsvollstreckung

aus dieser Urkunde in mein Vermögen.

Die Ersch. zu 2 ist berechtigt, sich jederzeit auf einseitigen Antrag auf Kosten des Ersch. zu 1. eine vollstreckbare Ausfertigung dieser Urkunde erteilen zu lassen, ohne dass es hierzu des Nachweises der Fälligkeit oder sonstiger die Vollstreckung begründender Tatsachen bedarf.

§ 5 Zuweisung der Ehewohnung

1. Die Erschienenen vereinbaren, dass die Ersch. zu 2 mit dem gemeinsamen Sohn die bisherige Ehewohnung allein bewohnen darf.

2. Der Ersch. zu 1 verzichtet auf das Recht zur Rückkehr in die Ehewohnung (§ 1361b Abs. 4 BGB).

3. Die Vereinbarung gilt während der Trennungszeit der Erschienenen. Für die Zeit nach Rechtskraft einer etwaigen Scheidung werden wir uns gesondert verständigen.

§ 6 Hinweise, Durchführung

Der Notar hat die Erschienenen über die Bedeutung, die rechtliche Tragweite, insbesondere die Rechtsfolgen und die Auswirkungen der Unterhaltsvereinbarung und der Wohnungszuweisung abschließend noch einmal ausführlich belehrt. Beide Erschienenen sind sich der Tragweite der getroffenen Vereinbarungen bewusst und wünschen gleichwohl die Beurkundung der Vereinbarung auch unter Inkaufnahme möglicher zukünftig daraus erwachsener Nachteile.

(ggf. weitere abschließende Hinweise/Durchführung)

(Urkundsausgang, Unterschriften)

▲

B. Die Ehewohnung anlässlich der Scheidung

Ein Ehegatte kann verlangen, dass ihm der andere Ehegatte anlässlich der Scheidung die 9
Ehewohnung überlässt, wenn er auf deren Nutzung **unter Berücksichtigung des Wohls der im Haushalt lebenden Kinder** im stärkeren Maße angewiesen ist als der andere Ehegatte, **§ 1568a Abs. 1 BGB**.

I. Grundsätze

Hinsichtlich der Kriterien für die Überlassung der Wohnung an einen Ehegatten anläss- 10
lich der Scheidung ist das **Wohl der im Haushalt lebenden Kinder vorrangig** zu berücksichtigen.

Der Grund liegt darin, dass im Hinblick auf die Belastung einer auseinanderbrechenden Familiensituation den Kindern **nach Möglichkeit ihre vertraute Umgebung erhalten** werden soll.[11]

In der Regel wird der Antrag desjenigen Ehegatten begründet sein, dem die **elterliche Sorge** für das Kind/die Kinder zusteht oder bei dem das Kind/die Kinder mit Einwilligung des anderen Elternteils verbleiben sollen.[12]

Im Übrigen sind in diesem Zusammenhang **auch volljährige Kinder**, die sich noch in der Ausbildung befinden[13] sowie Kinder eines Ehegatten aus einer früheren Ehe und auch Kinder aus einer nichtehelichen Beziehung zu berücksichtigen.[14]

11 *Büte,* FPR 2010, 537; Johannsen/Henrich/*Götz,* § 1568a Rn 5.
12 OLG Bamberg FamRZ 1996, 1293; Palandt/*Brudermüller,* § 1568a Rn 5.
13 OLG Celle FamRZ 1992, 465.
14 *Büte*, Rund ums Kind, 85.

II. Vereinbarungen zur Ehewohnung anlässlich der Scheidung

11 Gerade dann, wenn es Eheleuten um die gemeinsam angeschaffte Immobilie geht, in der ein Ehepartner ggf. mit den gemeinsamen Kindern verblieben ist, wird diesem Ehegatten daran gelegen sein, nicht noch unmittelbar die Wohnung räumen zu müssen.

Nach dem **Verlust des Partners**, der ja nicht immer gewünscht worden war und für die betroffenen Kinder in der Regel gänzlich unerwünscht war, soll nicht noch der **Verlust der Lebensumgebung** kommen.

12 Bei **Mietverhältnissen** wird dies in der Regel unproblematisch sein.

Allerdings wird **bei Wohneigentum** kein Ehegatte ewig an der gemeinsamen Immobilie festgehalten werden können.

Es empfiehlt sich daher namentlich in Fällen gemeinsamer Immobilien, eine Vereinbarung über das weitere Bewohnen auch nach Scheidung der Ehe zu treffen.

13 Dies kann wie folgt formuliert werden:

8.2

▼

Muster 8.2: Vereinbarung zur Ehewohnung anlässlich der Scheidung

Verhandelt am

Zu

Vor mir, dem unterzeichnenden Notar im Bezirk des Oberlandesgerichts

erscheinen

1. Herr , geb. am , wohnhaft

2. Frau geb. , geb. am , wohnhaft

ausgewiesen durch .

Die Frage des beurkundenden Notars nach einer Vorbefassung im Sinne von § 3 Abs. 1 Nr. 7 BeurkG wurde von den Erschienenen verneint. Der beurkundende Notar erläuterte die vorgenannte Vorschrift.

Die Erschienenen baten den Notar um die Beurkundung einer

Vereinbarung über Ehewohnung und Unterhalt

und erklärten vorab:

§ 1 Ausgangslage

Wir sind beide von Geburt an deutsche Staatsangehörige und haben am ____ in ____ die Ehe geschlossen. Aus unserer Ehe ist das am ____ geborene, derzeit also 16 Jahre alte Kind K. hervorgegangen. Es behält einvernehmlich seinen Lebensmittelpunkt bei der Kindesmutter. Kinder aus anderen Verbindungen sind nicht vorhanden.

Wir leben seit dem ____, mithin seit 16 Monaten, in verschiedenen Wohnungen voneinander getrennt.

Das Scheidungsverfahren ist seit dem ____ anhängig bei dem Amtsgericht – Familiengericht in ____ zum Az ____/____.

Die Ersch. zu 2 bewohnt mit unserem gemeinsamen Sohn seit der Trennung die im gemeinsamen Eigentum stehende Immobilie. Die Zahlung von Kindesunterhalt sowie Trennungsunterhalt ist bereits durch notarielle Vereinbarung geregelt.

Im Hinblick auf diese Situation vereinbaren wir, was folgt.

§ 2 Ehegattenunterhalt

1. Der Ersch. zu 1 verpflichtet sich, ab ____ an die Ersch. zu 2 für die Zeit nach rechtskräftiger Scheidung der Ehe einen monatlich, jeweils bis zum 1. eines jeden Monats fälligen Trennungsunterhalt in Höhe von ____ EUR zu zahlen.

2. Bei dieser Vereinbarung gehen die Beteiligten von den folgenden Einkommensverhältnissen aus:

- Einkommen des Ersch. zu 1 ____
- Einkommen der Ersch. zu 2. unter Zurechnung eines Wohnvorteils der Ersch. zu 2 in Höhe von ____ EUR ____.

3. Die Vereinbarung zur Zahlung von Unterhalt ist der Abänderung zugänglich. Die Beteiligten vereinbaren im Falle der Änderung der Einkommens- und Vermögensverhältnisse eine an der getroffenen Vereinbarung orientierte Abänderung. Ergänzend gelten die gesetzlichen Regelungen.

4. Die Ersch. zu 2 verpflichtet sich für die Dauer der Unterhaltsleistung, die nach § 10 Abs. 1 Nr. 1 EStG erforderliche Zustimmung zum begrenzten Realsplitting zu geben. Der Ersch. zu 1 ist verpflichtet, die Ersch. zu 2 von den ihr entstehenden finanziellen Nachteilen freizustellen.

§ 3 Vollstreckungsunterwerfung

Wegen der in § 2 der Vereinbarung eingegangenen Verpflichtung zur Zahlung von Ehegattenunterhalt unterwerfe ich, der Ersch. zu 1, mich der

sofortigen Zwangsvollstreckung

aus dieser Urkunde in mein Vermögen.

Die Ersch. zu 2 ist berechtigt, sich jederzeit auf einseitigen Antrag auf Kosten des Ersch. zu 1 eine vollstreckbare Ausfertigung dieser Urkunde erteilen zu lassen, ohne dass es hierzu des Nachweises der Fälligkeit oder sonstiger die Vollstreckung begründender Tatsachen bedarf.

§ 4 Zuweisung der Ehewohnung

1. Die Erschienenen vereinbaren, dass die Ersch. zu 2 mit dem gemeinsamen Sohn die bisherige Ehewohnung weiterhin bewohnen darf.

2. Der Ersch. zu 1 verzichtet auf sein Recht zur Herbeiführung der Teilung der Immobilie durch Einleitung einer Teilungsversteigerung gemäß § 180 ZVG.

3. Diese Vereinbarung gilt bis zur Vollendung des 20. Lebensjahres unseres Sohnes. Damit soll ihm ermöglicht werden, sein Abitur das er in dieser Zeit ablegen wird, in Ruhe zu verfolgen, ohne den Wohnort wechseln zu müssen.

4. Die Erschienenen vereinbaren, nach Vollendung des 20. Lebensjahres des gemeinsamen Sohnes, einen Verkauf des Hausgrundstücks durchzuführen. Die Ersch. zu 2 verpflichtet sich zur Mitwirkung an der bestmöglichen Veräußerung und zur rechtzeitigen Räumung der Immobilie, ggf. gemeinsam mit unserem Sohn K.

§ 5 Hinweise, Durchführung

Der Notar hat die Erschienenen über die Bedeutung, die rechtliche Tragweite, insbesondere die Rechtsfolgen und die Auswirkungen der Unterhaltsvereinbarung und der Wohnungszuweisung abschließend noch einmal ausführlich belehrt. Beide Erschienenen sind sich der Tragweite der getroffenen Vereinbarungen bewusst und wünschen gleichwohl die Beurkundung der Vereinbarung auch unter Inkaufnahme möglicher zukünftig daraus erwachsener Nachteile.

(ggf. weitere abschließende Hinweise/Durchführung)

(Urkundsausgang, Unterschriften)

▲

§ 9 Das Kind und die Teilungsversteigerung

A. Grundsätze

Im Rahmen einer Ehescheidung kommt es häufig zu **Teilungsversteigerungsverfahren nach § 180 ZVG.** 1

Grundsätzlich kann **niemand am gemeinsamen Eigentum** mit dem geschiedenen Ehegatten **festgehalten** werden. Einigt man sich nicht über eine Zuordnung oder den Verkauf gemeinsamer Immobilien, wird häufig ein Teilungsversteigerungsverfahren eingeleitet. Dies geschieht schon deshalb, um dadurch den anderen Ehegatten, der das Objekt ggf. bewohnt, unter **Druck** zu setzen, einer einvernehmlichen Regelung zuzustimmen.

Um die Verwertung einer Immobilie zu verzögern, ggf. dann auch zu einer Einigung zu 2
gelangen, besteht die Möglichkeit, eine **Einstellung der Zwangsversteigerung** zu beantragen. Eine Beantragung der Einstellung ist möglich gem. **§ 180 Abs. 2 ZVG** sowie gem. **§ 180 Abs. 3 ZVG.**

Die Einstellung des Verfahrens nach **§ 180 Abs. 2 ZVG** für längstens sechs Monate erfolgt, wenn dies **„bei Abwägung der widerstreitenden Interessen der mehreren Miteigentümer angemessen erscheint“**, so § 180 Abs. 2 S. 1 ZVG.

Die Einstellungsfrist von sechs Monaten führt dazu, dass nur solche Umstände zu berücksichtigen sind, die sie als **vorübergehender Natur** darstellen und entsprechend innerhalb von sechs Monaten, höchstens innerhalb eines Jahres bei entsprechender Verlängerung, behebbar sind.[1]

Solche Gründe können zum Beispiel darin liegen, dass **unmittelbar bevorstehende Reparaturen oder Renovierungen** eine Werterhöhung herbeiführen werden[2] oder wenn Einigungsbemühen erfolgversprechend erscheinen.

Demgegenüber dient die Einstellung des Verfahrens nach § 180 Abs. 3 ZVG dem **Schutz gemeinsamer Kinder oder Adoptivkinder**.[3] Danach kann das Verfahren einstweilen eingestellt werden, wenn dies zur **Abwendung einer ernsthaften Gefährdung des Wohls** eines gemeinsamen Kindes erforderlich ist. Dies ist dann der Fall, wenn das körperliche, geistige oder seelische Wohl des Kindes gefährdet ist.[4]

Materielle Gründe, etwa, dass durch die Veräußerung des Familienheims sich die 3
Wohn- und sonstigen Lebensverhältnisse des Kindes nachhaltig verschlechtern würden,

1 BGH NJW 2004, 3635; *Stöber,* Rn 12; LG Frankenthal Rpfleger 1985, 315.
2 BGH NJW 1981, 2065.
3 BGH FamRZ 2007, 1010.
4 *Stöber,* § 180 ZVG Rn 13.

reichen hierzu nicht aus.[5] Ausreichend wären **konkrete Anhaltspunkte für eine Gefährdung** der schulischen Entwicklung des Kindes.[6] Umgekehrt reicht der Verlust des Familienerhalts verbunden mit Umzug etc. nicht aus.[7]

B. Vereinbarungen zur Teilungsversteigerung

4 Ein Teilungsversteigerungsantrag hat aus der Sicht des antragstellenden – ehemaligen – Ehegatten den Sinn, nach ggf. **lang andauernden, ergebnislosen Verhandlungen** zu einer Lösung zu gelangen. Das weitere Festhalten am gemeinsamen Wohneigentum ist in vielen Fällen **wirtschaftlich** für den zahlenden früheren Ehepartner **sehr belastend**. Überdies wünscht man häufig, mit der geschiedenen Ehe auf allen nur möglichen Ebenen abschließen zu können.

Bewohnt einer der Ehepartner weiterhin das Objekt, wird aus dessen Sicht kein Anlass bestehen, zumindest „überstürzt" die ehemalige Ehewohnung zu verlassen und damit nach dem Verlust des Partners noch den Verlust der Wohn- und Lebenssituation hinzunehmen.

Regelmäßig wird das Verfahren der Teilungsversteigerung genutzt, um durch den **Druck** der – eventuell unter Wert durchgeführten – Zwangsversteigerung zu einer Lösung zu gelangen.

Da ein Zwangsversteigerungsverfahren wegen des in jedem Fall einzuholenden Sachverständigengutachtens über den Verkehrswert des Objekts sowie wegen der Möglichkeiten, eine – zeitweise – Einstellung des Verfahrens zu erreichen und das Verfahren allein durch solche Anträge zu verzögern, **etwa 10 bis 12 Monate dauert**, sind in der Zeit Möglichkeiten vorhanden, sich zu einigen.

5 Dies sollte man allerdings **vor kostenträchtigen Entscheidungen** des Zwangsversteigerungsgerichts tun, namentlich vor der notwendigen Beauftragung eines Sachverständigengutachtens, das erhebliche Kosten verursacht.

Besteht die Möglichkeit einer Übernahme des dem anderen – früheren – Ehepartner Hausgrundstückshälfte, könnte eine Einigung bei bereits erfolgter Beantragung nach § 180 Abs. 1 ZVG wie folgt beurkundet werden.

Dabei ist zu beachten, dass in der Regel die **gemeinsam bei der Bank bestehenden Kreditverbindlichkeiten** von der das Objekt übernehmenden Person mit schuldbefreiender Wirkung betr. den anderen Ehepartner übernommen werden müssen. Dies muss vor Durchführung der Eigentumsänderung gesichert sein.

5 *Stöber,* § 180 ZVG Rn 13.
6 LG Heidelberg FamRZ 1991, 588.
7 LG Essen FamRZ 1988, 1191.

Zudem ist zu beachten, dass ggf. vorsichtshalber auf **etwaige weitere Zugewinnausgleichsansprüche** verzichtet werden muss, um eine endgültige Lösung zu erhalten.

Schließlich ist zu regeln, wie hinsichtlich des gerichtlichen Verfahrens und auch der entstandenen und noch entstehenden **Kosten** verfahren wird.

▼

Muster 9.1: Vereinbarung bei beantragter Teilungsversteigerung 6

Verhandelt

zu ____

am ____

Vor mir, dem unterzeichnenden Notar im Bezirk des Oberlandesgerichts ____

mit dem Amtssitz in ____, erschienen heute:

1. Herr A. ____, geb. am ____, wohnhaft ____
2. Frau A. ____, geb. ____, wohnhaft ____

Die Erschienenen wiesen sich aus durch Vorlage ihrer amtlichen Personalausweise

zu 1) Nr.: ____

zu 2) Nr.: ____.

Die Frage des beurkundenden Notars nach einer Vorbefassung im Sinne von § 3 Abs. 1 Nr. 7 BeurkG wurde von den Erschienenen verneint. Der beurkundende Notar erläuterte die vorgenannte Vorschrift.

Die Erschienenen ersuchten sodann um die Beurkundung eines

Grundstücksübergabevertrages mit Auflassung

und erklärten zu notariellem Protokoll:

I. Ausgangslage

Wir waren seit dem ____ miteinander verheiratete Eheleute. Unsere Ehe ist rechtskräftig geschieden seit dem ____.

Der Ersch. zu 1 hat hinsichtlich des von der Ersch. zu 2 bewohnten gemeinsamen Immobilie der Erschienenen bei dem Amtsgericht in ____ einen Teilungsversteigerungsantrag gem. § 180 Abs. 1 ZVG gestellt. Das Verfahren ist anhängig seit dem ____.

Die Erschienene zu 2 hat die einstweilige Einstellung des Verfahrens für 6 Monate beantragt, § 180 Abs. 2 ZVG. Über den Antrag ist bisher nicht entschieden.

Im Hinblick auf diese Ausgangssituation einigen wir uns wie folgt.

II. Grundstücksübertragung

§ 1 Grundbesitz

Der Erschienene zu 1) ist – zu ½ Anteil – eingetragener Eigentümer des folgenden Grundbesitzes:

Grundbuch von Blatt

Gemarkung

Flur

Flurstück

Gebäude- und Freifläche, ,

Größe qm.

Seinen ½ Anteil an dem vorgenannten Grundbesitz, mit den darauf befindlichen Gebäuden, den Bäumen und Sträuchern, so wie heute alles steht und liegt, im Folgenden „Übertragungsgegenstand" genannt, überträgt der Ersch. zu 1, im Folgenden „Überlasser" genannt, hiermit auf seine geschiedene Ehefrau, die Ersch. zu 2, im Folgenden „Übernehmerin" genannt.

Die Übertragung erfolgt im Rahmen der Vermögensauseinandersetzung des zwischen den Vertragsbeteiligten durchgeführten Scheidungsverfahrens.

§ 2 Grundbuchinhalt

Der beurkundende Notar hat den Grundbuchinhalt am feststellen lassen und mit den Vertragsbeteiligten erörtert:

In Abt. II und III des Grundbuchs sind folgende Rechte eingetragen:

Abt. II: Nr.

Abt. III: Nr.

für .

Die in Abt. II und III des Grundbuchs eingetragenen Rechte werden von der Übernehmerin übernommen.

§ 3 Gegenleistung

1. Als Gegenleistung für die Übertragung übernimmt die Übernehmerin mit schuldbefreiender Wirkung vom an die Darlehensschuld des Überlassers, zu deren Sicherung die in Abt. III lfd. Nr. des vorgenannten Grundbuchs eingetragene fällige Grundschuld der über EUR nebst jährlich nachträglich fälliger Zinsen hieraus von % sowie einer einmaligen Nebenleistung von % besteht.

Die Grundschuld sichert Darlehensverbindlichkeiten der Vertragsbeteiligten bei der … in Höhe von … EUR (Valuta per …) ab.

Die Vertragsbeteiligten wissen, dass die Schuldübernahme der Genehmigung der Gläubigerin bedarf und dass bis dahin der Überlasser der Gläubigerin gegenüber noch für die Darlehensverbindlichkeiten haftet. Bis zur Genehmigung gilt die Schuldübernahme als Erfüllungsübernahme. Anlässlich der Schuldübernahme an die Gläubigerin zu erbringende einmalige Zahlungen fallen dem Überlasser zur Last. Die Vertragsbeteiligten beauftragen den Notar, die Genehmigung der Gläubigerin herbeiführen und die Vertragsbeteiligten über das Vorliegen der Genehmigung zu unterrichten. Sie ermächtigen den Notar, der Gläubigerin die Schuldübernahme durch Übersendung einer Abschrift dieses Vertrages anzuzeigen.

Sollte die Gläubigerin der Schuldübernahme durch die Übernehmerin nicht zustimmen, verpflichtet sich die Übernehmerin den Überlasser im Innenverhältnis von Zahlungen auf das Darlehen freizustellen.

2. Die Vertragsbeteiligten weisen den beurkundenden Notar an, alle Erklärungen zum Eigentumsübergang dem Grundbuchamt erst vorzulegen, wenn die Gläubigerin der Schuldübernahme durch die Übernehmerin zugestimmt hat. Eine frühere Vorlage ist nur gemäß schriftlicher Mitteilung des Überlassers gestattet. Bis dahin sind Ausfertigungen und beglaubigte Abschriften nur ohne Auflassung zu erteilen.

3. Die Vertragsbeteiligten sind sich darüber einig, dass mit der Durchführung dieses Vertrages alle etwaig zwischen den Vertragsbeteiligten bestehenden Ansprüche abgegolten sind.

§ 4 Auflassung

Daraufhin erklärten die Erschienenen folgende

Auflassung:

Wir sind uns darüber einig, dass das Eigentum an dem im § 1 aufgeführten Grundbesitz (1/2 Anteil) vom Überlasser auf die Übernehmerin übergehen soll und bewilligen und beantragen die Eigentumsumschreibung im Grundbuch von … Blatt ….

§ 5 Eigentumsvormerkung

Die Vertragsbeteiligten verzichten auf die Eintragung einer Eigentumsvormerkung. Der beurkundende Notar belehrte über etwa damit verbundene Risiken.

§ 6 Vollmacht

Die Vertragsbeteiligten erteilen hiermit jeweils Einzelvollmacht mit der Befugnis zur Erteilung von Untervollmacht an

a) die Bürovorsteherin …,

b) die Rechtsanwalts- und Notarfachangestellte [redacted],

c) die Rechtsanwalts- und Notarfachangestellte [redacted],

sämtlich geschäftsansässig [redacted], unter Befreiung von den Beschränkungen des § 181 BGB, alle zur Durchführung dieses Übergabevertrages erforderlichen Erklärungen im weitesten Sinne, einschließlich Auflassungserklärungen, für sie abzugeben und entgegen zu nehmen, Löschungen und Eintragungen, soweit diese noch erforderlich werden, zu bewilligen und zu beantragen und etwaige Eintragungshindernisse zu beseitigen, insoweit auch den Vertrag in der notwendigen Weise zu ändern oder zu ergänzen.

Diese Vollmacht erlischt mit der vollständigen Durchführung dieses Vertrages. Die Bevollmächtigen werden, soweit gesetzlich zulässig, von der Haftung frei gestellt. Von der Vollmacht darf nur vor dem amtierenden Notar oder seinem amtlich bestellten Vertreter Gebrauch gemacht werden.

§ 7 Gewährleistung

Der Übertragungsgegenstand geht in seinem augenblicklichen, der Übernehmerin bekannten Zustand auf diesen über. Für bestimmte Größe, Güte und Beschaffenheit wird vom Überlasser keine Gewähr geleistet, auch keine Haftung für Fehler oder Mängel übernommen.

Diese Haftungsbeschränkung gilt nicht bei Verletzung von Leben, Körper und Gesundheit, wenn der Überlasser die Pflichtverletzung zu vertreten hat, und für Ersatz sonstiger Schäden, die auf Vorsatz oder grobem Verschulden des Überlassers beruhen sowie bei arglistigem Verschweigen eines Mangels durch den Überlasser.

Dagegen wird der Übertragungsgegenstand lastenfrei und frei von Ansprüchen Dritter übertragen, soweit nicht Lasten oder Verpflichtungen in diesem Vertrage übernommen werden.

§ 8 Besitzübergabe

Die Besitzübergabe erfolgt am heutigen Tage.

Die mit dem Übertragungsgegenstand verbundenen Rechte und Nutzungen, ebenso die Gefahr des Übertragungsgegenstandes und die darauf haftenden oder damit verbundenen öffentlichen Lasten und Abgaben gehen für die Zeit ab Besitzübergabe auf die Übernehmerin über.

Gleichzeitig gehen die Verkehrssicherungspflichten, auch soweit sie den Eigentümer aufgrund öffentlichen Rechts treffen, auf die Übernehmerin über.

Die Übernehmerin übernimmt die für den Übertragungsgegenstand bestehende Gebäudeversicherung und verpflichtet sich, die Prämien dafür ab Besitzübergabe zu entrichten.

Der Überlasser versichert, dass Leistungen von auf dem Übertragungsgegenstand ruhenden öffentlichen Lasten und Abgaben nicht im Rückstand sind.

§ 9 Energieeinsparverordnung

Der beurkundende Notar wies die Vertragsbeteiligten auf die Energieeinsparverordnung (EnEV) hin. Der beurkundende Notar wies insbesondere darauf hin, dass gemäß neuester Fassung der EnEV die Vorlage eines Energieausweises erforderlich ist. Energiesparende Maßnahmen, die in Zukunft erforderlich werden, gehen zu Lasten der Übernehmerin.

§ 10 Steuerliche Beratung

Die Vertragsbeteiligten erklären, dass durch den Notar keinerlei steuerliche Beratung stattgefunden hat. Der Notar hat aber darauf hingewiesen, dass die Vertragsbeteiligten sich in steuerrechtlichen Fragen, die mit dem Inhalt dieser Urkunde in Zusammenhang stehen, durch einen Angehörigen der steuerberatenden Berufe beraten lassen sollten.

Die Vertragsbeteiligten erklären hierzu, keine weitere steuerrechtliche Beratung im Zusammenhang mit der vorliegenden Urkunde zu benötigen und vor Unterzeichnung dieser Urkunde ausreichend Zeit gehabt zu haben, den Urkundsentwurf auch steuerrechtlich prüfen zu lassen.

§ 11 Kosten

Die Kosten dieses Vertrages und seiner Durchführung trägt   .

Der Notar hat darauf hingewiesen, dass ungeachtet dieser Vereinbarung nach dem Gesetz alle Beteiligten als Gesamtschuldner für die Kosten und Steuern haften.

Soweit Befreiungstatbestände in Anspruch genommen werden können, stellt die Übernehmerin den entsprechenden Antrag. Sollten Steuern zu zahlen sein, trägt die Übernehmerin diese.

Den Wert des Übertragungsgegenstandes geben die Vertragsbeteiligten mit   EUR an.

§ 12 Hinweise/Durchführung

Die Vertragsbeteiligten beauftragen den Notar, die zur Durchführung dieses Vertrages erforderlichen Genehmigungen und Unterlagen, soweit erforderlich, einzuholen und formlos entgegenzunehmen.

Der Notar wird außerdem bevollmächtigt, sämtliche Erklärungen abzugeben, die zum Vollzug dieser Urkunde etwa noch erforderlich sind.

Der Notar ist berechtigt, Einzelanträge zu stellen bzw. Anträge zurückzunehmen.

Die Vertragsbeteiligten verzichten unwiderruflich auf ein eigenes Antragsrecht gegenüber dem Grundbuchamt.

Alleiniger Antragsberechtigter ist der beurkundende Notar oder sein amtlich bestellter Vertreter.

Abschließend wies der Notar darauf hin, dass die Eintragung der Eigentumsänderung erst möglich ist, nachdem die Unbedenklichkeitsbescheinigung des Finanzamtes beigebracht ist.

III. Ehevertragliche Vereinbarungen

§ 1 Verzicht Zugewinnausgleich

1. Die Erschienenen erklären, dass mit der Durchführung der vorstehend beschriebenen Grundstücksübertragung sämtlich gegenseitigen Zugewinnausgleichsansprüche erledigt sind.

2. Vorsichtshalber verzichten die Erschienenen wechselseitig auf die Geltendmachung etwaiger weiterer Zugewinnausgleichsansprüche und nehmen den Verzicht gegenseitig an.

§ 2 Zwangsversteigerungsverfahren

1. Der Ersch. zu 1 verpflichtet sich, den Teilungsversteigerungsantrag vom bei dem Amtsgericht , Az. ./ zurückzunehmen.

2. Die Ersch. zu 2 verpflichtet sich, Kostenanträge nicht zu stellen.

§ 3 Kosten

1. Die Erschienenen vereinbaren, die Kosten der notariellen Beurkundung und seiner Durchführung hälftig zu teilen.

2. Die Kosten des gerichtlichen Verfahrens werden wie folgt getragen:

(1) Die Gerichtskosten zu je ½ Anteil.

(2) Die Kosten des im gerichtlichen Verfahren beauftragten Bevollmächtigten des Ersch. zu 1 trägt der Ersch. zu 1 allein.

(3) Die Kosten außergerichtlicher Beauftragung tragen die Beteiligten jeweils selbst.

§ 4 Hinweise, Durchführung

Der Notar hat die Erschienenen über die Bedeutung, die rechtliche Tragweite, insbesondere die Rechtsfolgen und die Auswirkungen der Vereinbarung zum Zugewinnausgleich abschließend noch einmal ausführlich belehrt. Sämtliche Erschienenen sind sich der Tragweite der getroffenen Vereinbarungen bewusst und wünschen gleichwohl die Beurkundung der Vereinbarung auch unter Inkaufnahme möglicher zukünftig daraus erwachsener Nachteile.

(ggf. weitere abschließende Hinweise/Durchführung)

(Urkundsausgang, Unterschriften)

Dieses Protokoll wurde den Erschienenen vorgelesen, von ihnen genehmigt und eigenhändig, wie folgt, unterschrieben:

▲

Stichwortverzeichnis

fette Zahlen = Paragrafen, magere Zahlen = Randnummern
Randnummern mit einem M enthalten Musterformulierungen

Benutzerhinweise zur CD-ROM

Auf der dem Werk beiliegenden CD-ROM sind sämtliche abgedruckten Formulare als Datei enthalten. Im Druckwerk sind zu jedem Formular Referenznummern vergeben, die Sie aus dem jeweils neben dem Formular angeordneten CD-ROM-Symbol entnehmen können.

Für den Start der Anwendung sind folgende **Systemvoraussetzungen** zu beachten:

- Windows 2000, XP, Vista oder 7
- Microsoft Word ab Version 2000 oder ein anderes Textverarbeitungsprogramm das Microsoft Word Dateien öffnen kann.

Nachdem Sie die CD eingelegt haben sollte die Anwendung automatisch starten.

Sollte die Anwendung nicht automatischen starten müssen Sie die Anwendung mit der Dateiendung .exe manuell von der CD starten.

Sie haben auch die Möglichkeit die Anwendung auf Ihrer Festplatte zu installieren. Dafür benötigen Sie neben den oben genannten Voraussetzungen etwa 50 MB freien Speicherplatz auf einer Festplatte.

Führen Sie das Programm setup.exe von der CD-ROM aus um die Installation zu starten. Folgen Sie danach bitte den weiteren Anweisungen am Bildschirm. Für die Installation müssen Sie über **Administrator-Rechte** verfügen.

Während der Installation wird, falls nicht bereits vorhanden, ein eigener Startmenü-Eintrag mit dem Namen des Verlags und der Buchreihe für die Anwendung eingerichtet. **Zum Öffnen der Anwendung genügt ein Klick auf das Icon „Kindschaftsrecht" unterhalb der Programmgruppe.**

Bei Nutzern von **Word** kann der Hinweis auf dem Bildschirm erscheinen, dass die Makros aktiviert werden müssen. Dies wird in den verschiedenen Wordversionen unterschiedlich gehandhabt:

Makroeinstellungen bei Office 2000, XP und 2003

Sie finden die Einstellungen im Menü unter „Extras, Makro, Sicherheit". Wählen Sie die Sicherheitsstufe „Niedrig" aus und starten Sie Word erneut.

Makroeinstellungen bei Office 2007

Klicken Sie zunächst auf das Startsymbol ganz links oben in Word und klicken dann links unten auf „Word Optionen" und als nächstes in der linken Spalte auf das „Vertrauenscenter". Rechts unten finden Sie die Einstellungen zum Vertrauenscenter, in denen Sie die Makros aktivieren müssen. Wählen Sie die vierte Option „Alle Makros aktivieren" aus und klicken anschließend auf OK. Nun starten Sie die Formulare neu.

Makroeinstellungen bei Office 2010

In Office 2010 klicken Sie in Word auf „Datei" links oben und gehen anschließend zu „Optionen", wählen das „Sicherheitscenter" und Einstellungen für das Sicherheitscenter. Unter der Rubrik „Einstellungen für Makros" wählen Sie die vierte Option „Alle Makros aktivieren" aus und klicken anschließend auf OK. Word muss neu gestartet werden, damit die Änderung wirkt.

Makroeinstellungen bei Office 2013 und 2016

In Office 2013 klicken Sie in Word auf „Datei" links oben und gehen anschließend zu „Optionen", wählen das „Trust Center" und Einstellungen für das Trust Center. Unter der Rubrik „Makros" wählen Sie die vierte Option „Alle Makros aktivieren" aus und klicken anschließend auf OK. Word muss neu gestartet werden, damit die Änderung wirkt.

Beachten Sie, dass die Einstellungen für alle Word-Dokumente gelten. Im Einzelfall kann es demnach sinnvoll sein, vor dem Öffnen eines „unsicheren" Word-Dokumentes die Sicherheitsstufe wieder auf „Hoch" zu setzen.

Zur **Auswahl des gewünschten Formulars** nutzen Sie entweder das Formularverzeichnis oder die Navigationsleiste links. Im Formularverzeichnis gelangen Sie mit einem Mausklick auf die entsprechende Titelzeile zum gewünschten Formular. In der Navigationsleiste klappen Sie das entsprechende Kapitel auf und klicken anschließend auf das gewünschte Formular. Des Weiteren können Sie mit dem Button „Vorheriges Formular" und „Nächstes Formular" oberhalb des Formulares das nächste Muster aufrufen.

Mit Klick auf „Formular als Worddokument" wird das Formular in Word geladen. Zur Bearbeitung müssen Sie zuerst in der **Symbolleiste** auf „Dokumentschutz aufheben" klicken.

Mit dem Button „Nächstes Feld" gelangen Sie an die Platzhalter-Stellen des Dokuments und können Ihre Ergänzungen vornehmen. Bei Word 2007 müssen Sie dafür in der Menüleiste auf den Reiter „Add-Ins" gehen. Anschließend können Sie das Formular auf Ihrem Filesystem speichern.

Sollten Sie den **Originalzustand eines Dokumentes wiederherstellen** wollen, benutzen Sie das Icon „Vorlage wiederherstellen".

Wenn Sie kein Word auf Ihrem Rechner installiert haben, können Sie die Dateien trotzdem aufrufen und bearbeiten. Gehen Sie dazu auf der CD in den Ordner contentðoc. Gehen Sie mit Rechtsklick auf die Datei und suchen im Menü Öffnen mit/Programm auswählen Ihr Textverarbeitungsprogramm aus.

Den Hilfetext können Sie auch auf der CD unter dem entsprechenden Feld aufrufen.